Emil Blösch

Eduard Blösch und dreißig jahre bernischer Geschichte

Emil Blösch

Eduard Blösch und dreißig jahre bernischer Geschichte

ISBN/EAN: 9783743650459

Hergestellt in Europa, USA, Kanada, Australien, Japan

Cover: Foto ©ninafisch / pixelio.de

Weitere Bücher finden Sie auf **www.hansebooks.com**

Eduard Blösch

und

Dreißig Jahre Bernischer Geschichte

von

E. Blösch,
Pfarrer.

Motto:

Die Schweiz hat aufgehört eine Idylle zu sein; sie
ist ein Lehrgedicht geworden.
("Bern, wie es ist", 1836.)

Le monde, et s'il est permis de pressentir la jus-
tice suprême, Dieu lui-même est sévère pour les
fautes des gens de bien. Ils n'ont nul droit de s'en
plaindre — c'est leur honneur! (Guizot.)

Bern.
J. Dalp'sche Buchhandlung (K. Schmid).
1872.

Vorwort.

~~~~~~~

Sechs Jahre sind verflossen seit dem Tode des unvergeßlichen
Vaters. Ein Mann, der ihm im Leben wie kaum ein Anderer
nahe gestanden, mahnte eine Woche später mit des Tacitus Worten,
daß es geboten sei: clarorum virorum facta moresque posteris
tradere.

Der Verstorbene selbst hat einmal einen ungerechten Angriff
im Großen Rathe mit der Erklärung erwidert: Es kümmere ihn
wenig, wie er jetzt beurtheilt werde; aber das sei ihm nicht gleich=
gültig, einst, wenn er selbst nicht mehr da sein werde, seinen
Söhnen einen Namen hinterlassen zu können, dessen sie sich nicht
zu schämen hätten. Damit schien gewissermaßen den Letztern be=
sonders die Pflicht nahe gelegt, das Andenken des geschiedenen
Vaters zu ehren; und daß derselbe während seines Lebens von
einem mehr als gewöhnlichen Hasse mit seltener Beharrlichkeit
sich verfolgt sah, konnte diese Pflicht zwar erschweren, aber nur
um so bringender machen.

Der zunächst also Aufgeforderte mußte die Frage sich stellen, ob nicht der Boden des Kantons, auf welchem hauptsächlich die öffentliche Thätigkeit Blösch's sich bewegt hat, allzu eng und beschränkt sei, um ein größeres literarisches Denkmal rechtfertigen zu können. Aber sind die Grundsätze, welche hier auf dem kleinen Raume der Schweiz und des bernischen Gebietes sich bekämpften, sind die verschiebenen Bildungsformen, welche hier sich gegenüber standen, nicht durchaus die nämlichen, welche auf dem großen Schlachtfelde der Weltgeschichte mit einander streiten? Steht nicht die gesammte Kulturwelt noch inmitten dieses eben so gewaltigen als mühsamen Ueberganges aus der alten in die neue Zeit hinüber, welcher hier die Geister bewegt hat? Spiegelt nicht im Kleinsten sich das Größte wieder? — die gleichen Prinzipien, die gleichen Gesetze, die gleichen Lehren! —

Es sollte ein Bild aus diesen Kämpfen, gleichviel aus welchem Theile der gebildeten Welt, der Darstellung nicht unwürdig sein, und vielleicht bietet gerade das öffentliche Leben der kleinen schweizerischen Republiken Seiten dar, welche es der Beachtung werth machen auch für Solche, die ihm ferne stehen?

Es ist zudem das Bild eines Mannes, der, in diesen Widerstreit der geistigen Mächte hineingestellt, nicht nur in hervorragender Weise denselben durchkämpfen, sondern den Conflict auch in sich selbst erleben mußte; der, mit seinem Gemüth im Alten wurzelnd, mit seiner Einsicht dem Neuen die Berechtigung nicht absprechen konnte; und der endlich in diesen Kämpfen eine auf politischem Gebiete seltene Integrität des Charakters bewahrt hat.

Daß der Erfolg nicht mit ihm war, und er zu den überwundenen Staatsmännern gehört, kann hierin nichts ändern: Er ist zu vergleichen dem Manne, der aus einem unrettbar dem Brande verfallenen Hause ein unschätzbares Kleinod herauszu-

Inhaltsverzeichniß.

tragen bemüht, von den Flammen selbst verzehrt wird; oder welcher in den Strom sich wirft, um den Ertrinkenden zu retten, aber von diesem, welcher allzu fest an seinen Hals sich hängt, vielmehr mit hinabgezogen wird.

In solcher Lage darf auch die Verkennung der Grenzen der eigenen Kraft kaum als ein Fehler angesehen werden, und thut weder der Würde des Mannes Eintrag, noch der Belehrung, welche das Bild seines Lebens denen bieten kann, die noch in jenem Uebergang begriffen sind.

Die Aufgabe wurde dadurch wesentlich erleichtert, daß der Verstorbene das erforderliche Material beinahe vollständig und geordnet hinterlassen hat; nämlich: eine erst noch in den letzten Jahren begonnene Aufzeichnung seiner Erinnerungen aus der Jugendzeit; ein fast von Anbeginn seines öffentlichen Auftretens an mit besonderem Fleiß geführtes und registrirtes Tagebuch; den mit einer merkwürdigen Sorgfalt gesammelten und auf= bewahrten Briefwechsel, in welchem selbst die unbedeutendste Notiz erhalten blieb; eine große Anzahl Zeitungsblätter, zum Theil in einzelnen Nummern, deren Inhalt ihm als bedeutsam vorkam; und endlich eine Sammlung von Flugschriften, Urkunden und Aktenstücken aus der ganzen Periode seines Lebens und Wirkens. Dazu kommt die politische Korrespondenz der Gebrüder Schnell, die seit langen Jahren schon in seinen Händen lag.

Dieß sind die Quellen, welche, unter theilweiser Vergleichung mit den anerkannten Geschichtswerken von Tillier und Baum= gartner, der Arbeit zum Grunde liegen.

Die Eintheilung des Stoffs war von selbst gegeben. Blösch war auch darin in eminentem Sinne ein öffentlicher Charakter, daß die Wendepunkte seines persönlichen Lebens mit denjenigen in der Geschichte des Kantons zusammenfielen.

Sollte der Geschilderte als zu hoch gestellt erscheinen, so schreibe es der Leser nicht irgend welcher indirekten Ruhmsucht des Verfassers zu, sondern einzig der pietätsvollen Ehrfurcht, welche der Vater dem Sohne einzuflößen verstand.

Im Februar 1872.

Die Jugend.

Eduard Eugen Blösch wurde geboren in Biel den 1. Februar 1807. Seine Geburt fiel in eine große, aber für den kleinen Ort, in welchem sie erfolgte, sehr trübe Zeit.

Biel[1]), das einst von Rudolf von Habsburg einer Belagerung werth geachtet und noch im XVI. Jahrhundert wegen der Mannhaftigkeit seiner Bürger bekannt, durch treue Hülfleistung in den Burgunderkriegen sich die Ehre erwarb, als zugewandter Ort mit Sitz und Stimme an der eidgenössischen Tagsatzung anerkannt zu werden, war allmälig jenem gemüthlichen Stilleben verfallen, das im Lauf des vorigen Jahrhunderts die mehrsten Schweizerstädte mit dem Schimmel des Spießbürgerthums überzog. Unterlagen dem selbst die größern Städte, wie Zürich, Bern und Basel, wie viel mehr mußte es das Schicksal einer kleinen Ortschaft sein, die, eines Gebietes entbehrend, mit welchem sie lebendige Wechsel= beziehung hätte unterhalten können, in sich selbst kaum 2000 Bürger zählte, deren fast ausschließliche Beschäftigung, einige kleine Aemtlein abgerechnet, in der Benützung des zudem sehr beschränkten Bodens bestand.

Biel besaß zwar eine vollständige, denjenigen der Städte=Kantone nachgebildete Organisation als Stadt und Staat; aber sein eigentliches Gebiet erstreckte sich nur über drei zur Parochie gehörige Dorfschaften. Die Beziehungen zum ehemaligen „Pannergebiete," dem sogenannten

---

[1]) Das Folgende ist meistens, nur in etwas abgekürzter Form, einer schriftlichen Aufzeichnung Blöschs entnommen.

Erguel (St. Immerthal), welche zur Zeit der Reformation und in Folge derselben eigentlicher Staatshoheit nahe kam, waren allmälig lockerer geworden und am Ende des XVIII. Jahrhunderts, nach einigen Versuchen von Umgestaltung, zu kaum noch nomineller Bedeutung herabgesunken, bis die französische Revolution sie vollends löste.

Eine Zeit lang schien dieser Orkan das stille Gelände am untern Jurasee unberührt lassen zu sollen. 1792 bemächtigte sich Frankreich Pruntruts und einiger andern zum deutschen Reiche gehörenden Gebietstheile des Bisthums Basel. Durch eine unter'm 27. August 1792 zwischen den Commissären der Nationalversammlung bei der Armee des Oberrheins, und der Stadt Biel, — vertreten durch Blösch's mütterlichen Großvater, den **Bürgermeister Alexander Moser**, und seinen Großoheim, Dr. Med. **Neuhaus**, — abgeschlossene Convention ward festgesetzt, daß die französischen Truppen kein schweizerisches Bundesnoch dem Bunde zugewandtes Gebiet, namentlich weder Pierre Pertuis noch die Probstei Münster betreten sollen.

Dieser Vertrag zog Biel die lebhaftesten Vorwürfe Bern's zu, welches doch später nichts that, den Bundesgenossen gegen den gewaltthätigen Nachbarn zu schützen; allein er gewährte nur eine kurze Ruhe. Im Spätjahr 1797 dienten die Rechte, welche dem Bischof von Basel im Münsterthal und im Erguel zustanden, zum Vorwand, auch diese Landschaft zu besetzen. Zum Erguel gehörten aber auch die dießseits des Jura gelegenen Dörfer Pieterlen, Meinisberg und Reiben; diese erhielten daher französische Besatzung, und in Folge dessen kam es zu einem neuen Abkommen. Nach diesem war der Commandant der französischen Truppen im Jura berechtigt, einen Posten, welcher in Pieterlen lag, in gewissen Fristen abzulösen und zu dem Ende den einzigen Verbindungsweg von Reuchenette über Bözingen, also über Bielergebiet, zu benützen, nur sollte Biel jedesmal 24 Stunden zuvor in Kenntniß gesetzt werden, damit es die Ablösungsmannschaft militärisch geleiten lassen könne.

Eine solche Ablösung war für den 5. Februar 1798 angesetzt und ein Offizier der Bieler Milizen, Major Daxelhofer, ritt der erwarteten Abtheilung entgegen; aber als er auf der Höhe ob Bözingen, bei den sogenannten „Stühlen," ankam, stieß er auf ein Corps von circa 4000 Mann, unter den Befehlen des Generals Nouvion aus Delsberg, welcher eröffnete, daß er Weisung habe, Biel zu besetzen; und gleichen Abends noch zog ein Theil der Franzosen in die Stadt ein, ohne daß weder am Orte selbst Widerstand versucht, noch von Seiten Berns eine Hand geregt wurde, um den Schlag abzuwenden. Es geschah derselbe vielmehr nicht ohne Wissen und sogar Mithülfe einzelner Bürger; einer derselben ritt neben dem General zum Thor herein; das Haus des Bürgermeisters Moser wurde am 6. Februar besetzt und seine Papiere unter Siegel gelegt.

Damit war Biel von der Eidgenossenschaft abgelöst und als ein Theil des Département du Mont Terrible, später des Haut Rhin, mit der großen Republik vereinigt. Wenige Wochen später erfolgte der Angriff gegen Freiburg, Solothurn und Bern, der nach kurzem Kampfe mit dem Untergang des alten Schweizerbundes endete.

Verschiedene Festlichkeiten sollten die Ankunft der Franzosen als den Beginn einer neuen Zeit verherrlichen[1]); allein zunächst begann für den Ort nur eine Reihe schwerer Prüfungen; die nächste und unmittelbarste war, außer der Last militärischer Einquartierung, die noch brückendere enormer Abgaben[2]). Um beide weniger fühlbar zu machen, oder um einen Ersatz zu gewinnen, der zugleich als revolutionärer Köder dienen sollte, wurde das Gemeindevermögen sofort vertheilt[3]). Selbst die Armengüter blieben nicht verschont, ja die Habsucht und Gemeinheit ging so weit, daß mehrmals, doch ohne Erfolg, beschlossen wurde, die Kirchenglocken und die Orgel, sogar die Kirche selber öffentlich zu versteigern, und daß man kostbare historische Andenken, wie z. B. vier silber=vergoldete Trinkschalen Karls von Burgund, welche Biel nach der Schlacht bei Murten als Beuteantheil zugefallen waren, um den bloßen Metallwerth an einen Goldschmied veräußerte. Das gleiche Schicksal war auch der herrlichen Pasquartpromenade zugedacht und bereits mit dem Fällen einiger Bäume der Anfang gemacht, als auf die Vorstellungen eines angesehenen Bürgers der französische Truppenkommandant sein Veto einlegte.

Die nunmehrige Verwaltung war höchst einfach und nach dem Geiste der ganzen neufranzösischen Administration organisirt. Im Grunde war sie ausschließlich Sache des Meyers, dieser aber vom Consul, später dem Kaiser, bestellt und nur ihm verantwortlich; und wenn dieser Zu=stand für Viele schmerzlich abstach gegen den vorangegangenen der Miniaturrepublik, so war derselbe doch nicht ohne Vorzüge. Als eines

---

[1]) An einem solchen Freiheitsballe mußte die Tochter des Bürgermeisters — Blösch's Mutter — gezwungenen Antheil nehmen, wie der Schreiber dieses sie noch oftmals hat erzählen hören.

[2]) Nach einer von Blösch angerufenen Quelle belief sich die Summe dessen, was Biel im ersten Jahre seiner Vereinigung mit Frankreich zu bezahlen hatte — Mauth= und Zollgebühren ungerechnet — auf Fr. 270,000.

[3]) Diese letztere Absicht läßt sich schon aus der Eile erkennen, womit die Sache betrieben wurde: Am 5. Februar Abends zogen die Franzosen in Biel ein und schon am 8. folgte die Niedersetzung eines Ausschusses zur Einleitung der Theilung.

ihrer Verdienste werden bezeichnet die vortreffliche Polizei, welche die
äußere Ruhe und Ordnung in einer Weise handhabte, von der die
Bewohner des zugewandten Ortes keine Ahnung gehabt hatten. Die
Aufgabe der Verwaltung war übrigens keine leichte, denn durch die
Theilung der Burgergüter hatte die Gemeinde fast alle ihre Hülfs=
quellen eingebüßt. Mühsam wurden in den ersten Jahren neuerdings
Fr. 1000 zur Bestreitung der allerdringendsten Ortsbedürfnisse, der
öffentlichen Brunnen, des Straßenpflasters 2c. zusammengelegt. Später
besserte sich die Lage einigermaßen, indem es unter Anderm gelang,
infolge von Verhandlungen, deren Ursprung und Verlauf nicht genau
bekannt geworden sind, einen Theil der ehemaligen Stadtwaldungen wieder
an die Gemeinde zu bringen. Auch gab die französische Gesetzgebung
derselben einige Einkünfte, wie ein Octroy und Anderes. Aber selbst
am Schlusse dieser Periode betrugen die gesammten Einnahmen des
Orts nicht über Fr. 10,000[1]).
     Die zwei lästigsten Folgen der Einverleibung in Frankreich für die
Stadt Biel waren die Gränzsperre und die Conscription. Die Wirkung
der erstern auf die kleine, zwischen den See und den Jura eingekeilte
Ortschaft mag darnach bemessen werden, daß zur Zeit der Continental=
sperre das Pfund Kaffee in Biel bis 40 Batzen kostete, während der
Preis desselben in dem nur eine Viertelstunde weit entfernten, aber
bernischen Nidau nur 8—10 Batzen betrug. Daß unter diesen Umständen
der Schmuggelhandel mit aller seiner Demoralisation aufblühte, war
mehr als natürlich; kam es doch selbst zu ernstlichen Gefechten mit den
Douaniers[2]).
     Noch weit drückender aber war die Conscription, die in Folge der
endlosen Kriege zur eigentlichen Blutsteuer wurde. Hierin lag etwas
der Bevölkerung ganz Unbekanntes, und Anfangs überließen Viele sich
dem Wahn, Biel werde davon verschont; aber der Irrthum dauerte
nicht lange, bald mußte das erste Contingent zur Armee geliefert werden.
Das Verfahren dabei war das Gewöhnliche: das Loos hatte die Pflich=

---

[1]) Nach einer Notiz Blösch's sind in der am 2. April 1806 passirten Rechnung von
1805 die Einnahmen mit Fr. 8416. 16 a. W. verzeichnet, die Ausgaben mit Fr. 8145. 19.
In einer spätern, von 1812, die letztern sogar mit bloß Fr. 4615. 32. Dagegen betrugen
1830 die Einnahmen Fr. 33,137. 41 a. W. und die Ausgaben Fr. 32,811. 82. Im Jahr
1862 aber wurden neben Fr. 43,624. 48 an ordentlichen, noch Fr. 330,521. 94 an außer=
ordentlichen Ausgaben (hauptsächlich für Schulhausbauten) bestritten.

[2]) Unter den Papieren Blösch's findet sich noch eine Quittung für Fr. 375, welche
der Großvater Moser bezahlen mußte, als der Stadt zur Sühne für einen bei solcher
Gelegenheit getödteten Grenzwächter eine Contribution von Fr. 7500 auferlegt worden war.

tigen bezeichnet und Wein und Musikbegleit sollte dem Abmarsch etwas Festliches geben; allein sie erhitzten die Gemüther ohne sie zu täuschen; die Abreise war eine häßliche Scene; der Weg führte bei der Wohnung des Großvaters Moser vorbei, und unter dem Vorgeben, daß ihn die Schuld ihres Unglücks treffe, beleidigten die Wüthenden seine Familie; die Großmutter befand sich mit den Kindern vor dem Hause; sie wurden beschimpft und mit Steinen beworfen, ebenso der herbeieilende Pächter.

Für die Familie, in deren Mitte später Blösch geboren wurde, kamen überhaupt zu den Uebeln, welche Alle trugen, noch besondere hinzu.

Daß der oben genannte mütterliche Großvater durch die Revolution seine amtliche Stellung verlor, lag in der Natur der Dinge; es wurden Versuche gemacht, ihn für die französische Verwaltung zu gewinnen; er lehnte sie ab und zog es vor, obwohl er nur ein bescheidenes Vermögen und fünf Kinder besaß, sich in's Privatleben zurückzuziehen. Er hatte zuerst Medizin, dann Jurisprudenz studirt und sich den Grad eines Doktors der Rechte erworben; aber welche Verwendung konnten seine Kenntnisse finden in dem Winkel, auf welchen er angewiesen war, gesetzt, der Geist der amtlichen und außeramtlichen Kreise hätte ihm erlaubt, die Advocatur auszuüben? Zudem hatte er, kurz nachdem Biel französisch geworden, einen schweren Fall gethan, welcher vollkommene Lähmung zur Folge hatte. Er lebte meistentheils auf der eine Viertelstunde von der Stadt entfernten Besitzung, damals nach ihrer frühern Bestimmung „Siechenhaus" genannt (jetzt Lindenhof), und widmete Zeit und Kräfte der Erziehung seiner Kinder, von denen die zwei Söhne mit schweren Opfern vom Militärdienst losgekauft werden mußten. Glücklicher Weise stand ihm eine eben so verständige als aufopfernde Gattin zur Seite, die Schwester des damaligen Stadtschreibers Dr. Med. Neuhaus, denn ihr mußte unter den obwaltenden Umständen vorzugsweise die Last des Hauswesens und der Kindererziehung auffallen.

Für die väterliche Familie Blösch's war die französische Herrschaft nicht minder eine Quelle schwerer Prüfungen. Das Haupt derselben, Benedict Blösch, saß vordem im sogen. „kleinen Rathe"; aber seine ökonomische Existenz beruhte nicht auf dieser amtlichen Stellung; er besaß eine Bäckerei und verband damit, nach der Sitte der Zeit, eine Wirthschaft, zu der der eigene Rebbesitz größtentheils den Bedarf lieferte; dazu führte er einen bedeutenden Kornhandel, und zwar mit eben so viel Geschick als Erfolg. Allein der thätige Mann, von welchem einige noch dem Gedächtniß erhaltene Züge auf große Unabhängigkeit des Charakters und einen gewissen alten Bürgertrotz schließen lassen, starb plötzlich 1796 und hinterließ eine Wittwe mit vier Kindern. Diese

kam zwar nicht in Noth; es blieb ihr, trotz eines schweren Brand=
unglücks, das kurz zuvor sein Haus betroffen, ein für die Verhältnisse
des Orts ansehnliches Vermögen; allein sie wußte dieses nicht gehörig
zu verwalten; die Erziehung der Kinder erforderte große Opfer; dazu
waren unter diesen drei Söhne, und die Verlegenheiten begannen erst,
als sie erzogen waren; denn nun kam auch für sie die Conscription.

Der Aelteste, Ferdinand, war zwar als solcher vom Militärdienste
frei, nicht so die beiden andern. Der zweite Sohn, Alexander, der
Vater unsers Eduard Blösch, erwarb seine Vorbildung in Orbe, begab
sich im Mai 1794 nach Zürich, wo er zwei Jahre zubrachte und seine
medizinischen Studien begann, setzte diese während drei weiterer Jahre
in Tübingen, wo er den Doctortitel sich erwarb, und in Würzburg
fort, reiste dann nach Wien, wo ihm jedoch, wahrscheinlich seiner Her=
kunft wegen, nur ein kurzer Aufenthalt gestattet war, brachte noch ein
Semester in Berlin zu und kehrte Anfangs 1801 nach Hause zurück.
Der Mißmuth über den Zustand seiner Vaterstadt und die Besorgniß
vor der Conscription trieben ihn jedoch bald wieder fort, und er hielt
sich, versehen mit einem Passe, der ihn als Bürger von Twann, also
als Angehörigen Bern's bezeichnete, meist auf Reisen in Italien auf.[1]

Wieder heimgekehrt, widmete er sich mit großem Erfolg der medizi=
nischen Praxis und trat im Juni 1802 mit der ältesten Tochter des
gewesenen Bürgermeisters, Luise Moser, in die Ehe. Er war ein
Mann von mehr als gewöhnlicher Größe, hager aber kräftig gebaut
und sehr lebhaften, muntern Geistes. Wie er seiner Militärpflicht Genüge
geleistet, ist unbekannt; möglich ist, daß sein Beruf ihn befreite. Um
seinen bedeutend jüngern Bruder Ludwig von demselben zu befreien,
verwickelte er sich in einen langwierigen und sehr gefährlichen Prozeß,
der bis vor den kaiserlichen Cassationshof gelangte und erst durch die
Kriegsereignisse und das Ende der französischen Herrschaft in Biel endlich
abgeschnitten wurde[2].

---

[1] Hier bestritt er sich sogar theilweise seinen Lebensunterhalt durch das Vorzeigen
einer Art von Revolver=Hinterlader, das Werk eines Büchsenschmieds aus Murten, jetzt
in der Waffensammlung des Berner Zeughauses aufgestellt.

[2] Als die immer neuen Aushebungen selbst diejenigen wieder zum Dienste ver=
pflichtete, die sich durch Stellvertretung losgekauft hatten, sollte auch Ludwig zur Armee
abgehen und wurde, obwohl in Bern wohnend, nur dadurch gerettet, daß wiederum sein
Bruder eines Nachts zu Fuß nach Bern reiste und wieder zurück, um ihn unbemerkt
zur Flucht aufzufordern. Er floh nach Luzern und nahm mitten im Winter seinen
Aufenthalt auf dem Rigi.

Anfangs Dezember 1813 erfolgte die Ankunft der ersten alliirten Truppen. Es war das Corps des Generals von Bubna, das in Basel die schweizerische Gränze überschritten und von Genf nach Lyon marschiren sollte. Der Durchmarsch dauerte fast den ganzen Tag und hätte, da Biel französische Gränzstadt war, für die Vaterstadt von schlimmen Folgen sein können. Kinder und Gesinde betrachteten das ungewohnte Schauspiel aus einem Fenster, in welchem sich Blumentöpfe befanden. Plötzlich stürzte einer dieser Töpfe auf die Straße mitten unter die Soldaten; glücklicherweise jedoch wurde Niemand getroffen. Ein Schluß auf Feindseligkeit wäre sehr unberechtigt gewesen, denn die Familie Blösch war über das, was vorging, hoch erfreut; besonders gilt dieses vom Vater, der von jeher den Franzosen abgeneigt, den Einziehenden entgegen gegangen war; er hoffte auf Wiedervereinigung mit der Schweiz, und sah im Einmarsch der Alliirten die Vorbereitung dazu. Derselbe sollte aber zunächst ganz andere Folgen haben.

Mit der östreichischen Armee kam auch das Lazarethfieber nach Biel; dasselbe theilte sich sofort der Civilbevölkerung mit und forderte zahlreiche Opfer; im Bürgerspital, dem sogenannten Kloster, mußte ein Militärlazareth eingerichtet werden; die Truppen waren ohne Aerzte, man requirirte daher die Medizinalpersonen des Orts, auch Vater Blösch wurde in Anspruch genommen. Er entsprach dem Rufe, aber bald fühlte er sich selbst vom Typhus ergriffen. Am 21. Februar 1814 erlag er demselben, erst 36 Jahre alt, und hinterließ der um ein Jahr jüngern Wittwe vier Söhne; etwa einen Monat später kam zu denselben noch ein Töchterchen, für dessen Taufe der Familienfesten sehr geneigte Vater bereits Anstalten getroffen hatte.

Eduard, der dritte der Brüder, war erst sieben Jahre alt, als er den Vater verlor, aber er bewahrte noch die deutliche Erinnerung an die lange Gestalt mit dem gepuderten und bezopften Haupt, die ihn nach dem Schluß der berühmten Weinlese von 1811 in das Pfarrhaus geführt hatte, um in die Schule zu treten.

In welche Lage die Mutter sich durch dieses Ereigniß versetzt sah, ist schon angedeutet worden: sie war nicht ohne Anwartschaften, aber fast ohne Vermögen; dabei dauerten die kriegerischen Vorgänge, die Durchmärsche der Truppen, bald schweizerischer, bald fremder, mit allen ihren Folgen fort, und kaum waren diese Stürme vorüber, so kamen die Jahre des Mißwachses und der Theurung. Die Familie hatte schwere Zeiten. Die ökonomischen Verlegenheiten waren zudem nicht das einzige, was die Mutter zu tragen hatte. Im Jahr 1816 verlor sie ihren ältesten Sohn, **Alexander**, einen Knaben von un= gewöhnlichen Geistesgaben, die sich außerordentlich früh entwickelt hatten, so daß die körperliche Ausbildung darunter litt und der Knabe an Er= schöpfung starb, erst 12 Jahre und 2 Monate alt [1].

Sein Tod war für die Wittwe ein herber Schlag, dem kurze Zeit hernach durch den Hinscheid der Schwiegermutter ein dritter folgte; aber die seltene Frau war durch ihre körperliche und geistige Ausstattung dagegen gewappnet und ließ sich nicht beugen, sondern kämpfte sich durch Alles hindurch und ging, vom Unglück nur gestärkt, der Zukunft muthig entgegen.

Die nächste Folge des Aufhörens der französischen Herrschaft in Biel war der Versuch, den vorangegangenen Zustand wieder herzustellen. Am 4. Januar 1814 trat die alte Magistratur unter dem Titel: „Räth und Burger" wieder zusammen und ernannte einen Ausschuß, der dann während einiger Zeit als „Regierungsrath" die Verwaltung führte. Auch Alt=Bürgermeister Moser betheiligte sich an diesem Schritte, und wurde zu dem Ende, da er zum Gehen unfähig war, auf das Rathhaus getragen, wo er am genannten Tage zum ersten aber auch einzigen Male wieder präsidirte.

Dieser Restaurationsversuch fand Unterstützung in einer Pro= clamation des Fürsten Schwarzenberg, vom 12. Januar, welcher, da Biel sich wieder als selbständiger Theil der schweizerischen Eidgenossen= schaft constituirt habe, die Generalintendantur anwies, dem gemäß gegen die Stadt und ihr Pannergebiet zu verfahren. Allein das Unternehmen war nicht von Dauer, sofort bildeten sich Parteien und es entstand Opposition, und wenn auch die Motive dieser letztern vorwiegend per= sönlicher Natur sein mochten, so diente sie doch dazu, den angedeuteten Zweck zu vereiteln. Bürgermeister Moser trat alsbald wieder zurück und nahm hinfort keinen Theil mehr an der Verwaltung seiner Vater= stadt. Diese blieb während fast zwei Jahren in einem Zustand, den man am gelindesten mit dem Ausdruck „gemüthlicher Anarchie" wird bezeichnen können, und der, nach einem eben so fruchtlosen Versuche,

[1] Er verschlang alle Bücher, die ihm in die Hände fielen, und versuchte, da doch die Mutter, wie er sagte, nicht vermögend sei, ihm solche zu kaufen, selbst deren zu schreiben. Bei seinem Tode hinterließ das Kind nebst einer Menge von zum Theil noch vorhandenen Zeichnungen, Landkarten und Papierausschneidereien, die ein weit höheres Alter voraussetzen lassen, auch verschiedene weitläufige Arbeiten geschichtlichen Inhalts, so eine römische, eine mongolische, eine jüdische Geschichte, sämmtlich mit Handzeichnungen. Eine besondere Eigenschaft des Knaben war seine tiefe Religiosität, die sich in manchen in der Erinnerung der Seinen lebenden Zügen offenbarte.

sich vom Wiener=Kongreß als selbständigen Kanton anerkennen zu lassen, im November 1815 mit der Vereinigung mit Bern aufhörte.

Diese Zwischenperiode der sogen. „provisorischen Zeit" war eine höchst betrübte. Zwar von der französischen Gewaltherrschaft und ihrer Beigabe, der Corruption, der Gränzwächter — oder Gablour, wie man sie nannte — und dem Steuerdruck war man befreit, aber auch von der festen Verwaltung, der guten Polizei und der gesicherten Ord= nung, und in gewisser Beziehung entwickelten sich die Wirkungen des gestürzten Systems nun erst in bedenklichster Weise. Statt daß die Hülfsmittel der Stadt einen Zuwachs erhalten hätten, versiegten noch einzelne Einnahmsquellen. Die Stadt selbst war im gräulichsten Verfall; kaum war während der 15 Jahre ein Haus gebaut, kaum eines reparirt worden; das Grundeigenthum hatte geringen Werth und war schlecht bebaut, Handel und Gewerbe gab es — eine Indiennefabrik abgerechnet — nichts was dieses Namens werth, und selbst der Detailhandel hatte sich, der Mauth wegen, meist nach Nidau gezogen.

Während längerer Zeit wurde gar keine öffentliche Schule gehalten, da die Schulhäuser zu Militärzwecken dienen mußten. Einige wohl= habende Familien hatten eine Privatanstalt errichtet, aber diese kam zu keinem Gedeihen, und die Mutter Blösch hatte es nicht zu bereuen, daß sie ihre drei Knaben lieber in keine Schule schickte, als in diese.

Auch in sittlicher Beziehung sah es trübe aus. Blösch äußerte sich darüber selbst: „Von Bonstetten sagt irgendwo: ‹L'oisiveté est la lèpre des petites villes.› Wenn dieß wahr ist, und meine Erfahrungen stimmen damit überein, so läßt sich annehmen, daß die sittlichen Zustände in Biel schon vor der Ankunft der Franzosen Manches zu wünschen gelassen haben, denn an ernsterer Thätigkeit mangelte es in hohem Grade. Allein durch den Schlamm und das Gerölle, womit die Fluth zuerst des revo= lutionären, dann des kaiserlichen Frankreich den spießbürgerlichen Boden des Orts überdeckte, wurde die Sache nicht besser, und eben so wenig war die Uebergangszeit den sittlichen Interessen förderlich. Ich selbst, fügte er bei, bin mir noch jetzt der Schlacken bewußt, welche diese Kriegs= jahre meinem Geiste angefügt haben." Und doch trugen manche Umstände dazu bei, ihn und seine Brüder diese Uebelstände weniger empfinden zu lassen, als die meisten ihrer Altersgenossen; so vor Allem die bessere Aufsicht unter den Augen einer trefflichen Mutter. Diese verstand es in seltener Weise, mit Knaben umzugehen und mit ihrer einfachen, tiefen Frömmigkeit und praktischen Lebensweisheit, mit ihrem, hohen sittlichen Ernst und fröhlichsten Humor mit einander verbindenden Wesen den jugendlichen Sinn wie anzuregen und zu wecken, so auch zu leiten und in Schranken zu halten. Nach dem Tode des Vaters übte sie auf ihre Kinder einen nachhaltigen Einfluß aus, der um so größer und bedeutsamer war, als dieselben während längerer Zeit gar keine Schulen besuchten.

Eine besondere geistige Einwirkung theils der Bewahrung vor dem Müßiggang, theils aber auch positiver Anregung zu praktischem Blick und Geschick schrieb Blösch selbst noch in spätern Jahren der Natur seiner Jugendspiele zu. In einer Dachkammer, welche die Mutter ihnen einräumte, brachten die Knaben ganze Tage damit zu, mit selbstverfertigten Häusern, Soldaten, Thieren, Wagen, Brücken und Schiffen ein vollständiges Abbild des menschlichen Verkehrslebens und der bürgerlichen Thätigkeiten darzustellen und bis auf Sonne und Mond, welche an der Decke angebracht wurden, eine Welt im Kleinen sich zu schaffen und zu regieren; und in dieser kindlichen Beschäftigung dürfen wir vielleicht, wie die ersten Anzeichen allgemeiner Auffassung der menschlichen Dinge und des Triebs zur Bethätigung im öffentlichen Leben, so auch eine nicht ganz gering anzuschlagende Vorbereitung auf den künftigen staatsmännischen Beruf erblicken. In den Sommermonaten wurden dann diese Beschäftigungen in anderer Weise fortgesetzt auf den Höhen des Jura, wo öfters mehrwöchentliche Aufenthalte auf einem der Familie gehörenden „Berge" Körper und Geist der Knaben stählte, die in völliger Ungebundenheit in Wald und Weid herumstreifend sich ihrer selbstgewählten Arbeit überließen und dabei freilich auch manchen unschuldig-losen Streich verübten.

Am 23. November 1815 ward in Biel der Vertrag zwischen den Deputirten des Kantons Bern und den Abgeordneten des Jura unterzeichnet, wodurch dieser Landestheil und mit ihm auch die Vaterstadt an Bern gelangte. Von den übrigen Bezirken des Leberberges mochte diese Wendung mit getheilter Empfindung hingenommen werden, in Biel war sie schließlich Gegenstand fast allgemeiner Freude, und es gilt dieß selbst von dem frühern Haupt der Republik, dem Bürgermeister Moser. In keiner Weise besaß Biel, dieß hatte sich herausgestellt, die nothwendigen Bedingungen eigener politischer Gestaltung und staatlicher Selbständigkeit.

Der Anschluß an Bern und durch dieß an die Schweiz wandelte die Verhältnisse nicht von Heut auf Morgen um, doch legte derselbe den Grund zur Verbesserung der Zustände und machte diese Wirkung in Kurzem schon fühlbar. Vorerst trat wieder eine feste Ordnung an den Platz der Anarchie, und schon dieses war unstreitig eine Wohlthat; aber es blieb dabei nicht, die Regierung von Bern, obschon in dieser

Zeit noch selbst nichts weniger als anregend, wandte den Interessen der Gegend das aufrichtigste Wohlwollen zu. Neben einigen nicht un= bedeutenden Anlagen zur materiellen Verbesserung ist vorzüglich der Gründung eines Gymnasiums in Biel, für diese Ortschaft und für die protestantischen Theile des Jura, als eine der wichtigsten Folgen des neuen Verhältnisses, zu erwähnen. Diese Anstalt war zwar gewisser= maßen durch die Vereinigungsurkunde vorgesehen, indessen war weder die Form der zu gründenden Lehranstalt näher bestimmt, noch der Ort bezeichnet, wo sie ihren Sitz haben sollte. Biel durfte es daher immerhin als einen Vorzug betrachten, als beschlossen wurde, daselbst ein Gym= nasium zu errichten. Es geschah dieß im Jahr 1817, nachdem der Ort, und nicht zum mindesten die älterliche Familie, noch die Prüfung einer halben Hungersnoth durchgemacht hatte.

Vielleicht trug dieser Umstand dazu bei, die Mutter Blösch mit der neuen Schöpfung in nähere Verbindung zu bringen. Ihre Lage war seit dem Tode des Vaters eine schwierige gewesen, sie würde auch in gewöhnlichen Zeiten Mühe gehabt haben, sich und die Ihrigen durch= zubringen, und nun vollends die unaufhörlichen Militärlasten und dann die fast zwei Jahre dauernde Theurung aller Lebensbedürfnisse! Irgend ein Erwerb war unerläßlich.

Da nun die neue Lehranstalt für die protestantische Jugend aller neuen Gebietstheile bestimmt war, so sollte mit derselben ein Pensionat verbunden werden, und der Wittwe Blösch wurde der Antrag gemacht, die ökonomische Leitung desselben zu übernehmen. Sie entschloß sich rasch dazu, die ersten Einrichtungen wurden noch in ihrem eigenen Wohnhause getroffen und bald war hier eine ansehnliche Zahl junger Leute aus allen Theilen des Kantons und selbst aus weiterm Kreise vereinigt, deren leibliche Pflege ganz ihr überlassen war, während ein von den Staatsbehörden bestellter Aufseher Alles, was das Geistige und die Disziplin des Hauses betraf, zu ordnen hatte.

Diese Entwicklung der Anstalt nahm noch zu, als nach etwa zwei Jahren das Gymnasium und mit demselben das Pensionat in den auf der Stelle des ehemaligen Johanniterklosters erbauten Bürgerspital ver= legt wurde, der sich durch Lage und innere Einrichtung für beide Zwecke trefflich eignete und sicher nicht am wenigsten durch die Einsicht und Thätigkeit der Mutter bald zu einer recht stattlichen Anlage wurde [1]).

---

[1]) Die ökonomischen Vortheile, welche diese Stelle bot, waren sehr bescheiden und können eine Vergleichung bieten mit den jetzigen Preisen in ähnlichen Anstalten: Laut Vertrag mit der Regierung bezog sie für jeden kantonsangehörigen Zögling ein jährliches

Der Hauptvortheil, den die Stelle für die Mutter hatte, lag in
der Gelegenheit, ihre Kinder gut zu erziehen, die nun zu den Zöglingen
des Konvikts wie des Gymnasiums gehörten. Hier trat fast militärische
Strenge an den Platz der frühern Zuchtlosigkeit; Carcer und Extra=
arbeiten waren nicht die einzigen Strafarten, die zur Anwendung kamen,[1]
hiegegen bot ein wohlthuendes Gegengewicht der mütterliche Sinn, mit
welchem die Vorsteherin des Pensionats ihre Knaben zu behandeln wußte,
die ihr denn auch das Verdienst des Gelingens zu einem guten Theile
zuschrieben und ihr ohne Ausnahme das dankbarste Andenken bewahrten[2].

Das Gymnasium stand unter der Leitung des geistreichen, im Style
der Zeit fein gebildeten Pfarrers Appenzeller, und hatte das Glück,
zeitweise treffliche Lehrer zu besitzen[3]); die Erziehungsmethode und der
Geist des Unterrichts waren die der damals neuen Pädagogik,
und zwar in so ausgesprochener Weise, daß es nicht selten zu Konflikten
kam mit den Behörden in Bern. Es gelangte das Institut bald zu
einem gewissen Ruf und der Erfolg rechtfertigte ihn; mit Stolz erinnerte
Blösch späterhin daran, daß Zöglinge desselben in den verschiedensten
Stellungen sich ausgezeichnet haben und daß es fast allen höhern Un=
terrichtsanstalten der Schweiz Lehrer geliefert habe; mit mehreren der=
selben verband ihn dauernde Freundschaft[4]).

Er selbst zählte nicht gerade zu den begabtesten Schülern und
zeichnete sich weit weniger aus, als sein ungefähr zwei Jahre älterer
Bruder Cäsar, von dem er überhaupt an natürlichen Anlagen, an
geistiger Lebendigkeit und sogar an Fleiß in jener Zeit bei weitem scheint
übertroffen worden zu sein. Aus einem an diesen Bruder, nach dessen
Austritt, gerichteten Briefe vom Jahr 1822, in welchem er über
mancherlei aus dem Schulleben berichtet, ergibt sich, daß auch bereits
militärische Exerzitien betrieben wurden und daß er selbst der Fahnen=

Kostgeld von 17 Louisd'or, für Kantonsfremde 21 Louisd'or, wogegen sie allerdings für
den ihr überlassenen Raum eine sehr mäßige Miethe zu bezahlen hatte.

[1] „Ich wenigstens," schrieb Blösch später, „bewahre die Erinnerung an Stock und
Peitsche und gedenke der Lehrer, welche sie mich fühlen ließen, eher mit Dank als mit
Unwillen."

[2] J. P. Romang schrieb nach ihrem Tode 1863: „Sehr gut erinnere ich mich noch,
wie sie mich regelmäßig gekämmt hat."

[3] Besondere Dankbarkeit bewahrte Blösch dem einen derselben, Johann Rikli aus
Bleienbach, der seine Jugend in Lausanne zugebracht und dort Theologie studirt hatte.
Mit diesem blieb er noch lange in vertrautem Briefwechsel und nahm sich nach dessen
in Bern erfolgtem Tode in der hingebendsten Weise der mittellosen Familie an.

[4] Professor Miescher in Basel; Romang, früher Professor an der bernischen Aka=
demie; Professor A. Schweizer in Zürich; Agassiz, erst in Neuenburg, jetzt in Boston ꝛc.

träger der kleinen Truppe war; aus einem andern ersehen wir, daß er im gleichen Jahre „im Deutschen" den ersten, „im Lateinischen und Griechischen" den zweiten Preis davon getragen hat.

Dieß waren die Verhältnisse und Umgebungen, in welchen Blösch die ersten Eindrücke empfing und bis zu seinem sechzehnten Jahre aufwuchs. Mochten die ersten Jahre seiner Jugend mit ihren gewaltigen, welterschütternden Ereignissen nicht ohne Einfluß bleiben auf die Phantasie des Knaben, ihm die Richtung geben auf die allgemeinen großen Interessen und das politische Leben, so waren gewiß die gesetzlosen Zustände, die er mit ansehen mußte, die traurigen Mißstände, unter denen das öffentliche Wesen, wie die eigene Familie schwer zu leiden hatte, nicht weniger dazu geeignet, schon frühe in ihm die hohe Werthschätzung der gesicherten Ordnung und fester Gesetzlichkeit zu begründen, welche alsdann ein so hervorstechender Zug seines Charakters geblieben ist. Gab ihm der Einfluß der Mutter das tiefe, in sich verschlossene Gemüthsleben und den starken Familiensinn, so verdankte er der tüchtigen Geistesarbeit eifriger Lehrer die gediegene Grundlage seiner Kenntnisse, die scharfe Klarheit des geübten Verstandes, die geistige Strebsamkeit und rastlose Thätigkeit. Weckte die Ungebundenheit des frühern Knabenlebens die Selbständigkeit und Selbstthätigkeit, so hat der fast militärische Geist, unter dessen Zucht er die spätern Schuljahre zubrachte, das Pflichtgefühl zu jener fast antiken Strenge ausgebildet, die dann den bestimmenden Grundzug seines Wesens ausgemacht hat.

Im Frühling 1821 verließ der ältere Bruder Cäsar das Gymnasium und das elterliche Haus, um in Zürich die medizinischen Studien zu beginnen. Eduard begleitete ihn mit einem Lehrer und einem andern Schüler, der zum gleichen Zweck die Reise machte, und zwar zu Fuß, über Zofingen und Bremgarten.

Im Herbst 1823 kam die Reihe auch an ihn selber. Die Wahl eines Berufes fiel ihm schwer; eine gewisse Neigung zog ihn ebenfalls zur Medizin, besonders zur Chirurgie, aber die Mutter war der Ansicht, daß es nicht passend sei, zwei Brüder das gleiche Fach ergreifen zu lassen, andere Familiengenossen stimmten bei und riethen zur Jurisprudenz. Obschon Eduard gegen diese sogar Abneigung empfand, entschloß er sich dennoch dazu, besonders bewogen durch den damaligen Stadtschreiber in Biel, den ältern Bruder seiner Mutter, der seiner Zeit in Bern Jura studirt hatte und ihn seinem gewesenen Lehrer, Professor Samuel Schnell, zu empfehlen versprach.

Von der Mutter geleitet kam er nach Bern, erst 16½ Jahr alt, und wurde bei Oberst Stettler, obrigkeitlichem Salpeterverwalter, tausch= weise untergebracht.

Neben den Fachstudien, mit denen er sofort den Anfang machte, besuchte der junge Student auch philologische und mathematische Vor= lesungen, die erstern bei Jahn, die letztern bei Trechsel; und der Mutter, welche ihm den Wunsch ausdrückte, daß er das Griechische auch nicht versäumen möchte, gab er zur Antwort, „daß er für sich die Odyssee in's Lateinische übersetze."

Seine Stimmung hinsichtlich der Jurisprudenz änderte sich bald. Ohne Zweifel trug am meisten dazu bei die Persönlichkeit von Samuel Schnell, dem Hauptlehrer der Fakultät, und insbesondere die aus= gezeichnete Freundlichkeit, womit ihn dieser vom ersten Tage an be= handelte.

„Schnell war kein populärer Lehrer, er hatte außer dem Hörsaal wenig Verkehr mit den Studenten; aber er erfüllte die Pflichten seines Amtes mit der größten Gewissenhaftigkeit und vereinigte mit einer be= deutenden Summe positiven Wissens eben so viel Geist als praktischen Verstand, und da er selbst die Advokatur während Jahren ausgeübt, auch mehrere Jahre dem obersten helvetischen Gerichtshof angehört hatte, so konnte es nicht fehlen, daß seine Vorträge eben so anregend und belehrend, als fleißig bearbeitet waren." Auf Blösch, „der sich von ihm bald außerordentlich angezogen fühlte," übte er großen und in mehrfacher Hinsicht entscheidenden Einfluß aus. Neben Schnell zählte die Fakultät nur noch einen Lehrer, Professor Henke, einen ebenfalls hochgebildeten und geistreichen, aber wenig praktischen Mann, dem die Fächer des Staats= und des Strafrechts zugetheilt waren.

Mit der damals verhältnißmäßig sehr ansehnlichen Zahl von Stu= denten kam Blösch sehr wenig in Berührung, obwohl er während einiger Zeit dem im Jahr 1819 gestifteten „Zofingerverein" angehörte, der damals alle strebsamen jugendlichen Geister der höhern schweizerischen Lehranstalten mit einander verband. Außerordentliche Schüchternheit und Neigung zu stiller Arbeit hielten ihn fern vom studentischen Leben.

Im Mai 1825 hatte er die große Freude, seiner Mutter melden zu können, daß sein Freund Calame aus Neuenburg, — einer der wenigen, mit welchen er nähern Umgang hatte, nachher Staatsrath und Tag= satzungsgesandter, — für die Lösung der juridischen Preisfrage den ersten, er selbst den zweiten Preis erhalten habe. Im folgenden Jahre gelang es ihm, von Samuel Schnell zur Erneuerung des Versuchs aufgemuntert, den ersten Preis sich zu erwerben, jedoch getheilt mit einem andern Konkurrenten.

Während seines Aufenthalts in Bern fielen wichtige Veränderungen im älterlichen Hause vor. Im nämlichen Briefe, in welchem die Mutter ihm ihre Freude ausdrückte über die erlangte Auszeichnung, mußte sie ihm den Tod ihrer eigenen, seit mehreren Jahren kindisch gewordenen Mutter melden, welcher ungefähr ein Jahr zuvor der Großvater, der mehrerwähnte Bürgermeister Moser, vorangegangen war.

Während der ältere Bruder in Göttingen und Berlin seine Studien fortsetzte, verließ nun auch die erst zehnjährige Schwester und bald darauf auch der jüngere Bruder, Fritz, das Haus, die eine, um einer sogenannten Pension anvertraut zu werden, der andere um, nach been-digter Handelslehre, in Paris, in der école centrale des arts et métiers, seine gewerbliche Ausbildung zu vollenden, so daß nun die wenig be-mittelte Wittwe zu gleicher Zeit vier Kinder in der Fremde zu erhalten hatte.

Im Frühling 1826 verließ Eduard die Akademie, an der er fünf Semester zugebracht, veranlaßt theils durch den Wunsch nach praktischer Beschäftigung und Uebung, deren Mangel er empfand[1]), theils durch die Sehnsucht nach der Mutter. Auf ihren Wunsch sollte er sich nun nach Heidelberg begeben; er schob die Reise hinaus und blieb in Biel. Der Oheim, Stadtschreiber Moser, erbot sich, ihn mit Arbeit zu ver-sehen und es wurde ihm die Ordnung des nicht unbedeutenden städti-schen Archiv's anvertraut, das er nicht nur ungeordnet, sondern in zwei Räumen vertheilt, zum größten Theil zerstreut am Boden liegend und Vieles davon durch die Feuchtigkeit zerstört antraf, so daß die Arbeit mit Schaufel und Besen begonnen werden mußte[2]).

Unterstützung fand er für dieselbe keine, da das Interesse dafür völlig fehlte; ein einziges Mal kam der Bürgermeister aus Zufall hinzu, da die Thüre offen stand, drückte seine Verwunderung aus, daß die Sache noch nicht beendigt sei und ging mit der Bemerkung fort: „Es ist gut, daß es auch Narren gibt mit solchen Liebhabereien." Größere

---

[1]) Er hatte diesem abzuhelfen gesucht auf dem Bureau eines jüngern Anwalts, in welchem er Zutritt erhielt, aber seine erste Arbeit, eine Vorladung vor den Friedens-richter, war unbrauchbar. In einem Praktikum, zu welchem S. Schnell sich hatte bestimmen lassen, fielen, wie er selbst sagt, seine schriftlichen Versuche nicht unbefriedigend aus, bei einem mündlichen Vortrag hingegen half ihm nur sein gutes Gedächtniß durch, denn seine Schüchternheit ließ ihn dabei nichts sehen und nichts hören.

[2]) Während der sogenannten provisorischen Zeit hatte der eine dieser Räume längere Zeit offen gestanden und Kindern und Erwachsenen als Fundgrube alten Papiers gedient.

Anerkennung fand er von Seiten der schweizerischen geschichts=
forschenden Gesellschaft. Infolge dieser Arbeiten und von Aus=
grabungen, die er in Gemeinschaft mit seinem Bruder und einigen
Lehrern des Gymnasiums nach den Ueberresten des untergegangenen
Petinesca unternahm, wurde er im März 1830 unter die Mitglieder
jener Gesellschaft aufgenommen.

Nachdem diese Beschäftigung beinah ein ganzes Jahr in Anspruch
genommen und der Aufenthalt in dem feuchten, ungeheizten Raume ihm
eine ziemlich gefährliche Erkältung zugezogen hatte, mußte ernstlich an die
Fortsetzung der Fachstudien gedacht werden. Auf den Rath der Seinen
entschloß er sich, nach Heidelberg zu ziehen, das er in Begleit seines
Freundes und spätern Schwagers Lichtenhahn aus Basel im April 1827
nach kurzer Reise erreichte.

Ein hartnäckiges Unwohlsein und mächtiges Heimweh, das nie völlig
überwunden wurde, störten die Freude und den Genuß dieses Aufent=
halts, ohne doch dem Zweck desselben allzusehr hinderlich zu sein. Mit
großem Fleiße besuchte er seine Vorlesungen, vorzüglich bei Mitter=
maier, Thibaut, Mohrstadt und Schloßer; zu dem erstern, von
welchem er deutsches Privatrecht, allgemeines Strafrecht und Straf=
prozeß, auch mit besonderm Eifer ein kriminalistisches Praktikum hörte,
trat er, durch S. Schnell empfohlen, sogar in nähern Verkehr und
blieb auch später mit ihm in freundschaftlichen Beziehungen.

Vom eigentlichen Studentenleben hielt er auch hier sich völlig fern,
und zwar in dem Maße, daß er sich z. B. durch Enthaltung von einer
großen Studenten=Demonstration im Jahr 1828 dem allgemeinen Ge=
lächter preisgab. Einen Augenblick dachte er daran, sich der Burschenschaft
anzuschließen, die ihm „noch am besten“ gefiel; aber der ältere Bruder,
welchen er zu Rathe zog, scheint ihn abgehalten zu haben. Er ver=
kehrte beinahe nur mit einigen vertrauten Freunden, unter welchen, neben
dem bereits erwähnten Karl Lichtenhahn, besonders Christoph
Burkhardt aus Basel, später Professor und Vertreter seines Standes
bei der Tagsatzung, zu nennen ist. Mit der Mutter blieb er in fleißiger
brieflicher Verbindung und gab ihr wie über Studien und Arbeiten,
so über Zeiteintheilung und Ausgaben seines Unterhalts die genaueste
Auskunft [1]).

---

[1]) Welche Sparsamkeit er sich aus Rücksicht auf die Mutter auferlegte, mag unter
anderm daraus ersehen werden, daß während längerer Zeit sein Frühstück aus einer
Flasche frischen Wassers bestand und einem „kreuzerigen“ Brödchen, dessen eine Hälfte
aufbehalten ward, um dann noch als Abendessen zu dienen. Die Mutter selbst schrieb

Zweimal, im Herbst 1827 und im Frühling 1828, benutzte er die Ferien, um sie zu besuchen und die Heimath wiederzusehen, die ihm durch die schöne Neckarstadt nicht ersetzt werden konnte. Im Herbst 1828 reiste er neuerdings nach Hause, dießmal über Straßburg und Thann, in welch' letzterm Orte die Anwesenheit eines Verwandten einen kleinen Aufenthalt veranlaßte; dießmal konnte er sich nicht entschließen, wiederum nach Heidelberg zurückzukehren, und eben so wenig dazu, nach dem Wunsche der Mutter, noch einige Zeit in Paris zuzubringen. Er blieb in Biel.

Bereits begann der Einfluß einer neuen Zeit sich fühlbar zu machen; mehr noch als in der Hauptstadt war dieß auf dem Lande der Fall, und ganz vorzüglich in den kleinen Munizipalstädten des Kantons. Biel hatte sich dem äußern Ansehen nach seit 1815 wenig verändert, die Bevölkerung war ungefähr dieselbe geblieben, auch ihre Beschäftigung und Lebensweise von der frühern wenig verschieden. Doch herrschte in den Straßen mehr Reinlichkeit, in der Gemeindeverwaltung mehr Ordnung. Hatte das Spießbürgerthum wieder freien Spielraum erhalten, so fehlte es doch auch nicht, freilich erst in einer jüngern Generation, an Elementen, die nach einem freiern und gesundern Leben strebten [1].

ihm: „Deine Einrichtungen in H. scheinen mir ganz gut, nur das Frühstück dünkt mich gar zu frugal."

[1] Als ein Beispiel dafür und zugleich als Zeugniß für den ernsten Sinn, mit welchem Blösch selbst solche Verbesserungen durchzuführen suchte, und als ein Beitrag zu seiner Charakteristik mag folgende Notiz aus seinen Erinnerungen hier wörtliche Aufnahme finden: „Biel besaß eine sogenannte Stadtbibliothek, dieselbe befand sich aber im alleralltäglichsten Zustande. Hierüber kam es eines Tages zwischen einigen Freunden und mir zu einer Besprechung; wir beschloßen eine Reform der Stadtbibliothek zu unternehmen, begaben uns zu dem Ende zu dem Präsidenten der Verwaltung, einem mehr als siebenzigjährigen Greise, Namens Schilling; meldeten uns zur Aufnahme als Bibliothekgenossen und verlangten zugleich die Berufung einer außerordentlichen Versammlung. Wir glaubten, mehr brauche es nicht, um das Ziel zu erreichen, allein Schilling bemerkte höhnisch, um Stimmrecht bei der Bibliothekgemeinde zu besitzen, müße man zehn Jahresbeiträge bezahlt haben. Die Eröffnung war überraschend, aber sie schreckte nicht ab; nach kurzer Berathung ward ausgemacht, daß jeder von uns sein Stimmrecht sich verschaffen müße durch Erlegung von zehn Beiträgen auf einmal. Gesagt, gethan! Wir begaben uns zum zweiten Male zum alten Herrn, legten jeder 40 Franken auf den Tisch und wiederholten unser Begehren. Nun war die Ueberraschung auf Schilling's Seite, er versuchte einige Ausflüchte, es half ihm nicht, die Versammlung fand statt, die ganze verrostete Verwaltung wurde auf den Kopf gestellt und die Bibliothekarstelle ging auf meinen Bruder über, der sie von da hinweg bei zwanzig Jahre lang unentgeldlich besorgte. Diese kleine Revolution hatte an sich wenig Bedeutung, aber sie war ein Zeichen der Zeit.

Einer der eifrigsten unter diesen war Dr. Cäsar Blösch, der, eben nach Hause zurückgekehrt, nach einem glänzenden Examen seine medizinische Praxis begann. Er verband sich zu Ende 1827 mit der geist=vollen Tochter des in Biel wohnenden französischen Arztes Pugnet.[1]) Dadurch hatte die Vaterstadt eine neue mächtige Anziehungskraft auch für Eduard gewonnen, denn auch er war in dieser liebenswürdigen Familie längst wie ein Sohn aufgenommen worden*), und es ist kein Zweifel, daß der Umgang mit dem ausgezeichneten und hochgebildeten Manne nicht ohne wesentlichen günstigen Einfluß gewesen ist für die Entwicklung seines noch auffallend unselbständigen und weichen Cha=rakters[2]).

Allein die Archivstudien, die wieder aufgenommen wurden, konnten keinen Ersatz bieten für das, was sein spezielles Fach von ihm erfor=derte; er mußte sich dazu entschließen, zum zweiten Male nach Bern zu gehen, hauptsächlich in der Absicht, neben dem Besuche der Vorlesungen Gelegenheit zu suchen zur praktischen Uebung. Als ein Versuch, passende Beschäftigung bei einem Advokaten zu erhalten, wieder zu keinem be=friedigenden Ziele geführt, trat er im Sommer 1829 eine ihm angebotene Stelle an als Sekretär bei dem „Centralverhörrichteramte.“ So angenehm das Verhältniß zum Vorstande dieser Behörde war (Herrn Karl Ludwig von Wattenwyl von Malessert), eben so unerfreulich war dasjenige zu dem unmittelbaren Vorgesetzten. Ein heftiger Auftritt mit dem rohen, unwissenden und dabei von patrizischem Dünkel erfüllten

---

Werden übrigens die Mittel bedacht, die dafür zu Gebote standen, so war das Unter=nehmen bedeutend genug; für einige der Freunde mochten die Franken 40 eine Kleinigkeit sein, für mich waren sie es nicht; daß die Mutter nicht anzusprechen sei, verstand sich von selbst, wir verwandten dazu eigene Mittel. Aber welches konnten damals die mei=nigen sein? Dieselben beschränkten sich, bis ich Biel verließ, also noch im siebenzehnten Altersjahr, auf ein wöchentliches Sackgeld von 10 Kreuzern (von denen ich jahrelang zwei Fünftel, nämlich einen alten Batzen, unter dem nämlichen Titel eines Wochengeldes einem armen Knaben gab), und seit ich meine Studien begonnen hatte, verfügte ich über nichts mehr, als was ich den Muth hatte, der Mutter für persönliche Bedürfnisse in Rechnung zu bringen. Die 40 Franken wurden daher von dem aus Tauf= und Neujahr=pfennigen gebildeten sogenannten „Sparhafen“ genommen; dafür aber ward die kleine Revolution mit einem Bewußtsein ausgeführt, wie sie wenige große gewähren mögen: wir freuten uns des Erfolgs und hatten ihn nie zu bereuen.“

[1]) Siehe über Dr. Pugnet: Berner Taschenbuch, Jahrgang 1853.

[2]) „Ich war diesen Winter ungemein viel bei ihnen, oft den ganzen Nachmittag und den ganzen Abend, und je öfter ich dahin ging, je freundlicher ich aufgenommen wurde, je glücklichere Stunden ich unter ihnen verlebte.“ Aus einem Briefe an den ab=wesenden Bruder.

Manne führte nach kaum drei Monaten zum Bruch und zum plötzlichen Aufgeben der Stelle.

Durch diesen Entschluß in augenblickliche Verlegenheit versetzt, begab sich Blösch sofort zu Samuel Schnell, seinem väterlichen Rathgeber; dieser suchte ihn zuerst umzustimmen, stand jedoch endlich davon ab und bemerkte in rascher Wendung: „Ich weiß Euch etwas Anderes: Mein Vetter, Stadtschreiber Schnell von Burgdorf, ist hier und sucht einen Gehülfen. Kommet Nachmittags wieder, ich werde mit ihm sprechen." So geschah es: auf eine Unterredung S. Schnell's mit dem Stadtschreiber folgte eine solche des letztern mit Blösch und in wenigen Minuten waren sie einig.

Nach Verlauf einiger Tage, die noch in Biel zugebracht wurden, langte er im Januar 1830 in Burgdorf an.

Ein Unfall, welcher auf der Reise dem Postwagen zustieß, sollte keine schlimme Vorbedeutung sein, denn damit hat das Schicksal Blösch's eine entschieden glückliche Wendung genommen, deren er sich später nie ohne Rührung erinnern konnte.

Blösch in Burgdorf.

Burgdorf. — Die Familie Schnell. — Die drei Brüder. — Volksstimmung. — Das Schützenfest in Bern. — Die Revolution in Paris.

Die alte Hauptstadt des zähringischen Rektorats Burgund, von deren stolzem Schlosse aus das Auge, eingefaßt in einen Rahmen prächtiger Buchenwälder, in südöstlicher Richtung das breite Thal der obern Emme bis an die Gletschermauern der Berneralpen, und nach Nordwesten hinaus die weiten fruchtbaren Ebenen des untern Emmenlaufs bis zu den blauen Wellen des Jura überblickt, war im Jahre 1384, nach erfolgloser Belagerung, durch Kaufvertrag aus dem Besitz des kyburgischen Grafengeschlechtes zu dem sich rasch vergrößernden Gebiete der Stadt Bern hinzugekommen.

Beim Beginn des XIX. Jahrhunderts kaum 1800 Einwohner zählend, war sie bis gegen die Mitte der zwanziger Jahre höchst spießbürgerlich verwaltet worden. Auch hier drehten sich die Hauptinteressen der Bürgerschaft um die Bürgernutzungen und den Bürgerspital. Für geistige Zwecke wurde wenig gethan, die Bildungsanstalten waren dürftig und verwahrlost[1]). Seit jener Zeit bereitete sich jedoch in allen öffentlichen Verhältnissen des Orts eine Veränderung vor, die später über diesen engen Rahmen hinausging und für die politische Entwicklung des Kantons die wesentlichste Bedeutung erhielt. Die hauptsächlichsten Förderer dieser Bewegung waren die Glieder der Familie Schnell.

Als der rathlose Rath des Standes Bern im Februar 1798 in der eilften Stunde noch eine Versammlung von Vertretern aller Gemeinden des Gebiets zusammenberief, waren nur zwei Abgeordnete, welche ihre Stimme gegen den Krieg abgaben und sich damit als Anhänger einer neuen Zeit bekannten. Der eine derselben war J. R. Schnell, der Repräsentant von Burgdorf, Advokat und Doktor beider Rechte.

Von diesem und seinem ältern Bruder Samuel stammten zwei Gruppen von je drei Brüdern ab. Samuel hatte sich dem Kaufmannsstande zugewandt und hinterließ seinen Söhnen, Samuel, Rudolf und Franz, ein beträchtliches Vermögen. Der älteste, der des Vaters Namen trug, hatte sich, nachdem er bis in's fünfzehnte Altersjahr beinahe als geistesschwach gegolten, der Rechtswissenschaft gewidmet und war der ebenso gewissenhafte als geistreiche Lehrer der Berner Akademie, welchem Blösch seine Versetzung nach Burgdorf verdankte. An der Spitze des väterlichen Geschäfts stand Rudolf, in dessen Händen das ehemalige „Spezereilädeli“ zur eigentlichen Großhandlung ward; er theilte die Führung desselben mit dem jüngsten Bruder Franz, bis er in Folge einer Uneinigkeit 1824 Haus und Familie verließ und sich in's Ausland begab[2]). Franz, der, weniger hoch begabt, aber nicht ohne tüchtigen Verstand, seit dieser Zeit das älterliche Geschäft mit steigendem Erfolg allein fortführte, war somit zu Ende der zwanziger Jahre von diesen Brüdern der einzige in Burgdorf lebende und nahm an der angedeuteten Bewegung zwar sehr eifrigen und thätigen, aber keinen eigentlich bestimmenden Antheil.

Der Impuls ging von der zweiten Gruppe aus. Von den drei Söhnen Johann Rudolfs lebte der jüngste, Johann, oder, wie er gewöhnlich genannt wurde, Hans, zur Zeit als Professor der Natur-

---

[1]) Pestalozzi, der im dortigen Schlosse seine Erziehungsanstalt eingerichtet hatte, fand bei den Bewohnern des Orts eher Abneigung und Spott, als Sympathie. Der sofort zu erwähnende J. R. Schnell, damals Distriktsstatthalter zu Burgdorf, wird als einer der Wenigen genannt, die sich dem Unternehmen günstig bewiesen. (Morf, Pestalozzi.)

[2]) Es ist dieses der 1856 in Paris verstorbene Gründer der jetzigen „Viktoriaanstalt.“

geschichte ebenfalls in Bern, dagegen wohnten die beiden andern, Johann Ludwig, der älteste, und Karl, der mittlere, in ihrer Vaterstadt.

Die drei Brüder hatten in ihrem Wesen große Verschiedenheiten und ihr äußerer wie innerer Lebensgang war nicht immer derselbe, aber sie hingen unzertrennlich zusammen und handelten, namentlich in allem, was die Angelegenheiten des Orts betraf, in völligem Einklang. Alle drei besaßen bedeutende Gaben des Geistes, welche sie gewissermaßen sich ergänzen ließen [1]).

Hans hatte Medizin studirt, sich jedoch nie eigentlich der Praxis ergeben. Nach Beendigung der Universitätszeit und einem längern Aufent= halte in Paris, der ihn der Familie des frühern helvetischen Ministers Stapfer nahe brachte, war er noch ziemlich jung der Eidam Pro= fessor Samuel Schnell's geworden und bald sein Kollege. Als Lehrer der Naturwissenschaften genoß er wegen seines durch Geist und Klarheit ausgezeichneten Vortrags seltene Popularität. Sein Körperbau war mehr gedrungen als schlank, aber er trug einen herrlichen Kopf mit unvergleichlich schönen Augen voll Feuer und Geist. Die ganze Gestalt hatte etwas imponirendes, und diesem entsprach ein eben so offener und natürlicher als edler Charakter.

Noch gedrungener und kleiner, auch weniger schön, war Karl, der in Bern — im sogenannten Wagner'schen Institut — dann in Iferten seine Vorbildung erhielt und, im Frühling 1807, nach Heidel= berg zog, wo er mit eisernem Fleiß und entsprechendem Erfolg Jura studirte und sich den Doktorgrad erwarb. Im Herbst 1809 nach Hause zurückgekehrt, lebte er einige Zeit lang ohne bindende Stellung bei seinem Vater, dem er neben dem ältern Bruder in Ausübung der Advokatur Aushülfe leistete, wurde 1811 als Notar patentirt und bewarb sich 1813 um die durch Gmelin's Rücktritt erledigte Professur der Rechts= wissenschaft an der kantonalen Akademie. Da er sich aber bereits durch mißbeliebige Aeußerungen die Ungunst der obern Behörden zugezogen hatte, wurde ihm dieselbe versagt, und im Unmuth über diese ihn verletzende Zurücksetzung, wie aus allgemeiner Unzufriedenheit verließ der bereits verbitterte Mann 1816 seinen Heimathkanton, um nach Aarau überzusiedeln, wo er, vorzüglich durch den gewesenen helvetischen Direktor Rengger wohlwollend aufgenommen, ungefähr ein Jahr lang

---

[1]) Blösch urtheilte von ihnen: „Alle drei waren reich an Verstand, an Geist und Gemüth; sollte ich aber kurz bestimmen, worin sie von einander abwichen, so würde ich sagen: beim ältesten J. Ludwig habe das Gemüth, bei Karl der Verstand, bei Hans der Geist vorgeherrscht."

die Stelle eines Rathsschreibers bekleidete. Auf den Wunsch des Vaters
kehrte er nach Burgdorf zurück, trat in Geschäftsverbindung mit seinem
ältern Bruder, damaligem Amtsschreiber von Burgdorf, und übte, als
dieser resignirte, selbständig das Notariat aus. Nach dem Tode des
Vaters hatte er dessen freundlichen Landsitz, das sogen. innere Sommerhaus, übernommen und lebte hier mit einer alten ererbten Magd und
einem Knechte, mit dessen Hülfe er das Gut selbst bebaute. Er war
unverheirathet geblieben, und in diesem Umstand, dessen Ursache schon
mit seinem Patrizierhasse im Zusammenhang stand, lag wohl die Klippe
seines Lebens und der Schlüssel zum Verständniß seines Charakters, in
welchem ein ursprünglich tiefes Gemüth durch eine äußerst reizbare und
empfindliche, ja fast kleinliche und krankhafte Eitelkeit verbittert und
durch einen einseitigen, egoistischen Verstand beinahe unterdrückt worden
war. Durch seine mit eben so viel Leidenschaft als Gewandtheit und
Geschick geführten Prozesse gegen die Uebergriffe der Landvögte hatte
er sich rasch eine ungewöhnliche Popularität gewonnen bei dem Land-
volke, das bald in weiter Umgegend gewöhnt war, für seine Klagen
gegen übermüthige Beamte im „Sommerhaus" beim „Kari" oder „Dökti"
Hülfe zu suchen.

Verschieden von beiden war Johann Ludwig, schon in der
äußern Erscheinung, denn ihn zeichnete ein gewaltiger Körperbau aus
und eine entsprechende Stärke. Schon als Knabe war er ein gewandter
Reiter, auf der Universität ein tüchtiger und gefürchteter Schläger. Er
studirte in Tübingen Jura und an natürlichen Anlagen fehlte es ihm
so wenig als den beiden andern Brüdern, aber die Richtung seines
Geistes war eine verschiedene. Sein Herz war von unerschöpflicher Güte,
sein ganzes Wesen zusammengesetzt aus Milde und Kraft; dabei war er
äußerst bescheiden, fast ohne Bedürfnisse für sich und für andere zu jedem
Opfer bereit.

Von der Universität heimgekehrt, widmete er sich eine Zeit lang
der Advokatur, vertauschte jedoch diese Beschäftigung bald gegen die
Amtsschreiberei. Die Obliegenheiten dieses Amtes brachten ihn in
täglichen Verkehr mit den Oberamtleuten, deren Sekretär er war[1]), und
anderseits mit der Bevölkerung der Gegend; und verschafften ihm dadurch
wie eine sehr genaue Kenntniß der Wünsche und Bedürfnisse des Landes,
so nicht minder einen ziemlich bedeutenden Einfluß auf die Verwaltung
des Bezirks. Dieß wurde in Bern eingesehen und konnte bei dem

---

[1]) In dieser Eigenschaft hat er seine Gattin kennen gelernt.

herrschenden Geiste nicht gefallen;[1] man suchte ihn zu verdrängen und
es gelang. Die Wurzeln seines Einflusses wurden dadurch zerschnitten,
allein die Frucht blieb und gewann, bei der Stimmung, die bereits das
Volk zu durchdringen begann, nur um so größern Umfang, während in
der Seele Schnell's ein Stachel zurückblieb, der auf seine spätere Haltung
in der herannahenden Krisis und dadurch auf diese selbst nicht ohne
Einwirkung war. Er übte von da an — Anfang 1830 — wieder eine
Zeit lang die Advokatur, indem er zugleich die Stelle eines S t a d t =
s c h r e i b e r s in seinem Wohn= und Heimathorte übernahm.

Dieß waren die Männer, in deren Kreis sich B l ö s c h versetzt sah
durch den Eintritt in das Haus des zuletzt genannten Stadtschreibers;
ihre geistige Kraft und Bedeutung konnte ihm nicht lang verborgen sein,
konnte noch weniger ohne mächtigen Einfluß auf ihn bleiben.

Beschäftigung fand er genug in seiner Stellung. Zwar fehlte immer
noch die Berechtigung zum Advokatenberuf, ja selbst, durch die gesetzliche
Beschränkung der Zahl der Patente, die Möglichkeit, sich dieselbe zu ver=
schaffen; aber das Notariatsexamen, das er auf den Rath seines Prinzpals
bestand, gab einigen Ersatz dafür, und die ausgedehnte Praxis des Stadt=
schreibers bot Gelegenheit genug zu der längst gewünschten geschäftlichen
Uebung. Neben der gewissenhaftesten Beobachtung der festgesetzten Arbeits=
stunden wurden auch hier wieder Archivstudien gemacht, welche reiche
Ausbeute lieferten, wie zum Erwerbe historischer Kenntnisse überhaupt
so insbesondere zur gründlichen Einsicht in die geschichtliche Entwicklung
des Gemeindewesens und der sogenannten „Rechtsame"=Verhältnisse.

Bei den Neigungen Blösch's konnte es nicht fehlen, daß er sich sehr
bald auch der F a m i l i e anschloß, in deren Mitte er lebte; zwar hatte
er sein Zimmer in einem andern Hause, aber er theilte die Mahlzeiten
mit der Familie Schnell, und wenige Tage des Verkehrs mit derselben
genügten, ihn erkennen zu lassen, daß er sich unter Leuten nicht gewöhn=
lichen Schlages befand. Das Hausregiment ruhte ausschließlich auf der
Gattin; diese aber, eine Tochter des Rathsherrn Niklaus Samuel Rudolf
Gatschet von Bern, gewesenen Oberamtmanns von Burgdorf,[2] war —
nach Blösch's eigenen Worten — „eine Frau von seltenem Verstande,

---

[1] Schon im Jahr 1815 wurde die Regierung beunruhigt durch eine Versammlung
in Kirchberg, „an welcher die Herren Schnell von Burgdorf, selbst Ihr Herr Amtschreiber
und mehrere Berner beigewohnt haben sollen."

[2] Sie gewann das Herz Schnell's namentlich durch ihre Güte gegen die Gefangenen,
unter welchen besonders eine Kindsmörderin sich ihrer Theilnahme zu erfreuen hatte.
Sie besuchte dieselbe vor ihrer Hinrichtung längere Zeit im Geheimen und versah sie
mit Speise und Kleidern.

voll Geist und Gemüth und von bewunderungswürdigem Takt," und
über das ganze Hauswesen, das außer sechs Kindern meistens noch
mehrere Büreauangestellte umfaßte, wehte ein Duft von musterhafter
Ordnung und feiner Sinnigkeit, von welchem der neue Gehilfe sich sofort
mächtig angezogen fühlte; er erzählt selbst, wie er an einem der ersten
Tage schon einmal unter die Thür des Hauses tretend zu sich selbst
sagte: „Hier bist du glücklich!"

Nicht geringere Befriedigung gewährten ihm die Beziehungen zur
Bevölkerung Burgdorfs, deren gesellschaftliches Leben er durch
Solidität und Einfachheit der Sitten, wie durch geistige Strebsamkeit
in vortheilhafter Weise kontrastirend fand mit dem, was er in Biel
gekannt.

Der Geist einer neuen Zeit beherrschte bereits die öffentliche Meinung
und begann mehr und mehr auch in der Verwaltung des Orts sich
geltend zu machen. Durch freisinnige Oeffnung ihres Bürgerrechts hatte
die Ortschaft sich eine Anzahl Männer gewonnen, welche, wie die Fromm,
Krafft, Meyer, aus Würtemberg gebürtig, durch gemeinnützigen Sinn,
hellen Geist und rege Thätigkeit in der Gemeinde neues Leben weckten.
In einem amtlichen Bericht über die Reformationsfeier des Jahres
1828 lesen wir: „In Burgdorf wurde — bei diesem Anlaß — die
Erbauung eines neuen Bürgerspitals, die Erweiterung des Knaben-
waisenhauses, die Stiftung eines Mädchenwaisenhauses, die Einführung
einer verbesserten Armen- und Schulordnung, ein Geschenk an den Inselspital in Bern und die Stiftung einer Krankenanstalt auch für nicht-
bürgerliche Kranke beschlossen" [1]).

In kurzer Frist waren die Neubauten verwirklicht, und dazu kam
die damals viel bewunderte neue Brücke, welche die obere Stadt mit der
untern verbindet.

Im Jahr 1826 war eine Umgestaltung der alten Stadtmagistratur
erfolgt, und die mancherlei Verbesserungen im öffentlichen Haushalt, für

---

[1]) Von gleicher Gesinnung war ursprünglich auch der später als politischer Verein
zu erwähnende „Schutzverein" beseelt; er strebte an: „Verbindung mit den umliegenden
Gemeinden zu gemeinnützigen Zwecken aller Art, eine Verkommniß zu gegenseitiger Hülfleistung bei Brand- und Wasserschaden, Gründung von Sparkassen, Errichtung gemeinsamer
Anstalten zur Verpflegung der ärmeren Jugend in landwirthschaftlichen Erziehungshäusern,
wie solche musterhaft in Hofwyl unter Wehrli und anderwärts bestehen, Aufstellung eines
oberamtlichen Kranken- und Pfründerhauses, einer Anstalt, worin schlechten, ihrer Gemeinde
zur Last fallenden oder auch nur verdienstlosen Leuten freiwillige oder gezwungene Gelegenheit gegeben würde zu arbeiten." Programm des Schutzvereins vom Mai 1832, mit
der üblichen Unterschrift: Die beauftragten Freunde.

welche dadurch Bahn gebrochen wurde, gaben dem Geiste, aus welchem sie stammten, nur neue Nahrung. Nur um so mehr mußten die Mißstände im Gange der kantonalen und eidgenössischen Angelegenheiten sich fühlbar machen, mußten die alten Verfassungsformen der landesväterlichen Obrig= keit als kleinlich, das Familienregiment als gehässig und die lose Ver= bindung der Kantone unter sich als völlig ungenügend erscheinen. Die Stimmung war bereits der bestehenden Ordnung der Dinge entschieden abgeneigt; das Gefühl allgemeiner Unbefriedigung mit den öffentlichen Zuständen und Formen, das beinah die ganze Schweiz durchdrang, das in den Kantonen Teſſin, Waadt und Luzern bereits zu Ver= faſſungsveränderungen geführt hatte, begann auch im Gebiete Berns überall, selbst in der ländlichen Bevölkerung sich zu regen.

Waren auch die Oberamtleute meistens geachtet, manche sogar sehr beliebt (Wurstemberger in Frutigen, Tscharner in Burgdorf), so hatten doch die Willkührlichkeiten und wohl mehr noch der Hochmuth einzelner „Landvögte," wie sie immer noch genannt wurden, dem sonst in mancher Hinsicht wahrhaft populären patrizischen Regimente auch auf dem Lande das Vertrauen und die Zuneigung der Bevölkerung geraubt; in noch anderer Weise war dieß in den kleinen Städten, namentlich in Burg= dorf der Fall.

Das bürgerliche, auf fachwissenschaftliche Bildung, Geschäftserfah= rung, politische Einsicht und Wohlstand gegründete Selbstbewußtsein ertrug nur unwillig die sozialen[1] und politischen Privilegien eines Standes, der mit sehr seltenen Ausnahmen keinen andern Bildungsgang kannte, als die Offizierscarrière in fremdem Militärdienst, deſſen geistlose Routine nicht mehr als Geschäftstüchtigkeit gelten konnte, deſſen traditionelle Formen diplomatischen Umgangs nicht entschädigen konnten für die völlige Verkennung der realen Bedürfniſſe, der Zustände und Stim= mungen ihres Landes, und der täglich Beweise davon gab, daß seine Institutionen sich überlebt und unfähig seien, den Wünschen einer streb=

---

[1] Wie weit dieser patrizische Dünkel bisweilen gehen und wie verletzend er sich kundgeben konnte, hat auch Blösch einmal erfahren: Als er einst einem Bekannten in Bern, einem Fremden von Bedeutung, den er im Postwagen kennen gelernt hatte, bei einem Besuche als Veranlassung zu seiner Anwesenheit mittheilte, er habe soeben die Prüfung als Notar bestanden, da bemerkte ein zufällig auch gegenwärtiger Berner Raths= herr im Tone gnädigster Herablassung: „Ah, das isch charmant! da chönnet d'r einisch, wenn b'r ech gut uffüehrt, Amtsnotar werde, u villicht sogar einisch, wenn b'Regierig mit ech zfriede-n-isch, Amtsschryber!" — Nach deſſen Entfernung brach der Fremde in den Ausruf aus: „Haben Sie es gehört! So sind sie Alle! Dem lieben Gott sollen Sie danken, wenn Sie einmal Amtsnotar werden!"

samen und politisch regsamen Zeit irgendwie Rechnung zu tragen. Die
musterhafte Sorgfalt des Finanzhaushaltes, die Einfachheit und Ordnung
der Verwaltung überhaupt, die verhältnißmäßige Rechtssicherheit und
die im Ganzen wohlwollenden Absichten der Regenten konnten diejenigen
nicht mehr befriedigen, welche sich genährt hatten an den neuen
Idealen politischen Lebens; und das in einer ältern Generation
durch die helvetische Gesellschaft, im jungen Geschlecht durch den Zo=
fingerverein geweckte und gestärkte schweizerische Nationalgefühl
konnte nur zu bitterm Spotte Anlaß darin finden, wie die Tagsatzung ihre
erfolglosen Berathungen pflog und nach langen Verhandlungen nicht einmal
im Stande war, über einen gemeinsamen Bettag sich zu vereinen, weil
jeder Stand auf seine kantonale Souveränität sich steifte. „Seit vielen
Jahren," sagt Blösch in einem kleinen Aufsatze, „bot unser Vaterland
ein ganz eigenes Schauspiel dar: während das gleiche Bedürfniß nach
gegenseitiger Annäherung die Bewohner aller Kantone in den mannig=
faltigsten Vereinen und Gesellschaften zusammenführte, gaben sich die
Regierungen, immer eifersüchtiger auf ihre besondern Rechte, einem un=
seligen Geiste der Vereinzelung hin." Es mochte gewiß die Gesinnung
vieler aussprechen, wenn eine Versammlung in Bern ihre nachher zu
erwähnenden „Wünsche" mit den Worten beschloß: „Wir klagen nicht
über Personen, wir klagen über Formen." Es war das ganze
Regierungssystem, in welchem man sich unbehaglich fühlte.

Die Besorgniß eines allgemeinen europäischen Krieges, welche
der Regierung als eine Mahnung erschien, an den alten Einrichtungen
ja nichts rütteln zu lassen, war ihren Gegnern vielmehr ein entscheidendes
Motiv für die Nothwendigkeit durchgreifender Veränderungen; „denn
wie sollte eine solche Eidgenossenschaft im Stande sein, den geringsten
Sturm zu bestehen?" Zeitgemäße Reformen zur Begründung größern
Vertrauens im Innern, größerer Kraft nach Außen — war nur um so
lauter ihre Forderung.

Vergeblich versuchte die Regierung dem von ihr unterstützten Blatt,
dem „Schweizerfreund" — vom Volke spöttisch „Kinderfreund" genannt —
einen größern Werth zu geben und durch praktische Nützlichkeit seines
Inhalts für das scheue Stillschweigen über politische, zumal vater=
ländische Dinge zu entschädigen; immer eifriger wurde die „Appen=
zeller Zeitung" gelesen und verbreitet[1], welche mit Geist und Witz
redigirt die politischen und rechtlichen Zustände der verschiedenen Kantone

---

[1] „Im Emmenthal allein werden 32 Exemplare der „Appenzeller Zeitung" gelesen,"
schrieb Blösch in einem Briefe nach Biel.

einer oft beißenden Kritik unterwarf und, besonders in seiner letzten
Zeit, auch über bernische Verhältnisse — wahrscheinlich aus der Feder
der Gebrüder Schnell — häufig Mittheilungen brachte. Es bedurfte nur
eines Anstoßes von Außen, um das bisher noch verborgene oder eher
verdeckte Unbehagen zum Ausbruch zu bringen.

Im Juli 1830, also wenige Tage vor dem Ausbruch der franzö=
sischen Revolution, von der noch Niemand etwas ahnte, hatte sich der
eidgenössische Schützenverein zur Feier seines jährlichen Festes in
Bern versammelt. Zahlreicher als es bis dahin nie geschehen, waren
fröhliche Haufen aus allen Theilen der Schweiz zusammen geströmt;
aber wenig fehlte, und der kalte Empfang des freiburgischen Zentral=
komite, und der Versuch, jede freie Aeußerung, selbst in den Tischgesängen
zu unterdrücken, hätten das ganze Fest gestört. Bereits hatten die frei=
burger Schützen unmuthig den Rückweg angetreten; und als man den
Burgdorfern untersagen wollte, ein Liedchen zu singen, das wegen eines
unschuldigen Scherzes über die außer Mode gekommenen Schweizerhofen
den censorischen Ernst der Behörden beleidigte, da stunden auch sie plötzlich
auf, verlangten ihre Fahne und wollten Bern verlassen, und es wurde
die Drohung mehrerer anderer Gesellschaften laut: wenn jene nicht
bleiben, so werden sie auch abziehen! Als jedoch der Vorstand, um dieß
zu verhüten, auf jede Einwirkung auf Rede und Gesang verzichtete,
besänftigten sich leicht die mißstimmten Gemüther, die Burgdorfer rächten
sich durch wiederholtes Absingen ihres Liedchens[1], und nichts trübte
mehr die Heiterkeit. Der Wunsch, die einzelnen Theile der Schweiz stets
enger verbunden und durch ein festeres Band zu einer Nation ver=
einigt zu sehen, wurde in Gegenwart der zum Mahle versammelten
Tagsatzung laut ausgesprochen und entstieg sogar ihrer eigenen Mitte;
der rauschende Beifall, womit die zahlreiche Menge diesen Gedanken
jedesmal empfing, zeigte, wie wenig der engherzige Geist der mehrsten
Kantonsregierungen mit dem Geiste des Volks im Einklang stand[2].

Bei dieser Stimmung der Nation, diesem Sehnen nach freierer
Bewegung, mußte der Einfluß der französischen Revoluton auf
die Schweiz eben so schnell als mächtig sein.

---

[1] Es war verfaßt von dem Volksdichter G. Kuhn, Pfarrer in Burgdorf. Während
des Festes wurde noch eine Strophe beigefügt und nun vorzugsweise gesungen; sie schloß
mit den Worten: „Drum weg mit der Censur! drum weg mit der Censur!"

[2] Wir geben diese Schilderung des Festes meistens nach Blösch's eigenen, damals
niedergeschriebenen Worten.

Als Professor Samuel Schnell durch den damaligen Staatsschreiber v. May die erste Kunde von den Pariser Ereignissen des Juli 1830 erhielt, da sagte er zu ihm: „Wenn er Weltgeschichte schreibe, so möge er jetzt einen Punkt machen und ein neues Capitel anfangen."

Blösch hat seine Erinnerungen über die Erlebnisse jener Tage bald hernach zusammenhängend niedergeschrieben, und man kann aus seiner Darstellung die ganze Größe der Aufregung mitempfinden, welche die Vorgänge in Frankreich auf die Bevölkerungen der Schweiz, zunächst auf seine Umgebung in Burgdorf, hervorgebracht hat:

„Die erste Nachricht von der frechen Verletzung des französischen „Grundgesetzes durch den König erfüllte in Burgdorf Alles mit banger „Besorgniß; wenige nur vertrauten der guten Sache der Nation; Nie= „mand träumte, daß ihr Sieg so schnell, so herrlich und so vollständig „sein werde. Jeder fühlte seine eigene Existenz in derjenigen der franzö= „sischen Nation bedroht, und nie trat das Gefühl, daß mit dem ihrigen „auch unser Schicksal sich in Paris entscheide, mit größerer Klarheit als „jetzt vor die Seele eines Jeden."

„Mit banger Neugierde sah man den Nachrichten über den Erfolg „der königlichen Ordonnanzen entgegen; die zwei ersten Tage blieben „sie aus; dieß vermehrte die Besorgniß. Nur kurze Auszüge aus den „französischen Blättern, die in Handelsbriefen lagen, sprachen von einem „verzweifelten Kampfe in den Straßen von Paris. Am dritten Tage „kam die Nachricht, daß der Kolmarer Postwagen mit der dreifar= „bigen Fahne in Basel angekommen sei. Dieß wurde als Sieges= „zeichen angesehen und erregte allgemeine Freude."

„Eine Menge Neugieriger hatte sich zum Postbüreau gedrängt und „sah mit Ungeduld der Austheilung der Briefe entgegen; welche Freude, „als man wieder den ‹Constitutionnel› erblickte! Man riß sich um das „Blatt; einige verlangten, es solle sofort auf den Leist getragen werden, „wo viele ungeduldig warteten; allein es war nicht möglich; dieser „kleine Aufschub schien unerträglich; es stellte sich Jemand auf ein „Fäßchen und las das Blatt in offener Straße mit lauter Stimme vor."

„Der kleinste Zug dieser glorreichen Revolution wurde begierig auf= „gefaßt. Aus jedem neuen Beispiele von Heroismus und Edelmuth schöpfte „man frische Hoffnung für sich selbst. Die Sonne, die über Frankreich „aufging, mußte auch uns neues Leben bringen; dieß fühlte jeder, nicht „bloß in der Stadt, sondern auch auf dem Lande."

In dieser Auffassung der Ereignisse sah man sich um so mehr bestärkt dadurch, daß bei der Regierungsparthei die entsprechende Beur= theilung der Vorgänge unverhohlen hervortrat. Bei der ersten Nachricht

von den königlichen Ordonnanzen hatten sich einige Berner zum fran=
zösischen Gesandten begeben und ihm in des Königs Namen Glück
gewünscht, daß er endlich zu energischen Maßregeln geschritten sei.

Wohl erkannten einzelne unter den Gliedern der regierenden Ge=
schlechter die Gefahren der Lage, so besonders der nachherige Schultheiß,
damalige Rathsherr Tscharner.[1] Dieser zeichnete sich — ohne andere
Vorbereitung als die gewöhnliche des französischen Dienstes — in seiner
Stellung als Präsident des Justizraths, wie durch große Gewissen=
haftigkeit, so vorzüglich durch lebhaftes Gerechtigkeitsgefühl aus. Durch
seine unerbittliche Strenge in Ueberwachung der Oberamtleute hatte er
sich bekannt und beliebt gemacht; er war befreundet mit Samuel Schnell,
und durch diesen auch mit Karl in Verkehr gekommen, in dessen un=
ablässigen Beschwerdeführungen gegen die „Landvögte" er keinen Angriff
gegen die Regierung, vielmehr einen Dienst erblickte, welchen man ihr
leiste. Zu dem erstern sagte er, wenige Tage nach dem Entscheide in
Paris, mit freudigem Entzücken, wahrscheinlich werde die Regierung
die Wahlart der 99 Abgeordneten des Landes in den Großen Rath
abändern und statt der bisherigen Form, die einzig auf Sicherung des
Einflusses der Regierung berechnet war, direkte Wahlen durch die Staats=
bürger einführen. Wirklich schien einige Zeit die Neigung vorhanden,
sich durch einen solchen Schritt das Zutrauen des Volks zu erwerben;
allein beim ersten Worte von Modifikation der Verfassung bildete sich
eine mächtige Parthei, die jeden solchen Versuch hintertrieb, weil sie
befürchtete, wenn Ein Stein ihres Staatsgebäudes berührt werde, so
könnte das ganze zusammenstürzen.

Das Haupt dieser Parthei war Seckelmeister von Muralt:
„Es handelt sich," sagte dieser, „darum, ob wir unsere schwarzen Kutten
abziehen sollen oder nicht; denn weichen wir nur einen Punkt, so sind
wir ganz verloren, und meine Wahl ist getroffen!"

So kam es durch Vorübergehenlassen des möglicher Weise noch
günstigen Zeitpunkts wirklich dahin, daß nur zwischen Sieg oder Unter=
gang noch die Wahl blieb. Diese streng aristokratische Parthei irrte sich
bloß über die eigene Kraft.

Der Monat August ging ruhig vorüber; aber mit steigendem
Interesse wurden die politischen Ereignisse und Entwickelungen Frank=
reichs und die Vorgänge in den andern Kantonen der Schweiz verfolgt.
Auch die Erinnerungen an die Vergangenheit, an die Zeit der Mediations=

---

[1] Schultheiß von Wattenwyl soll schon 1819, als die restaurirte Republik auf's
glücklichste zu gedeihen schien, in einem Briefe gejammert haben: „Notre pauvre bou-
tique est pourrie!"

verfassung, an die Art ihrer einstigen Beseitigung wurden wieder lebendig; was von Regierungsbeschlüssen und an Druckschriften über die Ereignisse jener Tage hie und da noch aufbewahrt war, die Proklamation vom Hornung 1798, die wie eine späte Beichte dem Fall des alten Bern vorangegangen, die Protestationen gegen die Auflösung der Mediations=verfassung u. dgl. — Alles dieses wurde hervorgezogen und begierig gelesen.

Dem Anschein nach war Alles zufrieden, aber wer das Volk kannte, wenn langjährige Verbindung dessen Herz gewonnen, der fühlte leicht die innere Unruhe und erstaunte nicht selten, wenn er entdeckte, wie Ein Sinn Alle belebte, wie sehr die Gemüther dem Patriziat ent=fremdet waren, das nur noch dastand wie ein Baum mit abgestorbenen Wurzeln.

Der Wunsch nach Veränderung der Zustände wurde durch diese Einsicht zum Verlangen, weil man die Kraft in sich fühlte, sie herbeizuführen. Der Anfang dazu wurde in Burgdorf gemacht.

Die Umwälzung.

Die Anfänge. — J. L. Schnell, Blösch. — Der erste Schritt. — Anknüpfungen. — Die Eingabe von Burgdorf. — Der Oberamtmann. — Aufregung. — Aufnahme vor der Regierung. — Verbreitung der Adresse. — Die andern Kantone. — Wachsende Unruhe. — Anordnung einer Versammlung. — Beidseitige Rüstungen. — Die Versammlung. — Die Folgen. — Aufforderung zur Eingabe von Wünschen. — Dr. K. Schnell. — Zu=nehmende Aufregung. — Unruhen. — Der Tagsatzungsbeschluß. — Die Werbungen. — Gewaltdrohungen. — Die Werbungen. — Die Regierung. — Volksversammlung in Münsingen. — Die Abdankung der Regierung und die Folgen derselben. — Der Ver=fassungsrath. — Schwierigkeiten und Spaltungen. — J. Ludwig und Karl Schnell. — Der „Volksfreund.“ — Der Schutzverein. — Die Verfassung. — Der neue Große Rath. — Ablehnungen des Patriziats und deren Folgen. — Der Abschluß der Revo=lution. — Die Betheiligung Blöschs und die Ansichten desselben. — Verhältniß zu den Brüdern Schnell. — Beschäftigungen. — Burgdorf. — Die Verheirathung.

Um sich ungescheuter über politische Angelegenheiten berathen zu können, verabredete schon im Laufe Septembers (1830) ein Theil der sogenannten Leistgesellschaft in Burgdorf, wenigstens wöchentlich einmal in einem besondern Zimmer zusammen zu kommen; doch so, daß

Jedermann der Eintritt freistand, der Interesse fühlte, am Gespräche
Theil zu nehmen. Bald fing man an von den Mitteln zu reden, wie
die angeregten Begehren verwirklicht werden könnten. Darüber war Alles
einverstanden, daß man nur auf erlaubtem, ruhigem Wege das Bessere
suchen wolle, überzeugt, daß es nur so glücklich erreicht werden könne;
man wünschte aus den Händen der Regierung selbst eine den Be=
dürfnissen mehr entsprechende Verfassung zu erhalten und schränkte seine
Wünsche auf dasjenige ein, worin das Bedürfniß sich am meisten geltend
machte: Preßfreiheit, Petitionsrecht, Oeffentlichkeit der
Verhandlungen des Großen Rathes und der Staatsrechnungen.

Aber nun erst, da man sich über die Wege besprach, auf welchen
in der ehrerbietigsten Form diese Wünsche der Regierung vorgelegt
werden könnten, entdeckte man mit Erstaunen, daß es kein gesetzliches
Mittel hiezu gebe, den leisesten Wunsch politischer Natur vor die Be=
hörden zu bringen. Aber je mehr man sich davon überzeugte, um so
entschiedener drängte sich die Einsicht auf, daß ein solcher Zustand nicht
mehr fortbestehen könne.

Den größten Einfluß übten in diesem Kreise Johann Ludwig
Schnell, der Stadtschreiber, und sein Bruder Doktor Karl; der letztere,
obschon von leidenschaftlichem Haß gegen die „Vorrechtler" erfüllt, trat
anfangs zurückhaltender auf, weit entschiedener und thätiger der erstere.

Für ihn standen die theuersten Verhältnisse auf dem Spiel, die
Beziehungen zu der Familie seiner Gattin. Nachdem er schon zuvor
schriftlich und mündlich den Versuch gemacht hatte, durch Vermittlung
seines Schwiegervaters die Regierung zur Einsicht zu bringen von der
wahren Lage des Kantons und sie selbst zur Initiative zu bestimmen,
suchte er nun mit eben so viel Muth und Entschlossenheit der öffentlichen
Meinung Nachdruck zu verschaffen, als er ernstlich bemüht war, die
Bewegung in der strengsten gesetzlichen Bahn zu erhalten.

Blösch nahm von Anfang an mit Eifer an diesen Gesprächen
Theil und ging völlig in die Gedanken seines Prinzipalen ein, welche
seiner Erziehung und der Richtung seiner Studien entsprachen. Schon
vom Beginn seines Aufenthaltes in Burgdorf an hatte er seinem Bruder
Cäsar, nunmehr Arzt in Biel, in sehr lebhafter Korrespondenz von
den Stimmungen und Wünschen seiner Umgebungen, sowie von den
bereits in's Werk gesetzten Verbesserungen im Gemeindehaushalt Mit=
theilung gemacht[1]): „Ich denke noch bisweilen etwas hinüber zu senden,

---

[1]) Im Februar 1830, als man in Burgdorf davon sprach, daß den Abgeordneten
zum Großen Rathe von Seiten der Gemeinde Taggelder bestimmt und fleißiger Besuch

bisweilen eine Bombe in den spießbürgerlichen Clubb mag gute Wirkung thun." Dieß Versprechen hat er gehalten und setzte durch den Bruder auch dessen Freunde und Gesinnungsgenossen in Biel, besonders Karl Neuhaus, E. Schwab und Andere durch regelmäßige Briefe in Kenntniß von Allem, was in Burgdorf verhandelt, beschlossen und aus= gerichtet wurde.

Bei der Unmöglichkeit, durch eine Bittschrift den Zweck zu erreichen, fielen die Burgdorfer auf den Gedanken, der Regierung im Namen des Stadtmagistrats eine Denkschrift vorzulegen. Mehrere begehrten rasch vorwärts zu schreiten, und schon in den ersten Tagen Oktobers äußerte Herr Rudolf Buri, Mitglied des Stadtraths, seine Meinung sei immer gewesen: bayonnette en avant! Allein mit dem höchsten Ernst erklärte der Stadtschreiber: "Er wünsche, bevor ein einziger Schritt gethan werde, daß jeder von ihnen die ganze Wichtigkeit des Entschlusses wohl bedenke und sich überzeuge, daß sein Kopf davon abhange."

Ehe noch etwas geschah, wollte man sich in Verbindung setzen mit den übrigen Gemeinden des Kantons, welche die gleichen Wünsche hegten, zugleich aber auch Alles vermeiden, was als Aufwiegelung ge= deutet werden konnte. Stadtschreiber Schnell theilte mehreren seiner Freunde in Bern, in Thun, in Büren das Vorhaben der Stadt Burgdorf mit und lud sie ein, sich demselben anzuschließen;[1]) allein das Gerücht, das Postgeheimniß sei verletzt worden, erschwerte jeden brief= lichen Verkehr und die meisten Briefe blieben unbeantwortet. Blösch begab sich zu diesem Zwecke selbst in's Emmenthal, wo er weniger Zurückhaltung fand, wo besonders Großrath Güdel mit der größten Freude sich bereit erklärte, zu jedem Schritte mitzuwirken, welcher die Einführung einer freiern Verfassung auf ruhigem und gesetzlichem Wege erstrebe.

Geringern Erfolg hatte er in Biel, wohin er sich ebenfalls persönlich begab. So groß auch hier der Feuereifer der jüngern Generation, so groß war die Gleichgültigkeit der Mehrzahl seiner Mitbürger, welche

---

der Sitzungen zur Pflicht gemacht werden sollten, schrieb er dem Bruder: "Dieß freute mich einerseits, ärgerte mich aber in sofern, daß ich gewünscht hätte, das erste Beispiel möchte von Biel gegeben werden; daher dachte ich, ich wolle dir dieß schreiben." — In einem spätern Briefe vom März heißt es: "Beiliegend schicke ich dir eine Generaltabelle der hiesigen Bürgerschulen, die nicht ohne Interesse für dich sein mag, nebst einem kurzen Bericht über die hiesige Forstadministration, sowie einen Auszug aus der Rechnungs= übersicht vom Jahr 1827, wie er am Schluß jedes Jahres aus allen einzelnen Rech= nungen zusammengetragen wird, um der Stadtgemeinde vorgelegt zu werden."

[1]) Schreiben vom 4. Oktober 1830.

durch eine Verfassungsveränderung für die bevorzugte Stellung der Stadtgemeinde eher zu verlieren, als zu gewinnen fürchteten[1]). Aus den übrigen Theilen des Seelandes dagegen, aus Büren, Nidau, Aarberg, und nach und nach aus allen Gegenden des Kantons trafen ermunternde Zuschriften ein mit der Versicherung, daß der kundgegebene Wunsch ein allgemein gefühlter sei und die Aeußerung desselben nur durch die Furcht zurückgehalten werde; und in der Einwohnerschaft von Burgdorf selbst zeigte sich eine so unerwartete Uebereinstimmung der Gemüther, daß man es endlich sogar als Pflicht ansah, etwas zu thun; und man beschloß, damit nicht länger anzustehn.

Am 12. Oktober kam man überein, in der nächsten Sitzung des Stadtraths demselben schriftlich das Begehren einzureichen, daß er der Regierung den Wunsch ausdrücke, sie möchte sich dem Volke nähern und dessen Bedürfnisse kennen lernen.

Der Antrag ward von Stadtschreiber Schnell verfaßt, von Herrn Friedrich Stähli, gew. Einunger, unterzeichnet und eingereicht, und kam neben mehreren ganz gleichgültigen Gegenständen in der Behörde zur Verhandlung — Sitzung vom 15. Oktober 1830. — Es wurde sofort eine Kommission niedergesetzt, um eine Adresse im Sinne des gemachten Antrags zu entwerfen.

Nach kaum beendigter Sitzung begab sich der Präsident des Raths, Venner Kupferschmid, der mit einigen andern Mitgliedern abzuhalten versucht hatte, sofort auf's Schloß; und der Oberamtmann (von Effinger), außer sich über die erhaltene Nachricht, sandte augenblicklich einen Eilboten ab an den Schultheißen (von Fischer), um diesem zu Handen des Geheimen Raths über den Vorfall Bericht abzustatten. Noch in derselben Nacht kam die Antwort: ein Befehl, dem Stadtmagistrat jede fernere Berathung über Gegenstände politischer Natur auf's Strengste zu untersagen.

Am folgenden Morgen in aller Frühe — es war ein Sonntag — wurden mehrere Mitglieder des Stadtraths, welche der Sitzung vom 15. Oktober beigewohnt hatten, durch den Landjäger auf's Schloß beschieden, wo ihnen der Oberamtmann im ernstesten Tone ihr Vorhaben als ungehörig verwies; ihre rechtfertigende Erklärung stimmte aber bald den Ernst zu einer freundlicheren Sprache herab, und brachte zuletzt durch die Frage, welches denn der gesetzliche Weg sei, vor die Regierung

---

[1]) Die Stadtbehörden Biels nannte Blösch einmal in einem Briefe, mit denjenigen Burgdorfs zusammengehalten: „Einen todten Kopf, der einen kaum erwachenden Körper schleppt."

zu treten, und durch die Aufforderung an ihn selbst, seine Oberen über die wahre Stimmung des Landes aufzuklären, den Beamten in sichtliche Verlegenheit.

Es folgten noch zwei solche Unterredungen[1]); der Oberamtmann, weit entfernt, eine ruhigere Haltung zu gewinnen, schien in zunehmender Angst zu schweben, und der wohlwollende Mann, der für solchen Fall seiner Stellung nicht gewachsen war, bot das Bild kläglichster Verwirrung und Unsicherheit.

Der Stadtschreiber befand sich während dieser Tage auf einer im Auftrag des Justizraths unternommenen Reise zur Untersuchung der Amtsschreibereien des Seelandes, und hatte sich durch das Gespräch mit Herrn von Wattenwyl, dem Sohn des Schultheißen, in dessen Gesellschaft er die Reise machte, von Neuem überzeugen können, daß von der Regierung selber nichts zu hoffen sei, wie er andererseits vielfache Gelegenheit gefunden hatte, die steigende Unruhe des Landes zu beobachten[2]).

Bald nach seiner Rückkehr wurde er nebst einigen andern Personen zu einer neuen Unterredung zum Oberamtmann geladen, und es gelang ihm endlich, die Zustimmung des letztern zu erhalten, daß der Stadtrath sich versammle, um in einer Vorstellung die Regierung anzufragen, welches der gesetzliche Weg sei, politische Wünsche auszusprechen. So wurde die Absicht erreicht; denn die Adresse, die als solche nicht überreicht werden durfte, wurde nun unter dem Namen einer Beilage dieser Einfrage angehängt.

Die Antwort der Regierung blieb nicht lange aus — 19 November 1830 — und so wenig sie demjenigen entsprach, was man gewollt, so lautete sie doch günstiger, als man erwartet hatte. Sie anerkannte, daß der Gegenstand der Einfrage alle Beherzigung verdiene, ließ deutlich fühlen, daß die Regierung selbst mit der Absicht umgehe, irgend einen Antrag vor den Großen Rath zu bringen; enthielt aber am Schlusse eine Verweisung auf Gesetze und geschworene Pflichten, die andeutete, was diejenigen zu gewärtigen hätten, die sich würden

---

[1]) Zu der zweiten, am nämlichen Abend, geschah die Einladung nicht durch den Landjäger, sondern durch den Bedienten; und bei der dritten, am folgenden Tage, wurden die Anwesenden höflich zum Thee gebeten, eine Galanterie, die natürlich eben so höflich abgelehnt wurde.

[2]) Kaum waren sie in Büren zum Thore hereingefahren, so sprangen mehrere Personen, welche Herrn Schnell erkannten, auf den Wagen zu und versetzten ihn durch eine Menge von Fragen, welche sie, Herrn von Wattenwyl nicht beachtend, an ihn richteten, in nicht geringe Verlegenheit. Der mißtrauische Geheime Rath hatte übrigens durch ein vertrauliches Schreiben die betreffenden Oberamtmänner von dieser Rundreise in Kenntniß gesetzt und sie aufgefordert, den Stadtschreiber sorgfältig zu überwachen.

beifallen lassen, auch nur zu wünschen, daß die Verfassung abgeändert werde.

Da man zu gleicher Zeit erfuhr, wie verschiedene Rathsglieder bei Behandlung des Gegenstandes die heftigsten Drohungen ausgestoßen hätten, und wie das Vorhaben der Stadt Burgdorf unter den gehässigsten Ausdrücken als Verrath und Aufruhr dargestellt worden sei, so sahen die Freunde der Sache sich veranlaßt, die projektirte Adresse an die Regierung sammt der daherigen Einfrage **durch den Druck bekannt zu machen**; die Kosten wurden durch freiwillige Beiträge leicht zusammengebracht, der Druck in Aarau besorgt, und die Versendung der Schriften, die mit der größten Vorsicht geschah, übernahmen einige Handelsleute, die durch ihre Verbindungen in den Stand gesetzt waren, sie in wenigen Tagen im ganzen Kanton zu verbreiten.

Gewiß ist, daß dieser Schritt entscheidenden Einfluß übte auf die Angelegenheiten des Kantons, denn er erregte eben so sehr den Zorn der regierenden Kreise, als er der scheuen Zurückhaltung derjenigen ein Ende machte, welche bis dahin nicht offen zu reden gewagt.

Mehr noch wurde der Gang der Dinge befördert durch die **Auftritte**, welche um eben diese Zeit in mehreren benachbarten Kantonen stattfanden. Gerade die Furcht, daß bei längerm Zögern die Bewegung allmälig die untern Volksklassen ergreifen und ähnliche Unordnungen herbeiführen könnte, wie **Solothurn** sie damals erfuhr, war es, was mehr als jede andere Rücksicht die Männer, die später als Rädelsführer gelten mußten, dazu bewogen, nicht länger inne zu halten; und ihre Absicht ging so wenig dahin, Alles umzustürzen, daß sie es vielmehr aufrichtig bedauerten, als die Regierung selbst sie nach und nach zwang, eine feindselige Stellung einzunehmen.

Als man vernahm, wie in **Solothurn** die „Schwarzbuben" einen Zug nach der Stadt unternommen, und wie in **Freiburg** einige hundert Bewaffnete aus dem Bezirke Murten einen Sieg errungen, der nur auf dem ruhigen Wege gesetzlicher Ordnung glückliche Früchte bringen konnte, da entstand auch in Burgdorf bei Manchen die Lust, nach Bern zu ziehen.

Je mehr aber diese Verlangen laut wurden, desto mehr widersetzte sich denselben der Stadtschreiber Schnell, der seinen ganzen Einfluß dazu aufbot, um Erzessen vorzubeugen.

Allein die Gährung nahm immer zu, alle Berichte aus andern Theilen des Landes zeugten von der gefährlichen Stimmung, die durch den geringsten Anstoß zum Ausbruch kommen konnte. Im sogenannten **Bisthum** vorzüglich fing man an eine keckere Sprache zu führen, in

Pruntrut, wo schon zu Ende Oktobers Unruhen stattgefunden hatten,
wurde von Trennung vom Kanton Bern gesprochen; und im Oberland
war man nicht frei von der Besorgniß, die zahlreiche Klasse derjenigen,
die nichts zu verlieren hatten, dürfte lüstern werden nach Plünderung;
dieß Alles und die tausenderlei Gerüchte, die Tag für Tag verbreitet
wurden, erzeugten eine bange Erwartung, welche durch den gänzlichen
Mangel an zuverläßigen Nachrichten noch vermehrt wurde. Man fing
allmälig an, ohne zu wissen für was und gegen wen, sich mit Waffen
zu versehen, und schwebte, besonders in Burgdorf, wegen der doppelten
Furcht vor Gewaltmaßregeln der Regierung und Erzessen des Pöbels
in der peinlichsten Sorge.

Diesem Zustand ein Ende zu machen, tauchte endlich der Gedanke
an eine größere Versammlung auf, ein Plan, den besonders Karl
Schnell eifrigst verfocht; der Stadtschreiber, der sich zuerst eben so entschieden demselben widersetzt und die darüber berathende Gesellschaft
unmuthig verlassen hatte, willigte endlich ein, und nun ging man rasch
an's Werk.

Es wurde ein Einladungscircular entworfen zur Versendung an
die Gleichgesinnten. Blösch übernahm den Auftrag, persönlich einen in
Solothurn wohnenden Freund in Kenntniß zu setzen, dessen vielfache
Verbindungen mit dem ganzen Seeland benutzt werden sollten; er reiste
von dort über Büren nach Biel, um von da aus noch einigen Bekannten
in den Thälern des Jura von dem Bevorstehenden Kunde zu geben.
In Biel fand er eine große Spannung zwischen Stadtrath und Bürger-
schaft und Regungen von so bedenklichem Charakter, daß er von dem
Besuch der Versammlung in Burgdorf eher abzurathen für gut fand[1]).
Er kehrte, durch Gerüchte von Verhaftungen, gewaltsamen Auftritten,
Truppenaufgeboten u. dgl. beunruhigt, bald über Bern nach seinem
Wohnorte zurück.

Diese Gerüchte waren nicht ganz ohne Veranlassung gewesen. Ein
Bürger von Burgdorf war von Aarberg aus nach Bern abgeführt
worden, weil er gedruckte Adressen daselbst auf die Post gelegt hatte;
wurde jedoch am nämlichen Abend wieder in Freiheit gesetzt und in

---

[1]) Es erwachte hier der niedrigste Spießbürgergeist; die Bürgerschaft schrie nur nach
Holz und Weide. Plötzlich zogen Schaaren Volks in die Waldungen, hieben um und
schleppten heim, und erwiederten auf die Frage, wer ihnen dieß erlaubt, lediglich: „Es
sei jetzt eine andere Zeit!" Auch von Pruntrut heißt es in einem Briefe an C. Blösch,
vom 6. November: „Heute ist eine Person von Pruntrut hier angelangt, um zu erfahren,
was mit der Adresse ist; er sagt, bei ihnen sei die größte Schwierigkeit, die Leute in
den Schranken der Mäßigung zu erhalten."

seiner Vaterstadt mit Jubel empfangen; ein Vorfall, der keine weitern Folgen hatte, als daß er dazu beitrug, die Aufregung zu vergrößern. Einige Tage nachher mußte Herr Franz Schnell vor zwei Regierungs= kommissären eine Art von Verhör bestehen, und sich verantworten gegen die Anschuldigung, daß er aufrührerische Schriften habe drucken lassen.

Je näher der Tag der Versammlung rückte, die in Burgdorf statt= finden sollte, um so mehr überzeugte sich der Oberamtmann, daß die Bewegung nicht bloß, wie er geglaubt, in wenigen Köpfen stecke. Er hatte vom Geheimen Rathe den Befehl erhalten, die Versammlung zu hindern; falls aber dieß nicht gelinge, ferner vorzukehren, was nöthig sei und unverzüglich Anzeige zu machen. Am Abend vor dem fest= gesetzten Tage ersuchte er mehrere der einflußreichsten Personen, zu ihm zu kommen, und bat wie ein Verzweifelnder, man möchte die Ver= sammlung nicht stattfinden lassen. Stadtschreiber Schnell brachte drei volle Stunden bei ihm zu, suchte ihn über Zweck und Tendenz der Zusammenkunft zu beruhigen und ihn abzubringen von dem Vorhaben, selbst in der Versammlung zu erscheinen. Der Oberamtmann hatte nämlich die Absicht, in seinem Amtsornate, vom Offizialen begleitet, vor die Versammelten zu treten und dort den erhaltenen Befehl abzulesen. Auf das wiederholte Zureden Schnells, der ihm vorstellte, er würde sich dadurch lächerlich machen, rief er endlich aus: „Nun denn, in Gottes Namen, so werde ich allein und in einfacher Kleidung erscheinen; aber ausbleiben kann ich nicht; ich muß den Befehl der Regierung vollziehen, und sollte ich mein Leben zum Opfer bringen müssen!" „Ich kann nicht in so pathetischem Tone sprechen," erwiderte ihm der Stadtschreiber, „aber das, Herr Oberamtmann, kann ich Euch sagen, daß auch ich, wenn es sein muß, für diese Sache zu sterben weiß."

Es sollten am folgenden Morgen nicht nur Leute aus dem ganzen mittlern Theile des Kantons in Burgdorf eintreffen, sondern neben dem noch ganz besonders aus jeder Gemeinde des Oberamts z w e i A u s g e s c h o s s e n e, um dem vom Amte zum Mitglied des Großen Rathes erwählten Herrn Schnell zu erklären, ob es ihr Wille sei oder nicht, daß er im Schooße dieser Behörde den Antrag auf Verfassungs= änderung stelle. Dieß besonders mißfiel dem Vertreter der Regierung, daher er denn auch nichts unversucht ließ, davon zurückzubringen. Schnell willigte zuletzt ein und anerbot, noch in derselben Nacht von Mann zu Mann die Versammlung abzusagen, wenn er, der Oberamtmann, es übernehmen wolle, in ihrem Namen der Regierung dieß Begehren vor= zutragen. Dieses, erklärte der Beamtete, könne er unmöglich thun. „In dem Fall, antwortete Schnell, muß ich es thun und darum kann die Versammlung nicht unterbleiben!"

Indessen war man auch auf dieser Seite weit entfernt, unbesorgt zu sein: Militärische Rüstungen mit Extrazulagen an die aufgebotenen Truppen und die auf den 3. Dezember beschlossene Aufstellung eines Oberbefehlshabers in der Person des Herrn Oberamtmann Effinger von Wangen gaben allen Grund zu Befürchtungen. Am Abend vorher fand deßhalb noch im Hause des Franz Schnell eine Zusammenkunft statt, in welcher diese Möglichkeit auf's ernsteste besprochen wurde. Besonders wurde die Frage erwogen, wie man sich zu verhalten habe, wenn Arrestationen erfolgen sollten. Einige Anwesende sprachen den festen Entschluß aus, jedem Versuch von Gewalt Gewalt entgegen zu setzen. Blösch entgegnete, indem er seinerseits seine Ansicht äußerte: „So leicht könne er es mit dem Bürgerkrieg nicht nehmen, daß er wegen Arrestationen das Signal dazu geben möchte. Die Folgen des leichtesten Widerstandes seien nur zu gewiß. Er werde sich daher einer einfachen Verhaftung nicht mit Gewalt widersetzen und verlange auch nicht, daß es Jemand um seinetwillen thue; sei aber bereit, sobald Jemand unter ihnen verhaftet würde, das gleiche Schicksal zu theilen." Ohne besondere Verabredung darüber ging man aus einander, tief erfüllt von dem Ernst des Augenblicks; auf Blösch wenigstens scheint diese Szene einen lebhaften Eindruck gemacht zu haben.

Unterdessen brach der Morgen des 3. Dezember an. Schon ziemlich früh langten von allen Seiten, besonders aus dem Seelande, zahlreiche Schaaren an, die, freundlich bewillkommt, sich in die verschiedenen Gasthöfe vertheilten. Während die Entfernteren ihr Mittagessen einnahmen, versammelten sich die Vorgesetzten des Amtes Burgdorf vor der Wohnung des Stadtschreibers auf offenem Platze und bezeugten durch Aufheben der Hände ihre Zustimmung zu einem von ihm vorgelesenen Antrag an den Großen Rath, der das Verlangen enthielt, daß die Regierung das Volk über seine Wünsche vernehme und ihm den Weg eröffne, sie zu offenbaren.

Nochmals versuchte der Oberamtmann Bitten und Drohungen, dann trat er selber unter die im Gasthofe zur Krone Versammelten; die Mehrzahl saß um die Tische, die Uebrigen waren gruppenweise im Hause herum zerstreut; bei seinem Eintritt trat die größte Ruhe an die Stelle des lebhaften Gesprächs, Alles drang in das Speisezimmer und bildete einen Kreis um den Beamten, der nun das Wort ergriff und im Namen der Regierung gegen die unerlaubte Versammlung protestirte. Dr. Karl Schnell suchte ihn zu überzeugen, daß es sich nicht um

eine vom Gesetz verbotene Zusammenkunft handle; da trat plötzlich
Professor Haas aus dem Kreise hervor und sprach in einer von
innerster Ueberzeugung eingegebenen Rede die Gefühle der versammelten
Menge aus. Seine Worte machten ungeheuren Eindruck auf die Anwesenden, aber nichts unterbrach die Würde der Versammlung, nicht
einmal laute Beifallsbezeugung erlaubte man sich. Der unglückliche
Oberamtmann antwortete nichts, machte eine tiefe Verbeugung und
verließ den Saal mit der Bemerkung: er habe seinen Auftrag vollzogen.
    Wieder ging die Menge in einzelnen Gruppen auseinander und
begab sich dann nach dem Stadthause, wo Haas Schnell noch einmal
auftrat und in einem längern Vortrag von eben so schwungvoller als
populärer Beredsamkeit dem alle Anwesenden erfüllenden Geist und den
gemeinsamen Wünschen Ausdruck gab. Gegen 4 Uhr traten bereits
einzelne Gäste die Rückreise an und nach 7 Uhr war kaum mehr eine
Spur von der Versammlung zu merken. Nicht die leiseste Unordnung
hatte stattgefunden, alle Besorgnisse dieser Art hatten der freudigsten
Empfindung Platz gemacht über die Ruhe und die Würde, welche keinen
Augenblick aufgehört hatte zu herrschen. Die erste Folge war das
Dekret vom 6. Dezember.
    Kaum hatte am genannten Tage Schultheiß Fischer in einer würde-
vollen aber ernsten Rede die mit der größten Spannung erwartete Sitzung
des Großen Rathes eröffnet, so wurde der Behörde, mit Uebergehung aller im Einberufungsschreiben bezeichneten Gegenstände, ein
Dekret zur Sanktion vorgelegt, durch welches das gesammte Volk eingeladen wurde, seine Wünsche gegenüber der Regierung kundzugeben.
Ohne Widerspruch, beinahe ohne Debatte, mit auffallender Einmüthigkeit
wurde dasselbe von der in verschiedenem Sinne überraschten Behörde
angenommen, eine außerordentliche Standeskommission zur Entgegen-
nahme und Prüfung der Wünsche bezeichnet, in einer Proklamation vom
gleichen Tage der Beschluß öffentlich bekannt gemacht und die vorher
aufgebotenen Truppen entlassen.
    In Burgdorf erregte diese Nachricht ungeheuern Jubel, an welchem
selbst der Oberamtmann in ungezwungener Weise Antheil nahm; allein
gerade die Außerordentlichkeit der Sache veranlaßte auch, als die erste
Freude dem besonnenen Nachdenken wich, bei Manchen mißtrauische
Zweifel über die Absichten der Regierenden, und leider war das Benehmen vieler Beamten nur zu sehr geeignet, diesem Mangel an Vertrauen Nahrung zu geben; manche derselben sparten weder Zureden
noch Drohungen, um diejenigen, welche von der Einladung der Regierung Gebrauch machen wollten, von ihrem Vorhaben abzuhalten.

Ueberall wurden von Privaten, Gemeinden und ganzen Gegenden mit
oder ohne erhaltenen Auftrag solche „Wünsche" abgefaßt, deren Ver=
gleichung ein treffliches Bild giebt von dem, was die Bevölkerung
bewegte [1]).

Auch jetzt blieb die Verbindung Burgdorfs mit seiner Umgebung
und sein Einfluß auf das Land von großer Bedeutung. Man hatte
früher hier einen Anhaltspunkt gefunden, um den Weg zu Veränder=
rungen anzubahnen, und holte darum auch gerne hier den Rath, welche
Veränderungen man „wünschen" solle. Täglich kamen selbst aus den
entferntern Gegenden Leute, um zu fragen, was man zu machen ge=
denke; besonders wurde die Wohnung des Dr. Karl Schnell, das
Sommerhaus, ein wahrer Wallfahrtsort. Dieß veranlaßte ihn, die
wichtigsten Punkte, welche nach seiner Ansicht zu begehren waren —
und unter diesen stand die „Volkssouveränität" als oberster
Grundsatz der neuen Verfassung voran [2]) — in gedrängter Kürze zu=
sammen zu stellen; später wurden davon zahlreiche Abschriften gemacht
und diese durch Mittheilung an Freunde im ganzen Lande verbreitet;
mehrere Tage lang waren diese „Wünsche" der gesuchteste Handels=
artikel. Allein die Regierung oder wenigstens deren Amtleute sahen dieß
sehr ungern, und mehrere Personen, die der Verbreitung dieser Abschriften
angeklagt waren, wurden deßhalb gerichtlich vernommen.

Diese gehässigen Plackereien drohten bisweilen zu neuen Unord=
nungen Anlaß zu geben, unterhielten jedenfalls die Bewegung und die
allgemeine Beunruhigung. Vergebens versuchte der als sinniger Volks=
dichter bekannte Pfarrer Kuhn in Burgdorf, ein eifriger Anhänger
der altväterlichen Obrigkeit, auf die öffentliche Meinung einzuwirken.
Seine in eindringlicher und würdevoller Sprache, aber ohne Verständniß
für die Bedürfnisse der Zeit geschriebene Warnung: „Mein Volk, deine
Leiter verführen dich!" erhielt eine äußerst heftige Erwiederung von
Dr. Karl Schnell unter dem Titel: „Hütet Euch vor den Wölfen im
Schafspelz!" und konnte nur auf diejenigen Eindruck machen, welche
von vornherein allen Neuerungen abhold waren.

---

[1]) Sie sind zusammengestellt in einem amtlichen Bericht der Standeskommission.

[2]) Ein von Stadtschreiber Schnell im Namen der Stadtgemeinde abgefaßtes Me=
morial wurde von derselben genehmigt, jedoch — ohne Zweifel auf Betreiben seines
Bruders — unter Beifügung oder vielmehr Voranstellung von: „Volkssouveränität" und
„Preßfreiheit," während Blösch nach einer Bemerkung am Rande bei Vertheilung der
Landesrepräsentanten neben der Bevölkerungszahl auch Berücksichtigung der Bildung und
der Steuersumme „wünschen" wollte, und Ausschluß der in fremden Diensten Stehenden
von der Wählbarkeit.

In Burgdorf organisirte sich die Bürgerschaft zu einer freiwilligen Bürgerwache — gegen das anfängliche Verbot des Oberamtmanns — ohne daß über den Zweck dieser Maßregel eine bestimmte Abrede getroffen worden wäre. Stadtschreiber Schnell antwortete, darüber befragt, gegen wen man sich bewaffne: „Gegen die Canaille, komme sie von Oben oder von Unten!" und drückte damit, wie Blösch meinte, wohl am besten die Gesinnung der Mehrzahl aus.

Weit gefährlicher war die Stimmung im Jura, im Oberland und vorzüglich im Seeland. In Biel standen, neben Dr. Blösch, hauptsächlich Karl Neuhaus (der spätere Schultheiß) an der Spitze der Opposition, vermochten jedoch bei vielleicht etwas weniger besonnenem Vorgehen und bei dem beweglicheren Charakter der Bevölkerung nicht allen Ungesetzlichkeiten vorzubeugen. Eine am 20. Dezember daselbst abgehaltene, von Abgeordneten der umliegenden, theilweise sogar entferntern Gegenden zahlreich besuchte Versammlung streifte nahe an Aufruhr und bewog die Regierung, Herrn Oberst Koch als Kommissär abzusenden[1]). In Bern hatte schon am 17. Dezember eine ähnliche Versammlung stattgefunden, um sich über die einzureichenden Wünsche zu verständigen; eine andere in Pruntrut, für diese Stadt und für St. Ursanne, unter dem vorwiegenden Einflusse Stockmars.

Dieselbe kritische Lage Europas, welche das nächste Motiv zu der Eingabe des Burgdorfer Stadtraths hergegeben hatte, rief, noch am Ende des Jahres, die eidgenössische Tagsatzung in Bern, unter dem Vorsitze des Schultheißen Fischer, zusammen und bestimmte sie, nach Außen zu der Neutralitätserklärung gegen die in den Waffen sich gegenüberstehenden Nachbarmächte; nach Innen zu dem denkwürdigen, die neue Zeit einleitenden Entschluß vom 27. Dezember 1830: daß es jedem eidgenössischen Stande kraft seiner Souveränität freistehe, die von ihm nothwendig und zweckmäßig erachteten Abänderungen in der Kantonsverfassung vorzunehmen.

Hätte diese durch eine Proklamation — freilich erst am 12. Januar 1831 — bekannt gemachte Konzession an die öffentliche Meinung die Gemüther beruhigen sollen, so wurde hingegen die Unruhe vermehrt durch das Gerücht von der Anwerbung der sogenannten „Rothen,"

---

[1]) Dieser erhielt nach einem Schreiben an den Kommissär in Pruntrut (vom 19. Dezember) die Instruktion: Den Aufhetzer Dr. Blösch auf irgend eine Weise zur Ruhe zu bringen; scheint aber, einem zweiten Schreiben an den nämlichen zufolge, sich darüber beklagt zu haben, daß sie — Blösch und Neuhaus — ihre Schritte in solche Formen kleiden, daß ihnen auf regelmäßigem Wege nicht beigekommen werden könne".

(Protokoll des Geheimen Rathes.)

der aus Frankreich entlassenen Schweizergarden, durch die Regierung.
Blösch brachte die Neujahrstage in Biel zu und mußte Zeuge ernsthafter
Auftritte sein; in mehreren Ortschaften des Seelandes waren Freiheits=
bäume aufgerichtet worden, und nicht überall gelang es den Oberamt=
leuten, dieselben ohne Anwendung von Gewalt zu entfernen. Die Ankunft
einer Abtheilung Militär verschlimmerte die Lage; sie wurden in Nidau
so unwillig empfangen, daß, auf die Nachricht von dem Anzuge einer
bewaffneten Schaar von Landleuten, der Befehl zu schleunigem Rückzug
ertheilt wurde. Die 25 Dragoner sprengten in größter Eile zum Thore
hinaus [1]) und beinah im gleichen Augenblick langten ungefähr 300 Mann
von Madretsch her vor dem Schlosse an; sie kehrten ohne weitere Un=
ordnung bald wieder zurück, jedoch mit der ausdrücklichen Drohung:
„am nächsten Samstag dann nach Bern zu ziehen!"

Von Burgdorf, von Thun, von Aarberg und andern Orten kamen
Deputationen nach Bern, um der Regierung den Stand der Dinge vor=
zulegen, die erstere überdieß mit der schriftlichen Erklärung: daß, wenn
nicht sogleich die Werbungen eingestellt und die bereits Geworbenen
entlassen würden, man nach Bern marschiren werde. In Biel wie im
Jura fing man an, sich für diesen Fall bereit zu machen; nur mit der
größten Mühe gelang es hier, den Ausbruch zurückzuhalten, indem Blösch
durch Vermittlung seines Bruders in seiner Vaterstadt und von dieser
aus auch nach Delsberg und Pruntrut Mittheilung von beruhigenden
Zusicherungen gelangen ließ, die unterdessen — durch Rathsherr Tscharner
und R. v. Wattenwyl — in Burgdorf gemacht worden waren.

In Bern selbst hatten nämlich die Werbungen nicht geringere
Gährung als auf dem Lande verursacht, und die Besorgniß, diese ver=
kehrte Maßregel möchte zu einem Aufbruch des Landvolkes Veranlassung
werden, gab der Bürgerschaft von Bern die nöthige Energie, diesem
Treiben ein Ende zu machen.

Die Geschichte dieser Werbungen ist bekannt; das Schlimmste daran
war die Schwäche der Regierung, welche dieses Unwesen duldete, mit
kaum verhehlter Sympathie durch einzelne ihrer einflußreichsten Mit=
glieder betreiben ließ, und doch die Verantwortung dafür nicht tragen
wollte. Als Schultheiß von Wattenwyl im Kleinen Rathe äußerte, die
Regierung sei der Maßregel fremd, stand Seckelmeister von Muralt
auf und erklärte: er sei es, der die Werbungen leite, nebst Andern,

---

[1]) Sie mußten später noch auf ihrer Heimreise die Ungunst der Bevölkerungen
erfahren, so in Aarberg, wo man ihnen nicht gestatten wollte, das in Nidau durch die
plötzliche Flucht unterbrochene Mittagsmahl einzunehmen.

deren Namen er nannte; dennoch wagte die Behörde nicht dagegen einzuschreiten. Erst durch die immer drohender werdende Haltung der Stadt-
bevölkerung und besonders der unter Oberstlieutenant Dr. Hahn unlängst
organisirten Bürgerwehr und des Studentenkorps [1]) sah sie sich zuletzt
gezwungen nachzugeben und die Versicherung zu ertheilen, daß die Werbung
eingestellt und das ganze Korps aufgelöst werden solle.

Die Mittel, durch welche unterdessen die Oberamtleute sich bestrebten,
die Ordnung aufrecht zu erhalten, die „Schlechtgesinnten" zu erschrecken,
die „Gutgesinnten" zu ermuntern und zu belohnen, waren meistens
ungeschickt gewählt und verfehlten ihre Wirkung; selbst der am 7. Januar
1831 abgelegte Bericht der Standeskommission über die eingelangten
„Wünsche," der dieselben beinahe alle als erheblich erklärte und zu eingehender Berathung empfahl, vermochte nicht mehr die Gemüther zu
befriedigen; denn Niemand wollte glauben an die Aufrichtigkeit der
Erklärung, und alle Bemühungen der gemäßigten Führer, von Exzessen
abzuhalten, scheiterten an dem tiefgewurzelten Mißtrauen gegen die
Regierung.

Professor Hans Schnell, dem schon Ende Dezembers eine Anzahl
angesehener Männer aus Thun angezeigt hatte: „am 10. Jänner werde
es auf Bern losgehen"! wußte dieselben nur dadurch zufrieden zu stellen
und vor unklugen Schritten zurück zu halten, daß er den Vorschlag
machte, auf eben diesen Tag eine Versammlung der angesehensten und
achtungswürdigsten Männer des ganzen Kantons zusammen zu rufen.
Dieser Gedanke sollte jetzt wirklich zur Ausführung gelangen. Blösch übernahm wiederum den Auftrag, Biel und den Jura von dieser Abrede in
Kenntniß zu setzen; er fand jedoch wenig Geneigtheit dazu, weil der
Geist der Mäßigung fehlte. „Während es mir", klagte er, „mit Mühe
gelang, einige Personen zum Besuche der Versammlung zu bewegen,
wäre es ein Leichtes gewesen, die halbe Einwohnerschaft gegen Bern in
Bewegung zu setzen".

An andern Orten war es freilich nicht so. Je näher der Tag heran-
rückte, um so deutlicher sah man, daß das Schicksal des Landes von
seinem Ausgange abhangen werde. Statt der anfangs erwarteten 100
Personen trafen am 10. Januar zwischen 1200 und 1500 Männer in
Münsingen ein, aus 20 verschiedenen Amtsbezirken, mehrere als
Vertreter ganzer Gemeinden. Sie versammelten sich in der Kirche, deren

---

[1]) Die Studenten hatten, wie Professor Hans Schnell erst später vernahm, ein
Zeichen von ihm erwartet, um unter dem Ruf: Nieder mit den Falschwerbern! nieder
mit den Rothröcken! das Signal zum Ausbruch zu geben.

Schlüssel der Oberamtmann (Herr Robert von Erlach von Hindelbank)
selber darreichte.

Professor Hans Schnell, der zuerst das Wort ergriff, zeigte
mit der ihm eigenen Kraft und Klarheit den Zweck der Zusammenkunft
an und warnte ganz besonders vor Ungeduld und ungesetzlichen Mitteln
der Gewalt[1]). Er schloß unter lautem Beifall mit den Worten: „Laßt
uns durch Ruhe, durch Ordnung und durch Mäßigung diejenigen
beschämen, die unsern Wünschen mit Kartätschen entgegenkommen, und
alles Schlechte unsern Gegnern überlassen!“

Er war mehrmals unterbrochen worden durch eine Stimme, welche
die Bürgerschaft von Bern in Schutz nehmen wollte, aber zuletzt ziemlich
derb zum Schweigen gebracht wurde. Nicht ohne Muth trat auch O. A.
von Erlach mehrmals auf zur Vertheidigung der Regierung, hauptsächlich gegen den Vorwurf absichtlicher Zögerung; er wurde im Ganzen
ruhig angehört, nicht so ein anderer Patrizier, der zuletzt gezwungen
wurde sich zu entfernen.

Mit steigender Ungeduld erwartete die versammelte Menge die von
Oberst Hahn versprochene Botschaft von der Einstellung der Werbungen,
und bereits fing man an, aus dem langen Ausbleiben desselben auf
ungünstige Nachricht zu schließen. Sehr geschickt wußte Professor Hans
die Aufmerksamkeit von dem Gegenstande abzulenken durch den Vorschlag,
das Verzeichniß der Anwesenden abzulesen. Allein plötzlich hieß es: „Herr
Hahn ist da!“ Sogleich begab sich derselbe, in sichtbarer Erschöpfung
durch die Eile, mit welcher er von Bern gekommen, auf die Emporkirche,
ergriff sofort das Wort und erklärte mit lauter Stimme: er habe das
Vergnügen anzeigen zu können, daß der Kleine Rath nun endlich die
Mißbilligung über die Werbungen ausgesprochen und beschlossen habe,
daß dieselben eingestellt werden sollen. Kein Laut unterbrach bei diesen
Worten die allgemeine Stille. Erst nach einer Weile rief eine gellende
Stimme: „Und die Falschwerber?“ und eine mehrfache Wiederholung
dieser Frage durch Andere zeigte deutlich, daß der Erwartung nicht
durchaus entsprochen worden sei. Herr Hahn überreichte nun dem Professor Schnell den soeben aus der Presse gekommenen Bericht der Standeskommission über die eingelangten Wünsche, und dieser theilte ihn der
Versammlung mit, welche ruhig zuhörte. Gegen 3 Uhr trennte man sich

---

[1]) Er that es durch jenes ihm später vielfach auch durch Karrikaturen und Spott-
gedichte vorgehaltene Gleichniß von dem „Spatz in der Klemme,“ den man nicht zerdrücken,
sondern großmüthig schonen solle.

wieder, ohne daß die vielfachen Besorgnisse vor gewaltsamen Auftritten sich in irgend einer Weise bestätigt hatten.

Unterbrochen wurde die ruhige und schöne Haltung der Menge nur einen Augenblick, als Dr. Karl Schnell den Gedanken äußerte an einen vom Volke selbst unmittelbar zu wählenden Verfassungsrath. Er wurde ausgesprochen ohne Billigung der übrigen Führer[1]), aber er zündete; einmal ausgesprochen fand er, trotz aller Einwendungen, die gemacht wurden, immer wieder den lärmenden Beifall der Menge. Dieß verhängnißvolle Wort gab der Versammlung die entscheidende Wendung und entschied damit auch das Schicksal des Kantons: es bestimmte die Regierung zur Niederlegung der Gewalt.

Am 13. Januar 1831, nachdem am Tage zuvor die eidgenössische Tagsatzung ihre Neutralitätserklärung erlassen hatte, kam in Bern der Große Rath zusammen. Schultheiß von Wattenwyl präsidirte. Nach seiner kurzen Eröffnungsrede wurde ein Vortrag von Rath und Sechszehner vom 5. Januar verlesen, welcher den Antrag enthielt: „daß die von der außerordentlichen, am 6. Dezember ernannten Standeskommission dem Großen Rathe vorzulegenden und von demselben als erheblich befundenen Wünsche, die Staatsverfassung betreffend, einer eigens zu ernennenden Standeskommission zur Untersuchung und Berichterstattung überwiesen werden, für welche Berichterstattung dann möglichste Beschleunigung zu empfehlen sei."

Allein in der Umfrage, die hierauf eröffnet wurde, sprach sich die Ueberzeugung aus, daß, um der Anarchie abzuhelfen und dem Ausbruch des Bürgerkrieges zuvorzukommen, schnellere und eingreifendere Maßregeln nöthig seien; und der Große Rath faßte, auf die gefallenen Anträge[2]), folgende Beschlüsse:

1) Der Bericht der Standeskommission soll nicht behandelt werden.

2) Die Regierung erklärt, ihre ganze bisherige Staatsverwaltung sei auf das Zutrauen des Volkes gegründet gewesen; da sie aber sehe, daß sie es verloren habe, so könne sie die ihr obliegenden Pflichten ferners nicht erfüllen, sondern bloß zur Verhinderung von Unordnungen noch so lange an ihrer Stelle bleiben,

---

[1]) Blösch erzählt: „Zunächst hinter mir saß Karl Neuhaus (der Schultheiß); derselbe lehnte sich beim ersten Wort von Verfassungsrath über mich und bemerkte: „Oh! c'est bien mauvais"! Ebenso dachte Stadtschreiber Schnell, und sogar Hans mißbilligte den Antrag und vertheidigte ihn nur um seines Bruders willen, den er nicht wollte stecken lassen".

[2]) Wie es hieß, von Schultheiß Fischer.

bis eine durch einen vom Volk zu erwählenden Verfassungsrath
festzusetzende Verfassung in Kraft treten werde.

3) Dieser Beschluß soll durch eine Proklamation bekannt gemacht
werden — zu welcher die Standeskommission einen Entwurf vorzulegen den Auftrag erhielt. —

4) Zu Aufstellung einer neuen Verfassung soll ein Verfassungsrath
vom Volke ernannt werden; die bereits bestehende Standeskommission wird ermächtigt, die Wahlart und Einberufung desselben
zu bestimmen.

Die Proklamation, durch welche mit Datum des gleichen Tages
diese Beschlüsse dem Volke bekannt gemacht wurden, war in sehr würdigem Tone abgefaßt, und war geeignet, selbst erbitterte Gemüther
gewissermaßen zu entwaffnen. Allein die durch die bisherigen Vorfälle
allmälig hervorgerufene und genährte Ueberzeugung, daß von der
Regierung kein redlicher Anschluß an das Volk und keine dessen Wünschen
entsprechende Verfassung zu erwarten sei, war bereits zu tief gewurzelt
und zu allgemein geworden, als daß dieser Akt einen andern als bloß
momentanen Eindruck hätte hervorbringen können; „und selbst diejenigen," sagt Blösch, „welche einen Verfassungsrath nicht gewünscht
hatten, denen derselbe, statt als ein Mittel zur Vereinigung, nur als
der Weg zu noch größerer Auflösung erschienen, bedauerten diesen Beschluß, als er einmal gefaßt war, nicht; sondern erkannten darin nur
eine Aufforderung zu größerer Anstrengung und persönlicher Aufopferung." So urtheilte man um so mehr, da bald hernach behauptet
wurde, der Beschluß des Großen Rathes sei nur eine von dem Gesandten
einer fremden Macht eingegebene List gewesen, darauf berechnet, es
werde das Volk plötzlich erschrecken und die Regierung bitten, die Zügel
der Verwaltung von Neuem zu ergreifen.

Allein der Art geschah nichts; einige Zeit dauerte die Gährung
noch fort, besonders da die Zusammenberufung des Verfassungsrathes
geraume Zeit verzögert wurde. Im Jura fielen sogar neuerdings —
wahrscheinlich jedoch bevor noch die Beschlüsse vom 13. Januar zur
allgemeinen Kenntniß gekommen waren — bedeutende Ruhestörungen
von entschieden aufrührerischem Charakter vor. So besonders in Pruntrut,
wo weder der Oberamtmann noch die schleunigst hingesandten Regierungskommissarien im Stande waren, die Ordnung aufrecht zu erhalten,
und von wo aus sogar eine bewaffnete Schaar unter Anführung Stockmars nach Delsberg auszog und dieses besetzte. Eine Proklamation
der Regierung — vom 17. Januar — setzte auf die Einbringung
des letztern einen Preis, wurde jedoch durch eine zweite amtliche Kund-

machung vom nämlichen Tage zurückgenommen, ja in auffallender Weise desavouirt[1]). Erst mit dem Bekanntwerden des Abdankungsbeschlusses stellte sich die Ordnung wieder her.

Als nun einmal die Wahlen des Verfassungsrathes in allen Theilen des Kantons in größter Ruhe geschehen waren[2]); als man die ersten Arbeiten dieser Behörde sah, die sich, 111 Mitglieder stark, am 18. Februar unter dem Vorsitz des Rathsherrn Tscharner in Bern versammelt und ihre Berathungen — nach einer trefflichen Predigt von Professor S. Lutz — unter Anrufung des göttlichen Segens eröffnet hatte — da trat auch, auf dem Lande wenigstens, allmälig Stille in die Gemüther zurück und die frühere Erbitterung machte einer fast entgegengesetzten Stimmung Platz. Leider war dieß in der Haupt-stadt nicht der Fall; hier war die Aufregung eher noch im Steigen, ja der Ingrimm der Anhänger der alten Regierung gab sich einige Male in so beleidigender Weise kund, daß sogar davon die Rede sein konnte, den Verfassungsrath an einem andern Orte des Kantons versammeln zu lassen.

Nachtheiliger, als diese offenen Zeichen feindseliger Gesinnung, waren die geheimen Bestrebungen, Mißtrauen in seiner Mitte und Zwietracht unter seinen Gliedern zu erregen; diese schienen nur zu gut gelingen zu sollen. Bei der Berathung über die Wahlart des Großen Rathes und über Bestimmung des Verhältnisses der Repräsentation in demselben kam es zum Bruch. Die einen verfochten den Grundsatz voll-kommener Gleichheit und wollten diesen auch auf die Repräsentation angewendet wissen; andere hielten es für nothwendig, der Stadt Bern, aus Rücksicht auf größere Intelligenz, Geschäftskenntniß und Reichthum, nach Verhältniß der Bevölkerung größern Antheil an den Wahlen ein-zuräumen; für beide Ansichten stimmten Bürger von Bern und Landleute gemischt, aber plötzlich, nachdem die Frage im erstern Sinn entschieden war, erklärten (11. April) drei Mitglieder des vorberathenden Aus-schusses ihren Austritt aus demselben und überdieß in einer Zuschrift an den Verfassungsrath, die sofort im ganzen Lande verbreitet wurde, die Unmöglichkeit, ferner an der Verfassungsarbeit mitzuwirken.

------

[1]) Es hieß, daß weder der Schultheiß noch der Stadtschreiber ihre unter jener ersten Proklamation stehenden Unterschriften anerkennen wollten, so daß der Verdacht entstand, es sei dieses Aktenstück das gefälschte Machwerk einer extremen Partei, welche dadurch provoziren wollte.

[2]) Nur im Thale von St. Immer scheint es, nach Tillier, bei diesem Anlaß zu einer bedeutenden Störung gekommen zu sein.

Der Schritt erregte unter den Feinden des Verfassungsrathes großen Jubel; denn alle drei waren Bürger der Stadt und Häupter der dortigen liberalen Partei, die sich dem Lande angeschlossen, und hatten allgemeine Achtung und hohes Vertrauen auch bei der Landbevölkerung genossen. Der unheilvolle Entschluß war um so gefährlicher, weil die größere Behörde nach der Erwählung des vorbereitenden Ausschusses sich vertagt hatte und also die Austretenden nicht mehr ersetzt werden konnten.

Schon hofften Viele, die ganze Verfassungsarbeit werde in's Stocken gerathen; allein die Besonnenheit der übrigen Glieder des Ausschusses verhütete dieß [1]): ohne einen Augenblick zu zaudern, fuhr dieser in der Berathung fort und der ganze Vorfall hatte nur die, freilich ver= hängnißvolle, Folge, daß er die Veranlassung zu einer tiefen Spaltung ward, die sich von da hinweg zwischen Stadt= und Landbürgern bildete, und alle die Bande zerriß, welche langjährige persönliche Freund= schaft und Gemeinschaft der Interessen zwischen den Häuptern beider Parteien — denn dazu wurden sie nun — geschlungen hatten.

Der gebildete Theil der Stadtbürgerschaft, der bisher das natür= liche Mittelglied zwischen den regierenden Patrizierfamilien und den Landbewohnern ausgemacht und daher, in Verbindung mit den ge= mäßigten Reformfreunden der Landschaft, einen entscheidenden Einfluß ausgeübt hatte, verlor mit seinen Führern diesen Einfluß beinah völlig. Aus seiner naturgemäßen Stellung als Regulator des Gleichgewichts der Kräfte in dem gesunden Staatsorganismus wurde dieses Element nun mehr und mehr hinausgedrängt in diejenige eines haltlosen soge= nannten juste-milieu, welches eben so wenig das Vertrauen der gestürzten Geschlechter sich erwerben, als dem nunmehrigen Haß der entschiedenen Fortschrittsmänner entgehen konnte. Im gleichen Verhältniß erstarkten nun die extremen Richtungen nach beiden Seiten.

J. L. Schnell war mit den Ausgetretenen verbunden, theilte auch persönlich ihre Ansicht, erkannte aber die ganze Vergeblichkeit

---

[1]) Rathsherr Tscharner, Präsident der engern und weitern Behörde, benachrichtigte gleich nach Empfang des Schreibens den Professor S. Schnell von seinem Inhalt und bat denselben um seine Meinung, was zu thun seie? Herr Schnell rieth fortzufahren, wie wenn nichts geschehen wäre. — „Herr Rathsherr! sobald d'Sitzung eröffnet isch, so fraget d'r Sekretär: „Bi welem Paragraph sy mer blibe"? und wenn er Ech's azeigt het, so säget ihm: „So verleset der folgend"! Ein einziges Mitglied der Redaktionskommission, Fellenberg von Hofwyl, blieb von nun an ebenfalls weg. Seiner Meinung nach hätte die Kommission ihre Arbeit einstellen und den Verfassungsrath wieder zusammenrufen sollen.

ihres Entschlusses. Er hatte, obwohl er die Aufstellung eines Verfassungs=
raths mißbilligt, die Wahl in diese Behörde angenommen — während
Karl sich derselben entzog — und ihr mit Neuhaus als Protokollführer
gedient. Von jetzt an trat er von der Leitung der Bewegung, wie
vom politischen Leben überhaupt zurück, während sein Bruder Karl
in den Vordergrund trat und Hans sich ihm anschloß.

J. L. Schnell, mit dem Volke, besonders mit dem wohlhabenden
„hablichen" Bauernstande des mittlern Kantonstheils durch Beruf, durch
zahlreiche Bekanntschaft und Freundschaft in täglicher Verbindung, durch
seine Lebensweise und durch seinen Charakter auf's engste mit demselben
verwachsen, hielt von Anfang an den Gedanken fest, daß das Berner=
volk zwar zum Besitz einer freiern Verfassung und zu größerer Theil=
nahme am öffentlichen Leben, aber keineswegs zur Selbstverwaltung
reif sei, und sprach bald die Befürchtung aus, daß man der Stadt=
aristokratie nur entgehe, um dem andern Extrem einer Bauern=Ochlokratie
zu verfallen[1]).

Ganz anders dachte Dr. Karl Schnell. Ihm galt über Alles nur
das Prinzip der „Volkssouveränetät" und unbedingte Durchführung
desselben. Dieß Prinzip hatte er — bereits im Gegensatze gegen den
ältern Bruder — an die Spitze seiner massenhaft verbreiteten „Wünsche"
gestellt; und das fast doktrinär zu nennende Interesse, alle Consequenzen
dieser Formel zur Geltung zu bringen, der leidenschaftliche Haß gegen
die „Vorrechtler" und das ‹juste-milieu› bildeten den einseitigen Maaß=
stab seines Urtheils und die fast ausschließliche Triebfeder seiner Hand=
lungsweise.

Als Organ diente ihm hauptsächlich der „Berner Volksfreund."
Das Blatt war in der Noth der Zeit begründet worden und erschien
zuerst — vom 24. Februar 1831 an — der bernischen Censurverhältnisse
wegen, in Solothurn, dann in Burgdorf, mit dem ausgesprochenen
Zwecke „gegenseitiger Verständigung über die Lage des Vaterlandes,

---

[1]) Seine Unbefriedigung über den Gang der Dinge wurde so tief, daß der früher,
vor 1830, gefaßte Plan der Auswanderung nach Nordamerika neuerdings mit großer
Entschiedenheit bei ihm auftauchte. Es ist von seiner Hand ein — auch gedruckter —
versifizirter Erguß aus dieser Zeit vorhanden, von welchem folgende Strophen hervor=
gehoben werden mögen:

„Die Welt bleibt stets ein Narrenhaus; Erfahrung macht nicht weise.
Den setzt man ein; den jagt man aus; Sie bleibt doch im Geleise.
. . . .
Das Volk hofft stets auf Besserung; Läßt sich mit List bethören,
Es fröhnt dem Reich der Neuerung — Nur Schaden kann belehren?"

4

der Belehrung über das, was zu Nutz und Frommen desselben dient,
der Erhaltung und Erhebung des Vertrauens und der Offenheit, durch
welche das Vertrauen genährt wird." „Für Viele unerwartet," heißt es
in der ersten Nummer, „tritt der Kanton Bern urplötzlich und ohne
Uebergang aus dem Zustand einer unbeschränkten Aristokratie in den=
jenigen einer unbedingten Demokratie, d. h. die Staatsbürger, die unter
dem moralischen Despotismus erzogen wurden, sollen nun auf einmal
selbst regieren, sich selbst eine Verfassung geben! Bedenkliche Aufgabe!
Was zum heilsamen Ziele der Herstellung mitbürgerlicher Eintracht,
gesellschaftlicher Ordnung und gesetzmäßiger Freiheit führen kann, wird
die Redaktion des Blattes, wo es herkommen mag, dankbar annehmen."
Im Anfang lag die Herausgabe größtentheils dem ältesten Bruder
J. Ludwig ob [1]), dem einige Freunde Hülfe leisteten; Karl war unter
diesen der bedeutendste, und bald gab dessen Feder dem Blatt seinen
eigenthümlichen Charakter von grobkörnigem Spott gegen alles Alte
oder dem Neuen Widerstrebende, wie er dem Geschmack des bernischen
Landvolks entsprach, auf welches er berechnet war. Später übernahm
ein jüngerer Verwandter der Familie Schnell, Lehrer F. Stähli, die
Besorgung des Blattes, und erst lange hernach erhielt der „Volksfreund"
eine geordnete Redaktion; sie wurde dem als Dichter bekannten Reithardt
anvertraut, der zuvor im Kanton Zürich eine Zeitung herausgegeben
hatte.

Eine Folge dieser veränderten Parteistellung war die Gründung
der sogenannten „Schutzvereine." Veranlaßt durch die von nun an
schroff hervortretende feindselige Stimmung der Stadtbürgerschaft gegen
den Verfassungsrath, die sich in mehrern Artikeln der amtlich begün=
stigten „Schweizerzeitung" kundgab und sogar in Beleidigungen gegen
einzelne Mitglieder Luft gemacht zu haben scheint, noch mehr aber wohl
durch das Bedürfniß nach festerer Organisation der liberalen Partei
überhaupt [2]), versammelten sich am 2. Mai eine ziemliche Anzahl von
Landbewohnern im Casino in Bern, beschloß die Aufstellung von Vereins=
statuten und die Bildung von Lokalvereinen in den Ortschaften des
Kantons, um zur Annahme der Verfassung hinzuwirken und der Reaktion
zu widerstehen.

Die Vorstellungen der dadurch in Allarm gesetzten provisorischen
Regierung an den Verfassungsrath über: „die Gefahr, womit eine solche

---

[1]) Von ihm stammen sehr wahrscheinlich auch die oben angeführten Eingangsworte.

[2]) Schon im Anfang des Jahres hatte Blösch diesen Gedanken geäußert in einem
Briefe an seinen Bruder in Biel, den er aufforderte, dazu die Initiative zu ergreifen.

von bekannten und einflußreichen Männern angeführte, mehr oder minder
heimlich organisirte Verbindung die ersten und wichtigsten Interessen
der Gesellschaft bedroht" — und die Antwort des letztern: „die Mit=
glieder des gedachten Vereins haben bestimmt versichert, daß sie, weit
entfernt, politische Parteiung befördern oder die Maßregeln der Re=
gierung zur Handhabung gesetzlicher Ordnung lähmen zu wollen, es sich
vielmehr zur Pflicht machen, so weit es ihnen möglich ist, zur Erhaltung
der Ruhe und Eintracht beizutragen; sie haben aber auch dargethan,
daß ihre Besorgniß vor Umtrieben im entgegengesetzten Sinne nicht
ungegründet war" — solche konnten nicht verfehlen, die Kluft zwischen
Stadt und Land zu vergrößern. Beide Aktenstücke, das erstere in Ver=
bindung mit andern darauf bezüglichen Schriften; das letztere, auf den
ausdrücklichen Wunsch des Verfassungsrathes, aber begleitet von einer
neuen, ziemlich scharfen Erwiderung und von den Statuten des Schutz=
vereins, wurden durch den Druck verbreitet und so die Unhaltbarkeit
der Lage durch den bedenklichen Zwiespalt zwischen der alten und neuen
Regierung offen aufgedeckt und zur Schau getragen.

Eine Menge von Erklärungen und Gegenerklärungen folgten sich,
in welchen Einzelne ihre persönliche Stellung zur Verfassung auszu=
sprechen für nothwendig hielten, und allerdings trat hierbei unverkennbar
hervor, was ein Blatt von schärferer Parteifarbe den zum Liberalismus
neigenden Patriziern und Stadtbürgern vorgeworfen hat: „daß diese
Leute die Vortheile, die sie besessen und auch ferner zu behalten wünschen,
mit dem Recht, das ihnen gebührt, bei jedem Artikel der Verfassung ver=
wechseln, und daß sie nicht aus dem Zauberkreise herauszutreten ver=
mögen, in den sie der lange Besitz der Vortheile als in ein Recht
hineingebannt hat."

Ein letzter Versuch, die Annahme der Verfassung zu hintertreiben,
geschah wenige Tage vor der Entscheidung durch die Verbreitung eines
zweiten Verfassungsentwurfes, der in seinen Grundlagen von dem durch
die Constituante ausgearbeiteten Projekt völlig verschieden war und den
Namen des Schultheißen von Wattenwyl trug. Dieser Entwurf, der
noch im Oktober oder November 1830 Alles befriedigt hätte, konnte
jetzt höchstens nur Zwietracht und Unordnung hervorrufen. Da von
Wattenwyl die auf ihn gefallene Wahl in den Verfassungsrath nicht
angenommen hatte, so hielt man dafür, daß er auf das Recht zur
Mitwirkung an seiner Arbeit Verzicht geleistet habe. Je allgemeiner
aber die Achtung war, welche er bisher genossen, um so leichter fand
das Gerücht Eingang, daß sein Name nur mißbraucht worden sei. In
einem gewissen Zusammenhang mit dieser Kundgebung stand wohl eine

öffentliche Erklärung, in welcher 108 fast ausschließlich patrizische Namen, zum Theil Glieder der alten Regierung — an ihrer Spitze Schultheiß Fischer — die Gründe aussprachen gegen Annahme der vom Verfassungs= rathe gemachten Vorlage.

Im Gegensatze hierzu hatte eine Anzahl gebildeter Männer aus der städtischen Bürgerschaft — Prokurator Karl Bitzius voran — schon am 16. Juli ein neues Blatt, die „Berner Zeitung," mit gemäßigter Richtung in's Leben gerufen, deren zweite Nummer mit ebenso nüchternem Urtheil als warm und entschieden die Annahme der Ver= fassung empfahl; die Mängel des Projektes wurden nicht in Abrede gestellt, aber: „den daherigen Nachtheilen kann vorgebeugt werden, sie sind nur möglich; das Uebel aber, welches die Verwerfung zur Folge hätte, ist gewiß."

Am 7. Juli hatte der Rath seine Verhandlungen geschlossen und der 31. desselben Monats war als Tag der Abstimmung bezeichnet. Der Entscheid war nicht zweifelhaft; Jedermann erwartete die Annahme durch die Volksmehrheit, aber das Resultat ging über die kühnste Hoff= nung der Freunde der neuen Ordnung hinaus. Im Ganzen betheiligten sich 29,955 Bürger; von diesen stimmten nur 2153 dagegen, aber 27,802 für den Entwurf, der somit Gesetzeskraft erhielt.

Am 25. August folgten die Wahlen in den neuen Großen Rath. Es wird als ein Zeichen ganz ungewöhnlicher Mäßigung von Seiten der nun zur unbedingten Herrschaft gelangten Partei hervorgehoben werden dürfen, daß beinahe in allen Wahlbezirken — die jurassischen ausgenommen — vorab aber in Burgdorf, mitten unter den Namen von Landleuten auch Namen stadtbürgerlicher und ehemals regierender Geschlechter in großer Zahl auf den Listen erschienen.

Am ersten Tage fielen von 200 Wahlen nicht weniger als 60 auf Bürger der Stadt Bern, in Burgdorf allein — und zwar unter dem Präsidium von J. L. Schnell — von 10 Wahlen 5, unter welchen auch der bisherige Oberamtmann von Effinger war[1]. Und dieß wiederholte sich auch am zweiten Wahltage, den 29. September, nachdem die zahl= reichen und zum Theil sogar sehr verletzenden Ablehnungen bereits das Ihre dazu beigetragen hatten, die Stimmung zu verbittern.

„Eine Zeit lang", sagt Blösch, „schwankte das Patriziat, und ein ansehnlicher Theil desselben neigte zur Annahme; aber plötzlich — wie es später hieß wieder infolge der verhängnißvollen Entscheidung von

---

[1]) Die Wahlverhandlung dauerte hier von Morgens 9 Uhr bis Abends 8½ Uhr

Schultheiß Fischer — änderte sich die Gesinnung. Dieß war ein be=
klagenswerther Fehler, um so beklagenswerther, weil er nicht nur im
Widerspruch stand mit dem Abdikationsakte vom 13. Januar, sondern
weil er in Wahrheit einem Mangel an ächtem Patriotismus entsprang.
Nicht der wirkliche Entschluß, von den öffentlichen Geschäften sich zurück=
zuziehen, sondern die eitle Hoffnung, das Volk werde nach kurzem Versuch
eigener Verwaltung zum altgewohnten Regimente zurückkehren — wie
einst Schultheiß von Bubenberg und die übrigen der Schnabelschuhe
wegen aus Bern weggezogenen Adeligen im Triumph zurückgeholt wur=
den — bestimmte die Mehrzahl zur Ablehnung [1]."

„Die Strafe blieb nicht aus. Zwar fielen auch die Nachwahlen
noch in großer Zahl auf Stadtberner. Allein dem Mißtrauen war neue
Nahrung gegeben worden und die Saat ging richtig auf: Das Land
fühlte, daß man es für unfähig hielt, ohne die Stadt zu regieren; es
wurde zur Ehrensache, den Beweis des Gegentheils zu leisten, und die
Folge war, daß das Land, welches anfangs selbst diesen Zweifel theilte,
zuerst aus Noth, dann mit Bewußtsein sich selbst zu regieren sich
gewöhnte [2]."

Den 20. Oktober 1831 erließ die alte Regierung ihre Abschieds=
proklamation, in welcher sie „Aussöhnung der entzweiten Gemüther"
empfahl und „Einigkeit im Gehorsam und in der Achtung vor Gesetz
und Obrigkeit, ohne welche kein Gemeinwesen bestehen mag."

Damit war eine Umwälzung zu ihrem Abschluß gelangt, welcher,
in freilich kleinen lokalen Verhältnissen, hinsichtlich der Reinheit der
Motive, der Friedlichkeit und Gesetzlichkeit ihrer Ausführung und der
Vollständigkeit ihres Resultats die Geschichte nicht leicht eine andere
wird an die Seite stellen können.

Blösch selbst, auf den wir nun aus dem Gang der Ereignisse her=
aus wieder einen speziellen Blick werfen müssen, war durch sein fast
zufällig herbeigeführtes Verhältniß zur Familie Schnell recht eigentlich

---

[1] Neben diesem Urtheil mag ein anderes vielleicht nicht weniger berechtigtes stehen,
welches Dr. A. G. in einem Nachruf an Schultheiß Fischer im „Berner Intelligenzblatt"
ausgesprochen hat: „Der eigene Rücktritt des Schultheißen Fischer vom Steuerruder des
Staates war, nachdem das Schiff nach andern Gesetzen geleitet und in neue, dem
Steuermann unbekannte Strömungen geführt werden sollte, nicht nur gerechtfertigt,
sondern unserer Ansicht nach geboten!" Doch bezieht sich dieß auf das Schultheißen-Amt,
nicht aber auf die Mitgliedschaft des Großen Rathes, deren Ablehnung wohl auch hier
als Fehler angesehen wird.

[2] „So ging das Bernervolk bei sich selbst in die Schule, nachdem die tüchtigsten
Lehrmeister, die Häupter des alten Regiments, ihren Dienst versagt hatten"; so drückt
Baumgartner ganz den nämlichen Gedanken aus (Bd. II, p. 5).

in die Mitte des damaligen politischen Lebens im Kanton Bern hinein=
gezogen worden und war mit ganzem nachhaltigem Eifer völlig in die
Gedanken seiner Umgebung eingegangen.

Er hatte im November 1830 eine zwei Stunden lange Unter=
redung mit seinem ihm sehr freundlich gesinnten frühern Vorgesetzten,
Verhörrichter von Wattenwyl, der ihn schließlich aufforderte, ihm die
wesentlichsten Punkte, welche Gegenstand seiner Wünsche und Beschwerden
seien, schriftlich mitzutheilen. Es geschah dieß wirklich in einem längern
Memorial, auf das wir am Schlusse zurückkommen werden.

Die Betheiligung des jungen Büreauangestellten an den Ereignissen
beschränkte sich zwar so zu sagen auf Adjutantendienste, vermittelte aber
doch größtentheils den so überaus wichtigen Zusammenhang der Burg=
dorfer Bewegung mit derjenigen Biels und durch dieses den Einfluß
des Schnell'schen Geistes auf einen großen Theil des Seelandes und
des Jura, und war daher vielleicht mehr unscheinbar als unbedeutend;
auch von Baumgartner in seiner Geschichte dieser Periode wird der
Name Blöschs bereits genannt [1]).

Von Anfang an hatte die imponirende, eben so besonnene als ent=
schiedene Persönlichkeit seines spätern Schwiegervaters J. L. Schnell
weit größern Einfluß auf ihn ausgeübt, als die klug berechnende Leiden=
schaftlichkeit Karls oder Hansens oft maßlose Ueberschwänglichkeit. Von
ersterm hat er unstreitig wie den Antrieb zu politischer Thätigkeit über=
haupt, so auch schon die besondere Richtung seiner politischen Sinnesart
empfangen. Mit ihm hatte er das Aufhören der durch Nichts mehr
gerechtfertigten privilegirten Geschlechterherrschaft für nothwendig und
das Volk zu größerer Theilnahme am Staatsleben für fähig erkannt,
und hatte dieses zu erstreben aus allen Kräften mitgewirkt zu einer
Zeit, wo es noch mehr Muth bedurfte, als später; mit ihm betrachtete
er es aber auch als ein Unglück, als durch die Macht der Verhältnisse
und großentheils durch eigene Schuld dieser Elemente, auch die natur=
gemäßen Privilegien der Bildung und der allgemeinen bürgerlichen
Stellung ihre Geltung verloren. Wie er in einem Entwurf zu „Wünschen"
bereit gewesen war, der Stadt Bern und ebenso den kleinen Städten
des Kantons noch ein gewisses gesetzliches Vorrecht in der Vertretung
einzuräumen, so hat er diesen Gedanken auch später noch während der
Arbeiten des Verfassungsrathes in einem für den „Volksfreund" be=

---

[1]) Von befreundeter Seite wurde ihm aus Bern mitgetheilt, „daß er als eine der
thätigsten Personen signalisirt sei."

stimmten Aufsatze verfochten[1]), und wurde auch aus ähnlicher Veran=
lassung in eine Zeitungsfehde mit seinen Bieler Freunden, vorzüglich
mit Karl Neuhaus verwickelt, indem er sie beschuldigte, durch Mangel
an Mäßigung und Gesetzlichkeit die gute Sache gefährdet zu haben.

Als die Wege der drei Brüder mehr und mehr sich schieden und
es nicht selten zu den lebhaftesten Erörterungen zwischen ihnen kam,
schloß Blösch sich in seinem Urtheil immer entschiedener an den ältesten
derselben an. Dieß hinderte ihn jedoch nicht, auch mit Karl beständigen
Verkehr zu unterhalten, der ihn zwar einen „Aristokraten" nannte, ihn
aber doch stets freundlich in seinem „Sommerhaus" empfing und auf's
bereitwilligste mit Büchern aus seiner reichen Bibliothek versah. Mit
dem doch ziemlich ältern Hans, dessen ideales Gemüth er eben so sehr
bewunderte als liebte, verband ihn dauernde, mit den Jahren immer
engere Freundschaft.

Seine Berufsarbeit befriedigte ihn im höchsten Grade; die lange
Abwesenheit des Prinzipals während der Sitzungen des Verfassungs=
rathes hatte ihn genöthigt, sich in die ihm bis dahin fremd gebliebenen
Büreaugeschäfte hineinzuarbeiten. Nachdem das Gesetz die frühere Be=
schränkung der Advokatenzahl aufgehoben, konnte er im Januar 1832
seine Prüfung bestehen und im darauffolgenden Monat sein Patent
als Fürsprecher erhalten. Von da an lag die Advokatenpraxis ihm
hauptsächlich ob und er widmete sich derselben, wie er selbst sagt, mit
Lust und Eifer; während das Notariatsgeschäft und die Protokollführung
mehrerer „Untergerichte" seine Zeit und Kraft in Anspruch nahm, aber
auch große Kenntniß des Volkscharakters, Einsicht in die Erfordernisse
und Grundsätze einer geordneten Verwaltung und nach und nach eine
bedeutende Geschäftsgewandtheit ihm verschaffte.

Mit dem freudigsten Interesse betrachtete er die Gemeinde=
angelegenheiten seiner neuen Vaterstadt, in deren Leitung die Fa=
milie Schnell, weniger gehemmt und getrübt von politischen Leidenschaften,
mehr noch als in der kantonalen Thätigkeit Zeugniß ablegte von ihrer
Einsicht, ihrer Energie, ihrem freien Sinne und ihrer Uneigennützigkeit[2]).

---

[1]) Doch scheint er früher darüber auch anderer Ansicht gewesen zu sein. Als sein
Bruder schon im Dezember 1830 den vom Seeland ausgehenden und viel verhandelten
Vorschlag erwähnte, daß ²/₃ der Repräsentanten der Stadt Bern, ³/₆ dem Lande und
¹/₆ den kleinen Munizipalstädten überlassen werden sollten, schrieb er demselben sofort:
„Kurz: Dein Trio, in welchem die Spießbürger die Harmonie herstellen sollen, gefällt
mir gar nicht" und eiferte heftig gegen solche „Privilegien."

[2]) Der sonst so nüchtern urtheilende Blösch sagt sogar: „Aeußeres Denkmal wurde
ihnen dafür keines gesetzt, aber der ganze Ort ist ihr Monument."

Ehe ein Dezennium verfloß, von jener schon erwähnten Verwaltungs=
veränderung an, war Burgdorf Innen und Außen vollkommen um=
gestaltet, das Schulwesen reorganisirt und bedeutend gehoben, das Ge=
werbswesen entwickelt, der Handel vermehrt und eine Menge privater
und öffentlicher Bauten aufgeführt, während doch die Einfachheit der
gesellschaftlichen Sitten und der Lebensweise in der durch keine sozialen
Scheidewände getrennten Einwohnerschaft fast unverändert sich erhielt.

Obwohl dieß anfangs keineswegs die Absicht Blösch's gewesen war,
ließ er sich bei den ihm so sehr zusagenden Verhältnissen doch gerne
dazu bewegen, in Burgdorf seinen bleibenden Wohnsitz zu nehmen.

Der Tag von Münsingen war entscheidend gewesen auch für seine
persönliche Zukunft. Am späten Abende, auf der Heimkehr nach Burg=
dorf, sagte ihm der Stadtschreiber Schnell die Hand seiner ältesten
Tochter Rosina Elisabeth zu.

Diese, geboren 1813, in der Familie einfach „Lise" genannt, kehrte
von einem Aufenthalt in Neuenburg erst in's älterliche Haus zurück,
als Blösch in demselben bereits heimisch geworden war; aber ihr aus
Lieblichkeit und Frohsinn zusammengesetztes und mit einem äußerst an=
muthigen Aeußern verbundenes Wesen zog ihn in kurzem mächtig an.
Häufige abendliche Spaziergänge mit Mutter und Tochter, bei welchen
die gegenseitige Uebereinstimmung der Ansichten hervortrat, vermehrten
diese Neigung, die sich übrigens von seiner Seite nur durch noch größere
Schüchternheit und scheinbare Kälte verrieth. An dem historisch denk=
würdigen 10. Januar 1831, während Blösch von Biel her über Bern
reisend nach Münsingen zog, traf der Brief in Burgdorf ein, in welchem
Professor Samuel Schnell in seinem Namen sich an die Eltern wandte.
Groß, wie die Freude der letztern, war der Neuverlobten Glück.

Die Trauung fand erst im März 1832 statt; Hochzeitsreise wurde
keine gemacht; die Einrichtung des neuen Haushalts in einem kleinen
Zimmerchen bei den Schwiegereltern war von der allergrößten Ein=
fachheit; aber eben deßhalb nur um so befriedigender für einen ein=
fachen Sinn, so daß Blösch diese Zeit stets als die glücklichste seines
Lebens zu betrachten pflegte.

Das dreißiger Regiment.

Die neue Regierung. — Schultheiß Tscharner, Lerber, Koch, Neuhaus. — Spaltungen. —
Verhältniß zur Eidgenossenschaft. — Das Siebnerkonkordat. — Bundesrevision. —
Basler Wirren. — Rückwirkung auf Bern. — Reaktionsgerüchte. — Erlacherhof. —
Reaktionsuntersuchung. — Erbitterung gegen die Stadt. — Karl Schnell. — Die
Fremden. — Die Brüder Snell. — Die Gründung der Hochschule. — Das Ausland. —
Entstehung der Nationalpartei. — Eidgenössische Politik. — Reaktionäre Bewegungen. —
Mission in den katholischen Jura. — Unbehagen. — Schwierigkeiten der Regierung. —
von Tavel. — Opposition gegen die Schnell. — Prinz Napoleon. — Standpunkt und
Austritt der Brüder Schnell, — ihre Politik. — Rückblick.

Der Anfang des neuen Regiments war nicht unglücklich. Es herrschte
darin mehr Besonnenheit als, namentlich von den Anhängern der ab=
getretenen Regierung, erwartet worden war. Das ergreifende Abschieds=
wort der letztern war nicht ohne Eindruck geblieben, und die mit dem=
selben auffallend zusammenstimmende Erklärung der neuen Behörde
vom folgenden Tage: „Wir wollen die erschütterte Ruhe und Eintracht
herstellen, ohne die sich keine Wohlfahrt des Staates, kein Glück des
Einzelnen denken läßt. Wir sollen Ordnung, Recht und Gerechtigkeit
handhaben, ohne die der Segen Gottes auf keinem Volke ruht"! —
sowie die Antrittsrede des Landammanns von Lerber: „Versöhnung sei
unser Ziel, wenn auch Wachsamkeit unsere Pflicht sein muß"! — schienen
wirklich die allgemeine Stimmung auszusprechen.

Vorzüglich zeigte sich dieß wiederum bei der Vornahme der Wahlen:
Fürsprecher Bay, der gewesene Direktor der helvetischen Republik, er=
öffnete den neuen Großen Rath als Alterspräsident am 3. Oktober 1831.
Daß Alt=Rathsherr von Tscharner, nachdem vierzehn Wahlkreise ihn
zu ihrem Vertreter gewählt hatten, als Schultheiß an die Spitze des
Regierungsrathes trat, war natürlich; bemerkenswerther war dagegen,
daß außer ihm noch sieben Stellen — von siebenzehn — derselben Be=
hörde mit Stadtbernern besetzt wurden, und daß auch die Zusammen=
setzung des Obergerichts vom nämlichen Geiste geleitet war.

Von den Gliedern der Familie Schnell, welche bei ihrem Auftreten
nichts für sich gesucht hatten, war Dr. Karl der einzige, der, von vier
Kreisen in den Großen Rath gewählt, diesen Ruf auch angenommen
hatte. J. Ludwig, Hans und Professor Samuel hatten zum Voraus
erklärt, daß sie eine solche Wahl weder annehmen könnten, noch wollten.

Hauptstütze der Schnell'schen Partei in der Vollziehungsbehörde
war Schultheiß Tscharner, welcher derselben das Gewicht seiner Popu=

larität, seine Geschäftserfahrung und den immer noch wirksamen Glanz
eines patrizischen Namens verschaffte. In seiner politischen Wirksamkeit
augenscheinlich mehr von einem edlen Gemüthe, als von einem scharfen
Verstande geleitet, ließ er sich eben so sehr von der überlegenen Leiden=
schaft und Gewandtheit der beiden Brüder (Karl und Hans) beherrschen,
als er selbst deren aufrichtigste Hochachtung, ja eigentliche Verehrung
genoß. Hat ihn der nah verwandte, aber persönlich mit ihm zerfallene
Tillier in seinem Geschichtswerke in ungerechtfertigster Weise eine bloße
Kreatur der Schnelle genannt, so könnte er nach den hierseits vor=
liegenden Quellen und nach dem gewiß kompetenten Urtheile Blösch's
mit mehr Recht als ihr „Abgott" bezeichnet werden, dem gegenüber ein
Gefühl der Abhängigkeit weit entschiedener hervortrat, als das Bewußt=
sein dominirenden Einflusses[1]).

Das merkwürdige Verhältniß war übrigens, besonders in der ersten
Zeit, meistentheils vermittelt durch Professor Samuel Schnell, und da=
durch war dieser, der sie ohne Zweifel auch an geistiger Bedeutsamkeit
alle überragte, in gewisser Hinsicht die Seele des Ganzen, und übte
wahrscheinlich, indem er den Schein davon vermied, größern Einfluß
aus als es bei persönlichem Eingreifen in die Politik möglich gewesen
wäre[2]).

Neben Tscharner gehörten die meisten Mitglieder vom Lande, und
selbst ein Theil derjenigen aus der Hauptstadt, zu den unbedingten

---

[1]) In einem Briefe von Franz Schnell an Karl finden sich die Worte: „Vater
Tscharner ist nicht nur Dir Vater, sondern dem ganzen Kanton. Es braucht mehr als
Stärke, um sich so zu benehmen, wie er thut. Sein Lohn ist sein Gewissen und der
Himmel, denn hier wird er nicht entschädigt werden können für das, was er für die
gute Sache leidet." Hans Schnell hat später dieß Verhältniß, als es sich längst schon
gelöst hatte, in einer Stunde wehmüthiger Rückerinnerung gegen Blösch wohl am besten
selbst charakterisirt, und es mögen seine Worte in ihrer ursprünglichen Fassung hier
folgen: „I dem Verhältniß, i dem mir beib, b'r Kari und J., zum Tscharner gsy sy, sy
mer zu Niemerem gsy und Niemer zu üs. Mir hei in ihm b'r eigentlich Abbruck g'seh
vo b'r Jdee, bie b'r Revolution vo Anno dryßig z'Grund g'lege-n-isch. Mir hei-n-ihm
mängisch g'seit: Herr Schultheiß! Alli Ehr und alle Ruhm söll bi Euch sy, und alli
G'fahr und alles Unrecht, das für die guti Sach z'lyde-n-isch, für üs"! Sie hätten,
fügte er damals bei, sich ganz Herrn Tscharners Person opfern wollen, unter der Be=
dingung, daß er sich ganz der Sache opfere; ja Hans verglich sogar, mit Bezug auf die
unterdeß eingetretene Trennung, das Verhältniß demjenigen zu einer Gattin, der man
eine Beleidigung nimmer vergeben könne, die man, von andern erlitten, leicht vergessen
würde. — Zu vergleichen ist darüber, wie über den Charakter Tscharners überhaupt die
treffliche Biographie desselben von L. Lauterburg im „Berner Taschenbuch", Jahrg. 1855.

[2]) Ueber die Art, wie dieser Einfluß geübt wurde, mag folgende von Blösch erhaltene
Anekdote angeführt sein. Professor Samuel Schnell traf einst Ludwig Snell bei Schult=

Anhängern der Schnell; einige andere, Vertreter des ältern Liberalismus, hauptsächlich Schultheiß von Lerber und Oberst Koch, stellten sich bald in einen gewissen Gegensatz gegen sie. Ersterer, ein ziemlich schwacher Charakter ("Lerber ist nichts"!), hatte, im frühern Kleinen Rathe sitzend, sich durch seine "Freisinnigkeit" eine gewisse Volksthümlichkeit und die Gunst der neuen Machthaber erworben; letzterer, von Thun herstammend, war ein Veteran aus der "helvetischen Zeit".

Eine ziemlich bedeutende und relativ selbständige Stellung erhielt in der neuen Regierung schon von Anfang an Karl Neuhaus von Biel. Dieser hatte seine Erziehung hauptsächlich in Neuenburg und Straßburg empfangen und war seiner Vaterstadt dadurch etwas fremd geworden, in welche er erst kurz vor der Revolution zurückkehrte. Blösch, der durch entfernte Verwandtschaft und eine gewisse Jugendfreundschaft mit ihm verbunden war und im Anfang der Bewegung in einem regen Verkehr mit ihm stand, beurtheilte ihn als etwas eitel und hochfahrend; und berichtet, daß er im engern Kreise vorzüglich um seiner geselligen Talente willen geschätzt, bei der Mehrzahl seiner Mitbürger seiner Lebens= weise wegen als ein Sonderling galt. Bei dem Mangel an geistigen Kräften konnte es aber nicht ausbleiben, daß er bald die Aufmerksamkeit auf sich zog. Für die im Dezember 1830 in Biel stattfindende Ver= sammlung führte er das Protokoll, wurde ebenso im Verfassungsrathe zum französischen Sekretär ernannt, und wußte hier sowohl durch die auffallende Gewandtheit, mit der er diese Funktionen versah, wie durch sein Redetalent sich bemerklich zu machen. Seine politischen Ansichten und Grundsätze waren, seiner Bildung und der ganzen Richtung seines Geistes gemäß, durchaus die des damaligen französischen Constitutiona= lismus, während der Geist der schweizerischen Geschichte und daher auch der Geist des Volkes ihm fremd, die Gesetze und die ganze Verwaltung ihm unbekannt waren.

Das durch die Besonnenheit und Mäßigung der Parteiführer erzielte politische Gleichgewicht in der Zusammensetzung der obersten Behörden, welche mehr einen Wechsel des Systems als der Personen in sich schloß und den Zusammenhang mit der Vergangenheit auf's sorgfältigste zu wahren bestimmt war, wurde aber bald gestört. Es

---

heiß Tscharner, bemüht denselben für ein Projekt zu gewinnen, für welches er schon von Tavel bearbeitet und über das er auch an Karl geschrieben hatte. Samuel Schnell, von Tscharner damit bekannt gemacht, äußerte, in Snells Gegenwart: "Herr Schultheiß! das lassen Sie sein"! Snell versuchte Einsprache zu erheben, Schnell aber entgegnete dem= selben mit Entschiedenheit: "Das verstehe ich besser als Sie"! — und die Folge davon war, daß Tscharner sich nicht weiter einließ.

erfüllte sich das Gesetz aller politischen Bewegungen, daß die gemeinsame Oppositionsstellung eine Partei zusammenhält, der errungene Sieg hingegen sofort sie in ihre heterogenen Elemente zu scheiden beginnt. So wie die Herrschaft des Patriziats überwunden war, brach der Kampf aus mit dem sogenannten ‹juste-milieu›, ein Kampf, den nun vor Allen Karl Schnell mit der ganzen Heftigkeit und Verbissenheit seines Wesens führte.

Was die Gegensätze außerordentlich schärfte, waren einerseits die allmälig in den Vordergrund tretenden eidgenössischen Verhältnisse, vorzüglich die Basler Wirren, andererseits der sogenannte Reactionsversuch vom August 1832 und was damit zusammenhing.

Schon im Januar 1831 war eine Deputation freisinniger Waadtländer in Bern angekommen, um zum Erfolge der hierseitigen Bewegung Glück zu wünschen. Der Erfolg dieser Anknüpfung scheint ein, freilich, so viel bekannt, unverwirklicht gebliebenes Projekt gewesen zu sein: eine Zusammenkunft liberaler Berner, Waadtländer und Freiburger sollte in Murten stattfinden.

Ein Schreiben ohne Datum von der „Regierungskommission" in Liestal „an die verehrlichen biedern Miteidgenossen in und um Burgdorf" bat um Zuzug und grobes Geschütz für die bedrängte Sache der Freiheit in der Landschaft Basel, und eine gleiche Bitte bildet den Inhalt eines Briefes, welcher am 5. September 1831 von einem der hervorragendsten dortigen Führer, Stephan Gutzwyler, an Karl Schnell gerichtet worden ist. Auf diese persönlichen Verbindungen bezieht sich wohl auch, was Hans Schnell später (im Jahr 1844) im Großen Rathe sagte: „Als wir zu Münsingen zusammen kamen, damals ist mir aus zwei Kantonen bewaffnete Hülfe angeboten worden; ich habe aber gesagt: wenn unsere Sache gut gehen soll, so brauchen wir keine Gewalt — am allerwenigsten fremde Gewalt, — und wenn wir verständig sind, so wird uns derjenige helfen, der zu allem Verständigen hilft, und ohne dessen Hülfe auch die Eurige uns nicht frommen würde"!

Was den bernischen Führern als wünschenswerth erschien, war nicht ein mit dem bestehenden Bundesrecht unvereinbares Eingreifen des einen Kantons in die Geschicke eines andern zu Gunsten einer Partei, vielmehr zunächst eine Stärkung des geistigen Zusammenhangs der liberal Gesinnten aus allen Gegenden des größern Vaterlandes. Eine solche wurde, nach einer frühern Anregung durch die im Bad Schinznach versammelte helvetische Gesellschaft, in der am 25. September 1831 in Langenthal erfolgten Gründung des „schweizerischen Schutzvereins" angebahnt, und dann, in etwas anderer Weise, durch den

Abschluß des sogenannten „Siebnerkonkordats" verwirklicht. Vor=
züglich durch die Bemühungen Karl Schnells im Verein mit Baum=
gartner von St. Gallen, Heß von Zürich, Pfyffer von Luzern und
Anderen kam dieses am 17. März 1832, während der Tagsatzung in
Luzern, zwischen den „regenerirten" Kantonen zu Stande und gab allen
politischen Fortschrittsbestrebungen innerhalb derselben einen festern Halt
und zugleich eine entschiedene Richtung auf allgemein eidgenössische An=
gelegenheiten. In Bern wurde dasselbe am 7. April vom Großen Rathe
beinahe mit Einstimmigkeit angenommen.

Der Hauptzweck dieser Vereinigung zwar wurde nicht erreicht: Am
23. Juni (1832) schrieb J. L. Schnell seinem Bruder nach Luzern: „Es
werden von verschiedenen Seiten auch aus unserm Kanton Adressen an
die Tagsatzung abgehen, auf Bundesreform abzweckend. Garantie
der auf die Grundsätze der Rechtsgleichheit gegründeten Verfassungen;
Schutz gegen willkürliche Eingriffe von Oben, von Unten und von
Außen, das ist's, was wir wollen und haben müssen, und dann ver=
nünftige Handels= und sonstige Verkehrskonkordate, und so viel Cen=
tralisation als die Umstände gestatten, nebst Anbahnung des Weges zu
einer größern Wegräumung aller der innigst möglichen Vereinigung auf
die Zukunft entgegen stehenden Hindernisse."

Allein auch dieses so besonnene Programm sollte nicht verwirklicht
werden: der Entschluß der Tagsatzung, durch welche im Juli 1832 die
Revision der Bundesverfassung im Prinzip beschlossen und eine Kom=
mission zur Berathung niedergesetzt wurde, blieb ohne Erfolg, wie Karl
Schnell richtig vorausgesagt hatte [1]). In anderer Beziehung aber hat
das VII. Konkordat auf den Gang der Dinge einen tiefgreifenden Einfluß
geübt.

Die vom März bis Oktober 1832 beinah ununterbrochen in Luzern
versammelte, zuerst außerordentliche, dann ordentliche Tagsatzung, bei
welcher Karl Schnell, damals Regierungsstatthalter in Burgdorf, als
zweiter Gesandter seinen Heimathkanton zu vertreten hatte, beschäf=
tigte sich hauptsächlich mit den Basler Wirren [2]).

Anfangs war die Stellung, welche Bern zu diesen Ereignissen nahm,
eine sehr besonnene und zurückhaltende; aber diese Stimmung hielt nicht

---

[1]) Er war selbst in diese Kommission gewählt worden, lehnte aber ab, „weil es doch
nichts nütze"!

[2]) Sein äußerst reger Briefwechsel von Luzern, dann von Liestal aus mit seinen
Brüdern, mit seinem Vetter Franz, mit Schultheiß Tscharner und Andern, gibt ein
äußerst lebendiges und interessantes Bild der Verhandlungen und der Persönlichkeiten.
Die Benützung desselben würde aber hier wohl allzuweit führen.

lange an, und besonders war es Karl Schnell, der durch seine eifrige
Parteinahme für die Landschaft es dahin brachte, daß Bern bald der
entschiedenste Verfechter ihrer Begehren wurde.

Verschiedene Arbeiten zur Vertheidigung einzelner Führer der Agitation scheinen ihn zuerst mit manchen derselben in engere Beziehungen
gebracht zu haben. Als die Mitglieder der frühern provisorischen Regierung von Baselland, von Mühlhausen aus, die Gültigkeit der mit
Mehrheit angenommenen neuen Verfassung des Gesammtkantons bestritten, war er es, der durch eine seiner leidenschaftlichsten Reden den
Großen Rath von Bern zu dem Beschluß bewog, die von der Tagsatzung des Jahres 1831 ausgesprochene Garantie derselben — nicht
handhaben zu wollen.

Durch einen fast unbegreiflichen Mißgriff des Vororts Luzern im
April 1832 zum eidgenössischen Repräsentanten bezeichnet, betheiligte sich Karl Schnell eine Zeit lang sogar direkt mit der unerquicklichen Angelegenheit, und that dieß, seinen gleichgesinnten Kollegen (Dr.
Merk aus dem Kanton Thurgau) völlig beherrschend, ohne Zweifel nicht
immer mit der angemessenen Unparteilichkeit[1]), so daß sogar die Regierung von Baselstadt von der Tagsatzung seine Rückberufung und
Untersuchung seines Verhaltens verlangte (Juni 1832). Ihm galt damals
die Bevölkerung der Basellandschaft als die politisch fortgeschrittenste
der Schweiz, und die Trennung von der Stadt Basel als eben so nöthig,
wie erwünscht; er steuerte daher geradeswegs auf dieses Ziel zu[2]) und
betrachtete Alles andere als eine Halbheit, indem er selbst nicht verhehlte,
daß, wäre eine ähnliche Scheidung im eigenen Kantone möglich, er auch
hier dafür thätig sein würde.

Eine solcher Gesinnung entsprechende Rückwirkung auf diesen konnte
jedenfalls nicht ausbleiben; nämlich: wenn auch nicht eine äußerliche,
so doch eine immer tiefer gehende innerliche Trennung zwischen Stadt
und Land.

Die am 10. Januar 1832 erfolgte Eidverweigerung von 73
Offizieren aus den bisher regierenden Ständen, und die daraufhin aus-

---

[1]) Vergebens suchten ihn auch seine politischen Freunde zur Mäßigung zu bringen.
Sein Vetter Franz schrieb ihm: „Den Landschäftlern würde ich Nachgeben predigen und
der Stadt Versöhnung: Scheue keine Mühe, um zu versöhnen; die ganze Schweiz würde
dein Bemühen segnen, wenn es dir gelingen sollte, etwas dabei zu Stande zu bringen.
Laß nicht ab vom guten Werk“! und später noch öfter.

[2]) Weniger bestimmt scheint hingegen von Anfang an die Bildung eines eigenen
Kantons beabsichtigt gewesen zu sein, wenigstens schrieb noch im Januar 1832 Dr. C. Frei
an ihn: „Uebrigens begehrt man keinen Sonderstaat, vielmehr en bloc einem Nachbarn —
vorzüglich dem Bären — angeschlossen zu werden“.

gesprochene Entlassung derselben von ihren militärischen Stellen bildete, wie Tillier sagt, einen der traurigsten Tage in der großen bernischen Geschichte, der vielleicht mehr wie keiner dazu beitrug, das innige Band, das zwischen dem bernischen Patriziat und dem bernischen Volk bestanden hatte, gänzlich aufzulösen. „Vielleicht", so urtheilt Blösch von diesen Vorgängen, „war es unklug gewesen, diesen Verfassungseid zu fordern; sicher aber war es noch weit unkluger, denselben zu verweigern." Dem Mißtrauen gegen diejenigen, welche in so unzweideutiger Weise sich als Feinde der verfassungsmäßigen Ordnung erklärten, wurde natürlich nur neue Nahrung gegeben und allen, auch den abgeschmacktesten Gerüchten über ihre geheimen Umsturzpläne, gläubiger Eingang verschafft.

Noch bedenklicher aber war die Spannung auch gegenüber der nicht= patrizischen Stadtbürgerschaft, die im November 1831 neuerdings hervorgetreten und vergrößert worden war, als Dr. Rudolf Wyß aus kleinlichen Motiven seine Stelle im Regierungsrathe niederlegte. Die Furcht vor Reaktion verleitete die Regierung zu manchen Maßregeln, welche, statt von ihrer Energie zu zeugen, vielmehr ein bedenkliches Gefühl von Schwäche verriethen.

Die Auflösung der im Jahr 1830 errichteten Bürgerwehr durch die Regierung, und die Aufstellung einer aus sieben Mitgliedern be= stehenden Spezialkommission zur Wahrung ihrer Interessen seitens der bürgerlichen Behörden der Hauptstadt brachten das Mißverhältniß zum Ausbruch.

Blösch war eben als junger Scharfschützenlieutenant im Gar= nisonsdienst in Bern, als die Regierung durch die alarmirenden Gerüchte von Werbungen u. s. w. zu einem besondern nächtlichen Sicherheitsdienste sich veranlaßt sah. Er erzählt in einer ziemlich ausführlichen Darstellung der damaligen Erlebnisse, welche von der allgemeinen Unruhe der Ge= müther Zeugniß gibt, aber auch oft einen fast komischen Eindruck macht: „Gegen 11 Uhr Nachts — das Datum ist nicht ersichtlich — wurde ich aufgerufen. Es sollten Anzeigen eingelangt sein, daß Hauptmann Len= tulus[1]) mit 300 Mann im Bremgartenwald stehe und diese Nacht durch die Länggasse einen Angriff versuchen werde. Ich erhielt Auftrag, in der Stille die ganze Kompagnie aufzuwecken; die Mannschaft wurde im innern Hofraum aufgestellt und mit Munition versehen. Gegen Mitter= nacht zog Oberst Lutstorf — Kommandant der Garnison — mit einer Patrouille nach der Länggasse; mit einer andern sollte ich auf der Aar= bergerstraße bis zum Kreuzweg am Bremgartenwalde vordringen. Allen

---

[1]) Einer der eidverweigernden Offiziere.

war die größte Stille geboten. Der Befehl wurde glücklich vollzogen. Die Nacht war stockfinster; unterwegs erblickten wir in einem Landhause Licht; in solchem Fall war uns Untersuchung aufgetragen; wir hielten an; ein Mann schlich sich in die Nähe des Hauses; allein es fand sich keine Gefahr: ein Frauenzimmer entkleidete sich. Man lachte und zog weiter. Am Saume des Bremgartens wurde abermals Halt gemacht; die Leute waren in der ernstesten Stimmung; kein Wort wurde gesprochen. Nach einigem Harren erhob sich vom Walde her Geräusch; wir glaubten Fußtritte zu hören; ruhig wurden die Waffen bereit gemacht; bald blieb kein Zweifel, daß Bewaffnete auf uns zukamen: — Es war Oberst Lutstorf, der mit seiner Mannschaft bis an den Wald vorgedrungen war. Auch ihm war nichts Verdächtiges aufgestoßen und wir marschirten vereint wieder nach der Stadt zurück".

Am 31. August Abends, nachdem vorher schon Arrestationen waren vorgenommen worden, erhielt Blösch weiter den Auftrag, einer Hausdurchsuchung im Hôtel d'Erlach, dem Sitz des Magistrats, beizuwohnen; er erklärte sich unter Beiziehung einiger Unteroffiziere dazu bereit, ersuchte jedoch zur Vorsicht um Bereithaltung von Mannschaft auf der Rathhauswache.

Etwa um 6 Uhr[1]) begann die Untersuchung. Ein Unteroffizier ward zum Hofportal, einer auf die Gartenterrasse, zwei zum Haupteingang des Gebäudes gestellt, sämmtlich mit dem Befehl, Niemanden weder herein noch hinaus zu lassen. Mit den zwei Uebrigen begleitete er selbst den Unterstatthalter in das Innere, fand aber keinen Menschen darin, als den Pörtner, welcher ohne Anstand öffnete.

Schon war die Expedition im Begriffe, nach Durchsuchung des ganzen Hauses — auch die Küche nicht ausgenommen — wieder abzuziehen, ohne eine Spur von Waffen oder Bewaffneten gefunden zu haben, als hoch oben an der Decke, in der Seitenmauer gegen die Gasse beim sogenannten Bubenbergsthürlein, eine kleine Thür bemerkt wurde. Durch einen herbeigeholten Schlosser wurde sie geöffnet und es fand sich darin eine Menge Kistchen, wie sie zur Verpackung von Patronen im Gebrauche waren; sie wurden aufgebrochen, trotz der unschuldigen Aufschriften welche sie trugen, und enthielten scharfe Patronen.

„In diesem Augenblicke", erzählt Blösch weiter, „traten zwei Patrizier in das Gemach; sie waren wie vom Donner gerührt und verlangten Auskunft über unser Vornehmen. Statt aller Antwort wies ich

---

[1]) Also nicht eigentlich zu nächtlicher Stunde, wie Baumgartner irrig annimmt; allerdings zog sich der ganze Vorfall in der Folge bis in die Nacht hinein.

auf die Kiſtchen. Eine Aeußerung, als ſie ſich entfernten, ließ auf die Abſicht eines gewaltſamen Angriffs ſchließen; ich ließ deßhalb die nach dem Rathhaus beorderte Mannſchaft holen und um weitere Verſtärkung bitten. Das eiſerne Hofportal wurde verſchloſſen und mit den wenigen Begleitern, welche mir geblieben, erwartete ich ruhig den weitern Verlauf. So wie die Verſtärkung, ein Piket Scharfſchützen, angekommen war — es vergingen drei Viertelſtunden — ließ ich ſie im Hofraum ſich auf⸗ ſtellen und laden, es diente dazu die aufgefundene Munition. Ein An⸗ griff wurde immer wahrſcheinlicher. Die Straße war angefüllt von Menſchen aus allen, namentlich den oberſten und den unterſten Ständen, und der Eindruck allgemeinen Lärms und Geſchreis wurde noch durch die vollkommene Dunkelheit der Nacht erhöht. Beinahe hätte in dieſer geſpannten Lage ein höchſt komiſches Mißverſtändniß die allerernſteſten Folgen gehabt, als der Regierungsſtatthalter erſchien, allmälig die Menge ſich verlief und endlich das Militär nach der Kaſerne zurück⸗ marſchirte".

Zwar ſuchte die ſogenannte Siebnerkommiſſion den moraliſchen Eindruck dieſer Entdeckung durch die ſofort eingerichte und öffentlich verbreitete Erklärung zu ſchwächen, daß die gefundenen Waffen für die Bürgerwache beſtimmt geweſen ſeien; allein der Gedanke an einen Zu⸗ ſammenhang mit den Werbungen lag zu nahe, als daß er — ſelbſt bei geringer Neigung zum Glauben an Reaktion — nicht hätte auf⸗ kommen ſollen. Am 1. September wurde die Verſiegelung der Schriften der Stadtrathskommiſſion angeordnet, am 2. erhielten ſämmtliche Glieder derſelben Hausarreſt, am 3. folgte ihre Verhaftung und dieſer die förm⸗ liche Kriminalunterſuchung, welche die unheilvollſten Wirkungen übte auf den Gang der öffentlichen Angelegenheiten.

Blöſch ſollte auch in dieſen zweiten Akt des unglücklichen Reaktions⸗ verſuches hineingezogen werden. Nach beendigter Hausdurchſuchung machte ihm der Regierungsſtatthalter den Antrag, ihn zu weiterer Hülfeleiſtung in dieſer Sache requiriren zu laſſen; er willigte ein und ſo wohnte er denn ſchon der erwähnten Verſiegelung der Papiere der Siebnerkom⸗ miſſion bei und wurde bald darnach förmlich durch den Regierungsrath vom Militärdienſt enthoben und zu einem Beigeordneten des Amts⸗ gerichtspräſidenten von Bern für die Fortſetzung und Beendigung der Unterſuchung gewählt.

Nach dreimonatlicher Abweſenheit von der Familie und den Ge⸗ ſchäften, während welcher Zeit er in Bern bei einem Oheim wohnte und meiſt auf dem dortigen Amthauſe, dann im alten und zuletzt im neuen eben vollendeten Zuchthauſe arbeitete, konnte Blöſch ſein Penſum

der Untersuchung der Werbangelegenheit als beendet betrachten. Erst
Morgens 5 Uhr kam er damit zum Schluß und reiste in der gleichen
Stunde nach Burgdorf zurück[1]).

Bis dahin hatte sich namentlich in der obersten Staatsbehörde
immer noch eine gewisse Milde und Mäßigung erhalten. Diese Vorfälle
aber vergifteten alle Verhältnisse. Es gilt dieß namentlich von den beiden
Brüdern Schnell. Obschon durch den Widerstand der Patrizier schon
längst über die Schranken, die sie selbst früher der Bewegung bezeichnet,
hinaus= und zu offener Feindseligkeit gegen das Patriziat als solches
fortgerissen, hatten sie dennoch nicht nur mit einzelnen Gliedern des
letztern vertraute Beziehungen erhalten, sondern mit einer bedeutenden
Zahl der achtbarsten Berner Bürger alte Freundschaft gepflegt.

Allein in der kompromittirten Siebnerkommission fanden sie neben
einem der intimsten Freunde (Dr. Hahn) einen Patrizier, mit dem sie
gleichfalls Jahre lang freundlichen Umgang gehabt (Oberst Tscharner,
gewesenen Oberamtmann von Burgdorf), und dieß brachte sie vollends
aus dem Gleichgewicht. Von nun an galt ihnen alles als verdächtig,
was aus Bern kam, und an die Stelle der bisherigen Unbefangenheit
trat eine Gereiztheit, welche bald in wahrhaft revolutionäre Gesinnung
überging. Daß gegen die Theilnehmer am Reaktionsversuche[2]) ein Prozeß
erhoben wurde, dagegen konnte Niemand etwas einzuwenden haben;
damit, daß die Schuldigen ausgemittelt und nach Verdienen gestraft
wurden, waren aber die herrschenden Elemente, und vorab Karl Schnell,
nicht zufrieden. Für ihn war der Reaktionsversuch eine politische Frage,
die nicht „nach der Gerichtssatzung" beurtheilt werden durfte. Ahndung
des Geschehenen war daher nur die erste Aufgabe, die zweite wichtigere
war Hinderung der Wiederholung.

Dazu gab es vorzüglich einen Weg: die Bürgerschaft von Bern
mußte ihrer Korporationsgüter entledigt werden, welche die Mittel
boten, durch welche die Volksherrschaft fortwährend bedroht war. Karl
Schnell ließ es nicht beim Gedanken bewenden, er drückte denselben

---

[1]) Der daraufhin von ihm der Kriminalkommission des Obergerichts übergebene,
auch im Druck erschienene Bericht umfaßt 435 Abhörungen, 87 Confrontationen und 56
Informationen.

[2]) Blösch hat, gestützt auf die Kenntniß, welche die Betheiligung am Untersuch und
die Einsicht aller Akten ihm gegeben hatte, die Ueberzeugung gewonnen, daß nicht alle
Mitglieder der Siebnerkommission in die Reaktionspläne eingeweiht waren. Nach seinem
Urtheil hatten nur drei — Jenner, Tscharner und Fischer — nähere Kenntniß von dem
Anschlag, während die übrigen, Dießbach, Hahn, Lutz und König, schuldlos waren.

schriftlich und mündlich aus und verfocht ihn mit Heftigkeit sogar gegen seine Nächsten. Hier liegt der Ursprung der spätern Dotationsstreitigkeit.

Auch Hans Schnell überließ sich seither größerer Leidenschaft, doch war es bei ihm mehr Sache des Temperaments als des Verstandes. Mehr Ruhe bewahrte Professor Samuel Schnell. Ein Auftritt zwischen Hans und seinem Schwiegervater im Garten des letztern, bei welchem Blösch anwesend war, charakterisirt die Stimmung der Führer. Das Gespräch drehte sich um das Ereigniß des Tages und um die Frage, welches die Strafe der Hauptschuldigen sein möge. Samuel Schnell verwies auf das Urtheil des Gerichts, Blösch zunächst auf die zu gewärtigenden Ergebnisse der Untersuchung, worauf Hans wüthend entgegnete: „Geht mit Euern verfluchten Formalitäten! Was bedarf es einer langen Untersuchung! sieben Tannen, und hinauf mit ihnen! das ist Alles, was nöthig ist!" Samuel antwortete ruhig: „Ganz recht, aber Ihr müßt sie hinauf thun!" und damit war die Szene beendigt.

Blösch, der hierbei in einer sehr eigenthümlichen Lage sich befand, hat übrigens mehrfach erklärt, daß ihm trotz der Gereiztheit seiner nächsten Umgebungen während seiner Arbeit von dieser Seite weder jemals irgend welche Unannehmlichkeit bereitet, noch auch je eine unwürdige Beeinflussung versucht worden sei.

Anders verhielt es sich freilich den Gerichtsbehörden selbst gegenüber, deren Unabhängigkeit von politischen Tendenzen durch die Eifrigsten der sich von nun an radikal nennenden Partei ernstlich beanstandet war. Auch hierbei war es Karl Schnell, trotz der Abmahnungen besonnener Freunde, der den Ton angab, und um so heftiger auftrat, je mehr er sich eines zahlreichen Anhanges sicher fühlte.

Von der anfangs übernommenen Stelle im Obergericht war Karl in kurzem wieder zurückgetreten, um sie gegen diejenige eines Regierungsstatthalters in Burgdorf zu vertauschen, und hatte bisher seinen Einfluß, neben der indirekten Einwirkung auf Schultheiß Tscharner, hauptsächlich im Großen Rathe ausgeübt, dessen Mitglieder ihm zum größten Theile unbedingt ergeben waren. Allein eben die Rücksicht auf den Kampf mit dem ihm so verhaßten juste-milieu, — oder triste-milieu, wie er meistens sagte, — das besonders im Regierungsrathe seine Stütze hatte, nöthigte ihn, am Ende des Jahres 1833 gegen seinen Wunsch eine Wahl in diese Behörde anzunehmen[1]), und bald wußte seine über-

---

[1]) Am 1. Dezember schrieb Schultheiß Tscharner selbst an ihn: „Allgemein ist die Stimme, welche Sie, verehrtester Herr, dazu ruft, als den einzigen, der im Stande ist und die Fähigkeiten besitzt, dem eingerissenen Verderben Einhalt zu thun", und forderte ihm das Versprechen ab, eine auf ihn fallende Wahl nicht auszuschlagen.

legene wissenschaftliche Bildung, und noch mehr die scharfe Entschiedenheit
seines Wesens sich auch hier geltend zu machen.

Die größte Schwierigkeit für die Männer der neuen Ordnung, die
einmal errungene Gewalt zu behaupten, bestand überhaupt in dem
Mangel an geistigen Kräften[1]); die Haltung der gebildeten Klassen der
Hauptstadt, welche zum Theil aus Unmuth sich zurückzogen, zum Theil
aus Mißtrauen zurückgesetzt wurden und mehr und mehr aus den öffent=
lichen Geschäften schieden, veranlaßte die Führer der Regierungspartei,
sich anderwärts Hülfe zu suchen, und das, was ihnen an einheimischen
Elementen abging, durch Herbeiziehung von fremden zu ersetzen.

Die Umstände kamen diesem Bedürfnisse nur allzu bereitwillig ent=
gegen. Schon im Frühling 1832 war eine Anzahl polnischer Flücht=
linge in die Schweiz gekommen, und im Kanton Bern, namentlich in
Burgdorf, wo am 25. März die ersten anlangten, mit lebhafter Sym=
pathie empfangen worden[2]). Man wähnte politisch verfolgte Freunde,
man wähnte Männer vor sich zu haben, des Mitleids, des Vertrauens
und einer Heimat werth, und — man gab ihnen Alles! Die „Polen=
predigt" Rasthofers vermehrte den Eifer.

Ihnen folgte im April 1833 eine größere militärisch geordnete
Schaar, die von Frankreich her die Bernergränze überschritt; und ihr
plötzliches bewaffnetes Erscheinen erregte sofort den Verdacht, daß sie
zur Erreichung bestimmter politischer Zwecke in den Kanton gerufen
worden seien.[3]).

Bedeutender aber war der Einfluß der Deutschen. In Folge der
Ereignisse von 1830 und 1831 hatte sich eine Menge derselben in der

---

[1]) In einem Briefe von J. L. Schnell findet sich die Aeußerung: „Ich muß die Be=
merkung machen, daß es doch in unserm Großen Rathe an Kapazitäten mangelt; die
meisten (Gesetzes=) Entwürfe verrathen oft eine Ignoranz der Verhältnisse, welche
der vorigen fast noch übertrifft". Selbst Hans schrieb an Karl: „Wären unsere Grund=
sätze nicht besser — das Personal (der Regierung) sollte mir kaum lieber sein, als das
alte".

[2]) Hier war es besonders die Familie Schnell, welche mit Opfern für dieselben
voranging. Die meisten Glieder derselben beherbergten während längerer Zeit eine Anzahl
derselben (Franz z. B. stets 6—7) oder suchten ihnen angemessene Beschäftigung zu ver=
schaffen. Noch im November 1833 schrieb Karl aus Aarau nach Burgdorf: „Sorgt nur
für die Polen, und wenn es meiner Beihülfe bedarf, so bist du zu allem autorisirt".
Der „Volksfreund" hatte schon im Sommer 1831 zu Sammlung von Steuern für die
Opfer der Tyrannen aufgefordert und aus Burgdorf Beiträge von 432 (alte Währung)
als zu diesem Zweck empfangen verdankt.

[3]) Daß Karl Schnell sie in die Schweiz gerufen habe, ist durchaus ohne Grund
behauptet worden. Nach einer Andeutung in einem seiner Briefe wäre es vielmehr
Stockmar, von welchem dieß gesagt werden muß.

Schweiz niedergelassen, und viele wurden in's Staatsbürgerrecht auf=
genommen und mit öffentlichen Aemtern versehen. Man glaubte sich
dieselben durch das doppelte Band politischer Freundschaft und persön=
licher Dankbarkeit zu verpflichten und gewährte gerade den intrigantesten
die willigste Aufnahme.

Unter diesen standen unstreitig voran die beiden Brüder Ludwig
und Wilhelm Snell, aus Idstein in Nassau; beide schon seit 1821
in der Schweiz, deren böse Geister sie vom konservativen Standpunkte
aus genannt werden dürfen. Für den letztern hatte schon im Jahr 1824
die Stadt Basel, die ihn aufgenommen, den Zumuthungen der fremden
Mächte und des Vororts gegenüber einen gar nicht leichten, aber schlecht
belohnten Kampf bestanden; der erstere hatte 1831, als Redaktor des
„Schweizerischen Republikaners“ in Zürich, sich mit Karl Schnell in
Verkehr zu setzen gesucht und wandte sich später in einem Briefe an
denselben, der augenscheinlich einen Ruf nach Bern zu provoziren
bestimmt war.

Als nun im Anfang 1834, nach dem Vorgange Zürichs, auch hier
der Gedanke an die Gründung einer Hochschule auftauchte, welche durch
die Heranziehung einer neuen Generation von wissenschaftlich gebildeten,
aber den neuen Grundsätzen ergebenen Männern dem erwähnten Be=
dürfnisse abhelfen sollte, da waren es wieder die Gebrüder Ludwig und
Wilhelm Snell, welche ihre Dienste auf's eifrigste anboten. Wahrhaft
ergötzlich ist es, wie der erstere gegen Karl Schnell sich über die zu
errichtende Anstalt ausspricht, welche „keine bloße Gelehrtenschule werden
solle“, und demselben die Versicherung gibt, daß er „nur radikale Collegia
lesen werde.“ Wohl nicht zum mindesten auf Betreiben des jetzt im
Regierungsrathe sitzenden Karl [1]) fielen die Wahlen der Professoren ab=
sichtlich, mit Uebergehung einzelner Lehrer an der nun aufgelösten
Akademie, auf mehrere — freilich zum Theil naturalisirte — Fremde,
welche durch ihre Gesinnungstüchtigkeit sich zu empfehlen und dem
bezeichneten Zweck der neuen Institution zu entsprechen schienen: „Die
regenerirte Republik hatte sich in die „Gezeichneten“ verliebt!“[2])

---

[1]) Ein an seinen seit kurzem wieder in Burgdorf wohnenden Bruder Hans gerichteter
Brief gibt über die Wahlvorschläge Bericht und legt ein wirklich betrübendes Zeugniß
ab für die kleinlichen Rücksichten politischer Gunst oder Ungunst, welche dabei maaßgebend
waren. Etwas anders dachte Hans, der an ihn schrieb: „Bloß um der politischen Ge=
sinnung willen Einen zu entfernen, finde ich blamabel.“

[2]) Eugen von St. Alban: „Bern, wie es ist!“ 1835. — Ueber die Entstehung der
Hochschule vergleiche die treffliche Darstellung: „Meine Erlebnisse unter dem Freischaaren=
regiment“, von Dr. J. Schnell. 1851.

Der Schritt, den man fast wider Willen gemacht, war zu groß gewesen; das Berner Volk sollte nachträglich erzogen werden zu dem politischen Standpunkt, den man bereits anticipirt hatte, — durch Fremde im Namen der Volksthümlichkeit! — Die Freiheit wurde ein Einfuhrartikel. —

Die Strafe für diese Politik blieb nicht lange aus: die Konflikte mit dem Ausland, in welche die Regierung durch die Flüchtlingsangelegenheiten verwickelt wurde einerseits, und die Bildung einer von denselben Flüchtlingen geleiteten sogenannten nationalen Partei im Innern des Kantons andrerseits sollten den Sturz der Schnell herbeiführen.

In Folge der politischen Umtriebe der aufgenommenen Fremden, welche bald eigene Ziele zu verfolgen begannen; der unglücklichen Unternehmung der Polen nach Savoyen — in der Nacht vom 31. Januar auf 1. Februar 1834; — der taktlosen Demonstration der Deutschen in der sogenannten Steinhölzligeschichte — 27. Juli 1834 — u. s. w., sah sich, wie alle regenerirten Schweizerkantone, so auch die Berner Regierung plötzlich in eine höchst verlegenheitsvolle Lage versetzt.

Auf der einen Seite drängten die Gesandtschaften der Großmächte, besonders Oestreichs und Preußens, die in immer ernsterer Sprache gegen die Duldung dieser Umtriebe Beschwerde erhoben und deren Begehren die Billigkeit nicht jede Berechtigung absprechen konnte, — auf der andern Seite lärmte die eigene Partei, auf welche sie sich stützte, und erklärte es als eine nationale Ehrensache, dem Verlangen der Reaktion nicht nachzugeben, von ihrem Drohen sich nicht einschüchtern zu lassen; — links standen die bisdahin laut proklamirten liberalen Grundsätze und die politischen Sympathien mit den verfolgten Trägern derselben [1]); rechts die immer deutlicher sich aufdrängende Einsicht, daß die Mehrzahl der schweizerischen Bevölkerungen diesem Treiben der Flüchtlinge selbst nur mit Unwillen zusehe und einer excentrischen Politik schwerlich die gewünschte Unterstützung bieten werde.

Anfangs hatte Karl Schnell versucht, sowohl im Schooße des bernischen Regierungsrathes, als auch in der eidgenössischen Behörde seine Bundesgenossen in Schutz zu nehmen, aber sein klug berechnender Verstand erkannte die Sachlage doch zu genau, um Alles auf's Spiel setzen zu wollen; und als der Regierungsrath schon im April 1834, nach

---

[1]) In dieser Hinsicht ging Hans am weitesten, der einst — es war bei einem Spaziergange über die Sandsteinflühe Burgdorfs — einem von Blösch geäußerten Bedenken jenes später im Großen Rathe wiederholte und berühmt gewordene Wort entgegen warf: „Wenn die fremden Tyrannen uns antasten, so werde ich die Fahne der Freiheit auf der Jungfrau aufpflanzen, und sie mögen dann sehen, was geschieht."

vorgängiger Verabredung mit den Häuptern der Zürcher Regierung, gegen die Theilnehmer am Savoyerzuge die Ausweisung zu verfügen beschloß, da stimmte er zwar dem Beschlusse nicht bei, war aber unverkennbar dessen froh; und sein Bestreben ging, je mehr seine Freundschaft für die unbequemen Gäste sich abkühlte, nur noch dahin, wenigstens den Schein der Unabhängigkeit den fremden Gesandtschaften gegenüber zu wahren und sich nicht „zu Sbirren der Unheiligen (Allianz) herabwürdigen zu lassen"[1].

Im gleichen Verhältnisse aber, wie die Regierungen sich genöthigt sahen, gegen die Flüchtlinge einzuschreiten, stellte sich ein Theil der liberalen Partei in Opposition zu denselben, und der Kampf gegen die von den Fremden künstlich aufgehetzte, mit einem bunten Gemisch von kosmopolitischen und pseudopatriotischen Phrasen aufgeblähte sogenannte Nationalpartei trat auf einmal in den Vordergrund.

Das erste Symptom dieser beginnenden Spaltung zeigte sich auf einer allgemeinen Versammlung der schweizerischen Schutzvereine in Zofingen, wo besonders Troxler sich hervorgethan zu haben scheint; und das erste Resultat war die Lostrennung des Nationalvereins vom frühern Schutzverein und der Untergang dieses letztern. Dr. L. Snell, der in einem Briefe an Karl Schnell (vom 8. März 1834) die bei dieser Gelegenheit geäußerten Ansichten als „Brutalradikalismus" bezeichnete, und über „revolutionären Abschaum der Flüchtlinge" klagte, wurde seit seiner Uebersiedelung nach Bern als Professor des Rechts sammt seinem Bruder der Hauptagitator dieser Partei, während sie die Brüder Schnell zur Hauptzielscheibe ihres unversöhnlichen Hasses ausersahen[2].

Der Kampf, welcher einerseits im „Volksfreunde", andrerseits im „Schweizerischen Beobachter" geführt wurde, betraf nebst der Behandlung der Flüchtlinge, ganz besonders die damit im engsten Zusammenhang stehende Frage der eidgenössischen Politik, der Bundesverfassung.

Unzufrieden mit den Beschlüssen der Tagsatzung und des Vororts Zürich, welche die Würde und Selbständigkeit des Landes den fremden Mächten gegenüber verläugnet und die Märtyrer der Freiheit ihren Verfolgern preisgegeben haben, setzte sich die Nationalpartei die Auf-

---

[1] In einem Briefe an Bürgermeister Heß in Zürich, vom 21. April 1834.

[2] „L. Snell", schrieb Karl Schnell im Januar 1835 an Bürgermeister Heß in Zürich, „scheint Ihnen besser zu gefallen, als er mir seit seiner Anwesenheit in Bern einleuchtet; von Takt und Mäßigung werde ich nichts an ihm gewahr, aber eine Arroganz, die in unserm Kanton nicht angeht." Und im März an den Nämlichen: „Mein Bruder und ich sind im Innersten verletzt und haben die Snell von einer Seite kennen gelernt, daß uns vor ihnen graut."

stellung einer neuen Bundesverfassung durch einen nach der Kopfzahl
gewählten eidgenössischen Verfassungsrath zum Ziel und suchte für diesen
Gedanken vorzüglich Bern, die „Hoffnung der Freiheit", zu gewinnen,
welches im Jahr 1835 als Vorort die Leitung der gemeinschweizerischen
Angelegenheiten übernehmen sollte.

Aehnlich, wie im Jahr 1830 in Bern, so fand auch jetzt diese
Stimmung einen Ausdruck in dem während der Sitzungen der Tagsatzung
in Zürich gefeierten eidgenössischen Schützenfest. Hans Schnell, als Gesandter Berns daselbst anwesend, schrieb noch voll Bewunderung über
diese „Weltmerkwürdigkeit, bei der er große wichtige Erfahrungen gemacht
an Menschen und Sachen"; während eine, bei dieser Gelegenheit abgehaltene Parteiversammlung auf der „Platte", vor deren weitgehenden
Beschlüssen er vergebens warnte, ihm bereits ernstliche Bedenken erregte[1]).
Obwohl selbst von Bitterkeit erfüllt gegen die „nichtswürdige Tagsatzung"[2]),
hielten doch beide Brüder in Uebereinstimmung mit ihrer Regierung
dafür, „so lange der Bund von 1815 bestehe, mache er leider in der
Bestimmung die Regel"; ja sie fanden bei dem in den eidgenössischen
Kreisen herrschenden Geiste Ursache, Gott zu danken, „daß wir unter
gegenwärtigen Umständen kein unglückliches Mittelding haben zwischen
Centralität und Kantonalität." Selbst dann, als der bernischen Gesandtschaft von einem Theile der Tagsatzungsherren die unverkennbarsten
Zeichen von Abneigung begegneten, und diese so weit gingen, daß man —
nicht ohne Beifall zu finden — die Absicht kundgeben konnte, der Regierung Berns durch Aufstellung eines „Repräsentantenraths" die vorörtlichen Geschäfte wenigstens theilweise zu entziehen; auch dann wider-
standen diese der doppelten Versuchung, durch einen kühnen revolutionären
Schritt die Frage der Bundesrevision von sich aus an die Hand
zu nehmen. Nicht nur unpraktische Idealpolitiker, sondern auch besonnene,
die Situation klar beurtheilende Staatsmänner, wie Landammann Baumgartner von St. Gallen, suchten Karl Schnell zur raschen Initiative in

---

[1]) „Ich kann dergleichen Clubbprojekte unmöglich billigen", schrieb er an Karl.
„Ich möchte das Schauspiel der Zerrissenheit nicht vor eine solche Volksmasse bringen,
sondern mehr ruhig und stille wirken."

[2]) „Die Tagsatzung ist in Form und Materie nichts werth" (Karl an Hans, 26. Juli
1834). „Die Tagsatzung ist ein Compositum der erbärmlichsten, elendesten Afterliberalen
und der ausgemachtesten Aristokraten; nur sehr wenige Liberale und etwa vier bis sechs
feste Radikale" (Hans an Karl, 28. August 1834). „Man will sich hier satt reden und
satt essen. Man will das Bestehende handhaben, weil man selbst zum Bestehenden gehört,
und, nota bene, vorzüglich dazu gehört. Wenn man etwas thun will, so beschicke man
die Tagsatzung nur durch Weibel mit Instruktionen" (Hans an Karl, 26. August 1834).

dieser Sache zu veranlassen [1]). Die Stellung als Vorort und die daherige Verantwortlichkeit nöthigte umgekehrt das stolze Bern zu einer Nachgiebigkeit gegen die Begehren des Auslandes, welche, sachlich vielleicht unanstößig, doch durch die Vergleichung mit Allem, was vorangegangen war, unvermeidbar als Demüthigung erscheinen mußte.

Karl Schnell, der ohne großen Erfolg in einer Versammlung in Münsingen, am 10. Januar 1835, seinen Einfluß auf die von ihm gegründeten Schutzvereine aufbot, mußte sich um seiner Haltung willen sogar selbst zum juste-milieu zählen lassen. Er errang zwar am 2. März — durch die Beseitigung einer Motion Kasthofers — im Großen Rathe einen augenblicklich entscheidenden Sieg über die „Nationalen", aber er verlor, indem er den realen Bedürfnissen der ruhigen Bevölkerungsmassen klug Rechnung zu tragen suchte, bei denjenigen Elementen, welche politisch lebendiger, durch die Presse die öffentliche Meinung beherrschten, seine bisherige Popularität, ohne daß diese durch größeres Vertrauen von Seiten der Altgesinnten ersetzt worden wäre.

Im Gegentheile faßten diese, wie in den übrigen Kantonen, so auch in Bern, aus den Verlegenheiten der Regierung wieder frischen Muth und suchten durch erneuerte Umtriebe die allgemeine Unbefriedigung zu ihrem Vortheil zu benützen, so daß in einzelnen Landestheilen, vorzüglich im Oberlande und in der Umgegend von Thun, selbst gewaltsame Ausbrüche besorgt werden mußten.

Dazu kamen gewisse Begehrlichkeiten materieller Art — die Frage der sogenannten Rechtsameverhältnisse und der Zehnten — welche, vorzugsweise die untern Volksklassen ergreifend, im Emmenthal und Oberaargau nicht unbedeutende Aufregung hervorriefen. Während Karl Schnell selbst anfangs ungewiß war, ob die Bewegung nationalen oder aber reaktionären Agitationen zuzuschreiben sei, wurden den beunruhigten wohlhabenden Ständen gegenüber eben die Brüder Schnell als Urheber derselben verdächtigt, um das Ansehen ihres Regiments auf jede Weise zu untergraben.

Endlich drohte noch von einer vierten Seite her Gefahr. Die Berner Regierung hatte — und nicht zum wenigsten auf Karl Schnells Antrieb —

---

[1]) Auch in seinem Geschichtswerke macht derselbe Karl Schnell seine Zurückhaltung zum Vorwurf; sie scheint aus einem Gefühl von Unsicherheit, besonders bei dem Gedanken an die Möglichkeit des Bürgerkrieges, geflossen zu sein; wenigstens schrieb er darüber (29. Januar 1835) an Bürgermeister Heß: „Frage sich Casimir (Pfyffer), ob das Luzerner Volk so leicht zum Entlebucher Knittel greife für Dinge, deren Werth und Wesen noch nicht in Saft und Blut übergegangen ist. Das Berner Volk ist noch nicht so weit vorwärts, darauf zählen Sie, und verrechnen Sie sich nicht in ihm."

die kirchlichen Verhältniſſe des katholiſchen Jura nach den durch
die regenerirten Kantone auf der Konferenz in Baden (20. Januar 1834)
feſtgeſetzten Badener Artikeln zu ordnen verſucht, damit aber die
zu jeder Zeit empfindliche Bevölkerung in große Aufregung verſetzt.
Der eben — März 1836 — verſammelte Große Rath beſchloß die
Ernennung von außerordentlichen Regierungskommiſſarien und ſtellte
denſelben eine nicht unbeträchtliche Truppenmacht zur Verfügung.

Neben Schultheiß von Tavel und Karl Schnell wurde
auch Blöſch mit dieſer Sendung beauftragt und damit dieſer zum
erſten Male wieder in politiſche Thätigkeit hineingezogen. Dieſer Um=
ſtand mag es denn auch geſtatten, bei den betreffenden Vorgängen etwas
länger zu verweilen.

Er holte die beiden Herren in Delsberg ein und reiste mit ihnen
nach Pruntrut, wo alsbald drei Publikationen erlaſſen wurden. Der
Aufenthalt daſelbſt war weder ein ſehr angenehmer, noch ein ſehr be=
ſchäftigter. Nur zwei Verhandlungen boten beſonderes Intereſſe: eine
Allokution an die auf dem Rathhauſe verſammelte Geiſtlichkeit, welche
durch v. Tavel übernommen und, wie Blöſch fand, mit ſeltenem Geſchick
und patriziſcher Würde ausgeführt wurde. Der zweite Auftrag wurde
Blöſch übertragen und betraf die Erforſchung der Urheberſchaft eines
Aktenſtücks, des ſogenannten «mandement», welches, im ganzen Jura
verbreitet, zum Widerſtand gegen die Anordnungen der Regierung auf=
gefordert hatte, und das dem Haupte der klerikalen Partei, dem Doyen
Cuttat, zugeſchrieben wurde [1]).

Die Miſſion hatte übrigens einen ruhigen Verlauf, einen ruhigern,
als man erwartet hatte; und dieſer Umſtand wurde im Jura häufig
benützt, um die ganze Expedition als eine unnöthige Machtentfaltung,
als eine Art Rachezug des alten gegen den neuen Kantonstheil dar=
zuſtellen. Blöſch urtheilte anders darüber, obgleich er nicht, wie ſeine
Kollegen, die Schuld dem Jura, und zwar dem katholiſchen, ausſchließlich
zuſchrieb. Er ſagte in dem Berichte, deſſen Abfaſſung ihm ſchließlich
übertragen wurde [2]): „Wir fanden den Jura in einer bedenklichen Stim=

---

[1]) Er gelangte darüber zu keinem ganz ſichern Reſultat, ſcheint aber, einer Andeutung
zufolge, zu der Anſicht gekommen zu ſein, daß das Schriftſtück nicht vom Klerus, ſondern
zur Provokation der Kriſis vielmehr von der Gegenpartei ausgegangen ſei.

[2]) Die Berichterſtattung hatte zuerſt K. Schnell auf ſich genommen; Blöſch, von
etwas abweichender Anſicht ausgehend, erlaubte ſich einige Bemerkungen, die er ſchriftlich
mittheilte; dieß ging übel an und Karl erwiderte: „er könne ſeine Arbeit nicht ab=
ändern; übrigens ſei die Abfaſſung des Berichts eigentlich Sache des dritten Abgeordneten.

mung, und wenn es auch gut sein mag, daß mit Anwendung wirklicher
Gewalt etwas gezögert wurde, weil dadurch die Bewegung Zeit erhielt,
ihre politische Tendenz zu offenbaren, so war es doch höchste Zeit, mit
allem Ernste einzuschreiten. Es wäre nichts falscher, als die Auftritte
der ersten Tage vom Monat März für bloße Zeichen einer momentanen
Aufwallung zu halten; es waren nicht die letzten Schläge eines Gewitters, das vorüberging, sondern die ersten Schläge eines Gewitters,
das heranzog."

Karl Schnell wich auch hier dem unerwarteten Widerstand der Volksmehrheit (im Jura) und vermied es klüglich, in der Versammlung des
Großen Rathes zu erscheinen, welche zuletzt (2. Juli 1836), in Folge
französischer Interventionsdrohung, die Badener Konferenzartikel fallen
ließ.

Schon im Juli 1835 hatte übrigens Karl den Regierungsrath verlassen, ermüdet durch den unbefriedigenden Gang der schweizerischen
Angelegenheiten, und sich zurücksehnend nach seinem schönen Sommerhaus, „zu den Amseln und Drosseln". Während noch im Jahr 1834
die großartigen Demonstrationen am Jahrestage der Verfassungsan-
nahme — seinem Briefe an Hans zufolge zählte man am Abend des
31. Juli vom Gurten aus 160 Feuer — zu seiner größten Freude das
Zeugniß gegeben hatten, daß die große Mehrheit des Volkes der neuen
Ordnung der Dinge aufrichtig zugethan sei, sah er sich jetzt auch von
dieser Seite her mit allmäliger Isolirung bedroht. Ohnehin den Re-
gierungsgeschäften von Natur abgeneigt[1]), und selbst unter seinen Kollegen sich beständig „als das fünfte Rad am Wagen" fühlend, war es
weniger die Nothwendigkeit des Kampfes mit prinzipiellen Gegnern, was
ihm sein Amt „verleidete", als vielmehr der Mangel an politischem
Leben in denjenigen Kreisen der Bevölkerung, deren Interessen er vorzüglich zu vertreten sich bewußt war; und der Mangel an Besonnenheit
bei denjenigen seiner bisherigen Freunde, die politisch thätig waren.

---

er möge sich also dahinter machen." Natürlich war die Sache jetzt umgekehrt; doch unter-
schrieb Karl den Bericht, den daraufhin Blösch verfaßte.

[1]) „O wär' ich nur aus dem verfluchten Sodom! Hilf mir im lieblichen Mai wieder
hinaus zu den Amseln und Drosseln" (April 1834 an Hans). „Es sind erbärmliche
Menschen, diese Regenten! Gott! warum bin ich verdammt, mit ihnen leben zu müssen?"
(23. Juli 1834 an Hans, während dieser zu gleicher Zeit von der Tagsatzung her klagt
über.... „unsere elenden Freunde"). „Ach Gott! wie lange werde ich noch schmachten
müssen in dieser ägyptischen Dienstbarkeit! Hast du mit Herrn Schultheiß ein Wörtchen
über meine Lage gesprochen und hast du an einem Ring meiner Kette gefeilt? Ich halte
aus, so lange es Noth thut, so lange nicht mein Austritt nachtheilige Folgen für die
gute Sache haben könnte; dann keinen Augenblick länger!" (21. August 1834 an Hans).

Neben Neuhaus, der sich mit mehreren andern Mitgliedern des Regierungsrathes mehr und mehr auf Seite der Nationalpartei neigte, stellte sich nun der mit Schultheiß Tscharner mehrere Male alternirende Schultheiß von Tavel in den Vordergrund. Auch dieser, ein ohne Zweifel äußerst talentvoller, aber eben so intriganter Mann von durchaus unzuverläſſigem Charakter, der auch unter demokratiſchen Manieren seine ariſtokratiſche Abkunft niemals ganz verläugnet hatte, ſchmeichelte jetzt der herrſchenden Strömung[1]) und ſuchte Tscharner, der perſönlich von dem Treiben der Flüchtlinge und ihrer Verehrer lebhaft abgeſtoßen, seine frühere Sicherheit in etwas verloren hatte, auf eine immer auffallendere Weiſe aus ſeinem Anſehen zu verdrängen[2]).

Als die Spaltung der bisherigen liberalen Partei heftiger als je in offene Feindſchaft ausgebrochen war, und die Berner Regierung außerdem durch das Flüchtlingsweſen — vorzüglich durch die fatale Conſeilgeſchichte — ſowohl dem Ausland, als den ſchweizeriſchen Mitſtänden gegenüber in eine bedenkliche Lage gerathen war[3]), wurde der Verſuch gemacht, durch die Abberufung der Brüder Snell von ihren Lehrſtellen der Flüchtlingspartei einen Schlag zu verſetzen; während zu gleicher Zeit die aus dem Heerde des Schnell'ſchen Einfluſſes, dem untern Emmenthal, ausgehende ſogenannte Goldbacheradreſſe durch ihr warmes Zutrauensvotum für den Schultheißen Tscharner das etwas ſchwankend gewordene, verehrte Haupt der Partei zu neuer Entſchiedenheit ermuthigen ſollte. Der Zweck wurde nur theilweiſe erreicht: „Zwar hatte Louis (Snell) ſeine Entlaſſung eingereicht, welche angenommen wurde, um dadurch ſeinen Bruder Wilhelm zu retten. Allein die Hauptſache, der Akt der Mißbilligung von Seiten des Regierungsrathes gegen das empörende Benehmen dieſer Männer, wollte nicht behagen, und wir haben dieß vorzüglich von Tavel zu verdanken"[4]).

---

[1]) Man nannte ihn deßhalb den berniſchen Philippe Egalité. Schultheiß Tscharner weiſſagte einſt von ihm in einem Briefe an Karl Schnell, vom Oktober 1835: „daß er den Radikalismus bald an den Nagel hängen werde, um ein Erzlegitimiſt oder Ariſtokrat zu werden, während er ſich jetzt als Nationale ausgibt."

[2]) Er ſah ſich ſogar bewogen (Dezember 1835 und Januar 1836), gegenüber Karl Schnell ſich brieflich über ſein Verhältniß zu Tscharner zu erklären und ſich gegen den Vorwurf zu rechtfertigen, daß er dieſem ſyſtematiſche Oppoſition mache.

[3]) „Unſere berniſchen Zuſtände", ſchrieb Karl am 1. Juli 1837 an Heß in Zürich, ſind in der übrigen Schweiz nicht gekannt; und übelgeſinnte Ariſtokraten und Pſeudonationale thun ihr möglichſtes, unſern Stand zu verläumden, und ſie haben ihren Zweck über Erwarten erreicht. Wir Rechtberner werden uns nicht irre machen laſſen."

[4]) Schultheiß Tscharner an Karl Schnell, 13. Oktober 1836.

So sah Karl Schnell sich genöthigt, wenn nicht die Nationalen der Herrschaft sich bemächtigen sollten, in Folge einer im März 1837 neuerdings auf ihn gefallenen Wahl in den Regierungsrath wieder an die Seite Tscharners zu treten; und durch energisches Auftreten gegen die vorzüglich im Oberlande wieder rührige Reaktion — Aufhebung des für staatsgefährlich erklärten Sicherheitsvereins und Auflösung der patrizischen „Familienkisten" — schien ihm die Wiedergewinnung seiner frühern Führerschaft über die liberale Partei gelingen zu wollen. Er selbst wurde im Herbst 1837 bei der Erneuerung der Behörden wieder in den Großen Rath und in die Regierung gewählt, und sein Bruder Hans trat als Landammann an die Spitze des erstern.

Allein es sollte dieß für die Brüder doch der letzte Triumph sein. Zwar behauptete Professor Samuel Schnell in einem Briefe an Karl: „Die Aufhebung des Sicherheitsvereins hat mehr Nutzen als Schaden gebracht; das Toben der Völker ist besser als das Lachen und Spötteln derselben"; allein die krasse Verläugnung der selbst proklamirten Grund=sätze erwies sich doch als ein politischer Mißgriff; im Regierungsrathe selbst wurde sein Wiedererscheinen nicht gerne gesehen[1]; „im Rathe bin und bleibe ich der Kauz unter den Vögeln; wegen besorgtem Einfluß im Großen Rathe heißt es hie und da: gnädiger Herr Teufel, friß mich nicht!" Das frühere Verhältniß zu Tscharner wollte nicht wieder=kehren und wurde durch die nunmehrige Anlehnung Karls an die National=partei immer völliger gelöst; ja schon im Mai 1837 berichtete Hans seinem Bruder über eine beabsichtigte Fusion mit der reaktionären Partei, welche vorzüglich durch die beiden Schultheißen betrieben werde[2]; und im Laufe des Sommers zeigten ernstliche Unruhen im Oberlande, daß das Patriziat noch keineswegs alle Bedeutung ver=loren habe, vielmehr immer noch bereit sei, jeden Fehler der Regierung zu seinem Vortheil auszubeuten.

Die Angriffe der durch das gebrachte Sühnopfer (Sicherheits=verein) nur für einen Augenblick befriedigten extremsten Linken wurden heftiger als je: „Das Losungswort der Nationalen ist: Herunter mit den Schnellen!"[3]

Das Ausweisungsbegehren Frankreichs gegen den Prinzen L. Na=poleon, das im Sommer 1838 nach einer taktlosen Rede desselben am

---

[1] Einer seiner treuesten Anhänger meldete ihm schon im März seine Wiederwahl mit dem Beifügen: „Der Regierungsrath scheint in corpore vom Donner gerührt."

[2] von Tavel soll gesagt haben: „Mit dieser Canaille sei es zu beschwerlich, im Re=gimente zu sitzen."

[3] Karl Schnell an Hans, 12. Februar 1838.

Schützenfest in St. Gallen an die Schweiz gestellt wurde, und die daraus
sich ergebenden Verwicklungen mit dem genannten Nachbarstaat brachten
in unerwartet plötzlicher Weise die Entscheidung herbei.

Der Standpunkt, den die beiden Schnell in dieser Frage einnahmen,
war ein sehr einfacher und ergibt sich besonders deutlich aus den fast
täglichen Briefen Karls an Bürgermeister Heß. „Ueber Frankreichs
Note", schrieb er z. B. am 28. August an denselben, „denke ich ganz
wie Sie; ich finde Frankreich im Recht: Napoleon benimmt sich nicht
als Schweizer, sondern als Kronprätendent"; andrerseits auch kannte
Karl die Schwächen der Menschen allzu genau, war sein Urtheil von
Natur ein allzu kritisch nüchternes, als daß er trotz all' der patriotischen
Reden dieser Tage hätte glauben können an die Dauer und nachhaltige
Kraft, ja auch nur an die volle Aufrichtigkeit, geschweige an den Erfolg
der sich kundgebenden Kriegsbegeisterung [1]; er befürchtete endlich auch —
nicht ohne Grund [2]) — im Falle kriegerischer Ereignisse den Ausbruch
einer mächtigen, mit den alten Parteien verbundenen und von diesen
geführten Reaktion im Rücken der Regierung.

Darum wollten die beiden Brüder nicht, daß um so zweifelhafter
Veranlassung willen die Unabhängigkeit oder wenigstens die Ehre des
Vaterlandes auf's Spiel gesetzt werde. „Bernervolk!" rief Karl aus in
einem Briefe an Hans, „Bernervolk!" liegt dir deine Existenz, deine
Freiheit, deine Verfassung am Herzen, so hüte dich, gegründetes Be=
gehren von der Hand zu weisen, und spare deinen Eifer und deinen
Muth auf einen Angriff, wo die Schweiz im Rechte ist!"

Es war der Standpunkt jener, vielleicht etwas „hausbackenen", aber
nach allen bereits gemachten herben Erfahrungen gewiß klugen, und
dem Berner Volkscharakter durchaus entsprechenden Politik, welche schon
im Februar des gleichen Jahres von Landammann Hans Schnell in
seiner Eröffnungsrede des Großen Rathes mit kräftigen und entschiedenen
Worten als förmliches Programm war ausgesprochen worden, und die
der Schnell'schen Partei von Seiten ihrer kosmopolitischeren Gegner
nicht ganz unpassend den Namen „Zaunstecker" zugezogen hatte.

Ihre Mahnung zur Besonnenheit war umsonst; die Aufregung des
zunächst betheiligten Kantons Thurgau und der romanischen Westschweiz

---

[1] „Unsere Neuhause, unsere Stockmar und wie sie alle heißen, werden dann bereits
ob dem Beschließen matt und überlassen die Ausführung dem schreienden Kniepervolk"
(28. August an Heß).

[2] Nach einem Berichte des Rathsschreibers Stapfer an Karl — vom 1. Oktober
1838 — wurden in der Hauptstadt einige Kompagnien Militär aufgeboten, um solchen
Versuchen zu begegnen.

erfaßte auch die übrige Eidgenossenschaft: „Gewaltiger Unverstand ist
an der Tagesordnung! Von Klugheit ist keine Rede; es ist, wie wenn
sonst besonnene Leute in gewaltigem Rausch befangen wären. Wir
Andern werden als Schlotterer und Furchthasen taxirt.“ — „Die Wuth-
krankheit verbreitet sich je länger je mehr! Der Unsinn ist beim Klafter
zu kaufen.“

Noch am 20. September glaubte Karl der Mehrheit des Regierungsrathes sicher zu sein, allein — er irrte sich; auf den Antrag dieser
Behörde entschied sich auch der Große Rath mit 106 gegen 104 Stimmen
für Abschlag des Ausweisungsbegehrens.

Am nächsten Tage erklärte Landammann Hans Schnell seinen
Austritt aus dem Großen Rathe, und unmittelbar darauf legte auch
Dr. Karl seine Beamtungen nieder (als Mitglied des Großen
Rathes, des Regierungsrathes und als Centralpolizeidirektor), und beide
verließen den Saal, begleitet von ihren treuesten Parteigenossen. „Der
Große Rath von Bern, der beinahe als der letzte seine eidgenössische
Stimme abgab, wagte es nicht, mit einer verständigen Meinung in
der Minderheit zu bleiben, sondern suchte seine Ehre und seinen Vor-
theil darin, einer Mehrheit anzugehören, die er irriger Weise für die
Mehrheit des Schweizervolkes ansah“, erklärte Hans in einem Manifest,
das er nachher an seine Wähler richtete.

Die Folgezeit hat ihnen Recht gegeben, was die Beurtheilung der
Frage selbst betrifft: schon am 23. September hatte Bürgermeister Heß
aus Zürich an Karl geschrieben: „Soeben läuft die offizielle Nachricht ein,
daß der große Tell der neuen Zeit, in St. Gallen kompromittirt u. s. w.,
der Regierung von Thurgau angezeigt hat, daß er abreise! Gute Nacht
Heldenzeit!“ [1]) und wenige Tage darauf konnte Karl sagen: „Das an-
gelegentlichste Geschäft der Tagsatzung ist nun, dem L. Bonaparte, den
man behalten und mit dem eigenen Leib schützen wollte, Pässe zu verschaffen, damit er fortkomme, dabei aber Alle als Feiglinge zu taxiren,
welche zum Entsprechen gestimmt hatten.“ Mit der eifrigst beschleunigten
Abreise des Prätendenten war die Kriegsgefahr glücklich beseitigt und
die beiderseits bereits ernstlich begonnenen Rüstungen wurden eingestellt.

Der Rücktritt der beiden Brüder vom Staatsleben hingegen kann
verschieden beurtheilt werden: er mag ein politischer Fehler gewesen

---

[1]) Der Brief beginnt mit den Worten: „Adieu Napoleon!“
　　　Als Flüchtlingshetzhund hat er frei
　　　Manch' Schelmenstück getrieben;
　　　Mit Flüchtlingszeit ist's nun vorbei:
　　　Der Prinz ist übrig 'blieben!“

sein, denn dadurch haben sie selbst all' ihren kaum recht erschütterten
Einfluß aufgegeben und die im Grunde sehr unbedeutende Niederlage
in eine für immer entscheidende verwandelt, welche Bürgermeister Heß
ein größeres Unglück nennt, als selbst der Krieg gewesen wäre (26. Sep=
tember an Karl). Obwohl sehr unerwartet, war er eigentlich doch sehr
begreiflich: „Da mein Bruder Hans und ich von Haus aus eine un=
überwindliche Abneigung gegen die öffentlichen Geschäfte hegen, und,
was wir gethan haben, von jeher nur als ein Opfer betrachteten, das
wir den Grundsätzen der politischen Freiheit und Gleichheit gebracht
haben, so konnten wir diese Grundsätze mit Erfolg nur so lange vor=
wärts bringen, als deren Bekenner Spalier um uns gemacht haben.
Erwachtes Mißtrauen mußte uns lähmen und unsere Bemühungen
unwirksam machen. Was war daher natürlicher, als daß wir einen
Wirkungskreis verließen, in dem wir uns nur nothgedrungen bewegten,
und zu Beschäftigungen zurückkehrten, die wir con amore betrieben und
in denen wir uns höchst glücklich fühlten?"

Schwerlich aber ist der Entschluß dem bloßen Unmuth entsprungen;
ohne Zweifel hat dazu mitgewirkt die Besorgniß vor den immer noch
wahrscheinlichen Folgen der verhängnißvollen Abstimmung, vor dem
drohenden Krieg, dessen Verantwortlichkeit sie in keiner Weise mitzu=
tragen gewillt waren.[1])

Obwohl besonders Karl Schnell den Kampf mit der nunmehr zur
Herrschaft gelangten nationalen Partei im „Volksfreund" noch länger
fortsetzte und die Handlungen einer Regierung, der er durch freiwilligen
Entschluß nicht mehr angehörte, seiner boshaften, oft nahezu pöbelhaften,
immer aber leidenschaftlichen Kritik unterwarf, so war doch die politische
Thätigkeit der beiden Männer damit beendet, und es bleibt uns nur
noch übrig, einen kurzen Rückblick auf dieselbe zu werfen.

Die Brüder Schnell waren weniger Anstifter, als vielmehr
Organe der Revolution gewesen, welche sie zu Stande gebracht haben.

Aus der Mitte des Volkes hervorgegangen und selbst durch und
durch populäre Charaktere, hatten sie mit jener feinen Fühlung für die
Bedürfnisse und Wünsche der Volksmassen, welche das hervorstechendste
Merkmal ihrer Politik blieb, die Stimmung erkannt; und die höhere

---

[1]) Es geht dieß unter anderm hervor aus einer Aeußerung, welche Karl Schnell
gleich hernach gegen Blösch gethan hat: „Mit dem Beschluß, ein solches Begehren ab=
zuweisen, sei es nicht gethan, es werde noch anderer Beschlüsse zur Vollziehung des
ersten bedürfen, und er habe nicht in der Stellung sein wollen, weder für noch gegen
solche Maßregeln zu stimmen, welche ein nach seiner Ansicht höchst verderblicher, aber
gültig gefaßter Großrathsbeschluß erfordern werde."

Bildung, welche sie empfangen, hatte, weit entfernt, sie vom Volke zu scheiden, ihnen nur die Fähigkeit verliehen, denselben zum gewichtigen Ausdruck zu verhelfen. „Meine einzige force," schrieb Karl am 1. Dezember 1833 an Hans, „bestund darin, daß die Landvögte dümmer waren als ich, und ich mich in einer sehr vortheilhaften Stellung befand, ihre Dummheit leuchten zu lassen vor den Leuten."

Nichts lag ihnen anfangs ferner, als der Gedanke, selbst an die Stelle derjenigen zu treten, welchen sie das Privilegium ausschließlicher Regierungsfähigkeit entrissen; nur die Nothwendigkeit, das begonnene Werk nicht im Beginne schon stecken zu lassen, dessen Scheitern aus naheliegenden Gründen ihnen selbst im höchsten Grad verderblich hätte werden müssen, — eine Art von Nothwehr zwang sie dazu, öffentliche Stellen anzunehmen: „Leider sind wir, Theure, der Leute halber, in die vorderste Reihe geschoben worden, was außer unserer Berechnung gelegen ist", so sprach sich Karl gegen seinen Bruder aus, um ihn zum Ausharren aufzumuntern, in einem Briefe, der, ihre ganze Stellung erörternd, jeden Gedanken an Unaufrichtigkeit ausschließen muß: „Wir genießen bisher noch das Vertrauen der Mehrheit des Großen Rathes und eines sehr großen Theiles des bernischen Volks. Dieß Vertrauen müssen wir billig achten und ihm Rechnung tragen. So überzeugt ich bin, daß der Staat wenig verlieren würde, wenn wir beide uns den öffentlichen Geschäften entziehen würden, so überzeugt bin ich auf der andern Seite, daß die Staatsbürger die Sache nicht so ansehen würden, wie wir sie ansehen und wie sie wirklich ist; man wird im Gegentheil daraus arguiren, es stehe schlimm um die gute Sache; diese Vermuthung wird theils Indifferenz, theils Lust, sich zur Zeit vor der reaktionären Gegenwirkung zu sichern, zur Folge haben. Haben wir in Gottes Namen Geduld und bringen wir unserer Freiheit dieses Opfer, ja alle andern, die erforderlich sind." In solcher Weise mußte Karl, der selbst nur mit dem größten Widerwillen sich bewegen ließ, in den Regierungsrath zu treten[1]), mehr als einmal seinem feurigen Bruder Muth einsprechen und unter Erinnerung an seine Kinder und ihre Zukunft ihn beschwören, auszuhalten, wenn dieser aller Politik absagen wollte[2]).

---

[1]) Er hat die Bedingung gestellt und bewilligt erhalten, je zwei Tage der Woche sein ländliches Stillleben in Burgdorf genießen zu dürfen, so daß er regelmäßig jeden Freitag Abends mit der Post verreiste und erst Montag Morgens wieder in Bern eintraf.

[2]) Dieser erwiederte auf einen solchen Zuspruch: „Wenn die Freiheit nur von mir abhängt, so sind wir dazu nicht reif und es ist dann wirklich besser, wir kehren so lange unter die Gnädigen zurück."

Bei aller Empfindlichkeit für fremde Anerkennung, welche besonders Karl in hohem Grade charakterisirte, war ihnen eigentlicher E h r g e i z völlig fern. Zufrieden mit der wirklichen Macht, die sie übten, überließen sie die Ehre willig Andern, auch als die höchsten Würden ihnen offen standen, und oftmals findet sich die Bemerkung ausgesprochen, „daß sie außer der Regierung viel mehr nützen können, als innerhalb v..selben."

Das Feld ihrer eigentlichen Thätigkeit und ihres Einflusses war denn auch stets der von ihnen geschaffene G r o ß e R a t h, der Träger der Volkssouveränität und Repräsentant des massiven Mittelstandes und seiner politischen Durchschnittsbildung. Sie waren nicht S t a a t s = m ä n n e r, wohl aber V o l k s m ä n n e r im vollsten Sinne des Wortes und wollten nichts Anderes sein[1]); sie fühlten sich nur wohl, wenn sie die Mehrheit hinter sich wußten, und standen, bei allem doktrinären Radikalismus, selbst nicht an, von einem Vorhaben abzustehen, wenn sie sich verrechnet hatten und des Vertrauens nicht mehr sicher waren. ‹Vox populi, vox Dei›, ‹salus publica suprema lex›; in diesem rücksichtslosen Respektiren des Volkswillens, dessen Kenntniß sie freilich nicht aus einer durch die Presse oft künstlich gemachten sogenannten „öffentlichen Meinung", sondern aus dem Schooß des Volkes selbst schöpften, zeigten sie jedenfalls eine ächt demokratische Selbstverläugnung, welche bei manchen „Entschiedenen" vergeblich gesucht wird.

Dieser Gesichtspunkt einer spezifisch bernerisch gefärbten, konsequenten Volkspolitik leitete sie in der Flüchtlingsfrage, wo sie nach einer kurzen Hinneigung zu dem unschweizerischen Wesen der europäischen Propaganda, zu welcher sie der Kampf mit dem juste-milieu bewog, sofort einzulenken begannen, als sie den Boden unter ihren Füßen wanken fühlten; dieser bestimmte ihre Stellung zur eidgenössischen Verfassungs= revision, wo sie, zuerst ziemlich centralistisch gesinnt, um so zurückhaltender wurden, je mehr der Geist der schweizerischen Behörden theils reaktionäre, theils „nationale" Tendenzen annahm; dieser auch bewog sie, mit den Badener Artikeln in aller Stille einen freilich nicht sehr ehrenvollen Rückzug anzutreten, so bald sich zeigte, daß die katholische Bevölkerung darin nicht eine Bürgschaft, sondern eine Verletzung ihrer religiösen Freiheit erkenne; diesem blieben sie treu, als sie sich in der Bonaparte=Angelegenheit gegen das Begehren Frankreichs willig zeigten,

---

[1]) „Ich bin nicht Staatsmann und besitze daher auch diejenigen Eigenschaften nicht, die man an Staatsmännern rühmt", schrieb Karl an Bürgermeister Heß. 1835.

überzeugt, daß nur der Terrorismus der patriotischen Phrase die wahre Stimmung des Volks augenblicklich verfälsche.

Man hat der Schnell'schen Partei, vorzüglich auch mit Bezug auf diese letztere Frage, Hinneigung zu Frankreich vorgeworfen und eine unwürdige Unterwürfigkeit gegen dessen zweizüngige Diplomatie. Vorzüglich wird dieß oft mit schneidendem Sarkasmus hervorgehoben von einem im Jahr 1835 erschienenen Schriftchen: „Bern, wie es ist", von Eugen von St. Alban, dessen scharfe, oft treffende Urtheile wir bisweilen zu zitiren Veranlassung haben. Dieß stellt den Einfluß Frankreichs als diplomatische Tradition der neuen Berner Republik als unzweifelhafte Thatsache auf und beruft sich namentlich auf die allerdings mehr als unpassende Einrichtung, daß „das Departement der auswärtigen Angelegenheiten der hohen Republik Bern unter dem nämlichen Dach mit der französischen Gesandtschaft seine Herberge hat." Es mag zugegeben werden, daß die Häupter der Berner Regierung unter dem rücksichtslos feindseligen Drängen der übrigen Mächte [1]) um so mehr geneigt sein mußten, den Freundschaftsbezeugungen des durch den schlauen Rumigny vertretenen westlichen Nachbarn williges Gehör zu schenken, wie später sich vor dem Verlust des einzigen Freundes zu fürchten, als der übermüthige Montebello drohte [2]). Persönlich hielten sich die beiden Brüder, hierin vor vielen ihrer Gesinnungsgenossen anderer Kantone sich vortheilhaft unterscheidend, theils aus Grundsatz, theils aus natürlicher Abneigung von allem Umgang mit dem fremden Gesandtschaftspersonal fern, denn: „Nichts Schlimmeres für unsere Freiheit gibt es, als dieser diplomatische Sauerteig; bei weitem die mehrsten schweizerischen Einflußreichen neigen sich unwiderstehlich und unwillkürlich vor Baal." (Hans, von der Tagsatzung in Zürich an Karl; August 1834.) [3])

---

[1]) Karl schrieb dem östreichischen Gesandten Bombelles die Absicht zu, daß er die Steinhölzligeschichte benützen wolle, um das verhaßte Bern von der übrigen Schweiz zu isoliren.

[2]) Bei Karl Schnell hatte übrigens diese Hinneigung noch einen persönlichen Grund: „Ich sympathisire mit den Franzosen, die uns noch jedesmal die Freiheit gebracht, und nicht mit den Deutschen, die sie uns allemal wieder geraubt haben", schrieb er an Heß; während, bezeichnend für die Verschiedenheit der beiden Brüder, hingegen Hans während seines Aufenthaltes in Paris nach Hause meldete: „Diese Nation wird mir nie gefallen, ich kann nun einmal nichts Reelles bei diesen Leuten finden. Ich halte die in Paris verlebte Zeit hinsichtlich des Lebensgenusses für die traurigste Zeit meines Lebens."

[3]) „Mich kann man nicht des Umgangs mit den fremden Diplomaten beschuldigen, indem ich die ganze Zeit, während im Regierungsrath sitze, kein Wort mit irgend einem gesprochen habe." (Karl an Heß, 1834.) „Ich habe weder Bombelles, Severine, Rumigny

Fragen wir noch nach den Schöpfungen, welche die Periode des vorwiegenden Schnell'schen Einflusses in's Leben gerufen, so ist freilich nicht sehr viel zu nennen. Doch vor allem die neue Kantons=verfassung selbst, ein Werk, das Mängel und Vorzüge mit den meisten in derselben Zeit entstandenen theilte, im Ganzen bei großer Schwer=fälligkeit in der Verwaltung trefflich darauf berechnet war, den Schwer=punkt des öffentlichen Lebens in denjenigen Klassen dauernd zu erhalten, in welche die Revolution es verlegt hatte, nämlich auf die Männer, welche zu Stadt und Land durch Wohlstand und soziale Stellung von Natur den größten Einfluß übten und wohl zu allen Zeiten üben werden[1]). Als ein eben so entschiedener wie besonnener Fortschritt über die ver=knöcherte Oligarchie, als ein zum mindesten nothwendiger Uebergang zu einer weitern Entwicklung demokratischer Grundsätze bleibt sie der Markstein einer neuen Zeit, ein schönes Denkmal von dem ernst patrio=tischen Geist jener frisch aufstrebenden, zukunftsfrohen Tage. Die weitere Ausbildung einer diesen Grundsätzen entsprechenden Gesetzgebung ver=mochte hingegen damit nicht Schritt zu halten. Neben der Neugestaltung der Posten, der Errichtung einer Kantonalbank, mögen als das für die Zukunft wohl bedeutsamste Werk die Verbesserungen im Primarschul=wesen genannt werden, und die Gründung des Lehrerseminars — wo hauptsächlich von Fellenberg in Hofwyl der Anstoß ausgegangen — wie auch die Hochschule, die in der Folge Besseres leistend, als die Gründer gewollt, diese selbst überlebte.

Um Größeres in's Werk zu setzen, in dauernder Weise das Berner=volk an ihren Namen zu fesseln, und von ihm getragen insbesondere

oder Morier sehen wollen. Ich konnte es nicht einmal über's Herz bringen, die gewöhn=lichen Politesses in aller Ausdehnung mitzumachen; ich könnte streng genommen der Grobheit gegen diese Leute beschuldigt werden." (An denselben.) Den offenen und eben darum scheinbarer Offenheit gegenüber arglosen Hans, der über ein Gespräch mit Ru=migny, bei Gelegenheit eines Tagsatzungsdiners berichtet hatte, warnte Karl (1834): „Traue Rumigny nicht zu viel!" Auch das oben genannte Buch macht bei Erörterung der Frage, warum keiner der Schnell den Schultheißenstuhl bestiegen, die wohl nicht ganz unrichtige Bemerkung: „Das Juliuskönigthum wollte die wilden Männer aus Burgdorf nicht zu Schildhaltern haben." Doch gibt dasselbe dafür noch einen andern Erklärungsgrund, nämlich den „völligen Mangel an gemeinem persönlichem Ehrgeiz bei den beiden Brüdern." Bd. II, p. 63 und 64.

[1]) Sehr richtig bemerkte (erst im Jahr 1844) ein schweizerisches Zeitungsblatt — Courrier Suisse: — „La fameuse assemblée de Münsingen, prélude de la révolution et qui en détermina l'explosion et le caractère, était moins une réunion populaire qu'une assemblée de notables, mais de ceux qui sont continuellement en contact avec le peuple, qui l'influent et qui parlent en son nom."

auch in der Gestaltung gemeineidgenössischer Dinge dasjenige Gewicht auszuüben, das ihnen als Lenkern des größten Kantons und eines der Vororte zugekommen wäre, dazu fehlten den Brüdern Schnell die nöthigen Eigenschaften, dazu fehlte, wenn wir so sagen dürfen, dem einen, Hans, die Nüchternheit[1]), dem andern, Karl, die Idealität des Urtheils, welche ihn befähigt hätte, bei aller Berücksichtigung des Gegebenen, auch mit den größten menschlichen Motiven zu rechnen, und über den Miseren des Augenblicks hinaus ein hohes Ziel zu verfolgen. Dem phantasie- und gemüthvollen Naturforscher und Mediziner stand seine edle Ueberschwäng-lichkeit, dem gelehrten und scharfsinnigen Juristen seine bittere, skeptische Menschenverachtung im Wege: Auch das Zusammenstehen Beider, die in so seltener Weise sich gegenseitig ergänzten, konnte diese Fehler nicht ganz aufheben.

Die Kehrseite ihrer spezifisch bernischen Volksthümlichkeit war viel-leicht eine Beschränktheit und Enge des politischen Standpunkts, ein Mangel an Großartigkeit in der Auffassung des Staatslebens und eine dem entsprechende Kleinlichkeit in der Wahl der Mittel, welche den ge-waltigen Bewegungen der Zeit und den von Innen und Außen auf-tauchenden Schwierigkeiten auf die Länge nicht gewachsen war.

Noch stand eine zwar an Zahl kleine, aber an geistigen und ma-teriellen Hülfsmitteln reiche und sehr rührige Partei mächtig da, welche, verstärkt durch alle reaktionären Elemente der Gesammtschweiz und ermuthigt durch die Metternich'sche Politik Europas, unbedingte Rück-kehr zum Alten mit äußerster, fast fanatischer Kraftanstrengung erstrebte, während die „Junge Schweiz" eben so offen im Bündniß mit dem „Jungen Deutschland" und dem „Jungen Italien" allem Alten mit dem gleichen Fanatismus der Konsequenz den Krieg erklärte.

Zwischen diese noch völlig unvermittelten Gegensätze der alten und der neuen Zeit sah sich die Schnell'sche Regierung hineingestellt, deren Leiter — altbernische Naturen mit liberaler Bildung — in ihrem per-sönlichen Charakter, ihren natürlichen Interessen und ihrer politischen Denkweise wohl eben so viel mit den Erstern als mit den Letztern gemein hatten, und darum nothwendig mit der Zeit zwischen zwei Feuer gerathen mußten. Zuerst gegen die Reaktion, dann gegen die Revolution Front machend, wurden sie schließlich mit gleicher Wuth von beiden angegriffen. So wenig als das Patriziat den Brüdern Schnell jemals

---

[1]) Derselbe machte einst, als man ihm eine unbedachte Aeußerung vorwerfen wollte, die witzige und ihn trefflich charakterisirende Bemerkung: „Donner! können sich die Leute denn nicht daran gewöhnen, v i e r zu denken, wann ich f ü n f sage."

den Raub ihrer Privilegien verzeihen konnte, eben so unversöhnlich, beinah noch grimmiger wurde dann die Feindschaft ihrer frühern Freunde, als der Bruch einmal vollzogen war. „Unser Rücktritt", schrieb Karl am 7. Oktober 1839 an Hans, der eben auf der Reise sich befand, um seine beiden Söhne nach Deutschland auf die Universität zu führen, „war das Losungswort für die gesammte aristokratische und after= nationale Presse, um mit bestialischer Wuth über uns herzufallen! Alles wird angewandt, um das Brüderpaar in der öffentlichen Meinung zu ruiniren"; ebenso am 21. Dezember Professor Samuel Schnell an Karl: „Es ist darauf angelegt, und, wie es scheint, von allen Parteien, uns gänzlich außer Kredit zu setzen."

Dieß ist denn auch wirklich in wahrhaft unbegreiflichem Grade gelungen; der sprüchwörtliche Undank der Republiken hat sich an ihnen noch mehr als gewöhnlich bewährt; gewiß nur selten mögen Männer von ihrer persönlichen und geschichtlichen Bedeutung, selbst auf dem natürlichen Boden ihrer Popularität, so konsequent und so gründlich todgeschwiegen worden sein, wie Professor Hans und Dr. Karl. Die gefeierten Helden der dreißiger Jahre haben es erfahren müssen, daß Menschen die Geschichte nicht machen, höchstens von ihr zum Werkzeug auserwählt werden können, um ihre Pläne auszuführen. Aber es waren ganze Männer, ächte Berner und edle Patrioten, und das Bernervolk hätte vollen Grund, ihr Andenken hoch in Ehren zu halten.

Blösch im Großen Rathe.

Blösch. — Die Familie. — Der Beruf. — gemeinnützige Thätigkeit. — Feldzug nach Schwyz. — Militärische und politische Thätigkeit. — Verhältniß zu den Brüdern Schnell. — Die Regierung. — Neuhaus, Stockmar. — Wahl in den Großen Rath. — Stellung. — Erstes Auftreten. — Jura. — Stockmar. — Walliser Angelegenheiten. — Die Wahl zum Landammann. — Unruhen im Aargau. — Klosteraufhebung im Aargau. — Der Große Rath. — Tagsatzungsgesandter. — Mitglied der Tagsatzungs= kommission. — Vermittlungsversuche. — Beschluß der Tagsatzung gegen Aargau. — Dotationsstreit in Bern. — Vermittlungsversuch. — Dotationsvergleich. — Der Tod der Gattin. — Todesfälle. — Rückblick. — Politische Stellung.

Am 1. Dezember 1838 trat Blösch als neuerwähltes Mitglied der gesetzgebenden Behörde des Kantons Bern in den Saal des Großen

Rathes ein, und damit in die von der Vorsehung ihm bestimmte politische Laufbahn.

Nicht eigene Neigung hatte ihn dahin geführt; seit seiner Betheiligung an der Umwälzung von 1831 hatte er sich vom öffentlichen Leben fern gehalten, beinahe einzig seinem Beruf und seiner Familie gelebt.

Den 20. Januar 1833 hatte sich die letztere durch die Geburt eines Knaben um ein neues Glied vermehrt; allein schon am 14. März heißt es in einem Briefe an seine Mutter in Biel: „Der Kleine lebt noch und unsere Hoffnung auch; aber das Leben des Kindes ist schwach und unsere Hoffnung noch schwächer." Der am folgenden Tage eintretende Tod des Kindes fiel zusammen mit demjenigen eines gleich alten Knaben der Schwiegereltern Schnell. Am 1. August 1834 wurde der Verlust ersetzt; und am Weihnachtstage 1835, nachdem kaum einen Monat vorher endlich ein eigener Haushalt bezogen worden war, konnte ein Brief nach Biel der Mutter melden: „Ihr seid um einen Großsohn, ich um einen großen Sohn reicher geworden." Auf diesen folgte am 11. Januar 1838 ein dritter, dessen Ankunft mit der Bemerkung angezeigt wurde: „Ich hätte gerne umgekehrt eine der Mutter ähnliche Tochter gehabt; indessen bin ich weit entfernt, darüber zu grollen daß nicht nach meinem Wunsch geschah. Wir waren auch vier Buben, und ich glaube, Ihr bereuet es nicht, uns alle zu haben."

Häufige Briefe an die Mutter, an Bruder und Schwägerin und an deren Vater, Dr. Pugnet, sowie öftere Besuche in Begleitung der Kinder unterhielten die Innigkeit der Verbindung mit den in Biel lebenden Familiengliedern, und zu mehreren Malen wurden auch längere Sommeraufenthalte gemacht in dem eine Stunde von Biel auf den aussichtsreichen Jurahöhen gelegenen Magglingen, wo die Güte einer Verwandten eine kleine Wohnung einräumte.

„Leider", heißt es in einem Briefe an die Mutter (Dezember 1833), „hat der Zufall mich von Euch getrennt; aber dieser Zufall hat nun schon des Guten so viel für mich zur Folge gehabt, daß ich trotz der Trennung, die er veranlaßte, Gott dafür danken kann, und wer weiß, ob nicht ein zweiter Zufall uns dereinst wieder vereinigt. Wir leben nun wieder unsere freundlichen Winterabende durch, von Allem heimelig abgeschlossen, ohne Bedürfniß nach anderer Gesellschaft und anderen Genüssen, als die, welche wir in unserm engen Kreise finden."

Für diese Trennung von Biel entschädigte das nicht minder herzliche Verhältniß zu den Schwiegereltern Schnell, in deren Hause,

der alten Stadtschreiberei, wie bereits erwähnt, die ersten Jahre zu=
gebracht wurden. Der Auszug aus demselben, von der verständigen
Mutter um ihrer Tochter willen als nöthig betrachtet, war für beide
Theile schmerzlich, und nicht am wenigsten für den Vater, dem es noch
lange nachher „nirgends wohl war im Hause"; „denn du", sagt ein
Brief an Blösch von seiner Gattin, „du bist ihm recht an's Herz ge=
wachsen, und er liebt dich beinah noch mehr als seine eigenen Kinder."

Das Leben der Familie war überhaupt ein ungewöhnlich inniges;
es war feste Regel, daß wenn die Eltern vom Hause entfernt sich auf=
hielten, sei es in Baden — wo später lange Jahre hindurch regelmäßig
die Heilkraft der Bäder versucht werden mußte — oder anderswo, jeden
Tag ein Brief von ihnen nach Hause und von den daheim Gebliebenen
an sie abging [1]).

Unter diesen Umständen mußte es doppelt empfindlich für sie sein,
daß in Folge der Theilnahme des Stadtschreibers an den Ereignissen
von 1830 und 1831 die Eltern seiner Gattin jede Verbindung mit ihr
abgeschnitten hatten und sie nicht mehr sehen wollten. Es war keine
geringe Freude für Blösch, daß es ihm gelang, dieses Zerwürfniß zu
heilen. Nachdem seine Gattin, erst allein, dann mit ihrem ältesten
Kinde [2]), endlich auch mit ihrem Manne (Blösch) die hoch betagten
Großeltern auf ihrem Landgütchen bei Thun besucht und deren Zu=
neigung sich gewonnen hatte, durfte nach fast zehnjähriger völliger
Trennung auch die Mutter Schnell endlich ihre Eltern wieder sehen.

In einem Briefe an seinen früheren Lehrer Rilly schrieb Blösch
am Schlusse des Jahres 1835: ‹Il faudrait être ingrat, pour ne pas
avouer que je suis heureux›, und wenige Tage nachher an die Mutter:
„Der Rückblick auf alle meine Verhältnisse bot mir zu viel Ursache zur
Zufriedenheit dar, daß ich nicht Gott hätte danken sollen."

Zu dieser Stimmung trug neben dem Glücke des Familienlebens
auch nicht wenig der Gang seiner Berufsgeschäfte bei, von welchen
er am Ende des folgenden Jahres bekennen konnte: „Gott hat unsere
Arbeit ganz besonders gesegnet; ich habe nun das erste Jahr meiner
Haushaltung durchgemacht und viele, viele Auslagen gehabt, und doch

---

[1]) In einem Briefe vom 14. März 1837 heißt es: „Gestern feierten wir den fünften
Jahrestag unserer Hochzeit; es hätten zugleich die Eltern (Schnell) den fünfundzwan=
zigsten und die Großeltern (Gatschet) den fünfzigsten der ihrigen feiern können."

[2]) In einem Briefe nach Biel schrieb sie, von diesem Knaben redend: „Es hat den
Großeltern Gatschet — den Urgroßeltern des Kindes — wie es scheint überaus wohl
gefallen und eine ganze Revolution bewirkt. Sein Besuch veranlaßte nach neun Jahren
den ersten freundlichen Brief."

lege ich mehr als nie bei Seite." Während der Schwiegervater ihm
die Besorgung der Geschäfte mehr und mehr überließ, dehnte sich zugleich
seine Thätigkeit als Anwalt immer weiter aus, und war seine „Schreib=
stube" eine der besuchtesten des Kantons. Schon im Dezember 1832
meldete er nach Biel: „Seit einiger Zeit sind wir sehr glücklich; ich
habe vor dem hiesigen Amtsgerichte von acht Geschäften, die ich vortrug,
sieben gewonnen." Und im Jahr 1834 ebenso: „Wir sind seit einigen
Monaten so arg mit Arbeit überhäuft, daß ich kaum zum Athem komme.
Die Geschäfte nehmen in solchem Grade zu, daß wir oft nicht wissen,
wie aushelfen", so daß nun selbst von der zärtlichen Gattin die Klage
laut wird: „Er ist bald mehr in Bern, als bei uns."

Nebst den Bewohnern der Umgegend Burgdorfs war es auch bereits
der Staat, der seine Thätigkeit in Anspruch nahm, sowohl zu Führung
von Prozessen, als auch zu Abfassung von Gutachten und Gesetzen.
So wurde er — im März 1834 — zum Redaktor eines projektirten
Handelsgesetzbuches erwählt durch eine vom Großen Rathe zu
diesem Zwecke niedergesetzte Kommission, deren weitere Thätigkeit freilich
schon im folgenden Jahre in's Stocken gerieth und erst lange hernach
wieder aufgenommen wurde [1]); so 1836 zu Abfassung erst eines Gut=
achtens, dann eines darauf gegründeten Gesetzesentwurfs über die ver=
wickelten „Weibgerechtigkeiten."

Großes Interesse wandte er unterdessen stets wie dem Gemeinde=
wesen seines nunmehrigen Wohnorts, so auch dessen gesellschaftlichem
Leben zu; mit besonderer Freude redete er in seinen Briefen nach Biel
von der Entstehung einer Musikgesellschaft in Burgdorf; vorzüglich aber
lagen ihm die Schulen am Herzen. Er berichtete fleißig an seinen
Bruder über diejenigen in Burgdorf und erbat sich von diesem die
genauesten statistischen Notizen über deren Gang in Biel; denn: „Gehen
nur die Schulen gut, so bekümmert mich der übrige Unrath nicht viel!
Es verhält sich mit den Schulen, wie die Bibel sagt mit der Gottes=
furcht: Alles andere wird von selber kommen."

Ein in den Zeiten des frischen geistigen Aufschwunges gegründeter
„Verein für christliche Volksbildung", unter dem Präsidium von Re=
gierungsrath Schneider (älter), hatte auf einem nahe bei Burgdorf
gelegenen Gute eine landwirthschaftliche Erziehungsanstalt für arme
Knaben, die sogenannte Bättwylanstalt, gestiftet. Im Jahr 1834
wurde Blösch in die zur Leitung desselben in Burgdorf bestellte — fast
nur aus Mitgliedern der Familie Schnell zusammengesetzte Direktion

---

[1]) Siehe später.

erwählt und blieb ein eifriger Freund des segensreichen Instituts, bis es am Schluß der vierziger Jahre sich auflösen mußte[1]).

Diese friedliche Thätigkeit wurde zu verschiedenen Malen durch den Ruf zum Militärdienst unterbrochen. Ein Jahr nach jenem Garnisons= dienste in Bern, der ihn auf so unerwartete Weise in den Reaktions= prozeß hineingezogen hatte, wurde er von Neuem in aktiven Dienst gerufen.

Am 31. Juli 1833 geschah der Ueberfall von Außerschwyz (Küßnacht) durch Abybergs Schaaren; am 3. August der kriegerische Auszug von Baselstadt gegen Liestal, und in Folge dessen die Aufstellung von Truppen durch die Tagsatzung zur Besetzung der beiden friedensbrüchigen Kantone.

Der bernische Offiziersverein feierte eben in Burgdorf sein Jahres= fest, als die Kunde jener überraschenden Ereignisse eintraf; sie erregte eine ungeheure Aufregung. „Auch ich", schrieb Blösch in einer längern Relation, die ihres besondern Interesses wegen hier ausführlich folgen mag, „auch ich blieb davon nicht unberührt; doch milderte sich die Hitze, „als ich bald hernach den Befehl erhielt, mich am folgenden Tage in „Langnau einzufinden. Ich verließ Burgdorf und war zur bezeichneten „Stunde am Sammlungsort; hier traf ich Oberst Risold, einen intimen „Freund meines Schwiegervaters, unter dessen Kommando ich zu stehen „kam."

„Außer der fünften Scharfschützenkompagnie, zu welcher ich „gehörte, war auch die sechste und das Infanteriebataillon Steinhauer „in Langnau versammelt. Am 5. August marschirte das ganze Korps „singend und jauchzend von dort ab und rückte bis nach Entlebuch vor. „Ein Theil blieb in Schüpfheim und Hasle. Ich befand mich mit dem „Brigadekommandanten — als dessen Adjutant — an der Spitze der „Kolonne. Es war dunkle Nacht, als die Mannschaft Entlebuch erreichte; „sie wurde einquartirt, Alles war überfüllt, viele mußten noch stunden= „weit auf entfernten Hügeln ihr Nachtquartier suchen und fanden es „erst gegen Morgen; manche kamen gar nicht unter Dach, aber Niemand „klagte."

„Die Truppen hatten gehofft, sogleich weiter geführt zu werden. „Allein es war kein Befehl dazu da. Der 6. August ging unbenützt „vorüber, und schon fürchteten viele, in Entlebuch bleiben zu müssen,

---

[1]) Mit Freuden erinnert sich der Schreiber dieses noch der öftern abendlichen Spazier=gänge auf das schön gelegene Battwyl, zu dessen Unterhalt er und seine Brüder, als Knaben, auf den Wunsch des Vaters aus ihrem wöchentlichen Taschengelde einen kleinen Beitrag leisten mußten. Die Anstalt, anfangs 20, später 30 Knaben umfassend, erhielt sich übrigens nahezu selbst mittelst der Kostgelder und dem Ertrag der Landwirthschaft.

„als spät in der Nacht die Ordre kam, das ganze Korps habe sich am
„folgenden Mittag in Luzern einzufinden."

„Die Mannschaft hatte sich bereits in die Quartiere zerstreut; dieß
„erschwerte die Anordnung; gleichwohl war schon frühe Alles auf den
„Beinen, und um 7 Uhr bewegte sich der Zug vorwärts. Kaum hatten
„wir Luzern erreicht, so wurde angezeigt, daß die Kolonne bestimmt
„sei, am folgenden Morgen Brunnen zu besetzen; die Mannschaft
„wurde nicht einquartirt, sondern blieb auf einem Platz versammelt,
„wo sie eine Erfrischung empfing, während im Hafen die Vorbereitungen
„zur Einschiffung getroffen wurden."

„Das Bataillon Steinhauer und ebenso unsere Scharfschützen=
„kompagnie war ohne Feldgeräthschaften. Dieß verzögerte die Abfahrt
„und hätte leicht eine Störung des ganzen Plans zur Folge haben
„können; die Regierung von Luzern half aus ihrem Zeughause aus."

„Die Anordnungen zur Abfahrt dauerten bis spät in die Nacht.
„Endlich, nachdem sich jeder Soldat mit Mundvorrath auf zwei Tage
„versehen und Munition erhalten hatte, verließ das ganze Korps, bei
„1000 Mann stark, auf 18 kleinen und großen Schiffen Luzern und
„fuhr bei finsterer Nacht und schwachem Mondlicht Brunnen zu."

„Jedes Schiff trug eine Laterne; die Nacht war kühl und das
„Wetter prachtvoll. Unter der Mannschaft herrschte ruhiger Ernst; bis=
„weilen wurde Halt gemacht, um die Schiffe wieder zu sammeln; an
„der Spitze derselben, in einem leichten Nachen, fuhr der Kommandant
„und ertheilte die nöthigen Befehle."

„Bei Gersau stieg die Hälfte der Scharfschützen an's Land; mit
„Tagesanbruch waren die übrigen Schiffe vor Brunnen. Jetzt wurde
„Halt gemacht und neugierig nach der Küste geschaut; sie war leer,
„nur im Dorf bemerkte man Bewegung; das Dach eines Hauses war
„von Neugierigen besetzt. Gleichwohl wurden alle Vorsichtsmaßregeln
„getroffen, die Gewehre geladen, die Sturmbänder herabgelassen, die
„Mannschaft in den Schiffen in Glieder geordnet, die Schiffe selbst in
„die Linie gebracht und die beiden Flügel je von einem Kanonenboote,
„mit einer Abtheilung Scharfschützen, besetzt; dann ein Landungsplatz
„außerhalb Brunnen gesucht und, nachdem er gefunden, ungefähr um
„6 Uhr Morgens die Landung rasch und in Ordnung vollzogen. In
„wenigen Sekunden war das ganze Bataillon auf der nächsten Wiese
„aufgestellt, bereit, wenn es hätte sein müssen, seine Pflicht zu erfüllen.
„Doch bald konnte man sich überzeugen, daß nichts Feindseliges zu
„erwarten sei, und die freundliche Näherung der Bewohner Brunnens
„zeigte, daß auch sie in den Eidgenossen keine Feinde erblicken."

„Ein Vorfall in Luzern rief den Brigadekommandanten dorthin.
„Oberst Risold mußte Brunnen, oder vielmehr Ingenbohl, wo sich das
„Hauptquartier der Brigade befand, verlassen. Die Folge davon war,
„daß während acht Tagen — so lange dauerte seine Abwesenheit —
„das Kommando der Brigade mir zufiel; denn außer mir bestand
„der ganze Brigadestab aus einem noch jüngern Ordonnanzoffizier und
„zwei Ordonnanzen. Glücklicherweise hatten sich die Dinge in Schwyz
„so friedlich gestaltet, sonst weiß ich nicht, wie die Sache gegangen
„wäre. Die Lage war wirklich fast lächerlich, zumal ich von den Ob=
„liegenheiten eines Stabsoffiziers kaum einen Begriff hatte, und es
„auch außerdem an allem Erforderlichen gebrach. So sollte, um nur
„Eines zu erwähnen, alle fünf Tage ein Situationsrapport über die
„Brigade an den Divisionsstab gesendet werden; allein wir hatten keine
„Formulare; ich mußte gewöhnliches Schreibpapier kaufen, daraus
„Tabellen zusammenpappen, die Tabellen liniren und mit eigener Hand
„ausfüllen; und selbst dieß geschah nicht ohne Mühe, weil es bei den
„einzelnen Korps ähnlich aussah, daher nur sehr mangelhafte Kompagnie=
„und Bataillonsrapporte erhältlich waren. Indessen die Sache ging,
„Niemand fand zu klagen, selbst der Divisionsstab nicht; von diesem
„wurde mir später sogar besonderes Lob zu Theil, und auch die ver=
„schiedenen Korpskommandanten, denen es auffallend vorkommen durfte,
„sich in manchen Fällen an einen Lieutenant wenden zu müssen, der nicht
„einmal Stabsoffizier war, nahmen keinen Anstoß daran.“

Erst am 18. August erfolgte die Wahl zum Stabslieutenant,
und am 18. des folgenden Monats, nach Beendigung des Feldzugs,
empfing er vom bernischen Militärdepartement, Namens des eidgenös=
sischen Kriegsraths, das Zeugniß der Zufriedenheit mit den geleisteten
Diensten.

Im Jahr 1836 wurde Blösch von Neuem auf mehrere Wochen
seiner Familie und seinen Geschäften entrissen durch die Theilnahme
an dem eidgenössischen Uebungslager zu Schwarzenbach im
Kanton Zürich, das er als Brigadeadjutant mitzumachen hatte; und
im Sommer 1839 sodann — unterdessen zum Rang eines Majors
im eidgenössischen Generalstab vorgerückt — durch die Wahl zum Chef
des Generalstabs für das bernische kantonale Lager in Thun.

Auch in militärischer Beziehung beschränkte er sich übrigens nicht
auf das, was die Dienstpflicht unvermeidlich mit sich brachte; wie für
alle Theile der öffentlichen Wohlfahrt, war sein Interesse auch für das
Militärwesen rege und bethätigte sich in freier Weise zu dessen Fort=
entwicklung.

Schon im Oktober 1833 hatte er sich eifrigst betheiligt bei der von Burgdorf ausgegangenen Begründung der jetzt noch bestehenden „hel= vetischen Militärzeitschrift"; im März 1835 konstituirte sich auf seine Einladung ein lokaler Militärverein in Burgdorf; und als der Konflikt mit Frankreich im Jahr 1838 zu einem Kampf auf Leben und Tod zu führen drohte, da begnügte er sich nicht mit patriotischen Reden: Es findet sich in seinen hinterlassenen Papieren ein Schreiben — vom 11. April 1839 — vom bernischen Oberst=Milizinspektor: „Be= zeugung, im Auftrag des Militärdepartements, des Dankes für den bei Anlaß der im Oktober des letztverflossenen Jahres stattgefundenen Vor= bereitungsmaßregeln, behufs Vertheidigung der Nordwestgränze des Kantons, an den Tag gelegten Diensteifer; die von Ihnen mit aner= kennenswerthem Fleiße gefertigten Rekognoszirungsarbeiten nebst Zeichnungsbeilagen hat das Militärdepartement geprüft und sehr ver= dienstlich gefunden, weßwegen dieselben auf der Militärkanzlei zum Ge= brauch bei allfällig spätern Kriegsanlässen aufbewahrt werden sollen"[1].

Im November 1834 hatte er von der nämlichen Behörde den Auf= trag erhalten zur Entwerfung eines neuen Schießreglements, und im Mai 1836 einen solchen zur Ausarbeitung eines Gesetzesentwurfes über die Amtsschützengesellschaften, der dann im folgenden Jahre in Kraft trat.

Die in Aarau, im Juli 1841, auf ihn gefallene ehrenvolle Wahl zum Präsidenten der eidgenössischen Militärgesellschaft für ihre nächste Versammlung, die in Langenthal stattfinden sollte, wurde abgelehnt; im August desselben Jahres hingegen wählte ihn die Tagsatzung einstimmig zum Oberauditor der eidgenössischen Armee, eine Stelle, die er dann bis an sein Lebensende versehen hat.

Daß Blösch, bei so lebhaftem Interesse an allen öffentlichen An= gelegenheiten, sich nicht abschließen konnte gegen das Knochengerüste des gesellschaftlichen Körpers, das eigentlich politische Leben, ist selbst=

---

[1] Zu diesen militärischen Studien mochte nicht wenig die Freundschaft beitragen, die er damals mit dem seiner Zeit vielgenannten Major Uebel pflegte. Dieser hatte, nachdem er den preußischen Dienst verlassen, längere Zeit in Burgdorf gewohnt, und Blösch schätzte ihn als einen Mann von edler Gesinnung und seltener Bildung. Auf der Rückreise aus dem Lager bei Schwarzenbach besuchte er denselben von Zürich aus in Herrliberg und wechselte noch öfters Briefe mit ihm. Der eine derselben, vom 18. Sep= tember 1839 aus Liestal datirt, rechtfertigt sein Benehmen bei den Züricher Ereignissen vom 6. September — dem sogenannten Züriputsch, wo er an der Spitze einer Kavallerie= abtheilung die Ordnung herzustellen hatte; — der letzte, aus Solothurn, meldet seine bevorstehende Auswanderung nach Algier.

verständlich. Dafür zeugen die vielen Notizen und Citate politischen
Inhalts, die er sich aus den in dieser Zeit gelesenen staatswissenschaft-
lichen und besonders geschichtlichen Werken aufgezeichnet hat, nicht minder
der Inhalt seiner Briefe nach Biel; doch blieb bisher seine Theilnahme
eine fast nur passive, beobachtende, jeder Anlaß zu eigener Bethätigung
wurde von der Hand gewiesen.

An solchen Anlässen fehlte es nicht; der vielbeschäftigte, mit der
Bevölkerung eines großen und besonders damals politisch wichtigen Kantonstheiles in mannigfacher Berührung stehende Rechtsanwalt, der an
der Herbeiführung der neuen Zustände selbst mitgewirkt, der in naher
verwandtschaftlicher Verbindung und beinah täglichem Verkehr stand
mit den tonangebenden Führern, konnte nicht unbemerkt bleiben zu einer
Zeit, da die plötzliche Abwendung der bisher einzig herrschenden Klassen
von den Staatsgeschäften zur Herbeiziehung aller tüchtigen Kräfte nöthigte.

In ungewöhnlich jugendlichem Alter wurde ihm im März 1836
neben zwei der bedeutendsten Männer jene Sendung in den Jura übertragen, die bereits erwähnt wurde; aber diese erste offizielle Thätigkeit
war trotz ihres Erfolges wenig geeignet, die Lust nach solcher Wirksamkeit zu wecken.

Im Oktober 1835 schon hatte ihn der Große Rath zum außerordentlichen Ersatzmann des Obergerichts ernannt; die Wahl
war jedoch ausgeschlagen worden, mit Rücksicht darauf, daß er das
vom Gesetz vorgeschriebene Alter noch nicht erreicht habe und zugleich
mit Hinweisung auf den dermaligen Zustand der Kriminalgesetzgebung,
der ihm die Annahme einer Richterstelle durchaus unmöglich mache.

Das gleiche geschah, als im Herbst 1837 erst die Wahlmänner
seines Wohnorts, und gleich darauf das Kollegium der sogenannten
Zweihundert — letzteres in indirekter Wahl — ihn zum Mitglied des
Großen Rathes bezeichneten; es mußte irgend eine Gesetzesbestimmung
als Vorwand für die Nichtannahme dienen; als Vorwand, denn die
wahren Gründe waren offenbar anderer Natur; sie lagen erstens in
der Unzufriedenheit mit dem Gang und Zustand des Gemeinwesens und
zweitens im Verhältniß zu den Brüdern Schnell.

Die Ereignisse hatten bisher nur zu sehr den Bedenken Recht gegeben, mit welchen er von Anbeginn der schon mit der Aufstellung eines
Verfassungsrathes eingetretenen Wendung zugesehen hatte.

Die unläugbaren groben Mißgriffe der des Regierens ungewohnten
Führer einerseits, und die eben so unverkennbaren Schwierigkeiten der

Zeit mit ihren Komplikationen von Innen und Außen, von kirchlichen und staatlichen „Fragen" hatten die „Republik Bern" und in ähnlicher Weise die gesammte Schweiz in eine solche allgemeine Verwirrung gestürzt, daß bei der völligen Zersplitterung der liberalen Partei so zu sagen keiner ihrer berechtigten Wünsche zur Verwirklichung kam und trotz alles Eifers ein realer Fortschritt kaum erreicht werden konnte. Unzufriedenheit, Mißbehagen und Enttäuschung wurde herrschende Stimmung, wie bei einem großen Theile des Volkes, so bei Vielen gerade, welche den ersten Aufschwung mit der größten Freude begrüßt hatten. Es ging noch Manchem so, wie „Eugen von St. Alban" von zwei Bernern sagt: „Sie streckten die Hand aus nach einer vernünftigen Freiheit: da man ihnen eine unvernünftige in die Hand spielen wollte, zogen sie dieselbe theilweis zurück."

Mit seinem Schwiegervater J. L. Schnell[1]) hatte Blösch sich zu derjenigen politischen Richtung geneigt, welche Karl Schnell nun als «triste-milieu» zu bezeichnen pflegte. Dennoch war sein Bestreben stets darauf gerichtet gewesen, die persönlichen freundschaftlichen Beziehungen zu erhalten, die ihn auch mit den beiden Brüdern Karl und Hans verbanden. Dieß war ihm bis dahin gelungen und gelang ihm wohl auch immer leichter, je mehr dieselben nach und nach die Folgen ihrer eigenen Fehler und damit die Richtigkeit seines Urtheils zu erkennen Gelegenheit hatten. Immerhin war es doch nur möglich auf dem Boden des unbefangenen politischen Gesprächs, während jede aktive Theilnahme an den Geschäften von seiner Seite den Zwiespalt ihrer Ansichten hätte offenbar machen müssen.

Anders verhielt es sich nun von dem Augenblicke an, wo die beiden Brüder selbst von dem Schauplatz abgetreten waren; hatten sie schon vorher nur mit Unlust sich an den Staatsgeschäften betheiligt, so wurden sie jetzt vollends mit den Resten ihrer Partei in die Reihe der „Unzufriedenen" gestellt. In einem Briefe an Karl von einem seiner treuesten Anhänger drückte sich dieß Gefühl der Enttäuschung in den starken Worten aus: „Lieber als mit den Luftrittern in Reih' und Glied zu fechten, wird man sich, wenn's immer thunlich ist, im Großen Rathe an das schwarze Korps halten!" Professor Samuel Schnell selbst schrieb an ihn: „Unser Volk sieht in der Freiheit einen modus requirendi, und wenn sie ihm diesen nicht gewährt, so verwirft es sie für fünf Kreuzer. Ich bin immer der Meinung, daß U. G. H. (Unsere Gnädigen Herren) über kurz oder lang auf diesem Wege zur Herrschaft

---

[1]) Siehe p. 49, Anmerkung.

gelangen. Ihnen geht Alles an, ihre Niederträchtigkeiten sind in den Augen des Volkes politische Weisheit und ihre Fünfbätzler gelten so viel als die Fünffrankenthaler anderer Leute." Und Karl Schnell klagte in einem Briefe an Heß aus der nämlichen Zeit: „Bei uns stehen die Sachen im gleichen Zustande: immer mehr Zersplitterung unter den Freisinnigen, immer mehr Plan und Zusammenhang unter den Vor= rechtlern; der Große Rath noch ohne Charakter und ohne bestimmte Leitung."

Beide Brüder wurden zwar neuerdings zu Mitgliedern des Großen Rathes erwählt, schlugen aber die Wahl aus, und zwar deßhalb, wie Hans in einem gedruckten Manifest an seine Wähler (in Trachselwald) erklärte: „Weil die Mehrheit des jetzigen Großen Rathes nicht will, was ich will, und es so lang nicht wollen wird, als ich und mein Bruder es anrathen!" Ihre politische Thätigkeit beschränkte sich auf ihre im „Volksfreund" in ziemlich gehässiger Weise geführte Polemik gegen die herrschend gewordene Richtung[1].

Der Regierungsrath selbst hatte zwar seine Farbe nicht wesentlich verändert, es war scheinbar wenigstens überhaupt nur ein Personen= wechsel eingetreten[2]. Schultheiß Tscharner blieb an der Spitze, doch wuchs mit dem Scheiden der Schnell der Einfluß des französisch= doktrinären und ehrgeizigen Neuhaus, der von da an — nach dem Wegziehen von Tavel — mit Tscharner auf dem Schultheißenstuhl alternirte, und bald als das eigentlich geistige Haupt der Regierung demselben seinen spezifischen Charakter mitzutheilen verstand. Neben ihm that sich besonders Stockmar hervor; beides Männer, die bei aller Gemeinsamkeit gewisser radikaler Theorien, in ihrem ganzen Wesen sich allzu sehr von den Schnell unterschieden, als daß sie sich jemals gegenseitig hätten verstehen können, die aber der bisher kompakten Mehrheit der Schnell'schen Anhängerschaft gegenüber sich nicht hatten geltend zu machen vermocht. Nun aber konnte Professor S. Schnell an Karl schreiben: „Sie sehen nun, warum die Helvétie (Stockmar) immer

---

[1] „Der „Volksfreund" mißfällt dem Volke wegen seines Verfechtens des Auftretens Stockmars, auch wegen des fortwährenden fen roulant gegen die Regierung und per= sönlicher Angriffe auf Casanova (Neuhaus), der den Hyperradikalen wirklich abgeneigt ist."

[2] Ein Anzeichen dafür, daß auch der Geist der Behörde nicht der nämliche sei, gab indessen der im September 1840 mit acht gegen sieben Stimmen gefaßte Beschluß, durch welchen das früher erlassene Wegweisungsdekret gegen L. Snell zurückgenommen wurde. Er war, nach einem Briefe Samuel Schnells, vorzüglich durch Neuhaus und Fetscherin betrieben worden.

auf das Burgdorfer Regiment losgezogen, — sie haben jetzt ein „Prun=
truter Regiment."

Nicht ungegründet möchte der Vorwurf sein, der in einem Schreiben
des Nämlichen der exekutiven Behörde gemacht wird (Juni 1840): „Es
liegt durchaus kein System im Regierungsrath; je nachdem diese oder
jene abwesend sind, fallen die Beschlüsse in diesem oder dem entgegen=
gesetzten Sinne." Karl Schnell wiederholt die gleiche Klage gegen
Heß (Mai 1839): „Der Regierungsrath besteht aus den heterogensten
Elementen, aus Freunden und Feinden der neuen Ordnung und aus
Indifferentisten. Leider haben die Feinde mehr praktische Art als die
Freunde und dadurch größern Einfluß." Das dabei stehende, von nicht
geringer Befangenheit zeugende Urtheil dagegen: „Neuhaus ist ein
eitler Geck, ohne Wissenschaft und ohne Klugheit", ist von der Geschichte
nicht so ganz bestätigt worden. Jedenfalls mag der Behörde das Lob
einsichtiger und gewissenhafter Verwaltung ertheilt werden und eines
durch von Jenner trefflich überwachten Finanzhaushaltes.

Unter diesen so veränderten Umständen trug Blösch kein Bedenken,
eine neue Wahl in die gesetzgebende Behörde anzunehmen, welche — in
Ersetzung eines ausgetretenen Mitgliedes — in der Wahlversammlung
von Burgdorf im Oktober 1838 auf ihn fiel; er leistete, wie anfangs
erwähnt, am 1. Dezember den verfassungsmäßigen Eid.

Er wurde jetzt von den Brüdern Schnell selbst zur Annahme er=
muntert, und Dr. Karl schrieb an Bürgermeister Heß: „Unter den in
Burgdorf neu Gewählten wird wahrscheinlich Fürsprech Blösch, Tochter=
mann meines ältern Bruders, den Sie kennen, den bedeutendsten Einfluß
üben."

Seine Stellung im Großen Rathe war eine durchaus eigenthüm=
liche. Einer der eifrigsten Anhänger der Schnellpartei (J. J. Knechtenhofer
in Thun) führte ihn bei seinem Eintritt in den Saal an den Platz hin,
den bisdahin Hans Schnell einzunehmen pflegte, und bezeichnete ihn
damit von vornherein gleichsam als dessen Stellvertreter und legitimen
Erben. Als solcher wurde er denn auch von der ganzen Versammlung
angesehen; allein während die Schnell durch Heftigkeit und Derbheit
ihres Auftretens viele persönliche Abneigungen wider sich erregt und
selbst politische Freunde sich entfremdet hatten, kam Blösch auch von
dieser Seite wenigstens kein Mißtrauen entgegen. Er erbte, wie er selbst
sagte, die Anhänglichkeit der Einen, ohne den Haß der Andern.

Auf einen andern Umstand, der ihn von Anbeginn in eine günstige
Lage versetzte, berief er sich selbst bei der ersten Gelegenheit, da er das
Wort ergriff: „Durch Geburt, durch Heimat und Erziehung", begann

7

er seine Rede, „gehöre ich dem neuen Kantonstheile an, durch Wohnsitz aber, durch Beruf und übrige Verhältnisse dem alten Kanton; daher bin ich vielleicht eines der wenigen Mitglieder, welche die Verhältnisse von beiden Theilen einigermaßen kennen."

Es handelte sich nämlich um die Trennungsversuche einer Partei aus dem Jura. Ein schon erwähntes Schriftchen [1]) hatte mit Bezug auf diesen Landestheil gesagt: „Der Juradistrikt, den die alte Berner Regierung als ihr jüngstes Kind verzogen, für den sie Opfer brachte, über welche die ältern Kinder scheele Gesichter machten, der aber bei alledem nicht gut bernerisch werden, der Vorliebe für Frankreich sich nicht entschlagen will." — Mit Annahme der neuen Verfassung steigerte sich das Mißverhältniß, es traten hier die beiden Grundsätze des politischen Liberalismus, die Centralisationstendenz der modernen Staats= idee und das Selbstbestimmungsrecht des Volkes, in bedenklichen Conflikt. Nur höchst ungern hatte der Jura seine französische Gesetzgebung gegen die Einheit des bernischen Rechts ausgetauscht; konfessionelle Unterschiede traten zu den sprachlichen und nationalen, um die völlige Assimilirung der neu erworbenen Gegenden an den alten Kanton Bern unmöglich zu machen.

Trennungsgelüste waren daher seit 1830 fortwährend mehr oder weniger laut geworden, — so auch im Jahr 1836, — sie erhielten aber jetzt einen um so ernsteren Charakter, weil der Schein vermieden wurde. Das nächste Streben ging auf Trennung der Verwaltung, in der rich= tigen Voraussetzung, die politische Trennung werde von selbst folgen; früher hatten zwischen den Großräthen aus dem Jura stets Spaltungen geherrscht, weil die einen theils aus kirchlichen, theils aus politischen Motiven der Trennung eben so sehr abhold, wie die andern geneigt waren; auf dem angedeuteten Wege war es gelungen, diese Spaltung zurückzudrängen, so daß im Jahr 1838 ein Antrag auf Herstellung der französischen Gesetzgebung im Jura und auf Niedersetzung einer eigenen jurassischen Gesetzgebungskommission vor den Großen Rath gebracht werden konnte, welcher von sämmtlichen Repräsentanten aus diesem Landestheile ohne Ausnahme — sogar mit der Bezeichnung: «la dé-putation du Jura», — unterzeichnet war.

Als derselbe am 4. Dezember 1838 vor den Großen Rath kam und hier eine lange und oft heftige Debatte veranlaßte, sprach sich Blösch entschieden dagegen aus, und protestirte vorzüglich gegen die Annahme, als ob die Stadt Biel, deren Vertreter mit unterschrieben

---

[1]) „Bern, wie es ist." Bd. 2.

hatten, mit dem ausgesprochenen Begehren einverstanden sei. Die Jungfernrede scheint nicht ohne Wirkung gewesen zu sein, wenigstens wurde der Antrag, der bei erster Berathung mit bedeutender Mehrheit erheblich erklärt worden war, jetzt zu näherer Untersuchung noch einmal zurückgewiesen.

Für den Eindruck, welchen schon diese ersten Worte Blösch's auf die Versammlung gemacht, zeugen nicht nur die in den nächsten Tagen sich folgenden Ernennungen zum Mitgliede der Staatswirthschafts= kommission, des diplomatischen Departements und zum sogenannten Sechszehner, sondern in anderer Weise auch die Hef= tigkeit, mit der das Organ des jurassischen Demagogen Stockmar über ihn herfiel.

Dieser Mann ging sogar so weit, im Januar 1839, wo die An= gelegenheit neuerdings zur Behandlung kam, dem neben ihm sitzenden Blösch die Faust in's Gesicht zu halten, wüthend vor Zorn, über Miß= achtung und Unterjochung des Jura klagend; ein Ausfall, den dieser leicht zurückweisen konnte durch die Bemerkung: es sei lächerlich, von Unterjochung zu reden, wo gerade von voller Gleichheit die Rede sei. Die Sache endete mit der Wahl einer Gesetzgebungskommission für den ganzen Kanton — in die auch Blösch berufen wurde — und mit dem Beschlusse, die gesammte Gesetzgebung einer Revision zu unterwerfen.

Die Trennungspartei ließ sich aber dadurch nicht abhalten, sie trat nur offener auf, so daß es zu einem Bruche kam. Das Haupt derselben war X. Stockmar, von welchem schon bei Gelegenheit der Ereignisse in Pruntrut in den Jahren 1830 und 1831 die Rede war, und der seit einigen Jahren selbst als Mitglied im Regierungsrathe saß; eine an Intelligenz wie an Willensenergie unstreitig hochstehende Persönlichkeit, ebenso maßlos heftig in der Hitze der parlamentarischen Debatte, als geschmeidig und gewandt in den Formen des Umgangs, ebenso un= wandelbar zäh in der Verfolgung seines Lebenszieles, als Proteusartig wandelbar in der Wahl der Mittel, die er dazu in Anwendung brachte[1].

Während bis dahin zwischen ihm und Neuhaus das vollständigste Einverständniß geherrscht hatte, — auch dieser war einer der Unter= zeichner des jurassischen Begehrens, — brach plötzlich, durch die ob= erwähnte Szene gegen Blösch mit veranlaßt, zwischen beiden die heftigste

---

[1] Gewiß in treffender Charakteristik schrieb Bürgermeister Heß (April 1840) an Karl Schnell: „Ich fand in ihm einen sehr gewandten Mann, der Bern noch vielen und großen Verdruß machen kann.... Sein Raisonnement ist sehr lebendig und französisch= republikanisch; der Mann weiß gewiß sein französisches Publikum zu gewinnen."

Feindschaft aus. Am 24. Juli 1839 legte der Regierungsrath, vorzüglich auf Betreiben von Neuhaus, vor dem Großen Rathe die einstimmige Erklärung ab: „daß Stockmar, uneingedenk seiner beschwornen Pflicht gegen das Gesammtvaterland, sich Umtriebe erlaubt habe, welche das Gesetz als hochverrätherisch bezeichnet." Die Behörde beantragte deßhalb seine sofortige Abberufung aus ihrer Mitte, und dieß in einer Weise, daß die Versammlung nicht zu widersprechen wagte und die Abberufung noch am selben Tage ausgesprochen wurde, ohne daß Stockmar auch nur Zeit zu ordentlicher Vertheidigung erhielt. Neuhaus, der bei dieser Gelegenheit zuerst seine entschiedene Neigung zum despotisme éclairé hervortreten ließ, nannte es sogar eine Beleidigung des Regierungs= rathes, als Blösch beantragte, es möchte dem Beklagten wenigstens eine kurze Frist gestattet werden zur Erklärung über die Thatsachen.

Es ist natürlich, daß dieß Verfahren auch in andern Kantonen Aufsehen machte, besonders da im November der Name Stockmars aus der Liste der Großräthe gestrichen wurde und im April 1840 ein Ver= haftsbefehl gegen ihn erfolgte, dem er sich durch die Flucht entzog. Aus Zürich, wohin er sich zunächst gewendet, fragte Bürgermeister Heß: „Ist es für Bern gut, diesen Mann zum Feinde zu haben?" und die damals in Basel (?) erscheinende „Bundeszeitung" machte die Bemerkung: „Ein solches übereiltes Verfahren läßt sich von keinem Freunde der leiden= schaftslosen Gerechtigkeit rechtfertigen. Weh' dem Staat, wo es so zu= geht! Der Fall seiner Lenker kann nicht ausbleiben!"[1]

Stockmar sann auf Rache; er wandte sich, wie an's Patriziat, so auch, gleiche Gedanken bei ihnen voraussetzend, an die Brüder Schnell, um sich mit ihnen zum Sturze Neuhausens zu verbinden. Es geschah dieß durch ein Schreiben vom 21. Dezember 1839. Hier zeigte sich aber die Grundverschiedenheit zwischen dem altbernischen Wesen der Schnell und dem jurassischen Stockmars. Die Antwort ist nicht bekannt; aber eine eben dahin zielende mündliche Eröffnung an einen Anhänger ihrer Partei wurde so entschieden ablehnend erwiedert, daß Stockmar wieder= holt fragte: ‹Mais, que veulent donc les Schnell?› worauf er die lakonische Antwort erhielt: ‹ rien!›

Stockmar ging nach Frankreich, wo es ihm gelang, die öffentliche Aufmerksamkeit auf sich zu ziehen durch großartige Kolonisationsprojekte in Algier, die er der dortigen Regierung vorlegte; aus der Berner Geschichte sollte sein Name noch nicht verschwinden.

---

[1] Ganz ähnlich urtheilte der „Erzähler" von Baumgartner in St. Gallen.

In Oppositionsstellung hingegen nicht nur gegen eine augenblickliche Mehrheit des Großen Rathes, sondern gegen das ganze Regierungs= system, kam Blösch schon bald darauf in einer andern Frage.

Wie früher in den übrigen Theilen der Eidgenossenschaft, so trat jetzt auch im Kanton Wallis der neudemokratische Geist in Conflict mit der uralten, im Jahr 1815 erneuerten Zehntverfassung. Die Schwie= rigkeiten waren hier um so größer, weil nicht nur, wie etwa in Basel und Schwyz, der Gegensatz eines erobernden und eines eroberten, eines herrschenden und eines beherrschten Landestheiles in Betracht kam, sondern selbst tiefgehende Sprach= und Rassenunterschiede sich damit verbanden zwischen dem deutschen, in altväterlicher Einfachheit lebenden Hirtenvolke des Oberwallis und den französisch=beweglichen Bewohnern des wein= bauenden Unterwallis.

Am 30. Januar 1839 hatten die Abgeordneten des untern Kantons= theiles eine neue, auf das Prinzip der Kopfzahl gegründete Verfassung entworfen, welcher aber die obern Zehnten ihre Anerkennung verweigerten. Zwei Regierungen standen einander gegenüber, jede mit dem Anspruch, als die einzig legitime betrachtet zu werden. Die am 1. Februar ab= gesendeten eidgenössischen Kommissäre (Schaller und Baumgartner) suchten vergeblich die faktisch bestehende Trennung durch Vermittlungsvorschläge zu verhüten. Sie wollten mit dem Unterwallis eben so wenig abgehen von dem neuen, jetzt als alleinberechtigt geltenden Repräsentativsystem, als die Oberwalliser von dem ihnen bisher eingeräumten, historisch be= gründeten Uebergewicht.

Sie brachten endlich den Antrag vor die Tagsatzung, daß der ganze Kanton Wallis rekonstruirt werden solle, und zwar durch einen nach dem Prinzip der Kopfzahl zusammengesetzten Verfassungsrath. Der Antrag gelangte zur Instruktionsertheilung an die Kantone. Am 25. Juni (1839) trat der Große Rath von Bern darüber in Berathung und an der Genehmigung war nicht zu zweifeln; die Vorschläge lagen ganz im Geiste der Zeit. Dennoch entschloß sich Blösch, dagegen aufzutreten; er hatte schon im Schooße des diplomatischen Departements Opposition erhoben und eilte aus dem eben stattfindenden Lager in Thun nur zu dem Zwecke nach Bern, um an der Verhandlung Theil zu nehmen. In seiner längern Rede begnügte er sich nicht, die Ungesetzlichkeit der Schritte nachzuweisen, wodurch das Unterwallis die vom Bunde garantirte Ver= fassung des Kantons umgestoßen und eigenmächtig, ohne andere Be= rechtigung als die der angeblich überwiegenden Kopfzahl durch eine andere ersetzt hatte, welcher nun ihrerseits die Mehrheit der Zehnten die Anerkennung versagte; sondern er griff das Prinzip des Kopfzahl=

rechtes ſelbſt an, welches die Kommiſſarien in den Satz formulirt hatten, daß es einer jeden Volksmehrheit zuſtehe, gegen die Vorſchrift der beſtehenden Verfaſſung eine neue aufzuſtellen. Unter beſonderer Bezugnahme auf den Kanton Bern ſuchte er darzuthun, daß dieſe „Lehre des brutalen Handmehrs" eben ſo haltlos ſei in ſich ſelbſt, als verderblich in ihren Folgen, und prophezeite, entweder werde man, durch den Erfolg belehrt, früher oder ſpäter von ſolchen Grundſätzen zurückkommen, oder die gänzliche Auflöſung der öffentlichen Ordnung daraus entſtehen ſehen.

Die Rede, — welche Blöſch ſelbſt als ſeine beſte Leiſtung betrachtet hat, — war zu ſehr im Gegenſatze zu den herrſchenden Begriffen, als daß ſie Beifall hätte finden können. Nur 28 Stimmen ſprachen ſich für dieſe Anſicht aus.

Wohl mochte Landammann von Tillier nicht Unrecht haben, als er in ſeinem Schlußvotum gegen Blöſch gewandt erinnerte: „Ein verfaſſungsmäßiger Zuſtand beſtehe nicht mehr, weder im Ober= noch im Unterwallis, es ſei kein legitimer, ſondern bloß noch ein faktiſcher Zuſtand. Mit abſtraktem Staatsrecht ſei hier nicht zu helfen, das von dem gemeinen Manne nicht verſtanden werde. In unſerm Jahrhundert müſſe der Wirklichkeit und den Bedürfniſſen des Volks Rechnung getragen werden"; — allein auch jener warnenden Prophezeiung hat die Folgezeit Recht gegeben: Nicht nur wurde den Walliſer Wirren noch kein Ziel geſetzt; der Boden der Geſetzlichkeit, einmal von den Regierungen verlaſſen, hat bald auch die Regierungen ſelbſt, und zwar die liberalen, verlaſſen, und der Lehre des brutalen Handmehrs folgte konſequent die „Putſchtheorie."

Die in dieſer Sache eingenommene Stellung, welche Blöſch eine ſchmeichelhafte Zuſchrift der alten Regierung des Kantons Wallis eintrug, übte übrigens wenig nachtheiligen Einfluß aus auf das Vertrauen, das er im Großen Rathe genoß. Zwar erhielt er am folgenden Tage unter dem friſchen Eindruck ſeines Votums nicht die nöthige Stimmenzahl, als die vorberathende Behörde ihn zum Geſandten vorſchlug an die in Zürich ſich verſammelnde Tagſatzung, — es war die verhängnißvolle Sitzung während des Züriputſches, — allein, im Oktober von ſeinem Wahlbezirk Burgdorf mit 120 von 127 Stimmen wieder zum Mitglied des Großen Rathes ernannt, wurde er auch von dieſer Behörde von Neuem, und jedesmal mit großer Mehrheit, in ihre wichtigſten Kollegien und Kommiſſionen berufen. Am 5. Dezember folgte, — eine ungewohnte Auszeichnung nach ſo kurzer Zeit ſeiner Mitgliedſchaft, — die Wahl zum Vizepräſidenten des Großen Rathes, und am 3. Dezember

1840 diejenige zum Landammann der. Republik für das folgende Jahr.

Diese Würde schloß, nach der Verfassung von 1831, nicht einzig den Vorsitz des Großen Rathes ein; es kam dem Träger derselben zwischen den Sitzungszeiten der Behörde eine selbständige Stellung, eine gewisse Initiative, ein Aufsichtsrecht zu über die Beschlüsse der Exekutivgewalt und den Gang der gesammten Staatsverwaltung, so daß er beinahe den Charakter eines idealen Volksrepräsentanten oder eines Volkstribunen trug.

Mit Bezug auf diese hohe Verantwortlichkeit des verfassungsgemäß „ersten Beamten" erbat sich Blösch in wenigen, die Ueberraschung und Verlegenheit deutlich verrathenden Worten, einige Tage Bedenkzeit und erklärte erst später die Annahme der Wahl.

Unterm 7. Dezember schrieb er seiner Mutter: „Was mich betrifft, so habe ich die Stelle weder gesucht noch gewünscht; ich besorgte mehr, als ich hoffte, gewählt zu werden, und billige sogar die Wahl selbst nicht. Ich glaubte indessen durch die Annahme dem Zutrauen, das mir erwiesen wurde und das Einzige war, was mich dabei freute, entsprechen zu sollen" [1]).

Am 30. Dezember 1840 übergab ihm der abtretende Landammann — Steinhauer — die Geschäfte mit den Worten: „Gott der Allmächtige gebe seinen Segen dazu und lasse Ihre Amtsführung für des Landes Glück und Wohlfahrt gedeihlich werden, dieß sei mein letztes inbrünstiges

---

[1]) Ich kann es mir nicht versagen, auch die folgende Stelle aus diesem Briefe herzusetzen, welche,. wie die darauf erhaltene Antwort, wohl nicht bloß für die nächsten Angehörigen etwas ungemein rührendes hat: „Eine Satisfaktion ist es mir allerdings", schrieb Blösch der Mutter, „Ihnen, der ich vor Allem meine Erziehung verdanke, eine Erhebung ankündigen zu können, die wenigen in meinem Alter zu Theil wird, und der ich mich nur deßhalb nicht recht freuen kann, weil ich selbst der Stelle nicht recht würdig halte." Am 12. Dezember antwortete die stolze Mutter: „Du wirst bereits vernommen haben, wie sehr wir alle, die ganze Familie und alle deine Bekannten, sind erfreut gewesen über das Zutrauen, so man dir erwiesen, indem man dich zum Landammann erwählt hat. Von allen Seiten erhalte ich Glückwünsche und Jedermann scheint daran freudigen und innigen Antheil zu nehmen. Dein Brief hat mich herzlich gefreut und ich danke dir, daß du es mir selbst angezeigt hast. Daß du die Stelle weder gesucht, noch gewünscht, wußte ich wohl; dadurch vermehren sich um Vieles deine Geschäfte, aber erfreulich mußte es dir sein, solches Zutrauen im Großen Rathe zu besitzen. Mir ist es eine süße Belohnung für alle Mühe und Kummer, welche mir eure Erziehung gekostet, und ich kann Gott nicht genug danken über den Segen, welchen er so unablässig über mich und meine Kinder ergießt. Er erhalte dich gesund und schenke dir seinen heiligen Geist, der dich in allen deinen Verrichtungen mit Weisheit leite!"

Gebet zum Allerhöchsten in diesem am Rande der Ewigkeit bald abge=
laufenen Jahre, und das erste in dem sich neu eröffnenden."

Dieser schöne Segensspruch sollte nicht ganz unerfüllt bleiben. Im
Dezember des folgenden Jahres konnte Blösch wieder an die Mutter
schreiben: „Ich preise mich glücklich, einerseits bald meine Amtsdauer
ausgemacht, andrerseits nicht die geringste Unannehmlichkeit erlebt zu
haben." Es war Blösch gelungen, in einer außerordentlich bewegten
und politisch schwierigen Zeit das Vertrauen der Behörde zu recht=
fertigen und sich zu erhalten in einer Weise, daß, nach Verfluß der
gesetzlichen Zwischenzeit, am Ende des Jahres 1842 die Wahl, und zwar
mit der Mehrheit von 174 Stimmen (von 185) von Neuem auf ihn
fiel. Seine Geschäftsführung soll sich nach dem Urtheil Unbetheiligter
neben der strengen Unparteilichkeit vorzüglich ausgezeichnet haben durch
Ruhe und meisterhafte Klarheit in der Leitung komplizirter Diskussionen
und Abstimmungen, die er mit geistiger Ueberlegenheit zu beherrschen
verstand.

Es war eine politisch schwierige Zeit, haben wir eben gesagt; denn
mit dem Beginn des Jahres 1841 tauchte jene Frage auf, welche in
unheilvollster Weise die Parteigegensätze allerorts verbittern sollte, die
Angelegenheit der aargauischen Klöster.

Der Riß, der von jetzt an die Eidgenossenschaft entzweite, trennte
nicht nur Kanton von Kanton, nicht nur Kantonstheil von Kantons=
theil, er ging nicht nur durch jede Gemeinde, nicht nur durch manche
Familie, er ging auch durch manches Gemüth hindurch.

Kaum hatte Blösch mit Neujahr 1841 sein Amt angetreten, als,
erst im Kanton Solothurn und zwei Tage später auch im Aargau
ernstliche Unruhen ausbrachen[1]). An beiden Orten waren auch die Ur=
sachen analoge, nämlich durch eine Revision der kantonalen Verfassungen
bei einem Theile der Bevölkerung wachgerufene religiöse Besorgnisse.

In Solothurn blieb es bei einigen zwar etwas gehässigen Ver=
haftungen; im Freienamte dagegen, dem katholischen Theile des Aargaus,
kam es auf dem längst durch blutige Religionskämpfe berüchtigten
Schlachtfelde von Villmergen am 11. Januar 1841 zu einer Art von
Gefecht; dem Kloster Muri wurde ein Theil der Schuld am Aufstand
zugeschrieben, und zwei Tage später, am 13. Januar, dekretirte der

---

[1]) Schreiben des Regierungsrathes von Bern an E. A. Blösch, vom 7. und vom
11. Januar 1841, nebst Abschrift des Schreibens vom 10. Januar, in welchem der Kleine
Rath des Kantons Aargau nachbarliche Hülfleistung in Anspruch nahm.

Große Rath des Kantons die Aufhebung sämmtlicher auf seinem Gebiet bestehender Klöster.

Der Beschluß war nicht nur unklug und übereilt, nicht allein vom Standpunkte der aargauischen Kantonsverfassung aus anfechtbar; sondern auch nach dem Bundesvertrag war die Berechtigung dazu zum mindesten zweifelhaft.

Der Regierungsrath von Bern, damals zugleich eidgenössischer Vorort, that in dieser Eigenschaft nichts, um die Rechte des Bundes zu wahren und wenigstens die Vollziehung des Dekrets bis zum Entscheid der Tagsatzung zu sistiren; sandte dagegen als Kantonsregierung auf das Verlangen Aargaus sofort Truppen zur Unterstützung der Behörde gegen den Aufstand; eine Maßregel, welche vielen Tadel provozirte: „Der Solothurner und Aargauer Radikalismus ist in den letzten Tagen sein eigener Ankläger geworden, — er hat sich selbst verläugnet, er hat seine Grundsätze durch eclatante Thatsachen widerlegt und steht da, entblößt, in häßlicher Nacktheit", urtheilte nicht ohne Recht ein konservatives Blatt, das die Regierungssolidarität der alten Stanzerverkommniß bei dieser Gelegenheit wieder in Kraft getreten sah.

Am 22. Februar versammelte sich der Große Rath. Blösch eröffnete die Sitzung mit einer kurzen Anrede, welche in ernster Weise auf die Kriegsrüstungen des Auslandes verwies, und diese als „eine heilige Aufforderung" betrachtete, „die Gründe der Zwietracht nicht zu vermehren und das ohnehin lockere Band, das uns zusammenhält, nicht noch zu schwächen."

Die Versammlung billigte das Verfahren des Regierungsrathes, und erwählte sodann neben dem Schultheißen, — Neuhaus, — dem von Amtes wegen die erste Stelle zukam, den Landammann Blösch zum zweiten (Regierungsrath v. Tillier zum dritten) Gesandten an die eidgenössische Tagsatzung, welche auf Begehren von fünf Ständen außerordentlich zusammenberufen wurde. Ihre Instruktion ging wesentlich dahin, daß der Stand Bern der Regierung von Aargau das Recht zur Aufhebung der Klöster zugestehe, sofern wenigstens die Gemeingefährlichkeit derselben nachgewiesen werden könne, während über diese Frage selbst das Urtheil bis nach erfolgter Untersuchung vorbehalten blieb. Jede etwaige Einmischung auswärtiger Mächte sollte entschieden zurückgewiesen werden.

Schon war es kaum zweifelhaft, welche Stellung Bern in dieser Frage einnehmen werde; Schultheiß Neuhaus hatte sich, — ein erstes Gefühl zurückdrängend, — bereits ziemlich entschieden auf Seite der

aargauiſchen Regierung geſtellt, die Maſſe vollends war nur durch
politiſche oder konfeſſionelle Sympathien bewegt.

Im März traten die Ehrengeſandten in Bern zuſammen. Einen
Augenblick ſchien es noch möglich zu ſein, durch einen beſonnen ver=
mittelnden Beſchluß die gefährliche Spaltung rechtzeitig zu verhindern.
Die Tagſatzung verwies die Frage an eine Kommiſſion von ſieben
Gliedern, überging in ſehr auffallender, demonſtrativer Weiſe den erſten
berniſchen Geſandten, — zugleich ihren Präſidenten, — und ernannte
Blöſch zum Mitglied derſelben [1]). Bei der Berathung traten aber ſo=
gleich zwei ſchon ziemlich ſchroff ſich entgegenſtehende Anſichten hervor:
die eine vorwiegend den Buchſtaben des Bundesvertrags im Auge
haltend und vertreten durch die Mehrheit (v. Muralt, Baumgartner,
Schmid, Kopp, d'Eglise), wollte ſofort den Beſchluß des aargauiſchen
Großen Rathes als „unvereinbar mit dem Artikel 12 des Bundes=
vertrags" [2]) erklären; die andere, von Druey verfochten und mehr auf
den Standpunkt der aargauiſchen Regierung ſich ſtellend, ſchloß ſchon
jetzt auf theilweiſe Beſtätigung des Dekrets vom 13. Januar.

Nach Blöſchs Anſicht, die er ſchon im berniſchen Großen Rath
ausgeſprochen hatte, gab es nur Einen Weg, die Frage befriedigend zu
löſen: den des freiwilligen Rücktrittes des Großen Rathes
von Aargau von dem angefochtenen Dekrete; dieſer aber war nur
zu hoffen, ſo lange er mit Ehren geſchehen konnte, und darum durfte
die aargauiſche Staatsgewalt einſtweilen weder verurtheilt noch gerecht=
fertigt werden. Er verwarf daher vor der Hand jede einläßliche Schluß=
nahme, und ſtellte, den Umſtand benutzend, daß mehrere Geſandtſchaften
ohne Inſtruktionen waren, den beſondern Antrag: „1) Die eidgenöſſiſche
Tagſatzung anerkennt nicht, daß die vom Jahr 1815 im Umfang der
Schweiz beſtandenen Klöſter aus dem Artikel 12 des Bundesvertrags
ein unbedingtes Recht auf Fortbeſtand, ſei es gegen die Kantone, in
deren Gränzen ſie ſich befinden, ſei es gegen den Bund, herleiten können.
2) Die eidgenöſſiſche Tagſatzung geſteht eben ſo wenig den Kantonen,
innerhalb deren Gränzen im Jahr 1815 Klöſter beſtanden haben, ein
unbedingtes Recht zur Aufhebung dieſer Klöſter zu. 3) Die eidgenöſ=
ſiſche Tagſatzung verſchiebt den einläßlichen Entſcheid über die aar=
gauiſche Kloſterangelegenheit bis zu ihrer nächſten ordentlichen Verſamm=
lung, und ſpricht gegen den hohen Stand Aargau die Erwartung aus,
es werde demſelben mittlerweile gelingen, durch verſöhnende Maßregeln

---

[1]) Keiner der Gewählten hatte eine ſo große Stimmenzahl für ſich.
[2]) Garantieerklärung für die beſtehenden Klöſter.

die in seinem Innern eingetretenen Spaltungen zu heben, den erschüt=
terten Frieden herzustellen und ein weiteres Einschreiten der Eid=
genossenschaft überflüssig zu machen."

Allein es zeigte sich bald, daß für vermittelnde Ansichten in den
Gemüthern kein Boden mehr zu finden war. Bei der Abstimmung blieb
der Antrag, dessen scheinbare Widersprüche nicht verstanden wurden[1]),
ohne Unterstützung. Von zwölf und einer halben Standesstimme wurde
das Mehrheitsgutachten zum Beschlusse erhoben, die übrigen
stimmten entweder gar nicht oder dagegen; — damit war der unglückliche
Gegenstoß gegeben, in Folge dessen die Schweiz für lange Jahre
ihr normales Gleichgewicht verlieren sollte.

In diese Zeit der ersten Amtsperiode Blöschs als Landammann
fällt ein Werk seiner öffentlichen Thätigkeit, das uns zu genauerem
Eingehen zwingt, nicht allein um seiner politischen Wichtigkeit willen,
sondern noch mehr deßhalb, weil dasselbe später ganz vorzüglich den
Vorwand hergeben mußte zu dem gegen Blösch sich wendenden Hasse;
während er selbst sich bewußt war, gerade durch dieses allermeist sich
wirklich um das Land verdient gemacht zu haben: es ist dieß die Been=
digung des sogenannten Dotationsstreites.

Bis zum Jahre 1798[2]) waren die beiden Korporationen des Staates
und der Stadt Bern, und dem gemäß auch das Staats= und das
Stadtgut unausgeschieden. Das vorhandene Vermögen diente
zur Bestreitung der Bedürfnisse beider Theile und wurde meist von der
gleichen Behörde verwaltet.

Die in jenem Jahre durch die französische Invasion herbeigeführte
Umwälzung veränderte dieses Verhältniß vollkommen, indem sie einer=
seits den Uebergang der Staatshoheit vom Kanton auf die helvetische
Republik und andrerseits die Konstituirung der Stadt Bern zur selb=
ständigen Gemeindekorporation mit sich brachte.

Eine Ausscheidung des Vermögens war jetzt nothwendig und wurde —
nach einigen vorläufigen, nicht zum Abschluß gelangten Verhandlungen —
durch den Mediator der Schweiz selbst im Jahr 1803 angeordnet.

Dieser stellte, in Verbindung mit der der Schweiz oktroirten Ver=
fassung, eine aus fünf schweizerischen Magistraten zusammengesetzte

---

[1]) Ein konservatives Blatt, die in Bern erscheinende „Allgemeine Schweizerzeitung",
nannte Blöschs Antrag „ein wahres Muster juristischer und diplomatischer Spitzfindigkeit
und Verworrenheit."

[2]) Bei dieser Darlegung der historischen Verhältnisse des Streits wird hier im all=
gemeinen der Bericht zu Grunde gelegt, den Blösch im Jahr 1851 zu Handen des Großen
Rathes verfaßt hat.

helvetische Liquidationskommission auf, der er die endgültige Entschei=
dung über diese Eigenthumsfragen übertrug; worauf, wie für die
übrigen in ähnlicher Lage sich befindenden ehemals souveränen Städte,
so für Bern, am 20. September 1803 eine förmliche Ausscheidung
zwischen Staats= und Stadtgut abgeschlossen wurde.

Besondere Schwierigkeiten veranlaßten hierbei die Schuldtitel
auf das Ausland, deren die alte Bernerregierung mehrere bedeu=
tende besessen hatte. Diese sollten in erster Linie zur Bezahlung der
helvetischen Nationalschuld verwendet, der Rest aber gleichmäßig unter
die Kantone Bern, Waadt und Aargau, — als Theile des frühern
Kantons Bern, — vertheilt werden. Einige dieser Kapitalien wurden
zu diesem Zwecke willig ausgeliefert, andere aber zurückbehalten; die
einen, darunter vorzüglich eine Forderung von einer halben Million
Gulden auf Kaiser Joseph II., deßhalb, weil sie bereits im Jahr 1802
in der wechselvollen Zeit zu besserer Sicherheit an wohlthätige Anstalten
abgetreten worden seien, nämlich an den großen Burgerspital in Bern
und an den sogenannten Inselspital; von den andern hieß es, sie seien
bereits veräußert und verbraucht worden.

Mit der Restauration von 1815 ging auch die Regierung des
Kantons wieder in die Hände der patrizischen Geschlechter über; und
waren auch die Behörden in Staat und Stadt von einander geschieden,
so waren doch die Personen größtentheils dieselben; die Verträge blieben
daher in unbezweifelter Gültigkeit, bis die Revolution von 1831 dieß
Verhältniß wieder änderte.

Als die Rechnung der abgetretenen Regierung den neuen Behörden
vorgelegt wurde, fand es sich, daß die erstere, die am 13. Januar sich
provisorisch erklärt hatte, die Frist bis zur wirklichen Niederlegung der
Gewalt dazu benützt habe, den beiden großen Spitälern, der „Insel"
und dem Aeußern Krankenhaus, ein Kapital von Fr. 1,250,000 zum
Eigenthum zu übergeben. Die Frage, die jetzt aufgeworfen ward, nach
der Befugniß dieser Abtretung, führte zu Reklamationen auch über
jene im Jahr 1803 von der Stadt zurückbehaltenen Gelder, und zur
Niedersetzung einer eigenen Dotationskommission durch den Staat zur
genauen Untersuchung dieser Eigenthumsverhältnisse.

Der Streit beschränkte sich aber nicht mehr hierauf, es wurden
auch Ansprüche erhoben auf zwei Waldungen, welche in den Ausschei=
dungsurkunden nicht namentlich bezeichnet, später aber durch einen Akt
der Restaurationsregierung der Stadt als Eigenthum zugesprochen worden
waren. Fraglich war ferner das Eigenthumsrecht über den oben genannten

Inselspital mit seinem sehr bedeutenden Vermögen[1]), und das damit zu-
sammenhängende Aeußere Krankenhaus oder den Siechenspital, welche
beide bis dahin von der Stadt Bern verwaltet, auch als deren Eigenthum betrachtet worden waren; und endlich ein Fonds von ungefähr
einer halben Million (alte Franken), welcher, eine allgemeine Armen-
stiftung, unter dem Namen „Mushafen und Schulseckel", seit langem
zu Stipendien für Studirende diente, und mit dessen Rechtsstellung es
sich ähnlich verhielt.

Bei der herrschenden Spannung zwischen Stadt und Land wurde
der Streit bald mit Bitterkeit geführt. Die Dotationskommission, an
deren Spitze erst Regierungsrath Albert Jaggi, später Regierungsrath
Kohler stand, suchte mit großem Eifer das zur Aufhellung der Frage
dienende Material zu sammeln und erstattete am 7. April 1836 einen
umfassenden Bericht an den Großen Rath. Ihr Antrag ging dahin,
die erwähnten Forderungen des Staats für berechtigt zu erklären,
und dieselben mit allen gesetzlichen Mitteln zu verfolgen.

Es wurden nun Civilprozesse eingeleitet. Selbst eine Kriminalklage
wurde erhoben gegen den Banquier Zeerleder von Bern, welcher der
Unterschlagung eines Theils der oberwähnten Kapitalien beschuldigt
wurde[2]), und die zeitweise harte Behandlung dieses würdigen Mannes
trug nicht wenig dazu bei, den ohnehin durch den sich immer noch fort-
schleppenden Reaktionsprozeß wach erhaltenen gegenseitigen Haß zu
nähren und zu vergrößern.

Die üble Stimmung wird charakterisirt durch den Widerwillen,
welcher in den altbernischen Kreisen sich zeigte gegen das großartige
Fest, das zur fünfhundertjährigen Erinnerung an den Sieg bei
Laupen am 21. Juli 1839 veranstaltet wurde: „Während man
trauert über den Tod einer Mutter, feiert man ihren Geburtstag mit
Jubel und Trinkgelag."

Viel bedenklicher noch, aber nur zu sehr der Wahrheit entsprechend,
lautete, was das Organ der patrizischen Partei, die „Allgemeine Schweizerzeitung" (17. August 1839), von den Folgen dieser lange dauernden
Mißstimmung sagt: „Auch unter den Bürgern (der Stadt Bern)
vermißt man manchmal den regen Gemeinsinn; fast ist man verleitet,
bei einigen den Gedanken zu vermuthen, daß sie dafür halten, mit der
aufgegebenen Souveränetät das Kind mit dem Bade ausgeschüttet zu

---

[1]) Es belief sich dasselbe am 1. Januar 1840, zusammen mit dem des Aeußern
Krankenhauses, auf 2,808,625 alte Schweizerfranken und 86 Rappen.

[2]) Blösch war dessen Vertheidiger vor den Gerichten.

haben, und daß sie eine politisch nivellirte, ja selbst tief unterdrückte Stadt ihrer Mühen, Sorgen und Opfer weder würdig noch werth achten."

Während auf der andern Seite auch die Begehrlichkeiten des Landvolks durch die Vorspiegelung von „Millionen" aufgestachelt wurden, führten doch die angehobenen Schritte der Dotationskommission zu keinem positiven Resultat; ebenso blieb ein im Januar 1837 vereinbarter Vermittlungsversuch durch einen unparteiischen Schiedrichter ohne allen Erfolg, da die Stadt demselben ihre Zustimmung versagte; die Tagsatzung, welche um Entscheidung angerufen wurde, lehnte (10. August 1838) jede Einmischung von sich.

So schien jeder rechtliche Weg verschlossen, während doch die Kommission bei der Ueberzeugung beharrte, daß die Ansprüche des Staates wenigstens zum größten Theile gegründet seien; es wurde die Ansicht geäußert, daß jetzt Selbsthülfe berechtigt sei, und endlich der Beschlußantrag gestellt: „Der Große Rath der Republik Bern wird über die Reklamationen der bernischen Staatskapitalien endlich selbst entscheiden."

Eine ziemlich heftige Verhandlung fand darüber statt (9. März 1840); auf der einen Seite fiel die Behauptung: „Nachdem alle Mittel, einen Richter zu finden, fehlgeschlagen, könne den Großen Rath kein Vorwurf treffen, wenn er von seinem Rechte der Staatshoheit Gebrauch mache"; auf der andern Seite aber wurde allerdings ein solcher Beschluß als Gewaltthätigkeit und Verfassungsverletzung bezeichnet, durch welche die Partei nach dem Recht des Stärkern sich zum Richter machen wolle. Von Blösch wurde der Antrag gestellt: „Daß der Regierungsrath beauftragt werde, der Stadt Bern noch einmal Gelegenheit zu gütlichem Ausgleich des Streites zu geben"; und es gelang ihm auch, dem Antrag eine Mehrheit zu gewinnen, mit der einzigen, freilich nicht unwesentlichen Abänderung, daß nicht der Regierungsrath, sondern wiederum die Dotationskommission diese Unterhandlung führen sollte.

Ein Abschluß kam auch jetzt nicht zu Stande; neuerdings handelte es sich am 14. Dezember 1840 um Selbstentscheidung durch den Großen Rath, und noch einmal behauptete Blösch: „Ja freilich ist ein gütlicher Ausgleich möglich, wenn man es ernstlich will!" Sein wiederholter Antrag, neue Vermittlungsunterhandlungen anzuknüpfen, fand von mehreren Rednern (von May, Fetscherin, von Tillier, auch manche vom Lande) lebhafte Unterstützung und schließlich den Beifall der Mehrheit; und zwar wurde dießmal, nach seinem ausdrücklichen Verlangen, der Regierungsrath ſelbſt, mit Umgehung der Dotationskommiſſion, mit der Führung der Sache betraut [1]).

Zwei Tage ſpäter beſchloß dieſe Behörde, die neuen Unterhand= lungen einer Kommiſſion von drei Mitgliedern zu übertragen, und bezeichnete dafür neben dem Antragſteller (Blöſch) ein Mitglied des Regierungsrathes ſelbſt (Leibundgut) und eines aus der Mitte des Großen Rathes (Röthlisberger=Anderegg in Walkringen).

Der Auftrag dieſer Kommiſſion lautete: „Vorläufig ohne bindende Inſtruktion, nach beſtem Wiſſen und Gewiſſen die nötbigen Vermittlungs= verſuche in der fraglichen Angelegenheit mit der Stadt Bern wieder einzuleiten und über das Ergebniß Bericht zu erſtatten" [2]).

„Nie", ſchrieb Regierungsrath Tillier, der Geſchichtſchreiber Berns, an Blöſch, „nie ging ein ehrenvollerer Ruf an einen Staats= bürger, unſägliches Unheil von ſeinem Vaterlande abzu= wälzen."

Nur ſelten aber auch ein ſchwererer! Eine Unzahl von Broſchüren nicht nur, ſondern dicken Büchern, Gutachten und Abhandlungen, Akten= ſammlungen und Streitſchriften waren bereits hin und her geſchrieben worden: Recht ſtand gegen Recht, Urkunde gegen Urkunde; unaufgehellte Thatſachen; verwickelte Finanzoperationen; in Tagen der Unſicherheit abgeſchloſſene Scheinabtretungen; in einer wirren Zeit beſtändiger Re= gierungswechſel gefaßte Beſchlüſſe, deren Rechtsgültigkeit je nach dem politiſchen Standpunkt mit eben ſo viel Grund behauptet, als beſtritten werden konnte, bildeten die Baſis des ganzen Streites [3]). Schon dadurch war die ganze Frage weniger eine Rechtsfrage, als eine politiſche geworden; noch mehr war dieß der Fall, weil es ſich für den Staat, wie für die Stadt weniger darum handelte, die ſtreitigen Kapitalien ſelbſt zu beſitzen, als vielmehr ſie dem vermeintlichen Gegner zu entziehen. Es war eben ſo natürlich, daß die Regierungspartei die durch ihren Reichthum ſo weſentlich mitbedingte Macht der ihr feind=

---

[1]) Eine etwas unklare, faſt tumultuariſche Abſtimmung ergab zuerſt 138 gegen 40 Stimmen für Eintreten in die Anträge der Dotationskommiſſion; dann aber, — in der nämlichen Sitzung, — wieder 138 gegen 47 für Anknüpfung neuer Unterhandlungen, und ſchließlich 98 gegen 75 für Uebertragung derſelben an den Regierungsrath.

[2]) Wahlanzeige durch den Regierungsrath vom 19. Dezember 1840.

[3]) Die zweifelhaft und unklar die ganze Rechtsfrage war, kann z. B. daraus erhellen, daß die vor den Großen Rath gebrachten Anträge der Dotationskommiſſion das eine Mal (9. März 1840) darauf gingen, daß der Endbeſchluß der Liquidationskommiſſion vom 6. September 1803 als ungültig annullirt; das andere Mal (17. Dezember des gleichen Jahres), daß derſelbe vollzogen werden ſolle.

selig gesinnten bürgerlichen Korporationen zu schwächen suchte, als der Widerstand begreiflich war, den die letztern dem Ansinnen einer in ihren Augen revolutionären Staatsgewalt entgegensetzte.

Gerade deßhalb sah es Blösch als eine unbedingte politische Noth= wendigkeit an, den Streit zu einem befriedigenden Ende zu führen, ehe ein Gewaltakt den Riß unheilbar machte. „Was ist das Bild unseres Kantons seit zehn Jahren!" rief er aus: „Innere Zerrissenheit! Während es unsere Aufgabe sein sollte, die Administration in allen ihren Zweigen zu verbessern, werden die besten Kräfte durch Parteizwiste und Streitig= keiten aller Art aufgezehrt. Wir zerfleischen uns gegenseitig, während die Gesetzgebung brach liegt, die Verwaltung stockt und die Rechtspflege kränkelt. Auf der einen Seite liegen ein paar hunderttausend Franken, vielleicht ein paar Millionen auf dem Spiel, in der andern Wagschale aber liegt der Frieden und die Ruhe unseres Vaterlandes." Zugleich hielt er, bei der völligen Unklarheit des formellen Rechts und der faktischen Unmöglichkeit, einen Richter zu finden, eine vertragsmäßige Beendigung des Streits um so wünschbarer, „weil sie die einzige Manier ist, die Sache definitiv zu beseitigen, allen Reklamationen von Seiten Waadts und Aargaus [1]) den Faden abzuschneiden, und Ruhe und Frieden in unser Vaterland zurück zu führen."

Blösch hatte eine im April 1836 auf ihn gefallene Wahl in die Dotationskommission abgelehnt [2]); jetzt konnte er sich dem ihm gewor= denen Auftrag nicht entziehen, obschon ihn derselbe in eine äußerst schwierige Stellung bringen mußte. „So viel Verstand hatte ich", konnte er bei späterer Gelegenheit im Großen Rathe erklären, „einzu= sehen, daß von der einen Seite kein Dank, von der andern nur Undank und Verläumdung bevorstehe; allein ich unterzog mich, von andern als politischen Rücksichten bestimmt."

Auch die Stadtbehörden ernannten nun ihre Delegirten. Von beiden Seiten wurde angemessen erachtet, die eigentliche Unterhandlung einer einzigen Person zu übertragen: die Regierungskommission bezeichnete hierzu ihr erstes Mitglied (Blösch), die Ausgeschossenen der Stadt den Großrath Ludwig Fischer (von Reichenbach).

---

[1]) Durch Annullirung der Ausscheidungsverträge von 1803 wären auch die recht= lichen Ansprüche dieser Theile des alten Kantons Bern wieder zur Sprache gekommen.

[2]) „Wie steht es mit der Dotationsgeschichte? Du wirst doch, will's Gott! die Sache von der Hand weisen, die zur Spoliationsgeschichte werden muß", schrieb damals Dr. C. A. Blösch aus Biel.

Diesen Beiden gelang es, nicht ohne große Mühe, nach mehr als zwanzig Conferenzen, die Grundlagen eines Vergleiches zu gewinnen, welcher Mitte Juni beiden Parteien vorgelegt werden konnte.

„Die Aufgabe war sehr schwer, aber an der Seite des Herrn L. A. Blösch wird auch die schwerste Aufgabe zu einer unschweren", erklärte später der eine der Mitdelegirten im Großen Rathe. Sie war gewiß auch nicht wenig dadurch erleichtert, daß das ganze Aktenmaterial bereits fast vollständig gesammelt und geordnet war, ein Verdienst, das der frühern Kommission nicht abgesprochen werden darf. Eben so wenig kann übersehen werden, daß dem letzten Vermittlungsversuche von Seiten der städtischen Behörden natürlicher Weise größere Nachgiebigkeit entgegenkommen mußte, eben weil er der letzte war, und jede andere Beendigung des Streites nur größere Verluste, keinen Gewinn voraussehen ließ; dessen ungeachtet schienen die gegenseitigen Konzessionen mehrmals auf dem äußersten Punkte angelangt zu sein und die Verhandlungen scheitern zu müssen[1]).

Es war hingegen für das ganze Vermittlungswerk ein äußerst günstiger Umstand, daß durch die Streitgegenstände selbst die Richtung auf wohlthätige Anstalten gegeben war, welche von jeher der Land-bevölkerung sowohl, als den Bewohnern der Hauptstadt zur Benützung offen standen, nämlich den Inselspital und das Aeußere Krankenhaus. Damit war der beste Weg zur Schlichtung des Spans eigentlich von vornherein schon angedeutet.

Der Vergleichsvorschlag ging nun dahin, daß die Bürgergemeinde Bern Verzicht leiste, nicht nur auf das bestrittene Eigenthumsrecht, sondern auf das nicht bestrittene Verwaltungsrecht über die beiden mit einander verbundenen milden Stiftungen; daß diese mit ihrem gesammten Vermögen zu einer selbständigen Korporation erhoben werden, und zugleich mit einem Theile der noch streitigen Fonds, sowohl von Seite der Stadt als des Staats, eine weitere Aussteuer erhalten solle. Ebenso willigte die Stadt ein, daß das Vermögen der „Mushafenstiftung und des Schulseckels" einer eigenen getrennten Verwaltung, nur unter Oberaufsicht des Staats, übergeben werde; die beiden Waldungen dagegen

---

[1]) Auch zuletzt noch verweigerten die Kommissarien der Stadt den gemachten Vorschlägen ihre persönliche Zustimmung, und erklärten sich nur bereit, das „Ultimatum" der Regierungsausgeschossenen ihren Committenten vorzulegen. Auf diese Weise kam erst in der eilften Stunde ein Abschluß zu Stande, so daß Blösch zur Abfassung seines Berichts nicht mehr als zwei Tage übrig blieben, — oder vielmehr nur zwei Nächte, da er zu gleicher Zeit den Vorsitz zu führen hatte im Großen Rathe.

wurden der Stadt definitiv zugesprochen, und alle weitern Reklamationen als von beiden Seiten dahingefallen erklärt[1]).

Nachdem sowohl der Bürgerrath von Bern, als auch der Regierungsrath, als vorberathende Behörden, sich empfehlend über den Vergleich ausgesprochen, wurde er am 23. Juni 1841 von der versammelten Bürgergemeinde ratifizirt und kam am 26. desselben Monats vor den Großen Rath zur Genehmigung.

„Landammann Blösch verläßt den Präsidentenstuhl, den der Herr Vizepräsident Funk übernimmt. Er erstattet seinen Rapport, der mit der größten Deutlichkeit und Klarheit abgefaßt und mit nicht minderer Beredsamkeit vorgetragen, während vollen drei Stunden die Aufmerksamkeit der Versammlung fesselte", heißt es im Bericht der „Allgemeinen Schweizer-Zeitung" über die Sitzung des Großen Rathes von jenem Tage.

Der Vortrag begann mit Entschuldigungen, da er wegen Unwohlsein nicht stehend gehalten werden könne, und da die außerordentliche Kürze der Zeit manche Schwierigkeit bereitet habe; legte dann die Gründe für oder gegen die Rechtsansprüche des Staates in Bezug auf die verschiedenen Streitobjekte ausführlich dar; besprach die darauf gegründeten Vertragsbestimmungen, und schloß mit den Worten: „Ob es „sodann, vom Gelde und den materiellen Interessen abgesehen, von „Werth sei, die Sache endlich abzumachen, und zwar durch einen frei-„willigen, gütlichen Vergleich, das mag jeder von Ihnen selbst ent-„scheiden! Ihre Kommissarien haben die Ansicht, daß es für uns ein „Glück wäre, die Sache endlich zu beseitigen, weil sie eine Wunde ist, „die seit sieben Jahren eitert, und die früher oder später in Brand „übergehen kann. Allerdings wird durch den Vergleich die Wunde nicht „sogleich geheilt; er ist aber die Bedingung, daß sie einmal heile. So „lange der Splitter in der Wunde steckt, kann sie nicht heilen; zieht „man aber den Splitter aus, so ist wenigstens die Möglichkeit der „Heilung da. Mein Schluß ist somit der: Wenn Sie, Tit., den wahr-„scheinlichen Erfolg eines gerichtlichen Verfahrens in's Auge fassen, so „sei der Vergleich für uns ein nicht ungünstiger, und vom politischen „Standpunkte aus sei derselbe entschieden günstig."

So zu sagen ohne Diskussion, — erst nach geschlossener Umfrage versuchte ein Redner einige Einwendungen zu erheben, — wurde der Vergleich mit 137 gegen 12 Stimmen genehmigt, und sodann auf

---

[1]) Blösch hatte anfangs großen Werth darauf gelegt, daß auch die bedeutende „Stadtbibliothek" Eigenthum des Kantons werden solle; seine wiederholten Bemühungen in dieser Richtung blieben aber vergeblich.

den Antrag des Regierungsrathes mit Einstimmigkeit den Kommis=
sarien, — auch den frühern, — der volle Dank der Versammlung
ausgesprochen [1]).

Es war dieß im vorliegenden Falle keine bloße Redensart; für den
Augenblick war die Befriedigung allgemein über die fast unerwartete
Beilegung des Zwistes, aus dem man sich schließlich beiderseits gerne
mit Ehren zurückzog. Blösch vorzüglich wurde für das gelungene
Werk nicht wenig Anerkennung zu Theil; er wurde recht eigentlich als
Friedensstifter gepriesen. Auch schien allerdings mit dem „heraus=
gezogenen Splitter" die Wunde selbst ihrer Heilung entgegen zu gehen.

Es mag gewiß für den Vermittler eine seltene, tief=innerliche Freude
gewesen sein, als wenige Tage nach jener Sitzung, am 3. Juli, die
Grundsteinlegung der neuen Nydeckbrücke stattfand, und dabei dieses
die untern Theile der Stadt Bern mit den Hauptverkehrsstraßen des
Kantons in eine günstigere Verbindung setzende stolze Bauwerk in einem
Festgedicht als Symbol der Vereinigung von Stadt und Land gefeiert
wurde [2]).

Als später durch den Gang der politischen Ereignisse die traurige
Kluft wieder mehr und mehr sich vergrößerte, wurde auch über den
abgeschlossenen Vertrag ganz anders geurtheilt, und den Urheber desselben
traf auf einmal, ihm selbst nicht unerwartet, ein grimmiger Haß,
der sich in den schnödesten Verdächtigungen Luft machte. Unter den
zahllosen Anschuldigungen, welche zu verschiedenen Zeiten gegen Blösch
erhoben wurden, stand diejenige, zum Dotationsvergleiche mitgewirkt
zu haben, stetsfort oben an. Schon im Jahre 1844 hatte er Veran=
lassung, im Großen Rathe selbst, auf eine gelegentliche verletzende
Bemerkung eines Regierungsgliedes hin, sich darüber auszusprechen; und
es mögen seine Worte, welche sein persönliches Verhältniß zur Sache
am besten charakterisiren, hier einen Platz finden: „Daß seither", sprach
er, „öffentliche Blätter von Zeit zu Zeit mich verdächtigten, mir sogar
in dürren Worten vorhielten, ich habe mich von der Stadt Bern erkaufen
lassen, das, Tit., mochte ich hinnehmen, wie so manche andere Ver=

---

[1]) Verhandlungen des Großen Rathes vom 26. Juni 1841.

[2]) Blösch war selbst zu dieser Feier geladen und nahm an derselben sogar in her=
vorragender Stellung Theil: „Herr Zerrleder (als Präsident der Baugesellschaft) ersuchte
nun Herrn Landammann Blösch, als höchsten Magistraten der Republik, indem er ihm die
Mauerkelle überreichte, den ersten Mörtel auf den Boden zu werfen." „Allgem. Schweizer=
Zeitung" vom 6. Juli 1841. — Am 23. November 1844 war es ihm wieder vergönnt
als Vizelandammann der Eröffnungsfeier der schönen Brücke beizuwohnen.

läumbung, dazu fühlte ich mich stark genug, und wünsche nur, daß alle
diese Verläumbungen ihren Urhebern ein eben so rubiges Gewissen lassen
mögen, wie mir. Aber daß ich auch in diesem Saale, und von solcher
Seite Beschuldigungen erfahren sollte, das erwartete ich nicht, und das
bemüht mich auf's Tiefste. Man scheint überhaupt von mancher Seite
über den Dotationsvergleich anders zu denken als früher; denn wenn
z. B. Herr Regierungsrath F. mit einigem Aufsehen erinnert, er habe
seiner Zeit mit Herrn Regierungsrath W. einzig dagegen gestimmt, so
will ich das nicht bestreiten, aber beifügen hätte er doch können, daß
er auch der Einzige war, welcher mir nachher schriftlich dafür dankte[1]).
Tit., ich nehme Niemand übel, wenn er über den Werth des Vergleichs
abweichend von mir denkt, was aber mich betrifft, so erkläre ich hier
offen vor der ganzen Versammlung, daß ich Gott danke, daß er mir
die Gnade erwiesen, mich zur gütlichen Beilegung dieser Angelegenheit
beitragen zu lassen. Und an dem, Tit., was Sie jetzt über die Ver=
handlungen denken, und über sie und mich urtheilen, ist mir wenig
gelegen; aber darauf, einst, wenn ich vor einem höhern Richter stehen
werde, meinen Kindern einen ehrlichen Namen zu hinterlassen, darauf
setze ich Werth, und darum, noch einmal, fühle ich mich durch die
Aeußerung des Herrn J.[2]), die ich nicht anders als verdächtigend
nennen kann, tief gekränkt."

Blösch trug das Bewußtsein in sich, ein im höchsten Sinne pa=
triotisches Werk damit vollbracht zu haben; es war nicht nur eine
durch ihren Erfolg politisch wichtige That, daß es gelang, den Kanton
wenigstens theilweise wieder zu versöhnen mit seinem natürlichen Mittel=
punkte; — es war eine moralisch große That, zwischen zwei erbitterte

---

[1]) Diese Aeußerung führte zu einer fast komischen Szene: der Genannte wollte die
Wahrheit dieser Thatsache läugnen und verlangte laut die Vorlegung des angedeuteten
Schreibens, und da er auf eine schriftliche Anfrage Blösch's: ob er auf diesem Verlangen
wirklich beharre? eine provozirende Antwort gab, so wurde dasselbe in der Versammlung
vorgelesen; es enthielt dasselbe, — noch im Original vorhanden, — die Stelle: „Die
Extreme ausgenommen, die nie zu befriedigen sein werden, als mit einem plötzlichen
Sieg, den sie jedoch durch ihren Unverstand und Mangel an Mäßigung stets zu einem
kadmeischen machen; — diese also ausgenommen, ist doch nur Eine Stimme über die
Wohlthätigkeit des gemachten Vergleichs."
In klarer Voraussicht solcher Angriffe von beiden Seiten, wie sie wirklich später
erfolgt sind, hat Blösch überhaupt die sämmtlichen, auf die ganze durch ihn geführte
Verhandlung bezüglichen Akten, bis auf die kleinste Bleistiftnotiz, sorgfältig gesammelt
und aufbewahrt. Sie füllen einen beträchtlichen Folioband.

[2]) Derselbe erklärte sofort, er sei mißverstanden worden. Verhandlungen des Großen
Rathes vom 27. November 1844.

Parteien sich hinein zu stellen, von denen jede überzeugt war von ihrem heiligsten Rechte; mit der einzigen Aussicht, auf beiden Seiten einen Theil der erhobenen Ansprüche zurückweisen zu müssen, ohne weder die eine noch die andere zufrieden zu stellen. Daß die Bürgerkrone ihm zur Dornenkrone geworden ist, deren Stiche er noch lange und bis an sein Ende hat empfinden müssen, das wird sein Verdienst nicht verringern können; und daß dieses von einer etwas spätern Generation so zu sagen vergessen werden konnte, ist vielleicht, in einem solchen Fall, nur ein Beweis mehr für dessen Realität.

Finanzielle Vortheile jedenfalls brachte ihm das Vermittlungswerk keine: die kleine Entschädigung, — für 28 verschiedene, jedesmal mit Reisen verbundene Konferenzen, — die ihm vom Regierungsrathe zugestellt wurde, schenkte er sofort dem durch den Vertrag selbstständig gewordenen, zum zweiten Mal gestifteten Inselspital. In seinem daherigen Schreiben an die Direktion wünschte er ausdrücklich, daß der Inhalt desselben unbekannt bleiben solle; jetzt mag es erlaubt sein, auch daran zu erinnern.

Auf diesem Höhepunkt seines politischen Wirkens traf der schwerste Schlag Blösch's häusliches Glück: der Tod seiner Gattin.

„Schon seit längerer Zeit hatte ihn oft der Gedanke erschreckt, daß er zu glücklich sei, und nicht selten hatte in seinem weichen Gemüth die innigste Freude in Wehmuth umgeschlagen. Es mögen über das Ereigniß selbst seine eigenen Worte reden, wie er sie in einer besondern, dem Andenken der Verewigten gewidmeten Schrift niedergelegt hat. Nach Erwähnung eines anscheinend unbedeutenden Unwohlseins derselben heißt es hier: „Sonntag den 21. (Februar 1841) war zur Abreise in den Großen Rath bestimmt, wo ich zum ersten Mal als Landammann den Vorsitz zu führen hatte. Ich kleidete mich um 5 Uhr an und harrte der Post. Gegen die Regel ließ sie lange auf sich warten. Ich verbrachte die Zeit, vor Lisen auf dem Bette sitzend, froh über die Zögerung, über die auch sie Freude äußerte. Endlich kam der Wagen, ich gab ihr einen Kuß und ging, — Besorgniß im Herzen. Donnerstag den 25., — nachdem unterdeß die Berichte keine Ursache zur Unruhe gegeben, — als ich mich eben bereitete in den Großen Rath zu gehen, trat ein Mann in's Zimmer. Er brachte kein Wort hervor, sondern schaute mich nur stumm an, bis ich, Schlimmes ahnend, frug, ob die Frau erkrankt sei? Ein kurzes Ja! mit dem Beisatze, er habe mich heimzuholen, war Alles, was der sonst nicht empfindsame Mann hervorbrachte. Ich machte dem Vizepräsidenten Anzeige und verließ alsbald Bern."

„Auf der Höhe des Grauholzes kam ein zweiter Bote: der Zustand sei schlimmer, ich solle einen Arzt mitbringen! Wir kehrten um; auf den Rath Professor Schnells wurde Dr. Vogt's Hülfe in Anspruch genommen, und gegen Mittag reiste ich mit demselben zum zweiten Male heim= wärts.“

„Wir kamen gegen 3 Uhr an, begaben uns augenblicklich in das Zimmer der Kranken. Sie hatte das Bewußtsein schon verloren; eine Aderlässe wurde verordnet, aber sie änderte den Zustand nicht. Sie kannte mich nicht mehr; ein einziges Mal, da ich einen ruhigen Augen= blick zur Frage benutzte, ob sie mich kenne, glaubte ich ein leises „Ja!“ zu vernehmen; ein untrügliches Zeichen von wenigstens instinktartigem Bewußtsein war noch später bemerkbar; aber die Nacht war schon hoff= nungslos angetreten.

„Um 1 Uhr trat plötzlich mein älterer Bruder Cäsar (Dr. Med.) in's Zimmer. Er hatte mit der Abendpost in Biel die Nachricht em= pfangen, daß Lise gefährlich krank sei, und war sofort abgereist. Seine Ankunft that mir zugleich unendlich wohl und unendlich weh; denn nach kurzer Besichtigung der Kranken zerstörte sein Kummerblick die letzte Hoffnung.“

„Freitag den 26. Februar Morgens gegen 5 Uhr verschied die theure Seele. Ich selbst verkündete den Eltern ihren Tod!“

Manches freundliche Wort suchte den Schmerz des hartgetroffenen Mannes zu lindern[1]. Auch der Große Rath, dem der Vizepräsident von dem Todesfalle Kenntniß gab, beschloß: „dem Herrn Landammann· durch eine Abordnung aus seiner Mitte das Beileid und die innige Theilnahme der Behörde bezeugen zu lassen.“ Es wurden dazu bezeichnet der letztjährige Landammann und der Stellvertreter des Vizepräsidenten, welche beide nebst einer großen Anzahl von Mitgliedern[2] am 1. März der Beerdigung beiwohnten.

---

[1] So schrieb ihm ein vieljähriger Freund (C. M.) noch vor Ende des Jahres 1841, nach Anführung einiger Dichterworte: „Diese wenigen Zeilen seien dir nicht als Klage= lied, nicht als Trostwort geschrieben, sondern bloß als Erinnerung. Der ist nicht ein wahrer Freund, der nicht am Schlusse des Jahres des Freundes Schicksal in seine Be= trachtungen einschließt, und so wirst du mir's verzeihen, wenn ich nichts würdigeres fand zur Theilnahme, nichts wichtigeres zur Betrachtung, nichts lieberes zum Nachgefühl. Und so ist es wohl natürlich, daß man derjenigen Freunde, und dessen, was sie, im Guten und Traurigen, betrifft, am lebhaftesten sich erinnert, bei denen man selbst am liebsten in beständiger Erinnerung bleiben möchte.“

[2] Es wurde deßhalb die Sitzung früher als gewöhnlich geschlossen. Verhandlungen des Großen Rathes vom 27. Februar und vom 1. März 1841.

Fünf Tage später stand Blösch wieder auf dem Präsidentenstuhl des Großen Rathes, wo er mit gewohnter Klarheit und Ruhe den Vorsitz führte; kurz darauf folgte die Versammlung der eidgenössischen Tagsatzung, wo er in bereits erwähnter Weise den Stand Bern zu vertreten hatte; zugleich war es die Zeit der angestrengtesten Arbeit in dem Dotationsgeschäft; es mochte wohl mancher denselben Eindruck dabei empfinden, den ein Brief aus Basel ausgesprochen hat: „.... wodurch du dich als ein Mann darstellst, der seines Gleichen sucht, denn wahrlich ich bewundere deine Aufopferungsfähigkeit für das allgemeine Beste." Bei einem Charakter, wie der seinige, der die politische Thätigkeit nicht aus Liebhaberei, sondern im höchsten Sinn als eine Pflicht behandelte, konnte die tiefe Gemüthserschütterung nur ein Motiv mehr sein, sich selbst zu vergessen im Dienst des Vaterlandes. Er sprach dieß auch selbst aus, als er die Annahme der auf ihn gefallenen Wahl zum Tagsatzungs- gesandten erklärte: „Solche Schläge erheben das Gemüth und ziehen es ab vom alltäglichen Leben. In dieser Stimmung habe ich mein Urtheil gebildet über die aargauischen Zustände"; und diese Worte geben zugleich Zeugniß dafür, in welchem Sinne die schmerzliche Zerstörung des häus- lichen Glückes einen Einfluß ausgeübt hat auf sein öffentliches Wirken.

„Menschlich aufgefaßt", schrieb er im folgenden Jahre an den Bruder in Biel, „bin ich durch eine Reihe von Zufällen in Lisens Besitz gelangt, und eine andere Kette von Zufällen trennt uns wieder; aber was uns als Zufall erscheint, ist weise Berechnung für einen Andern. Davon bin ich überzeugt, und deßhalb bewahre ich mein Gemüth un- geachtet des Schmerzes gesund und von aller Bitterkeit rein." Auf die Rückseite eines Bildnisses der Verstorbenen, das er nicht sehr lange zuvor hatte malen lassen, schrieb er den Spruch: „Der Herr hat's gegeben, der Herr hat's genommen; der Name des Herrn sei gelobt!"

Es war übrigens dieser Todesfall nicht der einzige, der die Familie betroffen. Wenige Monate vorher, am 23. Oktober 1840, war der Groß- vater Gatschet in hohem Alter in Thun gestorben, nachdem er sich kurz zuvor mit seiner Tochter (Blöschs Schwiegermutter) wieder völlig aus- gesöhnt hatte [1]), — und am Abende des gleichen Tages eine Tochter dieser letztern, eine jüngere Schwester der Gattin Blöschs.

Wir haben diese Zeit den Höhepunkt der öffentlichen Wirksamkeit Blöschs genannt. Nicht nur der hohen ehrenvollen Stellung wegen, die ihm, dem noch so jungen Manne, ungesucht zugefallen war, — solche wurden ihm auch zehn Jahre später wieder reichlich zu Theil, — aber —

---

[1]) Zu vergleichen S. 88.

damals hatte er noch keinen Feind. So sehr auch bereits die Partei=
gegensätze in den schweizerischen Republiken, und ganz besonders im
Kanton Bern, sich geschärft hatten, — noch war es einem Manne von
seiner Mäßigung und seiner geistigen Gewandtheit möglich, über den
Parteien zu stehn, die Achtung und das Vertrauen Aller sich zu
erwerben und zu erhalten, und darum auch, — nicht befangen in eigener
Parteistellung, nicht gehemmt durch all' die Hindernisse, welche das
Mißtrauen auch der richtigsten Einsicht, auch dem besten Willen in den
Weg zu legen vermag, — zum Wohle des Landes etwas zu wirken.

Jesuiten und Freischaaren.

Die Lage der Dinge. — Aargauische Klosteraufhebung. — Reuhaus. — Anfänge des
Sonderbundes. — Die Jesuitenberufung. — Sonderbund. — Der Charakter des
Kampfes. — Der Kanton Zürich. — Parteistellung in Bern. — Stadt und Land. —
Walliser Angelegenheiten. — Reuhaus. — Blösch's Opposition. — Commissariat nach
Wallis. — Ablehnung der Mission. — Schultheiß Tscharner. — Dr. Karl Schnell;
sein Ende. — Der „Volksfreund." — Blösch's Stellung. — Berufung zur Professur. —
Schwierigkeiten. — Das Ende der Frage. — Die Landammannwahl. — Blösch's
Parteistellung zum Patriziat und zu der schweizerisch=konservativen Partei. —
Bluntschli; Gespräch mit demselben. — Vorbereitung zum Freischaarenzug. — Der
erste Freischaarenzug. — Wachsende Agitation. — Vermittlungsversuche. — Tag=
satzung. — Opposition im Großen Rath. — Der zweite Freischaarenzug. — Ausgang
desselben. — Reise nach Luzern. — Loslauf der gefangenen Freischaaren.

Durch den von jetzt an folgenden Gang der Ereignisse schärften
sich die in jedem freien Gemeinwesen unvermeidlichen Gegensätze auf
politischem und religiösem Gebiete derart, daß es auf beiden Seiten
hinfort hieß: wer nicht für uns ist, ist wider uns! und daß jede Be=
theiligung am öffentlichen Leben nur möglich war durch blinden Anschluß
an die eine oder andere Partei. Historisches Recht und Naturrecht,
Hangen am eigenthümlichen Sonderleben und Streben nach Centrali=
sation, Realismus und Idealismus, Lokalpatriotismus und Weltbürger=
thum, kirchlicher Objektivismus und religiöser Subjektivismus, die Be=
denklichkeiten des Alters und die Illusionen der Jugend, — alle diese
Elemente, aus welchen das geistige Leben der Menschen und der Völker
sich zusammensetzt, wurden in einem unnatürlichen Gährungsprozesse
solchergestalt auseinander geschieden, daß sich zuletzt nur zwei große

Gruppen einander gegenüber standen, ohne Möglichkeit, sich gegenseitig zu verstehen. Es handelte sich nicht mehr um Fortschritte und Verbesserungen; das rein negative Programm hieß auf der einen Seite: „Umsturz alles Bestehenden!" auf der andern: „Widerstand gegen jede Neuerung!" — Das Ausland übernahm die Rolle dessen, der die Masse durcheinander rührt, unter dem Scheine der Vermittlung in Wirklichkeit nur die Gährung befördert. Alles drängte zu einem erst moralischen, dann auch blutigen Bürgerkrieg.

An dieser Entwicklung, die man eine unheilvolle nennen müßte, wenn nicht unsere Gegenwart jetzt schon die glücklichen Folgen kennen würde, welche die Vorsehung daraus entstehen ließ, trug unstreitig die Angelegenheit der aargauischen Klöster eine Hauptschuld.

Die Tagsatzung wollte weder durch das fait accompli selbst, noch auch durch die spätern Konzessionen der aargauischen Regierung sich befriedigt erklären; konnte aber eben so wenig sich zu dem Entschlusse ermannen, ihrem Urtheil Achtung zu erzwingen. Während das Recht der Klöster an der Mehrheit der Kantonsregierungen seine Vertheidiger fand, so stützte sich der Aargau auf die behauptete Mehrheit des schweizerischen Volkes; so wurde die Frage von Sitzung zu Sitzung geschleppt, die Aufregung für und wider in die ganze Schweiz hinaus verpflanzt[1]), und eifrigst gepflegt, bis endlich eine Reihe von kantonalen, gewaltsamen oder friedlichen Regierungsänderungen der klosterfeindlichen Partei auch in der eidgenössischen Behörde die Uebermacht verschaffte.

Der Kanton Bern hatte, wie wir bereits gesehen, im ersten Anfang noch einer vermittelnden Meinung Raum gegeben, bald aber, sowie die Frage zur eigentlichen Parteifrage wurde, sich zum entschiedensten Verfechter des Aargaus gemacht. Hauptsächlich war dieß dem Einfluß Neuhausens zuzuschreiben, der, aargauischer als Aargau, vorzüglich dazu beitrug, der Regierung dieses Kantons als moralischer Halt und Stützpunkt zu dienen in ihrem Widerstande gegen die eidgenössische Behörde[2]). „Ein hochgestellter Mann", sagt ein Blatt jener

---

[1]) Eine anonyme Broschüre, — zu deren Titel die Hand Karl Schnells geschrieben hat: von Regierungsrath Eduard Dorer in Baden, — im März 1842, sagt gewiß ganz richtig: „Ich bedaure, daß dieß (die schnellste Erledigung in irgend einem Sinne) nicht geschehen ist; die Klosterfrage wurde unterdessen von den verschiedensten Parteien der Schweiz zum Schild und Deckmantel für ihre Tendenzen und Bestrebungen genommen."

[2]) Eine (radikale) Karrikatur stellte daher den Aargau dar, wie er, an den „Mutz" gelehnt und von diesem gestachelt, die eifrig mit Löschen des Feuers beschäftigte Tagsatzungskommission verhöhnt, — „die lange Nase macht."

Tage[1]), „ist gewiß nach der Rolle, die er seit Anfang der aargauer
Wirren gespielt hat, dem Gedanken nicht fremd geblieben, daß die lang
versuchte Centralisation des Bundes, um die so viel umsonst geschrieben
und gehandelt worden ist, bei passender Gelegenheit durch Bajonnette
und Kanonen errungen werden müsse." Neuhaus glaubte den Augenblick
gekommen, die Bundesrevision auf diesem Wege durchzuführen; er hielt
den Kanton Bern für berufen, der öffentlichen Meinung des Schweizer=
volks das Banner voran zu tragen und mit seiner ganzen Machtstellung
für diesen Zweck einzutreten; und gewiß hat die Unzulänglichkeit und
Schwäche des Bundes nach Innen und Außen sich niemals deutlicher
herausgestellt, als in dieser Angelegenheit.

Allein einerseits war Neuhaus selbst eine zu wenig populäre Natur,
um durch die Macht seines Namens in der rechten Stunde diesem Plane
den erforderlichen Schwung verleihen zu können; andrerseits war sein
Verhalten als Präsident der vorörtlichen Behörde und der Tagsatzung
allzu sehr geeignet, das Mißtrauen der eifersüchtigen Mitstände zu er=
regen: herrisches und diktatorisches Auftreten, verbunden mit Aeußerungen
der bedenklichsten Art, die er in dieser diplomatischen Versammlung fallen
ließ, — „Staatsraison", — „Aufhebung der Klöster, weil sie strafbar
werden könnten", — schnitten ihm von vornherein den Einfluß ab, der
ihm seiner Stellung nach gebührte. So wurde durch die Haltung
Berns die rechtzeitige Beilegung des Streits verhindert, die Aufregung
wach erhalten, das Ziel aber nicht erreicht, — erst später, und — durch
Andere!

Das Beispiel der Aargauer fand bald Nachahmung: Thurgau
verbot seinen Klöstern die Aufnahme von Novizen, Tessin entzog
denselben die Verwaltung ihres Vermögens. Allein auch der Gegenstoß
blieb nicht aus: „Die Aufhebung der Klöster", sagt die oben schon
zitirte Broschüre (v. Dorer) „wurde für den Bund um so bedenklicher,
weil die kleinen konservativen Stände mit der Besorgniß erfüllt wurden,
daß diese Thatsachen keine vereinzelten Bestrebungen des Radikalismus
seien"; diese Besorgniß führte zur Organisation einer kirchlich katho=
lischen Partei. Vorzüglich war dieß im Kanton Luzern der Fall, der
nach Annahme einer neuen Verfassung (1. Mai 1841) dem übermächtigen
Einfluß des frommen Volksmannes Leu von Ebersol sich ergab und aus
der Reihe der VII Konkordatkantone plötzlich in diejenige der Urkantone
übertrat. Es folgte im Dezember 1841 der feierliche Einzug des päbst=
lichen Nuntius in Schwyz, und endlich am 24. Oktober 1844 die Berufung

---

[1]) „Allgemeine Schweizer=Zeitung" vom 17. April 1841.

von sieben Jesuitenpatres nach Luzern, zu der Zeit Vorort der Eidgenossenschaft!

Der unkluge Schritt des Kantons Aargau hat das konfessionelle Bewußtsein der katholischen Bevölkerungen wachgerufen, der eben so unkluge Schritt des luzernischen Bauernregiments gab allen protestantischen Gefühlen nicht minder Grund zur Besorgniß. Welch' eine Waffe der Agitation war damit dem Radikalismus in die Hand gelegt! Was Wunder, daß man jetzt auch auf dieser Seite über Störung des religiösen Friedens Klage erhob! Was Wunder, daß die Erinnerungen hervorgeholt wurden an das Unheil, welches der Glaubenszwist der frühern Jahrhunderte über das Schweizervolk gebracht, daß der „Distelikalender" seine effektvollen Bilder von der Beschwörung des Borromäischen Bundes und den Gräueln des Veltliner Mordes in's Publikum warf! Nicht nur der religionslose Indifferentismus zuckte zusammen, auch ernste Protestanten erschraken vor diesem Gespenst. Dunkle Vorstellungen, die man wohl jetzt abergläubisch nennen darf, von der Macht und dem finstern Treiben des geheimnißvollen Ordens erfüllten die Seele des friedlichsten reformirten Bürgers mit unheimlicher Angst und mit instinktiver Abneigung. Wie das bloße Wort „Kätzer" auf der einen Seite, so wirkte der bloße Name „Jesuit" auf der andern, um, auf dem Boden einer unbestimmten Furcht, eines frommen, edlen horror's, alle bösen Leidenschaften in Bewegung zu setzen.

Bei der Tagsatzung wurde das Verlangen gestellt, daß die Glieder der gemeingefährlichen Verbindung durch Bundesbeschluß aus dem Gebiet der Eidgenossenschaft vertrieben werden sollen. Es war wiederum der Kanton Aargau, der den Antrag brachte; nicht ohne Berechtigung wurde von gegnerischer Seite die Inkonsequenz hervorgehoben, mit welcher „derselbe Stand Aargau, der in seinem Interesse das ausgedehnteste Souverainetätsrecht einem klaren Paragraphen der Bundesakte gegenüber geltend machte (in seiner Denkschrift an die hohen eidgenössischen Stände), jetzt einem unklaren Paragraphen derselben Bundesakte gegenüber das ausgedehnteste Bundesrecht behauptet" [1]. In solchen Dingen entscheidet bei den Massen nicht die juridische Rechtserkenntniß, sondern der Instinkt der Interessen, und dieser bezeichnete wie die Klöster als überflüssig, so die Jesuiten als gefährlich, abgesehen von den „Paragraphen" des Bundesvertrags. — Das gleiche Recht wird man dann

---

[1] Daniel Schenkel: „Zwölf Briefe über die politische Lage der Schweiz im Sommer 1847", p. 56.

aber auch dem Selbsterhaltungstriebe der katholischen Kantone zugestehen
müssen. —

Im Großen Rathe in Bern wurde der Antrag Aargaus wieder=
holt, und Anschluß an denselben verlangt — von Imobersteg. — Blösch
ergriff das Wort: ‹C'est pire qu'un crime, c'est une bêtise!› rief er
aus. „Sind Sie denn nicht Alle innigst überzeugt, daß dieser einzige
„Antrag Aargaus eine Kalamität ist für unsere gute Sache? daß Aargau
„den Jesuiten dadurch einen wahren Dienst und unserer guten Sache
„einen schlechten Dienst geleistet hat? Es ist unläugbar, daß dieser
„Antrag den Gegnern mehr Zusammenhang und Energie gewähren,
„daß er in unserm eigenen Lande vielen Leuten Besorgnisse aller Art
„einflößen muß. Also ist es nicht bloß ein Antrag, Gewaltakte zu üben
„in einem andern Kanton, während wir immer von Selbständigkeit und
„Souveränetät der Kantone den Mund voll haben, sondern es ist vor=
„züglich ein unkluger Antrag, eine wahre Kalamität! Ihr wollt nicht
„gerecht sein, so seid doch wenigstens klug! Wenn wir das Recht haben,
„die Jesuiten aus andern Kantonen zu vertreiben, so haben andere
„Kantone das Recht, sie uns mit Gewalt aufzudrängen. Ich bitte Sie
„um Gotteswillen, diesen Antrag nicht erheblich zu erklären!"

Wirklich wurde derselbe auch dießmal mit ziemlicher Mehrheit be=
seitigt. Er kehrte aber wieder, wie vor dem bernischen Rathe, so vor
der eidgenössischen Tagsatzung; allein Blösch hatte richtig geweissagt:
Wie die Aufhebung der Klöster die Berufung der Jesuiten als Gegen=
schlag nach sich zog, so antwortete dem Beschluß der Jesuitenaustreibung
die förmliche Konstituirung des Sonderbündnisses durch die
sieben Kantone.

Dennoch war es nie ein Kampf der Konfessionen, sondern der
Prinzipien. Das Geschrei nach „Religionsgefahr" verrieth sich allzu
leicht als bloßer Vorwand, und klang beinah wie Spott im Munde
derjenigen, welche die Religionsgefahr ihrer Gegner verhöhnten, wohl
auch um Religion sich sonst nicht allzu sehr zu kümmern pflegten. „Es
ist Euch", rief ein junger reformirter Theologe aus Schaffhausen in
der schon zitirten Schrift denselben zu, „es ist Euch um etwas ganz
anderes, als um Vertreibung der Jesuiten, als um einen geistigen Sieg,
es ist Euch um Durchführung Eures Prinzips im eidgenössischen Bundes=
leben zu thun, und darum wollt Ihr bei Anlaß des Sonderbundes und
der Jesuitenfrage die Kantonalsouveränetät brechen und den hartnäckigen
Sinn der innern Schweiz beugen"[1]). Diejenigen, welche für politische

---

[1]) Daniel Schenkel, p. 52 u. a. O.

Fragen sich nicht hatten begeistern lassen, mußten um des Glaubens willen in heiligem Eifer gerathen. Das Resultat wurde erreicht, — aber auf beiden Seiten; und gerade diese **Komplikation politischer und religiöser Motive** macht das eigenthümliche des Konfliktes aus. — Während der vom geistigen Zusammenhang mit der bestehenden Kirche abgelöste sogenannte liberale Katholizismus sich mit den bekenntnißlosen Protestanten verband, traten zum Theil die strengen Protestanten für das Recht der Klöster und der Jesuiten ein gegen die ihnen angethane und angedrohte Gewalt. So das politisch wie kirchlich konservative Neuenburg, das auf der Tagsatzung durch den ernsten Royalisten Chambrier vertreten war; so das noch immer zu den sogenannten Sarnerständen zählende **Basel**; so, wenigstens zum Theil, auch **Zürich**.

Hier hatte schon im Jahre 1839, ganz ähnlich wie in jenen katholischen Kantonen, unkluge Behandlung religiöser Fragen von Seiten der politischen Führer zu den bekannten Szenen vom 6. **September** geführt. Die in dem kirchlichen und theilweise auch sittlichen Libertinismus der Regierenden, in der Haltung der Scherr'schen Lehrerschaft und endlich in der Berufung von Dr. Strauß hervorgetretene Verkennung religiöser Volksgefühle brachte das „System" zum Untergang und eine dieser entgegengesetzte Richtung für einige Zeit zur unbedingten Herrschaft. Die Häupter des bisherigen Regiments (Hirzel, „der lange Mitmensch", sagte die „Allgemeine Schweizerzeitung") verließen den Kanton; der edle, wohl etwas charakterschwache Bürgermeister Heß „entschloß sich", wie er in einem Briefe an Karl Schnell geschrieben hat, „um Unglück zu verhüten, mit dem alten Meier zur provisorischen Besorgung der Geschäfte", dann auch zum Eintritt in die Regierung neben den Führern der siegenden pietistischen Partei.

Schon bei dieser Gelegenheit hatte Neuhaus den Versuch gemacht, dießmal nicht auf „Staatsraison", sondern auf Legitimität gestützt, durch eine Art Staatsstreich sein Ziel zu erreichen: er wollte der neuen Regierung die Anerkennung verweigern und die vorörtlichen Befugnisse jetzt schon auf Bern übergehen lassen; er vermochte aber dieß nicht durchzusetzen.

Obwohl Heß in einem Briefe an Karl Schnell auf's eifrigste versicherte: „Lassen Sie sich nicht durch radikales Geschrei irre machen, das da lautet: Zürich ist der Reaktion anheimgefallen!"[1]) so war doch

---

[1]) September 1839. Beinahe jeden Tag wurden eine Zeit lang zwischen beiden Staatsmännern Briefe gewechselt.

mit dem „Züriputsch" nicht nur in der innern, sondern auch in der
eidgenössischen Politik dieses Standes eine Wendung eingetreten. Unter
dem Druck eines frommen Terrorismus, später unter der Leitung eines
Dr. Bluntschli, trat Zürich wesentlich in die Reihe der konser=
vativen Kantone. Als Vorort in den Jahren 1845 und 1846 suchte
es eine vermittelnde Stellung inne zu halten, war aber noch zu keinem
Resultat gekommen, als mit dem Jahr 1847 die Leitung der eidgenös=
sischen Angelegenheiten neuerdings auf Bern überging.

In diesem letztern Kantone trug Verschiedenes dazu bei, das Ver=
hältniß der politischen Parteien auf's Unheilvollste zu verwirren.

Der durch Abschluß des Dotationsvertrags für kurze Zeit geheilte
Dualismus zwischen Stadt und Land wurde durch einen neuen Konflikt
wieder hervorgerufen und brachte die Bürgerschaft der Hauptstadt in
erbitterte Opposition gegen die Regierung des Kantons.

Am 6. und 7. Februar 1840 war endlich der langwierige soge=
nannte Reaktionsprozeß durch ein Urtheil des Obergerichtes zum
Abschluß gekommen und schien, — am 5. März desselben Jahres, —
durch einen Amnestiebeschluß des Großen Rathes auch glücklich begraben
zu sein. Allein unbedingt war diese Amnestie nicht; ein darauf gehender
Antrag, für den auch Blösch neben Andern eifrig gekämpft, war einige
Tage vorher abgewiesen worden[1]).

Die noch lebenden Mitglieder der Siebnerkommission sollten die
Prozeßkosten bezahlen; der städtische Bürgerrath nahm diese Bezahlung
aus Billigkeitsrücksichten freiwillig auf sich, aber der Regierungsrath
kassirte nicht nur diesen Beschluß „als eine ungesetzliche Handlung, und
zugleich als einen Akt unordentlicher Verwaltung des bürgerlichen Ge=
meindevermögens", sondern er sprach am 7. April 1843 gegen die
protestirende Behörde die Absetzung aus.

Die aus dem Gefühl erlittenen Unrechts stammende Verbitterung,
genährt durch die Erinnerung an die damit verbundene unwürdige
Behandlung angesehener Männer, unter Andern eines frühern Hauptes
der Eidgenossenschaft, Schultheiß Fischer, der während längerer Zeit
im Schlosse Thorberg gefangen saß; und nicht minder in anderer Weise
die unverkennbaren Zeichen von Sympathie, welche demselben während
dieser Haft durch einen Besuch von den ersten Magistraten anderer
Kantone zu Theil wurde[2]), — das Alles trug nicht wenig dazu bei,

---

[1]) Tillier, selbst einer der Redner für Begnadigung, behauptet, daß auch Kortum,
und sogar W. Snell die Engherzigkeit dieser Abweisung mißbilligt hätten.

[2]) Das Gleiche geschah von Seiten des englischen Gesandten Lord Stratford=Canning.

in der Stadt Bern, insonderheit unter den Anhängern der alten Ordnung, eine Stimmung zu begründen, welche den entstehenden Sonderbund mit Freude und Hoffnung begrüßte. Das Organ dieser Partei,
die „Allgemeine Schweizerzeitung", trug so sehr eine eigentlich reaktionäre Farbe zur Schau, daß bei Gelegenheit der oberwähnten Konflikte
(März 1843) ein sehr konservativer Mann aus der Bürgerschaft das
Urtheil fällte: „Dieß Blatt wird alle Bedeutung verlieren, höchstens
noch schaden; es wäre viel besser, wenn es aufhörte. Mit dem Redaktor
ist geradezu Niemand zufrieden, weil er ein Radikaler ist in scheinbar
aristokratischem Gewande."

Diese Gesinnung eines durch Reichthum, gesellschaftliche Stellung
und altes Ansehen immerhin noch nicht unwichtigen Theils der Bevölkerung trat deutlich hervor, als die Vorgänge im Kanton Wallis
neuerdings die Gemüther zu beschäftigen begannen. Diese unglücklichen
Ereignisse waren es nun auch, welche, wie für die Stellung des Standes
Bern zu den übrigen Kantonen, so für das Verhalten Blösch's zu den
obschwebenden Fragen entscheidend geworden sind.

Nachdem durch die Ermordung des Herrn von Courten am 1. April
1840 in seinem Hause zu Siders, den entschiedenen Sieg der Unterwalliser, und die Annahme der neuen Verfassung durch den ganzen
Kanton am 18. Mai der Bürgerkrieg im Wallis fast unerwartet sein
Ende gefunden zu haben schien, zeigte es sich bald, wie wenig noch auf
dauernde Beruhigung zu zählen war.

Die Partei der „jungen Schweiz" war mit ihrem bisherigen Sieg
nicht zufrieden; ihre Umtriebe und die dadurch erneuerte Aufregung
bewogen die Regierung von Wallis, in einem allarmirenden Berichte, sich
an den eidgenössischen Vorort zu wenden, und veranlaßte diesen zu
dem Beschluß, die benachbarten Kantone zur Bereithaltung von Truppen
aufzufordern. Dadurch wurde nun eine ganz eigenthümliche Situation
geschaffen. Die Stände Waadt und Bern, der Gesinnung der vorörtlichen Behörde (Luzern, Siegwart) mißtrauend, wiesen diese Einladung
als bundeswidrig von sich, und letzteres verweigerte sogar den Truppen
anderer Kantone den Durchmarsch durch sein Gebiet. Aus einem entgegengesetzten Mißtrauen lehnte gleichzeitig der Staatsrath von Wallis
die früher selbst gewünschte eidgenössische Intervention von sich ab und
schob die abgesandten Kommissarien so zu sagen bei Seite; das plötzlich
in Masse für die Regierung aufstehende, kriegsbereit herbeieilende Volk
zeigte dieser ihre Macht; sie beschloß die günstige Gelegenheit zu nützen
und mit einem Gewaltschlag die Unruhstifter zu züchtigen. Es gelang

dieß nur zu gründlich in den blutigen Zusammenstößen zu Ardon und vorzüglich am Trient, am 20. und 21. Mai 1844.

Die radikalen Regierungen von Waadt und Bern, welche auf die Uebermacht der Unterwalliser gezählt, hatten sich arg verrechnet, der Vorort sah seine erst als voreilig getadelten Maßregeln durch den Ausgang gerechtfertigt. Der Kanton Wallis fiel nun ganz der Reaktion in die Hand, im kirchlichen wie im politischen Sinne. Nicht minder bedenklich war die Rückwirkung dieser Ereignisse auf die übrigen Kantone und den Bund, indem sie die Vorwärtsschauenden weiter vorwärts stießen, die Rückwärtsgekehrten weiter rückwärts drängten, als diese selbst zu gehen Willens waren.

In Bern kam die Angelegenheit am 6. Juni (1844) zur Verhandlung vor dem Großen Rath. Es handelte sich um Instruktion an die Tagsatzungsgesandten. In einem Eingangsrapporte begründete Neuhaus die Politik der Regierung, und verlangte, daß dieselbe gerechtfertigt, die Haltung des Vororts dagegen mißbilligt werde wegen unbefugter Anordnung einer unzeitigen Intervention.

Darauf erhob sich Blösch und stellte in längerer Rede den umgekehrten Antrag auf einen Tadel gegen das Verhalten der Regierung. Manchen Mißgriff auch von Seiten des Vororts beklagend, behauptete er doch, daß derselbe durch die Lage der Dinge, wie durch den Bundesvertrag zu den getroffenen Maßregeln befugt gewesen sei; und bezeichnete dagegen die Weigerung Berns, den Anordnungen der Bundesexekutive Folge zu geben, als ein bemühendes Beispiel von Ungehorsam, der unter allen Umständen nur einen schlimmen Eindruck machen könne; als unklug ganz besonders von Seiten eines Kantons, der selbst zu den vorörtlichen Ständen gehöre und damit indirekt seine eigenen Kompetenzen beschränke[1]. Er wies darauf hin, wie gerade das Verhalten der dem liberalen Unterwallis günstigen Kantone dem Fanatismus der Gegenpartei völlig freie Hand gelassen habe. Noch schärfern Tadel aber sprach er aus gegen die Regierung von Waadt und ihren Versuch, auf eigene Faust zu Gunsten des Unterwallis einzuschreiten. „Wohin „kommen wir mit solchen Grundsätzen? Wo bleibt da unsere Sou-„veränetät und Unabhängigkeit gegenüber andern Kantonen? Wenn ein „Kanton das Recht hat, unangefordert zu interveniren, so hat ein „anderer Kanton dieses Recht auch. Wohl mögen die Absichten Waadts

---

[1] In ähnlichem Sinne sagte ein anderer Redner: „Der Kanton Bern gilt in der Eidgenossenschaft viel, aber ohne diese gilt er nichts. Darum liegt es in seinem Interesse, die Bundesgewalt zu heben, nicht zu erniedrigen."

„gut geweſen ſein, aber der Zweck heiligt die Mittel nicht! Ja wenn
„Waadt das Recht zu ſolchen Eingriffen hat, dann können nicht bloß
„die einzelnen Stände der Eidgenoſſenſchaft unter ſich dieſen Rechtstitel
„anſprechen, ſondern auch das Ausland kann ihn gegen uns geltend
„machen! Iſt die Schweiz vorzugsweiſe in der Lage, das Beiſpiel dazu
„zu geben?" Am meiſten Eindruck wohl mochten ſeine Worte machen,
als er eine Möglichkeit zu bedenken gab, welche aus der Haltung Berns
allerdings entſpringen konnte: „In welche Lage wäre unſer Kanton
„gekommen, wenn Truppen anderer Kantone, im redlichen Glauben, ſie
„ſeien ſchuldig, dem Aufgebot des Vororts Folge zu leiſten, unter eid-
„genöſſiſchem Kommando, mit der eidgenöſſiſchen Feldbinde am Arm
„an unſerer Gränze erſchienen wären und den Durchmarſch durch unſer
„Gebiet begehrt hätten? Hättet ihr ihnen nun mit Gewalt den Weg
„verlegen wollen? Ihr hättet Bürgerkrieg anfangen wollen, unter dem
„Vorwand, daß unnöthige Hülfleiſtung den Bürgerkrieg im Wallis
„herbeiführen könnte? Dem Himmel ſei es gedankt, daß dieſer Fall
„nicht eingetreten iſt!"

Blöſch wurde zwar von mehreren Rednern, beſonders warm von
Emanuel von Fellenberg, unterſtützt, vermochte aber, wie es zu erwarten
war, nicht durchzudringen der kompakten Mehrheit gegenüber, welche
zur Regierung ſtand[1]); dennoch galt der Angriff als der ſchärfſte, den
das Neuhauſiſche Regiment bisher erlitten; ja ein öffentliches
Blatt äußerte: „Noch ein ſolcher Schlag und Neuhaus iſt gebrochen!"

In der That empfand auch dieſer das Votum Blöſch's beinahe
als perſönliche Beleidigung, und der radikalen Partei bot daſſelbe
reichen Stoff zu Vorwürfen und Verdächtigungen.

Dazu trug beſonders ein Umſtand weſentlich bei: der vorörtliche
Staatsrath hatte nämlich als „eidgenöſſiſche Repräſentanten" in den
aufgeregten Kanton bezeichnet den Alt-Landammann Schmid aus Uri
und den Bürgermeiſter Burkhardt aus Baſel; nach Ablehnung dieſes
letztern, den Alt-Landammann Blöſch.

Da dieſe Wahl einiges Aufſehen gemacht hat, ſo möge folgen,
was er darüber aufgezeichnet hat: „Am 11. Mai war ich in der Gegend
von Enggiſtein (Emmenthal) auf einen Augenſchein. Nach Beendigung
der Verhandlungen, während wir am Mittagstiſch ſaßen, empfing ich

---

[1]) Am herbſten, und auch auf manche andere, ähnliche Vorfälle anwendbar, wurde
die ganze Angelegenheit bezeichnet — von Imoberſteg — mit dem Ausdruck: „Wir haben
die Unterwalliſer hineingeſprengt und ſie dann ſtecken laſſen." — Das war auch ein
„Tadel gegen die Regierung"!

durch einen Expreſſen die Anzeige meiner Wahl zum eidgenöſſiſchen
Kommiſſär im Kanton Wallis. Ich verließ den Ort ſogleich und traf
in Walkringen Herrn Rathsſchreiber Segeſſer aus Luzern, der vom
Vorort als Sekretär der Abordnung mitgegeben worden war, und der
mir vorläufig, Namens des Landammann Schmid, das Nähere über
die Wahl eröffnete."

„Herr Schmid war in Burgdorf und händigte mir hier den Er=
nennungsakt nebſt der vorörtlichen Inſtruktion ein. Er drang ſehr in
mich, daß ich die Stellung annehmen möchte, das Benehmen des Vor=
orts in der Auswahl der Truppen und ſelbſt hinſichtlich ſeiner Wahl
zum Kommiſſär tadelnd; verſicherte aber, nach innigſter Ueberzeugung
erklären zu können, daß der Vorort keinerlei Parteizwecke im Auge
habe; mit dem Beifügen, nur die beſtimmte Verſicherung hievon habe
ihn zur Annahme der undankbaren Stellung vermocht, und feſt ent=
ſchloſſen, durchaus parteilos nur für Handhabung des verfaſſungsmäßigen
Rechtszuſtandes im Wallis thätig zu ſein, würde er ſich ſofort zurück=
ziehen, wenn von Luzern aus verſucht würde, den Sachen eine andere
Richtung zu geben."

„Schon durch Rathsſchreiber Segeſſer hatte ich erfahren, daß mein
Schwiegervater erkrankt ſei, Herr Schmid beſtätigte es; ich eröffnete
ihm daher ſofort, daß es mir kaum möglich ſein werde, dem vorört=
lichen Rufe zu folgen, zumal ich eben als Schiedsrichter in einer
Streitigkeit zwiſchen Zürich und Schaffhauſen nach Baden reiſen ſollte,
wohin eine Konferenz der Ausgeſchoſſenen beider Stände ausgeſchrieben
war. Nach kurzer Unterredung kam ich mit Herrn Schmid, der ſich
gleichen Abend nach Bern begab, überein, daß ich am folgenden Morgen
— bei Anlaß der Beerdigung von Schultheiß Tſcharner — ihm meine
Entſchließung eröffnen ſollte. Ich beeilte mich dann, meinen Schwieger=
vater aufzuſuchen; derſelbe war in der That unpäßlich und äußerte
ſowohl deßhalb, als auch der Sache ſelbſt wegen, den Wunſch, daß ich
den Ruf ablehnen möchte: „der Vorort Luzern wird im Wallis einſeitig
handeln," ſagte er, „wie derſelbe in der Auswahl der auf's Piket zu
ſtellenden Truppen einſeitig verfahren iſt, und du wirſt, ohne Mittel
Gutes zu wirken, nur deinen Namen kompromittiren." Aehnlich urtheilte
Hans Schnell; als ich dieſem jedoch bemerkte, ich zweifle, ob die liberale
Partei in Wallis die Oberhand behalte, und im entgegengeſetzten Falle
dürften die, welche nun am ärgſten über mein Annehmen ſchreien, froh
ſein, Jemand an Ort und Stelle zu wiſſen, der den Exzeſſen der ſiegen=
den Partei entgegentreten könnte; da ward er zweifelhaft und bemerkte:
„Ihr habt vielleicht Recht; ich will Euch nicht abhalten, Euerm innern

Drange zu folgen, und geht Ihr hin, so möge der gute Genius Euch
geleiten, der Euch schon durch manche schwierige Verhältnisse ge=
holfen hat!"

„Ich erwiederte Hans: allerdings neige ich zur Annahme, und die
Aussicht auf Schmähungen und Verdächtigungen würde mich nicht ab=
halten, wenn nicht andere Schwierigkeiten obwalteten. Wir kamen
überein, ich sollte die Gelegenheit meiner Reise nach Bern noch benützen
zur Besprechung mit Samuel Schnell und mit Neuhaus." Dieß
geschah, und beide riethen zur Ablehnung, besonders entschieden der
letztere. Er äußerte großes Mißtrauen gegen den Vorort und suchte
das Gesagte zu begründen. Noch dringender rieth er ab, als Blösch
ihn als Freund um seine Meinung anging. ‹Je crois›, sagte er, ‹que
vous vous compromettez gravement par l'acceptation de cette mission,
et je vous assure, que le fait seul de votre nomination par le Vorort
Lucerne vous a fait du tort.›

Gleichen Tages ging die — übrigens hereits geschriebene und
unterschriebene — Ablehnung nach Luzern ab. Diese zweite Ablehnung
war dann Veranlassung zu der unglücklichen Sendung des Staats=
schreibers Bernhard Meyer, dessen etwas unklare Doppelstellung,
als Kundschafter und eventueller Kommissär, der vorörtlichen Behörde
so viel Tadel zugezogen hat.

Es war wirklich, wie Neuhaus gesagt: die bloße Thatsache dieser
Wahl genügte, um Blösch von diesem Augenblicke an in den Verdacht
geheimer Sympathien mit dem Sonderbund zu bringen, und seinem
Namen bei einem großen Theile des Volkes den guten Klang zu rauben,
den er bis dahin bei allen Parteien gehabt. Manches Vorurtheil, manches
verläumberische Gerücht, das später Blösch auf seinem Wege begegnete,
hatte faktisch keinen andern Ursprung, als diese — abgelehnte —
Ernennung.

Am 9. Mai 1844 war, wie bereits angedeutet, der edle Tscharner
aus dem Leben geschieden, bis an sein Ende der Typus derjenigen,
welche die Tugenden der guten alten Zeit hinüberretten wollten in die
neue [1]). Er starb als Schultheiß, und mit gutem Rechte durfte die
amtliche Einladung zur Beerdigung hinweisen auf die „großen Dienste,
welche der Dahingeschiedene als Präsident des Verfassungsrathes und
als Schultheiß unserer Republik geleistet hat." In der That fanden

---

[1]) Eine in mancher Beziehung treffende, aber äußerst boshafte und ungerechte
Charakteristik Tscharners enthält das mehrfach zitirte Schriftchen: „Bern, wie es ist."
Bd. I, p. 87.

sich sehr viele Mitglieder des Großen Rathes zu dem Leichenzuge ein, der am 12. Mai unter dem Klange aller Glocken der Hauptstadt das Rathhaus verließ.

Um wenige Monate war ihm derjenige vorangegangen, den manche als seinen bösen Genius betrachtet haben.

Am 11. Februar erhielt Blösch die erschütternde Nachricht, daß am Abend vorher Karl Schnell im Dorfe Umikon nächst Brugg, an der Aare Bord aufgeschwemmt gefunden worden sei.

In einer verbitterten Stimmung, in welcher das Gefühl persönlicher Zurücksetzung mit dem patriotischen Schmerz über die heillose Zerrissenheit des Landes sich mischte, hatte derselbe sich in seinem Sommerhaus zurückgezogen in ein idyllisches Stillleben unter seinen Thieren[1]), das mit seinem bis zum Menschenhaß sich steigernden politischen Mißmuth in dem seltsamsten Kontraste stand. Aeußerst fleißiger Briefwechsel, besonders mit Professor Samuel in Bern, und mit Bürgermeister Heß in Zürich, zeugen von dem Interesse, mit dem er immerfort den Gang der Dinge verfolgte; und in seinem „Volksfreund" fuhr er fort, an der Regierung leidenschaftliche Kritik zu üben. Allein seine Zornausbrüche fanden kaum ein anderes Echo mehr, als die Antwort, welche das in seinem Haß gegen die Schnell nie ermüdende Organ der Stadtpartei ihm entgegenhielt: „Eines sollte mit kolossalen Buchstaben in die Emmenfluh (bei Burgdorf) geschrieben werden, daß alles Elend und Gebrechen, welches die Schnell in ihren Artikeln im Volksfreund jetzt der gegenwärtigen Regierung vorwerfen, größtentheils in ihrem Thun und Treiben seiner Zeit, als sie im Rathe saßen, seinen Ursprung genommen hat, und ihnen als Hauptagenten zur Last fällt[2])."

Hans trat zwar im November 1843 neuerdings in den Großen Rath; der mehrmals gemachte Versuch dagegen, auch die vordem so populären Karl oder Professor Samuel durch indirekte Wahl in die Behörde zu bringen, mißlang.

Ein widriger Vorfall, der das Leben Karls in Gefahr brachte, eine Art Attentat auf ihn durch einen halbverrückten Mann, bei dem unbekannt ist, ob politische Motive mitwirkten, und endlich eine Streitigkeit in der Gemeindeverwaltung von Burgdorf, von welcher später noch die Rede sein muß, trugen dazu bei, die Gereiztheit seines Gemüths zu

---

[2]) Nicht selten geschah es, daß man ihn mit einigen Tauben auf dem Kopf oder mit einem Schäfchen in den Armen spazierend antraf, oder daß er so die ihn Besuchenden nach der Stadt zurück geleitete.

[1]) „Allgemeine Schweizerzeitung" vom 27. August 1639.

fördern. Karl Schnell hatte das Bedürfniß eines Familienlebens und ging an der Ehelosigkeit zu Grunde. Nach dem Tode seiner alten Magd nahm er eine Haushälterin zu sich; er hatte sie erst zu ehelichen beab= sichtigt, und auf den Wunsch des Vaters dieses unterlassen; dennoch konnte er sich nicht von ihr trennen, auch denn nicht, als ihr Verhalten ihm längst zur Last geworden war. Seine der französisch=philosophischen Zeitbildung entsprechende skeptische Denkungsart war um so weniger im Stande, diesen Eindrücken ein heilsames Gegengewicht entgegen zu stellen, je mehr wohl beides in enger Wechselwirkung stand.

Physisch krank — er litt an Brustkongestionen — wollte er auf den Rath seines Bruders, der ihn seit einiger Zeit ärztlich behandelte, eine Reise nach Aarau unternehmen. Mancherlei Umstände beweisen, daß der Vorsatz des Selbstmordes nicht gefaßt war; die nächste Absicht war, durch körperliche Anstrengung Erleichterung seiner Beschwerden zu gewinnen; Nebenzweck ohne Zweifel: der genannten Person entrinnen. Er verließ Burgdorf in den ersten Tagen Februars, Abends ungefähr 4 Uhr, der Tag neigte sich bereits; die Straße war mit fußhohem Schnee bedeckt, dieser in starkem Schmelzen begriffen. Tief in der Nacht erreichte er Langenthal, und am folgenden Morgen wurde die Reise nach Aarau fortgesetzt. Hier stieß er auf seine Haushälterin, die ihm in die Post vorgefahren war: „Acht Stunden gelaufen und rückwärts gegangen!" rief er betroffen aus bei ihrem Anblick. Nachts 11 Uhr verließ er den Gasthof — um nicht wiederzukehren. Seine Leiche wurde in Umiken beerdigt, wo sie gefunden worden; sein Bruder setzte ihm einen einfachen Stein.

„Es ist etwas tief Ergreifendes", schrieb einige Tage später ein Freund an Blösch, „dieses tragische Vorgefühl, das sich, vom Zusammen= treffen gewisser Ursachen und Leidenszustände bedingt, des Menschen, meist gerade dessen, der ein schweres, mühevolles Tagewerk vollbracht, bemächtigt: daß die Zeit seines Wirkens vorüber, daß der Faden seines Daseins versponnen, das Uhrwerk abgelaufen, daß es Zeit zum Schlafen= gehen sei."

Nach dem Tode Karl Schnells sah sich Blösch bewogen, an der Redaktion des „Volksfreundes" sich zu betheiligen; er glaubte das immer noch verbreitete und renommirte Blatt nicht fallen lassen zu sollen, und unternahm es, in Verbindung mit einigen Gesinnungsgenossen dasselbe fortzusetzen; dieß freilich in etwas verändertem Geiste, der nicht sowohl der Regierung selbst sich entgegenstellte, als vielmehr einer extremen Partei, welche mehr und mehr auf die Regierung Einfluß zu gewinnen und anarchische Zustände herbeizuführen drohte.

Zu den eifrigsten Mitarbeitern gehörten neben Hans Schnell haupt=
sächlich der eben so kenntnißreiche als charaktervolle, oft fast etwas
überspannte Lehenkommissär Stettler, später Professor des Staats=
rechtes; Pfarrer Albert Bitzius in Lützelflüh, der seinen unter dem
Namen des Jeremias Gotthelf berühmt gewordenen, derb populären
Humor manchmal nicht ohne Glück zur trefflichen Charakteristik politi=
scher Gegner anwandte; ferner J. P. Romang, Pfarrer in Därstetten,
der als tiefsinniger, hochgebildeter Philosoph wohl die Anerkennung
ähnlicher auserlesener Denker sich erwerben, aber mit seinen schwer=
wiegenden Gedanken und seiner etwas schwerfälligen Sprache bei der
Masse kein Verständniß finden konnte.

Ueber die Tendenz des Blattes, oder besser derjenigen, welche es
zu leiten versuchten, giebt am vollständigsten ein Brief Auskunft, den
Blösch infolge besonderer Veranlassung an einen Freund nach Basel
schrieb:

„Wir denken weder an Reaktion, noch an Verbindung mit den
Jesuiten oder Jesuitenfreunden; oder wenn der Ausdruck Reaktion
gebraucht werden soll, wenigstens nur an eine geistige. Wir sind von
Putschgedanken und Putschgelüsten so weit entfernt, daß wir es gerade
eine unserer wichtigsten Aufgaben sein lassen, die Putschtheorie,
diese verfluchte Lehre, wonach die Mehrheit nicht an das Gesetz gebunden
ist, und zwischen Mehrheit und Recht kein Unterschied besteht, zu be=
kämpfen. Allerdings machen wir gegen das bestehende Regierungssystem
Opposition und zwar erstlich, weil es zum Theil auf dieser Theorie
einer materiellen Volkssouveränetät — ganz im Widerspruch mit unserer
Verfassung — beruht; weil es ein gewaltthätiges, willkürliches, im
Innern unfruchtbares, gegen Außen zerstörendes ist; aber unsere Op=
position gilt weder der Verfassung, noch den Ideen und Grundsätzen,
aus denen sie hervorgegangen ist; unsere Absicht ist umgekehrt, die
Sachen auf den Boden der Verfassung von 1830 zurückzuführen, und
den jungen Bau unseres demokratischen Staatskörpers von dem vielen
Unrath zu reinigen, womit ihn fremde und einheimische Demagogen,
die den Revolutionszustand zum normalen des Staats machen möchten,
überschüttet haben. Wir möchten mit einem Worte: Recht an Platz
von Gewalt, und wahre Liberalität, statt der nur zu verbreiteten
falschen, zum herrschenden Prinzip zu erheben suchen, und gerade dadurch
einem Putsch oder einer Reaktion, die bei fernerm Beharren auf bis=
heriger Bahn unvermeidlich wäre, vorzubeugen suchen. Die Schweiz
hat nicht von Reaktionen, weder kirchlichen noch politischen, ihr Heil
zu erwarten, und wer die Jesuiten nach Luzern beruft, ist so gut

radikal und dem wahren Wohl der Schweiz feind — vielleicht noch mehr — als derjenige, der sie forttreiben will. Das Uebel liegt im maßlosen Parteiwesen, und in jener Arroganz, welche jede Partei sagen läßt: l'état, c'est moi! Der Volksfreund darf deßhalb nicht ein= mal als ein Parteiblatt angesehen werden, oder wäre er es, so wäre er es gegen unsern Willen. Wir hassen alles eigentliche Parteiwesen und hoffen ihm gerade mit dem Blatt, so wie es nun gehalten ist, entgegen zu wirken."

Daß diese Hoffnung sich nicht verwirklichen konnte, daß unter den damaligen Verhältnisse ein solches Stehen über den Parteien, für ein politisches Blatt, geradezu unmöglich war, das ist jetzt, nachdem die Krisis überstanden, leicht einzusehen. Allerdings schien damals noch vielleicht Keiner so sehr geeignet, eine solche Thätigkeit auszuüben, ja eine von beiden Extremen gleich weit entfernte Mittelpartei zu sammeln, als Blösch. „In Ihrer Hand, hochgeehrter Herr Landammann, liegt es, eine solche Wendung herbeizuführen. Sie, und ich möchte beinahe sagen, Sie allein, sind von Revolution und Reaktion so weit entfernt, daß Ihre Stimme vom ganzen Bernervolk, sowie auch von allen aufrichtigen Eidgenossen mit vollem Vertrauen gehört wird." So schrieb ihm noch im Juli 1844 ein einsichtiger und einflußreicher Politiker aus einem andern Kanton.

Allein Blösch selbst hat sich über die Schwierigkeiten nicht getäuscht; sein jüngerer Bruder schrieb ihm von Biel: ‹ Tout le monde regrette, que tu te mêles directement du ‹ Volksfreund ›; je crains bien que tu ne sois entraîné beaucoup plus loin que tu ne penses. Tout ce qui viendra là-dedans aura l'air de venir de toi, tu en seras plus ou moins responsable, tu vas te trouver chef d'un parti. › Die Antwort lautete: „Das Alles kann ich nicht hindern, aber eben so wenig als Grund gelten lassen, um mich der Theilnahme am Volksfreund zu ent= halten. Ich betrachte, was ich für dieses Blatt und in demselben thue (was übrigens bis jetzt sehr wenig war), für Pflicht, und von dieser hält mich prinziploser Tadel so wenig ab, als grundloses Lob! — ich habe schon beides erlebt."

Er sollte auch jetzt wieder beides erfahren. Schon im Juli erschien in einem bernischen Blatt [1]) die Hindeutung auf die „Abtrünnigkeit des Volksfreundes" von der liberalen Partei"; gefährlicher aber war es, wie Blösch in einem schon erwähnten Briefe sagt, „daß gewisse

---

[1]) „Seeländer Anzeiger", Nr. 31 vom Jahrgang 1844.

Blätter dem „Volksfreund" wie einem willkommenen Ueberläufer
verdächtiges Lob gespendet haben."

Daneben fehlte es freilich auch weder an erfreulicher Anerkennung
und Aufmunterung, noch an peinlichen Klagen und Reklamationen
solcher, die an Einzelheiten Anstoß nahmen. Was im Einzelnen diese
publizistische Thätigkeit gewirkt haben mag, ist nicht mehr zu beurtheilen;
den Erfolg jedenfalls, auf den es abgesehen war, die Heilung der
langen politischen Krankheit, welche dann im Bürgerkrieg zum letzten
Ausbruch kam, den hat sie nicht gehabt.

Viel Freunde hat er sich durch diese Wirksamkeit überhaupt nicht
gemacht, wohl aber viele Feinde, und zwar mächtige Feinde, — er sollte
es bald auf empfindliche Weise erfahren.

Im Jahr 1843 war Professor Samuel Schnell von der Professur
des vaterländischen Rechts zurückgetreten. Blösch wurde als sein Nach=
folger in Aussicht genommen; und durch ein vertrauliches Schreiben
vom 11. August dieses Jahres trug ihm Schultheiß Neuhaus, Präsident
des Erziehungsdepartements, die Stelle in den verbindlichsten Worten
förmlich an. Auf die Antwort, welche für einstweilen die Unmöglichkeit
erklärte, auf den Antrag einzugehen, erwiderte Neuhaus wenige Tage
später von Luzern aus in einer Weise, die bezeichnend ist für beide
Männer und für ihr damaliges Verhältniß zu einander. Es heißt in
dem Briefe mit Bezug auf die angeführten Gründe der Ablehnung:
‹ Votre affection si profonde pour votre épouse, vos sentiments hono-
rables pour votre beau-père, la perte que fait notre université par
votre refus, tout cela m'a vivement ému, vous m'avez fait pleurer. ›
Dann spricht er die Hoffnung aus, daß Blösch sich doch noch zur An=
nahme entschließen und bei ihm (Neuhaus) einigen Ersatz für die per=
sönlichen Beziehungen zur Familie in Burgdorf finden könnte, und
schließt mit den Worten: ‹ Adieu, mon cher Edouard, je ne sais,
si nous deviendrons amis dans toute l'acception de ce mot si saint,
mais dans tous les cas votre lettre m'est allée au cœur et désormais
je ne penserai plus à vous qu'avec une affection bien sentie. › Unter=
schrieben ist der Brief bloß: ‹ Votre Charles. ›

Dieser freundschaftlich herzliche Ton sollte leider bald ein anderer
werden. In den ersten Tagen des August des folgenden Jahres (1844)
kam zwar, während Neuhaus in Luzern abwesend war, eine dießmal
amtliche Anfrage durch das Erziehungsdepartement. Allein, als Blösch
nach einigem Bedenken erklärte, daß er geneigt sei, eine solche Stelle
anzunehmen, erhielt er im Oktober durch den Staatsschreiber eine

ausweichende Antwort, und später die Erklärung: Neuhaus habe nach seiner Zurückkunft gegen die Wahl förmlich sein Veto eingelegt!

Der Schlüssel zu diesem sonst schwer begreiflichen Stimmungs= wechsel liegt in dem Mißtrauen, welches durch die inzwischen vorgefal= lenen Ereignisse, oder vielmehr durch die Einflüsterungen einer Partei bei dem Schultheißen gegen Blösch entstanden war.

In einem in Gesprächsform gehaltenen Artikel des „Seeländer Anzeigers" (14. August 1844), überschrieben: der Katechismus der Reak= tionäre im Kanton Bern, las man unter Anderm:

„Frage: Worauf kömmt es euch vor Allem an?

Antwort: Daß wir Neuhaus und seine Politik stürzen und mit ihm die radikalen Regierungsräthe!

Frage: Durch wen wollt ihr Neuhaus ersetzen?

Antwort! Durch wen anders, als durch den hochgeehrten Herrn Landammann Blösch! Er ist der Erlöser! Er ist der Heiland!"

Aehnliche Angriffe brachten um dieselbe Zeit der von W. Snell redigirte „Schweizerische Beobachter" und andere Blätter; sie waren hauptsächlich mit veranlaßt durch das bekannt gewordene Gerücht von der bevorstehenden Berufung. Während bei Neuhaus selbst die geheime Absicht obgewaltet haben mag, den gefährlich scheinenden Nebenbuhler durch die neue Thätigkeit an der Hochschule dem politischen Leben zu entziehen, boten seine Parteigenossen, von der entgegengesetzten Besorgniß erfüllt, umgekehrt Allem auf, den Ruf zu hintertreiben [1]). Blösch hatte sich — schon 1842 — einem von Professor Stettler angeregten Schritte angeschlossen, der sich auf die nachtheiligen Gerüchte über das Privat= leben W. Snell's und seinen Einfluß auf die studirende Jugend bezog, und hatte sich dadurch den höchsten Zorn des intriganten Brüderpaares zugezogen; es war nun natürlich, daß der so Beleidigte sich gegen den ihm zugedachten Kollegen verwahrte.

Im Oktober, bevor noch der Entscheid gefallen war, machte Blösch, bei dem eben erst von der Tagsatzung zurückgekehrten Neuhaus einen Besuch; schon damals, als das Gespräch gelegentlich auf diese Frage kam, bemerkte der Schultheiß: er bedaure, daß er (Blösch) nicht früher auf den Antrag eingegangen; vor acht Monaten oder einem Jahr wäre

---

[1]) Um diesen Zweck zu erreichen, wurde selbst eine abscheuliche Intrigue ausgespielt, welche die Anhänglichkeit Blöschs an seine Familie in Burgdorf in Berechnung zog; der Persönlichkeiten wegen entzieht sie sich der Mittheilung.

er einstimmig gewählt worden, seither hätten sich die Verhältnisse ver=
ändert; er könne nicht ignoriren, daß er durch die gegen die Regierung
eingenommene oppositionelle Stellung und namentlich durch die Theil=
nahme an der Redaktion des „Volksfreundes" viel Mißtrauen, sowohl
im Volk, als auch in den Behörden geweckt, er wünsche daher die Sache
zu verschieben. Doch auch jetzt noch erwiederte er auf die Andeutung
Blöschs, daß er die Stelle nicht gesucht: ‹ Il ne s'agit pas de savoir
si vous désirez la place, moi je tiens à ce que vous l'ayez. ›

Etwa vierzehn Tage später wiederholte sich der Besuch. „Ich fand,
heißt es in einer Notiz, in welcher Blösch das ganze auch in anderer
Beziehung nicht unwichtige Gespräch niedergeschrieben hat, „ich fand
Neuhaus ganz verändert. Offenbar war neuerdings mächtig auf ihn
eingewirkt worden. Die frühere leidenschaftliche Stimmung hatte wieder
die Oberhand gewonnen. Das Gespräch kam auch dießmal auf die
Hochschule, und ich sprach den Wunsch aus, bald zu wissen, woran
ich sei."

Neuhaus erklärte es hierauf entschieden als unmöglich, die Sache
gegenwärtig vorzubringen. „Die Mehrheit der Regierungsräthe", bemerkte
er, „möge auch jetzt noch günstig gestimmt sein: ‹ Mais ›, fuhr er fort,
‹ voulez vous que toutes les gazettes nous tombent dessus? › Ich
entgegnete lachend: er werde sich nicht durch die Zeitungen bestimmen
lassen. ‹ Non, pas précisément › erwiederte er; fügte aber bei, er hätte
nicht geglaubt, daß ich das Vertrauen des Volkes in solchem Maße
verloren, wie er es nun erfahre. ‹ Figurez-vous que dernièrement
quelqu'un voulait prendre votre parti dans une auberge et que tout
le monde lui est tombé dessus! › — Ich lachte auch hierüber, fragend,
ob er die öffentliche Meinung in den Wirthshäusern suche; allein er
ließ nicht ab zu klagen über meine „unkluge Opposition" und bemerkte:
‹ C'est qu'on dit que vous entretenez des relations avec le *patriciat*
et avec *Bluntschli* et qu'on vous impute même l'intention de *me faire
concurrence!* › — Dieß erregte mein Lachen noch mehr, und ich er=
wiederte, daß ich dafür im Regierungsrathe sitzen müßte, worauf
Neuhaus sagte, er wisse es und hege selbst kein Mißtrauen, aber Andere
seien sehr argwöhnisch und seit längerer Zeit werde er häufig mündlich
und schriftlich vor mir gewarnt. Dieß habe ihm auffallen müssen und
mehr noch sei er durch mancherlei Aeußerungen von Gesandten konser=
vativer Stände an der Tagsatzung stutzig geworden, die offen erklärt,
daß er durch mich werde gestürzt werden. ‹ J'avais peine, › fügte er
bei, ‹ d'ajouter foi à ces rapports, cependant je me disais, s'il est
ainsi, eh bien, je me défendrai et nous verrons qui succombera! › Ich

bemerkte hieraus, daß ſein Herz wirklich Mißtrauen eingeſogen hatte und dieß bemühte mich."

Blöſch hatte die Profeſſur nicht geſucht. Was ihm dieſelbe als wünſchenswerth erſcheinen ließ, war einzig dieſelbe Erwägung, welche ſeine Gegner in Allarm brachte. In einem Briefe an ſeinen Bruder vom 3. Auguſt 1844, in dem er ihn um ſeinen Rath erſuchte, heißt es: „Die Familienrückſichten dürfen dabei nur in zweiter Linie wirken; die Hauptrückſicht iſt nur die: Wo kann ich — ohne allzu großen Nachtheil für mich ſelbſt — dem Allgemeinen nützlicher ſein? und in dieſer Hinſicht geſtehe ich, daß die Stelle mich anſpricht wegen des mächtigen, wenn ſchon nicht ſcheinbaren und glänzenden Einfluſſes, den ſie auf die Jugend gewährt, und vorzugsweiſe auf den Theil der Jugend, dem ſpäter die öffentlichen Geſchäfte anheimfallen. Daß ich der Politik — ich meine dem politiſchen Gezänk — ferner wäre als hier, das glaube ich nicht, wenigſtens im Ganzen nicht". — und in einem ſpätern, nachdem der Hauptabhaltungsgrund beſeitigt war und die Wahl zu erwarten ſtand: „Der Schritt iſt für mich eben ſo ſchwer als wichtig. Daß Zeitungsſchimpfereien mich nicht zur Ablehnung beſtimmen werden, konnteſt du wohl denken; denn gerade der Glaube als Lehrer des berniſchen Rechts dieſer ſchmählichen Korruption des öffentlichen Geiſtes wirkſam — wenn auch langſam — entgegenarbeiten zu können, mußte das Hauptmotiv ſein, meine ſonſtige Abneigung zu beſiegen."

Allerdings drängt ſich hier unwillkürlich die Frage auf, ob dieſe Wendung ſeines Lebens daſſelbe nicht für ihn ſelbſt ſowohl als für den Kanton nutzbringender gemacht haben würde? Im Hinblick auf Alles, was ſpäter erfolgte, iſt die Verſuchung groß, dieß anzunehmen. Hatten auch Geiſtesrichtung, Fähigkeiten und Erziehung — im weitern Sinne — ihm den Beruf zum Staatsmann angezeigt, — ſeinen perſönlichen Neigungen und Gewohnheiten entſprach eine ſolche ſtille, aber erfolgreiche Wirkſamkeit unſtreitig beſſer, als das vergebliche, gemüthsverzehrende Ringen im Parteigetriebe, in das er wider ſeinen Willen hineingeriſſen wurde. Das Gefühl dieſes Zwieſpalts war es, was ihm während der Zeit des Zweifels den Seufzer auspreßte — in einem Briefe an den Bruder —: „Noch iſt kein Entſchluß gefaßt: ich wollte, der Kelch wäre vorüber! — Ein bitterer Stachel gegen denjenigen, der die Hoffnung erregt, aber dann aus Schwachheit nicht verwirklicht hatte, iſt unſtreitig in ſeinem empfindlichen Gemüth zurückgeblieben; daß er keine kleine Rache kannte, daß er dieſe jedenfalls auf ſeine Handlungsweiſe nicht einfließen ließ, ſondern ſie der Rückſicht auf das Wohl des Landes unterordnete, das hatte er bald hernach Gelegenheit zu beweiſen.

In ähnlicher Weise und damit zusammenhängend wurden wieder alle Hebel gegen ihn in Bewegung gesetzt, als es sich handelte um die Wahl des Landammanns für das Jahr 1845.

Blösch war nun zwei Mal, für 1841 und für 1843, beinahe mit Einstimmigkeit zu dieser hohen Ehrenstelle berufen worden, und hatte in den zwei dazwischen liegenden Jahren, — da er nach der Verfassung nicht wahlfähig war, — die Stelle des Vizelandammanns bekleidet. Nach bisheriger Uebung war die Annahme begründet, daß die Wahl auch jetzt im November 1844 auf ihn fallen werde, den „Landammann sans pareil‹, wie eine vorhandene Stimmkarte ihn nennt. Dieß durfte um so eher erwartet werden, da nach der Erwählung des Landammanns von 1844, Herrn Alexander Funk aus Nidau, zum Mitgliede des Obergerichts, der Große Rath, — auf Antrag des Schultheißen von Tavel, — beschlossen hatte, für den Rest des Jahres keinen andern Landammann zu erwählen, sondern den Vizepräsidenten (Blösch) mit der Leitung der Verhandlungen zu beauftragen.

Dieß war am 18. November geschehen, und auf den 25. desselben Monats war die neue Wahl angesetzt. Jetzt erst aber verdoppelt sich die Wuth der Gegner und damit die Anstrengungen gegen ihn, welche alles bisher gewohnte Maß überboten. Am 23. November, — als man glauben konnte, daß keine Berichtigung mehr möglich sei, — brachte der „Beobachter“ einen sechs Spalten langen Artikel, in welchem bei zwanzig im „Berner Volksfreunde“ erschienene Aufsätze eben so boshaft ausgewählt, als perfid commentirt, dem Altlandammann Blösch zugeschrieben wurden, unter denen nur einer von ihm herrührte, und, damit nicht zufrieden, erlaubte man sich sogar, eine ganze Sammlung der ärgsten Artikel gegen ihn aus dem „Beobachter“ und „Seeländer Anzeiger“ in einem eigens zu diesem Zwecke gemachten Abdruck im Großrathssaale durch einen Weibel vertheilen zu lassen, während Blösch die Behörde präsidirte[1]). Mehr als solche verwerfliche Mittel mochte

---

[1]) Besonders merkwürdig ist die Intrigue, durch welche die Stimmen der katholischen Mitglieder des Großen Rathes (aus dem Jura) gegen ihn gewonnen wurden. Da man die Großräthe des alten Kantons vorzüglich mit dem Vorgeben aufgehetzt hatte: Blösch sympathisire mit den Katholiken, so stand zu befürchten, daß dadurch die Stimmen einiger wirklicher Katholiken ihm zugewendet würden. Diesem zuvorzukommen, wurde daher von den Betreffenden die Eröffnung gemacht: es wünsche die Mehrheit des Großen Rathes den katholischen Brüdern einen ganz besondern Beweis von Wohlwollen zu geben durch die Wahl eines katholischen Landammanns. Die Sache gelang zwar nicht ganz, der Betreffende (Pequignot) lehnte die Kandidatur ab; doch der Hauptzweck wurde erreicht, die katholischen Großräthe stimmten fast ohne Ausnahme gegen Blösch.

zu dem endlichen Ergebnisse die geflissentlich verbreitete Meinung bei=
tragen, die Rücksicht auf das öffentliche Wohl erheische durchaus die
Entfernung Blösch's vom Präsidentenstuhl; es sei dieselbe bei seiner
gegenwärtigen Oppositionsstellung eine politische Nothwendigkeit. Diese
Ansicht wurde jetzt selbst von Neuhaus ausgesprochen, und so kam es,
daß vor der Wahl mehrfach die Aeußerung vernommen wurde: „Ent=
weder Herr Blösch oder die Schweiz!"

Mit 115 Stimmen von 213 wurde Regierungsstatthalter Jaggi
von Interlaken zum Landammann gewählt; 77 Stimmen fielen un=
geachtet Alles dessen, was vorangegangen war, noch Blösch zu, der
sich sofort an den erstern wandte und demselben das Ergebniß der
Abstimmung meldete mit den Worten: „Sie vernehmen soeben den
Wunsch der Versammlung, daß Sie sich für das Jahr 1845 an die
Spitze der obersten Landesbehörde stellen möchten. Ich wünsche, daß es
Ihnen gelingen möge, Ihre Ueberzeugung immer mit der Gunst der
Versammlung in Einklang zu bringen, und daß, wenn Ihnen dieß
nicht gelingen sollte, Sie dann nach vollendeter Amtsdauer mit eben
so stolzem Bewußtsein erfüllter Pflicht abtreten mögen, wie ich es
thue!"

Blösch hatte gewiß, wenn jemals, Ursache stolz zu sein und seine
Niederlage als einen moralischen Sieg zu betrachten[1]). Denn nicht nur
hatte er selbst nicht das Geringste gethan, um den gegen ihn einge=
leiteten Machinationen entgegen zu treten; selbst als seine Freunde ihn
bestürmten, nur einige Worte, sei's mündlich, sei's schriftlich, von sich
zu geben, um die Unwahrheit der ausgestreuten Gerüchte zu bezeugen;
und als von anderer Seite eine solche Erklärung ihm als Bedingung
seiner Wahl vorgestellt wurde, hatte er sich beharrlich geweigert, den
Verläumdungen etwas anderes als seinen guten Namen entgegen zu
stellen. Es war sein fester Wille, entweder trotz aller Intriguen und
Verdächtigungen oder gar nicht gewählt zu werden.

Als die Wahl beendigt war, ersuchte er den Redaktor des „Schweize=
rischen Beobachters" schriftlich: „In Ihrem Blatt anzeigen zu wollen,
daß von sämmtlichen im „Volksfreund" erschienenen Artikeln, welche
die Nummer 141 des „Schweizerischen Beobachters" (vom 23. November)
mir zugeschrieben hat, nicht einer von mir herrührt, mit Ausnahme

---

[1]) Die Gegner hatten zum voraus erklärt, sie müßten es als eine moralische Nieder=
lage ansehen, wenn mehr als 40 Stimmen auf Blösch fielen. — Unmittelbar nach been=
digter Wahlverhandlung wurde ihm von Professor Stettler ein Zettelchen zugestellt mit
den Worten: „Victrix causa Diis placuit, sed victa Catoni."

eines einzigen", der übrigens der Regierung nicht Opposition gemacht, sondern dieselbe gegen Angriffe in Schutz genommen hatte.

Im „Volksfreunde" selbst gab er nachher die Erklärung ab: „Einer= seits gestehen wir, daß derjenige, den der Große Rath für 1845 an seine Spitze berufen hat, unsere Achtung in hinlänglichem Maße genießt, daß wir selbst ihm die Stimme hätten geben können; andrerseits wissen wir, daß vielleicht Niemand über seine Nichtwiedererwählung sich weniger beschwert hat, als derjenige, der beseitigt wurde."

Daß das Stimmenverhältniß nur die Folge einer künstlichen Auf= regung gewesen war; daß Blösch trotz Allem das Vertrauen des Großen Rathes noch nicht verloren hatte, zeigte eine am darauffolgenden Tage vorgenommene Wahl, bei welcher ihm von 175 Stimmen wieder 97 zufielen, ja es wurde damals nicht mit Ungrund die Bemerkung gemacht, daß während Blösch, sobald seine Ansichten dem herrschenden System widerstritten, bisher kaum je mehr als 30 Stimmen für sich hatte, in der jüngsten Sitzung diese Zahl mehrmals über 70 stieg, daß seit längern Jahren sich im Großen Rathe nie eine so bedeutende Opposition gezeigt habe, wie in dieser letzten Zeit.

Doch es mag jetzt wohl am Orte sein, zu fragen, auf welche Thatsachen eigentlich diese Verdächtigungen gegen Blösch sich grün= deten? Der Vorwurf war, wie ihn Neuhaus selbst zusammenfaßte, ein doppelter: daß er Verbindungen pflege mit dem Patriziat, und mit Bluntschli oder der schweizerischen Reaktion.

Allerdings war Blösch von Anbeginn der Meinung gewesen, daß das gesunde Neue mit dem gesunden Alten sich verschmelzen müsse; daß die gegenwärtige Verwaltung eines Centrums entbehre, in der Luft hänge, weil sie in Bern, ihrem Sitze, ohne allen Halt sei. „Das isch Alles vollkomme wahr", — erwiderte ihm einstmals (17. Dezember 1842) Hans Schnell auf eine dahin zielende Aeußerung, — „i mues Ech das zugäh; d'Regierig het z'Bern, wo sie sitzt, nit die geeignete Würze, u das isch es Unglück, — aber, aber!" — Dieses „Aber", in das nun Blösch auch seinerseits einstimmte, wurde in einem andern Satze ergänzt: „Aber, wo weit Er se näh? We me se nume fänd!" — Es war der Ausdruck der Klage, daß die Elemente der Bevölkerung, deren wirklich soziale Bedeutung ihnen Recht und Pflicht gäbe zur Betheiligung am politischen Leben, sich gegen die neue Ordnung der Dinge durchaus nur negativ und abstoßend zu verhalten wissen. Es kann nicht geläugnet werden, daß für den durch und durch historischen Sinn Blöschs ein edler alter Stamm immer einen gewissen Nimbus hatte. „Das sy no Manne gsy", — bemerkte einst Hans Schnell, sich auch hierin mit ihm einig findend, von Kanzler Mutach, Oberst Tscharner und Andern, — „we-n-i denke, wie die ihri Klassiker losg'ha hei! u be hei si öppis Ritter= lich's g'ha — me mues-ne das nahrede; — das sy Manne gsy, die hei en Ueberzügung g'ha u wäre-n-im Stand gsy, für ne-n-Idee ihres Lebe z'lah." Blösch sprach seine Ansicht dahin aus, daß es in der Aufgabe des Berner Patriziats läge, dem englischen Adel gleich sich an die Spitze der geistigen Bewegung des Volkes zu stellen, und statt die neue Staats= organisation grämlich anzufeinden, das in den Hauptgrundsätzen liegende Gute und Wahre anerkennend, dem Volk durch wahre Liberalität voran= zuleuchten; er fügte aber gleichzeitig bei: auf diesem Standpunkte ständen sie nicht, oder doch nur Wenige unter denselben. „Natürlich!" — war wieder Hans Schnells Antwort, — „wäre si so gsy, si regierte no jetz! u wär' ganz Europa umkehrt worde, d'Regierig vo Bern wär' bliebe, hätt' si i dem Geist regiert; denn Niemer het begehrt an ihrem Platz z'regiere"[1]).

Blösch war demnach gewissermaßen aristokratisch gesinnt; von irgend welcher Verbindung aber mit dem Patriziat konnte keine Rede sein, nicht nur deßhalb nicht, weil ihm die Mehrzahl dieser Klasse eben so feindselig gegenüber stand, wie einem Neuhaus; sondern hauptsächlich darum nicht, weil die Reste der bestehenden Aristokratie seinem Ideale in keiner Weise entsprachen.

Den Stoff zu dem daherigen Mißtrauen gab natürlich vor Allem aus der Abschluß des Dotationsvergleichs, der, wie bereits an= gedeutet, im Jahre 1844 neuerdings hervorgezogen und als für den Staat nachtheilig dargestellt wurde; sodann das muthvolle Einstehen für die Amnestirung der sogenannten Siebnerkommission; und das Gerücht, daß die Stadt Bern damit umgehe, ihm das Bürger= recht zu schenken[2]). Der Schein der Wahrheit wurde erhöht durch die in der Noth der Umstände herbeigeführte Verschmelzung der „Berner Volkszeitung" (späterer Titel des „Volksfreundes") mit der „All= gemeinen Schweizerzeitung", unter der Redaktion des bisherigen Leiters der letztern, und erhielt beständige Nahrung durch die Thatsache, daß in den meisten politischen Fragen die mehr oder weniger aus=

---

[1]) Ein andermal ähnlich: „Bei Gott! nicht unser Verstand, nur ihr Unverstand hat die Revolution gemacht."

[2]) Der Gedanke an eine solche Schenkung hatte in der That vorgewaltet, war jedoch ohne Erfolg geblieben, denn einer der Freunde Blöschs hatte, darüber befragt, den Takt gehabt, davon abzumahnen. Als jener selbst später davon hörte, war seine charakteristische Antwort: „So wie-n-i Burger vo Bern sy möcht, bin i's scho, u so, wie me möcht, daß i's wär', so begehre-n-i's nid z'sy!"

gesprochenen Anhänger der alten Zustände oft beinah die einzigen waren, die seinen Anträgen Zustimmung gaben.

Aehnlich verhielt sich die Sache in Bezug auf die eidgenössische Politik. Von der Stellung, welche Neuhaus hierin eingenommen, ist schon die Rede gewesen; er ging aus von der unbedingten Nothwendigkeit einer vermehrten Centralisation der Bundesgewalt und einer Organisation derselben im Sinne der regenerirten Kantone; von der Ueberzeugung, daß die Mehrheit des Schweizervolkes eine solche Aenderung verlange; und von der faktischen Unmöglichkeit, dieselbe von Oben herab, durch das verfassungsmäßige Organ, die Tagsatzung, in's Werk zu setzen. Hierauf gestützt war er bereit, jede günstige Gelegenheit zu benützen, um selbst mit Gewalt diesen Zweck zu erreichen.

Als ihn Blösch einst fragte: «Comment voulez vous justifier cette mesure?» — die Weigerung des Durchzugs in's Wallis gegenüber eidgenössischen Truppen, — antwortete er rasch und trotzig: «Par le Pacte, et si le Pacte ne nous donne pas ce droit, nous violerons le Pacte!» Noch derber sprach er dieß ein andermal aus, als Blösch, ebenfalls im vertraulichen Gespräche, gegenüber dem Antrag Aargaus auf Vertreibung der Jesuiten, ihm den Bundesvertrag entgegenhielt: «Je me fiche du Pacte!» — rief er im heftigsten Affekte aus, — «c'est un chiffon de papier! Salus publica suprema lex! *Je veux sauver la Suisse!*»[1])

Gegen solche Grundsätze, welche nach seiner Ueberzeugung zur bloßen Willkürherrschaft führen mußten, und welche er, gewiß nicht ohne Recht, mit dem jesuitischen Moralprinzip auf gleiche Linie stellte, glaubte sich Blösch allerdings verpflichtet, aus allen Kräften Widerstand zu leisten; und es war nicht zu vermeiden, daß er aus diesem Grunde sich oft wider Willen im Lager derer finden mußte, welche aus ganz andern Motiven sich dem herrschenden Radikalismus entgegenstellten. Alle, welche aus rechtlichen oder konfessionellen Gründen erschrocken waren vor der Neuhaus'schen raison d'état und der bereits eingerissenen gesetzlosen Willkür; aber auch Alle die, welche einer Bundesrevision prinzipiell sich widersetzten, wurden dadurch veranlaßt, auf

---

[1]) Welche Combinationen daneben zu dem gleichen Zwecke angewendet wurden, zeigt am schönsten ein aus Luzern von einem dortigen Liberalen nach Bern gerichteter Brief, sowie eine Begegnung mit einigen politischen Größen bei Neuhaus. Die hier in Blöschs zufälliger Gegenwart, — Neuhaus hielt ihn absichtlich zurück, — geführten Gespräche sind von diesem niedergeschrieben worden, stellen aber nicht bloß das herrschende Intriguenwesen selbst, sondern auch hauptsächlich eine noch lebende Persönlichkeit in so zweifelhaftem Lichte dar, daß sie besser unbekannt bleiben.

Blösch ihre Hoffnung zu setzen und glaubten in ihm den Mann zu sehen, der berufen sei, im Kanton Bern eine Wendung herbeizuführen.

Aber: „Kennen diese Leute, ein Siegwart, ein Bluntschli, den Herrn Blösch? Kennen sie, was er will, was er anstrebt und was er nicht will? Was er nicht will, das hat er ihnen, wenn sie ihn hätten verstehen wollen, schon längst gesagt: Keinen 6. September (Züriputsch) und kein Heuchlerregiment!“ [1]

Wie wenig Blösch geneigt war, solche Hoffnungen zu erfüllen und in die ihm zugedachte Gesellschaft sich einreihen zu lassen, zeigen zwei merkwürdige Zwiegespräche, welche er kurz nach einander zuerst mit einer fremden Persönlichkeit in Burgdorf, dann mit Bluntschli selbst in Zürich gehabt hat.

Am 6. September 1844 besuchte ihn ein Herr von Birkenthal; er gab vor, er durchreise Europa, um Materialien zu einer Statistik des Judenthums zu sammeln; statt dessen machte er Andeutungen über die Wünschbarkeit einer nähern Parteiverbindung zwischen den Bekennern konservativer Grundsätze unter den schweizerischen Staatsmännern. — Blösch erwiederte, er sei allen derartigen Verbindungen, überhaupt allen Parteiungen abhold, er habe nie, selbst im Jahr 1830 nicht, an solchen Theil genommen und werde es auch künftig nicht thun. In der Anwendung eines Mittels liege die Autorisation seines Gebrauchs auch für Andere, und er mache sich eine Gewissenspflicht daraus, kein Mittel anzuwenden, dessen Gebrauch durch die Gegner er table; und — auf neues Andringen: er bestreite die Nützlichkeit politischer Verbindungen, wie sie vorzuschweben scheinen, nicht; allein alles komme auf den Standpunkt an, von dem man ausgehe. Wollte man Veränderungen herbeiführen, wie die vom 6. September 1839 im Kanton Zürich, so wären dazu solche Parteiungen allerdings dienlich, vielleicht unentbehrlich; allein dergleichen liege seinen Absichten fern.

Der Eindruck, welchen die abweisende Haltung Blöschs auf den intriganten jüdischen Gelehrten machte, war der Art, daß derselbe finden mochte, er habe einen schlechten Politiker vor sich: Er hielt einen Augenblick inne und fragte plötzlich: „Erlauben Sie! lebt vielleicht noch ein Mann Ihres Namens hier in Burgdorf?“ Blösch verneinte; worauf er weiter fragte: „Sie sind also wirklich der gewesene Landammann Blösch?“ Erst auf seine bejahende Erwiederung nahm er das Gespräch wieder auf.

---

[1] Der „Erzähler“ von St. Gallen (Baumgartner), September 1844.

Es kam dasselbe auch speziell auf Bluntschli, von welchem der
Fremde eine Empfehlung gebracht hatte, und Blösch sagte von diesem,
daß er ihn hochschätze als einen Mann von ausgezeichneten Kenntnissen
und festem Charakter, daß ihm aber dennoch nähere Berührung mit
demselben schwer und über manche Punkte Verständigung nicht möglich
sein würde; Bluntschli betrachte Neuhaus als einen durch und durch
radikalen Parteimann, und er wolle nicht bestreiten, daß manches ge=
eignet gewesen, diese Meinung zu verbreiten, dennoch sei sie unrichtig:
Neuhaus sei seinem innern Wesen nach mehr liberal, eigentlich doktrinär,
als radikal, und wissentlich wenigstens kein Parteimann. Birkenthal
schien durch dieses Urtheil überrascht, besonders als Blösch fortfuhr:
Er (Blösch) gelte im Allgemeinen als Gegner Neuhausens, ja man
beschuldige ihn sogar, seine Entfernung von den öffentlichen Geschäften
anzustreben. Allein diese Meinung sei grundlos; obschon entschiedener
Antagonist Neuhausens in manchen politischen Fragen, achte er ihn
hoch, und suche oder wünsche, mit seinen Freunden, so wenig dessen
Sturz, daß er wahrscheinlich, wenn er heute gestürzt würde, morgen der
erste wäre, dem sie wieder ihre Stimmen gäben. Er bedaure übrigens
die persönliche Gereiztheit Bluntschlis gegen Neuhaus um so mehr,
weil derselbe diese Stimmung in die Beurtheilung der bernischen Ver=
hältnisse überhaupt hineintrage rc.

Acht Tage später sollte Blösch mit Bluntschli selbst zusammen=
treffen; es geschah dieß bei einer Versammlung der schweizerischen
gemeinnützigen Gesellschaft, welcher der erstere mit fünf andern Bernern
beiwohnte. Auch die Erzählung dieser Begegnung mag hier wenigstens
theilweise wiedergegeben werden, denn es illustrirt dieselbe, besser als
es wohl auf andere Weise möglich wäre, sowohl die Lage der Schweiz
in jener verhängnißvollen Zeit, als auch die Stellung Blöschs inmitten
derselben, und mag auf's treffendste manches bisher darüber gesagte
und künftig aufzuführende beleuchten oder ergänzen. Blösch erzählt in
seinem Tagebuche:

„Herr Bluntschli suchte alsobald sich mir zu nähern. Ich that
aber als bemerkte ich es nicht; erst am zweiten Tage, nachdem er
mehrmals vergeblich eine Unterredung gesucht, trat ich auf ihn zu, wir
begaben uns auf eine öffentliche Promenade, und hier entspann sich ein
lebhaftes Gespräch: „Europa", begann Bluntschli, „befinde sich in
in einem Zustande allgemeiner Gährung: eine Krisis sei früher oder
später unvermeidlich; diesem Augenblick könne die Schweiz nur mit
der größten Sorge entgegen sehen. Bei einem europäischen Zusammen=
stoß blieben ihr nur drei Wege offen: Entweder müßte den Parteien

und ihren Leidenschaften Stillschweigen geboten und die ganze Nation zum ernsten Entschluß gebracht werden, die Neutralität gegen jedweden Angriff von Nord oder Süd, von West oder Ost zu behaupten, koste es, was es wolle; oder man spalte sich in zwei Lager, sei es nun in zwei politische, oder in ein protestantisches und ein katholisches, und überlasse es jedem, der eigenen Ueberzeugung folgend, sich an die ent= sprechenden europäischen Massen anzuschließen; oder endlich, es geschehe von der Nation als solcher gar nichts, sondern jeder einzelne Kanton, Ort oder Mensch handle nach eigenem Sinne. Von diesen drei möglichen Eventualitäten wäre die letztere die traurigste; weniger erbärmlich, ob= schon fast eben so trostlos, wäre die zweite; ehrenhaft aber nur die erste. Wenn man an Rettung der Schweiz denken wolle, so sei es dringendste Nothwendigkeit, der allgemeinen Zerrissenheit durch Hebung sowohl der kirchlichen, als der politischen Spannung entgegen zu wirken. Dazu aber gebe es ein einziges Mittel: die kirchlichen Zustände müßten durch Beruhigung der katholischen Schweiz, die po= litischen durch eine Bundesreform verbessert werden, und beides sei, wenn man den rechten Willen daran setze, nicht unerreichbar. Es komme nur darauf an, daß einzelne einflußreiche Männer aus jedem Kanton, und vorab, daß aus Zürich und Bern einige sich darüber ver= ständigten."

Es folgte nun die Frage an Blösch, ob er geneigt wäre, sich dieser Bestrebung anzuschließen? Blöschs Erwiderung ging dahin, daß er die angedeuteten Uebelstände und Gefahren nicht mißkenne, und den Wunsch, sie gehoben zu sehen, von Herzen theile, daß aber die vor= geschlagenen Mittel ihm Bedenken erregen; darüber beruhigt, machte er aber weiter aufmerksam, daß ihm jede offizielle Stellung, also jede Berechtigung zu solcher Thätigkeit abgehe. Der Erfolg sei durch Mit= wirkung der Regierungen bedingt; nothwendig müßten daher, wenn Bern sich anschließen solle, einzelne Regierungsglieder dafür gewonnen werden.

„Bluntschli", erzählt Blösch weiter, „schien durch diese Bemerkung etwas betroffen, weit betroffener aber noch, als ich, auf die Frage, an wen er sich denn wenden müßte, vor allem Neuhaus nannte. Dieß gab dem Gespräch für den Augenblick eine ganz andere Richtung. — Ich wußte, daß Bluntschli in hohem Maße gegen Neuhaus eingenommen war, und wirklich äußerte sich sofort entschiedene Abneigung. „Nur das nicht!" — entgegnete er, — „es ist unmöglich, mit Neuhaus in Be= rührung zu treten; sein barsches, schroffes Wesen verletzt zu tief, — übrigens ist er Unitarier!" Bei diesem Ausdrucke stand Bluntschli still

und sah mich forschend an. Ich erklärte das Urtheil für grundlos, mit
dem Beifügen, es gebe bei uns überhaupt keine Unitarier, wenigstens
keine Partei mit einheitlichen Bestrebungen, er müßte sich denn auf die
entferntere Zukunft beziehen, — in welchem Falle er auch mich als
Unitarier ansehen möge." — „Aber", fiel Bluntschli wieder ein, „Bern
beharrt doch alljährlich auf der Bundesreform durch einen nach der
Kopfzahl ernannten Verfassungsrath, und Neuhaus steht an der Spitze
der Partei, die diesen Zweck verfolgt, und die überhaupt die radikale
Richtung Berns in allen eidgenössischen Verhältnissen bestimmt." Ich
gab zu bedenken, daß es etwas ganz Anderes sei, einen solchen Antrag
zu stellen, und einer Bundesreform, die von einer Mehrheit von Ständen
auf anderm Wege angebahnt werden dürfte, feindselig entgegen zu treten.
Bern bilde nun einmal den fünften Theil der Eidgenossenschaft, seine
Stellung sei eine andere, als diejenige von Zug oder Uri, und wenn
es die Revisionsfrage zunächst aus seinem Standpunkt auffasse, so könne
dieß Niemand verdenken." Allein Bluntschli wiederholte schließlich: „Es
sei und bleibe für ihn und alle Konservativen eine Unmöglichkeit, mit
Neuhaus zusammen zu wirken, und sollen die schweizerischen Zustände
verbessert werden, so müsse wenigstens Ein Mann in die Regierung
Berns eintreten, welcher Vertrauen einflöße und im Stande sei, der
Politik des Kantons in eidgenössischen Dingen eine bessere Richtung zu
geben." Die Andeutung konnte nicht mißverstanden werden, und Blösch
ging endlich darauf ein, mit der Erklärung: Wenn man aus seinem
Verhalten und aus der Opposition des „Volksfreundes" auf persönliche
Absichten geschlossen, so sei dieser Schluß durchaus unbegründet. Er
könne mit der größten Bestimmtheit versichern, daß ihm diese Absicht
ganz fremd sei.

Zum Schlusse der sich noch über andere Angelegenheiten verbreiten=
den Unterredung warf Bluntschli hastig ein: „Ja, es ist ein eigenes
Volk, das Bernervolk!" und fügte in fast neidischem Tone bei: „Der
Kanton Bern ist im Grunde gegenwärtig noch der einzige, der eine
Regierung hat; da ist noch gouvernementale Kraft und gouvernemen=
tales Ansehen, das wurde mir erst neulich wieder klar durch die Abberufung
des Lehrers Wälti!" — „Allerdings", antwortete Blösch, „hat das
Bernervolk gern eine kräftige Regierung, und ich glaube, lieber würde
es sie selbst abberufen, als eine Regierung dulden, welche schlechte
Beamte nicht abberufen dürfte. Darin liegt aber auch", fügte er bei,
„einer der Gründe, Herr Staatsrath! warum wir, ungeachtet der ent=
schiedensten Abneigung gegen manche Persönlichkeiten, in unserer Oppo=
sition gegen die Regierung so behutsam sind. Wir wollen diese Elemente

eines tüchtigen Regiments nicht zerstören; würden die Regierenden mit Koth beworfen, so möchten wohl die Personen wechseln, aber die nachtheilige Wirkung trüge sich auf die Nachfolger über, die moralische Kraft der Regierung wäre gebrochen." „Ja, bei Gott!" rief Bluntschli aus, „das ist wahr! Aus diesem Gesichtspunkt habt Ihr recht! Traget Sorge zu Eurer Regierungsgewalt. Hätten wir sie nur auch!"

Blösch, der von jeher die Revision des Bundesvertrags als unbedingte Nothwendigkeit betrachtet hatte, ging im Grunde, was das Ziel betrifft, mit Neuhaus ziemlich einig, und unterschied sich von ihm beinahe nur durch größere juridische, vielleicht auch sittliche Gewissenhaftigkeit, die ihn vor jedem, von dem positiven Recht abweichenden, ungesetzlichen oder gewaltsamen Schritte zurückschrecken ließ.

In einem der bereits erwähnten gegen Blösch gerichteten Artikel des „Schweizerischen Beobachters" vom 23. November 1844 kömmt die Stelle vor: Entweder jetzt ein Putsch in Luzern gegen die Jesuitenregierung und werkthätige Treue Berns bei dem System Neuhaus, oder binnen kurzem ein Putsch gegen die ganze regenerirte Schweiz! — Entweder — oder!"

An das letztere dachte schwerlich Jemand im Ernste, das erstere, ein Putsch gegen die Jesuitenregierung in Luzern, war vorbereitet, und auf die werkthätige Treue der Regierung Berns bei der Ausführung desselben wurde dabei gerechnet.

Wie im Jahre 1830 das schweizerische Schützenfest in Bern die öffentliche Meinung zum Durchbruch gebracht, die Umwälzung der Schweiz entschieden hatte, so hat auch das Schützenfest des Jahres 1844 auf die vaterländische Geschichte mächtig eingewirkt. Es wurde dasselbe im August in Basel abgehalten, zugleich als Jubelfeier am Jahrestage der Schlacht bei St. Jakob an der Birs, und hier soll die Verabredung getroffen worden sein zu einem bewaffneten Einfall in Luzern, verbunden mit einem gleichzeitigen Aufstand im Innern zum Umsturz seiner verhaßten Regierung.

Was Manchen vielleicht bloße Redensart gewesen war, das machten Andere, wohl nicht die Schlechtesten, zur That. Im Dezember kam der Plan zur Ausführung. Wir folgen auch hierüber einer Darstellung Blöschs [1]).

---

[1]) Eine ausführliche Relation von der Hand Blöschs über die folgenden Ereignisse, die sogenannten Freischaarenzüge, und über seine eigene Thätigkeit in dieser Angelegenheit ist vor einiger Zeit veröffentlicht worden („Berner Taschenbuch", Jahrgang 1869); hier mag es passender sein, nur einen Ueberblick zu geben, und zugleich den Zusammenhang

„Am 4. Dezember (1844)", heißt es hier, „wurde der Große Rath
entlassen. Ich war noch in Bern, als mir am 5. die Nachricht zukam,
im Kanton Luzern seien Unruhen ausgebrochen, und vom Regierungs=
rath drei Bataillone aufgeboten worden. Als Vizepräsident des Großen
Rathes, mit den Attributen des Landammanns bekleidet, ging ich sogleich
zu Schultheiß von Tavel und forderte Aufschluß. Er bestätigte, daß
die Regierung beschlossen habe, drei Infanteriebataillone unter die Waffen
zu rufen, und dieselben in Huttwyl, in Langnau und auf dem Brünig
aufzustellen; es sei eine Vorsichtsmaßregel, veranlaßt durch den Ausbruch
von Unruhen in Willisau und die herrschende Gährung in Luzern. Das
Truppenaufgebot lag in der Kompetenz der Behörde, in dieser Hinsicht
konnte ich nichts einwenden; dagegen erhob ich Einsprache gegen die
Besetzung des Brünig; denn als Sicherheitsmaßregel gegen Luzern
konnte diese Aufstellung nicht gelten, sie hatte offenbar den Charakter
einer Provokation. Von Tavel willigte ein, die Verfügung in diesem
Punkte abzuändern, und wirklich geschah es; in Folge dessen unterblieb
auch die — sonst geforderte — Convokation des Großen Rathes, und
ich reiste am Abend nach Burgdorf."

„Unterdessen kam Sonntags in der frühe die Nachricht vom Aus=
bruch in Luzern und gleichzeitig fand die erste Erhebung der Frei=
schaaren statt. Ich sah Haufen Bewaffneter durch Burgdorf ziehen,
darunter Studirende, mit ihnen ein Lehrer der Hochschule. Unmöglich
ließ sich annehmen, daß diese bewaffneten Züge, welche sich öffentlich
rühmten, in einen benachbarten Kanton einfallen zu wollen, der Re=
gierung unbekannt geblieben; der nothwendige Schluß war also, daß
sie dieselben entweder nicht hindern könne, — oder nicht hindern wolle.
Ich schrieb deßhalb an den Regierungsrath und stellte die Berufung
des Großen Rathes in Aussicht, wenn nicht Einhalt gethan werde, und
begab mich gleichen Tages selbst nach Bern, wo ich in Gegenwart des
Staatsschreibers eine neue Unterredung mit dem Schultheißen hatte.
Dieser versicherte neuerdings, die Regierung bezwecke mit ihren Maß=
regeln nichts anderes, als die Sicherung der Gränzen; wohl mögen bei
Einzelnen weiter reichende Gedanken obwalten, wie er denn nicht ver=
hehlen wolle, daß ein Rathsglied darauf angetragen, die Bataillone in
den Kanton Luzern einmarschiren zu lassen; allein er gebe sein Ehren=
wort, daß nichts Unkluges, überhaupt Nichts, was mich als Präsidenten
des Großen Rathes kompromittiren könnte, geschehen solle. Dabei drückte

---

mit anderm festzuhalten; um so eher, da auch hiefür ein kürzerer, allgemein gehaltener
Aufsatz aus derselben Feder benutzt werden kann.

er, noch dringender als vorher, den Wunsch aus, daß die Versammlung des Großen Rathes unterbleiben möge, indem sonst die schlimmsten Beschlüsse zu erwarten stünden. Ich hob wiederholt das Schwierige meiner Stellung hervor, unmittelbar nach so auffallenden Beweisen von Mißtrauen, wie sie mir zu Theil geworden, und bat Herrn von Tavel, nicht zu vergessen, daß die Ruhe des eigenen Kantons auf dem Spiele stehe, und daß wahrscheinlich eine Umwälzung in Bern den Ruin der ganzen Schweiz nach sich ziehen würde; die Ueberzeugung aussprechend, daß Bern entweder der Eidgenossenschaft das Gleichgewicht wiedergeben oder sie zu Grunde richten werde."

„Mit der Nachricht, daß in Luzern ein Aufstand ausgebrochen, kam zugleich die von seiner Unterbrückung, und kurz darauf der Bericht, daß auch der Einfall eines Korps Freischaaren aus dem Aargau und ihr Marsch bis zur Emmenbrücke einen ungünstigen Ausgang genommen. Nun wurde eine Warnung gegen bewaffnete Auszüge angeschlagen; es erfolgte sogar eine Verfolgung, und wenigstens der äußere Schein wurde gerettet[1]); der Regierungsrath entließ die aufgebotenen Truppen wieder, und ich war glücklich, am Jahrestage 1845 auch das Vizepräsidium des Großen Rathes abgeben zu können, denn zusehends trübten sich die Verhältnisse auch im eigenen Kanton."

Von einzelnen Mitgliedern der Regierung offenkundig gefördert, von andern stillschweigend gebilligt, von der Behörde selbst in keiner Weise gehindert, ging die Agitation, durch diesen Mißerfolg nicht ent=muthigt, von Neuem an.

Am 15. Dezember schon fand, auf Einladung höherer Staats=beamter, in Grafenried bei Fraubrunnen eine Volksversammlung statt, bei welcher Führer aus andern Kantonen das große Wort führten und die Errichtung eines schweizerischen Volksvereins zur Aus=treibung der Jesuiten beschlossen wurde. Nach dem Neujahr 1845 folgte rasch eine Reihe weiterer Versammlungen, — in Aarberg,

---

[1]) Eine köstliche Illustration zu der kläglichen Doppelstellung der Regierung gibt folgender kleine Vorfall, welchen Blösch berichtet: Professor Stettler, als Rektor der Universität, hatte, auf die Nachricht, daß versucht werde, Studenten zur Theilnahme am Zuge zu verleiten, eine Warnung dagegen am „schwarzen Brett" anschlagen lassen; diese war aber heruntergerissen worden und er hatte an das Erziehungsdepartement Anzeige gemacht, auf Billigung der Warnung und Ahndung des Frevels rechnend; allein es war ihm als einzige Antwort die Bemerkung zugekommen: in solchen Fällen dürfe man nicht zu streng sein, die That finde in der Absicht Entschuldigung! — Nach dem Mißlingen des Aufstandsversuchs erhob Luzern Beschwerde gegen die Betheiligung von Bernern an demselben; die Regierung behauptete, Alles gethan zu haben, was ihr möglich war, und nannte als Beweis dafür — jene Warnung des Rektors! —

in Sumiswald, in Wimmis, in Zweisimmen, in Herzogenbuchsee, in Jns, — immer zweideutiger, immer bedrohlicher; in Jns fiel der Antrag auf einen „bewaffneten Volksbund." W. Snell stellte ihn, auf den Einwurf, daß die Entfernung der Jesuiten aus der Schweiz Sache der Tagsatzung sei, ausrufend: „Nix diète, bayonnettes!" In Herzogenbuchsee beschloß die Menge, — in Anwesenheit des Regierungsstatthalters und präsidirt vom ersten Gerichtsbeamten des Bezirks: — „falls die Regierung in der Jesuitenfrage nicht mit dem Volke gehen wollte, eine Centralvolks= versammlung nach Bern zu berufen, um sofort die weitern nöthigen Schlußnahmen zu treffen."

Von Zürich aus, dem damaligen Vorort, das am 8. Dezember 1844 die Sicherheit der Schweiz gefährdet hielt und eine bedeutende Anzahl Truppen aufgestellt hatte, gingen andere Schritte, um das Verhängniß aufzuhalten. Ein freundeidgenössisches Ansuchen ging vom Großen Rathe dieses Kantons nach Luzern: von der Jesuiten= berufung abzustehen; und dieses hatte wenigstens den Erfolg gehabt, daß das Inkrafttreten des anstößigen Dekrets verschoben wurde.

In gleichem Sinne wurde, dadurch ermuthigt, auch von Privaten einzuwirken versucht durch eine an die Tagsatzung gerichtete Bittschrift, welche Luzern um des Vaterlandes willen zur Zurücknahme seines un= glücklichen Beschlusses auffordern sollte. Auch Blösch, der die Schrift von Zürich aus erhielt, setzte mit manchem seiner Freunde seinen Namen bei, und sandte sie weiter nach Biel zur Unterzeichnung.

Einen Augenblick schienen selbst einige Glieder der bernischen Re= gierung geneigt, sich an Zürich anzuschließen: Schultheiß von Tavel suchte eine Annäherung. — „Damit, daß der Triumph der Jesuiten in dem Vorort Luzern durch alle, selbst starke Mittel verhindert werde (jedoch mit Ausschluß physischer Gewalt, mit Ausschluß des Bürger= kriegs), damit sind wir einverstanden", schrieb Bluntschli am 5. Januar 1845 an Blösch, und erhielt von diesem die ermunternde Antwort: „Es „soll nicht Bürgerkrieg angefangen werden, um Elemente aus der Eid= „genossenschaft zu entfernen, deren Gefährlichkeit darin liegt, daß sie „die Möglichkeit eines künftigen Bürgerkriegs in Aussicht stellen. Von „gewisser Seite ist es allerdings auf eine schweizerische Revolution ab= „gesehen, zu welcher die Jesuitenfrage sich lediglich als willkommener „Vorwand anbietet; aber ich glaube mich nicht zu irren, wenn ich „annehme, daß die Mehrzahl der Regierungsglieder sich jenen Grund= „lagen anschließen würde; denn die Mehrheit, — davon seien Sie wohl „versichert, — will das Gute; es fehlt bei uns mehr an Einsicht, als „Rechtlichkeit."

Eine außerordentliche Tagſatzung wurde zuſammen berufen, und der Berner Große Rath verſammelte ſich Ende Januar zur Be= rathung der Inſtruktion. Das von der Regierung vorgelegte Projekt lautete in ſeinem erſten Paragraphen: „Die Geſandtſchaft ſolle dahin wirken, daß die Tagſatzung erkläre, die Jeſuitenfrage ſei Bundesſache"; das fand keine namhafte Oppoſition. Der zweite beſtimmte, den bisher abgewieſenen Antrag dießmal von Seiten der Regierung wiederholend: „Der Orden der Geſellſchaft Jeſu ſoll aus dem Gebiet der Eidgenoſſenſchaft entfernt werden." Dagegen nun erhob ſich Blöſch in einem einläßlichen Votum, das im Schlußrapport von Neuhaus als dasjenige bezeichnet wurde, deſſen Widerlegung am meiſten Mühe koſten werde. Es führte den Gedanken durch, daß der Beſchluß in dieſer Form nichts Geringeres involvire als den Bürgerkrieg, und daß demſelben nicht zuſtimmen dürfe, wer nicht von vornherein ſich auf dieſe Konſequenz gefaßt machen wolle. Er wurde von einigen Freunden unterſtützt; beſonders ſtellte Fiſcher (von Reichenbach), von derſelben Vorausſetzung aus, den Antrag: Es ſolle das Volk darüber angefragt werden, ob es in dieſer Sache nöthigenfalls Gewalt brauchen wolle. — Die blinde Jeſuitenfurcht überwog alle Gründe der Vernunft und Beſonnenheit.

Ein dritter Punkt betraf die Aufſtellung eines von der Tagſatzung verlangten Freiſchaarengeſetzes. Für dieſes trat auch Neuhaus und beſonders von Tavel ſehr lebhaft ein; mußten aber freilich in öffent= licher Sitzung hören, was die Folgezeit bald lehrte: „daß ächte Frei= ſchäärler ſich dadurch nicht würden abhalten laſſen!"

Blöſch benützte den Anlaß zu einem neuen Verſuche, die Staats= gewalt aus ihrer Unthätigkeit aufzurütteln. Er erinnerte die Regierung an ihre Pflicht, die Rechte und die Stellung zu behaupten, welche die Verfaſſung ihr angewieſen, und bemerkte, auf das in Ausbildung be= griffene Regiment der politiſchen Vereine und Volksverſammlungen hindeutend: „das Volk wolle regiert, nicht intrigirt ſein!" Dem folgte lärmende Unterbrechung; und auf mehrſeitigen Antrag, auch von Regierungsgliedern, wurde ihm das Wort entzogen.

Durch die Preſſe wenigſtens ſuchte er dieſen Kampf gegen die Anarchie fortzuſetzen. Im „Volksfreund" erſchien am 23. Februar eine ſehr ernſt gehaltene Mahnung an die Regierung, am 27. eine ſolche an das Volk, und am 6. März, ausnahmsweiſe von Blöſch ſelbſt ver= faßt: „Noch eine Warnung für das Volk und die Regierung", worin letztere zur Erkenntniß ihrer Lage gebracht werden ſollte; allein es war vergebens. Als die Tagſatzung auseinander ging, ohne irgend

welchen Schritt, die Jeſuiten betreffend, gethan zu haben, und die
Geſandtſchaften von Bern und Aargau ſich daraufhin weigerten, zu
einem Geſez gegen die Freiſchaaren ihre Zuſtimmung zu geben, —
erſtere der erhaltenen Inſtruktion zuwider, — „da war es", ſagt Blöſch,
„als ob ein friſcher Windzug die Glut anfache."

In Burgdorf beſonders war die Spannung groß. Nicht nur
ſtand der Ort ſelbſt dem Schauplaz der kommenden Ereigniſſe näher,
als die Hauptſtadt; die oppoſitionelle Stellung, welche die ſogenannte
Schnellen= oder Burgdorfer=Partei in der eidgenöſſiſchen Politik ein=
genommen hatte, war Veranlaſſung vielfacher Drohungen gegen Einzelne
und gegen die Ortſchaft geworden, und in dieſer ſelbſt fehlte es nicht
an extremen Elementen; man hatte ſich daher längſt im Stillen bewaffnet,
und ſchritt nun zur Organiſation einer Bürgerwehr, die, unter dem
Kommando eines angeſehenen, politiſch ſehr gemäßigten Mannes, ſich
durchaus im Sinne des hier herrſchenden Geiſtes zuſammenſetzte [1]).

Die Durchzüge von Freiſchaaren begannen von Neuem in den letzten
Tagen des März.

Noch gab Blöſch es nicht auf, zu thun, was er als Pflicht
erkannte. „Ich war ſehr trübe geſtimmt", bekennt er in jenem längern
Auffaze. „Am Vorabend der Kriſis, welcher ich vergeblich durch Mahnung
und Warnung vorzubeugen geſucht, und die ich am Ende faſt für eine
Nothwendigkeit anſehen mußte, laſtete mir doch das Gefühl des nahen
Ausbruchs ſchwer auf dem Herzen. Ich ſchrieb noch denſelben Abend
(29. März) zwei Briefe, den einen an Fürſprecher Fr. May, — einen
noch jüngern, gebildeten und freiſinnigen Patrizier, — den andern an
Regierungsrath Steinhauer. Jenen beſchwor ich, ſeinen Einfluß
zu verwenden, damit von ſeinen Standesgenoſſen, denen durch die Fehler
der ultra=demokratiſchen Partei neue Hoffnung aufgehen werde, keine
Mißtritte geſchehen. Dieſen ſuchte ich zu ermuntern; ihm meinen und
meiner Freunde Beiſtand zuſichernd, ſo bald die Regierung, die einer
kaum geahnten Kriſis entgegen gehe, nur „regieren wolle.""

Als der unglückliche Ausgang, wie gewöhnlich zuerſt in weit über=
treibenden Gerüchten in Burgdorf bekannt wurde, war er wieder auf
andere Weiſe thätig. Er ſetzte ſofort, ſchon am 1. April, eine Sub=
ſkriptionsliſte in Umlauf, „zur Bildung eines Spitals und Herbei=

---

[1]) Blöſch ſelbſt wurde mit zwei andern Freunden an die Spize einer Abtheilung
geſtellt, welche beſtimmt war, das Schloß nebſt deſſen Kanone gegen einen allfälligen,
dem Gerüchte nach beabſichtigten Handſtreich ſicher zu ſtellen.

schaffung der Mittel, den Heimkehrenden Medikamente, Speise, Transport=
mittel 2c. zukommen zu lassen" [1]).

Das Gerücht: Ulrich Ochsenbein, der militärische Führer des Zugs,
sei grausam verstümmelt in Gefangenschaft, gab ihm zuerst den Gedanken
ein, nach Luzern zu gehen. „Ich hatte", sagt er darüber, „mit
Ochsenbein nie in näheren Verhältnissen gelebt; er war jünger als ich
und hatte nach mir studirt; dennoch hatten wir in freundlichem Ver=
nehmen gestanden, und so entschieden ich seine Betheiligung am Frei=
schaarenzuge mißbilligte, so interessirte er mich doch in hohem Maße.
Ich empfand tiefes Bedauern mit ihm; denn ich war versichert, daß
ihn nur militärischer Ehrgeiz verleitet habe, an einer Unternehmung
Theil zu nehmen, die er selbst nicht billigte. — Genug! der Wunsch
stieg in mir auf, Ochsenbein zu retten."

Bevor er noch zur Ausführung geschritten, langte die Nachricht
an, daß derselbe glücklich heimgekehrt sei; allein jetzt wurde Blösch von
anderer Seite bewogen, zu Gunsten eines zweiten hervorragenden Führers,
des Obersten Rothpletz [2]), aus Aarau, Schritte zu thun, und da=
durch wurde er dann neuerdings in eine öffentliche Stellung
hineingezogen.

Er reiste am 6. April nach Luzern; vorher gab er jedoch der
Regierung von seinem Vorhaben Kenntniß, und bot sich zugleich zur
Dienstleistung an, wenn seine Anwesenheit in Luzern für die gefangenen
Berner nützlich sein könnte. Die Antwort lautete verdankend und enthielt
das Ansuchen: „er möchte seine speziellen Aufträge und Bemühungen
zur Linderung des Schicksals der bernischen Freischaarengefangenen in
Luzern mit denjenigen der deßhalb amtlich intervenirenden Herren Näff
und Aubry vereinigen, und über den einzuschlagenden Gang mit den=
selben sich verständigen."

Die Schilderung des ersten Eindrucks bei der Ankunft vor dem
Regierungsgebäude in Luzern ist zu vielsagend, als daß sie hier dürfte
übergangen werden: „Es war eben große Todtenmesse, der ganze Hof=
raum war von Truppen angefüllt, an ihrer Spitze der gesammte Stab.
Längs der Fronte der Franziskanerkirche war ein Theil der Kriegsbeute
aufgestellt, 10 oder 12 Kanonen, einige Rüstwagen, und eine bedeutende
Zahl von kleinern und größern Fähnchen, unter diesen eines mit dem
Wappen meiner Vaterstadt! Welcher Anblick! welche Gefühle! —

---

[1]) Das Original derselben mit den Unterschriften ist noch vorhanden.
[2]) Derselbe war Schwager eines Verwandten (Franz Schnell), außerdem lebten
noch vier Geschwister in Burgdorf.

Noch tönte der Jubel der Freischaaren in meinen Ohren, die im Namen der Freiheit und Aufklärung nach Luzern zogen, und nun dankten hier Tausende in stiller Andacht Gott für die Rettung ihrer Freiheit und ihres Glaubens! Es mochten 2—3000 Mann anwesend sein, nebst einer Masse unbewaffneten Volks, namentlich vom Lande. Die feierlichste Stille herrschte, nur von Zeit zu Zeit unterbrochen durch das Klingeln des fungirenden Geistlichen, oder durch herrliche Todtenmusik. Den Rahmen des Festes bildeten die beiden Kirchen, der Franziskaner und der Jesuiten, beide vollgepfropft von gefangenen Freischaaren! — Ich hätte ver= gehen mögen vor Wehmuth und Schaam!"

Er traf hier wirklich mit Regierungsrath Aubry zusammen, der sich jedoch vorerst auf Erforschung der allgemeinen Sachlage be= schränkte. Blösch nahm daher einstweilen keine offizielle Stellung ein, und bemühte sich nur, im eigenen Namen für die Rettung des Herrn Rothplez und für schonende Behandlung sämmtlicher Gefangenen thätig zu sein. Dieß brachte ihn unter anderm auch zu Leu von Ebersol, dessen schöne Bauerngestalt einen nicht unvortheilhaften Eindruck auf ihn machte. Die Verwendung für Rothplez nahm derselbe nicht un= günstig auf, eine Bitte aber für das Leben Dr. R. Steigers — den Bürger Luzerns — mit der im heftigsten Affekte ausgestoßenen Erwiderung: „Das ist unmöglich! das kann nicht sein!"[1] Er fand überhaupt persönlich nicht unfreundliche Aufnahme, und im Ganzen eine weit weniger gereizte Stimmung, als er hatte erwarten dürfen.

Die Lage der bernischen Regierung war eine äußerst kritische. Während die Gefangenen und ihre Angehörigen sie für ihr Schicksal verantwortlich machten, wollte doch sie selbst — Neuhaus vor Allem — nicht durch Gewährung eines Lösegelds eine solche Mitschuld an= erkennen; allein die radikalen Führer selbst wollten eine solche Lösung nicht, vielmehr war „die grausame Behandlung" der Gefangenen ein äußerst erwünschtes Agitationsmittel, um die Regierung zu einer andern „ehrenhaftern" Befreiung derselben zu zwingen; durch die Ein= sicht hievon sah diese sich zuletzt veranlaßt, um ihrer eigenen Sicherheit willen auf friedliche Unterhandlung einzugehen[2].

----

[1] Später wandte Blösch sich auf Ersuchen der Gattin Steigers noch einmal schriftlich an Leu mit einer Fürbitte, erhielt aber keine Antwort.

[2] Die bernische Gesandtschaft an der eben in Zürich versammelten Tagsatzung, der selbstherrliche Neuhaus und der schlaue Regierungsrath Weber, suchten hierbei ihre von der Mehrheit der Behörde abweichende Ansicht durch ein sehr bedenkliches Intriguenspiel zur Geltung zu bringen. Vergleiche darüber die angeführte detaillirtere Relation im „Berner Taschenbuch."

„Aus Rücksichten der Humanität und im Interesse der in
Luzern gefangenen bernischen Theilnehmer am letzten Freischaarenzuge"
wurden daher Regierungsrath Aubry und alt-Landammann
Blösch neuerdings als Abgeordnete dorthin gesandt.

„Größere Genugthung", schrieb ihm darauf ein Freund aus Thun,
„als diejenige Ihrer Mission von Seiten unseres Regierungsrathes ist,
Sie als Schutzengel Ihrer Verfolger, Ihrer politischen Feinde nach
Luzern zu senden, hätte Ihnen ganz sicher niemals zu Theil werden
können! Gott der Allmächtige gebe seinen Segen zu diesem schönen
Werke!"

Am 17. April trafen beide nach kurzer Abwesenheit wieder in
Luzern ein und fanden Landammann Näff aus St. Gallen, als
Delegirten der Tagsatzung, mit einer ähnlichen Mission. Dieser empfing
sie erst mit Mißtrauen, weil er fürchtete, sie würden seine Thätigkeit
durchkreuzen, und drang darauf, daß sie von Separatunterhandlungen
für Bern abstünden; ließ sich jedoch zufrieden stellen, als ihm die Zusicherung gegeben wurde, daß nur in Uebereinstimmung mit dem eidgenössischen Vermittler gehandelt werden solle.

Nachdem auch von Aargau, Solothurn und Baselland
Abgeordnete eingetroffen waren, wurden gemeinschaftliche Unterhandlungen eingeleitet, und ein Vergleich kam zu Stande. Er wurde am
23. April unter Vorbehalt der Ratifikation unterzeichnet, und erhielt
diejenige von Bern durch den Regierungsrath am folgenden Tage, durch
den Großen Rath am 28., ohne ernstliche Einsprache, mit 182 gegen
6 Stimmen.

Die beiden Berner hatten, um der oben erwähnten Abneigung des
Regierungsrathes allen Vorwand zu benehmen, die Vorsicht beobachtet,
nicht, wie die übrigen Committirten, Namens ihrer Regierungen, sondern
einzig „Namens der bernischen Gefangenen" zu handeln, sich zu diesem
Zweck eine besondere Vollmacht von denselben ausstellen lassen [1]), und
ebenso auch die Bezahlung der festgesetzten Loslaufssumme nur als
„Vorschuß zu Gunsten der Gefangenen" bezeichnet. Diese betrug, wie
bekannt, nachdem es gelungen war, die anfänglichen Forderungen Luzerns
herunter zu stimmen, im Ganzen Fr. 350,000 (a. W.), für Bern allein
Fr. 70,000, um welchen Preis nun die Angehörigen sämmtlicher Kantone
freigelassen wurden.

---

[1]) Die Beibringung dieser Unterschriften forderte nicht geringe Mühe von Seiten
Einzelner, die sich, — übrigens in ehrenhafter Weise, — dessen weigerten. Die beiden
Vermittler mußten zu persönlichen Geldverpflichtungen sich verstehen, um nicht Alles
scheitern zu lassen.

Am Nachmittag des 26. April verließ Blösch, von Aubry begleitet, Luzern. So war die äußerst schwierige Mission beendet. „Ich hatte mir keine Illusionen gemacht", sagt Blösch; „um Dank zu erwerben, hatte ich dieselbe nicht übernommen; doch auf das Maß von Haß, das sie mir zuzog, war ich nicht gefaßt!¹)"

Mit dem Abschluß des Loslaufvertrags schien nun die ganze Freischaarenbewegung zu Ende gekommen zu sein. Dieß war jedoch keineswegs der Fall; erst jetzt zeigte sich die Rückwirkung; sie war am entschiedensten im Kanton Bern, dessen Regierung sich mit ihrer zweideutigen Stellung selbst ihr Grab gegraben hatte.

Blösch fühlte keine Sympathie mit den von den Freischaarenführern angewendeten Mitteln, aber, wie er die relative Berechtigung des Zweckes nicht verkannte, so hat er auch die zu Grunde liegenden Motive wohl zu würdigen gewußt. „Der Freischaarenzug war eine betrübende Erscheinung, aber eine Art von Trost war doch daraus zu schöpfen. War es auch ein Akt der verwerflichsten Gewaltthätigkeit, so ist nicht zu läugnen, daß ihm eine gewisse Begeisterung zu Grunde lag. Nicht nur Gesindel, auch von den wackersten Männern, und namentlich Jünglingen, — von den Schlechtesten und von den Besten, — zogen mit, und Leute, welche sonst keinen Pfennig für geistige Zwecke gaben, brachten dießmal Opfer. Viele glaubten redlich eine Pflicht gegen ihr Vaterland zu erfüllen; und so thöricht es wäre, nicht einsehen zu wollen, daß revolutionäre Hetzerei den Anstoß gab, so ungerecht würde die Mißkennung sein, daß, was die Masse dieser Einwirkung empfänglich machte, eine an sich ehrenwerthe Gesinnung war, welche für die Zukunft dem Vaterlande weniger Gefahr droht, als die stumpfsinnige Spießbürgerei."

Es waren nicht nur politische Rücksichten, nicht nur Gefühle der Humanität und des Mitleids, es war auch dieses Urtheil mit, was Blösch bewog, die undankbare Aufgabe zu übernehmen, was ihn leitete bei ihrer Durchführung.

---

¹) Selbst in Bezug auf das Honorar, das ihm dafür gebührte, mußte er den Aerger eines Theils der Regierung auf die kleinlichste Weise empfinden, ganz ähnlich, wie vorher beim Abschluß des Dotationsvergleichs.

Die Verfassungsrevision von 1846.

Rückwirkung der Freischaarenzüge auf den Kanton. — Urtheil über die Regierung. — Haltung der Regierung. — Amnestirung der Beamten. — Die Regierung im Bunde mit der Opposition. — Die radikale Opposition. — Die „Berner Volkszeitung." — Die Lage der Regierung. — Neuhaus. — Zehntagitation. — Verfassungsrevision. — Das Vertrauensvotum. — Die Lage der Regierung. — Der Ruf nach einem Verfassungsrathe. — Die Regierung und Blösch. — Appellation an das Volk. — Die Abstimmung. — Verwerfung des Regierungsantrags. — Die Wahl eines Verfassungs= rathes. — Seine Verhandlungen. — Der § 85. — Stämpfli. — Stockmar. — Die Feudallasten. — Das Armenwesen. — Blösch's Rede. — Der „Ausgleich der Staatö= lasten." — Garantie der Gemeindegüter. — Versammlung zum Schutz der Burger= güter. — Schluß des Verfassungsraths. — Die Annahme der Verfassung. — Die neue Verfassung. — Die Opposition. — Provokationen. — Blösch's Urtheil über die Lage. — Rückblick.

Die Bewegung der Freischaaren hatte in ihren Motiven allzu viel innere Berechtigung, als daß selbst eine zweimalige, so ecclatante Niederlage ihr ein Ende hätte machen können. Die Folge war vielmehr vermehrte Sympathie mit den begeisterten Theilnehmern an dem un= glücklichen Zuge, und das um so ungestümere Begehren, daß die Re= gierungen selbst einem Uebelstande abhelfen sollen, der Vielen geradezu als unerträglich erschien.

Dieser Stimmung der Massen hatte schon am 12. Februar 1845 die Regierung des Kantons Waadt weichen müssen. Eine mit den Beschlüssen des Großen Rathes unzufriedene Volksversammlung erzwang ihre Abdankung, und stellte nun denselben Mann, der kurz vorher, — bei Gelegenheit der Klosterfrage, — als Kapuziner verspottet worden war, der aber jetzt die Bewegung zu leiten verstand, den „Redner auf der Leiter vom Montbenon", an die Spitze eines neu erwählten Staats= raths.

Ein ähnliches Ende war auch der Regierung Berns bestimmt, die jedoch ihr Schicksal, wohl in höherem Maße als jene, selbst verschuldet hatte durch ihre schwankende Haltung. Sie hatte vor dem Ausbruch nicht den Muth gehabt, der Ungesetzlichkeit ernstlich entgegen zu treten, noch die Kraft, die selbst provozirte Aufregung auch selbst zu leiten; und hatte nach dem Ausgang weder die nöthige Energie, die Friedens= brecher nach den Gesetzen zu strafen, noch die Aufrichtigkeit, ihnen rück= sichtslos an die Seite zu stehen, wie diese billig es erwarten durften.

Die Regierung hatte denselben Fehler begangen, durch welchen das alte Patrizierregiment im Jahre 1831 seinen Sturz beschleunigte, als es die Werbung der „Rothen" zuließ; nicht in seinem Namen, aber unter offenkundiger Begünstigung seiner vornehmsten Glieder, und unter Ableugnungen, welche immer noch dem Glauben Raum ließen, daß es nicht Ernst damit sei. **Halbheit macht den Mann verächtlich, für eine Regierung ist sie tödtlich.**

Es sind zum Beweis für die Zustimmung der Regenten zu der Freischaarenbewegung in den Papieren Blösch's wahrhaft ergötzliche Beiträge aufbehalten, — es bedarf derselben nicht: Alles dasjenige, was als Lüge und Verläumdung bezeichnet worden ist, als es Blösch der Regierung vorhielt, wurde einige Tage später von radikaler Seite zur Genüge wiederholt, als nun die Freundschaft aufgekündet war.

Oeffentlich im Großen Rathe wurde einem Mitglied des Regierungsrathes vorgeworfen, daß es während der ganzen Zeit des Zuges mit den aargauischen Führern desselben in täglicher Korrespondenz gestanden habe [1]).

„Die Regierung", sagte nachher ein radikales Blatt [2]), „hat Zeit genug gehabt, um Maßregeln dagegen zu ergreifen, wenn sie den Willen gehabt hätte. Ist dieß geschehen? Ist sie eingeschritten, als die Volksversammlung von Herzogenbuchsee feierlich erklärte, daß die Jesuitenaustreibung im Nothfall durch die That entschieden werden solle? Ist sie eingeschritten, als die liberale Presse einstimmig sich dahin aussprach, daß, wenn die Tagsatzung ohnmächtig wäre und die Schweiz auf keine andere Weise von dem schrecklichen Uebel befreit werden könne, das Volk zur Selbsthülfe schreiten werde? Hat die Regierung, als der Gesandte von Bern an der Tagsatzung zu dem Freischaarenbeschluß seine Zustimmung nicht gab, und dadurch stillschweigend das Recht der Selbsthülfe anerkannte, das Protokoll ausfüllen lassen? Nein! Die Regierung hat zu allem dem zugesehen, sie hat sich gegenüber der Bewegung passiv benommen, sie hat bis auf den Instruktionsantrag an den Großen Rath, der durch das Votum des Gesandten von Bern entkräftet wurde, so gut wie Nichts gegen die Bewegung gethan!" — „So kam, als die Tagsatzung rath- und thatlos auseinander ging, der Freischaarenzug heran. Da endlich erschien die Publikation. Aber wann? An dem Tage vor dem Einmarsch in Luzern, also zu einer Zeit, wo aus vielen Gegenden die Freischaaren schon abgezogen waren, wo an den übrigen Stellen

---

[1]) Verhandlungen des Großen Rathes vom 10. September 1845, Nr. 29, S. 5.
[2]) „Bernerzeitung" Nr. 47, vom 18. April 1845.

die Männer sich entschlossen und gerüstet hatten, wo jedenfalls die Aufregung zu groß war, als daß eine Publikation im letzten Momente
eine Wirkung erwarten durfte. Dazu kömmt, daß nichts Ernstliches
geschah, um der Publikation Nachdruck zu geben; kein Militär wurde
aufgeboten, um die Freischaaren aufzuhalten."

„Gestützt auf diese Thatsachen", — fährt das Blatt fort, — „dürfen
wir wohl behaupten, daß die Regierung den Freischaarenzug
nicht hat hindern wollen, daß sie ihn selbst als eine Nothwendigkeit
anerkannt hat; auf ihn gehofft hat; daß sie, wenn er gelungen wäre,
Glückwünsche und Freudenbezeugungen für ihn gehabt hätte. Dennoch
wälzt sie jetzt alle Verantwortung von sich ab und auf einzelne Theilnehmer."

Wirklich schien die Regierung plötzlich die Gefahr einzusehen, in
welche sie gerathen war: Gegen 11 Beamtete, welche, ihre amtliche
Stellung im Stiche lassend, sich dem Zuge angeschlossen hatten, wurde
vom Regierungsrath die in jener erwähnten Publikation angedrohte
Einstellung verhängt.

Allein kaum erhob sich dagegen ein mit Rücksicht auf die frühere
Unthätigkeit nur zu sehr begreiflicher Lärm über Verrath, so lenkte die
Regierung wieder ein, und brachte am 28. April, zugleich mit ihrem
Berichte über die vorgefallenen Ereignisse, einen Antrag auf Amnestirung dieser straffälligen Beamten vor den Großen Rath, der mit einem
vor wenigen Wochen auf Geheiß der Tagsatzung durch die nämliche
Behörde erlassenen Freischaarengesetze in sonderbarstem Widerspruche
stand. Neuhaus motivirte den Antrag durch das Interesse der Beruhigung
des Kantons; vergebens entgegnete Gerichtspräsident B. Straub, dieser
Typus eines ächt konservativen Berner-Charakters: „Ich zweifle sehr,
daß wenn wir Alles Geschehene mit dem nassen Finger durchstreichen,
wir inskünftige Ruhe und Frieden haben werden; denn die Partei,
welche uns dahin geführt hat, wo wir uns befinden, ist zu groß, sie
wühlt noch viel und stark, und zwar nicht bloß gegen Nachbarkantone,
sondern selbst gegen unsere Regierung"; — vergebens erinnerte Professor
Stettler: „Die von der Regierung gesuchte Garantie für Ruhe und
Ordnung bekömmt man nur, wenn Jedermann sieht, daß die Hand der
Gerechtigkeit nicht ganz erschlafft ist, sonst wird aller Frevel und alle
Mißachtung der Gesetze geradezu aufgemuntert"; — das Bedürfniß nach
Ruhe für den Augenblick, die Furcht vor einem „Putsch" überwog.

Auch dießmal leitete Blösch den Hauptkampf gegen den Regie-
rungsantrag: Er anerkannte, daß er mehr Mitleid und Bedauern fühle,
als daß er zu Vorwürfen geneigt sei; „aber!" rief er aus, „seit einer

11

Reihe von Jahren sind wir in revolutionärem Zustande und der Staats=
körper ist krank. Durch die beabsichtigte Maßregel wird der Grund der
Krankheit nicht gehoben, das Gift, welches sich in unserm Staatskörper
befindet, bleibt; und in spätern Zeiten werden Geschwüre ähnlicher Art
sich wieder zeigen und neues Unglück entstehen." Die Verantwortlichkeit
schob auch er offen auf die Regierung, welche „Nichts gethan", — „und
wenn bei solchen Verhältnissen eine ganze Angelegenheit ohne weitere
Untersuchung der Vergessenheit anheim gegeben wird, so erscheint diese
Vergessenheit nicht als ein Akt der Großmuth, sondern als ein Zeichen
eines bösen Gewissens!"

Dieser Vorwurf traf Neuhaus äußerst empfindlich; in seinem aus=
führlichen Schlußrapport, in welchem er alle und jede Betheiligung der
Regierung am Freischaarenzuge läugnete, wendete er sich plötzlich heftig
gegen Blösch mit den Worten: „Es ist bei den jüngsten Ereignissen
Schweizerblut geflossen, und wenn nun jener Vorwurf gegründet wäre,
so müßte ich annehmen, daß dieses Blut an meinen Fingern klebe!" —
Mit 159 gegen bloß 25 Stimmen wurde beschlossen: „Die Fahne der
Vergessenheit über Alles zu schwingen [1]."

Auch Blösch hielt es nicht für unmöglich, daß ein entgegengesetzter
Ausgang einen gewaltsamen Ausbruch hätte hervorrufen können; allein
er hielt die Regierung für stark genug, ihm zu begegnen [2], da sie für
solchen Fall auf die Unterstützung Vieler zählen konnte, die bis dahin
zu ihr im Gegensatze standen.

Die mehr oder weniger konservativ gesinnte Opposition hatte sich
der Regierung als solcher niemals feindselig gegenüber gestellt. Die
persönliche Anhänglichkeit ihres nunmehrigen Führers (Blösch) an das
Haupt der Regierung (Neuhaus) blieb unverändert, und mag zu dieser
Haltung beigetragen haben. Als der letzteren durch die Freischaaren=
züge die ernsteste Verlegenheit erwuchs, wäre es jener Richtung ein
Leichtes gewesen, dieselbe zu vermehren, und der schlaue, in dergleichen
Künsten wohlbewanderte von Tavel sprach sich sehr verwundert aus,
als davon das Gegentheil geschah.

<hr>

[1] Verhandlungen des Großen Rathes der Republik Bern vom 28. April 1845.

[2] Von einem Zuge nach Bern scheint die Rede gewesen zu sein. Ein vom 29. April —
also nach dem Amnestiedekrete — datirter Brief aus Biel meldet Dr. Cäsar Adolf Blösch:
„Noch haben sie ihren Plan nicht aufgegeben; zu einer Pöbelversammlung haben sie Ein-
ladungsschreiben drucken lassen: wie Truppenaufgebote sollten sie nur ausgefüllt und
verschickt werden. Auf künftigen Donnerstag — heißt es nun — sollen die „Huronen"
in der Nähe von Bern zusammenkommen, um dem Großen Rath den Willen des Volks
bekannt zu machen."

Das mehrtägige Zusammenleben Blösch's mit Regierungsrath Aubry in Luzern, und die Nothwendigkeit gemeinsamen Handelns mußte zu gemeinsamen Besprechungen führen über die Lage des Kantons, und gab Veranlassung zu mancherlei vertraulichen Eröffnungen.

Mitten in der großen liberalen Partei, welche lange beinahe unbestritten die Leitung des Kantons in ihren Händen gehalten, hatte sich allmälig ein jüngeres Geschlecht ausgeschieden, größtentheils von Schülern W. Snells und Jüngern seiner neuen Staatsrechtslehre. Im Regierungsrathe eigentlich nur durch drei Mitglieder vertreten, hatte diese Richtung doch durch Neuhausens überwiegenden Einfluß die Behörde vollständig beherrscht, und zu einem willfährigen Werkzeug ihrer weitgehenden Pläne gemacht.

Die Mehrheit der Regierung scheute plötzlich vor den Konsequenzen ihrer Politik zurück, als dieselben nun zur That geworden waren, und erkannte die „Verkehrtheit ihrer bisherigen Anschauungsweise, wonach die anarchische Partei als die Stütze der Regierung und Verfassung, die konstitutionelle dagegen als Feindin beider betrachtet worden war."

Neben von Tavel[1]) war Regierungsrath Weber einer der ersten, der diese Annäherung suchte. Sohn eines Landmanns und gewesener Schüler Pestalozzi's, hatte sich dieser zur Jurisprudenz gewendet, und durch Eintritt in die „Schreibstube" Snell sich an diese Männer eng angeschlossen. Von ihnen begünstigt, gelangte er rasch zu Einfluß; aber nach seiner Wahl in den Regierungsrath machte er sich als Führer der sogenannten „Landpartei" zum Verfechter der materiellen Interessen des Bauernstandes, und gerieth mit den Snell in offene Feindschaft[2]); jetzt erklärte er sich zur Versöhnung bereit. War bei diesen beiden Männern die Eifersucht gegen den Schultheißen wohl mit im Spiel, so war es bei Andern theils wirkliche Einsicht, theils die Sorge um die eigene Person, die sie zum Einlenken bewog.

Das erste Anzeichen dieser Veränderung war die Anordnung einer Untersuchung gegen W. Snell, den Hauptredner in Herzogenbuchsee

---

[1]) Mit demselben in Verkehr zu treten, weigerte sich Blösch entschieden, „da er nicht die Persönlichkeiten unterstützen wolle, aus welchen die Regierung bestehe, sondern die Regierung als solche, abgesehen, ja selbst trotz der Personen, einzig im Interesse der Ordnung und Gesetzlichkeit." — Er drückte den gleichen Gedanken später einmal in sehr drastischem Berndeutsch durch die Redensart aus: er habe damals die Regierung unterstützt „b'Auge zue u b'Nase verha!" — mit geschlossenen Augen und verhaltener Nase.

[2]) „Wenn ich nicht Gleiches in Betreff meiner sage", bemerkt Blösch, wo er davon redet, „so geschieht es nur, weil ich mir bewußt bin, seine feindselige Gesinnung nie erwidert zu haben."

und in Ins. Sie führte zu seiner Abberufung als Lehrer der Hochschule, und dieser folgte seine Ausweisung aus dem Kanton [1]).

Diese Verfügung gab den Anstoß zum offenen Bruch zwischen der jungen radikalen Partei und Neuhausens Regierung. Zwar mißlang der Versuch, sie unmittelbar zur Erregung eines Sturms zu benützen; allein von da an begann in der Presse und auf jegliche Weise die Klage über „Verrath" und „Reaktion."

„Die Allianz Blösch und von Tavel ist unterzeichnet und ratifizirt worden", rief die „Bernerzeitung" aus (30. Juni); und die nämliche Nummer enthielt einen Angriff auf den gesammten Großen Rath, unter dessen 240 Mitgliedern sie neben Beamten, Patriziern, „Blöschen" u. s. w., nur acht wahrhaft Unabhängige zu zählen fand.

„Aufgeräumt muß auch in neuen Häusern werden, wenn nicht Kehricht und Spinngewebe sich anhäufen soll! Wir glauben deutlich gesprochen zu haben!" schrieb die in Biel erscheinende „Neue Jurazeitung" (am 28. Juni), während zu gleicher Zeit der Freischaarenkultus auf die Spitze getrieben wurde in der berühmten Taufe der Freischaarenglocke zu Schüpfen, wo Ulrich Ochsenbein, — der „an Leib und Seele zerknirscht aus dem Kanton Luzern Heimgekehrte [2]), — eine Rede hielt und offen den Vorsatz aussprach, das Unternehmen der Jesuitenaustreibung zu wiederholen, beifügend: „und die Regierung wird nachfolgen müssen."

Da die allerwärts gegründeten Volksvereine der wachsenden Agitation hauptsächlich ihren Halt gaben, wurde oft der Gedanke geäußert, daß durch eine ähnliche Organisation der konservativen Elemente derselben begegnet werden sollte. Blösch mit den meisten seiner Freunde widerrieth, von der Ansicht ausgehend, daß bei der Gleichgültigkeit der Massen, und der vorherrschend radikalen Gesinnung des erregbaren Theiles des Volks, der Versuch, ohne Erfolg zu verheißen, nur die Reizung der Gegner erhöhen würde. Doch geschahen um diese Zeit Schritte, um den seinem Zwecke nicht mehr entsprechenden „Volksfreund" durch ein neues Blatt zu ersetzen.

Mit dem Datum des 31. Juli 1845, — dem Jahrestage der Annahme der Verfassung von 1831, — wurde das von Blösch und Hans

---

[1]) Blösch hatte an dieser Maßregel keinen Theil, es sei denn dadurch, daß er, übereinstimmend mit andern Rednern, den Lehren, welche an der Hochschule vorgetragen würden, eine Hauptschuld an den Ereignissen zuschrieb; an einer Versammlung gegen Snell wollte er sich, von radikaler Seite aufgefordert, nicht betheiligen.

[2]) In seinem gedruckten Bericht über den Zug, datirt Nidau, 4. April 1845.

Schnell unterzeichnete **Programm** verbreitet zur Gründung „eines Organs für Wahrheit, Gesetz und Recht", das sich „die Rettung des Vaterlandes von dem drohenden Untergang durch das aufrichtige, einträchtige und werkthätige Zusammenhalten der gesetzlichen und recht= lichen Männer aller Klassen" zum Zwecke setzte.

Das drei Mal wöchentlich erscheinende Blatt fand ziemlich großen Anklang, und wurde zur Zeit in 1400 Exemplaren gedruckt; allein un= aufhörliche Preßplackereien und Prozesse, mit denen es trotz der Preß= freiheit sich beständig verfolgt sah[1]), erschwerten seine Wirksamkeit; die größte Schwierigkeit bestand jedoch in der Wahl einer geeigneten Re= daktion. Sie wurde zuerst besorgt von dem gebildeten und schrift= gewandten gewesenen Gerichtspräsidenten Haas aus Biel; später, als dieser sich zum Rücktritte genöthigt sah, übernahm die Aufgabe Dr. Eb. Müller, der, ein charaktervoller und energischer Mann von scharf konser= vativer Gesinnung, als Redaktor der „Allgemeinen Schweizerzeitung" Proben seiner publizistischen Befähigung abgelegt hatte, aber eben durch diese Vergangenheit unvermeidlich nun auch der „Berner Volks= zeitung" den Schein aristokratischer und reaktionärer Tendenzen zu= ziehen mußte.

Nachdem das Blatt den Kampf für „Wahrheit, Gesetz und Recht" während der bewegten Jahre 1846 und 1847 anscheinend fast erfolglos und unter bedeutenden Opfern für die Betheiligten fortgeführt hatte, wurde das Unternehmen am Ende jenes Jahres zuletzt aufgegeben.

Unterdessen wurde die Lage der Regierung immer kritischer. Die Herausgabe des „Landboten", der eine Zeit lang als Beilage zum offi= ziellen Amtsblatte erschien, änderte daran nichts; noch weniger die Preß= prozesse, durch welche sie ihre Stellung zu wahren und Ordnung zu schaffen vermeinte[2]); nur um so allgemeiner ward die Klage über den „Abfall von den liberalen Grundsätzen"; nur um so schonungsloser wurden die Angriffe auf das bestehende Regiment.

Selbst Neuhaus, gegen den doch im Grunde jene Schwenkung seiner beiden Kollegen (von Tavel und Weber) gerichtet war, entging seinem Schicksal nicht, obwohl er von den „Burgdorfern" sich fern hielt und jeden Schein von Verbindung mit ihnen auf's Aengstlichste mied.

---

[1]) Die „Zensur" ging so weit, daß der Regierungsstatthalter von Burgdorf (Kohler) vom Verleger verlangte, daß das Blatt nicht ausgegeben werde, bis er zuvor davon Einsicht erhalten habe.

[2]) Als die Regierung wegen der Anschuldigung von „Verrath" gegen die „Berner= zeitung" klagend auftrat, gestattete das Amtsgericht von Bern dem Blatte „den Beweis der Wahrheit"; und erst das Obergericht machte diesem Aergerniß ein Ende.

Er verlor alle seine Popularität bei denen, welche ihn vor kurzem noch vergöttert, — oder vielmehr als ihr Werkzeug mißbraucht hatten; es widerfuhr ihm auf die empfindlichste Weise, was bereits zu Ende 1844 der „Volksfreund" ihm geweissagt hatte: er fand sich plötzlich „zwischen Stühl' und Bänken." Er hatte keine Partei mehr hinter sich; die Einen hatten nach Rechts, die Andern nach Links ihn verlassen.

Unglücklicher Weise gab er die Hoffnung nicht auf, seine bisherigen Freunde sich zu erhalten, so daß die Regierung mehr als jemals in's Schwanken gerieth. Umsonst hatte ihm Blösch in Erinnerung gebracht, „daß Ein Schreier mehr Lärm macht, als Zehn, welche schweigen; darum zähle man nicht immer nur diejenigen, welche schreien, sondern auch diejenigen, die stille sind, und dann wird man erst wissen, wie die öffentliche Meinung steht"; umsonst drang er in einer persönlichen Besprechung und unter der Zusage kräftigen Beistands darauf, daß die Regierung auf alle Eventualitäten gerüstet, sich gefaßt machen möge, dem Versuche ungesetzlicher Gewalt ihre gesetzliche Gewalt entgegen zu setzen; die Heftigkeit der radikalen Presse schüchterte sie allzu sehr ein, als daß sie es gewagt hätte, aufrichtig eine Stütze zu suchen in den konservativen Elementen des Volks.

Es war auch wohl bereits zu spät dazu.

„Die Herren fühlten den Wind blasen, hingen den Mantel um, und saßen Tag und Nacht zusammen und — hört! — brachten in Zeit weniger Wochen zwei Gesetzesentwürfe über die Liquidation der Zehnten und Bodenzinse zu Stande!" — so triumphirte die „Bernerzeitung" vom 16. Juli 1845 in einem Artikel, betitelt: „Die erste Frucht der Volksbewegung."

Schon in den dreißiger Jahren hatte zu verschiedenen Malen die Frage der Feudallasten den Stoff zu Agitationen hergegeben, wenn es galt, die Massen in Bewegung zu bringen. Dieß wurde auch jetzt wieder mit Erfolg versucht.

Die ersten, welche nach der Heimkehr der Freischaaren sich der frühern Opposition zu nähern versucht hatten, die schlauen Diplomaten von Tavel und Weber, waren auch jetzt die ersten, welche „den Wind blasen fühlten." Theils in der Hoffnung, dadurch ihre Popularität wieder zu gewinnen, theils in der Meinung, den auftauchenden Begehren zuvorkommen zu können, brachten sie selbst die Sache in Anregung.

Es fanden Versammlungen statt mit dem Verlangen nach unbedingter Aufhebung der Zehnten; von einer Zehntliquidationskommission wurden wirklich zwei Gesetzesvorschläge bekannt gemacht (5. November 1845), und bald nahm die Agitation einen solchen Charakter an, daß jedermann einsehen mußte, die Festhaltung der bestehenden Gesetzgebung sei unmöglich geworden.

Zwar fehlte es auch dießmal nicht an Widerstand, so daß der Regierungsrath sich sogar zu der Erklärung veranlaßt sah, die Ent= würfe seien ohne seinen Auftrag veröffentlicht worden; allein die Op= position war weder so ernst, noch so allgemein, wie früher; und durch Versprechungen anderer materieller Vortheile gelang es, viele selbst der entschiedensten Gegner in ebenso eifrige Beförderer umzuwandeln. Am Ende des Jahres 1845 noch wurde vom Großen Rath ein Gesetz angenommen; aber auch dieses, welches wenigstens den Grundsatz der theilweisen Entschädigung festzuhalten suchte, konnte der einmal erwachten Begehrlichkeit nicht mehr genügen. Erst mit der Revision der Verfassung wurde diese endlich befriedigt.

Ganz ähnlich ging es auch mit dieser Frage nach dem Fortbestande der Verfassung.

Im Jahr 1841 war ein Aufruf erschienen, eine Einladung zur Feier des zehnten Jahrestages der Verfassung vom 31. Juli 1831, welche unter vielen bombastischen Fragen deklamirte: „Dieß ist der Tag, den der Herr zum Heil des Bernervolks gemacht hat!" Unterzeichnet war das Blatt von Dr. J. R. Schneider.

Noch am 21. Februar 1842 hatte der Landammann Funk in der Eröffnungsrede des Großen Rathes erklärt: „Das Bernervolk will keine Verfassungsrevision, es will Befestigung der verfassungsmäßigen Zu= stände in einem mit Vorsicht geleiteten Entwicklungsgang."

Im Sommer 1845 wurden plötzlich ganz andere Stimmen laut. Es erschien eine Reihe von Artikeln in der radikalen Presse, welche die Mängel der Verfassung besprachen; angegriffen wurde insbesondere das indirekte Wahlsystem [1]), die schleppende Verwaltung durch die schwerfällig zusammengesetzten Departemente, und die Abhängig= keit des Großen Rathes von der Regierung infolge Nichtausschlusses der Beamten. Eine bereits erwähnte statistische Uebersicht in der „Bernerzeitung" beschwerte sich, und gewiß mit Recht, darüber, daß, die 17 Regierungsräthe mitgerechnet, nicht weniger als 179 Staats= beamte in der obersten Behörde saßen, zu denen noch 35 Kandidaten von Beamtungen hinzugezählt wurden.

---

[1]) „Zweihundertvierzig Männer, wovon kein einziger durch das Volk gewählt ist, nennen sich Stellvertreter des Volks! Eine unverschämte Lüge!" „Seeländer Anzeiger" vom 16. Juli 1845. Es wurde die Wahlform auch im Bilde durch Vergleichung mit einer „Röndle" lächerlich gemacht.

Auch dieser Bewegung glaubte die Regierung zuvorkommen zu
sollen, indem sie selbst die Initiative ergriff zur Verfassungsrevision;
auch hier aber zeigte sich ihre Berechnung, als falsch: sie hatte bereits
die Zügel verloren und bereitete sich mit dieser vermeintlichen Klugheit
eigenhändig ihren Sturz; denn es war wohl einzusehen, daß es sich
nicht sowohl um Beseitigung der Fehler aus der Verfassung, als vielmehr um Entfernung mißbeliebiger Personen aus der Regierung handle.
Blösch hatte stets mit der größten Entschiedenheit vor einer Revision
in diesem Augenblick gewarnt, überzeugt, daß sie nur dazu dienen
werde, den Anarchisten Gelegenheit zu verschaffen, was sie sonst mit
Gewalt versuchen müßten, in scheinbar gesetzlicher Form durchzusetzen.

Anfangs September erhielt der stehende Großrathsausschuß der
Sechszehner, zu welchen Blösch gehörte, einen Vortrag des diplomatischen Departements, welcher die Revision des Theiles der Verfassung: „von der Vollziehungsgewalt" in Antrag brachte. Der Regierungsrath selbst hatte den Vortrag nicht berathen, derselbe war
unmittelbar an die erweiterte Exekutivbehörde, das Kollegium von
„Rath und XIV.", gerichtet, das zu dem Ende in außerordentlicher
Weise zusammengerufen wurde. Neuhaus, von dem der Gedanke eigentlich insinuirt worden war, legte großen Werth auf dessen Annahme;
allein trotz seines Eifers, und trotz seiner Verwahrung gegen eine „Allianz
mit den Burgdorfern", sah er denselben abgelehnt.

Die Sache schien damit erledigt, allein wirklich war das Gegentheil
der Fall, sie wurde jetzt um so gefährlicher, weil die beiden angeregten
Begehren in Verbindung zu einander gebracht wurden, und sich bald
die Erkenntniß geltend machte, daß die Totalrevision der Verfassung die
Bedingung sei zur unentgeldlichen Abschaffung der Zehnten.

Noch geschah aber ein Schritt, der dazu bestimmt schien, der Regierung das verlorne Vertrauen zu sich selbst wieder zu geben. Auf
den 10. September wurde der Große Rath zu einer außerordentlichen Sitzung zusammen berufen. Die Versammlung war ungewöhnlich
zahlreich, nur 15 Mitglieder antworteten nicht auf den Namensaufruf.
Alles war in großer Spannung. Der Landammann sprach nur wenige
Worte, dann ward sogleich ein Bericht des Regierungsraths verlesen:
„über die dermalige politische Lage des Kantons[1])."

Es begann derselbe mit einer ziemlich trüben Schilderung des allgemeinen Zustandes, die in auffallendem Gegensatze stand zu allem,
was bisher von dieser Seite her behauptet worden war: „Die Bande

---

[1]) Verhandlungen des Großen Rathes, Sitzung vom 10.—12. September 1845.

der gesetzlichen Ordnung sind allmälig lockerer geworden, das jedem
vaterlandsliebenden Staatsbürger inwohnende Bewußtsein von der
heiligen Pflicht, vor allem aus dem Gesetze zu gehorchen, wurde
geschwächt, die Achtung der Bürger vor Verfassung und Gesetz, und
vor den Behörden, welche Verfassung und Gesetz vertreten, schwand
mehr und mehr dahin." „Das Land aus diesem peinlichen Zustande
eines allgemeinen Unbehagens zu befreien, den gesammten Staats=
organismus in das gehörige normale Geleise zurück zu führen, ist der
Zweck dieser Zusammenberufung." Der Bericht sprach scharf mißbilligend
von der illegalen Opposition, welche der Regierung seit einigen Monaten
durch die „Volksvereine" gemacht werde, und, im Gegensatze dazu, an=
erkennend von einer andern „ehrenwerthen" Opposition; er schloß mit
dem Antrag: „diesen Bericht und den darin entwickelten Grundsatz,
wonach ein entschiedener Fortschritt im ganzen Staats=
haushalt, aber nur auf gesetzlichem Wege angestrebt,
und jede illegale Richtung mit aller Kraft bekämpft
werden solle, zu genehmigen."

Es handelte sich um ein Vertrauensvotum, das der Regierungs=
rath verlangte; drei Mitglieder hatten dem Bericht nicht beigestimmt,
ein viertes seine Unterschrift nur bedingterweise gegeben; Neuhaus,
der sich jetzt der Mehrheit der Behörde angenähert hatte, motivirte
denselben in längerm Vortrag. „Er schien", — erzählt Blösch dabei, —
„in einer zweifelhaften Stimmung; seine Sprache war weniger zuver=
sichtlich, als gewöhnlich, nie hörte ich ihn so viele Sprachfehler machen.
Die Haupttendenz seiner Rede war die Vertheidigung des Regierungs=
rathes, und obschon er sich entschieden gegen die revolutionären Ten=
denzen aussprach[1]), so äußerte er sich doch mit größter Schonung über
deren Verbreiter. Dagegen schien das unwillkürliche Gefühl, daß durch
das aufgestellte Programm die Regierung die Grundsätze der bisherigen
Opposition annehme, seinen Haß gegen diese noch zu steigern. Offenbar
lag ihm während des ganzen Vortrags der Gedanke an diese „Allianz"
schwer auf dem Herzen, daher bemerkte er — am Schlusse — lebhaft:
man werde ihm vielleicht vorhalten, die Regierung schließe sich an die
„Burgdorfer" an, allein dem sei nicht so; mit Heftigkeit beifügend: „Ich
wenigstens werde mich niemals an diese Männer anschließen, die mich
seit 14 Jahren immer verfolgt haben!"

---

[1]) „Glaubt denn die Presse", — fragte er unter anderm, — „die Freiheit werde
befördert durch Injurien? Befindet sich das Volk besser mit Magistraten, welche durch
die Presse der öffentlichen Verachtung Preis gegeben sind?"

Daraufhin entspann sich eine sehr lange, mitunter leidenschaftliche Diskussion, an der in drei auf einander folgenden Tagen über 30 Redner Theil nahmen; sie bot die sonderbare Erscheinung dar, daß die Regierung fast nur von ihren bisherigen Feinden vertheidigt wurde, während Beschuldigungen und „Enthüllungen" von derjenigen Partei ausgingen, zu deren Gunsten war gesündigt worden.

Die Rede Blösch's war wohl die kürzeste von allen, er sprach nur die einfachen Worte als Entgegnung auf jenen verletzenden Ausfall des Schultheißen: „Ich erkläre mich zu dem Antrag des Regierungsrathes, wie er vorliegt. Weiter will ich in die Sache selbst nicht eintreten, sondern wünsche dem Regierungsrathe Glück zu den ausgesprochenen Grundsätzen. Wenn er dieselben mit Kraft durchführt, so braucht er sich an keine Partei anzuschließen, sondern die Rechtlichen aller Parteien werden sich an ihn anschließen."

Mit 137 Stimmen gegen 42 wurde der Antrag des Regierungs= rathes zum Beschluß erhoben, und zwar nach einer von Staats= schreiber Hünerwadel vorgeschlagenen Fassung, welche noch die Worte: „im Vertrauen auf den Regierungsrath", in der Motivirung hinein= schob. Dieses unerwartet günstige Ergebniß war nach allgemeinem Urtheil dem vortheilhaften Eindruck zuzuschreiben, welchen der aus= gezeichnete, mit Wärme und Würde vorgetragene Schlußrapport Neu= haufens machte.

Der Beschluß selbst machte bedeutende Wirkung, die bedeu= tendste auf die Leiter der anarchischen Partei. „Die ruhigen Bürger athmeten wieder auf und überließen sich neuer Hoffnung, jene aber waren äußerst betroffen und auf's Schlimmste gefaßt."

Auf die übrigen Schweizerkantone, wo man der als entscheidend betrachteten Haltung der Berner mit Spannung zusah, war der Eindruck nicht geringer. „Das Vertrauensvotum an die Berner Regierung hat die Schweiz beruhigt", schrieb Bluntschli unmittelbar nachher an Blösch.

Eine Zeit lang herrschte wirklich vollkommene Ruhe. Allein gerade diese war der Regierung verderblich. Sie glaubte die Gefahr vorüber, und statt nun, wie allgemein erwartet wurde, sei es durch Be= seitigung einiger Beamten, sei es durch Aufhebung des Volksvereins, das Uebel zu heilen, schlief sie wieder ein. Das Vertrauensvotum blieb ohne die geringste thatsächliche Folge; es ging daher nicht lange, und alles gerieth in's alte Geleise, nur daß die Häupter der Volksvereine, von der ersten Ueberraschung erholt, ihre Anstrengung verdoppelten.

Im Oktober trat der Zeitpunkt der Erneuerungswahlen für ein Drittheil des Großen Rathes ein. Zufällig traf es sich, daß die Mehrzahl der Austretenden der alt-liberalen oder jetzt konservativen Richtung angehörten; so befanden sich z. B. neben Blösch auch die beiden Brüder Knechtenhofer, Straub u. s. w. im Austritt.

Dieß spornte die Gegner noch mehr an; ganz besonders im Wahlkreise Burgdorf war dieß der Fall, welcher vier Wahlen zu treffen hatte. Ueberall wurden Versammlungen gehalten, bei welchen als Haupthebel die Versprechung materieller Erleichterungen dienen mußte; und da von anderer Seite gar nichts geschah, um entgegen zu wirken, so war der Erfolg voraus zu sehen: zwei der bisher Gewählten wurden durch Radikale ersetzt; die Wahl Blösch's geschah zuletzt, doch mit der größten Stimmenzahl.

Bald hernach, — am 24. November, — kam der Große Rath zusammen, der eine Reihe der wichtigsten Wahlen vorzunehmen hatte. Die aus etwa 60 eigentlichen Regierungsanhängern, 20 Stadtbernern und ungefähr 30 „Burgdorfern" kombinirte Regierungspartei hatte den maßgebenden Kampf zu bestehen mit der wohl organisirten, von ihrem nunmehrigen Hauptquartier so geheißenen „Bärenpartei", die über 90 Stimmen verfügte.

Dieß Zahlenverhältniß sprach deutlich genug, dennoch wollte Neuhaus seine Lage nicht einsehen, und seine persönliche Gereiztheit gegen Blösch nicht fahren lassen. Nicht weniger als dreimal wurde der letztere während der Verhandlungen bald von diesem, bald von jenem seiner Freunde aus dem Saal gerufen und aufgefordert, sich dem Schultheißen zu nähern: ‹Je crains›, hieß es, ‹que nos élections ne tournent mal, si vous ne faites pas cette démarche!› Neuhausens Absichten immerfort entschuldigend, weigerte sich Blösch entschieden, dazu sich zu verstehen. Nach mancherlei Intriguen, welche wohl am besten der Vergessenheit übergeben werden, war das Resultat der Wahlen dieß, daß die Regierung, mit Hülfe ihrer bisherigen Gegner, Sieger blieb. Am 1. Dezember, nach der Ernennung des bereits für 1846 bezeichneten Vize-Landammanns (Jaggi) zu einer andern Beamtung, wurde schließlich diese Stelle wieder Blösch übertragen. Auch jetzt noch erklärte Neuhaus seinem Schwager, einem Freunde des Gewählten: ‹J'aimerais mieux que vous m'eussiez donné un soufflet que de voter pour Blösch!›

Der Hauptschlag stand erst noch bevor.

Auf das Begehren einer Anzahl seiner Mitglieder versammelte sich der Große Rath schon am 12. Januar 1846 zu einer neuen außerordentlichen Sitzung. Landammann Pequignot, der seine und gemäßigte

Beobachter aus dem Jura, eröffnete dieselbe mit einer sehr bemerkens=
werthen Rede, in welcher er die Haltung der Exekutive als eine mora=
lische Abdankung bezeichnete, und vorzüglich beklagte, daß es ihr nicht
gelungen sei, der entstandenen Aufregung eine weise und zugleich nützliche
Richtung zu geben, ihr den Weg zu bahnen, damit ihre Thätigkeit dazu
diene, die Interessen des Landes zu fördern.

Dieß war eigentlich Neuhausens Absicht gewesen, der gleich darauf
in seinem Vortrag erklärte: „Um die Bewegung zu leiten und nicht
durch dieselbe mitgeschleppt zu werden, scheint es dem (politischen) De=
partement im wohlverstandenen Interesse der Republik zu liegen, daß
Sie, Tit., die Initiative ergreifen sollen." Allein bereits wurde
Neuhaus wirklich mitgeschleppt, mehr als er selbst wohl glaubte, die
öffentliche Macht war an andere Gewalten übergegangen: Am Tage
vorher, 11. Januar, hatten mehrere Volksversammlungen statt=
gefunden, im Gwatt bei Thun, in Aarberg, in Sumiswald, einige Tage
früher schon in Wimmis, und im Bade Gutenburg bei Langenthal,
die meisten von Beamten, von Mitgliedern des Regierungsrathes —
der Minorität dieser Behörde — angeordnet und geleitet; und eine
Masse von Petitionen lagen vor dem Großen Rathe, welche alle
Aufstellung eines Verfassungsrathes verlangten.

Die Verfassung des Jahres 1831 hatte die Vornahme einer all=
fälligen Revision, — freilich die Möglichkeit einer solchen im Glauben
an ihre Unverbesserlichkeit ungebührlich beschränkend, — dem Großen
Rathe selbst, als dem gesetzlichen Vertreter des souveränen Volks, zu=
gewiesen. Es handelte sich daher jetzt um die Frage, ob die als wünschens=
werth erkannte Veränderung des Grundgesetzes auf diesem verfassungs=
mäßigen Wege vor sich gehen, oder ob das Werk, dem Drängen der
Masse folgend, durch eine Art von Verfassungsbruch, einer neu zu
erwählenden Spezialbehörde übertragen werden solle.

Regierungsrath und XIV. schlugen vor, es möchte der Große Rath
eine Kommission erwählen zur Vornahme der Revision; mit Entschieden=
heit sprach Neuhaus, den Antrag verfechtend, sich aus: „Die Vorschrift
der Verfassung — der § 96 — ist klar, ist gebieterisch, wir haben den
Eid zur Verfassung und mithin auch zu dieser Vorschrift geschworen,
und wenn wir nicht einen Eidbruch begehen wollen, so müssen wir
diese Vorschrift handhaben." Mit großem Ernst wurde von mehreren
Seiten daran gemahnt, daß erst beim Beginn dieser nämlichen Sitzung
von einem Theile der Versammlung dieser Eid: „die Verfassung zu
handhaben und selbst zu beobachten", feierlichst wiederholt worden sei.

Mit bedeutender Beredsamkeit sprach sich besonders Weber gegen den Gedanken aus, von dieser gesetzlichen Bahn abzuweichen.

Es wurde von anderer Seite behauptet, die Verfassung sei nicht ein Vertrag, sie sei nichts anderes als ein Volksbeschluß, der im Jahr 1831 gefaßt worden sei; dieser Beschluß könne durch eine spätere Generation auch wieder aufgehoben werden. Worauf es eigentlich abgesehen war, wurde am naivsten ausgesprochen durch einen Redner aus Thun (Hauptmann Lohner): „Wir wollen eine Regierung", sagte dieser, „welche der freisinnigen Bevölkerung als Anhaltspunkt dienen kann, und welche im Stande sein soll, dem mit Macht um sich greifenden Ultramontanismus Schranken zu setzen, und den Jesuiten, in kurzen und langen Röcken, ohne Scheu und Furcht die Spitze zu bieten." Diesem instinktartigen Drängen gegenüber, welches sich verband mit der wachgerufenen Hoffnung auf materielle Erleichterungen, mußte jede Hinweisung auf Verfassungsparagraphen unkräftig sein. Nicht weniger als 54 Redner ergriffen das Wort, und erst am vierten Tage wurde die mehrmals ziemlich stürmische Debatte geschlossen.

Zweimal wurden inzwischen die Abendstunden zu Zusammenkünften benützt zwischen den Gliedern der Regierungspartei. Es hatte sich während der Sitzung das Gerücht verbreitet, erst: das Comite des Volksvereins habe sich in Permanenz erklärt; dann wieder: aus 24 Amtsbezirken seien Ausgeschossene der Volksvereine anwesend, um das Signal zum Aufbruch gegen Bern zu empfangen, falls die Anträge der Regierung angenommen würden; und im Großen Rathe waren Aeußerungen gefallen, welche ziemlich unverholen zu verstehen gaben, daß der Volkswille sich selbst würde Geltung verschaffen, wenn der Große Rath ihn mißachte.

Angesichts solcher Befürchtungen beriethen sich die konservativen Großräthe über die einzunehmende Haltung; auch jetzt waren sie bereit, an die Seite einer Regierung zu stehen, welche so deutliche Beweise ihrer Unaufrichtigkeit gegeben hatte. Gerade jetzt — glaubte Blösch — soll sich beweisen, daß die Opposition nicht den Personen gegolten, so wenig als jetzt die Unterstützung ihnen gelte; er forderte kräftige Unterstützung der Sache, trotz der Personen; und fand dieß um so nöthiger, da gewaltsame Erschütterungen des wichtigsten Kantons in diesem Augenblicke leicht die Ruhe der gesammten Schweiz, und damit, — den drohenden Interventionsgelüsten der Mächte gegenüber, — selbst deren Existenz gefährden könnte: „Gäbe es eine Partei", erklärte er, „die sich nicht scheute, mit den Waffen gegen die Verfassung und die verfassungsmäßigen Behörden aufzutreten, so hätte ich den Muth, sie zu ergreifen zum Schutze derselben. Die Möglichkeit von Blutvergießen sehe ich ein, allein kommt es dazu, so möge Gott richten zwischen beiden Theilen!" .

Das Resultat war die wiederholte Zusicherung an die Regierung, daß sie Unterstützung finden werde, wenn sie nur selbst den ernsten Willen zeige, sich zu halten; und die Aufforderung, im Falle der Noth einen Aufruf ausgehen zu lassen zur Organisirung von Freiwilligen. Allein es war wirklich, wie Neuhaus in seinem Schlußbericht aus= sprach: „Es sind während der Verhandlungen Reden gefallen, welche nur geeignet sind, das bestehende Mißtrauen noch zu vermehren, das Schwankende noch schwankender zu machen." Die Regierung hatte größtentheils das Vertrauen des Volks, noch viel mehr aber das Ver= trauen zu sich selbst verloren.

Am 15. Januar folgte endlich die Abstimmung. Durch die Hinter= thüre einer „partiellen Revision des § 96 der Verfassung, wonach die Aufstellung eines Verfassungsraths auf verfassungsmäßigem Wege möglich würde", wollte man den „Eidbruch" umgehen; allein der Glaube der dreißiger Jahre an die Untrüglichkeit des Representativsystems war doch dahin: es wurde zuletzt mit großer Mehrheit bestimmt, daß dieser Revisionsbeschluß den Urversammlungen zur Zustimmung oder Verwerfung vorgelegt werden solle; — damit war der Bruch mit der Vergangenheit vollzogen.

Dieser letztere Antrag war von einem Patrizier ausgegangen, einem Manne, der, auf dem Lande lebend, natürliche Einsicht und eine bei seinen Standesgenossen seltene Bildung mit vieler Liebe zum Volke und mit großem Vertrauen zu dem gesunden Kerne desselben vereinte: es war der spätere Regierungsrath Ludwig Fischer (von Reichen= bach). Er begann sein entscheidendes Votum mit der Erzählung einer Art von Vision, und fand den einzigen Ausweg aus den gegenwärtigen Schwierigkeiten in einer solchen „Appellation an den Sou= verän." Der Gewinn aber war kein anderer als eine augenblickliche Popularität des Antragstellers und vermehrtes Drängen der Gegen= partei.

Am Tage nach dieser Abstimmung, welche Dr. Hans Schnell zum sofortigen Austritt aus dem Großen Rathe bewog, erfolgte die Wahl der Verfassungskommission: sie wurde zusammengesetzt aus 41 Mitgliedern, 21 Radikalen und 20 Conservativen, worunter Blösch. Die Bezeichnung derselben war das Ergebniß einer offenen und vertraulichen Besprechung, zu welcher es gelungen war, die Führer beider Parteien zu vereinigen.

Allein — am 1. Februar versagte das in seinen Wahlkreisen ver=
sammelte Volk mit 26,350 Nein! (gegen 11,533 Ja!) dieser Kommission
sein Vertrauen und den Anträgen des Großen Rathes seine Zu=
stimmung.

Die Partei Blösch's hatte sich, obwohl einer Verfassungs=
änderung grundsätzlich abgeneigt, doch, „um Schlimmes zu verhüten",
entschieden für bejahende Antwort ausgesprochen; selbst in diesem Sinne
eine Einwirkung auszuüben versucht und einen Aufruf verbreitet, der
„allen denen, welche Revision wollen, wie denen, welche keine Revision
wollen, und nicht minder den stillen unpolitischen Bürgern ein kräf=
tiges Ja! im Interesse der Ordnung und Gesetzlichkeit" als das
Beste empfahl, und an die Pflicht erinnerte, alle Mißstimmung in solchen
Augenblicken zu unterdrücken.

So weit dieser Einfluß reichte, in Burgdorf und Umgegend, waren
auch wirklich die Ja! in überwiegender Zahl; allein „so wie die ra=
dikalen Matadoren vor einem Jahre das Volk mit der Jesuitenhatze
vom Verstand geschlagen, so schlagen sie dasselbe mit Vorspiegelungen
und Versprechungen materieller Vortheile gegenwärtig von Sinnen", so
schrieb ein Freund am 10. Februar an Blösch. — Dazu kam, daß
auch ein nicht geringer Theil der starren Anhänger des Alten
ihrer Mißstimmung gegen das System Neuhaus nicht Herr zu werden
vermochte, und sich in Feindschaft gegen das Bestehende mit dem ent=
gegengesetzten Extrem verband. Auch der Jura entschied sich, — aus
unbekannten Gründen, — größtentheils für Verwerfung.

Nicht weniger als 77 verschiedene Petitionen, mit zusammen
13,155 Unterschriften, zu welchen später sich noch weitere gesellten,
verlangten Aufstellung eines Verfassungsrathes, als der Große Rath
am 12. Februar sich zu neuer Verhandlung sammelte. Auch die Mehr=
heit des Regierungsrathes, an seiner Spitze der — zum wie=
vielten Male? — wieder zum Radikalismus bekehrte von Tavel, brachte
jetzt einen entsprechenden Antrag. Neuhaus dagegen, der sich bis
dahin von den „Burgdorfern" ganz fern gehalten, war jetzt anderer
Ansicht; um die Form wenigstens zu wahren, und die Eidesverletzung
zu vermeiden, verfocht er mit Würde die Meinung, es solle der Große
Rath, nach Constatirung der Thatsache, daß das Volk ihm sein Ver=
trauen entzogen, in seiner Gesammtheit abtreten und die Wahl
einer neuen Behörde sofort angeordnet werden.

Mit fünf Sechstheilen siegte jedoch der erstere Antrag, und schon
am folgenden Tage ward zur Ausführung geschritten.

Eine öffentliche Kundgebung von neun Mitgliedern des Regierungs=
rathes — Neuhaus voran — gab noch dazu Veranlassung, die ganze
Größe der persönlichen Spaltung offenbar zu machen, welche die auf=
getauchten Fragen in der bisherigen radikalen Partei hatte entstehen
lassen. Besonders war es U. Ochsenbein, der mit etwas unedler Leiden=
schaftlichkeit durch allerlei Enthüllungen [1]) den politisch überwundenen
Gegner vollends moralisch zu vernichten suchte, und ihn daran erinnerte,
daß er „nicht mehr auf der Höhe stehe, wo der ganze Große Rath
gleichsam vor seinem Wort gezittert habe" [2]).

Für alle diejenigen, welche die eben gefaßten Beschlüsse laut als
einen Bruch des zur Verfassung geschwornen Eides bezeichnet hatten,
entstand jetzt die ernstliche Frage, ob sie ihre Stellen länger mit Ehren
in der Behörde beibehalten können. Mehrere Mitglieder folgten wirklich
dem von Hans Schnell gegebenen Beispiele. Auch Blösch war dazu
gestimmt, ließ sich jedoch durch die Vorstellungen seiner Freunde zum
Ausharren bewegen; er glaubte, nachdem die Volksabstimmung die Ver=
änderung sanktionirt habe, die dadurch geschaffene neue Sachlage als
vollendete Thatsache hinnehmen zu sollen. Die Frage kehrte wieder bei
der Wahl der Verfassungsräthe.

Sie wurde am 2. März vorgenommen, und fiel in völlig radikalem
Sinne aus; nur etwa 20 Konservative, auf eine Zahl von 139 Namen,
wurden ernannt, unter ihnen aber deren Führer, der einzige, auf welchen
eine Doppelwahl fiel; er war in Burgdorf und in Lützelflüh gewählt.
„Dieser doppelte Beweis von Vertrauen", schrieb er noch an jenem
Tage, „in so vertrauensarmer Zeit, ist wohlthuend. Aber — er ver=
pflichtet zur Annahme, und wie schwer ist diese!"

Aus Mangel an Verständigung siegte die junge Schule selbst in
Bern; neben 6 ihrer Kandidaten, die sie durchzusetzen vermochten, war
Fischer (von Reichenbach) der einzige Bürger der Stadt [3]).

---

[1]) Dieß in Bezug auf den damals von dieser Seite öffentlich Neuhaus gemachten, —
übrigens thatsächlich begründeten, — Vorwurf, daß er für seine Haltung in der Kloster=
frage vom Aargau her Geschenke empfangen habe.

[2]) Zu dem bei diesem Anlaß mehr geäußerten als wirklich gehegten Mißtrauen
mochte wohl auch der Umstand beigetragen haben, daß einige Zustimmungsadressen,
welche von einer Versammlung in Bern, von einer solchen in Burgdorf, und aus einigen
Gemeinden der dortigen Umgegend an die Regierung gerichtet wurden, absichtlich nicht
an von Tavel, — den regierenden Schultheißen, — sondern an Neuhaus, zu Handen
des Schultheißen abgegeben worden waren.

[3]) Da ein radikales Blatt über seine Wahl Freude äußerte: Fischer sei ein ehren=
werther Aristokrat, welcher der liberalen Sache durch Beantragung der Berufung an das

Am 16. März versammelte sich der Verfassungsrath im Saale des Großen Rathes; seine Verhandlungen begannen mit einem mehrmals sich wiederholenden wirren Durcheinanderreden[1]), bis es endlich zu einer, erst provisorischen, dann definitiven Konstituirung kam. Zur Vorberathung wurde eine Kommission von 27 Gliedern bestellt, und diese mit schwer zu rechtfertigender Ausschließlichkeit aus lauter „Bären=Männern" zusammengesetzt[2]).

Es hatte dieß die sachlich üble Folge, daß die Opposition ihre entgegenstehende Ansicht erst dann geltend zu machen vermochte, als der ausgeführte Entwurf dem Gesammtrath vorgelegt wurde. Sie war neben Blösch vorzüglich vertreten durch Fischer und Pfarrer Ban= delier in Corgémont (St. Immerthal), der bis dahin am politischen Leben unbetheiligt, mit Geist, Einsicht und parlamentarischem Takt die Grundsätze eines selbständigen Konservatismus vertrat.

Der Erstgenannte (Blösch) verhielt sich meistens ziemlich passiv, denn die offenste Abneigung der Mehrheit der Versammlung hatte sich ihm schon in der ersten Sitzung kundgegeben. Nur zweimal griff er ernstlich in die Verhandlungen ein, dann aber auch nicht ganz ohne Erfolg. Es war dieß bei der Behandlung desjenigen Paragraphen am Schlusse des Entwurfs, der den eigentlichen Kern desselben bildete, und um deßwillen er später, ohne Widerspruch zu finden, die ganze Revi= sionsbewegung als eine großartige Bestechung des Volks be= zeichnen durfte.

Es waren hier unter dem Namen Finanzreform eine Reihe von Bestimmungen aufgestellt, welche keinen andern Zusammenhang unter sich hatten, als den einer gegenseitigen Kompensation der sich widersprechenden Interessen der verschiedenen Landestheile, Bestim= mungen, von welchen die einen eben so sehr die finanzielle Vergangenheit des Kantons fast muthwillig aufgaben, als die andern seine volks= wirthschaftliche Zukunft in Frage stellten.

Volk einen Dienst geleistet, machte Jemand die Bemerkung: „Fischer ist auf seinem Bock in den Verfassungsrath geritten." — Ein anderer freisinniger Patrizier wurde in Hindel= bank gewählt. Vorher angefragt, ob er die Wahl annehmen würde, erklärte er: In der Stadt ließe er sich nicht wählen; werde ihm aber vom Lande, zu dem er sich als Bauer zähle, das Vertrauen geschenkt, so lehne er nicht ab.

[1]) Siehe Tagblatt der Verhandlungen des Verfassungsrathes II., 2, 3, 4; III., 6; VIII., 6, 7, 8 und andere.

[2]) Blösch hatte zu mehreren Malen nahezu die nöthige Stimmenzahl, aber erreichte sie nie.

Es handelte ſich in dem berühmt gewordenen § 84 um unentgeld=
liche Aufhebung der Feudallaſten, und um Entſchädigung einerſeits
der durch dieſe Verfügung mitbetroffenen Privatberechtigten, andererſeits
derjenigen, welche ihre Verpflichtungen früher ſchon losgekauft hatten;
endlich um Aufhebung der Armenunterſtützungspflicht der
Gemeinden, und — dem Namen nach — Einführung der freiwil=
ligen Armenpflege, — der Sache nach aber — Abwälzung der ganzen
Laſt auf die Schultern des Fiskus.

Berichterſtatter über den Entwurf war Fürſprecher Jakob
Stämpfli, Redaktor der „Berner=Zeitung“, der, als Hauptbegründer
der Verfaſſung, die aus ſeiner Feder gefloſſen ſein ſoll, ſeine bedeutungs=
volle politiſche Thätigkeit eröffnete.

Unmittelbar auf ſein langes, aber „etwas oberflächliches und nahezu
leichtſinniges“ Votum folgte Stockmar. Sobald Reviſion der Ver=
faſſung beſchloſſen war, hatten einige juraſſiſche Gemeinden, mit deut=
licher Hinweiſung auf dieſen Verbannten, von dem Großen Rathe eine
Amneſtie verlangt für alle politiſchen Vergehen, „damit die ausgezeich=
neten Bürger nicht von der Wahl in den Verfaſſungsrath ausgeſchloſſen
bleiben.“ Mit beinahe einſtimmiger Wahl in dieſe Behörde eintretend,
hielt er in einer der erſten Sitzungen eine längere Rede, worin er
erklärte: Nicht der Mann von 1831, nicht der von 1840, ſondern der
Mann von 1846 ſein zu wollen; und wurde dann eines der einfluß=
reichſten Mitglieder der 27ger Kommiſſion.

In der vorliegenden Frage ſtellte er einen abweichenden Antrag,
beſtimmt, nach ſeinem eigenen Ausſpruch: ‹à faire ſa part à l'incendie›,
d. h. um auch für den Jura einen Sondervortheil zu ge=
winnen.

Nach ihm kam Blöſch. Ueber die Frage der Zehnten und
Bodenzinſe hatte er ſich bei Berathung des Geſetzes im Dezember
1845 ausgeſprochen, ihre Aufhebung als wünſchenswerth vom
nationalökonomiſchen, als nothwendig vom politiſchen Standpunkte
aus anerkannt, aber für billige Rückſicht auf beſtehende Rechte und für
Erhaltung des Staatsvermögens vergeblich gekämpft. Dießmal trat er
nicht darauf ein, abgehalten „durch eine Art von Ekel, in einer Sache,
in welcher längſt die Gränzen äußerſter Billigkeit überſchritten waren,
kaum ſechs Monate nach Erlaß eines Geſetzes, welches auf definitive
Erledigung der Frage berechnet war, abermals einem Wettkampf roher
Gelüſte zuſehen zu müſſen.“ Dagegen beſprach er weitläufiger das
Armenweſen, in welcher Beziehung er auf einige Empfänglichkeit
glaubte rechnen zu dürfen.

Er durchging zuerst die von ihm seit Jahren mit eigentlicher Vor=
liebe erforschte Geschichte des Kampfes gegen den Pauperismus im
Gebiete des Kantons und dessen Zusammenhang mit der Entwicklung
des Gemeindewesens; und beleuchtete sodann — als das eigentliche
Grundübel — das aus der bisherigen Gesetzgebung sich ergebende Prinzip
eines der Unterstützungspflicht der Gemeinde entsprechenden Rechts=
anspruchs seitens des Armen: „Der Eine gibt, weil er muß; der
Andere empfängt, was ihm von Rechtswegen gebührt; der Eine gibt
ohne Liebe, der Andere empfängt ohne Dankbarkeit." Er wies nach,
daß dadurch der Leichtsinn gefördert, und neben der natürlichen noch
eine künstliche Armuth großgezogen werde. Auch er wünschte somit „die
Armenunterstützung auf die natürliche und ursprüngliche Grundlage
freiwilliger Wohlthätigkeit zurück zu führen; aber — nicht von heute
auf morgen, denn das wäre nicht möglich, sondern allmälig." Als das
Schlimmste aber erklärte er die — bereits im Hintergrunde lauernde —
Abwälzung der Rechtspflicht auf den Staat, und protestirte, auf deren
Konsequenzen hinweisend, ernstlich gegen die zur Sprache gebrachte
Verschmelzung der Gemeindearmengüter, oder auch nur ihres Ertrags,
in die Hände der Staatsregierung [1]).

Die Rede dauerte über zwei Stunden; sie muß gesprochen be=
deutender gewesen sein, als sie dem Leser erscheint; die Versammlung
hörte ununterbrochen und mit der größten Ruhe und Aufmerksamkeit
zu. Als er geschlossen, bemerkte Pfarrer Baudelier: Nach einer solchen
Rede müsse jeder das Bedürfniß fühlen, sich wieder zu sammeln, es
scheine daher angemessen, die Sitzung zu unterbrechen. Dieß geschah,
und beim Hinaustreten aus dem Saale wurde dem Redner nicht nur
von verschiedenen Seiten Glück gewünscht zu seinem Votum, selbst
sein Widersacher Stockmar trat auf ihn zu mit den Worten: «Vous avez
admirablement parlé!» Auf den Wunsch des letztern fand eine Kon=
ferenz statt zwischen beiden mit Regierungsrath Dr. Med. Schneider,
dem Berichterstatter in dieser Frage, um wo möglich ihre abweichenden
Anträge mit einander zu vereinigen. Dieß gelang jedoch nicht, Dr. Schneider
beharrte auf seinem im Verfassungsentwurf niedergelegten Gedanken so=
fortigen und unbedingten Uebertritts auf den Boden völliger Freiwillig=
keit, den er am folgenden Tage (25. Juli) mit großer Wärme verfocht.

Allein an diesem Tage nahm die Debatte eine ernstere Wendung
durch die Opposition der Oberländer Deputirten. Es kam zu bittern
Klagen über die Plünderung des Staatsvermögens, bei welcher nur

---

[1]) Vergleiche Tagblatt der Verhandlungen des Verfassungsrathes, Nr. 73, p. 1—13.

der ärmste Landestheil leer ausgehen solle; zu Aeußerungen der Reue
über die Betheiligung an der Revolution; zur Drohung, daß man die
Verfassung mit dem Bajonnett werde einführen müssen; zuletzt noch,
nach einer für sie ungünstigen Abstimmung, sogar für einen Augenblick
zum demonstrativen Austritt der vier Häupter des radikalen Ober=
landes [1]) aus dem Versammlungssaal, so daß selbst das Gelingen des
gesammten Verfassungswerkes zweifelhaft wurde. Eine ähnliche Haltung
nahmen, in Folge eines andern Entscheids, die von Stockmar geführten
Jurassier ein; allein schließlich wurde doch ein Kompromiß zwischen
den divergirenden Interessen zu Stande gebracht.

Der gesammte Paragraph wurde zwar verworfen; dann aber siegten
in einer langen und verworrenen Abstimmung, sowohl in Bezug auf
das Armenwesen, als hinsichtlich der Feudallasten diejenigen Anträge,
welche den bisher Pflichtigen die größten Erleichterungen ver=
hießen — natürlich auf Kosten des Staats. Auch das Oberland
wurde in einer spätern Sitzung zufrieden gestellt durch die Errichtung
einer mit fünf Millionen dotirten Hypothekar= und Schuldentilgungs=
kasse — auf Kosten des Staats. „Offenbar wirkte bei der Mehrheit
noch die alte Vorstellung, daß der Staatsschatz etwas der Regierung —
den „Herren" — gehörendes sei, das mit dem Beutel des Volkes in
keiner Beziehung stehe. An den künftigen Ausfall dachte man kaum,
oder überließ sich der stets wiederholten Versicherung, daß die bis dahin
von Abgaben befreiten Städter ihn ersetzen müßten [2])."

Anders war das Schicksal der zuerst im Entwurf vorgeschlagenen,
dann eine Zeit lang verläugneten, zuletzt aber vom Berichterstatter,
Stämpfli, wieder verfochtenen Centralisation des Zinsertrags der zur
Armenpflege bestimmten Stiftungsfonds der Gemeinden. Bei der Ab=
stimmung erhoben sich 123 Stimmen für den entgegengesetzten Antrag
auf Garantie der Armengüter, und als das Gegenmehr verlangt
wurde — keine einzige dagegen.

Es hing diese Frage mit einer andern zusammen, welche bei
früherer Gelegenheit behandelt worden war, und mehr als irgend eine
den Leitern der Bewegung Schwierigkeiten bereitet hatte: die Gewähr=
leistung des Gemeindevermögens überhaupt.

---

[1]) Unter ihnen hauptsächlich einer, der das Vergnügen hatte, eine „wegen betrüge=
rischen Pfandbarschlags" durch obergerichtliches Urtheil über ihn verhängte viermonatliche
Verweisung aus dem Amtsbezirke Interlaken zum Besuch der Sitzungen des Verfassungs=
rathes in Bern nützlich anwenden zu können.

[2]) Blösch's Worte in seinem über die Verhandlungen geführten Tagebuche.

Um dem Revisionsprojekte Eingang zu verschaffen, war je nach Umständen auch Theilung der Burgergüter in Aussicht gestellt worden; in den Bürgerschaften selbst wurden solche Gelüste geweckt, so z. B. in Burgdorf die Berechnung aufgestellt, daß jeder Ortsbürger Anwartschaft habe auf einen Antheil von Fr. 6000.

Allein dieser Gedanke schien, viel mehr als sich erwarten ließ, auf Widerstand zu stoßen. Er regte sich vorzüglich in den Gemeinden des Oberaargaus und des Jura. In ersterer Gegend hatte sich schon bei früherer Veranlassung (1833 und 1836) die stärkste Abneigung gezeigt gegen jede Neuerung auf diesem Gebiete; im ehemals so genannten Bisthum hatten die erst seit der bernischen Herrschaft eingeführten Ortsbürgerrechte merkwürdiger Weise festere Wurzeln gefaßt, als selbst im alten Kanton. Kommunistischen Gelüsten gegenüber erwachte der Spießbürgergeist: von Courtelary, dann auch von Biel her wurde Burgdorf angefragt, was man zur Wahrung seiner Rechte zu thun gedenke?

Schon am 18. April fand, durch den Leiter dieser Gegenagitation, Advokat Marchand in Courtelary veranlaßt, eine Zusammenkunft statt von Ausgeschossenen der Bürgergemeinden. Bei 50 Korporationen waren in Sonceboz vertreten, und suchten sich zu einem energischen Proteste zu vereinigen. Auch politische Motive mischten sich ein.

Einige Tage später kam Blösch in Biel mit Marchand und einigen Andern zufällig zusammen. Marchand erklärte offen, daß es ihm nicht bloß um Burgergemeinden und Burgergüter zu thun sei; er sähe es für ein ungeheures Unglück an, wenn die anarchische Partei wirklich zum Regimente gelangte, und halte es für möglich, dem zuvorzukommen. Im St. Immerthale und einem großen Theile des übrigen Jura herrsche allgemeine Mißstimmung. Aehnliches setze er vom alten Kantonstheil voraus. Diese Ansicht wurde von Einigen unterstützt; Blösch dagegen und sein mit anwesender Bruder bestritten die Voraussetzung, und frugen, wo denn, wenn es auch gelingen würde, den Radikalen den Weg zu versperren, die Elemente zu einer tüchtigen Verwaltung hergenommen werden sollten? In den Städten herrsche Spießbürgerei oder herzlose Gleichgültigkeit, auf dem Lande Unverstand und Mißtrauen. Wer jetzt die Zügel des Staats ergreifen wollte, käme zu spät, wenn es sich darum handelte, einer Revolution vorzubeugen; zu früh, wenn dieselbe beendigt werden sollte. Einig hingegen waren Alle darin, daß wirklichen Eingriffen in das Korporationseigenthum nöthigenfalls mit Gewalt zu widerstehen sein würde.

Am 16. Juni kam der Gegenstand zur Behandlung im Verfaſ=
ſungsrathe, und hier zeigte es ſich, daß Blöſch zwar das Recht der
Gemeinden entſchieden anerkannt wiſſen wollte, und dafür einzuſtehen
bereit war; daß er aber die Zweckmäßigkeit der beſtehenden Einrich=
tungen weſentlich anders beurtheilte, als die Mehrzahl ſeiner poli=
tiſchen Freunde. Sein Votum, das, wie kein anderes, ſeine Gedanken
erkennen läßt über die nach ſeiner Anſicht aller vernünftigen, geſunden
und volksthümlichen Politik zu Grunde liegende Frage, war deßhalb
auch für ſeine politiſchen Gegner überraſchend.

Er ſtellte den Satz auf, daß es nicht die höhern Staatsintereſſen
ſind, welche das Volk direkt am meiſten berühren, ſondern die kleinen
näher liegenden, welche alle Tage in ſein Leben eingreifen, und daß
„ganz gewiß eine gute Gemeindeorganiſation mehr dazu beitragen
werde, das Volk für den neuen Verfaſſungsentwurf günſtig zu ſtimmen,
als eine zweckmäßige Einrichtung der höchſten Staatsbehörden"; und
fuhr dann fort: „Ich bekenne von vornherein, daß ſoviel es mich be=
trifft, ich ſehr radikal dabei zu Werke gehen möchte; denn ich halte
dafür, daß es kein Verhältniß gibt, in welchem es tieferer und kräf=
tigerer Reformen bedarf, als im Gemeindeweſen." Als ſolche ver=
langte er hauptſächlich die Dotirung der durch das Geſetz von 1833
bereits eingerichteten, aber bisher vermögensloſen Einwohner=
gemeinden durch die reichen, aber an Mitgliederzahl und Thatkraft
eingeſchrumpften Bürgergemeinden; „wenn dieſe Ausſcheidung einmal
geſchehen iſt, dann könnt ihr die gegenwärtigen Bürgerſchaften ruhig
gewähren laſſen, weil dann neben ihnen die alten, ehemaligen Bürger=
gemeinden wieder entſtehen in der Einwohnergemeinde!" — „Ich weiß
wohl", erklärte er, „daß dieſe Worte derjenigen Partei, zu welcher man
mich zählt, nicht gefallen werden, bereits höre ich von dieſer Seite
ſagen: er wird radikal! aber da, wo ich wirkliche Mängel ſehe, und
die Ueberzeugung habe, daß Reformen nöthig ſind, da ſchrecke ich auch
nicht vor den nöthigen Mitteln zurück, auf die Gefahr hin, radikal
geheißen zu werden, wie ich andrerſeits verſichert bin, daß, wo es ſich
darum handelt, wirklich Gutes zu erhalten, mancher Radikale gern
konſervativ ſein wird. Nicht zerſtören, ſondern reformiren müſſen
wir, und dafür müſſen wir mit Wohlwollen und mit Sachkenntniß zu
Werke gehn, ſonſt wird der Widerſtand ſo groß, daß die beſten Abſichten
ſcheitern [1]."

---

[1] Verhandlungen des Verfaſſungsrathes, Nr. 60, p. 16 u. ff.

Während Blösch ein so radikales Votum im Rathe abgab, saßen seine politischen Parteigenossen — am gleichen Tage und nicht weit davon — im Stadtkasino bei einander, berathend, wie sie den Reform= gelüsten ihrer Gegner widerstehen könnten. Die vom Comite von Son= ceboz — Marchand an der Spitze — nach Bern berufene Versammlung vereinigte Deputationen von 153 Gemeinden aus 23 Amtsbezirken; sie endete mit dem Beschluß einer Erklärung an den Verfassungsrath, welche jede Antastung der Gemeindegüter zurückwies, und mit der Niedersetzung eines Ausschusses, welcher den Auftrag erhielt, dem Gange der Be= rathungen über die Gemeindeangelegenheit zu folgen und je nach Umständen weitere Schritte zur Wahrung der gemeinsamen Interessen einzuleiten.

Ein Theil der Abgeordneten blieb in Bern, und Blösch brachte den Abend noch in ihrer Mitte zu; als er am folgenden Morgen in den Sitzungssaal des Verfassungsrathes eintrat, hörte er zu seinem größten Erstaunen den Präsidenten, Funk, von der gestrigen Ver= sammlung sprechen und derselben reaktionäre Zwecke zuschreiben [1].

Die unerwartete Opposition hatte Schreck erregt bei den Führern [2]; nun wurde die ganze Partei in Schrecken gejagt durch das plötzliche Geschrei von „Reaktion" und „Bürgerkrieg!" Als Blösch, ob= wohl bei der Sache selbst wenig betheiligt, seine Freunde gegen die Beschuldigung gewaltthätiger Absichten in Schutz nahm, äußerte unter anderm Ochsenbein, er wisse, daß in diesem Momente die Reaktion vollständig organisirt sei, und daß dafür ein eigenes Komite bestehe: „Ich bin bereit, Herrn Blösch, wenn er es wünscht, darüber Aufschluß zu geben." Dieser erwiderte alsogleich laut: er werde dafür dankbar sein! und nach dem Schlusse seiner Rede kam wirklich Ochsenbein auf ihn zu, und sagte in heftigster Erregung, mit zitternder Stimme: „Ich weiß, daß Ihr in der ganzen Sache bona fide handelt, aber es ist gewiß — ich kann die Personen nennen — daß nicht nur ein Komite besteht, das eine Reaktion beabsichtigt, sondern daß dieses Komite eine Kasse von 200,000 Franken hat, und daß Alles zum Ausbruch bereit ist." Blösch bat ihn darauf wiederholt, sich näher auszusprechen, aber es blieb bei diesen Behauptungen.

---

[1] Derselbe hatte als Beauftragter seiner Vaterstadt Nidau selbst an der Zusammen= kunft Theil genommen.

[2] Stämpfli anerkannte selbst im Verfassungsrath, er habe geglaubt, die Finanz= reform werde „wie dur Ante dure gah"; sei aber zur Ueberzeugung gekommen, daß sie Hindernisse finde.

Auf einen Antrag Kohlers, des gewesenen Regierungsſtatthalters in Burgdorf, dem am Ende Niemand mehr zu widerſprechen wagte, wurde beſchloſſen, es ſolle der Regierungsrath aufgefordert werden, das niedergeſetzte „Ueberwachungskomite“ ſofort aufzulöſen; ein Be= ſchluß, der leicht noch zu einem ernſtlichen Konflikt mit der Vollziehungs= behörde hätte führen können.

Den erwünſchten Vorwand zu dieſer theils wirklichen, theils fingirten Furcht hatten unkluge und leidenſchaftliche Aeußerungen gegeben; ſo diejenige von Hans Schnell, des Abgeordneten von Burgdorf[1]), der die Verfaſſungsräthe als „Buben“ titulirte, und noch viel mehr die= jenige Marchands: das Komite ſei beauftragt, den Verfaſſungsrath zu „überwachen.“ Dieſer Ausdruck beſonders wurde geſchickt benützt, um den Unwillen rege zu machen; und der ſchlimme Eindruck deſſelben wurde dadurch nicht abgeſchwächt, daß derjenige, der ihn gebrauchte, dieß öffentlich läugnend, noch ſich der Unwahrheit bezüchtigt ſah[2]). Es muß übrigens, nach dem oben vom nämlichen Manne Erwähnten, an= erkannt werden, daß Einzelne auch weitergehende Abſichten, Manche wenigſtens weitergehende Hoffnungen gründen mochten auf die ſich offen= barende Mißſtimmung gegen die plötzlich herrſchend gewordene Partei. Das Auftreten dieſer letztern gegen die erſte Regung eines ihr ent= gegenſtehenden Volkswillens wird nur dann auffallend erſcheinen, wenn man es vergleicht mit demjenigen, was früher gegen Umtriebe derſelben Partei geſchehen, oder vielmehr nicht geſchehen war.

Am auffallendſten benahm ſich Neuhaus, der bei den Ver= handlungen des Raths bisher faſt theilnahmlos und iſolirt daſaß, bei dieſem Anlaß aber, ſeinen alten verblendeten Haß gegen die „Schnell“ loslaſſend, ſich erhob, und mit der größten Heftigkeit nicht nur Kohlers Antrag unterſtützte, ſondern ſelbſt darauf antrug, daß der Verfaſſungs= rath ſeine Verhandlungen einſtelle, bis das Komite aufgehoben ſei, mit der Exclamation ſchließend: „Ich werde nicht ruhig ſein, bis dieſes Komite weg iſt!“ Neuhaus erndtete dafür wildes Beifallklatſchen von der Tribüne, die kaum zwei Monate zuvor ſeinem Sturze zugejauchzt hatte[3]).

---

[1]) Blöſch hatte ſeine Wahl als ſehr unpaſſend und unklug mißbilligt, in der Voraus= ſicht deſſen, was dann wirklich geſchah.

[2]) Offenbar fürchtete Stockmar, durch dieſe neue Wendung der Dinge ſeinen aus= ſchließlichen Einfluß auf den Jura ſich entringen zu ſehen, daher ſeine Leidenſchaftlichkeit gegen denjenigen, der ihm ſo in den Weg getreten war.

[3]) Verhandlungen des Verfaſſungsrathes, Nr. 62, p. 17.

Trotz dieses Ausgangs war jene Versammlung nicht umsonst gewesen; noch unter dem Eindruck des unerwarteten Widerstrebens wurde der Antrag auf Gewährleistung der Korporationsgüter nach einer von Blösch vorgeschlagenen Fassung angenommen.

Nachdem die definitive Redaktion noch manche tumultuarische, verworrene, selbst skandalöse Auftritte veranlaßt hatte [1]), folgte am 1. Juli die Schlußabstimmung über den ganzen Entwurf. Es erhoben sich 88 Mitglieder für denselben, nur 9 dagegen, nämlich: v. Erlach von Hindelbank, L. Fischer von Reichenbach, alt-Regierungsrath G. Wyß, Pfarrer Bandelier, alt-Regierungsrath Bandelier, alt-Regierungsrath Dähler und Blösch, dann — Fürsprecher Suri, eines der Haupttriebräder der ganzen Bewegung, und — U. Ochsenbein, der kurz vorher schon aus Mißmuth über den Gang der Dinge den Rath verlassen hatte.

Endlich rückte die Abstimmung heran über das vollendete Werk. Sie wurde festgesetzt auf den 31. Juli, den Tag der Annahme der ältern Verfassung. „Künftigen Freitag also ist der Schicksalstag für den Kanton Bern", schrieb einige Tage zuvor einer der bernischen Gesandten bei der Tagsatzung in Zürich an Blösch. — „Dieses Viertel des Neumonds fällt in das Zeichen des Scorpions! Böses Omen! Gewiß wird die Zukunft lang genug in diesem Zeichen fortlaufen! [2])

„Vorher noch vereinigten sich in Burgdorf etwa 40 Bewohner der Stadt zu einer Besprechung über die einzunehmende Stellung. Es wurde vorzüglich gewünscht, Blöschs Urtheil über den Entwurf und über die Folgen einer Verwerfung zu vernehmen. Alle Anwesenden waren einverstanden, daß jede Einwirkung auf Andere vollständig zu unterlassen sei; doch sprach sich der Wunsch aus, es möchte bekannt werden, daß sie an der Abstimmung Theil nehmen, und zwar in verwerfendem Sinne. Einige Landleute dagegen, welche unter den bittersten Klagen über die Zukunft sich ebenfalls bei Blösch darüber beriethen, schieden lächelnd,

---

[1]) Es wäre darüber nach den schriftlichen Notizen Blöschs noch manches zu erzählen, wenn der daraus zu ziehende Gewinn dieß rechtfertigen würde. Jedenfalls dürfte Vieles davon als treffliche Begründung dienen für das ungünstige Urtheil, welches Blösch über das ganze Verfassungswerk ausgesprochen. — Während einer Sitzung hörte er, im Vorzimmer einen Brief schreibend, einen radikalen Landmann zu einem andern sagen, „die ganze Verhandlung komme ihm vor wie ein Spiel zwischen fünf Spitzbuben."

[2]) Im gleichen Briefe heißt es: „Unter vielen Gliedern der Tagsatzung walten große Besorgnisse für den Kanton Bern, und durch diesen für die ganze Eidgenossenschaft ob. Der Köder des materiellen Artikels, der nie in eine Verfassung gehört, wird bitter und unverhohlen von sehr radikaler Seite getadelt."

mit der Bemerkung, sie dächten, sie hätten wohl nicht Zeit, ihre Stimme
abzugeben: sie müßten „emden."

Diese politische Gleichgültigkeit, die Voraussicht der Vergeblichkeit
einer verwerfenden Stimme, ja selbst die Furcht vor der Gefahr eines
abweichenden Entscheids, mochte bei vielen maßgebend sein, als an dem
mit Kanonendonner und Glockengeläute eröffneten Tage das souveraine
Volk in seinen Kirchen zusammentrat. In Burgdorf erschienen nur 196
Stimmberechtigte; von diesen erklärten sich, nachdem Blösch, zum Präsidenten der Versammlung erwählt, den ganzen Entwurf vorgelesen
hatte, 89 für Verwerfung, 107 für Annahme desselben. Im ganzen
Kanton ergaben sich 34,079 annehmende und nur 1257 ver-
werfende Stimmen. Weit mehr als über die geringe Zahl der
letztern betrübte sich Blösch über die große Zahl der völlig Theil-
nahmlosen, indem drei Viertheile aller Stimmberechtigten von der
Abstimmung fern geblieben waren. Sein Aerger darüber machte sich
in dem Ausrufe Luft: „Wahrlich! wäre die innere Befriedigung nicht,
man möchte verzweifeln, kämpfen zu müssen für ein solches
Volk!"

Die neue Verfassung von 1846 brachte fünf wesentliche Unterschiede von der alten des Jahres 1831: die vereinfachte Organisation
der exekutiven Behörde, in welcher nebst einer beinahe um die
Hälfte reduzirten Mitgliederzahl, die Vertheilung der Geschäfte an verschiedene Direktoren, die schwerfällige, absichtlich komplizirte Ma-
schine des Departementalsystems ersetzte; — die Erweiterung des
Stimmrechts und des Rechts der Wählbarkeit, durch Herabsetzung des Alters, Beseitigung des Census und Wegfall der indirekten Wahlen (Wahlmänner); — die Mitwirkung der Bezirke
bei der Bezeichnung ihrer Beamten, unter Ausschluß der letztern von
der Mitgliedschaft des Großen Rathes, — den Grundsatz der Integralerneuerung der obersten Behörden, an der Stelle des successiven
Austritts, und endlich — statt des anfangs projektirten Veto, — auf
den Antrag Stämpflis: die Möglichkeit einer Generalabberufung
der gesammten Regierung durch Volksabstimmung.

In allen diesen Veränderungen, die erstern einzig ausgenommen,
glaubte Blösch eine Verschlimmerung erkennen zu müssen. Entschieden hatte er die Herabsetzung des stimmberechtigten Alters auf das
zwanzigste Jahr bestritten, die er für höchst verderblich, und, zusammengehalten mit dem Alter der bürgerlichen Selbständigkeit (dem dreiund-
zwanzigsten), für beinahe widersinnig hielt. In der Gesammterneuerung
der Behörden erblickte er nur die Quelle einer alle vier Jahre wieder-

lehrenden Agitation[1]); und aus dem gleichen Grunde hatte er ſich gegen das Veto ausgeſprochen, ſich berufend auf das Wort Ciceros: «Semper in republica tenendum est, ne plurimum valeant plurimi;» und zum Grundſatz ſich bekennend: „Alles für das Volk, aber wenig durch das Volk." Am bedenklichſten aber erſchien ihm die Tendenz, die Gewalt der Verwaltungsbehörden über ihre Beamten zu be= ſchränken, und dieſe letztern dadurch umgekehrt in Abhängigkeit zu bringen von der Gunſt ihrer Bezirke: „Es wird mich Niemand", begann er ſein daheriges Votum (am 8. Juni), „egoiſtiſcher Abſichten bezichtigen können, wenn ich zu Gunſten des Abberufungsrechts (der Beamten durch die Regierung) das Wort ergreife, denn eine oratio pro domo für die nächſte Regierung halte ich gewiß nicht; allein es handelt ſich hier um das öffentliche Wohl, und nicht um Perſonen; und ich erlaube mir nicht bloß das Prinzip in Schutz zu nehmen, ſondern den Antrag zu ſtellen, daß ganz einfach der Paragraph (20) der bisherigen Verfaſſung beibehalten werde. Wer nun auch nächſtens das Regiment in die Hände bekomme, ſo fordere ich zweierlei: Erſtens, daß ihm die Mittel in die Hand gegeben werden, zu regieren — eine Regierung will ich haben, welche die öffentliche Ordnung hand= haben könne, beſtehe ſie dann aus was irgend für Perſonen. Zweitens verlange ich, daß die Regierung verantwortlich ſei, von oben bis zu unterſt hinab, für die ganze Verwaltung. Der Regierung das Ab= berufungsrecht nehmen, heißt in meinen Augen ſo viel als: ihr die Regierungsbefugniß nehmen, ſie zu einem Menſchen machen, und dann ihr Hände und Füße abſchneiden; der Regierung das Abberufungsrecht nehmen heißt bei mir ſo viel als: alle und jede Verantwortlichkeit der Regierung im Prinzip zerſtören."

Der Glaube, daß eine Regierung um ſo demokratiſcher ſein müſſe, je weniger Gewalt ſie habe; daß das Volk um ſo mehr Rechte beſitze, je ſchwächer ſeine Behörden ſeien, ließ ſeine Stimme ganz erfolglos bleiben. Dieſe Beſtimmungen waren es, nach einer öffentlich abgegebenen Erklärung, welche Blöſch zur Verwerfung der Verfaſſung bewogen, wie auch Ochſenbein um dieſer Frage willen ſich plötzlich im höchſten Unmuth umwandte gegen ſeine eigene Schöpfung[2]).

---

[1]) Vorgeſchlagen war nur eine dreijährige Amtsdauer, nur durch Stichentſcheid des Präſidenten wurden vier Jahre feſtgeſetzt.
[2]) Auch von anderer Seite ſcheint gleiches ausgeſprochen worden zu ſein, freilich bei der herrſchenden Strömung eben ſo vergeblich. Blöſch berichtet unterm 2. Juli: „Während der Sitzung erhob ſich im Vorſaal lärmendes Geſpräch, das mehrmals die Aufmerkſamkeit der Verſammlung auf ſich zog. Beim Mittageſſen erzählte Stockmar:

Blösch hatte schon bei den ersten laut werdenden Klagen über die Fehler der einunddreißiger Verfassung in fast paradoxer Weise offen eingestanden, daß gerade die ihr vorgeworfenen Mängel ihm größtentheils als Vorzüge erscheinen. Aber mehr noch als an den einzelnen Verfassungsvorschriften nahm er Anstoß an der Art, wie denselben von Anfang an Eingang verschafft worden war bei dem für rein politische Ideen kaum mehr sehr begeisterten Volke.

Gegen die Nothwendigkeit einer Finanzreform überhaupt konnte er mit Recht einwenden: „Wenn ich sehe, daß wir die blühendsten Finanzen in der Welt haben, so sollte ich glauben, wir hätten im Ganzen genommen ein sehr wohlthätiges Finanzsystem." Aber nicht nur den Ruin der fiskalischen Einnahmsquellen, in noch höherem Grade beklagte er die darin liegende Demoralisation.

Den viel besprochenen Paragraphen hat er bei späterer Gelegenheit im Großen Rathe, als sich die Folgen desselben bereits fühlbar zu machen begannen, in derbes Berndeutsch übersetzt: „Es kam mir vor, wie wenn man zum Seeländer sagte: Wir schenken dir die Zehnten und Bodenzinse; aber nimm die Verfassung an — und gieb uns Stellen! — und eben so zum Emmenthaler: Wir entladen dich der Armenlast; aber nimm die Verfassung an — und gieb uns Stellen! — und zum Oberländer: Wir geben dir fünf Millionen zur Bezahlung deiner Schulden; aber nimm die Verfassung an — und gieb uns Stellen! Dem ehemaligen Censiten: Nehmt die Verfassung an und gebt uns Stellen, so erhaltet ihr die Loskaufsgelder zurück! Und endlich dem Jura: Gieb uns Stellen und nimm die Verfassung an, so erhältst du ein Stück der längst gewünschten Trennung, trotz der Verfassung!"[1]

Er hat die bezüglichen Verhandlungen auch den „großen Märit" (Markt) genannt, ein Ausdruck, welchen eigentlich schon der Titel: „Zur Ausgleichung der Staatslasten", an die Hand giebt; welcher durch die

---

„Druey sei dagewesen und habe Stämpfli und andern Männern der jungen Schule über ihre unverständige Schwächung der Staatsgewalt Vorwürfe gemacht („die Köpfe gewaschen"). Namentlich habe er sich höchst mißbilligend geäußert über den Beschluß, die Wahl der Regierungsstatthalter dem Großen Rathe zu übertragen, und wahrscheinlich werde in Folge dessen davon abgewichen werden."'

[1] Der Vorwurf der Stellensucht möchte hier leicht etwas stark erscheinen; daß er aber im Ganzen nicht übertrieben war, zeigt eine Berechnung („Berner Volkszeitung"), wonach im Sommer 1847, also innert Jahresfrist, von den 27 Mitgliedern der Vorberathungskommission nicht weniger als 22 eine besoldete Stelle erhalten hatten, während zwei andere genannt werden, welche auf andere Weise aus der neuen Ordnung beträchtliche finanzielle Vortheile zogen.

offenen und geheimen Kompensirungsverfuche nur zu sehr bestätigt wurde, und der jetzt allgemein, auch von radikaler Seite, als richtig und zutreffend adoptirt worden ist[1]).

Der Kampf gegen so genährte Gelüste mußte von vornherein ein hoffnungsloser sein: „Wir konnten nichts versprechen, mußten vielmehr allen diesen Verheißungen entgegen treten; den Zehnt- und Bodenzinspflichtigen mußten wir sagen: Wir können euch nichts schenken, denn ihr bezahlet, was ihr schuldig seid! Den Losläufern: Wir können euch nichts zurückgeben, denn ihr habt bezahlt, was ihr schuldig waret! Dem Oberlande: Die Armengüter können nicht zentralifirt werden, denn sie beruhen auf Stiftungen und sind Eigenthum der Gemeinden! Den theilungsluftigen Burgern: Wir müssen euch die Theilung wehren, denn ihr seid nicht Eigenthümer!" u. s. w.

Dennoch lag Blösch nichts ferner, als der Gedanke an die Anwendung ungesetzlicher Mittel. Es ist bereits erwähnt worden, daß das Gerücht von Reaktionsversuchen die Gemüther beschäftigte. Während er in Bern war (2. Juli), las er im „Verfassungsfreund", daß von Burgdorf her Berichte über Gewaltplane der Schnellpartei eingegangen seien; mit der Meldung waren Drohungen verbunden. Schon einige Tage vorher hatte der dortige ihm befreundete Regierungsstatthalter ihm Mittheilung gemacht von einer amtlichen Anzeige an ihn im nämlichen Sinne. Damals hatte er darüber gelacht; „jetzt aber kam mir die Sache nicht mehr lächerlich vor; es konnte eine Mystifikation sein, aber eben so gut auch eine Provokation." Letzteres wurde ihm noch wahrscheinlicher, als er, am Ende der Woche nach Burgdorf zurückgekehrt, vernahm, daß seit mehreren Tagen so anhaltend allerlei derartige Gerüchte am Orte selbst und in der Umgegend verbreitet würden, daß die Ortsbehörden sich veranlaßt gefunden, bei dem Regierungsbeamten Beschwerde zu führen und auf Untersuchung zu dringen. Er selbst suchte um eine Unterredung mit dem Beamten nach, und dieser bestätigte seine Vermuthung, daß es auf Reizung abgesehen sei. Er glaubte auch die Quelle dieser Ausstreuungen zu kennen; er schrieb sie einem Manne zu, der, in Burgdorf wohnend, aus ganz unbekannten Gründen von jeher sich nicht als politischer Gegner, sondern als persönlicher Feind Blöschs bewiesen, schon wiederholt Drohungen aus-

---

[1]) In wahrhaft komischem Gegensatze zu diesem schamlosen Markten der Landesgegenden um ihre Sonderintereffen stand freilich damals die pathetische Phrase von Dr. Sch.: „Jeder fühlt, daß der große Augenblick gekommen ist, wo er wirklich Berner, und nur Berner sein soll. Bis dahin war man Oberländer, Seeländer, Emmenthaler, Juraffier, Oberaargauer, — das sollte fürder nicht mehr sein!"

gestoßen, und jetzt mit seinen Anhängern eine Art Verbindung geschlossen
hatte [1]).

Allerdings war von Seiten Anderer der Gedanke Blösch nahe
gelegt worden, daß die revolutionäre Partei selbst mit Gewalt verhindert werden müsse, zur Macht zu gelangen, und daß er der Mann,
der berufen sei, sich an die Spitze zu stellen. Ein noch lebender Ma-
gistrat machte ihm mehr als einmal die Zumuthung, daß er in der
Rolle Napoleons I. dessen Gewaltstreich vom *18 Brumaire* wiederholen
solle. So stellte ihm derselbe, unmittelbar vor der Schlußabstimmung
im Verfassungsrathe, eine Schrift zu, die Betrachtungen enthaltend,
welche Napoleon zu seiner That bestimmt hatten. Sie war betitelt:
‹Sur les sauveurs des nations›, und die bezügliche Stelle schloß mit
den Worten: «Mais que ce sauveur impatiemment attendu donne tout-
à-coup un signe d'existence, l'instinct national le devine et l'appelle,
les obstacles s'applanissent devant lui, et tout un peuple volant sur
ses pas semble lui dire: le voilà!›

Allein nicht nur wies Blösch die ungehörige Idee von sich, in irgend
einer Beziehung mit Napoleon sich zusammenstellen zu lassen, er verkannte auch nicht den großen Unterschied, der in den Umständen
lag: „Zur Zeit des 18 Brumaire hatte in Frankreich die Revolution
bereits alle Phasen durchgemacht. Nachdem das Fieber in den höchsten
Kreisen der bürgerlichen Gesellschaft begonnen und bis in die untersten
Tiefen alle Gährungsstoffe aufgezehrt hatte, folgte auf den allgemeinen
Paroxismus ein eben so allgemeines Gefühl der Sättigung, und Alles
lechzte nach Ruhe und Ordnung. Hier ist dieß nicht der Fall: das Feuer
hat noch nicht ausgebrannt, sondern sich kaum erst recht entzündet.
Ganze Klassen der Bevölkerung, die untersten und zahlreichsten, haben
von der Revolution noch nichts genossen; und statt Ruhe und Ordnung
zu suchen, fängt die Masse erst noch von der Unordnung zu hoffen
an. Dazu kommt, daß Frankreich ein für sich bestehendes abgeschlossenes
Ganzes bildet, bei dessen Beurtheilung der Arzt nur den eigenen Zustand im Auge zu haben braucht; hier dagegen kompliziren sich alle
Verhältnisse durch die Verbindung des Kantons mit 21 andern Gemeinwesen, deren Zustände jeden Augenblick in verschiedenartigster Weise
auf ihn zurückwirken." Endlich war die damals so gewöhnlich gewordene
„Putschtheorie" im schroffsten Widerspruch mit seinem ganzen po-

---

[1]) Durch die wirklich angehobene Untersuchung erwies sich die Vermuthung als
richtig.

litischen Syſtem, und noch mehr mit ſeinem Charakter, der illegale Maß=
regeln unter allen Umſtänden ausſchloß.

Seinem Patriotismus lag ſelbſt die Verſuchung fern, die Fehler
der Gegenpartei zur Stärkung der eigenen Oppoſition zu benützen.
Trotz ſeiner nie verhehlten Abneigung gegen die Verfaſſungsänderung
muß auch der Gegner anerkennen, daß er mit vollkommenſter Loyalität
Alles gethan hat, um zum Gelingen der Arbeit das Seinige beizutragen,
und den zu erwartenden Machthabern „das Regieren möglich zu
machen.“ Nicht ſelten war es im Laufe der Berathung ſeiner klaren
Logik gelungen, anerkannte Verbeſſerungen in der Redaktion zur An=
nahme zu bringen; und wohl noch öfter wäre dieß der Fall geweſen,
hätte nicht das Mißtrauen der Verſammlung ſich ihm beſtändig in
den Weg geſtellt.

Die Unterſtützung einer unpopulär gewordenen Re=
gierung im Augenblicke ihres Sturzes, und die aufrichtige
Mitarbeit zur Organiſirung einer neuen, feindlichen, aus
der Revolution hervorgegangenen Regierungsgewalt, —
beides muß von dem Standpunkte einſeitiger Klugheit als ein unbegreif=
licher politiſcher Fehler erſcheinen; anders dem, der in beidem zu
verſtehen vermag die Konſequenz eines moraliſchen Charakters,
der Politik treibt nicht aus Ehrgeiz, ſondern aus Pflicht; nicht
aus Parteiſucht, ſondern aus Vaterlandsliebe.

Wir ſchließen dieſen Abſchnitt mit den Worten, in welchen Blöſch
noch unter dem widrigen Eindruck der letzten Abſtimmung des Ver=
faſſungsrathes, und vielleicht davon allzuſehr beherrſcht über dieſe Um=
wälzung des Jahres 1846 ſein ſchärfſtes Urtheil ausgeſprochen hat:

„Im Jahr 1798 wurde der berniſche Staatsſchatz von den Fran=
zoſen geplündert, jetzt von den eigenen Kindern. Jenes war ein
Gewaltſtreich, für den das ſogenannte Kriegsrecht wenigſtens den
Schein einer Rechtfertigung bot, dieſes iſt ein Akt der ruchloſeſten
Verdorbenheit der Einen und des bornierteſten Egoismus der
Andern, dem die Geſchichte jede Rechtfertigung verſagen wird; — unter
dem Schein einer gerechten Ausgleichung zwiſchen den einzelnen Landes=
theilen, — eine koloſſale Beſtechung des Volks!“

Unter dem Freischaarenregiment.

Den ersten Versuch, mit der neuen Verfassung des Kantons Bern
zu regieren, hatten, wie billig und natürlich, ihre Schöpfer und
Begründer selbst zu machen; „die frühere Regierung hatte die öffent=
liche Gewalt allmälig so tief fallen lassen, daß ihre Nachfolger sie auf=
heben konnten."

An die Spitze des neuen Regierungsrathes trat der Präsident des
Verfassungsrathes, Alexander Funk, aus Nidau, früher Land=
ammann, dann Präsident des Obergerichts, ein Mann, dem wohl nicht
Unrecht geschieht, wenn er seiner politischen Laufbahn gemäß als „wohl=
gesinnt aber schwach" bezeichnet wird. Neben ihm nahm Ochsenbein
eine einflußreiche Stellung ein, immer noch die populäre Verkörperung
des idealen Radikalismus, wie Stämpfli der Vertreter des scharf
und kalt berechnenden verstandesmäßigen Radikalismus war. Der neue
Kantonstheil war repräsentirt durch „seinen großen Bürger", den aus
der Verbannung zurückgekehrten Stockmar, und einen geachteten,
politisch gemäßigten Beamten; diese neuen Kräfte sollten nun nebst
einem tüchtigen Fachmann, der leider bald nach seinem Amtsantritt
einen schauervollen Tod fand, die bisherige aus den beiden Schneider

und Jaggi (jünger) bestehende Minderheit der exekutiven Behörde verstärken, und dieser selbst nicht nur einen neuen Schwung, sondern auch eine ganz veränderte Richtung geben. Die Namen der Gewählten, wie die Absichten der Wähler rechtfertigen die — von Hans Schnell entnommene — Bezeichnung der sechsundvierziger Regierung als „das Freischaarenregiment."

Am 29. August hatte sich der alte Große Rath zum letzten Mal zu einer außerordentlichen Sitzung versammelt, um der neuen Behörde die Staatsverwaltung zu übergeben.

Die Aufgabe war unstreitig keine leichte. Große Erwartungen nicht bloß moralischer und politischer, sondern vorzüglich auch materieller Art waren erregt worden; diese verlangten jetzt Befriedigung. Die nicht geringe Gefahr, die in der künstlichen Weckung solcher Gelüste liegt, zeigte sich. Ein großer Theil der Bevölkerung war nur durch selbstsüchtige Interessen für das neue Regiment bestochen worden, und brachte den Personen wenig Vertrauen entgegen; während ein anderer Theil ihm von Anfang an aus gleichem Grunde gegenüber stand. Die Gelüste selbst aber, einmal geweckt, blieben, wie immer, nicht an den Gränzen des Möglichen stehen. Zu den Schwierigkeiten, die in der Natur der Sache lagen, trat die Ungunst der Zeit.

Die Kartoffelpflanze, seit Anfang des Jahrhunderts das Hauptnahrungsmittel des Armen und zugleich eines der Hauptprodukte des Landwirths auf dem für Getreidebau wenig geeigneten Berner=boden, wurde seit dem Herbst 1844 von jener unbekannten Krankheit befallen, welche während mehrerer Jahre beinahe die ganze Erndte vernichtete, und hatte, verbunden mit einer sich dazu gesellenden Steigung der Brodpreise, eine nicht unbedeutende Theurung zur Folge. Dieß vermehrte, wie die finanzielle Verwirrung des Kantons überhaupt, so auch die Verlegenheiten der Regierung.

Ein unbedeutender Marktauflauf, der Mitte Oktobers (1846) einige Straßen der Hauptstadt in Aufregung brachte, konnte durch die Größe der sofort von der Regierung dagegen ergriffenen militärischen Maßregeln, durch das völlig grundlose Bestreben, dem Tumult politische Motive unterzuschieben, und durch die willkürliche Verhaftung eines Mitgliedes der abgetretenen Regierung (Regierungsrath Fetscherin) nur das Mißtrauen verrathen, das die neuen Volkshäupter in ihre eigene Stellung setzten.

Bis zu diesem Zeitpunkte war jeder bürgerlichen Gemeinde die Sorge für ihre armen Angehörigen zur Pflicht gemacht. Daß der trotz aller Warnungen (siehe oben) völlig unvorbereitete Uebergang zum

13

System der freiwilligen Armenpflege gerade in diese kritischen Tage
fiel, war nicht geeignet, die Noth zu verringern. An manchen Orten
bildeten sich Armenvereine, wie das Gesetz es gewünscht; an andern
gelang dieß nicht. Zusammenhang und geordnete Aufsicht fehlte, die
Verwirrung stieg auf's Höchste, selbst mit großen Opfern wurde Weniges
geleistet, und die Zahl der Armen wuchs von Tag zu Tag, wie das
Elend ihrer Lage. Mit der Unterstützungspflicht fiel zugleich die geregelte
Staatsaufsicht weg über die Verwendung der Gemeindearmengüter, und
in Kurzem schmolzen diese zum Theil reichen Fonds bedenklich zusammen;
so beispielsweise in einer Gemeinde des Emmenthals vom 1. Januar
1846 bis 1854 von Fr. 26,873. 39 auf Fr. 9,838. 25[1]).

Die zur Hebung des Kredits erlassenen Verordnungen fielen so
unglücklich aus, daß ein im Juli 1847 angenommenes Gesetz über
das Verfahren bei Schuldeintreibungen schon im Mai des folgenden
Jahres, — auf Antrag des Präsidenten der Gesetzgebungskommission
(Niggeler), — zuerst provisorisch erklärt, dann im Juli durch ein anderes
ersetzt werden mußte, denn: „Seit Anno 1830 ist kein Gesetz gemacht
worden, gegen das sich die allgemeine Meinung so sehr aussprach, wie
gegen das vorliegende.“ Als Folgen fast gezwungener Uebereilung wurden die Mängel entschuldigt; allein viel richtiger bezeichnete Stockmar
den Fehler im Prinzip, als er offen bekannte: „Man hat den Schuldnern
viele, den Gläubigern wenige Garantien gegeben. Was ist daraus erfolgt? Daß man den Schuldnern nur geschadet hat, indem man den
Kredit vernichtete!“

Hatte der Kanton Bern nach der Behauptung Stämpfli's bei einem
„schlechten“ Finanzsystem die besten Finanzen Europas besessen, so sollte
er jetzt mit einem „guten“ System seinen Reichthum binnen Kurzem
ruiniren: mehr als je schien der Vorwurf gegründet, der schon zehn
Jahre früher ausgesprochen worden war[2]): „Die schweizerischen Radikalen sind gemeine politische Dilletanten!“

Die als politisches Parteimanöver überstürzte Aufhebung der Feudallasten brachte zwar erhebliche Vortheile für einen Theil der großen
Grundbesitzer[3]), die sogenannten untern Klassen fanden darin keinerlei

---

[1]) „Die Erfolge des sechsundvierziger Experiments im Armenwesen laden nicht zu
erneuerten Versuchen ein.“ („Bund“ vom 25. Januar 1870.)

[2]) „Bern, wie es ist“, Bd. I, p. 36.

[3]) Man vergleiche damit das Urtheil Riehls, der in seiner „bürgerlichen Gesellschaft“
sagt: „Die Zehntablösung, welche nicht sowohl von dem Ackerbau, als von dem Kornhandel eine Fessel nahm, und darum nicht den kleinen Bauern, sondern dem großen
Grundbesitzer, der zugleich Großhandel mit seinen Produkten treiben kann, materiellen

Erleichterung; und nicht lange ging es, so machte die furchtbar wach=
sende Belastung der Staatsfinanzen auch jene Vortheile gänzlich illu=
sorisch. Schon im Jahre 1848 wurde von einem Mitgliede des Großen
Rathes aus einer Gegend, die beschuldigt wurde, durch jene Maßregel
ungebührlich begünstigt worden zu sein, in offener Sitzung erklärt: „daß
sein Bezirk schon jetzt mehr Steuern zahle als früher."

Es kann sich hier natürlich nicht darum handeln, die national=
ökonomische Seite der Frage näher zu erörtern; — die Folgen für die
kantonalen Staatsfinanzen sind deutlich genug, und das Urtheil
eines einsichtigen schweizerischen Staatsmannes (Munzinger) über
seinen Freund ist zu bekannt, als daß es wiederholt zu werden braucht.

Obwohl nach dem neuen Gesetz die Rechte der Privaten nur mit
der Hälfte des Betrags entschädigt wurden, hatte der Staat, nach
Stämpflis Berechnung[1]), nicht weniger als Fr. 3,380,733. 70 (a. W.)
zu bezahlen; das durch Wegfall seiner Haupteinnahmsquelle dem
Fiskus auferlegte Opfer ist dabei nicht in Anschlag gebracht. Schon im
März 1847 gestand der Direktor der Finanzen, daß sich ein Defizit
erzeige von Fr. 670,000 (a. W.).

Hatte bis dahin die Regierung Berns mit eigentlicher Sorg=
losigkeit von ihren verhältnißmäßig großartigen Mitteln Gebrauch
gemacht, und besonders für öffentliche Bauten und Straßenanlagen
ungeheure Summen ausgegeben[2]), so zeigte sich nun, auf dieß Be=
kenntniß hin, eine auffallende Neigung zur Sparsamkeit, — gerade
in dem Augenblicke, da der öffentliche Nothstand die Beschäftigung der
Arbeiterklasse mehr als jemals wünschbar machte.

Der Ausfall mußte gedeckt werden durch die in der Verfassung
vorgesehene Erhebung einer dem Bernervolke bis dahin unbekannt ge=
wesenen direkten Steuer, von der man anfangs glaubte, sie werde
nur die „Herren" treffen, die aber bald sich weiter fühlbar machte.

Gewinn brachte, hat wesentlich dazu beigetragen, auch den kleinen Bauer zu einem kleinen
Handelsmann zu machen." — Gewiß nicht immer zu seinem Vortheil!

[1]) Verhandlungen des Großen Rathes vom 6. September 1846.

[2]) Vom Jahr 1831—1845 wurden 5 Millionen (a. W.) auf Straßenbauten ver=
wendet, aber durchaus mit Planlosigkeit, und es muß anerkannt werden, daß wohl
hierin schon ein Keim lag zu den spätern Verlegenheiten. „Wie es in der letzten Zeit
der abgetretenen Regierung ging, werden die Mitglieder, welche in dem vorigen Großen
Rathe waren, oder sich sonst darum erkundigen, wissen: Man kam in ein völliges Fieber,
und wollte Alles mit den materiellen Fragen beschwichtigen. Man warf einen großen
Theil des Staatsvermögens förmlich zum Fenster hinaus. Man erkannte in den letzten
Sitzungen eine Unmasse von Straßenunternehmungen, die eben so wenig zweckmäßig
waren als manches andere." (Blösch im Großen Rathe.)

Mitten in die Theurungszeit, in die sich steigernde Last des Pauperismus, in die allgemeine Kreditlosigkeit, in die Tag für Tag sich
häufenden Fallimente, in die aus dem fruchtbaren Boden des ökonomischen Zerfalls und der Unzufriedenheit schon hier und dort auftauchenden kommunistischen Gedanken, — trat nun die Regierung mit einem
neuen Steuergesetz vor ihr Volk.

Als dieses am 20. April 1847 vor dem Großen Rathe behandelt
wurde, hielt Blösch eine längere Rede, die unstreitig zu seinen bedeutendsten gehörte, und, als Beilage zur „Berner Volkszeitung" gedruckt,
auch eine weitere Verbreitung fand. Er beschäftigte sich weniger mit
der nun einmal unvermeidlich gewordenen Steuer, als mit der Erörterung der Ursachen, welche ihre Nothwendigkeit herbeigeführt, und
warf einen scharfen kritischen Rückblick auf die jüngst eingetretenen
Veränderungen im gesammten Staatshaushalt. Unter ausdrücklicher
Anerkennung freilich, daß das bisherige Finanzsystem nicht mehr habe
fortbauern können, wies er nach, daß dasselbe doch in ganz eigenthüm-
licher Weise, wie dem Charakter, so den Interessen einer agrikolen
Bevölkerung entsprochen habe, und daß ihm wesentlich, das man
jetzt als eine Last des Landvolks darzustellen suche, nicht nur der Reichthum des bernischen Staats, sondern auch die sprichwörtliche Gediegenheit
des Berner Bauernstandes zu verdanken sei.

„Die altbernische Verwaltung", begann er, „hat bei ihrem Rücktritt im Jahr 1831 dem neuen Regimente zwei kostbare Erbschaften
hinterlassen: eine Regierungsautorität, wie sie selbst mancher Monarchie
abgeht, und die blühendsten Finanzen der Welt. Seither sind 16 Jahre
verflossen; was ist aus dieser Erbschaft geworden?" „Man sagt, gerade
der Bauernstand habe unter dem frühern Finanzsystem geseufzt, Handel
und Gewerbe seien einzig begünstigt gewesen? Aber! wenn dem so ist,
so sage man uns doch, wie es kommt, daß noch jetzt fast kein Handel
und Gewerbe im Kanton besteht, und warum er hingegen einen Bauernstand hatte, um den er häufig beneidet worden ist? Sonderbare Begünstigung, die zur Folge hat, daß der Begünstigte nicht gedeiht, und
noch sonderbarerer Druck, der das befördert, was darunter seufzt?"
„Darum noch einmal", rief er der Regierungsmehrheit zu, „in euerm
eigenen Interesse übet Vorsicht und übereilet euch nicht; denn auch darin
wird sich die Richtigkeit des Satzes bewähren, daß der Geist des neuen
Finanzsystems dem Geist des Ackerbaues widerstrebender ist als demjenigen der gewerbtreibenden Klassen, daß nach meiner innersten Ueberzeugung — der allgemeinen Ansicht zuwider — die neue Steuer bei
dem erstern mehr Widerstand finden wird, als bei den letztern."

Die Rede, die ihm, wie nicht anders zu erwarten war, einige heftige Repliken zuzog, machte wohl in weitern Kreisen mehr Eindruck, als auf die Versammlung, an welche sie gerichtet war; hier fand sie keine Berücksichtigung; aber nicht ohne Grund hatte Blösch die Regierung gewarnt vor dem Unwillen, mit welchem das getäuschte Volk statt der altgewohnten, durch Gewohnheit so zu sagen leicht gewordenen und nur künstlich verhaßt gemachten, nun die neue ungewohnte Last auf sich nehmen werde.

Noch beinahe tiefer, als diese ökonomische, griff ungefähr zur selben Zeit die kirchliche und religiöse Frage.

In der „Berner Volkszeitung" vom 14. Januar 1847 findet sich unter den Verhandlungen des Regierungsrathes die unbefangene Notiz verzeichnet: „Die Berufung des Dozenten Zeller von Tübingen, als Professor der alt= (soll wohl heißen neu=) testamentlichen Exegese wird den wissenschaftlichen Theil des Publikums interessiren." Bald zeigte es sich, daß das Interesse an diesem Beschluß sich nicht auf wissenschaftliche Kreise beschränkte: schon wenige Tage später meldet dasselbe Blatt: „daß diese Berufung je länger je mehr bei allen Gebildeten einen tiefen Eindruck des Unwillens mache"; und rasch ergriff die Bewegung auch die ungebildete Masse des Volks.

Die theologische Fakultät der bernischen Hochschule bestand damals aus dem scharfsinnigen Kritiker Schneckenburger, dem durch seine dogmenhistorischen Untersuchungen bekannten, eben so freisinnigen als ernstgesinnten Hundeshagen und G. Studer, einem Schüler von Gesenius. Neben diesen Männern hatte bis dahin Lutzens imponirende Persönlichkeit durch Gelehrsamkeit nicht minder als durch Frömmigkeit besonders großen Einfluß ausgeübt. Nach dessen Tode im Jahr 1844 war die Aufmerksamkeit des damaligen Erziehungsdepartements auf Dr. Zeller gelenkt worden; allein das von der theologischen Fakultät eingeholte Gutachten[1]) lautete eher abrathend, und die Berufung unterblieb. Die neue Regierung nahm jetzt den Gedanken wieder auf und sprach die Ernennung aus.

Am 17. Januar richtete Helfer Baggesen, als derzeitiger Präsident der kantonalen Kirchensynode, eine äußerst maßvoll und würdig[2]) gehaltene Eingabe an den Regierungsrath, worin er auf die Gefahren hinwies, mit welchen diese Wahl den Glauben und den Frieden der Landeskirche bedrohe. Die evangelische Gesellschaft, ein freier

---

[1]) Vom 13. Juli 1845.

[2]) Eine sogleich zu erwähnende Gegenschrift nennt sie: „glatt und sammetpfotig."

Verein, der sich seit Jahren die Weckung religiösen Lebens, allerdings
mehr in spezifisch-pietistischem, als in kirchlichem Sinne, zum Ziel gesetzt
hatte, warf diese Bedenken in die Gemeinden durch Verbreitung zweier
Flugschriften[1]), welche auf den wesentlichen Unterschied der Ueberzeugungen des neuen Lehrers der Geistlichen von der geltenden Lehre
verweisend, das religiöse Volk zur Einreichung von Petitionen auf-
forderten.

Daß gegen diese Schriftchen amtliche Schritte gethan; daß der
Verfasser des einen, — Zuchthausprediger von Fellenberg, — des
Hochverraths angeklagt[2]) und in seinem Amte eingestellt, und selbst
die Verbreiter desselben zur Verantwortung gezogen wurden; daß ein
in der pöbelhaftesten Sprache abgefaßtes Flugblättchen die Bewegung
auf's politische Gebiet zu ziehen suchte, und dieses, — ohne Beobachtung
gesetzlicher Formen gedruckt, — von den Organen der Regierung
vertheilt wurde; daß ferner die Behörde von den Geistlichen verlangte,
eine Proklamation von den Kanzeln zu verlesen, welche die entstandene Aufregung als ganz ungegründet erklärte, und dann vexato-
rische Untersuchungen anhob gegen diejenigen, die sich dessen weigerten; —
das Alles war nur dazu angethan, die Unruhe zu vermehren und zu
den ungeheuerlichsten Besorgnissen reichlichen Anlaß zu geben.

Mehr Beruhigung gewährte eine andere Schrift, in welcher der
Professor der Philosophie, Friedrich Ries aus Burgdorf, sich un-
umwunden als Urheber der angefochtenen Berufung bekannte und die
Ueberzeugungen seines gleichgesinnten Freundes mit den Wahrheiten
des Christenthums übereinstimmend behauptete; wogegen freilich sowohl
sein schon früher genannter Vorgänger auf dem philosophischen Ka-
theder, Romang, in einer heftigen Streitschrift[3]), als auch Baggesen in einem „offenen Sendschreiben an Herrn Ries" den vollgültigen
Nachweis leistete, daß das aufgestellte Glaubensbekenntniß vielleicht
dasjenige seines Vertheidigers, aber nicht das Zellers sei, und jedenfalls

---

[1]) „Dr. Zeller und seine Lehre" und „die Berufung des Dr. Zeller."

[2]) Vorwand zu dieser Anklage gab das Wort „Auflehnung" im Schlusse der Broschüre, welchem unmittelbar in gesperrter Schrift die Stelle vorangeht: „Wie aber auch
diese Sache eine Wendung nehmen mag, immer werden wir eingedenk sein der aposto-
lischen Ermahnung: Jedermann sei unterthan der Obrigkeit ꝛc. (Röm. 13).

[3]) „Ueber das junghegel'sche Christenthum, oder das Ries-Zeller'sche Symbolum"
(unter dem Motto: Schauet Täuscherei. Jes. 30, 10). Derselbe hatte sich schon vorher
mit Namensunterschrift in der „Berner Volkszeitung" gegen Zellers Wahl ausgesprochen,
da er es für eine Ehrensache hielt für jeden Geistlichen, mit seiner Meinung in der Sache
nicht zurückzuhalten.

weit abweiche von demjenigen, was bis dahin als Christenthum gegolten habe, und dem kirchlichen Theile des Bernervolks noch gelte.

Eine leidenschaftliche Zeitungspolemik schürte das Feuer und gab demselben mehr und mehr eine politische Farbe. „Thatsache bleibt es, daß allerdings gerade die Art und Weise, wie die radikalen Blätter die Zellerangelegenheit behandelten, bei einem großen Theil der ehrenwerthen Bürger, die himmelweit von Reaktionsgelüsten entfernt sind — radikalen, wie konservativen — das lebhafteste Mißtrauen gegen eine so vertheidigte Regierung rege gemacht hat [1].".

Am 22. März 1847 kamen die mit ungefähr 3000 Unterschriften bedeckten Petitionen vor den Großen Rath. Dem Antrag der Bittschriftenkommission, vertreten durch Fürsprecher Bützberger, und des Regierungsraths, in dessen Namen Funk das Wort führte, wurde ein anderer gegenüber gestellt von Rechtsagent Zahler, aus dem obern Simmenthale, einem äußerst gescheidten und zudem charaktervollen Manne, von welchem nicht nur spöttisch gesagt werden konnte: „er leiste den Beweis, daß auch ein Rechtsagent Religion haben könne." Dieser Antrag ging dahin: es möchte der Amtsantritt Zellers verschoben, und das Gutachten von drei theologischen Fakultäten Deutschlands eingeholt werden über die Frage, ob Herr Dr. Zeller sich zur Bekleidung des Lehrstuhls der neutestamentlichen Exegese an der bernischen Hochschule eigne oder nicht; oder, falls dieß nicht beliebe: es möchte der Regierungrath angewiesen werden, die nöthigen Schritte zu treffen, um Herrn Professor Zeller auf eine Weise, die mit seiner und des Landes Ehre verträglich ist, von der Hochschule wieder zu entfernen.

Die bedeutendsten Boten auf Seiten der Regierung waren diejenigen von den Fürsprechern Matthys und Niggeler, und den Regierungsräthen Ochsenbein, Jaggi, Erziehungsdirektor Schneider und Dr. Schneider, von welchen besonders das letztere Beachtung verdiente. Auf Seite der Gegner erhoben sich, nebst dem schon genannten Antragsteller, hauptsächlich Großrath Steiger (von Riggisberg), ein auf dem Lande wohnender Patrizier, der in sehr heftiger, daher auch mehrmals unterbrochener Rede seiner tiefen Empörung Luft machte; ferner in gewandter und gründlicher Erörterung Fürsprecher Stettler [2] und Blösch.

Letzterer anerkannte vorerst die formelle Gültigkeit der Wahl, mit einem Seitenhieb freilich auf diejenigen, welche es in andern Fällen

[1] Professor Ries in seiner: „Antwort auf die Sendschreiben 2c."
[2] Nicht zu verwechseln mit dem oben mehrfach genannten Lehenkommissär und Professor Stettler.

mit den gesetzlichen Formen nicht so genau zu nehmen pflegten. Zwei Thatsachen, behauptete er, liegen vor: die Thatsache der gültigen Wahl Dr. Zellers, und die Thatsache einer ernsten religiösen Bewegung im Volke in Folge dieser Wahl. Sich stützend auf die von mehrern Rednern ausgesprochene Erklärung, daß, wenn die verbreiteten Voraussetzungen richtig, dann auch diese Bewegung ganz gegründet wäre, ging nun seine Beweisführung dahin, zu zeigen, daß Zeller wohl einen Gott, aber nicht den christlichen Gott, wohl eine Unsterblichkeit, aber nicht die christliche Unsterblichkeit lehre, und wies auf die Folgen hin, welche eine schnöde Mißachtung des unerwartet sich regenden religiösen Volksgefühles nach sich ziehen müßte. Er behauptete deßhalb, daß nach seinem Urtheil selbst dann die Fernhaltung Zellers gerechtfertigt wäre, wenn angenommen werden dürfte, die Besorgniß wäre nicht begründet, da die Besorgniß selbst, die einen großen Theil des Volks ergriffen habe, als Thatsache nichts von ihrem Gewicht verliere. „Soll der Volkswille hier nichts gelten!" rief er den Gegnern zu, „nachdem die neue Verfassung ihn zur maßgebenden Norm der neuen Behörden erhoben hat? Soll ein bloßer Regierungsrathsbeschluß nach der jetzigen Verfassung höher geachtet werden, als früher die Verfassung selbst, die doch vom Volk ausgegangen war? Aber ich mache mir keine Illusionen, die Mehrheit wird die Petitionen beseitigen; die gleichen Leute, die sonst nicht genug reden konnten von der Majestät des Volkswillens, werden nicht anstehen, die Wünsche von vielen Tausenden von Staatsbürgern, die für ihr Heiligstes, ihren Glauben, besorgt sind, durch das Handmehr zu beseitigen." Den Schluß des Vortrags bildeten die bewegt gesprochenen Worte: „Ich flehe zu Gott, daß er die Sache zum Guten wende, und da ich nach meinem schwachen Verstande das für gut halte, daß Zeller nicht Lehrer werde an unserer Hochschule, so wünsche ich von ganzem Herzen, daß der Antrag des Herrn Zahler die Mehrheit erhalte. Sollte es aber anders beschlossen sein, so werde ich mich demüthig beugen, und sagen: Herr, deine Wege sind nicht unsere Wege!"

Das Votum Blösch's, das im Rathe selbst keine Wirkung hervorbringen konnte, wurde außerhalb des Saales um so höher gestellt. Statt eigenen Urtheils stehe hier dasjenige einer durchaus gegnerischen Zeitschrift. Biedermanns „Kritik der Gegenwart" sagt darüber in einem bezüglichen Bericht: „Diese Rede war in formeller Hinsicht wohl die beste von allen in dieser Angelegenheit gehaltenen, und auch in ihrem Inhalt in vielem treffend, nur gerade in der Hauptsache nicht." Und an einer andern Stelle: „Wir halten uns an sein Votum

(Blöſchs), es iſt das eines durch Charakter und Bildung ausgezeichneten Laien, der in der ganzen Geſchichte eine durchaus unparteiiſche und ehrenhafte Stellung behauptete." Aehnlich ſprachen ſich andere Blätter aus, und manche, auch außerkantonale, brachten längere Auszüge. Meiſtens wurde ſie als Blöſchs gelungenſte Rede bezeichnet. „Mein eigenes Urtheil ſtimmt damit nicht überein", ſagt er ſelbſt; giebt aber zugleich, ohne Zweifel richtig an, was dieſelbe vor allen andern aus= gezeichnet hat, wenn es darüber weiter heißt: „Vielleicht habe ich nie mit ſolcher Wärme geſprochen, weil es ſich um eine Frage handelte, welche nicht bloß den Verſtand in Anſpruch nahm; aber dem Inhalt nach ſetze ich den 1839 gehaltenen Vortrag über die Angelegenheiten im Kanton Wallis höher."

Noch viel größere und unerwartete Wirkung hatten ſeine Worte auf das für die religiöſe Frage wach gewordene Volk ſelber, und dieſer Umſtand, mehr noch als die gegen ihn ſich richtende Zeitungspolemik, gab Veranlaſſung, daß die ganze nachher aus dem Gedächtniß nieder= geſchriebene Rede gedruckt und veröffentlicht wurde. Sie fand ſolche Nachfrage, daß der erſten Auflage von 4000 Exemplaren raſch eine zweite nachfolgte; und mehrere Briefe, auch von politiſchen Gegnern, ſprechen Blöſch ihren lebhaften Dank aus für ſein Auftreten und geben Zeugniß für die Tiefe und den Ernſt der Bewegung, wie für deren Allgemeinheit. „Ich bin auf's Innigſte überzeugt", heißt es in einem derſelben, „daß weitaus der gediegenſte Theil des Bernervolks innig mit Ihnen einverſtanden war, obſchon eben die Gediegenheit ſeiner Denkungsart ihm nicht erlauben wollte, weiter handelnd dazwiſchen zu treten [1])."

Allein gerade dieß wurde den Gegnern eine Urſache zum Angriff: Der allerdings ungewohnte Druck des Vortrags wurde als Beweis von agitatoriſcher Abſicht erklärt, und führte in einer folgenden Sitzung des Großen Rathes ein widriges Nachſpiel herbei. In Ab= weſenheit Blöſchs erhoben zwei Mitglieder die gehäſſigſten Vorwürfe gegen ihn; zwei ſeiner Freunde nahmen ihn eben ſo warm in Schutz, und die Behörde beſchloß, die ganze Verhandlung in extenso durch den Druck bekannt zu machen [2]).

---

[1]) Einige rührende Worte des Dankes ſchrieb ihm auch „vom Bette aus der alte, kranke, ſchwache, aber an Vaterland und Kirche bis zum Tode haltende" Volksdichter G. Kuhn.

[2]) Es wurden ſeit 1831 die Verhandlungen des Großen Rathes in einem eigenen, mehrfach von uns zitirten Blatte publizirt, und darin liegt die einfachſte Rechtfertigung

Blösch hielt die Berufung Zellers für weniger gefährlich, als dieß im Allgemeinen der Fall war, ja er war anfänglich sogar nicht un= geneigt, „die Erscheinung eines solchen Geistes, wie Dr. Zeller, unter den bernischen Theologen in gewisser Beziehung als wünschenswerth zu betrachten." Allein die entstandene Unruhe ließ ihn die Frage von einer andern Seite ansehen; auch er fühlte sich verletzt, da er sah, daß nicht nur die, in ihren Motiven wenigstens, berechtigter als je sich kund= gebende öffentliche Meinung mißachtet werde, sondern daß Staatsbürger, und zumal angestellte Geistliche Verfolgung leiden müßten, weil sie, von redlicher Besorgniß getrieben, sich in Wort und Schrift gegen Zeller erklärten[1]); auch er hielt dafür, daß die Lehren der junghegel'schen Philosophie mit den Grundlagen des kirchlichen Christenthums nicht allein, sondern mit aller Volksreligiosität im Widerspruch stehe, und bei allgemeiner Geltung derselben die unentbehrliche moralische Basis jedes geordneten Staatslebens zerstört werden müßte; und wenn er in seiner Beweisführung die Lehre Zellers von Gott und von der Unsterblichkeit in den Vordergrund stellte, so geschah es deßhalb, weil auch seine eigene Frömmigkeit wesentlich auf diesen zwei unter sich verbundenen Fundamenten beruhte.

Politische Motive lagen seinem Auftreten ferne. Es war in der Natur der Dinge begründet, daß das empörte Volksgefühl sich gegen die Regierung wandte, die ihm Hohn zu sprechen schien, und gegen ihre Anhänger, deren Beifallsäußerungen nicht selten noch weiter gehende Tendenzen offen verriethen. Die radikale Partei hatte den großen Mißgriff begangen, durch diese unvorsichtige Wahl auch demjenigen Theil des Volks Anstoß zu geben, welcher für staats= rechtliche Theorien sich nicht zu ereifern vermag. „Ihre Furcht vor einer Wiederholung des „Züriputsches" kann nur Zeugniß geben für die Größe des begangenen Fehlers; denn Straußens Berufung nach Zürich war, wie die Akten damals vorlagen, weit besser zu rechtfertigen, als Zellers jetzige nach Bern[2])."

Unpolitische Männer hatten die Menge in Bewegung gebracht; aber selbst die Benützung dieses Fehlers der Regierung und der da= durch entstandenen Aufregung durch die politische Opposition zu

---

für das Verfahren Blöschs. Die Herausgabe verzögerte sich öfters über Gebühr, und wurde wenig gelesen. Diesem Uebelstande wollte erst Blösch, dann auch die Behörde selbst abhelfen.

[1]) Der evangelischen Gesellschaft gegenüber hatte Professor Ries (p. 15) die Geist= lichen der Landeskirche als die berufenen Wächter des religiösen Lebens bezeichnet.

[2]) „Berner Volkszeitung" vom 25. Februar 1847.

einem ernstlichen Sturm lag keineswegs in der Absicht der Führer. Als der Wunsch, die für drohend angesehene Gefahr abzuschneiden, solche Gedanken laut werden ließ, waren es vielmehr gerade Blösch und seine nähern Freunde, welche davon abhielten.

„Die Zellergeschichte hat plötzlich den Gedanken an einen Putsch wieder rege gemacht, und abermals sehe ich mich, meines Widerspruchs wegen, schriftlich und mündlich Vorwürfen ausgesetzt. Ich werde dennoch festhalten und bis auf's Aeußerste jedem Versuch gewaltthätigen Eingriffs widerstehen. Ein Putsch würde zum Voraus die Bedingungen der neuen Verwaltung zerstören, wie es 1839 in Zürich geschah. Der Radikalismus darf putschen; denn er ist seinem innersten Wesen nach revolutionär; der Konservatismus darf es nicht; dieser beginge, verließe er die Bahn des Gesetzes, einen Selbstmord. Uebrigens sollte selbst die Klugheit von jedem Gedanken an Putschversuche abhalten, denn einerseits darf gefragt werden: wer wollte die Regierung übernehmen, wenn die Radikalen in diesem Augenblick freiwillig oder gezwungen zurückträten? Das Uebel liegt nicht in den paar Männern, welche an der Spitze stehen, sondern in der Stimmung der Massen, welche solche Männer zur Gewalt gebracht. Diese wäre damit nicht geändert, im Gegentheil. Ein großer Theil des Volkes behielte diesen Glauben an sie, und statt mit dem Fluch der Nation, welcher nicht ausbleibt, wenn ihnen Zeit gelassen wird, die Hoffnungen, welche sie geweckt, selbst zu zerstören, träten sie mit einer Art von Heiligenschein in den Privatstand zurück, hier für die Zukunft gefährlicher, als im Rathssaal. Andrerseits wäre bei gewaltsamem Eingreifen, nach meiner Ueberzeugung, eine eigentliche Reaktion unvermeidlich; denn nur in einem andern Extrem fände sich zu einem Putsch der nöthige Stützpunkt; und soll nicht diesem in die Hände gearbeitet, und damit der Grund zu neuen Erschütterungen gelegt werden, so stellt sich ruhiges Abwarten der Besserung auf gesetzlichem Wege als einziger Ausweg dar[1].“

Mit dem Beschluß des Großen Rathes, der mit 118 gegen 23 Stimmen, unter dem Beifall der zahlreichen Zuhörer, über die eingegangenen Petitionen zur Tagesordnung schritt, hat auch die Bewegung bald ihr Ende erreicht; am 7. April langte der viel verhandelte Mann in Bern an, und begann ohne die geringste Störung seine Lehrthätigkeit, die, freilich nur von kurzer Dauer, weniger Aufsehen machen sollte, als die Berufung zu derselben.

---

[1] Blöschs Worte in seinem Tagebuch.

Den so zu sagen offizellen Schluß erhielt die ganze Angelegenheit in der **Proklamation**, mit welcher die Berner Regierung der Uebung gemäß den **eidgenössischen Bettag** des Jahres (im September) eröffnete. Nach Erwähnung der Frage, die im Anfang des Jahres das Bernervolk ernstlich beunruhigt habe, gab sie der so lang verläumdeten Bewegung die Genugthuung, zu erklären: „Wir wollen sein ein christ= licher Staat und ein christliches Volk, das freudig und mit voller, in= niger Ueberzeugung zu seinem Gott emporblickt, und in der Lehre des Gottessohnes die heilige Kraft findet, die das ganze Volks= und Staats= leben durchdringen soll. Darum **danken** wir auch für die eben ange= deutete Erscheinung, die das christliche Element unter uns so bündig bewährt hat.“

Nicht nur derjenige, der in der Religion die gewohnheitsmäßige Pietät gegen hergebrachte Anschauung und Sitte hervorhebt, auch wer die Möglichkeit und Nothwendigkeit einer Fortbildung kirchlich=traditio= neller Lehren unbedingt anerkennt, muß es bedauern, daß der Versuch **in solcher Weise** unternommen wurde: „Es bleibt“, wie die „Berner Volkszeitung“ (Nr. 120) damals schrieb, „zumal für eine demokratisch entstandene Staatsgewalt, eines der gefährlichsten Spiele, dem sou= verän — auch **kirchlich souverän** — erklärten Volk, dessen noch lebendigem und herrschendem Religionsglauben und Kirchenwesen eine entgegengesetzte Richtung geben zu wollen.“

„Wir wissen nicht“, sagt ihrerseits die oben erwähnte Zeitschrift Biedermanns, „wie viele endlich gerade aus demselben Grunde, warum viel ehrliche Christen gegen Zeller protestiren zu müssen glaubten, nämlich weil sie ihn für einen Feind der Kirche hielten, sich zu seinem Verfechter aufwarfen und ihn herbeiwünschten. Allem Anschein nach waren es nicht **wenige von dieser Sorte**; und in dieser Beziehung könnte man fast als ein trauriges Zeichen für den religiösen Zustand des Kantons Bern bedauern, daß Zeller dem frommen Eifer, nachdem dieser nun doch einmal die ganze Geschichte in schiefen Gang zu bringen vermocht hatte, nicht zum Opfer gefallen ist.“

Die Wahl des modernen Theologen hatte um so tiefern Eindruck gemacht, weil sie, um die Analogie mit derjenigen von Strauß voll= ständig zu machen, in Verbindung stand mit der gleichzeitigen Berufung **Grunholzers** als **Direktor des bernischen Lehrerseminars in Münchenbuchsee**, nachdem der verdiente Pfarrer Boll geopfert worden war; und weil sie in Verbindung gebracht wurde mit dem Erscheinen einiger unter den Augen der Regierung publizirten Schriften und dem offen **kirchenfeindlichen Tone** eines Theils der radikalen

Presse. Alles dieß arbeitete in dem stillen „wiederkäuenden" Gemüthe des Bernervolks fort, bis das Maß voll ward. Nach dem Urtheile Blösch's, das er erst noch in seinen letzten Lebensjahren ausgesprochen hat, war die „Zellergeschichte" eine der Haupturfachen zum baldigen Sturz des sechsundvierziger Regiments.

Bevor aber dieser Prozeß zum Abschluß kam, nahmen andere Fragen das öffentliche Interesse fast ausschließlich in Anspruch.

In der eben erwähnten politischen Betrachtung Blösch's heißt es weiter: „So lange die Schweiz im Ganzen nicht beruhigt ist, wird es schwer halten, den einzelnen Kantonen Ruhe zu geben. Gesetzt aber, es gelinge, was hilft es, in einer Kammer zu löschen, wenn's in zehn andern fortbrennt? Nur auf dem Wege der Bundesreform ist wahrhafte Verbesserung unserer öffentlichen Zustände zu erwarten."

Die eidgenössischen Verhältnisse waren es, die wieder in den Vordergrund traten. Mit dem Beginn des Jahres 1847 war — nicht unpassend mit dem brennenden Span des Kinderspiels verglichen — der „Vorort" von Zürich auf Bern übergegangen, und dieser Umstand gab der hier vorgefallenen Regierungsänderung erhöhte Bedeutung. Die Aufgabe des letzten eidgenössischen Vororts war weder eine leichte, noch eine angenehme. Die Vertreter der großen Nachbarmächte gaben der neuen Behörde ihre feindselige Gesinnung unzweideutig zu erkennen, selbst auch durch Beiseitesetzung der gewohnten Höflichkeitsformen. Nicht bloß die konservativen Stände, auch ein Theil der liberalen Schweiz kam ihr mit wenig Vertrauen entgegen. „Mangel an Würde und Cha= rakter, an persönlicher und sachlicher Garantie für einen haltbaren, die Wohlfahrt des Landes und den Frieden mit den Nachbarn nicht be= drohenden Zustand" wird als Grund angegeben. Waren doch die nun= mehrigen Häupter des Bundes in dieser kritischen Zeit fast ohne Aus= nahme Männer, die ohne staatsmännische Vergangenheit nur in Folge der Gährung auf die Oberfläche getrieben, vor wenigen Monaten erst als *homines novi* auf dem politischen Schauplatz erschienen waren; die keine andern Verdienste für sich hatten, als ihren leichten Sieg über das bisherige System, und keine andere Hoffnung machen konnten, als auf die Entschiedenheit und Rücksichtslosigkeit ihres Radikalismus.

Der einzige von ihnen, der bisher durch seine Thaten sich bekannt gemacht, war Ochsenbein! — Es war nicht zu verwundern, daß, als in der Mitte des Jahres der Anführer des unglücklichen Freischaaren= zuges den Stuhl des Bundespräsidenten bestieg, um der Tagsatzung vorzustehen, die ihn kurz zuvor als Unwürdigen von der Liste der eid= genössischen Offiziere gestrichen hatte, manches zweifelnde und manches mißbilligende Urtheil laut werden mußte, und daß die Provokation, die darin lag, nicht geringes Aufsehen machte.

Die erste Handlung des neuen Vororts war kaum geeignet, dieses Mißtrauen zu verscheuchen. Als schon im Anfang Januar von Stäffis und Murten aus ein Versuch gemacht wurde, zum Sturz der dortigen Regierung nach Freiburg zu ziehen, wurden die Regenten Berns nicht undeutlich der Gehülfenschaft beschuldigt[1]), und ihren raschen Truppen-aufgeboten ganz andere Zwecke zugeschrieben, als Herstellung der ge-fährdeten Ruhe. Mit einem sehr bezeichnenden Gleichniß wies die „Berner Volkszeitung" nach, daß sie über diese Anschuldigung sich nicht beklagen dürften, auch wenn im gegebenen Fall die Wirklichkeit der Voraussetzung nicht entspräche. Geheime Verbindungen mit der gleichgesinnten Regie-rung des Kantons Waadt, und ein dieser unter der Hand gemachtes Anleihen (von Fr. 200,000 a. W.) konnten den Glauben an weiter reichende Plane nur verstärken.

Die Austreibung der Jesuiten und die Auflösung des Sonder-bundes war für den idealeren Theil des Bernervolks das Motiv zur Umwälzung gewesen, wie die Zehntaufhebung für den materiell ge-sinnten. Schon der alte Große Rath hatte (am 1. Juli 1846), unter dem Druck der neuen Stimmung über den mäßigern Antrag der vor-berathenden Behörde hinausgehend, dem Vorschlag Ochsenbeins seine Zustimmung gegeben: „zur sofortigen Auflösung des Siebnerkonkordats mit allen dem Bunde zu Gebote stehenden Mitteln" zu instruiren; damit stellte sich der Kanton Bern wieder an die Spitze der entschiedensten Bewegungspartei.

Bei Eröffnung der ersten Sitzung der neukonstituirten Behörde wurde aber auch vom Vizepräsidenten Niggeler angekündigt: „es sei Grund zu glauben, daß mehrere Stände künftig in der Tagsatzung sich zu den liberalen halten werden."

Bereits hatte Zürich, im April 1845, seine Haltung verändert, als unter dem Eindruck des Freischaarenzugs die zwei letzten Mitglieder der aus dem „Putsch" hervorgegangenen Regierung die leitende Behörde verließen.

Am 8. Oktober 1846 räumten die Lenker des Kantons Genf nach kurzem erfolglosem Kampf „dem Löwen von St. Gervais", James Fazy, und seiner provisorischen Regierung das Feld: „nicht besiegt durch den Aufstand, nur durch die eigene Kopflosigkeit, und die Scheu,

---

[1]) Besonders wurde der damalige zweite Vizepräsident des Großen Rathes als dabei thätig genannt.

für das Recht zu wagen, was Andere wagten für das Unrecht." „In Bern herrscht wilder Jubel, es heißt sogar, die Regierung habe Pulver und Kanonen geliefert, um das glückliche Ereigniß zu feiern. Und mitten in die rasende Freude über den gewaltsamen Umsturz einer Regierung, welcher man vor drei Monaten Treue geschworen, mischt sich die Drohung: nun müsse Basel an die Reihe." „Mit Genf sind eilf Stimmen für eine schweizerische Umwälzung gewonnen, Basel würde die zwölfte ausmachen. Auch gegen Freiburg fallen Drohungen! Im größern Publikum werden alle diese Nachrichten mit dumpfer Gleich= gültigkeit hingenommen. — Die Begriffsverwirrung und die Gesinnungs= losigkeit sind so groß, daß die mehrsten über die Revolutionirung Genfs nur die Achseln zucken, viele die Regierung tadeln, daß sie durch mili= tärische Maßnahmen die öffentliche Ruhe gestört!? — Wo soll das Alles enden?"[1]

Doch es war nicht Basel, das den Ausschlag geben sollte; ein am 17. Oktober in der Gegend von Burgdorf verbreitetes, und an manchen Orten schon mit Freudenschüssen begrüßtes Gerücht, daß dort Unruhen ausgebrochen, zeigte sich als unbegründet. Der „Schicksalskanton" war St. Gallen. Als in diesem zweigetheilten Stande im Mai des folgenden Jahres (1847) die neuen Wahlen der radikalen Partei das Uebergewicht von einigen Stimmen verschafften, „da war", wie die „Bernerzeitung" erklärte, „der günstige Moment gekommen, jetzt an die Ausführung zu denken." Mit dem Stimmenverhältniß von 76 gegen 71 und von 71 gegen 69 Stimmen wurde die dieser Hoffnung ent= sprechende Instruktion den Gesandten an die Tagsatzung mitgegeben; ein Entscheid, welchen ein bernisches Lokalblatt seinen Lesern mit den pathetischen Worten verkündete: „Zu einem vollgültigen Beschluß bedarf es zwölf Stimmen! sie sind gefunden gegen Jesuiten und Sonderbund; sie sind gefunden, wenn die liberalen Stände sich zu einem Gotteswerk vereinigen können und sich nicht zersplittern[2]." Umsonst versuchte jetzt der Große Rath von Zürich noch einmal seine vermittelnde Stellung zu wahren, am 12. Juli erklärten sich zwölf ganze und zwei halbe Stände[3] für den Auflösungsantrag Berns.

So erwünscht das endliche Zustandekommen eines Mehrheits= beschlusses allen denjenigen sein mußte, welche in der Resultatlosigkeit

---

[1] Blösch's Tagebuch.
[2] „Seeländer Anzeiger" vom 2. Juni 1847.
[3] Zürich, Solothurn, Schaffhausen, St. Gallen, Aargau, Tessin, Genf, Waadt, Thurgau, Graubünden, Glarus, Bern, Baselland und Appenzell A.=Rh.: die von jetzt an feststehende Mehrheitsgruppe.

der jahrelangen Verhandlungen die Hauptursache des Unheils erkannten,
so wenig vermochten doch manche den Gedanken zu fassen, daß der Weg
zur Einigung der Schweiz nothwendig durch den Bürgerkrieg gehen
müsse. Es fehlte nicht an Vaterlandsfreunden, welche, von der Ueber=
zeugung erfüllt, daß sowohl Prinzipien als Interessen weniger un=
vereinbar seien, als sie es scheinen, auch Alles anzuwenden suchten, um
das Aeußerste noch abzuwenden. Vorzüglich waren es die zwei schon
erwähnten zürcherischen Magistraten, Bluntschli und Moufson,
welche auch nach ihrem Rücktritt die frühere Vermittlerrolle fortzuführen
trachteten.

Diese beiden hatten bereits im September 1845 die Bildung einer
eidgenössischen liberal=konservativen Partei angestrebt, welche die Paci=
fikation der Schweiz zu ihrer Aufgabe machen sollte[1]), jedoch in
Bern wenig Anklang gefunden. Blösch verwies in seiner Antwort
darauf, daß bei noch mangelnder Empfänglichkeit der Gemüther allzu=
große Rührigkeit, namentlich bei Solchen, die außer aller amtlichen
Thätigkeit sind, eher schädlich als nützlich wirke, und sie fast unvermeidlich
der Mißdeutung aussetze. „Im Großen Rathe", erklärte er, „werde
ich mich immer finden lassen, desto fester und standhafter, je ernster die
Lage wird; aber außerhalb desselben glaube ich mich zu einer gewissen
Zurückhaltung berechtigt."

Je bedrohlicher die Lage wurde, desto größer Bluntschlis Thätigkeit.
Im Sommer 1847 schrieb er nach Bern: „Gedenken Sie in Bern der
Krisis, welche die Eidgenossenschaft erschüttert, passiv zuzusehen? Wenn
nicht, — in welchem Moment und unter welchen Voraussetzungen ge=
denken Sie zu handeln? Wollen Sie in der eidgenössischen Frage im
Einverständniß mit den Sinnesverwandten der andern Kantone handeln,
oder wollen Sie, obwohl wir es mit schweizerischen Parteien zu thun
haben, sich auf kantonale Thätigkeit beschränken?"

Sein Ziel war auch jetzt Organisation einer schweizerischen
Friedenspartei, aus welcher unter guter Leitung eine „Vermittlungs=
partei" werden könnte, um entweder schon vor Beginn der Feindselig=
keiten oder dann nach einer ersten Entscheidung zur Versöhnung zu
wirken. Sein Vorschlag ging zunächst auf Erlassung eines Manifestes
an die Nation, und auf Feststellung gewisser im Detail angegebener
Friedensbedingungen.

Er glaubte auch bei Blösch Geneigtheit voraussetzen zu dürfen,
auf diesen Zweck einzugehen, und täuschte sich darüber nicht, was die

---

[1]) Gedruckte Einladung zu einer Konferenz in Zürich vom 18. September 1845.

Gesinnung betrifft; allein auch jetzt war dessen Antwort ablehnend: „Organisirung einer Friedens= oder Vermittlungspartei ist mein sehn= lichster Wunsch, aber erst möglich, wenn Jedermann fühlt, daß Ver= mittlung nothwendig ist." Insbesondere wiederholte er stets die Behauptung, daß jeder Versuch zur Herstellung des Friedens ohne Bundesreform erfolglos bleiben müßte, und machte darauf auf= merksam, daß zur Vermittlungswirksamkeit auch eine vermittelnde Stel= lung erforderlich sei, und daher die Mitwirkung, wie beider kirchlichen Parteien (was Bluntschli verlangt hatte), so nicht minder diejenige beider politischen Parteien nicht umgangen werden könne.

Er war nicht der Einzige, der die Persönlichkeit Bluntschli's, ihrer sonstigen schroffen Parteistellung wegen, nicht zur Erreichung des ge= wünschten Zweckes für geeignet hielt[1]), und es ist nicht unwahrscheinlich, daß dieser scharfe und energische Kopf, durch die Abneigung, die er gegen sich erregt hatte, und immer wieder erregte, das Friedenswerk seiner gleichgesinnten Freunde mehr durchkreuzt als gefördert hat.

Neben ihm war Landammann Schindler aus Glarus in der gleichen Richtung thätig. Dieser hatte mit einem andern Berner (W. v. Fellenberg in Hofwyl) Verbindung angeknüpft und suchte Blösch in Burgdorf auf. Auch er, wie ein zweiter Glarner, den Blösch kurz zuvor gesprochen, war überzeugt von der Unpopularität des Krieges in Zürich, in Glarus, wie überhaupt in der östlichen Schweiz; er glaubte dieser Stimmung durch eine Adresse an die Tagsatzung Ausdruck geben und Recht verschaffen zu können: „Kehret um! noch einmal! bevor Ihr Euch selbst verspielet; denn warum Ihr spielet, das gehört nicht Euch, — es ist das Volkseigenthum, sein Leben, sein höchstes Gut!" mahnte die in ergreifender Sprache abgefaßte Schrift, die er Blösch vorgelegt hat. Dieser gab ihr Billigung, erwartete aber mehr Erfolg, wenn es gelingen könnte, eine Anzahl zur Vermittlung geneigter Männer aus der ganzen Schweiz zu versammeln zur Besprechung über die Lage des Landes und die zu ergreifenden Mittel zur Ver= söhnung. Nun von Schindler zur Veranstaltung einer solchen Konferenz aufgefordert, schützte er sein Alter vor, den greisen Häuptern eines Zellweger in Trogen, eines alt=Bürgermeister Mousson, eines Professor Hottinger gegenüber, welche man dabei im Auge hatte; doch deutete er

---

[1]) „Je ne sais si M. Bluntschli est tout-à-fait la personne convenable. Il a une certaine âpreté dans son caractère et a excité tant de préventions contre lui, qu'il serait peut-être désirable qu'il restât un peu à l'écart", äußerte z. B. ein konserva= tiver Staatsmann aus der französischen Schweiz damals zu Blösch.

14

an, daß unter gewiſſen Umſtänden er zum Entſchluß kommen könnte,
auf eigene Fauſt eine Vermittlung zu verſuchen, namentlich, wenn
bringendere Gefahr den Mangel perſönlicher Legitimation erſetzen würde.

Auch ſonſt wurden Verſuche gemacht, den Bürgerkrieg abzuwenden.
Im Kanton Waadt ſoll eine dahin zielende Petition in wenigen
Tagen bei 8000 Unterſchriften erhalten haben, dann aber zerriſſen oder
verbrannt worden ſein. Im Kanton Bern wurde Gleiches angeregt. In
Burgdorf erhob der ſchon betagte J. L. Schnell (Blöſchs Schwieger=
vater) noch einmal ſeine Stimme und ſuchte, unter Erinnerung, wie
ſchon einmal in ſchwieriger Zeit (1830) von dieſer Ortſchaft aus ein
rettender Anſtoß auf den Kanton ausgegangen ſei, die verſammelte
Gemeinde zu einem Schritte zu bewegen. Der nichtige Vorwand aber:
„Sie wollen mit Jeſuiten und Sonderbund nichts zu thun haben!“
ließ die Sache ſcheitern. — Als ob es ſich darum gehandelt hätte!

Zahlreiche Rufe ergingen an Blöſch, die von ihm eine Initiative
erwarteten, und mehrmals verſammelte er auch ſeine Freunde zu einer
Berathung. So noch am 6. Oktober in Bern. Die umſtändliche und
ernſte Verhandlung betraf hauptſächlich drei von ihm gemachte Vor=
ſchläge: 1) Provokation der Volksabſtimmung über den be=
vorſtehenden Krieg; 2) Erſtreben einer Verfaſſungsreviſion mittelſt
Beibringung der erforderten 8000 Unterſchriften, und 3) Eingabe von
allgemeinen Bittſchriften zur Erhaltung des Friedens.

Das Reſultat war der einſtimmige Beſchluß: Nichts zu thun! —
So entſchieden die Einen, in der Angſt vor dem kommenden Verhängniß,
die Pflicht betonten, doch etwas zur Rettung des Vaterlandes zu ver=
ſuchen, eben ſo ernſt riethen Andere davon ab. Der erſtere Gedanke,
der ſchon im Großen Rathe beantragt, aber dort beſeitigt worden war,
wurde aufgegeben, weil alle mündlichen und ſchriftlichen Berichte darin
übereinſtimmten, daß, ungeachtet der allgemeinen Abneigung vor dem
Krieg, ſehr zu bezweifeln ſei, ob die Mehrheit der Stimmenden ſich
dagegen ausſpräche; und weil man einſah, daß die Nachtheile eines
ungünſtigen Entſcheides die Vortheile eines günſtigen bei weitem über=
wiegen müßten. „Niemand ziehe gern in's Feld, heiße es von allen Seiten;
und doch werde Niemand den Muth haben, für den Frieden zu ſtimmen.“
„Der Sache in Gottes Namen ihren Lauf laſſen, ſei das Rath=
ſamſte; auch ich glaube das. Wir werden nichts aufhalten können!
Seien wir dießmal in Gottes Namen ſtill“, ſchrieb in trübſter Wehmuth
ein verſtändiger Landmann aus der Gegend von Thun.

Nur für den Fall hatte man zum Handeln ſich entſchloſſen, wenn,
wie damals vielfach angedeutet wurde, in Ermanglung einer geſetzlichen

Tagſatzungsmehrheit, Bern mit ſeinen Verbündeten von ſich
aus zur Exekution gegen den Sonderbund vorgehen wollte.

Das Verlangen einer außerordentlichen Verſammlung des Großen
Rathes, von 20 Gliedern dieſer Behörde unterzeichnet, wurde in die
Hände Blöſchs niedergelegt zum allfälligen Gebrauch im Drange der
Umſtände.

Allein ſelbſt dieſer Schritt unterblieb.

Eine Zeit lang ſchien ein Erfolg aller dieſer Bemühungen nicht
unmöglich zu ſein. Die radikalen Führer zeigten Unſicherheit; es hieß
ſogar von Ochſenbein, er ſei nicht ungeneigt, zu einer Vermittlung
Hand zu bieten. Auch in der Begeiſterung der Urkantone war unverkennbar viel Terrorismus mit im Spiel; und dennoch fehlte es ſelbſt
hier nicht an Männern, welche, wie Staatsrath Charles in
Freiburg, den Muth hatten, kräftig zum Frieden zu rathen. Was
damals im Wege ſtand, das war der Glaube an die Unmöglichkeit
des Kriegs, die allgemein herrſchende und gefliſſentlich genährte
Meinung, die bloße Drohung von Gewalt werde die Sonderbunds-
ſtände zum Nachgeben bringen. Als es nun anders kam, als die kriege-
riſche Stimmung der Bevölkerungen, und ganz beſonders der Ausgang
der Schwyzeriſchen Landsgemeinde dieſe Hoffnungen zerſtörte,
da war es zu ſpät, da verbot das Ehrgefühl jedes Rückwärtsgehen.

Das mächtigſte Hinderniß jeder erfolgreichen Mediation war aber
vielleicht die Furcht vor der fremden Intervention, welche eben
ſo ſehr das Nationalgefühl der Einen krankhaft reizte, als dem Fanatismus der Andern Nahrung gab; eben ſo ſehr die Führer der Mehrheit
zur Beſchleunigung ihrer Aktion antrieb, als die Friedensmänner dem
Scheine feiger Furcht ausſetzte. Das Unglücklichſte in dieſem ganzen
Konflikte war von Anfang an dieſe Einmiſchung des Auslandes:
die mephiſtopheliſchen Verheißungen des engliſchen Geſandten;
die ungeſchickten Drohungen der reaktionären Diplomatie; die
aufreizende Haltung der europäiſch-demokratiſchen Propaganda; die falſchherzigen Einflüſterungen an die Luzerner von Seiten
des Ultramontanismus und des mit ihm verbundenen Wiener-
kabinets; — das Alles mußte die Spaltung vollends unheilbar
machen und die zum Schweigen verdammen, welchen die Erhaltung
der Eidgenoſſenſchaft höher galt, als die Formen ihrer Einigung.

Wie hätte ſelbſt die Stimme eines Niklaus von der Flüh ſich
Gehör verſchaffen können in einer Zeit, da das Auftreten dieſes Friedens-
ſtifters auf der Tagſatzung zu Stanz als unpolitiſch bezeichnet werden
durfte, wie dieß von einem Profeſſor der Geſchichte an einer ſchweize-

rischen Universität vor der helvetischen Gesellschaft geschah. Da mußte
wohl der als der größte Patriot erscheinen, der am rücksichts=
losesten zum Kriege schrie, und die Vaterlandsliebe derer an=
gezweifelt werden, welche die Entzweiten zu versöhnen trachteten.

Man hat Blösch oftmals geheime Sympathie mit dem Sonder=
bund vorgeworfen[1]); sein Urtheil darüber hat er einmal dahin aus=
gesprochen[2]): Das Sonderbündniß scheine ihm dem Buchstaben nach
schwer, dem Geiste nach gar nicht vereinbar mit dem Bunde, und der
letztere Gesichtspunkt sei entscheidend. Allein noch unvereinbarer
mit dem Bunde seien — Freischaarenzüge aus dem Gebiete eines
Kantons in dasjenige eines andern, wie die, welche 1844, 1845 und
1846 erlebt worden und fortwährend angedroht werden; unvereinbar
auch alle Mehrheitsbeschlüsse über die Jesuitenfrage. Nun sei
der Sonderbund geschlossen worden zur gemeinsamen Abwehr solcher
Angriffe, nicht gegen den Bund also, sondern gegen bundeswidrige
Gewalt einer Mehrheit oder Einzelner, unter der Firma des Bundes.
Von diesem Gesichtspunkte aus müsse der Sonderbund beurtheilt wer=
den, nicht absolut, sondern mit Rücksicht auf Zweck und Veranlassung.
Es sei ein Akt der Nothwehr, und, wie diese überhaupt, nur
durch den Nothzustand, welcher ihn hervorgerufen, durch diesen aber
vollständig gerechtfertigt. Er erklärte offen: „Wäre ich kinderlos, so
ginge ich — wie J. U. Salis — hin und ergriffe die Waffen für den
Sonderbund!" — „Damit war es mir voller Ernst", fügte er später
schriftlich hinzu; „nicht daß ich die geringste Sympathie fühlte für die
speziellen Interessen, durch deren Verfolgung Luzern seiner Seits die
Freischaaren hervorgerufen hat, — ein Extrem ist das andere werth, —
sondern weil diese Fragen den Radikalismus in eine solche Stellung
zur Urschweiz gebracht haben, daß ich ahne, er werde sich an dieser den
Kopf zerschellen."

Aus diesen Geständnissen ergibt es sich, daß, was ihn bewegte, eher
Antipathie war gegen den Radikalismus; ja es waren überhaupt weit
mehr moralische als eigentlich politische Gründe, die sein Urtheil
bestimmten. Im Gegensatze zu dem politischen Treiben seiner Umgebung
mochte er vielleicht allzu sehr geneigt sein, sich Jllusionen hinzugeben
über Andere, und an die größere persönliche Ehrenhaftigkeit

---

[1]) Der Schreiber dieß erinnert sich noch der Verwunderung, mit welcher er als
Knabe in der Schule vernahm, sein Vater sei ein Jesuit!

[2]) Es war bei Gelegenheit der oben erwähnten Besprechung mit seinen bernischen
Freunden.

der Männer der Urschweiz zu glauben, während doch die ihm längst
unzweifelhaft gewordene Einsicht in die Nothwendigkeit größerer Bundes=
centralisation, und der nie verhehlte Unmuth über deren Widerstand
ihn von denselben trennte. Sachlich weit mehr, als die meisten seiner
sonstigen Parteigenossen, die Wünsche der eidgenössischen Mehrheit
theilend, war der Geist, mit welchem sie verfolgt wurden, seinem in=
nersten Wesen zuwider. — Es widerstrebte ihm die Rohheit, mit
welcher man die Rechte der Minderheit mißachtete, weil sie andere
Bedürfnisse hatte, — die Intoleranz, mit welcher man ihre reli=
giösen Gefühle verhöhnte, weil man selbst andere oder gar keine hatte, —
die cynische Leichtfertigkeit, mit welcher Manche vom Blut=
vergießen sprachen, Mitbürgern gegenüber:

> „Es lag die Welt in grimmem Kampf zerspalten,
> Und zu der Heere keinem konnt' ich steh'n:
> Hier sah ich Wahnsinn, dort Verstocktheit walten!"[1]

Diese Getheiltheit seines Gemüths; die daraus hervorgehende Ueber=
zeugung, daß eine gewaltthätige Krisis nicht nur unvermeidlich,
vielleicht sogar heilsam sei, neben der moralischen Unmöglichkeit,
dieselbe gewissenlos selbst herbeizuziehen, das hatte seine Thätigkeit in
der letzten Zeit fast vollständig gelähmt, und ihn von jeder kräftigen
Verfolgung seiner Pazifikationsversuche abgehalten. Als Ausdruck seiner
eigenen Stimmung zitirte er in den letzten Friedenstagen, was Körner
über die französische Revolution an Schiller geschrieben: „Das Feuer,
das hier brennt, ehre ich als das Werk einer höhern Hand;
ich mag weder Oel, noch Wasser darein gießen. Was ich dar=
über sagen darf, mag ich nicht denken, und was ich darüber
denke, darf ich nicht sagen."

Ein immer sich wiederholender Gedanke in jenen Tagen war bei
ihm: „Wir müssen durch kolossales Unglück hindurch!" „Nur ein
großes nationales Unglück kann uns Rettung bringen!"[2]

Es kam wirklich herbei: daß es so rasch und leicht vorüber
ging, und doch die Rettung brachte, das ist wohl, nach jenem alten
Spruche, weniger der confusio hominum, als vielmehr der *providentia
Dei* zu verdanken.

---

[1] Em. Geibel: Friedensschluß 1850.
[2] Merkwürdig ist, daß diese düstere Ahnung sich selbst im Volksaberglauben damals
eine Form gegeben hat: Blösch hat darüber einige ihm von Jeremias Gotthelf mit=
getheilte Züge aufbehalten.

Noch am 7. Oktober brachte die „Berner Volkszeitung" eine rüh=
rende Erinnerung an die Hülfe der Urkantone in der Laupenschlacht,
und das von den Bernern damals abgelegte Versprechen: „O Berner,
die ihr den Helden von Laupen Denkmale erbauet, gedenket vor Allem
dieses Schwures eurer Väter! — Biederbe Männer! kehret Üch
zu Uns! So tönt auch jetzt der Ruf der Waldstätte zu Euch herüber,
nicht ein Ruf um Hülfe; nein, bloß ein Ruf nach der Freundeshand,
von denjenigen, die Euch kein Leid zugefügt haben, und die Ihr mit
Krieg zu überziehen droht. Höret den Ruf im Hinblick auf die Vorzeit,
da man „Freund bei Freunden stritt"; im Hinblick auf die Tage der
Zukunft, wo das gemeinsame Vaterland des Kampfes „Freund an
Freund" bedürfen wird! Das Schwert in die Scheide, o Berner, und
kehret Euch zu ihnen, daß nicht ob dem zertretenen Gelübde der Segen
der Väter sich von Euch wende!"

Es war umsonst: die Behörde, welche sich am 18. Oktober unter
dem Namen „eidgenössische Tagsatzung" im sogenannten Außerstandes=
rathhaus zu Bern versammelte, war in Wahrheit nichts anderes,
als ein Kongreß zweier gegen einander zum Krieg gerüsteter
Staaten. Beide Theile verhandelten meistens in getrennten Konfe=
renzen, bis die Minderheit unter beredtem Proteste gegen die gefaßten
Beschlüsse endlich schied.

Das Gefühl eines tragischen Verhängnisses ging durch die Be=
völkerung Berns, als am Nachmittag des 29. Oktobers die Gesandt=
schaften der ältesten Bundesbrüder die Stadt verließen[1]).

Am 4. November folgte ihnen die Kriegserklärung der Mehr=
heitsstände nach, und eine Proklamation an die eidgenössische Armee,
nachdem die letztere bereits am 28. Oktober — erst 50,000, bald 100,000
Mann stark — aufgeboten und deren Oberkommandant gewählt worden
war.

So begann der Krieg: die gewaltsame *Prolepsis* eines
Rechtszustandes, welcher erst geschaffen werden sollte.

Am 1. November wurde auch Blösch in Dienst gerufen, als
Chef des eidgenössischen Justizstabes. Seine Stimmung war
eine äußerst ernste. Er sprach dieselbe aus in einem eigenen Schreiben,
das er bei Antritt seiner Funktionen hinterließ:

„Die Tagsatzung", begann dasselbe — „oder vielmehr 12½ Stände —
haben gestern Abends die bewaffnete Aufhebung des Sonderbundes be=

---

[1]) Ein ergreifendes Beispiel vom Abschied bisheriger Freunde und Kriegskameraden
erzählt die Nr. 216 der „Berner Volkszeitung."

schlossen, und meine Stellung als eidgenössischer Oberauditor zwingt mich, diesem Willen einer gewaltthätigen Mehrheit gegen eine gemißhandelte Minderheit dienstbar zu sein. Sie setzt mich eigentlicher Kriegsgefahr nicht aus: zu den möglichen Folgen der Lage, in welche die Raserei der Extreme — dort des jesuitischen Katholizismus, hier des politischen Jesuitismus — die Schweiz gebracht hat, und die Schlaffheit und Ge- sinnungslosigkeit der Masse sie hat bringen lassen, gehört aber auch Anarchie, begleitet — besonders im Falle einer Niederlage der An- greifer — von der Gefahr der Mißhandlung und Rache. Für diese Eventualität, die in Gottes Hand ist, schreibe ich diese Zeilen nieder zum Abschied an die Meinen!"

Nach einem Rückblick auf die politische Entwicklung seit dem Jahre 1831, und seine eigene Betheiligung an derselben, schließt er mit den Worten: „Darum ergebe ich mich ruhig in den Gang der Ereignisse, er steht in Gottes Hand. Wen auch der Sturm wegraffen mag, Schuld- lose wird er keine treffen; denn Alle haben gesündigt, die Einen durch Thun, die Andern durch Lassen. Ich selbst anerkenne demüthig die eigene Mitschuld durch Thun und durch Lassen; und sollte es des Himmels Wille sein, daß ich zum Opfer falle, so wünsche ich den Meinen den Trost des Glaubens, daß er es gegeben, und daß vielleicht mein Tod dem Vaterland mehr nützen wird, als mein Leben ihm hätte nützen können. Den Meinen sage ich das herzlichste Lebewohl. Ich hoffe, sie bewahren mir ihr Andenken in Liebe; denn meines Namens haben sie sich nicht zu schämen: Ich habe in schwerer Zeit gewirkt, wie es menschlicher Schwäche für das, was sie als gut erkannt, zu wirken vergönnt war; und blicke auf mein Leben zurück, wenn nicht mit voll- kommener Zufriedenheit mit mir selbst, doch ohne Groll und Haß gegen Andere."

Es war bei solcher Gesinnung unstreitig eine hohe Gunst des Schicksals für Blösch, daß seine Aufgabe ihn der unmittelbaren Theilnahme am Bruderkampf überhob, ja selbst gewissermaßen noch ein Friedenswerk war; er hoffte sogar, daß sie ihm vielleicht Anlaß bieten könnte zur neuen Aufnahme eines Versöhnungsversuchs.

Die Obliegenheiten seines Dienstes nahmen ihn bis weit in das Jahr 1848 hinein in Anspruch; erlaubten ihm jedoch ihre Erfüllung, erst in Bern, später — von Ende Februars hinweg — selbst in Burg- dorf im eigenen Hause. Am 12. April erstattete er seinen Schluß- bericht über die Ergebnisse der Justizpflege in der Armee.

Es konnte wohl nicht fehlen, daß die Strenge des Oberauditors gegen die vielfach vorgekommenen Rohheiten und Ausschreitungen, die

seine ganze Entrüstung erregten, zu manchen Angriffen radikaler Blätter
Anlaß geben mußte; er wurde reichlich dafür entschädigt durch die
dankbarste Anerkennung, die der Oberkommandant in einem un=
gemein herzlichen Schreiben ihm aussprach, und durch die Freundschaft,
die der edle General ihm bleibend bewahrt hat.

Das Geschichtliche des Krieges kann hier füglich übergangen
werden, obwohl die täglichen Aufzeichnungen Blösch's über die ein=
gegangenen Nachrichten und die herrschende Spannung nicht ohne In=
teresse sind. — Der Ausgang hat ihn auf's Höchste überrascht. Er
hatte sich nur entweder einen entscheidenden Sieg der Angreifer, und
dann radikale Umkehr der ganzen Schweiz, oder dann einen ent=
scheidenden Sieg des Sonderbunds, und dann — Reaktion als
mögliche Alternativen gedacht; daß es dem Oberbefehlshaber gelingen
könnte, durch Geschicklichkeit und Energie den Sieg zu einem so sehr
entscheidenden zu machen; und doch zugleich durch seinen Takt den Cha=
rakter einer Parteiunternehmung von dem Feldzuge so sehr fern zu
halten, das hatte er nicht zu hoffen gewagt.

Wohl hatte er anfangs bittern Aerger, ja eigentliches Scham=
gefühl empfunden, als erst Freiburg, dann auch Luzern und die
Urkantone auf so unbegreifliche Weise sich selbst aufgaben; und statt
des erwarteten altschweizerischen Heldenmuths nur ein äußerst schwacher
Widerstand, und bei den Führern selbst die schmählichste Haltungs=
losigkeit zu Tage trat[1]); wohl empörte es ihn nicht minder, als er
die eidgenössische Armee dazu mißbrauchen sah, um mit Verläugnung
aller demokratischen Prinzipien den willenlos gemachten Kantonen neue
Verfassungen und neue Regierungen aufzudrängen, wie dieß besonders
in Freiburg geschah; und dennoch konnte er nicht umhin, das schließ=
liche Ergebniß des so sehr verabscheuten Krieges mit Freuden zu
begrüßen; und es war wohl nur eine Nachwirkung früheren Unmuthes,
wenn er noch lange zu trübem, selbst ungerechtem Urtheil geneigt, nicht
recht an eine glückliche Wendung zu glauben vermochte.

Der kurze, heftige Schlag hatte genügt, um alle Elektrizität
zu entladen, auf beiden Seiten die Einsicht zu wecken, daß der Haß
und Eifer im Grunde doch nur ein künstlich erhetzter gewesen, und das

---

[1]) Er sah ein treffendes Sinnbild der herrschenden Begriffsverwirrung darin, als
ein Freund ihm als Augenzeuge schrieb, wie die Unterwalliser bei dem Einzuge der
Eidgenossen ihre Häuser festlich bekorirt hatten mit weißen Sacktüchern, auf welche
ein rothes Kreuz aufgenäht war.

Bedürfniß nach Mäßigung der Extreme zum Durchbruch zu bringen.

Nicht geringen Antheil an diesem Resultat schrieb Blösch der Haltung zu, welche die konservative Partei der Tagsatzungskantone eingenommen. Hatten doch die dieser angehörenden Offiziere das durch Uebergabe wichtiger Kommando's in sie gesetzte Vertrauen vollständig gerechtfertigt, ja selbst anerkanntermaßen entscheidend zu dem Siege mitgewirkt (neben Dufour selbst, besonders Oberst Ziegler)[1]. Es war dieß ausschließlich der Erwählung Dufours zum Oberkommandanten zu verdanken, der seiner Seits die Annahme als *acte d'obéissance militaire* angesehen wissen wollte; dieser Vorgang bestimmte die Entschließung aller Uebrigen, der Offiziere und Soldaten, die, mit Ausnahme einiger katholischen Berner, dem gegebenen Beispiele folgten.

Durch diesen Beweis, daß das Vaterland ihnen wirklich höher stehe, als das Interesse der Partei, wurde nicht nur manches Vorurtheil beseitigt und der künftigen Neugestaltung vorgearbeitet; es fiel dadurch sogar die Macht gewissermaßen in die Hände derer, welche bis dahin geflissentlich beseitigt worden waren. „So kam es, daß konservativer Mäßigung die Leitung eines Sturmes anheimfiel, welchen radikales Ungestüm erregt hatte; die konservative Partei führte das Segel und das Steuerruder, während die radikale den Wind lieh, der das Schiff trieb."

Konnten zum Theil schon jene Wahlen davon Zeugniß geben, daß mit dem Momente des wirklichen Ernstes auch in der Tagsatzung ein etwas anderer Geist die Segel regiere, so war dieß noch viel mehr während des Krieges der Fall. Mit unverkennbarem Geschick und nicht minderer Gunst der Umstände wußte der sogenannte Legalradikalismus eines Bürgermeister Dr. Furer aus Zürich[2], Dr. Kern aus Thurgau, Munzinger aus Solothurn ꝛc., sich zum Herrn der Situation zu machen, und dem Freischaarenthum seinen Sieg im rechten Augenblicke zu entwinden.

Es konnte so ein Werk zu Stande kommen, welches, mit hoher staatsmännischer Einsicht die treibenden Ideen, wie die reellen Bedürfnisse

---

[1] Als Jemand mit Bezug hierauf gegen Blösch mit bitterer Klage äußerte: „Die konservative Partei hat sich selbst todtgeschlagen", war seine rasche Antwort: „Ist es Schade darum?"

[2] Dieser war schon im Juli 1845 von der „Bernerzeitung" als konservativ denunzirt worden; „denn seine Präsidialrede wurde sehr gelobt in konservativen Blättern!"

klug verstehend, Neues bauend und doch das berechtigte Alte schonend, die scheinbar auseinander fallende Eidgenossenschaft fester als jemals einigte; und dem mehr als 20 Jahre segensreicher Dauer den Stempel der Bewährtheit aufgedrückt haben: die Bundesverfassung.

Doch bis es dahin kam, war noch manche Schwierigkeit zu über= winden. Die von Niemand erwartete Raschheit der militärischen Aktion war den Schachzügen der Kabinete zuvorgekommen; aber noch glaubten sie ihre Einmischung in den schweizerischen Hausstreit nicht unterlassen zu dürfen. War das Anerbieten französischer Vermittlung abgelehnt, so erhoben sie dringende, — freilich materiell nicht unbegründete, — Vor= stellungen gegen die über den angegebenen Zweck der Exekution weit hinausgehende, unter dem Namen Rekonstruirung vorgenommene Re= volutionirung der unterlegenen Kantone; und protestirten gegen die Revision des Bundesvertrags, der mit Genehmigung der eu= ropäischen Mächte entstanden, nur mit ihrer Zustimmung verändert werden dürfe.

Besondern Anstoß gab die ganz exzeptionelle Lage Neuenburgs. Dieser Stand, von seinem Fürsten vor dem Ausbruch der Feindseligkeiten als neutral erklärt, hatte die Stellung seines Mannschaftskontingents verweigert, und nur mit Mühe konnte er durch eine Geldleistung sich einer angedrohten Besetzung entziehen. War schon die bisherige Stellung des Fürstenthums im Bunde republikanischer Staaten ein Mißverhältniß ge= wesen, so konnte offenbar bei Umwandlung der Schweiz in einen zentra= lisirten Bundesstaat die Verbindung mit dem preußischen Königshause nicht die gleiche bleiben.

Es konnte nicht überraschen, als Neuenburg am 1. März 1848 durch einen raschen Handstreich in eine Republik verwandelt wurde.

Die Besorgnisse bewaffneter Dazwischenkunft des Auslandes er= neuerten sich daher nach dem Kriege in nur noch gesteigertem Grade. Nur der Einstimmigkeit, mit welcher auch die konservativen Staats= männer sich gegen diesen Gedanken erhoben, mag es vielleicht zuzu= schreiben sein, daß, bei beständiger Drohung, jeder wirkliche Versuch dazu unterblieben ist. „Würden die Nachbarmächte die Schweiz hemmen, eine neue Bundesverfassung mit starker Centralgewalt zu errichten, so würden sie alle vorhandenen Uebel nur steigern, und die einzige Aussicht auf künftige Befriedigung der Schweiz verschließen", schrieb (6. Dezember 1847) Bluntschli an Blösch; und dieser selbst, dessen „Organ", die „Berner Volkszeitung", am 8. Dezember die gleiche, oft schon wiederholte Ansicht in der unzweideutigsten Sprache ausführte, fand zu mehreren Malen Gelegenheit, vor Vertretern des Auslandes seine Ueberzeugung zu äußern, und vor dem unseligen Plane zu warnen. Man hat ihn oft der entgegengesetzten Handlungsweise beschuldigt, ja er mußte sich mit seinen Freunden „die Partei des Auslandes" nennen lassen; darum mag es erlaubt sein, hier daran ausdrücklich zu erinnern.

Allerdings bekennt er schon im Sommer 1847: „die Beobachtung gemacht zu haben, daß Leute, die vor Jahren sich darob entsetzt hätten, allmälig dem Gedanken an Intervention Eingang gestatteten, und zwar vorzugsweise Personen aus den höhern Ständen, die ihre Ruhe oder ihr Gewerbe durch die stete Unordnung gefährdet sehen und ob dem materiellen Werthe fester Ordnung den moralischen Schaden fremder Einmischung übersehen. In einer ähnlichen Einwirkung auf die Gemüther der Massen liegt die Gefahr einer wirklichen Reaktion." — „Ich beklage die Gegenwart, wie irgend einer; aber von fremder Einmischung erwarte ich kein Heil. Wohl könnte sie rasch zu festerer Ordnung führen — aber um welchen Preis?" — „Einmischung unserer Nachbarn ist möglich; aber erfolgt sie, so ist der eigene Vortheil, nicht das Wohl der Schweiz der Bestimmungsgrund. Ich zöge Bürgerkrieg fremder Einmischung vor. Jener könnte vielleicht Heilung bringen, diese triebe den Krankheitsstoff in den Körper zurück"; so heißt es an verschiedenen Orten von Blösch's Tagebuch.

Es darf angenommen werden, daß solche Einwendungen nicht ohne Eindruck blieben bei denen, welche in diesem Punkte die gespaltene Schweiz so unerwartet einig fanden; und daß durch diese Uebereinstimmung die stets auftauchenden Gerüchte viel von ihrer sonstigen Gefährlichkeit verloren. Unter diesen Umständen dienten jetzt die ernsten Gesichter der Diplomaten nur dazu, das Bedürfniß nach rascher Beruhigung, und darum nach dem Zurückdrängen der Extreme den leitenden Persönlichkeiten, wie den Massen, noch fühlbarer zu machen; und dieß um so mehr, da nun auch das früher durch den extravaganten jungen Peel aufstachelnde England durch einen außerordentlichen Gesandten — Lord Stratford Canning — sich in der Warnung vor Mißbrauch des Sieges den übrigen Mächten angeschlossen hatte.

Die Ereignisse des Jahres 1848 traten dazwischen; sie verschafften der Schweiz die Freiheit, ungestört über sich selbst zu verfügen, und zwangen sie eben so sehr, im Interesse ihrer Sicherheit zur beschleunigten Einsetzung einer neuen Ordnung der Dinge. So mußte der Einfluß des Auslandes, was er verhindern wollte, selbst befördern, und nicht wenig beitragen zur günstigen Aufnahme eines Kompromisses selbst da, wo abweichende Wünsche überwunden werden mußten.

Allerdings war auch im Innern der Schweiz noch mancher Stein aus dem Wege zu räumen. Zwar der Widerstand derjenigen, die grundsätzlich jeder Schwächung der kantonalen Selbständigkeit zu Gunsten der Bundesgewalt entgegen standen, war für immer gebrochen. Gelang es auch nicht überall, diese Opposition zum Schweigen zu bringen, so ließ sich dieselbe doch jetzt ignoriren, oder wenigstens war der Terrorismus unmöglich geworden, den sie bis dahin in einzelnen Kantonen ausgeübt hatte.

Gefährlicher konnte einen Augenblick der Widerstand werden, welcher plötzlich von der radikalen Seite her auftauchte, als dessen Häupter fühlten, daß die Zügel ihnen entfallen. Dieß zeigte sich vorzüglich im Kanton Bern, dessen Größe und geschichtliche Bedeutung seinem Votum ein besonderes Gewicht verlieh.

Dieser Stand hatte während einer langen Reihe von Jahren (seit 1833) vor der Tagsatzung den Grundsatz eines nach der Kopfzahl zu erwählenden eidgenössischen Verfassungsrathes verfochten, und durch diese Einseitigkeit sich mehr als einmal zu den Gegnern jeder Reform gesellt. Jetzt legte die Tagsatzung selbst, einem schon vor dem Kriege gefaßten Beschlusse folgend, Hand an's Werk: eine von ihr bezeichnete Kommission, bewegt von dem Einfluß der oben genannten Männer, brachte endlich als Ergebniß mühevoller Verhandlungen einen Entwurf einer neuen Bundesverfassung zu Stande, der bestimmt war, der Eidgenossenschaft die so lang ersehnte neue Gestalt zu geben.

Am 8. und 9. Mai 1848 hatte der bernische Große Rath zum ersten Mal darüber Berathung zu pflegen. Ochsenbein, selbst Mitglied jener Kommission, hatte den Entwurf zu verfechten. Ueber seine Entstehung Auskunft gebend, charakterisirte er die Tendenz der Arbeit kurz mit folgenden Worten: „Die Revisionskommission hat gefunden, auf der einen Seite solle sie nicht alles Hergebrachte unberücksichtigt lassen; aber auf der andern Seite auch nicht einer Theorie sich hingeben, von der man nicht wisse, wohin sie am Ende führe; sondern man solle suchen, erstens das Ideal oder das höchste Prinzip festzuhalten, aber eben so sehr auch andererseits den bisherigen Bedürfnissen Rechnung zu tragen. Dieß war der Boden, auf welchen die Kommission sich stellte, und hievon ausgehend, kam sie zu dem Entschluß, die Hauptbasis der bisherigen Bünde festzuhalten, d. h. vorzuschlagen, daß auch künftighin ein föderatives Verhältniß stattfinden solle — im Gegensatz zum Unitarismus oder dem Einheitsprinzip. Dieses letztere Prinzip, oder, um den Gedanken vollständig auszudrücken, das Prinzip der Helvetik, hat in der Kommission keinen Vertreter gefunden."

Das Ergebniß war nach der ersten Verhandlung ein äußerst zweifel=
haftes, nicht zum mindesten vielleicht deßhalb, weil in den gleichen
Tagen die Stellung Ochsenbeins im eigenen Kanton erschüttert war.
Am 17. Juli folgte, nachdem ein etwas bedenklicher Verschiebungsantrag
beseitigt war, die zweite Berathung, auf deren Ernst der Geschichtschreiber
A. v. Tillier, als Präsident der Behörde, hinwies.

Die Mehrheit des Regierungsrathes sprach sich gegen die
Annahme aus; sie wollte kein Zweikammersystem, dagegen vollständige
Centralisation des Militärwesens und der Posten (ohne Entschädigung
an die Kantone); Aufhebung aller internen Zölle, aber Uebernahme
aller Hauptstraßen durch den Bund; eine eidgenössische Hochschule, ein
Polytechnikum und ein schweizerisches Lehrerseminar. Hauptgegner war
Stämpfli, der schon am 8. Mai die Abstimmung durchkreuzt hatte,
und jetzt vom Standpunkte der Finanzdirektion den Entwurf einer langen
und gründlichen Kritik unterwarf. Er berechnete die materielle Einbuße
des Kantons auf Fr. 366,000 (a. W.), und den direkten Verlust des
Fiskus auf Fr. 85,000.

Ihrem Führer folgten die meisten Anhänger Snells, die sogenannte
„junge Schule", wohl mehr von politischen, als den finanziellen
Motiven geleitet; am tüchtigsten, aber auch am leidenschaftlichsten
kämpfte für sie Regierungsrath Stockmar, der den Entwurf
nach einander als Schweizer, als Berner und als Jurassier prüfte,
und ihn in allen diesen Beziehungen verwerflich fand. Er sah im Falle
der Annahme mit Sicherheit einer schweizerischen Revolution entgegen!

Von ihnen trennten sich dießmal Professor Herzog und der
begeisterte Weingart, der mit gewohntem Pathos rief: „Lasset uns
Männer der Zukunft sein und nicht Männer der Vergangenheit! Sehet
an der Uhr, welche Stunde bereits für die Völker geschlagen hat! Ich
stimme zur Annahme der Verfassung." Im gleichen Sinne sprachen
vorzugsweise Regierungspräsident Funk, mit der Erinnerung,
daß die Beurtheilung der Frage vom bloß kantonalen Standpunkt gar
nicht zulässig sei, da es sich um Regeneration der Eidgenossenschaft, um
eine nationale Sache handle; besonders kräftig und warm auch wieder
Ochsenbein, dann der spätere Regierungsrath Kommandant Fueter
von Bern, und Oberst Kurz.

Der letztere hatte schon bei der ersten Verhandlung sich gegen jeden
verschiebenden Beschluß ausgesprochen: „Glaubt ihr denn", fragte er
damals, „der Enthusiasmus für Revision werde nicht vergehen? Jetzt
existirt er; ist es aber sicher, daß er in zwei, drei Monaten, in einem
Jahre noch da ist?" „Der Bund", behauptete er, „wird nie revidirt

werden, wenn nicht jeder selbst etwas von seinen eigenen Interessen aufgibt. Gehen wir mit dem guten Beispiel voran! Ohne daß der Kanton Bern große Opfer bringt, ist keine Eidgenossenschaft möglich!". Jetzt wieder schloß er seine Rede mit den rührenden Worten! „Mit Freuden sage ich Ja! zum neuen Bunde; mit Freuden lege ich die Opfer in die Wagschale; und wenn dann die neue Eidgenossenschaft in's Leben tritt, so freue ich mich wie ein Kind, und rufe: Es lebe das Vaterland!"

Die von Anbeginn an unverkennbare Stimmung der Versammlung gab sich zuletzt so deutlich kund, daß der Präsident des Regierungs=rathes sich für ermächtigt hielt, im Namen dieser Behörde jetzt auf Annahme anzutragen. Erst am 19. Juli erfolgte die Abstimmung: es sprachen sich 146 Stimmen für Empfehlung der Annahme an das Volk, nur 40 für das Gegentheil aus, unter den letztern nur zwei Konservative, ein katholischer Jurassier und ein Patrizier, der einzig auch für den alten Bundesvertrag aufgestanden war. Das Ergebniß wurde von der Tribune mit lautem Jubel begrüßt, ein seltenes Schicksal für die Unterlegenen, von denen sich in dieser Sache die öffentliche Meinung so sehr abgewandt hatte, daß den sonst Gefeierten nicht einmal gestattet wurde, einen Protest in's Protokoll aufnehmen zu lassen.

Am 6. August wurde auch vom Bernervolk mit großer Mehr=heit (10,972 gegen 3357 Stimmen) der Entwurf als künftiges Grund=gesetz der neuen Eidgenossenschaft angenommen.

Mit Grund konnte Blösch über diese Stellung der Parteien die Bemerkung machen: „Der Radikalismus besiegte im Sonderbundskrieg den letzten Widerstand und überschwemmte die ganze Schweiz. Hastig machte er sich darauf an die Bundesrevision: das ganze Gebäude wurde von Grund aus umgestürzt und ein neues aufgeführt, an dem kein konservativer Taglöhner Hand anlegen durfte, — und kaum ist die Arbeit beendigt, so erhebt sich das radikale Extrem sich feindlich dawider, und die konservative Partei erklärt sich dafür!"

Worin liegt der Grund zu dieser auffallenden Erscheinung? Für die letztern ohne Zweifel darin, daß sie, im Grunde nicht minder als die Radikalen nach dem neuen Haus sich sehnend, nur, dem Namen der Partei und ihrem Charakter entsprechend, nicht sich entschließen konnten mitzuhelfen zur rücksichtslosen Zerstörung des alten; aber, als dieses einmal, ohne ihr Zuthun, abgebrochen war und vom Boden verschwun=den, auch mit Freuden einziehen konnten in das nach rationellem Plane neuerrichtete Bauwerk.

Und Blösch selbst? In der Abstimmungssitzung des Großen Rathes war er nicht anwesend, und hat in der Sache niemals öffentlich das Wort ergriffen; desto öfter aber sich im Freundeskreis darüber aus= gesprochen, auch seine Gedanken schriftlich niedergelegt: Die Noth= wendigkeit einer Bundesreform war ihm seit seiner Theil= nahme am politischen Leben ein unzweifelhaftes Axiom gewesen, und Alles, was von dieser Zeit an über die Schweiz dahingegangen, hatte ihn in dieser Ansicht bestärkt. Die Freischaarenzüge insbesondere schienen ihm die Lehre zu enthalten, daß eine Aenderung der Bundes= konstitution dringend, und gerade für die kleinen Kantone am dringendsten sei: „Es muß eine Centralgewalt geschaffen werden, stark genug, die Kleinsten zu schützen gegen die Größten! Gegenwärtig haben wir alle Uebelstände der Centralisation ohne deren Vortheile; denn eine natürliche Folge der Ohnmacht des Bundes ist die Allmacht der größern Kantone. Es kann nicht übersehen werden, daß die absolute Gleichheit der Kantone häufig von jenen unnatürlichen Lagen herbeiführt, in denen das Leben mit dem Gesetze im Widerspruch steht. Ein solches Verhältniß kann allen Ständen gefährlich werden, darum liegt es im wohlverstandenen Interesse selbst der Kleinen, demselben vorzubeugen; wie meines Erachtens die größten Kantone es als ein gemeinsames Interesse anzuerkennen haben, jenen die kantonale Geltung zu erhalten."

Aber selbst die bestimmte Gestalt, in welcher nun die Reform in's Leben treten sollte, hatte ihm als die richtige Lösung des Knotens vorgeschwebt. Schon der alte „Volksfreund" hatte im Jahr 1831 (vom 9. Oktober)[1]) sich für das Zweikammersystem nach ameri= kanischem Muster ausgesprochen: „Fortbestehen der Tagsatzung in jetziger Weise, und daneben ein Repräsentantenrath; dabei noch eine Central= regierung als Exekutive." Dieser Ansicht Karl Schnells folgte Blösch. Unter dem Datum des 19. Juli 1847 finden wir in seinem Tagebuch diese zwei Sätze aufgestellt: „Erhaltung der Kantone einerseits und die Geltung der Bevölkerungen andererseits sind die beiden Angelpunkte der Bundesrevision, und sie zu vermitteln, ist die Auf= gabe. Ich glaube sie ließe sich lösen durch Theilung der Bundesgesetz= gebung zwischen einer Repräsentantenkammer, gewählt nach der Be= völkerung, und einem Senat, gewählt durch die Kantone. Der dritte Hauptpunkt wäre die Begränzung der Bundesgewalt, welche ich auf

---

[1]) Es geschah dieß aus Anlaß eines Artikels im Journal de Genève, wo, wahr= scheinlich von Rossi, dieser Gedanke angeregt war.

diejenigen Verhältnisse beschränkte, hinsichtlich welcher die Schweiz dem Auslande gegenüber als Einheit dasteht: die Posten, die Zölle, das Münzwesen, die diplomatischen Beziehungen und das Militär; alles Uebrige bliebe Sache der Kantone." Auch hier ist bei= gefügt: „Die kleinen Kantone sind mehr interessirt, den Bund vernünftig reformirt zu sehen, als die Großen, und nichts beweist dieß Bedürfniß schlagender, als der Sonderbund, der aus dem Gefühl entsprungen, daß der Bund ihnen den nöthigen Schutz nicht gewähre."

Solche Aeußerungen berechtigen wohl zu der Behauptung, daß Blösch in der neuen Bundesverfassung seine eigenste Hoffnung sich habe verwirklichen sehen; vielleicht darf man aber sogar sagen, daß er selbst, wenn auch in unscheinbarster Weise, zu ihrer Realisirung beigetragen habe.

Von jeher der Ansicht, daß die auf politischem Gebiete vergeblich gesuchte Einheit der Schweiz durch Einigung der materiellen In= teressen, als deren Grundlage, vorbereitet werden müsse, hatte er durch Anregung zu einem eidgenössischen Zollkonkordat, und dann durch Gründung des schweizerischen Gewerbsvereins dieses Ziel zu erstreben gesucht[1]). Er hatte nicht nur die Freude, sich überzeugen zu können, daß diese Bemühungen nicht erfolglos geblieben, daß mitten in der äußersten Zertrennung doch die Gemüther sich einigen, und die Neugestaltung in der Tiefe sich bereite[2]); er bemerkte selbst, mit nicht geringer Befriedigung, daß der neue Bundesentwurf die Spuren von dem Einfluß des Gewerbsvereins erkennen lasse, ja daß die Be= stimmungen über die so äußerst schwierige Materie des Zollwesens fast wörtlich den, — von ihm verfaßten, — Statuten des Vereins entnommen war.

---

[1]) Vergleiche Verhandlungen des Großen Rathes vom 26. März 1847. Ganz ähnlich, am 4. Juni gleichen Jahres, bei Anlaß einer Debatte über die Korrektion der Jura= gewässer, schloß er seine Rede mit den Worten: „Wenn dieß gelingt, so ist es ein Streich, den wir geführt haben auf die Spießbürgerlichkeit der kleinen Interessen, ich meine den Kantönligeist, von dem ich wünsche, daß wenn die Aare einmal korrigirt ist, er mit ihr den Rhein hinuntergehe und uns nicht mehr vor die Augen komme!"

[2]) So z. B. auf einer, politisch sehr gemischten, Versammlung dieses Vereins, die nach Ende September 1847 unter seinem Präsidium in Aarau stattfand; er schrieb nachher: „Sichtbar hat der eidgenössische Sinn Boden gewonnen. Was früher heftige Debatten veranlaßte, wird jetzt ohne Bemerkung acceptirt, als ob es sich von selbst ver= stünde. Jeder bestrebt sich, die Interessen seines Orts oder Kantons den allgemeinen unterzuordnen, und alle freuen sich dieser Gesinnung." Auf die Thätigkeit des Gewerbs= vereins kommen wir später zurück.

Unmittelbar zur neuen Schöpfung mitzuwirken war ihm nicht vergönnt. Durch seine Opposition gegen das neuhausische Regiment eine mißbeliebige Person geworden, hatte ihn sein Anschluß an dasselbe im Interesse der öffentlichen Ordnung, und sein Widerstand gegen die Veränderung von 1846 vollends zur Unmöglichkeit gemacht. Sein konsequentes Auftreten gegen jede revolutionäre Tendenz ließ ihn nicht nur als Widersacher der neuen Kantonsregierung, sondern als Gegner jeder Neuerung erscheinen, auch des nationalen Triebs nach Einigung, den er so innig mit allen einsichtigen und liberalen Schweizern theilte. Haß und Verläumbung nannten eine Zeit lang beinahe allein noch seinen Namen. Wie groß der politische Mißkredit war, in welchen er gefallen, mehr aber noch, wie mächtig das Bestreben war, ihn von jeder eidgenössischen Wirksamkeit fern zu halten, zeigte sich am auffallendsten bei Gelegenheit der ersten Nationalrathswahlen, wo er übergangen wurde[1]).

Es darf aber auch hier wohl bemerkt werden, daß mit dieser Verdrängung aller gemäßigten Elemente von seinem öffentlichen Leben der Kanton Bern selbst im Momente der Entscheidung den Einfluß verlor, der ihm um seiner Bedeutung willen gebührte, und ihm in seiner Stellung als derzeitiger Vorort und bisheriger Führer des schweizerischen Radikalismus um so mehr schien zukommen zu sollen. Es galt jetzt nicht mehr Bekämpfung, sondern Beruhigung der Innern Schweiz; und diese hatte sich — allen historischen Traditionen zuwider — seit Jahren gewöhnt, Bern als den Ort zu betrachten, von

---

[1]) Im Oktober 1848 fielen in drei Wahlkreisen Stimmen auf Blösch, in zweien blieb er in der Wahl. Erst bei einer dritten, durch Ergänzungswahlen nothwendig gewordenen Abstimmung gelang es, ihn zu verdrängen. — Um dieß zu Stande zu bringen, hatte nicht nur der „Guckkasten" — mit Empfehlung konservativer Kandidaten, welche neben ihm noch in der Wahl geblieben — die Wähler aufgefordert, Theil zu nehmen, und „zu machen, daß Blösch nicht gewählt wird"; wurde nicht nur die Dotationsverhandlung neuerdings zur Verdächtigung seines Namens benützt; — ein Mann, der selbst als Mitglied des Großen Rathes bei Ratifikation des einundvierziger Vertrags mitgewirkt hatte, behauptete öffentlich: „Blösch habe damals 600,000 Gulden gestohlen"; — es wurden selbst in einem Amtsbezirke des Emmenthals Schreiben versendet, um auf die Wahl seines Gegenkandidaten zu bringen, — unterzeichnet von dem Regierungsstatthalter und vom Gerichtspräsidenten dieses Bezirks, und mit Beisetzung dieser ihrer Amtstitel; — der Zweck wurde auch jetzt, bei der dritten Wahl im Mittelland, nur durch ungesetzliche Zählung der Stimmen erreicht, gegen welche einige Gemeinden — umsonst — zu protestiren versuchten. — Wahrhaftig! angesichts solcher Thatsachen konnte wohl einer seiner Freunde ihm schreiben: „Die efforts der Radikalen, dich zu verderben, sind dir eine größere Ehre, als die oft absurden Lobsprüche derjenigen, die dich voranstellen möchten."

15

welchem alles Uebel komme. So konnte sich das Mißtrauen der
Einen mit der Eifersucht der Andern verbinden, um die Hegemonie
bei Neugründung der Schweiz an das stets rivalisirende Zürich und
die sich ihm anschließenden Männer der Ostschweiz übergeben zu
lassen. — Nur mit großer Anstrengung gelang es Bern (28. November
1848), den Sitz der eidgenössischen Behörden in seine Mauern zu ziehen,
durch diesen äußern Vortheil zu ersetzen, was ihm an geistigem Gewichte
fehlte, und als Bundesstadt sich eine politische Zukunft zu sichern.

Glücklich hatte die Schweiz ihre Krisis überstanden, als das große
geistige Erdbeben des Jahres 1848 Europa erschütterte.

Der mit Ludwig Philipps Flucht und der Proklamation der Re=
publik endende Kampf in den Straßen von Paris, — die daran in
rascher Folge sich anschließenden Ereignisse in Berlin, Wien und Neapel,
die Erhebung Ungarns, der Krieg in der lombardischen Ebene, und die
kurzlebige römische Republik, der badische Aufstand und dessen Unter=
drückung durch die Truppen Preußens, — die gewaltige Hunnen=
schlacht der Kultur, bei welcher man, wie auf Kaulbachs berühmtem
Gemälde, über den Kämpfern der Erde schwebend einen zweiten Kampf
der Geister in der Luft zu empfinden glaubte, — sie hätte die von
den gleichen Instinkten durchwühlte schweizerische Eidgenossenschaft viel=
leicht für immer unheilbar zertrennen müssen, wäre nicht hier bereits
der Sieg entschieden gewesen. So konnte dieses von der Vorsehung
bevorzugte Land dem Toben der Völker und dem Sinken der Throne
mit dem Gefühle relativer Geborgenheit zuschauen und die „Ohn=
macht der Großmächte" zur Sicherung seiner kostbaren Errungen=
schaften benützen.

Dennoch konnte sie nicht ganz unberührt bleiben in der allgemeinen
Bewegung. Hatte im Jahre 1830 die Schweiz die Rückwirkung der
französischen Revolution empfunden, so galt dießmal umgekehrt der
Sieg über den Sonderbund als das Vorspiel, ja als das entschei=
dende Symbol dessen, was im übrigen Europa zu geschehen
habe; und die darauf gegründete Voraussetzung nothwendigen Ein=
verständnisses bildete für das kaum gerettete Land eine neue Gefahr.

Es wurde in den Strudel mit hineingerissen durch die in Folge
jener Vorgänge von allen Seiten sich über seine Gränzen werfenden
Flüchtlingsschaaren, welche im gastlichen Lande eine Zuflucht
suchten vor Verfolgung, aber auch nicht selten dasselbe mißbrauchten
zu einem günstigen Verstecke zur weitern Fortsetzung ihrer revo=
lutionären Thätigkeit.

Die Motive des geistigen Kampfes waren verwandt, aber nicht identisch. Hatten bisher kantonaler Partikularismus und schweizerischer Einheitstrieb sich gegenüber gestanden, so traten jetzt auf einmal dem siegreichen national=schweizerischen Pa= triotismus die Ideen des republikanischen Kosmopolitis= mus und der Solidarität der europäischen Völker zur ge= meinsamen Erringung ihrer Freiheit entgegen; Ideen, deren bestechende Großartigkeit und relative Berechtigung wohl geeignet war, gerade edle Gemüther zu täuschen über die moralische Erbärmlichkeit derjenigen, die sich zu ihrer Verwirklichung berufen glaubten, über die Verwerflichkeit der dafür angewandten Mittel, und über die Ge= fahren, die von dieser Seite dem eigenen Vaterlande drohen müßten[1]).

Die Sympathien politischer Schwärmerei ergriffen nicht nur einzelne, durch das vorausgegangene Parteileben bereits fanatisirte Bürger, sondern beherrschten selbst die Regierungen ganzer Kantone, so sehr, daß sie der eigenen Stellung vergessen konnten. Bei jenen äußerte sie sich durch Züge freiwilliger Schaaren über die Gränze, bei diesen durch Duldung und Begünstigung der Führer und ihres demagogischen Treibens.

Der zweideutigen Haltung dieser Bundesglieder und den dadurch provozirten Anständen mit dem Auslande gegenüber hatten die neuen Institutionen zum ersten Mal ihre Lebensfähigkeit nach Innen und nach Außen zu bewähren. Kommissariatssendungen und Truppenauf= gebote zeugten von der Energie, wie von der Nüchternheit derjenigen, welchen die neue Schweiz ihre Leitung anvertraut hatte.

Der sogenannte Büsingerhandel — August 1849 — gab sogar Veranlassung zu einer größern Aufstellung eidgenössischer Milizen (24,000 Mann), die auch den Oberauditor wieder für einige Zeit in Thä= tigkeit rief. Das Mißverhältniß zwischen der geringfügigen Gebiets= verletzung und der aufgewendeten Macht ließ selbst die Vermuthung entstehen, daß der Zweck der letztern eigentlich gegen eine gefürchtete Erhebung revolutionärer Elemente im Innern des eigenen Landes gerichtet sei, während man bei der Anwesenheit und dem de= monstrativen Auftreten einiger Flüchtlingshäupter — Philipp Becker und Ernst Schüler — im Hauptquartier (Aarau) auch auf andere, entgegengesetzte Gedanken kommen konnte. Die baldige Entlassung der Truppen nach einem entscheidenden Siege, den die bundesräthliche Po=

---

[1]) Der „Oberländer Anzeiger" theilte einmal seine Gegner ein in „Rothrabikale" und „Rosenrothrabikale".

litik im Nationalrathe davontrug[1]), gab der erstern Vermuthung größere
Wahrscheinlichkeit.

An Versuchen zum Aufgeben der neutralen Stellung und zur
aktiven Betheiligung an der Republikanisirung der europäischen Völker
fehlte es nicht, so wenig als an einflußreichen Männern, welche dieß
als die einzig richtig verstandene Mission der Schweiz proklamirten;
denn „die Schweiz dem Ausland gegenüber zu kompromittiren und
eben dadurch bei der Revolution zu akkreditiren, ist jetzt der höchste
Staatszweck, zu dem wir nach Kräften beizutragen strebten", erklärten
diejenigen, denen es darum zu thun war, die Schweiz als Schwefelholz
zu brauchen zur Anfachung eines allgemeinen europäischen
Völkerkriegs. Wohl mag man da erinnert werden an ein Urtheil,
das schon in Mitte der dreißiger Jahre ausgesprochen worden ist: „Wer
gibt den politischen Reformatoren, die mit dem kühnsten aller Ex=
perimente, mit dem Versuch einer neuen bürgerlichen Heilsordnung
schwanger gehen, das Recht, das Volk gleich einem dem Strafcoder
erb= und eigenen Sträflinge zu behandeln? Jene Charlatans halten es
unter ihrer Würde, das Volk zu fragen, ob es mit dem an ihm zu
machenden Versuche auch einverstanden sei! Wenn ich mich in diesen
Gedanken, der wahrlich nicht an den Haaren herbeigezogen ist, ganz
hineindenke, so könnte ich beim Anblick eines Radikalen erschrecken[2]."

Nicht immer war der Wille, noch seltener die Kraft bei den Be=
hörden vorhanden, solchen Einflüssen zu widerstehen; und mit einigem
Recht kann Baumgartner sagen: es wäre die von Druey in den eid=
genössischen Räthen verfochtene Politik weniger unehrlich und unredlich
gewesen, als der Widerspruch zwischen Wort und That, den
die Wirklichkeit beständig zeigte.

Wie an der Südgränze der Kanton Tessin, den Anordnungen
der Bundesregierung trotzend, sich zu einem Sammelpunkt der italie=
nischen Freiheitskämpfer hergab, im Norden Baselland durch Dul=
dung der badischen Demokratenführer die Schweiz in Verlegenheit
brachte, so war es im Centrum selbst die Regierung Berns,
welche den Zwecken der europäischen Revolution ziemlich offen Vorschub
leistete.

Längst schon war insbesondere Biel zu einem Mittelpunkt und
Hauptheerd dieser Propaganda geworden. Hier hatte Schüler seinen
Wohnsitz aufgeschlagen, der, bereits im Jahr 1836 des Hochverraths

---

[1] 69 gegen 17 Stimmen billigten seine streng eingreifenden Maßregeln.
[2] „Bern, wie es ist." Bd. I, p. 34.

angeklagt, erklärt hatte, er sei naturgemäßes Mitglied aller Verbindungen, welche zum Zweck haben, die gegenwärtige Ordnung in Deutschland zu untergraben[1]). Mit der Stelle eines Lehrers, welche man ihm anvertraut, verband er diejenige eines „Kommissärs des jungen Deutschland", welcher Titel, nach seiner eigenen Auslegung, ungefähr so viel sagen wollte, „wie wenn der Pabst Bischöfe von Karthago ernennt!" — Hier lebte Philipp Becker, der, als Unternehmer einer Cigarrenfabrike, von der Stadt im Jahr 1847 in ihr Bürgerrecht aufgenommen und naturalisirt, im gleichen Jahre das bernisch kantonale Schützenfest geleitet hatte; — hier eine Zeit lang der einäugige Galeer, das geniale Haupt des schweizerischen Sozialismus, — und in dem zwei Stunden entfernten Bade Grenchen — auf dem Gebiete des Kantons Solothurn — hatte Mazzini während mehrerer Jahre sein Schloß Malepart gefunden, wo er Allen bekannt und nur der Polizei verborgen war. — Von einer ziemlich raschen industriellen Entwicklung, und einer von Natur etwas turbulenten, zudem stark gemischten Bevölkerung begünstigt, konnten diese fremden Elemente hier größern Einfluß gewinnen, als es vielleicht in irgend einer andern Ortschaft von ähnlicher Größe der Fall war. So konnte Blösch auf seine Vaterstadt anwenden, was Riehl vom Rheingau bemerkt[2]): „Das Uebermaß der Abschließung schlug in ihr Gegentheil um. Der Gau, der früher so spröde that bei der Aufnahme von Fremden, war in unserm Jahrhundert, wie zur Strafe, geraume Zeit eine wahre Freistätte für fahrendes Gesindel geworden."

Von Biel aus wurde die Bildung einer deutschen Legion versucht, und von dem Wehrbund „Hilf dir!" den aufgestandenen Schaaren über dem Rhein der Zuzug von 4000 bewaffneten Männern versprochen. Hier erschienen revolutionäre Aufrufe und Druckschriften, so vom 1. Dezember 1848 an zuerst die von Becker redigirte „Revolution"; dann vom 27. desselben Monats die „Evolution", mit ihrer Apologie des Mordes (von Heinzen).

Die Regierung Berns ließ dieß Alles ohne Anstand geschehen; waren doch nicht wenige ihrer Glieder zu noch weit entschiedenerer Bethätigung ihrer Sympathien geneigt. Es gaben gerade diese Ereignisse Veranlassung zum Ausbruch einer längst bestehenden tiefen Spaltung in ihrem eigenen Schooß.

Ochsenbein hatte schon gleich nach dem Ausgang des Freischaarenzugs das Vertrauen der eigentlichen „Bärenpartei" verloren; selbst, wie

---

[1]) Amtlicher Bericht über eine gegen ihn angehobene Untersuchung vom Jahr 1836.
[2]) „Land und Leute."

oben erwähnt, die neue Verfassung von 1846 verworfen, und, sekundirt von seinem Mitbürger Funk, im neuen Regierungsrathe eine Oppo= sitionsstellung eingenommen, die, auf persönlicher Abneigung be= ruhend, auch nicht ohne prinzipiell politische Färbung war. Die Wahl Ochsenbeins zum Bundespräsidenten von 1847 war eine Niederlage für die Anhänger Snells.

Die Spannung kam zum Ausbruch, als Ochsenbein vor dem Berner Großen Rath Billigung verlangte für sein entschiedenes Auftreten in der Tagsatzung gegen die von Karl Albert angebotene sardinische Allianz, und in der gleichen Sitzung (8. Mai 1848) mehrere seiner Kollegen offen beschuldigte, daß sie nicht nur Pulvervorräthe und Kanonen an die aufständischen Mailänder verkauft hätten, sondern selbst zur förmlichen Werbung von freiwilligen Zu= zügern ihre Mitwirkung bieten[1]). Die Eröffnung war Vielen nicht unerwartet, für die Meisten erschreckend. Die ableugnenden Erwiderungen der so Angegriffenen konnten für jeden Einsichtigen nur den Werth von Geständnissen haben[2]); und als die Mehrheit der Behörde von jeder Beschlußnahme über diese Angelegenheit zu abstrahiren sich entschied, erklärte der rasch entschlossene Ochsenbein sofort, den Saal verlassend, seine Demission als Präsident und Mitglied des Regierungsrathes. Der Entschluß wurde zwar zurückgenommen, bewog jedoch den etwas be= troffenen Großen Rath zu einer wohlverständlichen Kundgebung seiner Gesinnung, und den Regierungsrath zur Mittheilung, daß er eine Untersuchung angeordnet habe. — Es war die nämliche Sitzung, in welcher Ochsenbein den Bundesentwurf zur Annahme empfahl, und, von der öffentlichen Meinung mehr als je gestützt, einen neuen Sieg erfocht.

Mit dem Uebertritt des bernischen Regierungspräsidenten in den schweizerischen Bundesrath — als solcher wieder ein Sieg über Stämpfli — konnte nun der Einfluß des letztern, durch mehrere in seinem Sinne getroffene Ergänzungswahlen — Imobersteg und Dr. Leh= mann — verstärkt, sich um so ungehemmtere Geltung verschaffen; die Spannung innerhalb der Berner Regierung wurde bald zu einer solchen zwischen dieser letztern und den neuen eidgenössischen Institutionen, und steigerte sich in demselben Maße, als der Bundes= rath, zwar seinen Ursprung aus der radikalen Volksbewegung nie ver=

---

[1]) Verhandlungen des Großen Rathes, Nr. 26 vom 8. Mai 1848.

[2]) Stockmar mußte gestehen, daß gegenwärtig sechs Kanonen mit dem Berner Wappen sich in Mailand befinden; ein Anderer: „daß — man über Errichtung von Werbekomite's sich besprochen habe."

läugnend, doch das Wohl des eigenen Volkes als sein oberstes Ziel
festhielt, und dieses den ausländischen Wühlern so wenig, als den
ausländischen Diplomaten als Werkzeug hinzugeben gewillt war.

Es folgten jene heftigen, alle Gränzen nicht nur des Anstandes,
sondern des Patriotismus überschreitenden Angriffe des Berner Ra-
bikalismus gegen diejenigen, welche die neue Schweiz an ihre Spitze
gestellt; und von Neuem wiederholte sich jetzt — bei der Flüchtlingsfrage
im Jahre 1849 — die merkwürdige Erscheinung, daß die Bundesbehörden, geschmäht von der Partei, die sie in's Leben gerufen, an
denen eine Stütze fanden, gegen welche ihre Einsetzung gerichtet war.
Als die radikale halboffizielle Berner Presse die sieben Mitglieder der
eidgenössischen Exekutive mit „sieben Fleischerhunden" zu vergleichen
wagte, und sie als „Schergen des Auslandes" bezeichnete, da waren
es die konservativ gesinnten Blätter, welche sie als „Vertrauensmänner
des Schweizervolkes" in Schutz nahmen.

Dem eidgenössischen Beschluß der Flüchtlingsausweisung suchten
die Berner nicht bloß eigene Nichtbeachtung, sondern selbst eine
oppositionelle schweizerische Konferenz entgegen zu stellen,
fanden aber keine andern Verbündeten, als die Männer, die durch eidgenössische Gewalt eingesetzt und gegen das eigene Volk gestützt, im
Kanton Freiburg regierten.

Es kam so weit, daß der Bundesrath an Uebersiedelung nach
Zürich dachte, und daß Furrer, ja sogar Escher, sich angelegentlichst
erkundigten, „ob nicht in Bern eine wirksamere Opposition zu or-
ganisiren wäre." — „Die guten Leute", bemerkte Blösch, als er davon
vernahm, — „gerade sie, die Leute der „Neuen Zürcher-Zeitung", des
„Erzählers", des „Schweizerboten", des „Solothurner-Blattes", haben
unsern Radikalismus groß gezogen, und die Opposition moralisch
todgeschlagen durch jahrelange Verläumdung als Jesuiten, Reaktionäre und Verräther!"

Allerdings war die Opposition moralisch todgeschlagen: Blösch
selbst verhielt sich meistens passiv. Auf seinen entschiedenen Wunsch hatte
auch die „Berner Volkszeitung" vom Ende 1847 an zu erscheinen
aufgehört. Nach dem vorläufigen Abschluß der Bewegung hielt er
eine weitere Fortsetzung des bisherigen Kampfes für unzweckmäßig,
Schweigen für besser.

Nur selten ergriff er im Großen Rathe das Wort. Doch als einmal
Stockmar eine Invektive gegen die «enragés de modération» unter
den heftigsten Geberden mit dem Ausruf schloß: «Non, la Suisse n'est
pas neutre, et ne veut pas l'être! » konnte er sich nicht enthalten, gegen

solche Aeußerungen Protest zu erheben: „Wohl mögen", sagte er „einzelne Magistraten nicht neutral sein, aber neutral sei wenigstens einstweilen das Volk!" Die Szene, in welche auch Weingart sich mischte, war veranlaßt durch Verhandlungen über die Ereignisse in Neapel und die Betheiligung der Berner Regimenter bei Unterdrückung des dortigen Aufstandes, und schloß nach Antrag des Regierungsrathes mit der Sendung einer Abordnung zur Untersuchung der dortigen Vorgänge. Die Frage kehrte wieder im folgenden Jahre, als die öffentliche Meinung sich mit noch größerer Einstimmigkeit gegen die Militärkapitulationen aussprach. Auch dießmal trat Blösch auf gegen die im Wurfe liegende einseitige Aufhebung der geschlossenen Verträge. „Herr Präsident! meine Herren:" rief er aus, „ich gehe von dem Grundsatze aus, es gebe in der Welt nur Eine Moral, nur Ein Recht; und Moral und Recht reduziren sich am Ende auf den gleichen Satz: Was du willst, das dir die Leute nicht thun, das thue auch ihnen nicht! Ich kann durchaus nicht zugeben, daß Privaten schuldig seien, Verträge zu halten, hingegen die Regierungen berechtigt seien, dieselben zu verletzen." Allein Weingart bewies, daß „die Schweizertruppen in Neapel kämpfen gegen unser eigenes Lebensprinzip, gegen unsere Existenz", und zerschmetterte mit „dem großen Hammer der Zeit, der auf der Freiheitsglocke die Stunde des Erwachens schlägt, und die Monarchie verdammt", auch alle solchen formell-rechtlichen Bedenken.

Den Gang der öffentlichen Angelegenheiten, vorzüglich innerhalb des eigenen Kantons, verfolgte Blösch mit der größten Aufmerksamkeit; aber das politische Leben, in welchem ihm nur kleine Motive und große Leidenschaften thätig zu sein schienen, erfüllte ihn mehr und mehr mit einem gewissen Ekel, so daß er sich nur dann betheiligte, wenn er sich durch sein Pflichtgefühl dazu gezwungen sah.

Dennoch ließ er sich durch diesen Unmuth nie so weit beherrschen, daß er nicht versucht hätte, auf andern Gebieten für das öffentliche Wohl zu wirken, wo die politische Ungunst ihm weniger im Wege stand, und auf dem Boden der Freiwilligkeit anzustreben, was in amtlicher Stellung zu fördern zur Zeit ihm versagt war.

Er ging von der Ansicht aus, daß politische Formen und Verfassungsfragen ihren Werth für die eigentliche Volkswohlfahrt nur erhalten durch ihren Einfluß einerseits auf die moralischen, andererseits auf die materiellen Interessen, und sah in einer ernsten Anhandnahme dieser letztern ein wichtiges Moment zur Gegenwirkung gegen den unseligen Parteigeist. Besonders beschäftigte ihn in

dieſer Hinſicht das Verkehrs = und Straßenweſen, auf welches
er, als Präſident einer im Jahr 1849 vom Großen Rathe ein=
geſetzten Kommiſſion eine ſeiner Neigung entſprechende, nicht undank=
bare, noch ganz erfolgloſe Thätigkeit verwandte.

Als ein großes Hinderniß jeglichen Fortſchritts ſah er es an, daß
der Verkehr im Innern der Eidgenoſſenſchaft — nach ſeiner damaligen
Berechnung — noch durch ungefähr 400 Zollſtätten gehemmt ſei.
Schon im Jahr 1841 hatte er als Landammann bei Eröffnung des
Großen Rathes den Gedanken geäußert an eine Zolleinigung zwiſchen
den ſchweizeriſchen Kantonen. Um zur allmäligen Anbahnung dieſes
Zweckes mitzuwirken, nahm er im Jahr 1842, meiſtens in Verbindung
mit Regierungsrath Dr. Schneider, Theil an Konferenzen zur Vor=
bereitung eines Konkordats mit den Kantonen Solothurn und Aargau,
und verhandelte zu gleicher Zeit mit Bluntſchli, der darüber ein Ein=
verſtändniß zu erzielen wünſchte, zwiſchen Bern und Zürich.

Im folgenden Jahre (1843) hatte er in der nämlichen Abſicht
den ſchweizeriſchen Gewerbsverein begründet; und es lohnt ſich
vielleicht, an die Betrachtungen zu erinnern, die ihn bei dieſer Stiftung
leiteten.

„Heute“, heißt es unterm 4. Juni 1843, „verfaßte ich die Sta=
tuten zu einer Geſellſchaft zur Erzielung einer ſchweizeriſchen
Zollvereinigung, auf der Grundlage der kommerziellen Einheit der
Schweiz! Gebe Gott mir die Kraft, den Plan, den ich dabei
habe, mit Ausdauer zu verfolgen! Was mir vorſchwebt, waren
ſowohl materielle, als politiſche Rückſichten, von denen ich aber
zunächſt nur jene hervorſtellte.“ Die letztern waren aber deſſen un=
geachtet die eigentlich entſcheidenden, wenn er nach längerer Ausführung
der gehofften Vortheile für den Wohlſtand des Landes, am Ende wieder
ſchreibt: „Seit Jahren zehren die beſten Kräfte des Staates ſich in
unfruchtbaren Zänkereien auf, und wenn auch nicht zu läugnen, daß
die Leidenſchaften ſich etwas abgekühlt haben, ſo beſteht das Uebel doch
im Weſentlichen fort; denn ſein Grund iſt kein bloß zufälliger, er liegt
in der Natur der Dinge, in der Kleinheit der Verhältniſſe
und Intereſſen, und in der Kleinheit der Menſchen ſelbſt.“ — „Um
wirkſam abzuhelfen, gibt es nur Ein Mittel: es müſſen den kleinen
Intereſſen größere ſubſtituirt werden; dadurch würde nicht nur der
Geiſt des Ganzen umgeſchaffen, der Staat wieder Lebenskraft gewinnen,
ſondern es liegt in der Natur der Sache, daß die Leitung der öffent=
lichen Angelegenheiten geiſtigern Menſchen anheimfiele, weil die
mehrſten, die jetzt mit denſelben betraut ſind, den Anforderungen größerer

Verhältnisse weichen müßten." „Dazu kömmt noch eine Betrachtung: Werden die Zänkereien, die seit zwölf Jahren im Kanton Bern Alles absorbirten, auf den Grund verfolgt, so findet sich, daß sie ihre Wurzeln meist in der Vergangenheit haben, und daß, was uns fehlt, eine eigentliche Zukunft ist. Diese ist für die mehrsten Menschen eine Quelle von Hoffnungen, jene hingegen bitterer Erinnerungen, für die Einen an Verlorenes, für die Andern an Erlittenes. Die Gemüther müssen daher, soll diesem Zustand abgeholfen werden, von der Vergangenheit abgezogen und auf die Zukunft hingelenkt werden. Dieß kann nur geschehen durch Creirung neuer und größerer Interessen. Während die Vergangenheit die Parteien trennt, wird die Zukunft sie in gemeinsamer Hoffnung wieder vereinigen. Wer den Hader löschen will, muß Stück für Stück den Stoff wegräumen, der die Flamme nährt. Von diesem Gesichtspunkte aus wirkte ich seiner Zeit zur Beseitigung des Dotationsstreites, und von ihm aus habe ich, unter Anrufung göttlichen Segens, den Entschluß gefaßt, für Creirung größerer schweizerischer Interessen thätig zu sein."

Die erste Anregung in einer Versammlung der Aktionäre der (seit 1841) in Burgdorf errichteten Flachsspinnerei fand solche unerwartete Ermunterung, daß er sofort an's Werk schritt; allein ehe der neue Verein, der ihn zu seinem Präsidenten ernannte, eine namhafte Wirksamkeit zu entfalten vermochte, erlag er — im Jahre 1845 — dem Einfluß der politischen Wirren. Nach zwei Jahren versuchte er den Verein von Neuem in's Leben zu rufen; so ungünstig auch gerade jetzt die Zeitumstände aussahen, — hinsichtlich der Bestrebungen des Vereins hatten sich in der Zwischenzeit die Verhältnisse wesentlich verändert.: In der westlichen Schweiz war ein Zollkonkordat unter drei Kantonen wirklich zum Abschluß gelangt, und in der östlichen, welche bei der Stiftung des Vereins sehr lau gewesen, hatte sich in Folge der letztjährigen Mißerndte (1846) und ihrer Rückwirkung auf Handel und Gewerbe das Bedürfniß innerer Kräftigung so mächtig eingestellt, daß es in diesem Augenblick allen Partei- und Kriegslärm übertönte; hauptsächlich hatte dazu auch die Kornsperre des Auslandes beigetragen, welche das Nationalgefühl verletzte, indem sie das Bewußtsein der eigenen Schutzlosigkeit zum Bewußtsein brachte.

Eine Zusammenkunft des Zentralausschusses, welchen Blösch im Juli (1847) nach Langenthal berufen hatte, beschloß denn auch, im Laufe des Herbstes in Aarau eine größere Versammlung zur Besprechung der Grundlagen eines erweiterten Kon-

korbats abzuhalten. Am 26. September fand dieselbe im Saal des
Großen Rathes statt, und war von etwa 100 Personen besucht, worunter
die aargauischen Regierungsräthe Wieland, Sieg=
fried und Waller, Banquier Brunner aus Solothurn, Erpf
aus St. Gallen, Beyel aus Frauenfeld, Rathsherr Peter Jenni
aus Glarus; von Bern nebst Professor Stettler die Regierungs=
räthe Dr. Schneider und Stämpfli und — Ernst Schüler
aus Biel.

In seiner Schlußrede sprach sich Blösch als unbedingter Anhänger
des Freihandelsprinzips aus und bekannte, daß er, wäre
die kommerzielle Rücksicht die einzige, nicht nur die innern Zölle auf=
höbe, sondern auch an den Gränzen keine bezöge. Aller=
dings, behauptete er, seien die gewerblichen Zustände der Schweiz
leidend, aber wenigstens in eben dem Maße diejenigen aller benach=
barten, namentlich auch der zollbeschützten Staaten. Die Industrie der
Schweiz sei relativ die blühendste, wo nicht die blühendste von allen,
und dieses nach seiner Ueberzeugung eben der Freiheit wegen [1]."

Ein fast unbegreifliches Vertrauen in die Zukunft zeigte es, als
die Versammlung — fast unmittelbar vor dem Ausbruch des Sonder=
bundskrieges — sich entschloß, eine allgemeine schweizerische Ge=
werbeausstellung zu veranstalten, und zwar in Bern, während
der Dauer der Tagsatzung des Jahres 1848. Blösch mußte, trotz seiner
anfänglichen Weigerung, das Präsidium weiter fortführen, und auf
ihn vorzüglich fiel demnach auch eine Hauptlast dieses Unternehmens.
Die Ausstellung fand wirklich statt und war die erste dieser Art.

Die Thätigkeit dieser Gesellschaft wurde natürlich völlig in den
Hintergrund gedrängt, als die Revision der Bundesverfassung auf einen
Schlag die Zolleinheit der Schweiz realisirte, und ihre Verhandlungen
haben für die Gegenwart kaum mehr ein Interesse [2]; dennoch darf,
nach dem, was oben schon bemerkt worden ist, behauptet werden, daß
dieselbe, durch Vorbereitung der öffentlichen Meinung, wie selbst
durch sachliche Vorarbeit, nicht wenig beigetragen habe zur
Ermöglichung des endlich erreichten, jetzt so natürlich erscheinenden
Resultats.

---

[1] Bei den Wahlen in den Nationalrath im folgenden Jahre wurde unter anderm
(siehe oben) auch dieß Bekenntniß zum Freihandelsprinzip von den Gegnern dazu benutzt,
um ihm die Stimmen des Handwerkerstandes zu entziehen.

[2] Die meistens von Blösch selbst abgefaßten Protokolle sind im Besitze des Ver=
fassers.

Allein je mehr Blösch vom eigentlichen Parteileben sich entfernt zu halten suchte, um so größer schien oft nur der Haß seiner politischen Gegner zu werden, der selbst in solchen gemein=nützigen Bestrebungen ihm vielfach hemmend entgegentrat.

Für alles Kränkende, was darin lag, für die oft maßlosen Ver=läumdungen, denen er ein konsequentes Schweigen — zur Verzweiflung seiner Freunde — als einzige Antwort zu bieten pflegte, fand er seinen Trost vorzüglich in den Freuden des Familienlebens, welches man ihm nicht verbittern konnte. Lange zwar war nach dem Tode seiner Gattin sein Haus einsam geblieben, nachdem auch die Schwester, die zu ihm gezogen, ihn wiederum hatte verlassen müssen. Im März 1844 hat er sich zum zweiten Male verehelicht mit Julie Susanne Lichtenhahn, aus einer Familie in Basel, die, längst schon mit seiner Mutter in Biel auf's Engste befreundet, seit Kurzem auch mit der Familie Schnell in nahe Beziehung getreten war. Ein Bruder seiner verstorbenen ersten Gattin hatte im Jahre vorher mit einer ältern Schwester sich verbunden.

Sorge für die Kinder hatte ihn, auf den dringenden Rath der Schwiegereltern[1]), zu diesem Entschlusse bewogen. War auch das jüngste der sorgsamen Pflege der Großmutter übergeben, so mangelte doch den beiden ältern, bei der häufigen Abwesenheit, zu der er sich genöthigt sah, nicht selten die häusliche Aufsicht und Erziehung. Sie fanden wirklich eine zweite Mutter, deren treue Zärtlichkeit geeignet war, dem Namen Stiefmutter für immer jede schlimme Nebenbedeutung zu nehmen.

Besuche in Basel wechselten jetzt mit solchen bei der Urgroßmutter auf der lieblichen untern Aareninsel bei Thun, und bei der Großmutter in Biel, die im Jahr 1840 ihr bis dahin fortgeführtes Pensionat auf=gebend, zu einem Bruder auf ihr väterliches Gütchen vor der Stadt gezogen war.

Weite Familienausflüge an den schönen Sonntagnachmittagen in den romantischen Buchenwald beim „Sommerhaus", nach dem idyl=lischen Heimiswyl und dessen aussichtsreichen Hügeln, in das einsame, aber freundliche Wynigenthal, oder in das gastliche Pfarrhaus nach Lützelflüh, bildeten seine liebste Erholung, die er sich nur ungern ver=sagte. Einmal führte er auch die beiden ältern Knaben auf einer Fuß=

---

[1]) Die so innig an Blösch hängende Mutter Schnell schrieb kurz darnach von dem „wenn auch sehr gewünschten, dennoch peinigenden Gefühl, eine andere Seele an seiner Seite zu sehen."

reise in das Berner Oberland; die größte Freude aber bereitete er ihnen, als er sie einmal in Bern, kurz nach dem Sonderbundskriege, dem „General Dufour" vorstellte.

Dieses ruhige Familienleben erlitt eine schwere Unterbrechung im Sommer 1849 an der Gränze unseres Abschnitts. In Langenthal hatten sich mehrere bernische Kadettenkorps zu einem gemeinsamen militärischen Spiele vereinigt. Die beiden ältern Knaben nahmen mit ihren Kameraden aus Burgdorf Theil. Von einem aus Unvorsichtigkeit abgeschossenen eisernen Ladstock wurden drei dieser letztern — am gefährlichsten Blösch's ältester Sohn — getroffen, dessen rechter völlig zersplitterter Oberarm im ersten Augenblicke eine Amputation schien nöthig zu machen. Es war eine schmerzliche Stunde für den selbst anwesenden Vater, als er den Knaben, von einem Arzte begleitet, nach Hause zurückführen mußte; und doch machte die moralische Kraft, die der fünfzehnjährige Verwundete dabei bewies, einen solchen Eindruck auf ihn, daß er in seinem Tagebuch bezeugt, „auch bei dieser Gelegenheit wieder den Segen der Widerwärtigkeit reichlich erfahren zu haben [1])."

Burgdorf kannte keinen Unterschied der Stände. Der Umgang mit einer Anzahl gleichgesinnter Männer aus allen Berufsklassen bot eine ungezwungene Geselligkeit, der sich Blösch von ganzer Seele hingeben konnte; die mit diesen verlebten heitern Stunden, das jährlich in diesem Kreise gefeierte Erndtefest, bildeten später eine seiner liebsten Erinnerungen. Zu seinen nähern Freunden gehörten neben Hans Schnell besonders der viel bewährte Hausfreund Dr. Med. Emanuel Dürr; der hochsinnige, als Turnlehrer damals in Burgdorf wirkende, und mit einer Anverwandten der Familie verheirathete Adolf Spieß [2]), und der seitdem zu unerwarteter Berühmtheit gelangte Max Schneckenburger [3]).

Nebstdem war aber unter Burgdorfs Bewohnern auch ein gewisses litterarisches Leben erwacht, und suchte Befriedigung in regelmäßigen Zusammenkünften, wo einige Lehrer der Bürgerschule, Schärer, Al-

---

[1]) Von mancher Seite wurde auch dieser Unfall der bewußten Absicht, und zwar politischen Motiven zugeschrieben. Erwiesen wurde dieses nie, auch nie zu erweisen gesucht; aber daß der bloße Gedanke an diese Möglichkeit aufkommen konnte, zeugt für die unglaubliche Macht des politischen Fanatismus, zu welchem jene Zeit sich versteigen konnte, wie besonders für die Gräßlichkeit des Hasses, welcher Blösch verfolgte.

[2]) Eine längere Biographie brachte das „Daheim", Jahrgang 1865, August.

[3]) Vergleiche über diesen und die Entstehung seiner: „Wacht am Rhein" eine Relation des Berner „Intelligenzblattes" vom 22. August 1870, in welcher auch Blösch's Name erwähnt wird.

phons von Greyerz[1]), der zugleich Prediger war; dann der spätere Professor Immer, damals Vikar des alternden Pfarrers Kuhn, vorzügliche Anregung brachten; hier fand Blösch diejenigen ästhetischen Genüsse, zu denen er sonst sich keine Zeit gönnen mochte.

Riefen Rathssitzungen oder Berufsgeschäfte ihn nach Bern, so fehlte es auch hier nicht an Bekannten. Außer dem Kreise politischer Freunde waren es mehrere Universitätslehrer, deren Gesellschaft er liebte, so die Theologen Hundeshagen und Schneckenburger; gern weilte er in frühern Jahren in dem Hause von Professor Vogt, und innige Freundschaft verband ihn mit Professor Miescher.

Zwei Männer wurden in diesen Jahren ihm entrissen, für die er eine wahrhaft kindliche Anhänglichkeit und Verehrung gefühlt, und die beide auf sein äußeres und inneres Leben bedeutsam eingewirkt haben.

Der eine derselben war Dr. Pugnet[2]), der Schwiegervater seines ältern Bruders. Dieser hatte, 1765 in Lyon geboren, als Militärarzt den ägyptischen Feldzug, später denjenigen nach den Antillen mitgemacht, hatte dort die Pest, hier das gelbe Fieber studirt, war 1804 von Napoleon zum Ritter des neugegründeten Ordens der Ehrenlegion, und dann zum Direktor eines Militärspitals ernannt worden, und später, auf den Wunsch seiner Gattin, einer entfernten Verwandten Blöschs, nach Biel übergesiedelt, um hier sein Leben in Ruhe zu beschließen. Auch hier als hocherfahrener Arzt von Nah und Fern vielfach um Hülfe angesprochen, starb er am 24. November 1846. Ein warmer Nekrolog — im „Solothurner Blatt" — urtheilte von ihm: „Er war einer jener Männer, welche von der Natur zur Hingebung und Aufopferung für ihre Mitmenschen auserwählt worden, und die, mögen sie wachsen, wo sie wollen, im reinsten Sinne des Wortes zu Republikanern bestimmt sind. Er blieb bis in sein zweiundachtzigstes Jahr ohne andern Ehrgeiz, als seinen Mitmenschen zu dienen[3]).

Blösch schrieb von ihm, als er einige Tage nach dessen Tode nach Biel gereist war: „Ich fand eine furchtbare Lücke im gewohnten Familienkreise, für mich besonders schmerzlich, weil Pugnet mir seit zwanzig Jahren Freund und Berather gewesen. Niemand kannte mein In-

---

[1]) Ueber diesen: „Berner Taschenbuch", Jahrgang 1866.
[2]) Siehe oben p. 18.
[3]) Zu vergleichen ferner eine von dem ihm eng befreundeten Schultheiß Neuhaus verfaßte Biographie, und eine andere von dem ihm eben so nahe stehenden Staatsrath Calame.

neres wie er. Niemand hatte deßhalb mehr, und im Ganzen glücklicher,
auf mein Schicksal eingewirkt."

Er konnte zum Theil das Nämliche sagen von Professor Samuel
Schnell, der am 3. Januar 1849 unerwartet starb, im nämlichen
Hause, in welchem einst A. v Haller, von Joseph II. besucht, seine große
Seele ausgehaucht hat. Seit seinem Rücktritt vom Lehrstuhl hatte der
geistreiche Mann sich einer wachsenden, für seine Umgebung oft sogar
peinlichen Verbitterung ergeben, die ihn beinahe nur mehr über die
Fehler der neuen Regenten sich freuen ließ. Mit welcher Ironie hatte
er gespottet über die «lex Jaggia de Rechtsagentibus», oder «lex
Jaggia, wer sich betreiben lassen will!" und über die Behauptung des
derzeitigen bernischen Justizdirektors: daß die Advokaten eigentlich nicht
mehr Lateinisch zu verstehen brauchen, weil alles Brauchbare des rö=
mischen Rechts bereits im Naturrecht aufgenommen sei, das andere
aber nichts nütze! Mit welchem Ingrimm hatte er noch im Jahre 1842
seinen Vetter Karl aufgefordert: „Fahren Sie fort, denen, welche Ihnen
mit dem Löffel zutheilen wollen, mit der Kelle, oder gar mit dem Sohn
einzuschenken!"

„Eugen von St. Alban" (Bern, wie es ist!)[1] hatte ihn, „den
eigentlichen Vater der Berner Revolution", in einer etwas trivialen
Weise als Fuchs charakterisirt; anders urtheilte über ihn eine damalige
europäische Autorität, Professor Gans in Berlin, dessen „Rückblicke
auf Personen und Zustände"[2] einen längern Artikel über Charakter
und Verdienste Schnells mit den Worten eröffnen: „In Bern machte
ich eigentlich nur eine einzige bedeutende Bekanntschaft, aber diese
wog alle übrigen auf, die mir hätten zufallen können."

„Wie viel Geist und Herz ist weniger auf Erden!" rief sein Schwieger=
sohn Hans Schnell nach dem Begräbniß aus, bei dem sich Männer der
verschiedensten Stände und Parteien trafen, um dem Gründer des
bernischen Civilrechts, dem bedeutendsten Juristen, welchen der
Kanton hervorgebracht hatte, die letzte Ehre zu erweisen. In seltener
Bewegung kehrte Blösch von dieser Feier heim, nachdem er seinem
väterlichen Freunde nachgeblickt, bis die ersten Erdschollen auf den Sarg
niederfielen.

Nicht lange hernach schied auch Neuhaus aus dem Kreis der
Lebenden. So bald sein Sturz unzweifelhaft geworden, war er nach
Biel zurückgekehrt und hatte sich bald darauf mit dem jüngern Bruder

---

[1] Band 1, p. 85 u. ff. und an vielen andern Stellen.
[2] Berlin 1836. Seite 275 u. ff.

Blöschs durch einen Associationsvertrag zum gemeinsamen Betrieb einer Drath- und Stiftenfabrik in Bözingen verbunden [1]).

Die Verhandlungen des Verfassungsrathes zeigten ihm, daß seine Zeit vorüber sei; er saß in demselben völlig verlassen; „aber noch", sagt Blösch, „grollt er mehr über die treuen Warnungen, die ich mir erlaubt, als er in Macht und Ansehen war, als über die niederträchtigen Eselstritte, welche er seit seinem Sturz von Solchen empfangen hat, die ihm damals den Hof machten."

Die Resultate des Sonderbundskrieges und seine Wahl in den eidgenössischen Nationalrath erweckten neue Hoffnungen bei ihm. Er schien seinen Eintritt in den Bundesrath als unzweifelhaft zu erwarten; allein bald folgte eine schmerzliche Enttäuschung, als die ihm anfangs — aus sehr verschiedenen Gründen — nicht ungünstige Stimmung sich rasch wieder von ihm abwandte.

Vorher schon hatte er mehrmals gemeinsamen Bekannten den Wunsch geäußert, daß Blösch ihn besuchen möchte. Dieser war geneigt dazu; allein die stolze Mutter, welche fand, daß nicht er den ersten Schritt zu thun habe, erhob so entschiedenen Einspruch, daß er es unterließ. Im September 1848 geschah es endlich doch, und der Empfang war freundlich, als wären die letzten Jahre aus beider Gedächtniß völlig verwischt, obschon das Gespräch sofort auf das politische Gebiet sich wandte. Die Besuche wurden später noch einige Male wiederholt; mit Bezug auf Blösch hat Neuhaus zu Dr. Pugnet kurz vor dessen Tod weinend das Bekenntniß abgelegt: «Malheureusement je n'ai connu ni mes amis, ni mes ennemis.»

Die Frage einer Versetzung Blöschs an die Hochschule tauchte im Jahre 1846 noch einmal auf. In der kränkendsten Weise die bisherigen Unterhandlungen vollkommen ignorirend, beschloß der neue Regierungsrath die Stelle zur Bewerbung auszuschreiben. Er hielt es dennoch für angemessen, jede Empfindlichkeit darüber niederzukämpfen, und ließ sich zur Meldung bewegen; allein jetzt fand die juridische Fakultät, er habe — wie sein Mitbewerber — noch zu wenig Proben seiner Fähigkeit zu dieser Stelle abgelegt [2]).

---

[1]) „So ist denn", bemerkte Blösch bei diesem Anlasse scherzhaft, „die „Allianz Neuhaus und Blösch" — so hieß die neubegründete Firma — jetzt doch zu Stande gekommen, gegen welche er so oft in fast lächerlicher Weise protestirt hat."

[2]) Eines der Mitglieder der Fakultät hatte einige Jahre früher eigens die Reise nach Burgdorf gemacht, um Blösch zur Annahme zu überreden.

Auch davon abgesehen war der Gedanke einer Uebersiedelung nach der Hauptstadt öfter aufgetaucht. Einer seiner Freunde machte die Dringlichkeit dieses Entschlusses zu dem ‹cæterum censeo› seiner Briefe; und nach der zweiten Verheirathung schien auch jedes Hinderniß beseitigt. Das Gefühl der Unmöglichkeit, aus der Familie Schnell zu scheiden, und die entschiedene Vorliebe für das Leben in Burgdorf überwog immer wieder; es kam ein neues Motiv dazu, um seine Anhänglichkeit an die Ortschaft zu verstärken.

Wie Blösch das Gemeindewesen nach seinem Ursprung in der Vergangenheit, seinen Mängeln in der Gegenwart und seinen Bedürfnissen für die Zukunft fortwährend zu seinem Lieblingsstudium machte, so war neben der Berufsarbeit ein Haupttheil seiner Zeit den Interessen seines Wohnortes gewidmet.

Diese Thätigkeit erlitt nur einmal eine Unterbrechung durch Einwirkungen von Oben herab. Nachdem seit einer Reihe von Jahren die Glieder und Anhänger der Familie Schnell so zu sagen unbeschränkt regiert hatten, wurde der Versuch gemacht, auch hier, wie einst im Großen Rathe, ihren Einfluß zu untergraben. Ein an sich unbedeutender Auftritt in dem von Hans Schnell präsidirten Gemeinderathe wurde zu einer Intrigue benützt, welche damit endete, daß der größte Theil der Mitglieder dieser Behörde ihren Austritt erklärten, unter ihnen, als der letzte, Blösch, der die Funktionen eines Sekretärs versah[1]). Die Sache kam zuletzt — erst Ende 1843 — auch vor den Großen Rath, wo Blösch seine Erklärung mit den Worten schloß: „er habe das Gefühl, blutig beleidigt worden zu sein." Daß er zu dieser Auffassung einige Ursache hatte, dafür mag das Urtheil Ochsenbeins zeugen, der (1846) im Verfassungsrathe sich äußerte: „Es habe zur Zeit in Burgdorf unter den Herren Schnell die beste Gemeindeverwaltung bestanden, die wir irgendwo hatten, und er bedaure herzlich, daß sie durch den Unverstand der Gemeinde gestürzt worden sei." — Nur war es nicht bloß Unverstand der Gemeinde, sondern vielmehr die Eifersucht des feindlich gesinnten Regierungsstatthalters (Kohler) und die Schadenfreude des Schultheißen (von Tavel), welche das zu Stande gebracht.

Im Jahr 1846 scheint aber wieder eine andere Stimmung sich geltend gemacht zu haben, denn zu dieser Zeit trat Blösch als Gemeindepräsident an die Spitze der Ortsverwaltung, eine Aufgabe, die er dann bis zu seinem spätern Umzug nach Bern versehen hat. Sie

---

[1]) Damals war es, daß Jemand vor der etwas betroffenen Gemeindeversammlung das Wortspiel machte: „Chüe hätte mer no gnue, aber kei Blösch meh!"

war bei den Wirren der Zeit, — Sonderbundskrieg, Flüchtlingseinquar=
tierung 2c. — und unter dem Gifte des Parteiwesens nicht ohne Schwie=
rigkeiten, und diese wurden dadurch nicht vermindert, daß die Mißgunst
der Regierung gegen die oppositionell gesinnte Landstadt sich fort=
während fühlbar machte[1]).

Eine seltene Anerkennung für seine Bemühungen um das Wohl
seiner zweiten Vaterstadt wurde Blösch zu Theil, als im November 1846
die Bürgergemeinde von Burgdorf — mit 94 gegen 11 Stimmen —
ihn und die Seinigen schenkungsweise in ihr Bürgerrecht auf=
nahm. Der Beschluß, der in der Stille angeregt und ohne sein Wissen
betrieben worden war, erfreute ihn in hohem Maße durch die Gesin=
nung, aus der er hervorging; und wohl mochte er daraus auch neue
Hoffnung und Zuversicht schöpfen für die Möglichkeit einer wahren
Neugestaltung und Wiedergeburt des Gemeindelebens und
damit des Volks und Staats.

---

[1]) So sahen sich die Bewohner verletzt, als eben während der Kriegsunruhen im
Jahre 1847, aus Furcht von angeblichen reaktionären Bewegungen, ein auf dortigem
Schloß aufgestelltes Geschütz weggenommen wurde.

Der Amschwung von 1850.

Klagen über die Regierung. — Die Finanzen. — Die Flüchtlinge. — Kirchliche Stellung. — Der Jura. — Schul- und Wirthschaftswesen. — Demoralisation, Proletariat, Kommunismus, Zuchtlosigkeit. — Die Würdelosigkeit als Prinzip. — Das Erwachen des Gegensatzes. — Wachsende Opposition. — Bildung einer konservativen Partei. — Wahlagitation. — Volkswünsche; Blösch an die Spitze gestellt. — Die Bezirke. — Der „Oberländer Anzeiger. — Versammlungen. — Politische Lieder; das „Berner lied." — Gegenagitation. — Verdächtigungen Blöschs; Mißtrauen. — Münsinger- versammlung. — Vor der Versammlung. — Die Fahrt nach Münsingen. — Die Ver- sammlung. — Das Löwenmattenprogramm. — Die Bärenmatte. — Das Ende des Tages. — Urtheile. — Der Eindruck des Tages. — Die Wahlagitation. — Aufruf der Konservativen. — Der Wahltag, 5. Mai. — Das Ergebniß der Wahlen. — Aus- sichten, Fragen und Besorgnisse. — Der Zusammentritt des Großen Rathes. — Die Wahl des Regierungsrathes. — Fakelzug. — Schlußbetrachtung. — Der Charakter der Bewegung. — Blöschs Stellung und Selbsturtheil. — Vorbereitung zum Amt. — Aufgaben und Hoffnungen.

Schon im März 1847 sprach die „Berner Volkszeitung", die man als Blöschs Organ betrachtete, von den Nägeln, die sich der herrschende Radikalismus im Kanton Bern einen nach dem andern zu seinem Sarge selbst geschmiedet habe.

Unter diesen steht oben an der Zustand der Finanzen.

Als auf die leichtfertige Aufhebung der Feudallasten das unver- meidliche Steuergesetz folgte, und dieses nicht, wie verheißen, nur die „Reichen" und die „Städter" beschlug, sondern unerwartet tief in den Mittelstand hinein eine gierige Hand ausstreckte, da gab es mancherorts arge Enttäuschungen bei denen, die vom neuen Regimente auf materielle Vortheile gerechnet hatten.

Die in ungünstiger Zeit übereilte Veräußerung von vielen Staats- domänen und der sogenannten fremden Fonds trug das ihre dazu bei, das alte „schlechte Finanzsystem" Berns unmöglich zu machen.

Im August 1848 machte Finanzdirektor Stämpfli vor dem Großen Rathe die Eröffnung eines von nun an jährlich wiederkehrenden „Nor- maldefizits" von 452,000 alten Schweizerfranken[1]). Das machte gewaltigen Eindruck auf ein Volk, „dessen Tugend Einfachheit,

---

[1]) Verhandlungen des Großen Rathes vom 29. August 1848.

deſſen Charakter Sparſamkeit und deſſen größter Genuß Beſitz iſt, um deſſetwillen es ſich jede Entbehrung gefallen läßt, und das eben deßwegen in der Wohlfeilheit ſeines öffentlichen Haushalts deſſen größten Werth erblickt[1])."

Die Glieder des Regierungsrathes ſuchten zwar durch das An= erbieten eines freiwilligen Verzichts auf einen Theil ihrer — im Anfang heraufgeſetzten — Beſoldungen der öffentlichen Meinung eine gewiſſe Genugthuung zu geben. Der Große Rath wies daſſelbe aus unbekannten Motiven zurück.

Mit der nun nöthig gewordenen Beſchränkung des Budgets für die innere Verwaltung kontraſtirte um ſo auffallender die ſich er= hebende Anklage über Verſchwendung des Staatsvermögens aus Gründen politiſcher Sympathie.

Profeſſor W. Snell, nach dem Freiſchaarenzuge, im Mai 1845, durch Verfügung des (frühern) Regierungsrathes ſeiner Stelle enthoben und aus dem Kanton verwieſen, wurde im folgenden Jahre zurückgerufen und durch Penſionirung mit der vollen Beſoldung entſchädigt.

Die Regierung wurde beſchuldigt, einem ſogenannten "Geſandten der ungariſchen Republik" einen Kredit von Fr. 3,000 eröffnet, und in einer Zeit des größten Geldmangels im eigenen Kanton den waadt= ländiſchen Freunden, ausdrücklicher Geſetzesvorſchrift zuwider, durch ein Darlehen von Fr. 200,000 aus der (politiſchen) Verlegenheit ge= holfen zu haben.

Die Koſten für die lange öffentliche Unterhaltung der deutſchen Flüchtlinge[2]) im Jahre 1849, und der durch dieſe veranlaßten Truppenaufſtellung wurden mit mehr oder weniger Recht der= ſelben Partei direkt zur Laſt gelegt, und vermehrten um Bedeutendes das Regiſter der gegen ſie erhobenen Vorwürfe.

Die unbeſcheu zur Schau getragene Freundſchaft für jeden, der die rothe Farbe zeigte; der Beifall zu den blutigſten Exzeſſen der rothen Republik; die wiederholten Sehnſuchtsrufe der — von Stämpfli

<hr>

[1]) Hans Schnell: "Meine Erlebniſſe unter dem Freiſchaarenregiment", p. 91.

[2]) Bericht des Regierungsrathes an den Großen Rath vom 15. Juli 1849. "Re= gierungspräſident Stämpfli: Demnach befanden ſich damals im Kanton 475 Mann, in der Stadt Bern 647, diejenigen nicht mitgerechnet, die aus eigenen Mitteln leben konnten. Es iſt jedoch vorauszuſehen, daß die Zahl derſelben in unſerm Kanton auf 1900—2000 ſteigen möchte."

und Niggeler redigirten — „Bernerzeitung" nach der *«Guillotine»*; das
wüthende Verrätgergeschrei gegen diejenigen, welche den Neutra-
litätsgrundsatz als Existenzbedingung eines kleinen Landes festhalten
wollten [1]); die freche Lästerung gegen die — mit doch gewiß nicht über-
triebener Energie — auf diesem Boden fußende Bundesgewalt;
das ganze Auftreten dieses Theils der Presse gegen die einzige Segens-
frucht, die der mit Widerstreben begonnene Bürgerkrieg gebracht, gegen
die neue Bundesverfassung und deren Organe; und die kaum
verhehlte Lust, die Schweiz in einen neuen Krieg zu stürzen und durch
Provozirung des Auslandes [2]) zur Theilnahme am europäischen
Revolutionskampf zu zwingen; Solches erschien dem nüchternen Berner
als ein durchaus fremdartiges, antinationales Wesen, in das er
nur etwa im Rausche sich hineinfinden konnte. — Und die Solidarität
mit diesen Extremen mußte die Regierung auf sich nehmen
mit der Völkersolidarität.

Die Berufung Zellers hatte in anderer Richtung die Gemüther
in Aufregung gebracht gegen eine Partei, welche, den Volkswillen auf
die Fahne schreibend, in Rücksichtslosigkeit gegen den Willen des
Volks das Aeußerste zu leisten schien. Je mehr es im Charakter des
Berner Landvolks begründet liegt, die Religion nicht sowohl als Sache
freier Ueberzeugung, als vielmehr der Gewohnheit und Sitte zu
betrachten, um so weniger kann es verwundern, daß ein in der Art
von Oben herab versuchter „Fortschritt" nur den entgegengesetzten
Erfolg haben konnte.

Und es blieb diese Maßregel nicht das einzige, was das fromme
Gefühl der Bevölkerung auf's Gröbste verletzte: die rohen Religions-
spöttereien des von der Partei bald begünstigten, bald wieder um-
sonst desavouirten „Gucklastens", des „Freisinnigen", des
„Unabhängigen", die beständige „Pfaffenhetze", des „Seeländer
Anzeigers", und die aus den obrigkeitlich bevorzugten Pressen dieser
Blätter hervorgehende Litteratur, wie die „Aphorismen" von Friedrich
Feuerbach [3]), „Katechismus der freien Gemeinden", — setzten
die Geduld des an eine derartige Sprache damals noch nicht gewöhnten
Berners auf eine harte Probe, und konnte nur der Meinung Vorschub

---

[1]) Der „Unabhängige" vom 19. Mai 1849.

[2]) „Bernerzeitung" vom 2. Juni 1849, wo in dieser Hinsicht wohl das Höchst-
mögliche, für unsere Zeit ganz Unbegreifliches geleistet ist.

[3]) Diese Schrift wurde zwar polizeilich verfolgt, aber nur zugleich mit der Nummer
der „Berner Volkszeitung", welche die anfangs ungestrafte Verbreitung derselben der
Regierung zum Vorwurf machte.

leisten, es sei auch mit jener viel besprochenen Wahl von Seiten der
Regierung und ihrer Anhänger nicht sowohl auf Reinigung, als auf
B e s e i t i g u n g d e r k i r c h l i c h e n I n s t i t u t i o n e n und des religiösen
Glaubens abgesehen.

Dieß um so mehr, da der Versuch der Kirche selbst, zu ihrer Fort=
bildung Hand anzulegen, keinerlei Förderung fand. Eine ansehnliche
Versammlung von Geistlichen in Biel, an ihrer Spitze der spätere Re=
gierungsrath Pfarrer Bandelier, hatte schon im Jahr 1846 eine Ein=
gabe an den Verfassungsrath gerichtet, welche die Aufstellung einer
Kirchenverfassung nach dem P r e s b y t e r i a l s y s t e m, und die Ersetzung
der bisherigen bloßen Geistlichkeitssynode durch eine aus den Gemeinden
gewählte K i r c h e n s y n o d e verlangte. Eine dahin zielende Bestimmung
war zwar auch in das Grundgesetz aufgenommen worden, allein die
Ausführung unterblieb bis an's Ende der Periode[1]), und ließ die mit
dem *privilegium odiosum* behaftete Staatskirche ihre völlige Rechtlosigkeit
nur um so schmerzlicher empfinden.

In nicht minderem Maße war auch dem k a t h o l i s c h e n T h e i l e
der Bevölkerung Anstoß gegeben worden durch den Ausweisungsbeschluß
gegen die sogenannten O r d e n s s c h w e s t e r n (Ursulinerinnen und sœurs
de charité), denen bis dahin in den Thälern des Jura der primäre
Unterricht fast ausschließlich anvertraut gewesen war. Bei diesem we=
niger geduldigen Volke hatte der Unwille gegen einen dabei thätigen
Beamten sogar zu Auftritten geführt, gegen welche der Regierungs=
rath selbst Truppenaufgebote und militärische Besetzung für nothwendig
erachtete; so im Januar 1849 in S a i g n e l é g i e r, dem Hauptorte des
auf seine alten Sitten eifersüchtigen Freibergeramtes.

Daß das im edlen Bildungseifer der dreißiger Jahre gegründete
L e h r e r s e m i n a r in Münchenbuchsee unter Grunholzers Leitung, und,
von ihm geführt, ein großer Theil der Lehrerschaft offen eine Rich=
tung einschlug, der man wohl nicht Unrecht thut, wenn man sie als
kirchenfeindlich bezeichnet, erregte großes Aergerniß bei Solchen, denen
politische Theorien ganz gleichgültig waren[2]). Der Ruf: F o r t m i t d e m
S e m i n a r! wurde nicht selten gehört, und neben ihm sogar: F o r t
m i t d e r H o c h s c h u l e! ein warnendes Zeichen, wie leicht der Bildungs=

---

[1]) Eine Kommission zur Vorberathung der Kirchenverfassung wurde allerdings einmal
aufgestellt. Die Hauptpersonen derselben waren U. Ochsenbein, als Präsident; der Her=
ausgeber des „Seeländer Anzeigers"; der Verfasser der „Zeller'schen Religionsgefahr",
und Professor Ries.

[2]) Ein erschreckendes Symptom dieser Mißstimmung gegen die unpopulär gewordene
Schule gab eine lärmende Gemeindsversammlung in Langnau am 8. Januar 1850.

drang in sein Gegentheil umschlagen kann, wenn ihm statt vernünftiger Bildung eine unvernünftige geboten wird. Auch diese letztere Anstalt hatte das Treiben einiger Fremden, das Auftreten der neuen Rechts- schule, und ganz hauptsächlich der Anstoß erregende Lebenswandel des Führers der letztern in den Augen des Volks gründlich kompromittirt.

Schlimmer war, daß auch die von der Religion nicht unabhängige öffentliche Sittlichkeit die Folgen verspürte.

Das erwachende politische Leben hatte die Entstehung einer großen Zahl von Wirthschaften geringeren Ranges nach sich gezogen. Schon im Großen Rathe von 1843 hatten angesehene Männer auf diese drohende Gefahr für das Familienleben und den ökonomischen Zustand des Landes mit großem Ernste aufmerksam gemacht und Abhülfe ver- langt. Seither hatte die Zahl dieser Bildungsanstalten noch bedeutend — weit mehr als die Schulen — zugenommen[1]), endlich so sehr, daß der Schaden auch für blöde Augen sichtbar wurde und der solide Sinn des Bernervolks laute Klage erhob. Die Regierung durfte sich wohl nicht beschweren, wenn ihr an dieser Entartung des Volkslebens eine wesentliche Mitschuld zugeschrieben wurde: „Das Rathhaus, wo man trinkt", war eine in aller Mund geläufige Redensart, die nicht so leicht vergessen wurde.

Dieses Wirthshausleben, in Verbindung mit dem in völlige Ver- wirrung gerathenen Armenwesen, steigerte die in den Mißjahren entstandene Noth zu einer bedenklichen Höhe: die Verbrechen gegen das Eigenthum[2]), die Fallimente[3]) folgten sich in erschreckendem

---

[1]) Blösch fand einmal auf einem sogenannten Augenschein in einem entlegenen Hause auf einer Alp des obern Simmenthales den Spruch in eine Säule eingegraben:

„Die zehnte Garbe wird nicht mehr gestellt, — das war eine Sitte der alten Welt! Doch das ist sicher zu dieser Frist, — daß das zehnte Haus ein Wirthshaus ist."

Blösch fragte darauf lachend seinen Gegenanwalt (einen Radikalen), ob er wisse, was dieser Reim „auf berndeutsch" bedeute, und erwiderte auf dessen verneinende Antwort: „Das heißt: Ehemals habe man den Zehnten dem lieben Gott bezahlt, jetzt bezahle man ihn dem Teufel!"

[2]) Die Zahl der Untersuchungsgefangenen im ganzen Kanton war von 1845 bis 1848 von 390 auf 600 gestiegen, auf den Tag berechnet von durchschnittlich 87 auf 137. Dabei hinterließ die sechsundvierziger Regierung nicht weniger als 10,687 unvoll- zogene Urtheile aus den vier Jahren ihrer Verwaltung. — Aus einem Theile der Bezirke fehlten die Angaben, weil die Unordnung auf den Bureaux die Zusammenstellung unmöglich machte.

[3]) Das Amtsblatt vom 1. Dezember 1849 zählte 142 Gantsteigerungen, 27 Zahlungs- unfähigkeitserklärungen und 15 „Güterabtretungen", letztere eine bekannte ruinöse Er- findung der Zeit.

Maße; der auf seinen sprichwörtlichen Reichthum stolze Kanton sah sich auf einmal von einem besitz= und heimathlosen Proletariat überschwemmt[1]), gegen welches das fast ausschließlich ackerbautreibende, bereits übervölkerte Land völlig hülflos dastand. Die massenhafte Aus= wanderung jenseits des Ozeans war, da sie zum größern Theile nicht ganz arme Familien betraf, weniger ein Ableitungsmittel für überflüs= sige Arbeitskräfte, als vielmehr ein bedenkliches Zeugniß allgemeinen Unbehagens in einem Lande, dem man eine neue Aera des Wohl= standes verheißen hatte.

Noch weniger wohl waren die auftauchenden kommunistischen Gelüste ein Mittel, diesem ökonomischen Zerfall zu steuern; vielmehr selbst ein Produkt der öffentlichen Fäulniß, mußten sie denselben nur befördern, wie die aus einem Leichnam hervorkriechenden Würmer dessen völlige Auflösung. Die Gelüste hatten sich merkwürdiger Weise und wie zum Zeichen ihrer Unlauterkeit zunächst gegen den einzigen Rest des alt=allemannischen Kommunismus gerichtet, gegen den bürgerlichen Gemeindebesitz. Theilungsbegehren waren überall aufgetaucht und an vielen Orten, so auch in Burgdorf, nur mit großer Mühe die sinnlose Verschleuderung dieser Güter aufgehalten worden.

Solches mußte denn auch Manchen stutzig machen, der im Jahre 1846 die neue Verfassung mit Hoffnung begrüßt. Auch in dieser Rich= tung aber konnte die Regierung selbst nicht von Mitschuld frei= gesprochen werden: Schon die Art der Agitation, durch welche der Neuerung Eingang verschafft worden war, mußte nicht nur mate= rielle Begehren jeder Art wecken, sondern auch die Begriffe von der Heiligkeit des Eigenthumsrechtes gewaltig erschüttern. Die Hin= neigung Stämpfli's zu kommunistischen Tendenzen war nicht unbe= kannt: Bei Aufstellung des neuen Steuergesetzes hatte er den Antrag auf Einführung eines progressiven Steuerfußes eingebracht, den die Mehrheit des Regierungsrathes dann stillschweigend beseitigte. Bei einer andern Gelegenheit hatte er im Großen Rathe den Gedanken geäußert an eine Beschränkung des Güterbesitzes auf ein bestimmtes Maximum von z. B. 80 oder 100 Jucharten. Noch bedenklicher aber lautete der Grundsatz eines seiner bedeutendsten Freunde: „Man müsse das Geld nehmen da, wo es zu finden sei."

---

[1]) An einem Fastnachtsumzug der Stadt Basel mußte der Berner hinter seinem Kantonswappen eine Schaar bettelnder Vaganten einherschreiten sehen, als symbolische Darstellung seiner Heimath.

Die Bewegung des Jahres 1846 hatte nicht, wie diejenige von 1831, durch ein neues politisches Prinzip ein edles Leben zu wecken gewußt, sich vielmehr zur Durchführung ihrer Zwecke an die schlechtern Instinkte der menschlichen Natur gewandt. Sie hatte, um die Unterstützung der leicht verführbaren Jugend für sich zu gewinnen, das allgemeine Stimmrecht auch auf Solche ausgedehnt, welche man auf dem Lande noch „Buben" nennt, und die in den Städten auch oft sich als „Buben" zu betragen pflegen, während die zu solchen Experimenten freilich den Kopf schüttelnde Weisheit der Alten grundsätzlich verhöhnt ward. Sie hatte die Freiheit dadurch am besten zu sichern geglaubt, daß sie die Autorität der Behörden und ihrer Beamten auf ein Minimum heruntersetzte. Mit den altehrwürdigen Titeln glaubte sie auch der ehrfurchtsvollen Pietät, welche dem Prinzip der bürgerlichen Gleichheit zu widersprechen schien, gänzlich entbehren, und dieses moralische Band einerseits durch juristische Rechtsformen und durch Gewalt, andererseits durch gemeine Popularität ersetzen zu können.

Hatte noch „Schultheiß" Neuhaus, stolz, um nicht zu sagen eitel, auf diesen Titel, der ihm als dem ersten „Plebejer" zu Theil geworden war, eifersüchtig auch über dem äußern Dekorum gewacht, und es meisterhaft verstanden, durch persönliche Würde seine Stellung zu wahren, so gehörte es nun auf einmal zum System, jeden äußern Nimbus der untern Beamten, wie der Magistraten bei Seite zu setzen. Die Regierenden schienen dem „Volk" um so näher zu stehen, je mehr sie sich herunterließen auch zu seinen gemeinsten Leidenschaften; gaben aber nicht selten, statt die gesuchte Volksthümlichkeit zu finden, mit der Achtung vor ihrer Person auch diejenige Preis vor dem durch sie repräsentirten Gesetz. Die lächerlich gewordene Pedanterie der Formen einer überwundenen Zeit war plötzlich in ein Gegentheil umgeschlagen, bei welchem häufig mehr als nur die Form verloren ging [1].

Die Würde- und Anstandslosigkeit, die „Liederlichkeit", mit der nun bis in die obersten Kreise hinauf das Regierungsgeschäft betrieben wurde, sprach sich am bezeichnendsten in jener Bemerkung des Großrathspräsidenten aus, als er einen Redner zur Ordnung rufen sollte: „Was gesagt ist, ist gesagt"; in dem heldenmüthigen Grundsatz des spätern Erziehungsdirektors: „Es ist besser, illegal leben, als legal sterben"; in dem taktvollen Verhalten des andern

---

[1] Damit wäre zu vergleichen eine Reihe von öffentlichen Klagen über Bezirksbeamte, welche der „Oberländer Anzeiger" anführt in seiner Nummer vom 16. Januar 1850.

Vorstandes der obersten Landesbehörde, der darüber abstimmen ließ: „ob
man das Reglement handhaben wolle, oder nicht?" — und
gipfelte endlich in dem geflügelten Worte des Justizdirektors: Regle=
ment hin! Reglement her!¹)

Es waren nicht politische Grundsätze und Ansichten, um
welche es sich handelte im Unterschied der Parteien, es war eine neue
Denkungsart, eine völlig andere, „neumodische" Sinnesweise, die
in religiöser, wie in moralischer, in ökonomischer, wie in so=
zialer Beziehung, im häuslichen nicht minder als im öffentlichen
Leben, in der Sprache und am „Schnauz" mit der alten, ehren=
festen Bernersitte in direktem Widerspruche stand; das „moderne
Bewußtsein" — aber in seiner abschreckendsten Gestalt; — „Zeit=
geist und Bernergeist", wie dieß Jeremias Gotthelf in der so
betitelten, aus der Mitte jenes Kampfes selbst hervorgegangenen Er=
zählung so unübertrefflich gezeichnet hat²).

„Die Freischaarlerpartei", urtheilte in jener Zeit eine Korrespondenz
der „Allgemeinen Zeitung" (Augsburg), „faßte das „Volk" da an, wo
es am leichtesten zu finden war, und wo sich die Sucher am liebsten
einfanden: in den Gasthöfen, den Wein= und Branntwein=
schenken. Sie fanden da ein leicht zu regierendes, und mit Hülfe der
Weinseligkeit zu bethörendes Volk.... Es gibt aber noch eine andere
Sorte von „Volk"; die fleißigen und häuslichen, welche sich in
politischen Sachen meist allzublöde und gleichgültig zurückziehen; Ge=
müther, welche gegen Aufforderungen zu rascher unbesonnener That
mißtrauisch, aber für die uneigennützige Anstrengung für ihr Wohl
nicht undankbar sind, und nun einmal gründlich einzusehen beginnen,
an welchen Abgrund von Unsittlichkeit und Elend die freche Agitation
einerseits, und die Feigheit andererseits das Gemeinwesen gebracht hat."

Die Regierung hatte wirklich das „Volk" nur in den „Pinten" ge=
sucht, und die öffentliche Meinung nur in der radikalen Presse gefunden,
und so in Kurzem die Fühlung verloren mit dem Theil des

---

¹) Als einst ein Deputirter aus dem Jura, ohne zu bemerken, daß der Autor dieses
Wortes hinter ihm stehe, gegen einen andern im Gespräche dasselbe zitirte, fuhr ihn jener
zornig an: „Il n'y a que les bêtes qui répètent toujours cela!" — aber jener erwiderte
rasch: „Monsieur, celui qui l'a dit le premier, est pourtant la plus grosse!"

²) Es stellt diese Erzählung allerdings, der ausgesprochenen Tendenz gemäß, in
„Hunghans" und „Ankenbenz" und deren Familien zwei Typen einander gegenüber,
und kann wohl in sofern mancher Uebertreibung beschuldigt werden, nur leider so, daß
man nicht wird sagen dürfen, der erstere sei karrikirt, wohl aber der zweite idealisirt. Es
gibt diese Schrift die besten Illustrationen zu manchem oben ausgesprochenen Urtheil.

Volks, der weder die Wirthshäuser zu besuchen, noch in die Zeitung zu schreiben gewöhnt ist; sie war bei aller Sucht nach Volksthümlichkeit in den Fehler eines Monarchen gefallen, der nicht die Stimme seines Volkes, nur die seiner Schmeichler und Höflinge hört.

Und dieser Irrthum rächte sich: der „Bernergeist" erwachte!

„Eine bedeutende Modifikation der Gesinnung ist nicht zu verkennen, und man darf behaupten, daß, wenn jetzt der Große Rath neu zu wählen wäre, er bereits großentheils anders aussehen würde, als der gegenwärtige"; so heißt es im Anfang 1847 in der „Berner Volkszeitung."

Die Anzeichen dieses Stimmungswechsels mehrten sich; das Bedeutendste derselben war die Annahme der neuen Bundesverfassung gewesen im bewußten Gegensatz gegen Stämpfli und seine Partei. Das Resultat der Nationalrathswahlen, bei welchen Neuhaus neben Ochsenbein und Funk als die populärsten Namen neben einander erschienen, ließ auf das Nämliche schließen.

Selbst im Großen Rathe machte das Gefühl sich geltend. Ein Anzug auf Ueberweisung des „Guckkastens" an die Gerichte wegen anstößiger Lästerungen fand eine Mehrheit von zwei Drittheilen für sich, obwohl die Gegner der Verlegenheit zu entgehen suchten durch die Bemerkung: „es bedürfe dieser Aufforderung nicht, die Regierung habe schon an sich die Pflicht, gegen solches einzuschreiten." Gegen die sogenannte junge Rechtsschule, die beschuldigt wurde, über dem formalen Recht das materiale völlig außer Acht zu lassen, wurde selbst die Unzufriedenheit so laut, daß einer der leidenschaftlichsten, aber vom Parteiprogramm unabhängigsten Freischäärler dahin kam, die gänzliche Aufhebung des Advokatenstandes zu verlangen. Die Ersetzung des Erziehungsdirektors Schneider (älter), wie diejenige Ochsenbeins fielen trotz mancherlei Intriguen nicht nach Wunsch der „Bärenleute" aus.

Einzelne während dieser Periode vorfallende Wahlen, so z. B. in Thun, selbst einmal in Biel (schon im November 1846) gingen aus dem gleichen Geist hervor, und noch unzweideutiger gab sich derselbe kund in einigen kleinern Versammlungen auf dem Lande und deren „Wünschen." — Ein Mitglied des Regierungsrathes äußerte damals (1849) zu Blösch: „Wenn nicht bald Einhalt gethan werde, so komme es nicht gut."

Aber je mehr ein Theil dieser Behörde den Boden unter den Füßen wanken fühlte, und sichtlich einzulenken begehrte, — selbst Stockmar verrieth den Gedanken, sich mit Blösch in Verbindung zu setzen, —

um so mehr ließ sich die Mehrheit derselben zu immer größerer Maßlosigkeit reizen[1]).

„So braucht man nicht besiegt zu werden, so ruinirt man sich selbst", rief der „Oberländer Anzeiger" um diese Zeit.

Bei der Verfassungsänderung gab es keine konservative Partei, — die Mißgriffe des zur unbestrittenen Alleinherrschaft gelangten Radikalismus riefen sie in's Leben; — Blösch war es, um welchen sie sich sammelte.

Die Aussicht auf immer weiter greifenden Ruin des Landes, und die darüber sich regende Unzufriedenheit hatte schon im Hornung 1847 im engern Kreise die Frage aufwerfen lassen, ob nicht zu einer Art von Organisation der konservativen Elemente zu schreiten sei? Blösch hatte davon abgehalten, von der Erwägung ausgehend, daß noch zur Stunde die Massen auf die neuen Regenten Hoffnungen setzen, und daß an keine Besserung zu denken sei, bis diese die Hoffnungen selbst zerstört; daß die Klugheit, wie die Nothwendigkeit gebiete, dem Radikalismus Zeit zu lassen, sich selbst zu vernichten.

Einen mächtigen Anstoß zur Vereinigung Gleichgesinnter hatten dann die bereits erwähnten Versuche gegeben, den Bürgerkrieg zu verhindern; allein noch fehlte der kleinen Gruppe von Männern jeglicher Anhaltspunkt im Volke.

„Der konservativen Partei mangelt es — selbst unter günstigen Umständen — an Kraft, den Verhältnissen eine bessere Richtung zu geben. Die gegenwärtige Zusammensetzung dieser Partei ist so beschaffen, daß es gut sein wird, wenn sie vorerst ganz zerfällt, bis die Umstände einen gesunden Aufbau hervorrufen. Nicht nur geht den sogenannten „Konservativen" — mit sehr wenigen Ausnahmen — alle Energie und alle Disziplin, und besonders Aufopferungsfähigkeit ab, — während wenigstens die zwei letztern Eigenschaften den Radikalen nicht abzusprechen sind — sondern es mangelt auch in hohem Grade an gesunder Einsicht[2])."

Die Opposition bestand aus zwei durch tiefgewurzeltes Mißtrauen[3]) geschiedenen Fraktionen, die kaum etwas anderes

---

[1]) Der „Unabhängige", ein Blatt, das Niemand mehr hatte drucken wollen, und zu dessen Aufhören Stämpfli dem Kanton öffentlich Glück gewünscht hatte, wurde von seinen nächsten Freunden mit Neujahr 1850 neu begründet.

[2]) Blösch in seinem Tagebuch vom Jahr 1847.

[3]) Wie groß dieses noch war, zeigt eine Aeußerung von Alt-Schultheiß Fischer, der noch in der Mitte der vierziger Jahre die Ueberzeugung aussprach: „Wen sie hauptsächlich zu fürchten hätten, seien nicht die Radikalen, — viel gefährlicher sei ihnen Blösch!"

verband, als die Abneigung gegen die herrschende Richtung: die Partei
der sogenannten Burgdorfer, die anfangs circa 20 Stimmen zählte
(im Großen Rathe), und die Stadtberner mit ungefähr 20 Repräsen=
tanten. Diese Trennung zu überwinden, sah Blösch für die Bedingung
jeder Besserung, daher für die Hauptaufgabe an, welche erstrebt
werden müsse.

Er sammelte die Glieder des Großen Rathes zu gemeinsamen Be=
sprechungen und benützte diese — nach seinen eigenen Worten — dazu:
„den Anwesenden auf's Dringendste die Bekämpfung der Rivalität
zwischen Stadt und Land an das Herz zu legen, den Satz aufstellend,
daß die wahren Interessen beider Theile dieselben; und
daß die Städter krank seien, wenn sie das Land als feindlich betrach=
teten, wie das Land, wenn es sich zu den Städtern in Gegensatz stelle.“
Eben darum mußte er die Blicke aus der Vergangenheit auf die Zu=
kunft zu richten suchen, und drang, auf die Nothwendigkeit, sich der
eigenen Lage und deren Zwecke recht bewußt zu werden,
wiederholt andeutend, daß der Ausdruck „konservativ“ die Stellung
der neu zu sammelnden Partei nicht richtig bezeichne; daß dieselbe eine
positive Richtung annehmen, mehr reformatorisch auftreten
müsse; daß es überhaupt, sofern von politischer Gestaltung die Rede
sei, wenig mehr zu „konserviren“ gebe.

Noch schwieriger war es, die politische Gleichgültigkeit und
Apathie zu besiegen, mit welcher überdem nicht wenig moralische
Feigheit, Selbstsucht und Gesinnungslosigkeit verbunden
war. Es galt, die Pflicht der thätigen Betheiligung für das öffentliche
Wohl den Kreisen zum Verständniß zu bringen, welche theils für das
politische Leben noch gar nicht erwacht waren, weil sie das Regieren
für der „Herren“ Sache hielten, theils in egoistischer Blasirtheit
oder schroffer Bitterkeit sich absichtlich von demselben fern gehalten
hatten, weil sie nicht mehr selbst regieren konnten. Welch'
tiefe Entrüstung ergriff den von patriotischem Schmerze erfüllten Blösch,
als er vernehmen mußte, wie selbst der blutige Ernst des Bruderkrieges
nicht im Stande war, die Bewohner der Hauptstadt aufzurütteln, und
von ihren Spieltischen im „Museum“ oder in der „großen Societät“
zu verscheuchen! — Was war von der Zukunft zu hoffen, wenn hier
im Mittelpunkt konservativer Tendenzen der spießbürgerliche Sinn der
Mehrheit drei Mal kurz nach einander die Wahl eines Mitgliedes in
den Großen Rath auf radikale Namen fallen ließ!

Doch — die Noth der Zeit fing an, sich allmälig geltend zu machen.
Ermuthigt durch das Gefühl, daß auch die Massen in Bewegung

gerathen, begannen im Herbst 1849 die Glieder der Großrathsminder=
heit sich öfters zusammen zu finden; diese Besprechungen, die im Gast=
hofe zum „Storchen" stattfanden, vereinigten bald bei fünfzig
Männern aus allen Theilen des Kantons[1]).

Für den Frühling 1850 stand die Totalerneuerung der Behörden
bevor; obwohl noch ohne große Hoffnung auf entscheidenden Erfolg,
wurde doch jetzt als Pflicht erkannt, nicht unthätig zu bleiben, sondern
sich zu einem Kampfe mit allen durch Gesetz und Ehre zugelassenen
Mitteln zu rüsten, und zu dem Ende schon jetzt Einleitung zu einer
Organisation zu treffen. Blösch erhielt in Folge dessen (September
1849) Auftrag, ein Wahlprogramm zu entwerfen, dessen einzig
leitende Norm der Satz sein sollte: „Keine Vorrechte für irgend
welchen Stand, aber auch keine Ausschließung eines solchen,
sondern Gerechtigkeit für Alle und wirkliche Rechtsgleichheit. Wahl
der Wägsten und Besten!"

Eine am 22. Oktober eröffnete Großrathssitzung brachte der
Regierung mehrere eben so unerwartete, als empfindliche Niederlagen —
bei Berathung eines Gesetzes über Bau und Unterhalt der Straßen,
eines solchen über das Schulwesen und eines neuen Betreibungsgesetzes —
es war das dritte seit drei Jahren — und hob im gleichen Verhältniß
die Zuversicht der Opposition.

Den kräftigsten Impuls zur Weckung der Massen gaben aber die
„Männer von Boltigen" (im obern Simmenthal) mit ihrer Ver=
sammlung vom 28. Oktober. Ihre finanzielle Ersparnisse im Staats=
haushalt voranstellende Erklärung fand große Verbreitung und an
manchen Orten Nachahmung. Hier hatte anfangs selbst die Absicht vor=
geschwebt, eine Art von Regierungskommissarien zu wählen, an deren
Spitze Blösch treten sollte; nur mit einiger Mühe war es gelungen,
davon abzuhalten.

Zugleich mit dieser Mittheilung erhielt Blösch eine andere: daß —
am darauffolgenden Tage — die Führer der Opposition in seiner Ab=
wesenheit beschlossen hatten, zur Organisation der Partei zu schreiten,
und „einstweilen das Ganze ihm zu überlassen."

Damit sah er sich auf einmal zum erklärten Führer gemacht,
und es mag hier eine Aeußerung seine Stelle finden, die er bei dieser
Gelegenheit über sich selbst gethan. Ein schweizerisches Blatt[2]) hatte

---

[1]) Im Mai 1849, bei der Wahl eines Großrathspräsidenten, fielen 54 Stimmen
auf Blösch.

[2]) Die in Basel erscheinende (radikale) „Nationalzeitung" vom 12. Dezember 1849

Blösch in einer Betrachtung über „die Konservativen im Kanton Bern" sehr wesentliche Eigenschaften abgesprochen zum Führer einer Partei, die auf Volksmassen einwirken will. Dazu bemerkte er: „Allerdings tauge ich nicht zum Führer einer Partei, das heißt — im Sinne jenes Blattes — einer Minderheit, welche das Volk beherrschen will. Aber vielleicht besitze ich einige Eigenschaften, um ein wackeres Volk, das zur Besinnung kömmt, zurückzuführen auf die Bahn der Ordnung und des Friedens, es zu leiten im Kampfe gegen eine solche Partei."

Diesem bei jedem Anlaß nachdrücklichst hervorgehobenen Hauptgesichtspunkt seiner Thätigkeit vollkommen entsprechend, heißt es dann auch in einem der Schreiben, durch welche er nun seine Verbindungen anzuknüpfen suchte (3. Dezember 1849): „Ich brauche Ihnen nicht zu sagen, daß man sich hinsichtlich der Mittel streng an die Schranken desjenigen zu halten gedenkt, was Gesetz und Ehre erlauben, und bemerke nur hinsichtlich des Zwecks, daß das Streben keineswegs dahin geht, lediglich ein Parteiregiment an die Stelle eines andern Parteiregiments zu setzen, sondern daß unser Streben eben dahin gerichtet ist, dem alle Elemente der öffentlichen Ordnung verzehrenden Parteiwesen ein Ende zu machen durch Sammlung aller gesunden Elemente des Kantons und Ausstoßung alles Ungesunden und Schlechten."

Am entschiedensten war die Haltung der jurassischen Bevölkerung, gerade hier aber wohl auch die Warnung vor reaktionären Erwartungen keineswegs überflüssig. Allein auch aus andern Landestheilen lauteten die eingehenden Antworten überraschend günstig. Ein Korrespondent aus dem obern Aargau hält „die Wahlen für so sicher, daß gar keine weitern Einwirkungen nöthig seien bis zur Verständigung über die Kandidaten." Aus dem das Thal der Emme von dem der Aare scheidenden Bezirke Konolfingen kamen treffliche Nachrichten. Aus dem Oberlande heißt's: „Mir ebba's scho ebbe!" In der Gegend von Büren „ist die Stimmung durchgängig dem herrschenden System wenig geneigt"; und in Aarberg bewies nicht nur eine kleine Versammlung, sondern auch eine wirkliche Wahlabstimmung (Vorschlag für die Stelle eines Regierungsstatthalters) das Ueberwiegen antigouvernementaler Gesinnung.

Was Blösch an den Eigenschaften eines Parteiführers abging, das ersetzte in reichlichem Maße das publizistische Hauptorgan der Opposition, der „Oberländer Anzeiger." Aus einem in Thun begründeten Lokalblatte war dieser binnen Kurzem — mit Verdreifachung einer Abonnentenzahl am Ende des Jahres 1849 — zu einer eigent=

lichen Macht im Kanton Bern herangewachsen, welcher in der ganzen Krisis der fünfziger Jahre eine Hauptrolle zufiel. Er verdankte diesen Erfolg einer seltenen Popularität der Gedanken, einer ungewöhnlichen Kraft und Energie des Ausdrucks, und einem außerordentlichen Geschick, dem Charakter seines Publikums gemäß, bei geistreichster Abwechslung durch stete Wiederholung gewisser Punkte zu wirken. Schon die Ueber= schriften seiner Leitartikel schlugen ein[1]). Hervorgegangen, wie der geist= liche Hauptredaktor in einem Briefe an Blösch bezeugt, aus der tiefsten Indignation über radikale Religionsspötterei, gab der religiöse Grundton dem Blatt sein eigenthümliches Gepräge, und verlieh seinem muthvollen Kampf um Zucht und Sitte, um die höchsten Güter eines christlichen Volkes, einen Schwung, der manchmal nur an die Propheten Israels erinnerte.

„Pfui über dieses Geschlecht! Das Christenthum soll fort!?" — und etliche hundert Geistliche wagen kaum eine unwirksame Anspielung in ihren Vorträgen darauf! Entweder habt ihr's nie gekannt, habt's nur bedient wie Schillers Kuh, und verdient dann allen Hohn des Ra= dikalismus, alle Plage und Beschränkung, alle Verjagung, womit man euch bedroht, — habt dann die Kirche selbst gestürzt, Ihr! Ihr! — oder ihr müßt als Offiziere der heiligen Schaar derer, die von euch glauben und lieben lernten, und lernen sollten, voran in den Streit, jeder mit dem Gedanken: Komme ich um, so komme ich um! Und wo sind die Tausende von christlichen Schullehrern? Was würde Vater Rikli sagen zu eurer Kultur ohne Christenthum? Welch ein Rundschreiben würde er erlassen an die unverständigen Galater: Wer hat euch bezaubert, daß ihr der Wahrheit nicht gehorchet? Welchem Christus Jesus vor die Augen gemalet war, und jetzt unter euch gekreuzigt ist! Seid ihr so unverständig? Geist habt ihr empfangen, wollt ihr nun im Fleisch vollenden? — Wo sind die 400,000 im Kanton, die das Christenthum bekennen? Ist denn nicht von Tausenden Einer, der seinen einzigen Trost im Leben und im Sterben kennt? Warum schweigt dieser Tausendste still? — Ist denn nicht von 100,000 Einer, der sich in stiller Nacht auf seinem Lager umwendet vor Jammer über die von Wölfen heim= gesuchte Herde? Warum weckt er nicht mit lauter Stimme alle Schlafen= den zur Hülfe? Macht Verfassungen, Gesetze, führet neue Finanzsysteme

---

[1]) Zum Beispiel: „Wer ist Schuld!" — vom 9. Hornung 1849. — „Was gewisse Leute wollen und wie sie es anfangen", vom 18. Hornung. — „Männer und Buben", vom 23., ein vernichtender Angriff auf Regierungsrath Stämpfli, in der Form eines Verhörs. — „Erste Kinderlehre mit der freien Gemeinde in Bern", am 4. April rc.

ein, verkauft die Pfrund= und andere Domänen — was ist das? Wir
wollten besprechen, bedauern, beloben, leiden u. s. w. wie's käme; aber
damit habt ihr nicht genug: Ihr sagt auch noch, das Christenthum
soll fort! — Das ist nicht zu dulden! Dieser Ruf sei ver=
flucht!"¹) —

So sprach der „Oberländer Anzeiger" zu seinen Lesern, und
dieser Appell hatte mehr Widerhall gefunden, als man es geahnt.

War Blösch der Kopf der neu sich bildenden Volkspartei,
so war der „Oberländer Anzeiger" deren Herz; war jener der
Mann, Klarheit und Bestimmtheit zu bringen in die Zwecke
und Mittel, so verstand es letzterer, die Gemüther zu packen
und Begeisterung zu wecken.

Mit dem Beginn des Jahres 1850 kam ein neues Feuer in die
Wahlbewegung; es fanden an mehreren Orten kleine Versammlungen
statt, bei welchen die Unzufriedenheit mit dem Bestehenden sich äußerte
und sich bestärkte; so in Frutigen (17. Februar), in Wimmis, Thier=
achern (24. Februar), in Dießbach bei Thun (10. März), im Amte
Laupen (17. März) u. s. w., meistens mit dem Resultate des Anschlusses
an die Begehren der „Boltiger Männer." Ein Eifer erwachte, wie er
früher nie gesehen worden war, in allen Schichten des Bernervolkes;
eine tief gehende Erregung, der die Sprache der Prosa nicht mehr ge=
nügte. Lieder tauchten auf, wurden als Flugblätter gedruckt und überall
gesungen: So das Lied des „Oberländer Anzeigers²)."

> „Sie haben gemeint, die Kraft sei todt; o nein!
> Bern male man leicht so mit Pinseln roth; o nein!
> Der Wahrheit siegende Kraft erwacht,
> Und flammt hinein in die Trutznacht!
> O nein! o nein! o nein! So kann's nicht länger sein!"

So das „Bernerlied" — verfaßt von Alt=Oberrichter Bitzius —
das wohl der Erinnerung werth, hier vollständig stehen mag:

1. Vor vier Jahren ist's gewesen,
Daß man überall thät lesen,
Welch ein Glück bevor uns steh;
Lauter Jubel und Juieh!
Nach der neuen Mode.

2. Keine Zehnten, keine Armen,
Deren man sich müßt' erbarmen;
Und wer in den Schulden steck',
Hole Geld bei'r Hypothek,
Nach der neuen Mode.

---

¹) „Oberländer Anzeiger" vom 28. Hornung 1849. Unter dem Titel: „Das ist nicht
zu dulden."

²) In dessen Nummer vom 30. Dezember 1849.

17

3. Keine Herren, keine Knechte,
Nur des Volkes Wohl und Rechte!
Und Beamte treu wie Gold,
Allem Volke lieb und hold,
Nach der neuen Mode.

4. Funkelnagelneue G'setze,
Drob sich Jedermann ergötze;
Alles für und durch das Land,
Ein G'regier wie kein's bekannt!
Nach der neuen Mode.

5. Ach! nun sind es kaum vier Jahre,
Und mir steh'n zu Berg die Haare,
Wenn ich denk', was man versprach,
Und gehalten hat hernach,
Nach der neuen Mode.

6. Ja, die Armen sind verschwunden,
Sind jetzt nur noch Vagabunden;
Und wer Zehnten schuldig war,
Zahlt jetzt aus dem Sacke baar,
Nach der neuen Mode.

7. Wer nicht viere konnt' erzwingen,
Muß jetzt fünf Prozent erschwingen,
Und das halbe Bernerland
Steht im Amtsblatt auf der Gant,
Nach der neuen Mode.

8. Keine Herren, viele Lumpen,
Die dem Volk den Sack auspumpen;
Statt Beamte treu und hold,
Mancher Wicht und Trunkenbold,
Nach der neuen Mode.

9. Funkelnagelneue G'setze,
Gut für Advokaten-Netze;
Alles für den Schreiberstand, —
Ein G'regier wie kein's bekannt!
Nach der neuen Mode.

10. Jedes Jahr bringt frische Steuern,
Unsre Freuden zu erneuern,
Und ein fremder Säufer wird
Aus dem Gelde pensionirt,
Nach der neuen Mode.

11. Fremde Schnäuze, fremde Sitten,
Fremdes Volk im Land gelitten,
Reglemente hin und her,
Gurgeln voll und Kassen leer!
Nach der neuen Mode.

12. Sagt, ihr Leute, wie das ende,
Rühren wir nicht selbst die Hände,
Jagen wir nicht selbst im Mai
Fort die fremde Teufelei!
Nach der neuen Mode.

13. Ja, der Mai, der Mai soll leben!
Stolz wird sich das Volk erheben;
„Berner hoch!" und „Nassau fort!"
Donnert's dann von Ort zu Ort,
Nach der neusten Mode.

14. Dann vom ew'gen Gletscherwalle
Bis in's fernste Thal erschalle:
„Abgeworfen ist das Joch!"
„Berner jetzt und Schweizer hoch!"
Nach der alten Mode.[1]

„Berner hoch! und Nassau fort!" war das Losungswort: „Berner" und „Nassauer" die dem volksthümlichen Charakter der Bewegung entsprechende Parteibenennung geworden.

Aber auch die Gegenpartei war nicht unthätig geblieben. Am 13. Januar fand im Hauptquartier der Regierungspartei, im Gasthof zum Bären in Bern, eine Versammlung von Abgeordneten statt. Ein

---

[1] Zu diesen kamen später noch viele andere, mehr oder weniger gelungene, wie das „Stüre, Stüre Müggeli-Lied", — „Zell' mer, Benzli, wie isch's gange?" (in Münsingen), — „Füre mit der Suntigchutte! Uf, der süfte Mai isch da!" u. s. w. Das „Berner Taschenbuch" enthält im Jahrgang 1852 ein vollständiges Verzeichniß aller dieser Lieder, mit denjenigen der Gegenpartei.

Wahlkomite wurde aufgestellt; an der Spitze desselben stand — der Präsident des Regierungsrathes, als Sekretär desselben fungirte der Staatsschreiber [1]).

Die Kampfesweise war mehr offensiv als defensiv, ging viel mehr aus auf Diskreditirung der Gegner, als auf hoffnungslose Vertheidigung des bisherigen Regierungssystems. Blösch's Name war es, auf den der Haß sich konzentrirte; der Dotationsvergleich war die immer wieder hervorgeholte alte Waffe, die gegen ihn gerichtet wurde. Es war die einzige; aber sie genügte Vielen, und jeder Vorwurf von Finanzruin schien verstummen zu müssen, wenn man die Antwort geben konnte: „Blösch sei Schuld, daß der Kanton um Millionen — in beliebiger Zahl von 2, 7 oder 15 — gebracht worden sei [2])."

Den Kulminationspunkt dieser Thätigkeit bildete ein großartiges Demonstrationsbankett in der sogenannten Kavalleriekaserne in den ersten Tagen des März.

Der Erfolg der Anstrengungen war nicht zu verkennen.

In einigen Theilen des Kantons, so besonders im Seeland, war die Bevölkerung mehr antiradikal gestimmt, als konservativ im Sinne Blösch's und seiner Freunde. So allgemein und so energisch sich die Unzufriedenheit geäußert hatte, so lange es sich nur um Opposition handelte gegen das Bestehende, so zweifelhaft wurde der Ausgang, je mehr die Scheidung der Parteien sich vollzog, je mehr bestimmte positive Zwecke aufgestellt wurden, und bestimmte Namen in den Vordergrund traten. Das alte Mißtrauen gegen die Hauptstadt, die Besorgniß vor Umsturz der Verfassung, und Verlust der durch diese gewährten Vorrechte wurde erregt, und eroberte einen großen Theil des schon verlorenen Terrains wieder für die Regierungspartei zurück.

Dem zu begegnen sahen die konservativen Führer sich genöthigt, zur Aufstellung eines leitenden Programms zu schreiten. Blösch wurde mit der Abfassung beauftragt. Am 1. März wurde dasselbe erst einem kleinern Kreise, dann einer größeren Vereinigung von Freunden vorgelegt. Es fand sehr günstige Aufnahme und fast ohne Bemerkung allgemeine Zustimmung. Sofort folgte, auf den Antrag eines Anwesenden, der sich durch Zahl und Sinn der Versammlung gehoben

---

[1]) Dem entsprechend übersandte dann auch ein Regierungsstatthalter politische Parteiberichte unbedenklich unter amtlicher Adresse.

[2]) Blösch gab trotz der Bitten seiner Freunde nicht ein Wort der Rechtfertigung oder Aufklärung von sich; nur der „Oberländer Anzeiger" brachte aus anderer Feder eine Beleuchtung der Sache.

fühlen mochte, auch der weitere Beschluß, auf einen bestimmten Tag Ausgeschossene aus allen Gegenden des Kantons zusammen zu rufen zur definitiven Annahme der darin ausgesprochenen Grund- sätze. Auch Zeit und Ort wurden bereits festgestellt: den 25. März — in Münfingen!

Dort sollte auch die Leitung des Wahlkampfes einem Komite übertragen werden, denn noch lag die ganze Last und Verantwortung auf Blösch allein, dem nur gestattet worden, sich beliebige Gehülfen beizuziehen.

Es sollte anders kommen, als es beabsichtigt war. Es hieß auf einmal, die Radikalen hätten im Sinne, der Verfammlung Hindernisse in den Weg zu legen; dann wieder: sie wollen an derselben Antheil nehmen. Dieß letztere Gerücht erhielt immer bestimmtere Gestalt und wurde endlich zur Gewißheit, als die Partei beschloß, eine **eigene Volksverfammlung zu veranstalten — auf den gleichen Tag und am nämlichen Orte!**

Dieser Beschluß versetzte Blösch in die **größte Bestürzung.** Wir folgen hier seiner eigenen Erzählung: „Kaum hatte ich — am 19. März — die erste sichere Nachricht von den Absichten der Gegner erhalten, so ward ein **Expresser aus Bern** angekündigt. Er war auf- fallend ernst und verlegen, so daß ich im ersten Augenblick erschrack. Auf meine Fragen folgten nur kurze und ungewisse Antworten: „Die Freunde seien besorgt", — „man wünsche meine Anwesenheit in Bern", — „die Regierung habe Truppen aufgeboten; der Regierungsrath dem Ver- nehmen nach beschlossen, sich in corpore nach Münfingen zu begeben und dort zur Verfammlung zu reden. Alles sei in Unruhe und gespannt!""

„Er wünschte, daß ich sofort **nach Bern** reise, und hatte dafür einen Wagen bereit. Allein es war nicht möglich. Bei solcher Lage er- forderte die Klugheit einige Anordnungen; die Abreise wurde daher auf den folgenden Morgen verschoben."

Mittwoch, 20. März: „Wir kamen gegen 2 Uhr in Bern an und fanden im **Storchen** eine zahlreiche, sehr gemischte und äußerst auf- geregte Verfammlung. Der Aufruf der Radikalen war wirklich erschienen, als Aufruf eines Bezirks, vom Centralkomite genehmigt. Deßhalb erfolgte der Antrag, nun auch von unserer Seite einen öffent- lichen Aufruf zu erlassen, und ein Entwurf dazu wurde vorgelegt. Darüber neue Berathung. Die Ansichten gingen sehr auseinander: Sechs Anwesende, darunter ich, waren gegen einen solchen, da er die Theilnahme auf unserer Seite nicht vermehren, aber eben deßhalb die Wirkung der Verfammlung bei günstigem Ausgang nur schwächen, bei schlimmem noch schlimmer machen werde. Dagegen waren acht für eine öffentliche Einladung, als Beweis des eigenen Vertrauens zur Weckung des Vertrauens der andern."

„Die Versammlung wollte es auf meinen Entscheid ankommen lassen. Ich unterzog mich jedoch dem Willen der Mehrheit und forderte nur, nicht kompromittirt zu werden. Der Aufruf wurde sofort redigirt, endlich ein provisorisches Komite bestellt, und die anwesenden Glieder desselben gaben sofort ihre Unterschrift" — Blösch als der erste.

„Werthe Gesinnungsgenosse!" so lautete der Schluß dieses entscheidenden Schriftstückes, „Schaaret euch um die Männer eures Vertrauens. Ordnet Gemeinde- oder Bezirksweise unter wackern Führern eure Haufen! Erscheinet zahlreich und entschlossenen Sinnes, euer verfassungsmäßiges Recht der freien Berathung vaterländischer Angelegenheiten auszuüben. Wir bitten euch, keine Waffen irgend welcher Art mit euch zu nehmen; die Waffen, die unsere gute Sache zum Ziel führen sollen, sind Ordnung, Eintracht und Ausdauer!

„Der Gott unserer Väter schenke unserm Werke seinen Segen!"

„Die Gemüther sind sehr aufgeregt", fährt Blösch in seinem Tagebuche fort; „ein besorgliches Gerücht um das andere — Gewaltmaßregeln gegen die Konservativen betreffend — wird verbreitet. Alles findet Glauben, Weniges Prüfung. Gewiß ist, daß auch auf Seite der Konservativen in einigen Gegenden Prügellust hervortritt!"

„Donnerstag, 21. März."

„Die Spannung ist heute noch größer; den ganzen Tag folgten im Storchen Berathungen; es mochten abwechselnd 30—40 Personen anwesend sein, darunter, nebst der Mehrzahl der Mitglieder des Komite's, auch Ausgeschossene (Korrespondenten) aus Aarberg, Nidau und Biel."

„Die Umstände zwangen zu größern Ansprüchen an Geld und Zeit; aber von allen Seiten folgten noch größere Anerbietungen; mit wahrhaft rührender Bereitwilligkeit stellten sich namentlich eine Menge junger Leute, besonders die „Zofinger", zur Verfügung für Sekretärs- und Botendienste. Auch Geldbeiträge zur Deckung der Druck- und anderer Auslagen gehen in unverhofftem Maße ein. Je ernster sich die Sachen gestalten, desto mehr steigt der Eifer und der Muth. Eine Begeisterung, wie ich sie nur 1830 in Burgdorf sah, trittet zu Tage und ergreift alle Klassen."

„Bereits kann ein Theil der Aufrufe versendet werden. Es ist denselben das Projekt-Programm beigedruckt worden, das auf diese

Weiſe — nachdem es bis dahin vollkommen geheim geblieben[1]) — plötzlich
zur allgemeinen Kenntniß gelangt."

„Nachmittags folgte eine mehr als ernſte Berathung über die äußern
Anordnungen für Münſingen; die ſchlimmſten Eventua=
litäten, zu welchen die Doppelverſammlung Anlaß geben konnte,
wurden vorgeſehen; für Alles förmliche Inſtruktionen entworfen; ruhig
und entſchloſſen wurden ſogar die Signale feſtgeſetzt zum allgemeinen
Kampf: Ein Stoß in ein altes Urihorn, als erſte Mahnung, worauf
jeder das Nastuch um den linken Arm binden würde; ein zweiter Stoß
als Mahnung zur Bereithaltung; ein dritter — als Zeichen zum Kampf."

„Die Gerüchte von gewaltthätigen Abſichten der Gegner erhalten
ſich; die Regierung ſoll ſogar beabſichtigen, die Verſammlung mit
Waffengewalt zu verhindern; auch von Arreſtationen iſt die Rede."

„Was Allem dem einigen Schein gibt, iſt — außer den wirklichen
Truppenaufgeboten — das amtliche Verbot an den Gemeinde=
rath von Münſingen, die Kirche zum Verſammlungsort herzugeben[2]),
und die fortbauernde Bemühung von gleicher Stelle aus, uns das ſtatt
der Kirche gewählte Lokal, — die ſogenannte Löwenmatte — zu
entreiſſen; weder Verſprechungen noch Drohungen werden geſpart; glück=
licher Weiſe haben wir einen Pachtakkord abgeſchloſſen und beſitzen
alſo das verbriefte Recht ſelbſt gegen den Eigenthümer[3])."

„Ich begab mich ſpät zur Ruhe, allein ich ſuchte dieſe umſonſt.
Die ganze Vergangenheit des nun bereits zwanzigjährigen Kampfes
im Rathe und außerhalb deſſelben ſchwebte mir vor, und bange Fragen
über die Zukunft bewegten die Seele: Rückwärts nur fruchtloſer Kampf
und vergebliches Abmühen, vorwärts nur Ungewißheit und Zweifel! —
Eines allein gewiß: die furchtbare Verantwortlichkeit, die auf mir
laſtete, dem bis vor zwei Tagen die ganze Bewegung überlaſſen war!
Die Nacht verging in Gebet und Nachdenken; dann ſchritt ich Morgens,

„Freitag, den 22. März,
wieder getroſt und muthig an das Werk. Die Berathungen dauerten
fort, ebenſo die Verſendung der Aufrufe und Programme. Bereits

---

[1]) Es war in den erſten Tagen des Monats März allen Korreſpondenten zugeſandt
worden, damit ſie ihre Bemerkungen anbringen möchten; dieſe aber hatten das Geheimniß
trefflich gewahrt.

[2]) Vergleiche damit p. 43.

[3]) Das Aktenſtück iſt noch vorhanden unter Blöſchs Papieren mit dem Datum des
19. März. In gleicher Vorſicht, um jeder geſetzlichen Form zu genügen, hatte Blöſch
auch dem Regierungsſtatthalteramte Konolfingen von der beabſichtigten Verſammlung
Kenntniß gegeben.

gingen einzelne Berichte ein über deren Wirkung: sie lauteten günstig. In Bern selbst hat der Schritt vortrefflich gewirkt, sehr ermuthigend für die eigenen Leute, dämpfend auf die Gegner. Diese verrathen Betroffenheit; der Trotz hat nachgelassen; man ist deßhalb beruhigter, und fängt an, wie am Vermögen, so an der Lust der Gegner zu gewaltsamer Störung der Versammlung zu zweifeln. Nur das Gerücht von beabsichtigten Verhaftungen erhält sich. Hier und da wird Reue laut über den Beschluß, gleichzeitig eine radikale Versammlung neben der konservativen abzuhalten. Doch dauern die Vorbereitungen dazu fort und nehmen sogar einen großartigern Maßstab an."

„Deßhalb werden auch unsererseits alle Hebel in Bewegung gesetzt. Schon früher waren Anordnungen getroffen worden, den Zuzügern in Thun, Bern und Biel Nachtquartiere zu bereiten. Jetzt konnte dieß nicht mehr genügen: auch für die weitere Verpflegung entfernter Ankömmlinge mußte gesorgt, Wagen und Pferde und andere Transportmittel in Bereitschaft gesetzt werden[1]). Immer größere Geldopfer wurden dafür nöthig, aber auch immer reichlichere Beiträge flossen."

„Ich mußte Abends nach Burgdorf zurückkehren, entgegen dem Wunsche der Freunde, daß ich in Bern bleiben und von dort aus Montags nach Münsingen ziehen möchte. Ich verließ Bern in weit ruhigerer Stimmung, als ich Mittwochs hergekommen war. Die Besorgniß vor Gewaltmaßregeln war bedeutend gewichen, und damit auch die eines Zusammenstoßes der Massen auf dem Wege; um halb acht Uhr in Burgdorf angelangt, eilte ich sogleich in eine Versammlung der dortigen Freunde, welche zur Verabredung berufen war."

In den Tagen vom 15. bis zum 23. März gelangten an Blösch nicht weniger als fünfundvierzig Briefe politischen Inhalts; alle gaben Zeugniß von der Größe der Spannung und dem tiefen Ernst, mit dem die Lage angesehen wurde.

Während einer derselben, aus Nidau, sich zweifelhaft äußert, und von seinem „heillen Amtsbezirke" redet, sagt ein anderer aus Interlaken: „Im Uebrigen sei unsere Sache Gott befohlen! Wir haben sie nicht angefangen aus selbstsüchtigen Beweggründen, haben sie nicht angezettelt für eine Klasse von Staatsbürgern, sondern für das ganze Volk"; und ein anderer aus gleicher Gegend: „Leicht wäre es, die Zahl (der an die Versammlung Ziehenden) höher zu treiben mit allerlei

---

[1]) Dazu entschloß man sich — wie die bezüglichen Korrespondenzen beweisen — erst nothgebrungen, als z. B. aus dem Oberland gemeldet wurde, daß dieses gegnerischerseits geschehe.

Mittelchen, die wir verschmähen. Die Angesagten sind gekommen, nicht durch allerlei Vorspiegelungen bewogen, sondern die einfache, aber wahre Mittheilung dessen, warum es sich in Münsingen handeln soll." „Also auf nach Münsingen! Gott gebe dem nicht leichtsinnig begonnenen Werk seinen Segen und uns die Erleuchtung und Kraft, es als Männer durch= zuführen!" „Nach Münsingen", schreibt ein anderer Freund, „geht ihr, wie zur Schlacht; es wird aber auch denen, die den größten Widerwillen gegen solche Auftritte haben, der Muth und die Kraft wachsen mit der Gefahr. Mich tödtet es fast, daß ich zu Nichts gut bin in solcher Zeit. Aber Gefahr ist da — zunächst persönliche." Der Brief spricht von Mordbrohungen gegen die konservativen Führer, und schließt: „Haltet euch weder vor den Waffen aus der Nähe, noch aus der Ferne für sicher!" — und dann noch einmal: „Zur Schlacht gehet ihr, doch hoffentlich dazu gerüstet! Gott gebe euch Heil und Sieg!"

„Diese Mittheilung", heißt es dann in Blösch's Erzählung weiter, „nach einigen mühevollen Tagen voll aufregender Thätigkeit, war eben nicht ein Wiegenlied. War ich auch beruhigter hinsichtlich des Ganges der Verhandlungen im Allgemeinen, so trat dafür die Möglichkeit eines persönlichen Unfalls der Seele näher. Allein sie erschreckte mich nicht; ich war gefaßt auf Alles und dachte ganz ernstlich an die Mög= lichkeit, von Münsingen nicht mehr zurückzukehren."

In dieser Stimmung ging Blösch am 24. März zum heiligen Abend= mahl, — dessen Feier überdem für ihn eine besondere Weihe erhielt durch die Konfirmation seines ältesten Sohnes.

Von diesem Tage heißt es dann: „Das Agitiren wegen Mün= singen hat aufgehört; die Korrespondenz ist verstummt; eine Art von Windstille hat sich verbreitet." — „Leider fallen wir immer tiefer in den Winter zurück; beim Austritt aus der Kirche war die ganze Landschaft in Schnee gehüllt, die Luft stürmisch." — „Die Zahl derjenigen, die sich anschließen wollen, nimmt fortwährend zu, aber Alles bereitet Wagen."

„Montag, den 25. März."

„Gegen Mitternacht wurde ich durch Instrumentalmusik geweckt, wahrscheinlich die Begleitung einer aus dem Ober=Aargau einziehenden Gesellschaft. Trotz der Spannung des Gemüths brachte ich die Nacht ruhig, zum Theil im besten Schlafe zu."

„Um halb fünf Uhr stand ich auf: Der Himmel war äußerst trübe; draußen Alles mit Schnee bedeckt, den der Wind hin und her trieb. Um fünf Uhr begab ich mich zum Waisenhaus. Dort sollte ein großer

Wagen (Omnibus) bereit fein. Ich fand einen einzigen Bekannten ver-
steckt in der Vertiefung des Eingangs; ich suchte hier ebenfalls Schutz,
denn es herrschte Schneegestöber, wie ich es selten erlebt."

„Wir mochten wohl eine Viertelstunde so zusammenstehen, ehe wir eine
Seele erblickten. Vor dem Hause stand ein großer, mit Sitzen versehener
Leiterwagen; aber er war unbespannt und kein Mensch dabei; vom
eigenen Wagen wußten wir nichts. Endlich schlüpfte aber doch der Eine
oder Andere herbei; Pferde kamen, der Wagen füllte sich, andere Fuhr-
werke folgten; auch das unsrige kam; ich kroch hinein; mit mir acht
bis zehn andere Personen, von denen ich einige kaum kannte; und
gegen halb sechs Uhr ging es vorwärts."

„Wir hatten drei Pferde und einen tüchtigen Kutscher; aber es
wurde bald erkannt, daß die Fahrt keine rasche sein werde. Der Schnee
mochte nun bei einem halben Schuh hoch liegen, hier und da fand sich
die Straße völlig verweht, und der Sturm nahm immer noch zu.
Mühsam gelangten wir nach Krauchthal, noch mühsamer nach Boll.
Hier schien es wieder Nacht werden zu wollen, so sehr verfinsterte dichter
Schneefall die Luft. Und doch waren wir gefolgt von ganzen Reihen
von Wagen, zwischen denen einzelne Fußgänger sich schleppten; der Wind
blies furchtbar."

„In Worb war nicht mehr weiter zu kommen; der Wagen mußte
zurückgelassen werden, und hier zum ersten Male beschlich mich Besorgniß für das Gelingen des Tages; noch mehr, als ich hier
einen Freund aus Langenthal traf, und von diesem vernahm, es hätten
von 24 Bewohnern dieser Ortschaft, welche zur Reise bereit gewesen,
20 ihr Vorhaben aufgegeben."

„Doch erwachte wieder der Muth, als ich die muntere Mannschaft
herankommen sah, und auch der Sturm schien sich zu mäßigen. Wir
trafen etwa um halb zehn Uhr in Münfingen ein: hinter dem
Wirthshaus zum Löwen erblickten wir die Tribüne. Nach einer kurzen
Pause[1]) bestieg ich dieselbe; sie war nicht mehr unbesetzt, eben so wenig
die Umgebung. Bereits hatten einige Züge sich eingefunden, denen andere
folgten. Plötzlich erscholl der Ruf: „die Berner! die Berner!" und
in der That schwenkte eine ungeheure Kolonne in die Leuenmatte ein;

---

[1]) Eine Szene während derselben charakterisirte in heiterer Weise die Bedeutung des
Tages: In ein Zimmer tretend, traf Blösch auf Hans Schnell. Hans bot ihm ein Glas
Wein und stellte ihn dem ehemaligen Oberamtmann von Freudenreich von Burgdorf
vor, mit den Worten: „Das ist auch einer von den Verbrechern von 1830!" Freudenreich erwiderte, freundlich die Hand bietend: „Ja! damals standen wir einander feindlich
gegenüber. Heute ist es anders. Aber wir haben seither viel erfahren auf beiden Seiten."

sie mochte bei 4000 Mann stark sein; an der Spitze ritt Oberst Kurz, ihr Kommandant; neben demselben als Adjudant von Greyerz, gewesener Oberförster. Der Zug ward mit lautem Jubel und endlosem Rufe: „Berner hoch!" empfangen. Ihnen hatten sich, nebst den Entfernern, die in Bern sich gesammelt, und dem gewaltigen Zuzug aus den umliegenden Dörfern, 1200 Seftiger und Schwarzenburger angeschlossen, und kaum einige Minuten vorher waren auch von der Seite von Thun die Oberländer aufmarschirt, gleichfalls in der Stärke von ungefähr 4000 Mann, unter denen 250 stattliche Männer aus der Landschaft Oberhasle sich auszeichneten. In einzelnen Schaaren hatten die Konolfinger sich eingefunden aus der Gegend von Worb, Höchstetten, Walkringen und der ausgedehnten Gemeinde Münsingen selbst, so daß die Gesammtzahl schließlich auf 11—12,000 Mann geschätzt worden ist." /

„Ich blieb", erzählt Blösch, „eine Zeit lang auf der Tribüne aus lauter Freude und Ueberraschung ein stummer Zeuge dieser außerordentlichen Szene. Der Eindruck war unbeschreiblich, und ward noch erhöht durch den Umstand, daß nach zehn Uhr der Sturm sich legte und die Sonne durch die Wolken brach."

„Gegen eilf Uhr gebot Oberst Knechtenhofer mit dem alten Schlachthorn Ruhe; es begann Einer das Lied: „Rufst du mein Vaterland!" und alsbald stimmte die ganze Versammlung feierlich mit ein. Hierauf eröffnete Herr Röthlisberger-Anderegg aus Walkringen, aus Auftrag des provisorischen Komite's, die Verhandlung mit einer kurzen Ansprache. Er schlug Oberst Straub von Belp zum Präsidenten vor, und mit den Worten, daß er schon 1831 an diesem Orte gestanden, um gegen die alte Aristokratie zu kämpfen, und nun ein Gleiches thue gegen die neue Aristokratie, übernahm der noch jugendfrische Greis aus der Mitte des Volks, mit lautem Zuruf begrüßt, die Leitung der Versammlung."

Nach ihm erhob sich Hans Schnell[1]), schon beim Vortreten, im schlichten grauen Rocke, den Hut hoch haltend, mit Jubel empfangen. Auch er knüpfte an an jenen Tag, da er vor zwanzig Jahren auch zum gleichen Volk gesprochen habe, und verglich das Verhalten der damaligen Regenten, welche — ohne garantirtes Vereinsrecht — die Kirche eingeräumt, mit dem Verbot der jetzigen; und „wie hat sich ferner

---

[1]) Das ausdrückliche Verlangen, daß dieser in Münsingen auftreten und sprechen möchte, war aus dem Oberlande, und selbst aus der Mitte der Berner Bürgerschaft wiederholt kundgegeben worden.

jene benommen? Sie hat sofort nach der Münsingerversammlung erklärt, sie scheine das Vertrauen des Volks verloren zu haben, ohne Vertrauen könne man aber in einem Freistaat nicht regieren; daher legte sie ihr Amt nieder. Und die jetzige Regierung, wie handelt diese? Sehet dort drüben hin auf jene Matte! Hättet ihr es jemals träumen können, Berner! daß eure Regierung, die aus dem Volk hervorgegangen, zur bloßen Partei herabsinken könnte?" Er ward mehrmals durch donnernden Beifall unterbrochen, besonders als er die religiöse Seite berührte: "Man sollte nicht glauben, daß es möglich sei, ein Jahr lang ohne Christenthum einen christlichen Staat zu regieren, geschweige denn vier Jahre! Ohne Christenthum keine Freiheit!" Mit den Worten! "Jetz b'hüet ech der lieb' Gott!" trat Hans Schnell zurück, und der ihm folgende stürmische Jubel zeigte, daß er noch der Mann des Volkes sei, daß er die innersten Gefühle und Gedanken des ehren= werthen Berners ausgesprochen habe.

Nun kam die Reihe an Blösch. Es lag ihm die Hauptaufgabe ob, die Eröffnung und Erklärung des Programmes: mit weit vernehmlicher Stimme verlas er dasselbe in folgenden Sätzen:

1) Die von der Mehrheit des Schweizervolkes angenommene Bundesverfassung ist öffentliches Gesetz der Eidgenossenschaft, und den laut derselben bestehenden Bundesbehörden wird in Allem, was ihnen verfassungsmäßig zusteht, loyale und redliche Unterstützung zugesagt.

2) In gleicher Weise ist die Staatsverfassung des Kantons Bern vom 31. Heumonat 1846 Grundgesetz des engern Vaterlandes, und wird in allen ihren Bestimmungen treu und gewissenhaft erfüllt.

3) Eine Revision der Verfassung im gegenwärtigen Zeit= punkte soll nicht stattfinden. Würde aber, wie es in den Rechten des Volkes liegt, früher oder später zu einer Revision der Staatsverfassung geschritten werden, so hätte sie in demokratischem Geiste, und darum auf der einzig wahrhaft demokratischen Grundlage der Gemein= den zu geschehen, mit dem Bestreben, — statt sie zu bevogten, wie es durch das neue Schulgesetz und durch den Entwurf des Gemeindegesetzes geschehen würde, — den Gemeinden möglichste Selbständigkeit in der eigenen Verwaltung, und erweiterten Einfluß auf die allgemeine Landes= administration einzuräumen.

4) Anbelangend das Verhältniß zum Ausland, sagen wir mit Niklaus von der Flüh: "Meidet fremde Händel, seid friedsame Nachbarn!" Die Schweiz ist ein unabhängiger Staat, an Rechten allen andern Staaten gleich. Darum feste Behauptung und treue Bewahrung

der Ehre und Freiheit der Eidgenossenschaft, aber zugleich gewissenhafte
Erfüllung der Pflichten gegen unsere Nachbarn! Denn vor Allem ist
es das Recht, das uns stark macht gegen die Mächtigern, und am
sichersten dürfen wir erwarten, unser Recht geachtet zu sehen, wenn
wir selbst die Rechte unserer Nachbarstaaten achten. Wir wollen uns
nicht einmischen in die Sachen Anderer, weisen aber auch alle fremde
Einmischung und Belästigung von uns; nicht weniger als die
der Diplomaten, diejenige der eingedrungenen, eingeschlichenen
oder berufenen Fremden.

5) Die Zehnten und Bodenzinse und übrige Feudal=
lasten bleiben abgeschafft und dürfen unter keinen Umständen —
selbst im Falle einer Verfassungsrevision nicht — hergestellt werden.
Für nöthige Steuern werden die in der Verfassung aufgestellten, all=
gemeinen Grundsätze festgehalten. Die im § 85 der Verfassung
gegen bestimmte Landestheile ausgedrückten Verpflichtungen bleiben den=
selben zugesichert. Deßgleichen bleibt es hinsichtlich des Armenwesens
bei den verfassungsgemäßen Zusagen des Staates. Doch soll es, neben
wirksamer Unterstützung der wirklich Verarmten, Hauptaufgabe · der
Regierung sein, der Verarmung selbst vorzubeugen durch Wegräumung
alles dessen, was der Trägheit und Liederlichkeit Vorschub leistet, und
Beförderung dessen, was die entgegengesetzten Tugenden der Arbeit=
samkeit und Mäßigkeit weckt; — insbesondere durch kräftigen Schutz
des Eigenthums und ernste Bekämpfung der kommunistischen und
sozialistischen Grundsätze.

6) Der gesammte Staatshaushalt soll vereinfacht, ebenso
die Gesetzgebung auf die Bedürfnisse eines einfachen, republikanischen
Volkes zurückgeführt, und durch möglichste Sparsamkeit in allen Zweigen
der Staatsverwaltung, namentlich durch Herabsetzung der Besoldungen,
die Last der Abgaben so weit vermindert werden, als es ohne Nachtheil
für die Administration geschehen kann.

7) Rücksichtlich der geistigen Interessen wollen wir fort=
schreitende Hebung der Verstandesbildung, aber nicht minder, und vor
Allem aus, ernstliche Aufrechthaltung und sorgsame Pflege des
christlichen Glaubens und der christlichen Sitten unserer
Vorältern, durch die bürgerliche Gesetzgebung, durch die Schule,
durch das Beispiel aller derer, die dem Volke vorstehen, und auch durch
allerdings wünschbare, aber nur zu diesem Zwecke vorzunehmende Ver=
änderungen in unsern kirchlichen Einrichtungen.

8) Gegenüber dem Jura, Anerkennung der wirklich bestehenden,
in der Verschiedenheit der Gesetzgebung, der Sprache, und theilweise

der Religion wurzelnden Eigenthümlichkeiten, insbesondere Achtung der
Rechte und Ansprüche der katholischen Bevölkerung."

Diese Sätze kurz erläuternd, wie es der Augenblick erheischte, faßte
er sie schließlich zusammen in das Schlagwort: „Wir hatten früher
viel Ordnung und wenig Freiheit, dann viel Freiheit
und wenig Ordnung. Daraus ergibt sich das Programm
für die Zukunft: es ist: **Freiheit und Ordnung!**

„Ich war", so hat Blösch nachher geschrieben, so bewegt, „daß ich
Mühe hatte, die Sprache zu finden, und die Umstände ließen ein tieferes
Eingehen in die Sache nicht zu. Ich beschränkte mich daher auf die
Hauptsache, und hatte die Genugthuung, ungeachtet aller ergangenen
Verdächtigungen [1]), vielleicht hie und da wegen derselben, auf die
freundlichste Weise empfangen zu werden."

Ueber den Eindruck seines Vortrages lassen wir den Korrespondenten eines waadtländischen Blattes reden [2]): ‹Son éloquence, que
jamais nous n'avons admiré d'avantage, a produit un effet magique.
Le silence le plus entier, l'attention la plus soutenue régnaient dans
l'assemblée, l'on aurait entendu voler une mouche. Mr. Blœsch a ré-
futé de la manière la plus brillante l'opinion de quelques personnes
qui lui accordaient à la vérité la palme de l'éloquence parlementaire,
mais qui ne le regardaient pas comme propre à parler devant le
peuple.›

Nachdem er geschlossen, fragte der Präsident die Versammlung an,
ob sie dem abgelesenen Programm ihre Zustimmung gebe oder nicht,
und mit einem einstimmig donnernden: „Ja! so wollen wir's!"
wurde dasselbe zur feierlichen Erklärung der Versammlung erhoben.
Ebenso erhielt durch lauten Zuruf das Komite den Auftrag, für die
nächsten Wahlen einen leitenden Ausschuß zu bestellen, und die eben
beschlossene Erklärung überall bekannt zu machen.

Noch richtete Dr. Tièche, Namens der Gesinnungsgenossen aus
dem Jura, einige Worte in französischer Sprache an die Versammlung,

---

[1]) Noch am 22. März brachte die „Bernerzeitung" einen Artikel — Blösch schrieb
denselben W. Snell zu — worin ihm der Tod Karl Schnells zur Last gelegt wurde.
Er soll Hans Schnell, „den edlen Republikaner", von seinen Grundsätzen abtrünnig
gemacht, und dadurch die Freundschaft der Brüder zerstört haben; aus Gram hierüber
habe Karl seinem Leben ein Ende gemacht. „Was soll diese perfide Insinuation!" schrieb
Blösch dazu. — Am folgenden Tage wurde selbst die frühere Popularität Neuhausens
als Waffe gebraucht; auch ihm sollte Blösch das Herz gebrochen haben.

[2]) Der „Courrier suisse", aus Lausanne, vom 27. März, in einem Berichte über
die Versammlung.

und trat L. Fischer (von Reichenbach) auf, und „erklärte in guten
Treuen als „Alt-Berner" den Anschluß an des Volkes Willen, zu
gleichen Rechten und gleichen Pflichten, für Keinen mehr, für Keinen
minder". — „Die Freiheit möge aufblühen! das neue Bern möge stark,
groß und geachtet werden, wie weiland das alte Bern! Das Bernervolk und die ganze Eidgenossenschaft, sie leben hoch!"

Oberst Straub erklärte jetzt die Verhandlungen als geschlossen,
und ermahnte die Versammlung, ruhig und würdig, wie sie hergekommen,
nunmehr den Heimweg anzutreten, und jeden Anlaß zum Zusammenstoß mit den Gegnern zu meiden: „Im Maimonat aber", so
schloß er, „möchten sich dann alle eben so richtig in den Wahlgemeinden
einfinden, um haushälterischen, ehrbaren, christlichen und einsichtigen
Männern ihre Stimmen zu geben."

In der That verließen sofort die mehrsten Kolonnen den Platz,
in der gleichen Ordnung, wie sie gekommen waren, und marschirten
nach Hause zurück[1]).

Während der Rede Blösch's hatten auch auf der „Bärenmatte"
die Verhandlungen begonnen. Die Versammlungsplätze waren nahe
genug, daß man sich gegenseitig beobachten konnte[2]). Die mehrsten
radikalen Züge schwenkten kaum 200 Schritte von der konservativen
Versammlung durch ein Gäßchen, welches Löwen- und Bärenmatte von
einander trennt, in die letztere ein. Sie waren meistens mit Musik begleitet, diejenige von Bern, an Zahl der frühern (konservativen) wenig
nachstehend, marschirte unter den Klängen der ‹Marseillaise› vorbei.
Die Gesammtmasse wurde hier auf 6—8000 Mann geschätzt[3]).

---

[1]) So streng wurde diese Instruktion befolgt, daß der Wirth zum Löwen wegen
mangelndem Erlös eine Entschädigungsforderung an das Komite richtete. Obwohl natürlich keine Rechtspflicht bestand, bezahlte dieses wirklich eine Summe zur Schadlos-
haltung, und Blösch erblickte in der Quittung des Wirths das schönste Leumundszeugniß
für die Versammlung auf der Löwenmatte. — Der Führer des Zuges aus dem Niedersimmenthal hat später Blösch erzählt, die Wimmiser seien von Hause nach Münsingen —
eine Entfernung von über vier Stunden — und von da nach Wimmis zurückgekehrt,
ohne ein Wirthshaus zu betreten.

[2]) Nach einem aufgenommenen Plane betrug die Entfernung der beiden Tribünen
nicht mehr als 540 Fuß.

[3]) Das heißt von konservativer Seite. Der Berichterstatter der „Bernerzeitung" gab
in einem Bulletin, unter dem Titel: „Der Tag von Münsingen ist unser!" das Verhältniß der beiden Parteien umgekehrt an, auf 8000 Konservative und 12,000 Radikale.
Ein Bericht der (konservativen) „Baslerzeitung" nimmt beide Zahlen geringer an: 10,000
auf der Löwenmatte und 4—5000 auf der Bärenmatte.

Collisionen wurden glücklich vermieden. Erst nach Auflösung der Versammlung auf der Löwenmatte hatte sich in dem trennenden Zwischengäßchen eine Neckerei, und daraus ein Handgemenge ent= sponnen, — „leider", sagt Blösch, „fiel die Schuld unsern Leuten auf"; — Oberst Knechtenhofer sprang hinzu, und es gelang ihm noch, die Streitenden zu trennen.

„Diesen an sich unbedeutenden Vorfall abgerechnet, war der Tag auf fast wunderbar glückliche Weise abgelaufen. Mein Herz war tief erfüllt von Dank gegen die Vorsehung; denn was hatte die Veranstaltung einer radikalen Versammlung, neben der konservativen, — an sich eine ruchlose Unternehmung, auch wenn sie nicht von den Häuptern der Regierung ausgegangen wäre, — Alles als möglich voraussehen lassen? Aber gerade die augenscheinliche Gefährlichkeit der Lage bewahrte vor einem Zusammenstoß; die Gemüther waren zu ernst gestimmt, um muthwilligen Gedanken Raum zu geben; die Versammlung selbst hatte das Gepräge des tiefsten sittlichen Ernstes."

„Auch auf dem Heimwege gab es hier und da, wo Züge beider Parteien auf einander trafen, Unordnungen[1]); doch waren diese so gering im Vergleich mit dem als möglich vorgesehenen, daß sie weder dem Gefühle des Dankes gegen Gott, noch der Achtung vor dem Volke Eintrag thaten[2])."

Aehnlich urtheilte die „Baslerzeitung"[3]): „Die Berichte von Münsingen sind über alle Erwartung erfreulich; die Besorgnisse, die man wegen eines möglichen blutigen Zusammenstoßes hatte, sind nicht in Erfüllung gegangen. Groß, entschlossen, ruhig hat das Bernervolk getagt; es ist keine andere Waffe als die des Wortes geführt worden. Das Unerhörte hat stattgefunden: Zwei Volksversammlungen in zwei neben einander liegenden, durch ein kleines Sträßchen getrennten Wiesen sind in Münsingen abgehalten worden: Es war ein großartiges Ja! und Nein! des Bernervolks."

Der moralische Eindruck des Tages war nicht gering. Das wirkliche Zahlenverhältniß der beiden Versammlungen mag ungewiß und streitig sein; gewiß ist, daß das Resultat als ein Sieg der Opposition betrachtet worden ist, und darum auf die öffentliche Meinung als ein solcher wirkte: „Der Sturz der Dynastie

---

[1]) Auch in Bern kam am Abend dergleichen vor.

[2]) Das konservative Komite hat eine Schrift herausgegeben und verbreitet: „Erin= nerung an den 25. März 1850"; dieser haben wir nebst den Aufzeichnungen Blöschs einen Theil des Obigen entnommen.

[3]) „Baslerzeitung" Nr. 72, vom 26. März 1850.

Nassau ist eine ausgemachte Sache", hieß es jetzt, und wirklich schien wenigstens derjenige des spezifischen Radikalismus der Schüler und Tochtermänner W. Snells nicht mehr zweifelhaft zu sein.

Das auf der Leuenmatte angenommene Programm sprach so sehr einfach dasjenige aus, was das Bernervolk in seiner großen Mehrheit bedurfte und wünschte, daß die radikale Presse sich auf den Vorwurf beschränkte, es könne dasselbe nicht ernstlich gemeint sein, weil dessen Grundsätze mit der ganzen Vergangenheit der Führer im Wider=spruch ständen[1]); und daß es nichts anderes enthalte, als was die Regierung selbst wolle. Wirklich wurde gleich darauf auch von dieser Seite ein Programm aufgestellt, das von einem schweizerischen Blatte als eine bloße Paraphrasirung der konservativen Erklärung bezeichnet worden ist.

Eifrigst wurde die Berechtigung der laut gewordenen Klagen über die Regierung anerkannt, und — Besserung verheißen für die nächsten vier Jahre[2]).

Den günstigen Moment benützend ging nun auch das jetzt mit einer gewissen Vollmacht ausgerüstete Komite an die Ordnung der Wahlvorschläge für die verschiedenen Bezirke; allein jetzt erst tauchten auch gewisse Schwierigkeiten auf, die bis dahin im Hintergrund geblieben waren.

In welchem Grade durften patrizische Namen Berücksichtigung finden? Die unzweifelhafte Popularität einzelner derselben, ihre öko=nomisch unabhängige Stellung, und traditionelle Vorliebe für die Staats=geschäfte gegenüber der tiefen Abneigung gerade der konservativ gesinnten Männer vom Lande, sich dazu brauchen zu lassen, schien zu solchen Wahlen hinzudrängen. Blösch war der Meinung, daß dieselben nicht zu scheuen seien, wo sie sich naturgemäß bieten: „Es ist ein Akt eben so sehr der Gerechtigkeit, als der Klugheit, der Stadt Bern, welche nun einmal der Sitz der Regierung ist und bleiben wird, denjenigen Antheil an der öffentlichen Verwaltung einzuräumen, welcher derselben der höhern In=telligenz, dem Güterbesitz und der frühern historischen Stellung nach selbst unter der Herrschaft des Prinzips voller politischer Gleichberech=tigung gebührt." „Der künstliche Einfluß der Stadt wurde 1831 ge=

---

[1]) „Bernerzeitung": Bülletin vom 25. März.

[2]) Vergleiche eine radikale Wahlschrift, welche unter der Maske eines Abgefallenen von der Löwenmatte bekennt: „Ich glaube die Regierung hat seit dem März viel gelernt. Lassen wir sie die Fehler verbessern!" — Zur wirksamern Empfehlung des radikalen Nationalrathskandidaten für das Emmenthal wurde derselbe bezeichnet als ein Anhänger des gemäßigten Fortschritts und Feind aller kommunistischen Tendenzen.

brochen, und den natürlichen herzustellen ist jetzt die Aufgabe", hatte er schon beim Beginne der Bewegung einem selbst aus diesem Kreise stammenden Freunde geschrieben, aber dieser ihm erwidert: „Das Patriziat enthält noch immer viele achtungswerthe Elemente, aber gleichzeitig auch solche Schroffheiten, solche Verkennung der Bedürfnisse der Gegenwart, daß wir auf diejenigen Wahlen, auf welche wir einigermaßen einzuwirken im Stande sind, die größte Sorgfalt verwenden müssen."

Während ein sehr urtheilsfähiger Beobachter aus der Umgegend von Bern behauptete: „Männer von altem Namen, die zugleich Landbesitzer sind, sind zuverläßig beim Bernervolk weit populärer, als Städter von liberaler Bildung, die ihm ferne stehen"; — warnten hingegen die Korrespondenten aus dem Seeland, dem Oberaargau und dem Emmenthal: „Nur nicht zu viele Patrizier!" — „das patrizische Wesen will nicht recht gefallen"; denn hier verfehlte das Gespenst der „Landvögte" nicht, seine Wirkung zu thun[1]), und Manchen wieder abzuschrecken, der sich heftig gegen die Regierung ausgesprochen hatte[2]).

Wie wenig gesichert der Sieg der konservativen Sache sei, stellte sich noch im April, kurz vor dem Abstimmungstage heraus. Das Oberland und das Emmenthal hatten gleichzeitig (den 21. dieses Monats) zwei Neuwahlen zu treffen in den eidgenössischen Nationalrath; und in dieser Probemusterung maßen sich die Parteien. In beiden Landestheilen unterlag der konservative Vorschlag, wenn auch nur um wenige Stimmen; manche Hoffnung wurde dadurch gedämpft, vielleicht auch mancher Anstrengung ein neuer Sporn gegeben.

Am 28. April — acht Tage vor den Wahlen — erließ die Regierung endlich noch eine von der öffentlichen Meinung längst geforderte Kundgebung gegen den „Katechismus der freien Gemein-

---

[1]) Der „Oberländer Anzeiger" wies einmal nicht ohne Grund darauf hin, daß die Radikalen auf Vorwürfe gegen ihre eigene jüngste Vergangenheit nur zu antworten wissen mit Anklagen aus einem früheren Jahrhundert. — Ob nicht die traditionell konservative, patrizierfreundliche Gesinnung der nächst Bern gelegenen Bezirke sich darauf zurückführen läßt, daß diese ehemaligen vier „Landgerichte" niemals durch „Landvögte" verwaltet worden sind, dagegen auch jetzt noch patrizische Familien als Großgrundbesitzer in ihrer Mitte zählen, während die übrigen Gebiete des Kantons die Patrizier immer nur als „Landvögte" kannten?

[2]) Im „Oberländer Anzeiger" wurde gegen die radikale Partei die arge Anklage erhoben, sie habe, um solches Mißtrauen zu nähren, falsche, den Konservativen zugeschriebene Wahlvorschläge verbreitet, welche nur die Namen von Stadtbernern trugen.

den", — aber indem sie die Urheberschaft der berüchtigten Schrift
der konservativen Opposition zuzuschieben versuchte. „Von
Allem, was bis jetzt geschehen, für mich der betrübendste Akt! So tief
glaubte ich die Leute nicht gesunken", bemerkte Blösch bei Erwähnung
dieser unwürdigen List. Die dadurch veranlaßte Erklärung des konser=
vativen Komites schloß mit den Worten: „Mitbürger! Der Tage bis zu
den Wahlen sind nur noch wenige, der Verleumdungen über uns
werden aber noch Tausende sein. Es ist dem Menschen nicht möglich,
aller aus dem Finstern abgeschossener Pfeile sich zu erwehren. Wir
haben gegen solche Angriffe vielleicht keine andere Waffe mehr, als die
Berufung auf unser bisheriges Leben unter Euch; es ist aber Einer,
der auch in's Finstere sieht, und dem wir fest vertrauen."

Nachdem noch am 1. Mai der Versuch einer Anzahl Mit=
glieder der eben versammelten eidgenössischen Räthe, in den
kantonalen Streit sich einzumischen[1]), den energischen Protest einer zahl=
reichen Versammlung hervorgerufen, die Spannung vergrößert und wohl
auch verbittert hatte, rückte der Tag der Entscheidung, der erste Sonntag
im Mai, immer näher.

Das Hauptquartier im Storchen erließ an die Gesinnungsgenossen
einen letzten Aufruf: „Es soll sich entscheiden, ob Stadt
und Land einander zum Wohl des Ganzen brüderlich die Hand reichen;
oder ob man mit Verdächtigung die Stadt lähmen, mit Mißtrauen
ferner das Land um so willkürlicher beherrschen kann."

„Es soll sich entscheiden, ob der Kanton eine zuverläßige
Verwaltung bekommt, oder ob er fremden Lehren und unreifen Ver=
suchen zum Schaden und zur Schande seiner Bewohner preisgegeben
sein soll."

„Es soll sich entscheiden, ob die Berner noch Ernst, Einsicht,
Kraft und Ausdauer genug besitzen, um frei ihr eigen Regiment zu
bestellen; oder ob sie jetzt so weit heruntergebracht sind, daß sie nicht
mehr vermögen, sich der Herrschaft des ausländischen Radikalismus zu
entwinden." —

„Doch, was sagen wir? Freunde! Mitbürger! das
Alles hat sich schon entschieden." — „Es wird Meister bleiben,
das Bernervolk, in seinem eigenen Haus, wenn es entschlossen, massen=
haft, vom grauen Haupte bis zum Jüngling sich zu der bernischen

---

[1]) Schon früher war dieß durch die Eröffnungsrede des Nationalrathspräsidenten
(Dr. A. Escher) in provozirender Weise geschehen.

Fahne der gesetzlichen Freiheit, der heimischen Unabhängigkeit stellt, wenn es von Berg und Thal dem Ruf des Vaterlandes folgt."

„Freunde und Mitbürger! Eintracht macht uns stark. Wie wir zu Euch stehen, so stehet zu uns! — Gott segne unser Vaterland!"

Am Tage vor der Abstimmung hatte Blösch zufällig in Belp bei Bern einen Rechtshandel zu verfechten, und zwar — gegen Für=sprecher Niggeler, mit welchem er bei Tisch zusammentraf. Die Wahlverhandlung vom 5. Mai in Burgdorf erzählt er folgender=maßen:

„Die Wähler sammelten sich sehr früh; kaum war der Gottesdienst geschlossen, so richtete sich Alles der Kirche zu; in einer Viertelstunde war sie gedrängt voll. Als Präsident des Gemeinderathes am Versammlungsorte mußte ich die Verhandlung eröffnen. Es geschah nicht ohne große innere Bewegung, doch ohne Schwierigkeit, denn es herrschte in der Versammlung die vollkommenste Ruhe. Durch Ueberein=kommen zwischen den beidseitigen Führern war jede Diskussion über die Bestellung des Büreau vermieden, und sofort wurde zur Austheilung der Stimmzettel geschritten. Gegen 12 Uhr war die Austheilung be=endigt, und konnte die Eröffnung folgen. Dieß gab eine lange Ver=handlung, die mehrsten Anwesenden zerstreuten sich. Von diesem Augen=blicke an trat bei mir, statt der bisherigen Spannung, Ruhe ein: Die Würfel waren gefallen, das Ergebniß lag in Gottes Hand!"

Bald war es nicht mehr zweifelhaft, daß in Burgdorf die radi=kalen Kandidaten gesiegt, auf Blösch war kaum ein Drittheil der Stimmen gefallen. Allein nicht lange darauf langte die Nachricht ein, daß in dem nahen Oberburg die Konservativen gesiegt, und um 5 Uhr kamen zwei Studenten von Bern, und überbrachten das Wahl=ergebniß dieses Kreises: es war ein glänzendes. Eine halbe Stunde später kam auch die Kunde von Blösch's eigener Erwählung in dem emmenthalischen Dorfe Rüegsau.

Am folgenden Tage ergab eine Uebersicht über die bereits bekannten Wahlen bei achtzig Konservative und höchstens fünfzig radikale Namen. Dennoch nahm Blösch als gewiß an, daß das Gesammtresultat ein umgekehrtes Verhältniß anzeigen werde, und reiste am 7. Mai mit dieser vorgefaßten Meinung nach Bern. Im „Storchen" lautete es anders: „Ich fand eine zahlreiche Versammlung in der allerheitersten Stimmung. Nun erst wurde ich inne, daß man sich einer Mehrheit konservativer Wahlen versichert hielt und darüber jubelte. Mich stimmte die Wahrnehmung um so ernster, denn nicht nur traten damit mancherlei, insbesondere persönliche Konsequenzen vor die Seele; auf jeden Fall konnte, das war mir klar, die Mehrheit nur eine schwache sein, und welche Aussichten bot eine solche?"

Dieß war wirklich die Situation: eine Mehrheit, aber eine schwache Mehrheit!

Von 226 Großrathswahlen waren am 5. Mai 218 wirklich zu Stande gekommen, von welchen der „Oberländer Anzeiger" 110 als konservativ, 96 als radikal und 12 als zweifelhaft betrachtete[1]). Die am 26. getroffenen Ergänzungswahlen führten beiden Parteien noch einige Namen zu, so daß schließlich das Verhältniß auf 120 gegen 106, oder 118 gegen 108 sich stellen mochte.

Anfangs überwog das frohe Gefühl des schwer errungenen Sieges: „Gelobt sei Gott!" rief das eben angeführte Blatt. „Nach den Ergebnissen des 5. Mai darf man ja doch auch wieder laut im Lande sagen: Gelobt sei Gott! Man weiß sich wieder deutlicher unter Menschen, denen das aus der Seele gesprochen ist; unter Brüdern, die wacker kämpften, und eine unauslöschliche Erinnerung davon im Herzen tragen. Man ist gewiß, daß viele Gebete zu Gott emporstiegen für das Heil des Vaterlandes, und Gott hat sie erhört!" — „Welcher Tag, der 5. Mai! zähneknirschendes Ringen eines fremden gottlosen Geistes mit dem erwachenden ernsten Geiste des Landes! Welche Anstrengung, diesen ernsten Geist zu bannen mit allerlei heidenmäßigem Zauber! Welche Stürme durch die geistige Luft! 400,000 Herzen in banger Spannung! Greise ließen sich auf die Wahlplätze führen, Kranke stunden von ihrem Lager auf, Weib und Kind folgte an vielen Orten dem Vater nach, Mütter und Schwestern den Söhnen und Brüdern. So etwas hat Bern noch nie, nie gesehen!" — „Bern hat gesiegt! Nicht eine Klasse von Staatsbürgern hat über die andere, sondern das vaterländische, seiner alten Kraft bewußte Bern hat über die von der Fremde ihm aufgedrungene Zwingherrschaft einen unblutigen, aber glänzenden Sieg davongetragen."

Allein Diejenigen, welche bis dahin die Bewegung geleitet hatten, und voraussehen mußten, daß auch die weitere Durchführung derselben

---

[1]) Nur an sehr wenigen Orten war es dabei zu gewaltsamen Auftritten und Ruhestörungen gekommen; dagegen war viel die Rede von Wahlbetrug, Umgehung gesetzlicher Formen und Bestechung. Ein Beispiel besonderer Rohheit gab in der Kirche zu Gsteig bei Interlaken der dortige Regierungsstatthalter (F. S.), der nach argem Tumult auf den Abendmahlstisch hinaufsprang und schrie: „Mit Gottes Hülf' und Munichraft hei mer's emel möge!"

ihnen zufallen werde, urtheilten anders; sie sahen ein, daß der errungene
Sieg, der sie aus der günstigen Stellung einer starken Minorität in
diejenige einer schwachen Mehrheit versetzte, nichts anderes sei, als der
Beginn eines weit schwerern Kampfes und weit größerer
Verantwortlichkeit. Jetzt erst begann die größte Schwierigkeit, die Erörterung der bedenklichsten Frage: wer sollte an die Spitze der
neuen Regierung treten?

Sehr natürlich drängte sich der Gedanke auf an Zusammensetzung
einer neuen Verwaltungsbehörde aus Männern beider Parteien.

Von einem Staatsmann, der am politischen Leben des Kantons
sich nicht direkt betheiligte, aber dasselbe mit fortwährender Aufmerksamkeit begleitete, wurde die Ansicht lebhaft verfochten, es sollten einige
gemäßigte Radikale zum Eintritt in die neue Regierung veranlaßt
werden, um einerseits die bisherige radikale Partei zu trennen, andererseits der neuen Verwaltung eine Stütze zu geben gegen eine sonst
erbitterte Opposition. Hauptsächlich, behauptete er, müßte Blösch bei
der Wahl des Regierungsrathes übergangen werden, als
der große Stein des Anstoßes für die Gegner.

Wie die „Schweizerische Bundeszeitung" — das persönliche Organ
Ochsenbeins — so stellte die damals einem gemäßigten Radikalismus
huldigende „Suisse" in einem Inserate unter dem Titel: «Ce qu'il
faut faire», die gleiche Behauptung auf, indem sie sowohl Stämpfli
als Blösch als unmöglich erklärte[1]).

Auch Fischer (von Reichenbach) war dem Gedanken einer solchen
Transaktion geneigt, er betrachtete es als die Aufgabe, aus den ge-
sunden, thatkräftigen, geschäftstüchtigen Elementen der drei gestürzten
Parteien — der Stadtberner, der Männer der dreißiger
Jahre, und derjenigen der sechsundvierziger Partei — in
gehörigem gleichmäßigem Verhältnisse — d. h. je zu drei, — eine

---

[1]) Ueber den letztern sprach sie sich mit folgenden Worten aus: „Il n'y a qu'une
voix dans le canton pour rendre hommage aux vertus de ce citoyen. Ces adversaires les plus acharnés n'ont jamais contesté ses grands talents. Mr. Blœsch est
un orateur de premier ordre, froid mais élevé. Et cependant on vient de constater
dans un organe de l'opposition que ce nom n'est pas populaire, et l'on a ajouté
que Mr. Blœsch le sait lui-même. S'il en est ainsi, la majorité du nouveau Grand-
Conseil n'aurait à demander aucun sacrifice à ce citoyen. Pour lui, nous n'en doutons
pas, le bien de la patrie est le moteur de toutes ses actions. Ce n'est pas pour
courir après une position qu'il a mis son nom au bas des appels de l'opposition.
Le Grand-Conseil d'ailleurs saura reconnaître dignement et honorer cet homme de
bien." — Letzteres war eine Anspielung auf das Projekt, das darauf ausging, Blösch
das Präsidium des Großen Rathes zu übertragen.

geeignete Auswahl zu treffen, welche einestheils ein harmonisches Zusammenwirken ermöglichte, und anderntheils auf die Unterstützung einer Mehrheit Anspruch machen könnte [1]).

Blösch verwarf diese Ansicht keineswegs; doch statt Männer zweiten Ranges, auf welche man auf diese Weise kam, hätte er seinerseits lieber Stämpfli selbst, dessen Fähigkeiten er zu schätzen wußte, in der neuen Behörde gesehen, und die hohe staatsmännische Kraft dem Dienste des Landes erhalten.

Die Partei war anderer Ansicht; allzusehr wurde gerade dieser Mann als der eigentliche Typus des extremen Radikalismus betrachtet, der sich für die Zukunft unmöglich gemacht. Der Volksinstinkt, der ihm das Vertrauen versagte, überwog jede Rücksicht, welche die berechnende Klugheit vielleicht angerathen, das Bedürfniß des Landes vielleicht erfordert hätte; man hätte geglaubt, alle Arbeit sei umsonst gewesen, wenn Stämpfli im Regierungsrath geblieben wäre. Als es im Schooße der neuen Großrathsmehrheit zur Besprechung kam über die Besetzung der Exekutive, erhob sich Niemand für die Aufnahme eigentlicher Radikaler oder Träger des bisherigen Systems, und fast einstimmig wurde Beschränkung der Auswahl auf die Gesinnungsgenossen verlangt.

Am 1. Juni sollte verfassungsgemäß die Landesvertretung zur ersten Sitzung sich versammeln. Schon Tags zuvor waren die konservativen Glieder zur Berathung zusammengetreten. Mancherlei Putschgerüchte regten die Gemüther auf. Wie am 5 Mai hatte auch jetzt die Regierung Truppen in die Hauptstadt gezogen. Aus dem Seelande, namentlich auch aus St. Immer hieß es, daß unruhige Bewegungen das Gelüste verrathen, die Konstituirung der Räthe durch Gewalt und Terrorismus zu verhindern [2]). Die Unruhe wurde vergrößert, als verlautete, die Regierung erwarte jeden Augenblick die Nachricht vom Ausbruch einer neuen Revolution in Paris. In der ernstesten Erregung sahen die Männer der bisherigen Opposition dem verhängnißvollen Tage entgegen.

„Die Nacht ist ruhig verflossen", schrieb Blösch am Morgen des 1. Juni. — „Ich stand um 5 Uhr auf, der Himmel war wolkenlos. In den Straßen herrschte vollkommenste Ruhe. — Diese dauerte

---

[1]) In einem Briefe an Blösch vom 15. Mai.

[2]) Eine absichtliche Provokation durch einen Aufruf zu den Waffen „zum Sturze des Hauses Nassau" war einige Tage vorher in Bern durch die Besonnenheit der Gemeindsbehörde unschädlich gemacht worden.

auch um 7 Uhr und später fort. Um 8 Uhr begab ich mich — zu einer letzten Besprechung — in die Kapelle des Bürgerspitals, die zu diesem Zwecke schon mehrmals benützt worden war."

„Nach einigen Worten des Rückblickes, — welche Blösch an die Versammelten richtete [1]), — brachen wir auf und zogen, ruhig und ernst, in ungeordnetem Zuge, nach dem Rathhause. — Die Gassen waren nun sehr belebt, aber überall herrschte vollkommene Ruhe. In der Nähe des Rathhauses waren gedrängte Massen; aber der Zugang blieb unbeengt. Der Platz selbst war ganz frei, und bis dorthin bildete das Volk eine Art Spalier. Ich erblickte viele Landleute und Arbeiter aus der Stadt, die einen wie die andern meist festlich gekleidet. Die Umstehenden grüßten auffallend freundlich. Alles war ernst und feier- lich gestimmt, nirgends eine Demonstration, überall lautloseste Stille.

„Beim Eintritt in den Saal — es mochte 1/210 Uhr sein — fanden wir die Gegner bereits in Masse anwesend, und im ausschließ- lichen Besitz der einen Hälfte des Saales, die Tribüne war dicht besetzt."

„Nach 10 Uhr erhob sich Regierungspräsident Stämpfli, sprach in ruhigem und würdigem Tone einige Worte über die Aufgabe des Tages, und lud dann, unter Anzeige, daß Großrath Obrecht aus Wiedlisbach das älteste Mitglied sei, diesen zur Uebernahme des provisorischen Präsidiums ein. Obrecht, ein schöner Greis von 77 Jahren, früher Schulmeister, von 1830—1846 Mitglied des Großen Rathes, dann seiner gemäßigten Ansichten wegen bei Seite geschoben, und nun wohl hauptsächlich deßwegen wieder gewählt, war auf diese Berufung vorbereitet; denn er hatte mir schriftlich angezeigt, daß er das provisorische Präsidium mir übertragen werde; auf meinen eigenen und unserer Freunde Wunsch bezeichnete er aber — nach Begründung seines Rechts dazu — Herrn Oberst Straub zu seinem Stellvertreter. Dann folgte ohne Schwierigkeiten die Ernennung von vier provisorischen Stimmenzählern, wofür Straub, nach getroffener Abrede, zwei konserva- tive und zwei radikale Mitglieder wählte."

Den ersten Verhandlungsgegenstand der Behörde bildete der Bericht des Regierungsrathes über die Wahlen und Wahleinsprachen, und die Frage über die Zulassung oder Ausschließung derjenigen Glieder, deren Ernennung beanstandet war. Es war von radikaler Seite gegen 60 konservative Großrathswahlen und von konservativer Seite gegen 20 radikale Wahlen Beschwerde erhoben worden; Gesammtaus- schließung hätte die Mehrheit zur Minderheit gemacht. Es hing

[1]) Wir bringen dieselben am Schlusse des Abschnittes.

Alles daran, dieses zu verhindern. Manchen Tag lang zog sich diese Verhandlung hinaus, durch manchen Zwischenfall, wohl auch manche Intrigue unterbrochen. Schon erregte dieses Provisorium wieder bange Besorgniß von einem Gewaltstreich. Erst am 10. Juni kam es endlich zum Abschluß, zur Anerkennung beinahe sämmtlicher Wahlen durch eine Art von Kompromiß gegenseitiger Nachgiebigkeit in An= betracht der allgemeinen Lage des Kantons[1]).

Am 11. Juni folgte die Ernennung der Mitglieder des neuen Regierungsrathes. Sie kamen mit bemerkenswerther Genauigkeit alle nach der Verabredung der konservativen Mehrheit heraus. Bei einer Zahl von 220 Anwesenden fielen in der ersten Abstimmung 117 auf Blösch, und dieß Verhältniß blieb sich gleich bei den 8 folgen= den Namen: Straub, Fischer, Moschard, Dähler, Fueter, Röthlisberger, Elsäßer und Brunner. Ihnen stand jedesmal Stämpfli gegenüber mit der konstanten Zahl von 97—101 Stimmen[2]).

Noch war manche peinliche Szene, mancher sorgenvolle Augenblick zu überwinden, bis Blösch im Namen seiner neuen Kollegen die Ueber= nahme des neuen Amtes erklären konnte, und die Eidesleistung in die Hand des Großrathspräsidenten Oberst Kurz vor sich ging. Zwei der Gewählten hatten unbedingt auf Ablehnung der Wahl be= harrt, und erst bestürmt und beschworen, bei Allem dem, was Ihnen heilig sei, endlich sich bewegen lassen, wenigstens einige Zeit die Stelle zu versehen.

Davon hatte die freudig erregte konservative Bevölkerung der Hauptstadt keine Ahnung, als sie am Abend des 12. Juni zu einem improvisirten Fackelzuge sich zusammen fand zu Ehren der neu ein= gesetzten Regierung. Einige Minuten vor den Thoren nahm dieselbe — unter strömendem Regen — die begeisterte Huldigung entgegen; es war für die Anwesenden ein erhebender Augenblick, als der neue Re= gierungspräsident vor der versammelten Menge bezeugte: „Den Dank für das, was wir alle in jüngster Zeit erlebt haben, lehne ich

---

[1]) Die Untersuchung der Beschwerden war einer Kommission übertragen worden, an deren Spitze Blösch gestellt war. Um jede billige Rücksicht zu tragen, wurde die Reihen= folge der Geschäfte durch's Loos bestimmt. Wo eine radikale Wahl in Frage stand, wurde ein konservativer Referent und ein radikaler Coreferent bestellt, und umgekehrt, wo es sich um konservative Wahlen handelte.

[2]) Kandidaten der Radikalen waren sämmtliche bisherige Regierungsräthe, mit Aus= nahme von Funk, der durch Regierungsstatthalter Karlen von Erlenbach ersetzt werden sollte.

von mir ab, und gebe ihn Gott, dem Herrn!" — und nun ein
majestätischer Donnerschlag sein Amen dazu sprach[1]).

So war eine politische Bewegung vorläufig zu einem
Abschluß gekommen, welche, den volkreichsten Schweizerkanton
und den Sitz der eidgenössischen Behörden betreffend, durch
den Zusammenhalt mit dem Zustande Europa's, eine gewisse Bedeutung erhielt auch über die eigenen Gränzen hinaus; eine Bewegung, welche nicht in den Personen allein, sondern im ganzen
Geiste der Verwaltung, eine vollständige, durch Alles sich hin-
durchziehende Umgestaltung mit sich brachte, ohne die kleinste Veränderung in den äußern Formen der Verfassung; eine Bewegung,
welche hinsichtlich der Tiefe der bewegenden Motive, bei solcher Allgemeinheit einer alle Schichten der Bevölkerung ergreifenden Aufregung; hinsichtlich der Reinheit der angewendeten Mittel,
bei solcher Gewalt der gemachten Anstrengungen, die meisten
ähnlichen politischen Krisen weit übertrifft.

Man mochte es eine Reaktion nennen; dann war es die Reaktion der realen Volksbedürfnisse und des Volkswillens
gegen einen aufgedrungenen Fortschritt, der sich nicht bewährt
hatte. Es ist wahr: Die Blicke Vieler waren stark nach der Vergangenheit gerichtet, nach den „alten Herren", und der „guten alten
Zeit"; aber wer trug die Schuld daran, wenn solche Sehnsucht wieder-
kehrte aus einer in Verwirrung gerathenen Gegenwart? — Die
Führer dachten nicht an Rückschritt; sie wollten Fortentwicklung
einer im gesunden Volksleben wurzelnden und auf das
Volkswohl gerichteten Demokratie; Wiederanknüpfung
an den Punkt, wo, nach dem Jahre 1831, der Fortschritt
auf eine nach ihrer Ansicht falsche Bahn gerathen war[2]).

------

[1]) Zu vergleichen ist darüber ein im Jahr 1851 erschienenes Schriftchen: „David
und Goliath." — „Darstellung und Vergleichung aus der Geschichte der in Bern befindlichen Denkmäler alter Zeit, dem Davidsbrunnen, Goliath (Christoffel) und der heil.
Geistkirche, mit dem denkwürdigen Kampfe des Bernervolks im Jahre des Heils 1850
wider den Lügen-Goliath unserer Tage." Mit mehreren Abbildungen. Ein für die Geschichte der Zeit bezeichnendes Werkchen.

[2]) Deßhalb legten sie auch stets großen Werth auf die Thatsache, daß die noch
lebenden „Männer von 1831" beinahe sämmtlich sich der Bewegung anschlossen, zum
Theil, wie Hans Schnell, Straub und Andere, sich auf's Thätigste daran betheiligten.
Sie nannten sich selbst noch lange, z. B. im „Oberländer Anzeiger", die „liberale Partei",
erst allmälig wurde die Bezeichnung „konservativ" die allgemein gebräuchliche.

Im Blick auf den religiösen Charakter, welcher der politi=
schen und ökonomischen Unzufriedenheit zugleich diese Allgemeinheit und
diese Macht der Ueberzeugung, und dem daraus sich entspinnenden
Kampf den Ernst und die Weihe ließ, könnte man versucht sein, diesen
Umschwung des Kantons Bern mit demjenigen zu vergleichen, welcher
am 6. September 1839 dem Kanton Zürich eine andere Ge=
stalt gegeben hat; — wären nicht die Unterschiede noch weit größer,
als die Aehnlichkeiten. Jede Verletzung gesetzlicher Formen, jeder Schein
von Gewaltthätigkeit wurde sorgfältig vermieden, und durch die Selbst=
überwindung der Geduld, welche, wartend bis die Zeit abge=
laufen war, sich strengstens beschränkte auf die Ausübung eines
verfassungsmäßigen Rechts, — dadurch wurde der Ernst des
sich regenden Volksgefühls nur noch vertieft, und die religiöse Grund=
lage in weit größerer Reinheit erhalten, als es dort jemals der
Fall gewesen war.

Die Lust, zur Gewalt zu schreiten, hatte nicht ganz gefehlt; in
manchen Gegenden hielt es Mühe, davon abzuhalten; selbst auf der
Löwenmatte in Münsingen hörte Blösch einige Male unter der Tribüne
den unterdrückten Ruf einiger Oberländer: „Ga Bäre! ga Bäre!
usjage! usjage!" Auch aus dem Oberaargau war schon im Januar
berichtet worden: „Ich habe die innigste Ueberzeugung, daß in hiesiger
Gegend viele Elemente zu einem Putsch vorhanden sind, und wollte
man sich der Aufreizungsmittel bedienen, wie es radikalerseits früher
geschehen ist, so dürfte die Sache bald entschieden sein; aber man mahnt
von solchen Gedanken ab und rathet zum Wirken auf gesetzlichem Wege,
und weist die künftigen Wahlplätze als Schlachtfeld an.
Ist ein Volk nicht reif und verständig genug, um zu begreifen, daß es
da seine Rechte und Interessen zu wahren suchen müsse, so steht es
freilich um die öffentliche Sache schlimm genug [1])".

Dieß war, wie wir gesehen, auch die Meinung, welche Blöschs
Verhalten leitete. Der Besonnenheit der Führer ist es gelungen,
eine Partei, die im Namen der Gesetzlichkeit, der Mäßigung
und Ordnung aufgerufen wurde, auch in diesen Schranken zu er=
halten, und mit ihr einen Kampf durchzuführen, in welchem nichts
mit den aufgestellten Prinzipien in Widerspruch trat.

Wie jede Gewalt und Ungesetzlichkeit, so blieb auch die Anwendung
unehrenhafter Mittel fern. Bei der ungeheuern Agitation der
Gemüther wurde doch jede absichtliche Aufregung unreiner Leiden=

---

[1]) Brief an Blösch aus Langenthal vom 5. Januar 1850.

f,chaften, jede Reizung zum Parteihaß nach Kräften vermieden.
Es ging bis an die Gränze des Erlaubten, und wohl mag auch an
manchen Orten im Eifer des Kampfes diese Gränze überschritten worden
sein; doch dann ist es geschehen nicht mit Wissen, noch mit
Willen der Leiter, am wenigsten Blösch's [1]).

Diese Zurückhaltung war gewiß um so schwieriger, weil auf Seite
der Gegner, welche zudem sich nicht scheuten, das ganze Gewicht der
Regierungsautorität für die „offiziellen Kandidaten"
in die Waagschale zu legen, ein gleicher Rigorismus in der Auswahl
der Waffen nicht gehandhabt wurde. Es ist in dieser Beziehung
nur so viel angeführt worden, als nothwendig schien zum Verständniß
des Kampfes, welchen Blösch zu führen hatte.

Er hat denselben geleitet, monatelang die Hauptarbeitslast auf
sich genommen, und die Hauptangriffe über sich ergehen lassen,
nicht aus Lust am politischen Leben, sondern als eine patriotische
Pflicht, weil es ihm nicht, wie vielen Andern, möglich war, in philister=
hafter Selbstsucht, mit persönlichem Wohlsein sich zu trösten über
den Zerfall, dem er sein Volk zusteuern sah. Jedes ehr=
geizige Bestreben war ihm hierbei fremd.

Am 29. Januar las er in der „Allgemeinen Zeitung" (von Augs=
burg) ein auf ihn bezügliches Urtheil, in welchem von der Reinheit
seines Strebens die Rede war, aber auch von seinem gänzlichen
Mangel an Ehrgeiz, der ihn abhalte, die Rolle zu spielen, zu der
er sonst in vollem Maße befähigt wäre. Es gab ihm dieß Veran=
lassung zu einem äußerst charakteristischen Selbstbekenntniß: „Daß mein
Streben ein reines sei, sehe ich hier gerne anerkannt, aber was die

---

[1]) Am 29. April kamen Abgeordnete aus einem Amtsbezirke zu Blösch; sie meldeten,
es habe in ihrer armen Landschaft eine radikale Versammlung stattgefunden, welcher auch
zwei Mitglieder des Regierungsrathes beigewohnt, und hier sei die Absicht der Regierung
eröffnet worden, dem Bezirke mehrere tausend Franken rückständiger Armentellbeiträge,
die bisher beanstandet waren, ausbezahlen zu lassen. Wirklich heiße es nun, das Geld
werde an einem bestimmten Tage zur Austheilung kommen. Ueberdieß sei durch ein
Schreiben des Direktors des Innern an den Regierungsstatthalter die außerordentliche
Unterstützung von Fr. 2400 in Aussicht gestellt worden u. s. w. „Die Leute äußerten sich
deßhalb sehr besorgt für den Ausgang der Wahlen, und drangen auf Gegenmaßregeln.
Sie erboten sich zur Hülfleistung, ließen aber durchblicken, daß einige Unterstützung nöthig
sei. Diese wurde ihnen zugesagt, jedoch bloß in den Gränzen einer Vergütung für Mühe
und Auslagen, unter bestimmter Verwahrung gegen jede Bestechung, da mir daran lag,
in dieser Hinsicht unsere Absichten keinem Zweifel ausgesetzt zu lassen. So erklärte ich
den Leuten wiederholt, wenn wir mit fünf Batzen die Mehrheit erkaufen könnten, so
lehnten wir es ab." (Blösch's Tagebuch.)

Kenntnisse und Talente betrifft, so kenne ich Gottlob Schweizer genug, denen ich die Ueberlegenheit zugestehen darf[1]).“ „Daß es mir an Ehr=geiz gebricht, ward schon öfters bemerkt, und hat, insofern unter Ehrgeiz das gewöhnliche Streben nach äußerer Geltung verstanden wird, seine Richtigkeit. Der Verfasser des Aufsatzes scheint aber nicht zu bedenken, daß gerade darin die Hauptbedingung meines „reinen Strebens“ und der Schlüssel zur Erklärung liegt, warum es mir bei schwacher Kraft bis jetzt gelungen ist, Einiges Gute zu thun. Ja, das Gefühl durchbringt mein ganzes Wesen, daß eben diese gänzliche Abnegation meine Stärke bildet, und daß meine Wirksamkeit gebrochen wäre, sobald ich meine Seele gemeinem Ehrgeiz öffnete, — wie — wenn der Vergleich erlaubt ist, der mir öfters vor=schwebt — die Jungfrau von Orleans ihre Kraft verlor, sobald mensch=liche Liebe sie erfaßte.“

„Ganz besonders im gegenwärtigen Zeitpunkt ist mir gänzliches Absehen von der eigenen Person nothwendig; denn ich bin vom Suchen weltlicher Ehre so fern, daß die Furcht, am Regiment Theil nehmen zu müssen, mich sogar von der Einwirkung auf die künftigen Wahlen abhalten würde, wenn ich nicht jede Frage über das, was folgen mag, unter=drückte. Vor Allem ist es Pflicht, das Vaterland der propagandistisch=revolutionären Tendenz zu entreißen; was folgen wird, ist in Gottes Hand. Hoffentlich werde ich meinem bisherigen stillen Leben nicht entrückt. Sollte es jedoch geschehen, und infolge eines möglichen Wahlsiegs mir eine Stelle im künftigen Regimente zufallen, so würde ich sie übernehmen, nicht als ein Glück, sondern mit dem Gefühl de=müthiger Beugung unter Gottes Willen, als das schwerste Opfer, das ich bis jetzt gebracht.“

Im gleichen Sinne sprach er sich noch einmal vor seinen Gesinnungs=genossen aus, als durch die Vorwahlen in ihrem Kreise die Frage ihm noch näher kam. Er berief sich nicht nur auf die großen materiellen Opfer, welche er zu bringen hätte[2]), sondern auch auf seine tiefe

---

[1]) Das Blatt hatte nämlich behauptet, „daß seine eminenten Kenntnisse und Talente ihn unbezweifelt zum bedeutendsten Manne der Schweiz machen, so bald er nur will.“

[2]) Es widerstrebt dem Verfasser, an diese materiellen Opfer besonders zu erinnern, oder die Differenz seiner finanziellen Stellung vorzurechnen; aber entgegengesetzten Voraus=setzungen gegenüber, die ihm nicht selten vorkommen, mag es doch erlaubt sein, dessen zu erwähnen, daß diese Differenz groß genug war, daß Blösch seinen in der letzten Zeit sehr einträglich gewordenen Beruf — den er schon seit Monaten der Wahlgeschäfte wegen gänzlich eingestellt hatte, — mit einem schlecht besoldeten Amt vertauschte.

Unlust zum Regieren: Es sei ihm gelungen, sagte er, durch sein vermittelndes Wesen die so divergenten Elemente der Opposition zu sammeln und zu einigen; zu dieser Aufgabe allerdings fühle er eine Art von Beruf in sich, zur eigentlichen Verwaltung dagegen weder Lust noch Fähigkeit.

In dieser letztern Hinsicht mochte er sich wohl selbst täuschen. An allgemeiner und juristischer Bildung stand er wohl hinter keinem seiner nächsten Vorgänger in der obersten Magistratur des Staates zurück, während tüchtige historische Studien, gründliche Arbeiten und wiederholte Verhandlungen über das Gemeindewesen des Kantons und dessen nothwendige Reform[1]), und langjährige Betheiligung an der Verwaltung einer größern städtischen Ortschaft als eine nicht ungeeignete praktische Vorbereitung gelten können zur staatsmännischen Laufbahn; — und eben dieses giebt vielleicht Zeugniß, daß es ihm auch an der Lust dazu nicht gänzlich fehlte.

Das Schmerzlichste war für ihn die Trennung von Burgdorf. Noch während der Große Rath versammelt war, benutzte er einen Sonntag zum Besuch bei Hause, und schrieb am Abend: „Ein schöner Sommertag, die Natur ist prachtvoll; Alles prangt in herrlichem Grün; der Schmuck der Buchenwälder vor Allem scheint mir unvergleichlich! Aber mein Herz ist von Wehmuth erfüllt. Zwanzig Jahre habe ich nun in Burgdorf verlebt, in sturmvoller Zeit glücklich durch den Besitz des öffentlichen Vertrauens und die innigsten Familienverhältnisse, — und nun die fast sichere Aussicht, alle diese Fäden, selbst die, die mich an Todte knüpfen, zerreißen, und nach Bern, in die kalte, herzlose Stadt übersiedeln zu müssen, um unter Umständen, die kaum schwieriger sein könnten, eine Stellung einzunehmen, die allen meinen Neigungen widerstrebt!"

Nicht die Aufgabe der Staatsverwaltung an sich war es wohl, wovor ihm graute; vielmehr der unter den gegebenen Verhältnissen damit unzertrennlich verbundene Parteikampf, der, statt jetzt beendigt zu sein, nur in viel ungünstigerer Lage fortgeführt werden mußte gegen eine numerisch starke, in ihren Mitteln rücksichtslose, und durch die Niederlage erbitterte Opposition.

Was ihm den Muth gab, die Aufgabe dennoch über sich zu nehmen, war die Hoffnung, nachdem allen Verdächtigungen zum Trotz der Sieg

---

[1]) Siehe darüber auch später.

einmal gelungen, jetzt am besten durch die That dieselben wider=
legen, und so allmälig zu dem Vertrauen seiner Partei auch das der
meisten seiner bisherigen Gegner gewinnen zu können. Er
glaubte darauf zählen zu dürfen, daß die nur künstlich gegen ihn
und seine Bestrebungen erregten Vorurtheile mit der Zeit von selbst
verschwinden, und alle Wohlgesinnten des Landes sich mit
ihm verbünden würden. — War dieses eine Illusion, so
war es eine von denen, welche Denjenigen, die sie theilen,
zur Ehre gereichen.

Als Blösch am 1. Juni die Besprechung mit den Freunden schloß,
um in die erste Sitzung des neuen Großen Rathes sich zu
verfügen, sprach er, vom Ernst des Augenblicks ergriffen, zu ihnen:
„Mit dieser Verhandlung ist der erste Theil unserer Aufgabe, diejenige,
die uns in privater Stellung oblag, beendigt, und es beginnt der zweite
Theil, den wir in amtlicher Stellung, als Abgeordnete
des Volkes, im Namen des Volks zu erfüllen haben. Darum
erlauben Sie mir, bevor wir diesen Saal verlassen, um hinüberzu=
treten in den Saal des Großen Rathes, noch einige Worte.“

„Werfen wir einen Rückblick auf die Erlebnisse der letzten Monate,
auf den Kampf, den wir gekämpft, auf die Mittel, mit denen und
gegen welche er gekämpft wurde, und auf die Resultate, so müssen
zwei Empfindungen in unserer Brust sich lebhaft regen: Vorerst das
Gefühl der Achtung für unser Volk! Ja, meine Herren! Wenn
wir bedenken, wie bei der ungeheuersten Aufregung dieser Kampf durch=
geführt worden ist, ohne die leiseste Störung der öffentlichen Ordnung,
die geringste Verletzung der gesetzlichen Zustände, so sagt gewiß jeder
von uns mit Stolz zu sich: „Auch ich gehöre diesem Volke an!“ Vor
Allem aber ist es das Gefühl des Dankes gegen die Vorsehung,
das uns bewegen soll, und das ich in meinem und der ganzen Ver=
sammlung Namen hiemit ausspreche.“

„Beim Beginn der Wahlbewegung, in der ersten größern Ver=
sammlung, die deßhalb stattfand, erlaubte ich mir zwei Ermah=
nungen: die Mahnung einerseits zum Muthe, zur Ausdauer
und zum festen Zusammenhalten; andererseits zur Mäßigung
und zur gewissenhaftesten und strengsten Gesetzlichkeit.
Diese doppelte Ermahnung wiederhole ich heute.“

„Meine Herren! Die Frage ist nicht die, ob Dieser oder Jener
„Rathsherr“ werden soll; sie betrifft überhaupt zunächst nicht die
materiellen Interessen. Die moralischen Zustände des Volkes

sind es, auf die wir vorzüglich unser Augenmerk zu richten haben; in ihnen liegt die Krankheit, darum kann auch nur mit moralischen Mitteln geholfen werden. Der Sinn für Ordnung muß neu angeregt, die Autorität des Gesetzes, die Achtung vor der Obrigkeit wieder belebt, es müssen überhaupt die moralischen Triebfedern der gesellschaftlichen Ordnung frisch gestärkt werden. Und wie wollen Sie das, wenn von Oben herab das Beispiel gegeben wird der Unordnung und Ungesetzlichkeit."

„Und nun lasset uns ziehen! — Ich schließe, indem ich uns und unser ganzes Vaterland dem Schutz und der Gnade Desjenigen empfehle, der die Geschicke der Einzelnen, wie der Völker lenkt, und ohne dessen Willen Keinem von uns ein Haar vom Kopfe fallen wird!"

Die fünfziger Regierung.

Der neue Regierungsrath; — dessen Absichten. — Die Hindernisse. — Die Verfassung. — Die Beamten. — Die Finanzen. — Das Armenwesen. — Das Gemeindegesetz. — Blösch's Reformplan. — Das Parteiwesen. — Die Opposition. — Das Verhältniß zum Bunde. — Die andern Kantone. — Europa. — Reaktionsfurcht. — Verhältniß zur eigenen Partei. — Die Ohnmacht der Regierung. — Unruhen in St. Immer und Interlaken. — Die Haltung der Regierung. — Der Tod von Dr. Knobel. — Die Schatzgeldagitation. — Die Nationalrathswahlen von 1851 — Die Abberufungsfrage. — Der Sieg vom 18. April 1852 und dessen Folgen. — Das Preßgesetz. — Die Reorganisation des Lehrerseminars. — Die Kirchenverfassung. — Die Opposition. — Das Verhältniß zum Bunde. — Blösch im Nationalrath. — Das Bundesfest. — Die Zustände des Kantons Freiburg. — Der Grütliverein. — Das sogenannte Prügelgesetz. — Die Lage am Ende der Regierungsperiode. — Die neuen Großrathswahlen von 1854 und deren Resultat. — Endurtheil.

Am Tage nach der Wahl des neuen Regierungsrathes, am 12. Juni in der Mittagsstunde, empfing Blösch als Regierungspräsident die Geschäfte aus der Hand seines Vorgängers Stämpfli. Die Begegnung war eine fast freundliche zu nennen; sie schloß mit dem Versprechen

Stämpfli, daß er der neuen Regierung keine systematische Opposition machen werde, und mit dem Ausdruck der Hoffnung, „daß man sich stets gegenseitig werde achten können. Am Nachmittage folgte die Uebergabe der einzelnen Verwaltungszweige, und den abtretenden Direktor des Innern, einen ehemaligen Studiengenossen und langjährigen Freund, begleitete Blösch nach der Verhandlung absichtlich vom Rathhause weg durch die Stadt.

Die Kollegen, mit welchen er Würde und Bürde nun zu tragen hatte, waren ihm zum größten Theile schon genauer bekannt und befreundet: Als Vizepräsident, und später mit ihm im Vorsitz wechselnd, stand neben ihm der mehrgenannte Ludwig Fischer, von patrizischem Geschlechte, aber liberalen Geistes, durch juridische Bildung und scharfsichtigen Blick ausgezeichnet, durch den Aufenthalt auf seinem Gute Reichenbach bei Bern und durch Betheiligung an der Verwaltung der dortigen Gemeinde (Bremgarten) mit den Bedürfnissen des Landes wohl vertraut; es wurde demselben die Direktion des Innern übertragen.

Das zweite Mitglied aus der Hauptstadt war Friedrich Fueter, Sohn des gewesenen bernischen Münzmeisters, und Enkel des in der sogenannten Henzi'schen Verschwörung von 1749 implizirten Stadtlieutenants Fueter, eine derbe aber praktische Natur, bereits im Jahre 1848 zum Vertreter des bernischen Mittellandes im Nationalrath erwählt. Als dem Handelsstande angehörig, fiel ihm die undankbare Aufgabe zu, in den zerrütteten Finanzen wieder Ordnung zu schaffen.

Die Militärdirektion übernahm Gustav Röthlisberger, Mitglied einer angesehenen Familie des Emmenthals, welche die ländliche Industrie dieser Gegend, die Leinwandfabrikation, in großartigem Maßstab betrieb und ausgedehnten Einfluß übte. Die Rücksicht auf diese Verhältnisse hatte ihn nur nach Anwendung äußersten moralischen Zwanges die Wahl annehmen lassen, und bewog ihn zum Rücktritt, sobald die Ehre denselben erlaubte. Er wurde im November 1850 durch Kommandant Stooß ersetzt, einen Mann aus dem durch gesicherten Besitz unabhängigen Handwerkerstande der Stadt.

Eine feurige, rasche und doch feinberechnende Oberländernatur war J. Brunner, aus Meyringen, Eigenthümer des weltberühmten Gasthauses am Fuße des schönen Rosenlauigletschers; er erhielt vorerst den Auftrag, über Straf- und andere Staatsanstalten zu wachen (späterhin wurde ihm bei anderer Geschäftstheilung die Aufsicht über „Domänen und Forsten" übertragen).

Zwei schlichte Männer aus der Mitte des Bauernstandes, der schon erwähnte Benedikt Straub, das älteste Glied des Rathes, und der eben so einfache und biedere, als charakterfeste Konolfinger Jakob Dähler, der während einiger Zeit schon der neuhausischen Regierung angehört hatte, übernahmen, ersterer die Direktion der Domänen und Forsten, letzterer diejenige der öffentlichen Bauten.

Uebungsgemäß wurden zwei Stellen in der Behörde durch Angehörige des Jura besetzt. Die Auswahl derselben hatte am meisten Schwierigkeiten bereitet. Ein junger talentvoller Advokat, August Moschard, aus dem französisch sprechenden, aber reformirten Münster, der, ursprünglich Anhänger der gefallenen Regierung, erst in den letzten Tagen sich der konservativen Bewegung angeschlossen hatte, wurde für die eine dieser Stellen ausersehen, und trat an die Spitze des vielleicht in diesem Augenblicke schwierigsten Verwaltungszweiges, des Erziehungswesens.

Xavier Elsäßer, aus Pruntrut, ebenfalls Advokat, katholischer Konfession, aus einem Freunde Stockmar's dessen Gegner geworden, erhielt die Direktion der Justiz und Polizei zugetheilt[1].

Durch den Austritt der beiden zuletzt Genannten, und des anfangs schon nur mit dem größten Widerstreben sich dem Rufe unterziehenden Straub, wurden im Laufe der vier Jahre noch mehrfache, nicht ganz bedeutungslose Wechsel veranlaßt, von welchen später die Rede sein muß.

Blösch selbst hatte anfangs das Erziehungswesen zu leiten gewünscht; nach provisorischer Besorgung des „Innern" wurde er neben den Präsidialgeschäften nun mit der Führung der Kirchenangelegenheiten beauftragt, welche, der herrschenden Stimmung entsprechend wieder von der Justizdirektion getrennt, die Würde eines eigenen Verwaltungszweiges erhielten. Als spezielle Aufgabe aber sollte er zudem die Ausarbeitung und Redaktion der zu erlassenden Gesetze auf sich nehmen und die neue Ordnung des Gemeindewesens vorbereiten.

So schritt die neue Behörde an ihre Arbeit, nach den Charakterunterschieden in den Gegenden des Kantons, nach den Meinungsunterschieden in den Bestandtheilen der bisherigen Opposition, durch

---

[1] Vergleiche eine Charakteristik der neuen Rathsglieder in der Stockmar'schen „Helvétie", vom 20. Juli, wahrscheinlich aus der Feder des frühern, noch einige Zeit im Amte stehenden Staatsschreibers.

die Bedürfnisse des Augenblicks aus sehr verschiedenen Elementen zu=
sammengesetzt, doch „Alles ächt liberale Männer, vom Alt=Berner
bis dicht an die Gränze des Radikalismus eine fort=
laufende Reihe aller liberalen Schattirungen[1]."

Einig waren sie in der Auffassung des Zweckes, wie ihn Blösch
nach der Beeidigung vor dem Großen Rathe in mächtiger Gemüths=
bewegung ausgesprochen hat: „Vorzüglich", sagte er, „werden wir es
unsere Aufgabe sein lassen, den Parteigeist zu bekämpfen und zu
mildern dadurch, daß wir die gesunden Elemente aus allen Parteien
um uns zu sammeln suchen unter der Fahne des schönen Vaterlandes,
und ausstoßen alles Schlechte und Unreine, finde es sich wo es wolle.
Der Patriotismus ist kein Privilegium dieser oder jener
Partei, eben so wenig sind es der Verstand oder die Einsicht; das Land
bedarf daher, soll seine Wohlfahrt gedeihen, des Zusammenwirkens
aller gesunden Kräfte." „Wir wissen, daß ein ansehnlicher Theil
dieser Versammlung und des Volkes unsern Eintritt in die Verwaltung
mit Mißtrauen betrachtet. Wir beklagen dieses Verhältniß, ohne uns
darüber zu beschweren. Eines aber gibt uns Trost und Beruhigung,
das Bewußtsein, daß die Gründe dieses Mißtrauens größten=
theils irrig sind!"

Die nämliche Versicherung wiederholten sie in einer öffentlichen
„Proklamation an das bernische Volk", vom 12. Juni, und
fühlten das Bedürfniß, die Aufrichtigkeit der gefaßten Vorsätze vor sich
selbst zu bekräftigen durch einen gemeinsamen Kirchgang. Als
am 16. Juni der erste Helfer am Münster in einer ergreifenden An=
sprache sich an den neuen Regierungsrath wandte, da rollten Blösch
die Thränen über die Wangen herab.

Selten wohl haben aus demokratischer Volkswahl hervorgegangene
Regenten mit redlicheren Absichten für das Wohl ihres Landes,
mit tieferem sittlichem Ernste vor der Größe und Verantwortung
ihrer neuen Pflichten, und im Ganzen wenigstens auch mit so tüch=
tiger Ausrüstung zu deren Erfüllung den Rathssaal betreten. Und
dennoch sollte es nicht gelingen, das unverdiente Mißtrauen
in Vertrauen umzuwandeln; sollten die vier Jahre nur
eine neue Reihe unfruchtbarer Parteikämpfe bilden, in
welchen die Führer — ohne Erfolg — nur ihre eigenen
Kräfte aufzehrten! —

---

[1] „Oberländer Anzeiger" vom 10. Juni 1850.

Die größte Schwierigkeit lag, nebst dem allgemeinen moralischen Zustand des Landes, in der Verfassung, mit welcher regiert werden mußte.

Die Regierung sollte dem Uebermaß des politischen Parteitreibens ein Ende machen, — aber die Verfassung hatte grundsätzlich kurze Amtsperioden festgesetzt, und dadurch beständig wiederkehrende Wahlen nöthig gemacht, welche jedesmal die kaum beruhigte Aufregung erneuerten; — die Regierung sollte den Schwerpunkt des politischen Lebens in die Klasse der im Alter gereiften Männer und des durch eigenen Besitz konsolidirten Mittelstandes verlegen, — aber die Verfassung hatte die Stimmberechtigung bis an die äußerste Gränze hinausgesetzt; — die Regierung sollte schärfere Aufsicht halten über ihre Beamten, — aber die Verfassung hatte ihr jede Autorität über dieselben entzogen; — sie sollte das Gleichgewicht der Finanzen herstellen, sollte Ordnung schaffen im Armenwesen, im Erziehungswesen, in allen Theilen der Gesetzgebung, — und überall lag irgend eine Verfassungsbestimmung im Wege, oder wurde doch von ihren Gegnern in den Weg gelegt. — Man kann mit einer radikalen Verfassung nicht konservativ regieren!

Dieß war von Einzelnen längst anerkannt, die Frage, ob Veränderung der Verfassung anzustreben sei, schon vor den Maiwahlen auf's Ernsteste besprochen worden.

Fischer von Reichenbach, der schon im Verfassungsrathe von 1846, von Blösch zum Theil unterstützt, die Einführung des Veto, oder dann eine zahlreichere, gemeindeweise Volksvertretung beantragt hatte, wiederholte diesen Gedanken in einem kleinen Schriftchen: „An und für die Gemeinden", das er im Anfang des Jahres 1850 von sich aus in's Publikum warf. Von der Ueberzeugung ausgehend, daß die Demokratie zur Wahrheit werden müsse, nicht durch Ausdehnung des Wahlrechts auf eine möglichst große Zahl von Leuten, sondern durch wirkliche Erweiterung der Regierungsbefugnisse des stimmberechtigten Volkes, empfahl er darin die seither so genannte „Landrathsverfassung", die Einrichtung einer größern Behörde, welche, als „legale Volksversammlung" die Gesammtbevölkerung repräsentirend, es derselben möglich machen sollte, den „Volkswillen" kundzugeben und als oberstes Gesetz des Staates zur Geltung zu bringen.

Eine ähnliche Anregung versuchte einer der konsequentesten Konservativen noch kurz vor den Wahlen in einer Broschüre, welche unter dem Titel „Dorfgespräche" viel gelesen worden ist.

Aber während so die Einen diesen Vorschlag als Programm glaubten aufstellen zu können zur Sammlung der Partei, oder wenigstens der Ansicht waren, daß sofort nach einem siegreichen Ausgang der Wahlen die Verfassungsrevision an die Hand genommen werden müsse, hatten Andere eben so entschieden davon abgerathen.

„Das Volk weiß nicht, was die Verfassungsrevision für ein Thier ist, glaubt aber, daß es nicht ohne Gefahr betrachtet, und besonders nicht ohne gebissen zu werden angerührt werden könne", schrieb ein einsichtiger Landmann.

Für die rein konstitutionellen Fragen hatten die Massen kein Verständniß; sie konnten darin keinen Vortheil sehen; sie konnten nur fürchten für den berüchtigten § 85, und die materiellen Begünstigungen, die derselbe in der einen oder andern Weise ihnen zugewendet hatte. Wies man konservativerseits auf die organischen Mängel der Verfassung, so sprachen die Gegner im Oberaargau von der „Wiedereinführung der Zehnten", im Oberlande von „Aufhebung der oberländischen Hypothekenbank", und erschreckten das Emmenthal durch die Aussicht auf die „Armenlast", die ihnen wieder aufgebürdet werden solle.

Auch Blösch war überzeugt, daß die bestehende Konstitution das Haupthinderniß einer gedeihlichen und geordneten Verwaltung sei, und daß eine dauernde Verbesserung des öffentlichen Zustandes nur gehofft werden könne durch Veränderung derselben; allein dieses Urtheil der staatsmännischen Einsicht wurde zum Schweigen gebracht durch die Rücksicht auf die Volksstimmung und das Mißtrauen, welches sie, ob auch grundlos, beherrschte.

So hatte man sich denn entschlossen, auch mit dieser Verfassung die Regierung zu übernehmen; der Entschluß wurde ohne Hintergedanken gefaßt: so lange die Verfassung galt, sollten ihre Formen auch gewissenhaft beobachtet werden; und die Veränderung, die man der Zukunft vorbehielt, sollte nie auf einem andern Wege vor sich gehen, als auf dem durch die Verfassung selbst vorgeschriebenen.

Die Folgen traten bald zu Tage: Alles, was die Verfassungsparagraphen im Widerspruche mit der so gänzlich umgestimmten öffentlichen Meinung zu thun zwangen, oder zu verfügen hinderten, wurde der Regierung zum Vorwurf gemacht, während dem doch von der andern Seite das Geschrei über Verfassungsverletzung nie aufhören wollte.

Am auffallendsten war dieß in Hinsicht auf das Verhältniß der exekutiven Behörde zu ihren Organen, den Beamten.

Durch Einräumung eines Vorschlagsrechts an die Bezirke
für die Bezeichnung ihrer vollziehenden und richterlichen Beamten, die
Regierungsstatthalter und die Gerichtspräsidenten, war
die Abhängigkeit der letztern von denen, welche sie regieren oder richten
sollten, größer geworden, als die Abhängigkeit von der obern Behörde,
in deren Namen sie zu regieren, und von dem Gesetz, dessen Vollziehung
sie zu überwachen hatten, und die Versuchung ihnen nahe getreten, auf
Kosten ihrer Pflichten sich den Beifall ihrer Wähler zu sichern[1].
Eine weitere Folge war, daß, zumal in Zeiten regen Parteilebens,
weniger die Tüchtigkeit und Zuverläßigkeit, als politischer Eifer und
politischer Einfluß zur Empfehlung gereichte[2]; die Beamten wurden
offizielle Parteiführer in den Bezirken vielmehr, als Ver-
waltungsorgane für die Zwecke des Staates.

Auch ihre Amtsdauer war, wie die des Regierungsrathes, auf
vier Jahre festgesetzt; allein es traf sich, daß die meisten derselben ihre
Stellen erst im Dezember 1846 angetreten hatten; die neue Verwaltungsbehörde war somit genöthigt, noch mehrere Monate „mit ihren
ärgsten Gegnern regieren zu müssen."

Sie suchte durch einen eingebrachten Gesetzesvorschlag diese Zeit
um etwas abzukürzen, allein dieß wollte nicht gelingen, und mehrere
dieser Beamten gebrauchten denn auch ihre Stellung, um ihrer Ober-
behörde offen entgegenzuwirken in einer Weise, wie dieß schwerlich
jemals anderswo mag vorgekommen sein.

Gegen einige derselben war sie aus andern Gründen zum
Einschreiten gezwungen: Das Amt Interlaken fand sie beim
Antritt der Regierung in einem Zustande vollster Anarchie; eine ihrer
ersten Maßregeln war die Einstellung des dortigen Regierungsstatthalters in seinen Funktionen, und provisorische Ersetzung desselben durch
einen außerordentlichen Regierungskommissär. Die Verfügung war durch
Nachläßigkeit im Vollzug der Strafurtheile und große Unordnung im
Rechnungswesen nur allzu gut motivirt; allein der Mann war radikal, und die ganze radikale Hälfte des Bezirks trat für ihn ein,
mit ihr die gesammte Partei des Kantons. Sein Nachfolger im Amt,

[1] Im Jahr 1854 sind in den ersten sechs Monaten — vor den neuen Volks-
abstimmungen — um Fr. 4700 weniger eingegangen an fälligen Bußen, als in der
entsprechenden Zeit des Jahres 1853.

[2] „Man wisse aus Erfahrung, wie in diesem Saale die Wahlen der Gerichtspräsidenten getroffen worden seien, indem man auf Rechtskenntnisse wenig gesehen, sondern
nur nach politischen Beweggründen gewählt habe", sprach eine gewichtige radikale Person
im Großen Rathe im Jahr 1847 (Verhandlungen Nr. 85, p. 2.).

ein durch Energie und Einsicht hervorragender Konservativer, der ihn
mit einer warmen Anrede begrüßt und zur Mitwirkung zum Wohl der
Gegend eingeladen hatte, fand in ihm einen erbitterten Gegner, das
Haupt einer durch Zahl und Einfluß mächtigen Gegenpartei, und den
Leiter aller Umtriebe, welche seine Thätigkeit lähmten.

Schlimmer noch war der Zustand am entgegengesetzten Ende des
Kantons, im allezeit schwer zu regierenden Pruntrut. Der Gegensatz
von Stadt und Land, Familieneifersuchten und kleinliches Coterienwesen
bestimmten hier, neben kirchlichen Rücksichten, die politische Stellung des
Einzelnen. Hier wurde der Vertreter der Regierung schon im Juni 1850
eingestellt, und darauf von den Gerichten wegen Betrug, mehrfacher
Fälschung, Aktenunterschlagung und Amtsmißbrauch in contumaciam
verurtheilt.

Auch dieser sollte als politischer Märtyrer erscheinen. Es erfolgte im Großen Rathe eine Interpellation, und gab (am 31. Juli)
dem Präsidenten des Regierungsrathes Gelegenheit zu
einer furchtbaren, vernichtenden, aber aus den Akten geschöpften Schilderung der „Wirthschaft“ im Amthause zu Pruntrut und zugleich in
demjenigen in Interlaken. Die scharfe, zwei und eine halbe Stunde
dauernde und mit ungewohntem Eifer vorgebrachte Antwort machte
großes Aufsehen in und außer dem Rathssaal, und erregte
einen Sturm bei den Betroffenen, der sich theilweise gegen Blösch persönlich wandte: Auf solche Enthüllungen war man nicht gefaßt gewesen [1].

Am 13. Oktober 1850 sollten in sämmtlichen Bezirken die Abstimmungen vor sich gehen über die verfassungsmäßigen Doppelvorschläge
für die Neubesetzung dieser Beamtenstellen. In einer eigenen Proklamation mahnte die Regierung: „Ohne tüchtige, arbeitsame und vor
Allem pflichtgetreue und gewissenhafte Beamte wären die besten Absichten,
die redlichsten Anstrengungen der obersten Behörde vergeblich, wäre
Freiheit, Gesetz und Ordnung ein in den Wind gesprochenes Wort!“
Die Betheiligung war trotzdem ziemlich gering [2]; die Gleichgültigen
blieben zu Hause, die Massen, — insbesondere die konservativen,
politisch wenig Bewegten, — hatten für dieß Vorschlagsrecht kein Ver-

---

[1] Die Rede findet sich der Hauptsache nach im „Oberländer Anzeiger vom 11. August
1850, in einem ausführlichen Referate über die Sitzung des Großen Rathes.

[2] Die Zahl der Stimmenden betrug im ganzen Kanton am 13. Oktober 20,756
Konservative und 19,388 Radikale, während am 5. Mai 39,668 Konservative und 36,996
Radikale sich gegenüber gestanden.

ständniß; im naiven Vertrauen: „die Regierung in Bern werde es schon recht machen", ließen sie die Regierung im Stich.

Bald folgten auch die wirklichen Ernennungen durch den Großen Rath. Der „Oberländer Anzeiger" sprach für Ausschließung der Gegner: „Ob die Majorität und deren Organe ohne Noth und Gefahr ihre Existenz wegwerfen, auf ihr Recht verzichten, ihre kaum begonnene Arbeit für bessere Zustände feige einer schreienden Minorität vor die Füße werfen und davon laufen soll? Das ist der Standpunkt der Frage. Antwortet man darauf als vernünftiger Mensch mit nein! — so muß man ausschließen, nicht Personen, aber die pure Unmöglichkeit zu regieren, die beharrliche Widerspenstigkeit gegen alle Anordnungen der zu Recht bestehenden Behörde, die proklamirte Unversöhnlichkeit mit dem, was die gesetzliche Mehrheit will; mit einem Wort: den Selbst= mord muß man ausschließen!" [1]

Blösch und seine Kollegen glaubten umgekehrt, dem aufgestellten Programm entsprechend, durch Unparteilichkeit das Vertrauen des Landes gewinnen und sich die Mitwirkung aller wohlgesinnten Gegner zum Besten des Landes sichern zu sollen, um so den demoralisirenden Agitationen ein Ende zu machen. Wo immer möglich, wünschten sie sich an die Volksvorschläge zu halten[2].

Ihre Hoffnung täuschte sie; zwar die konservative Mehrheit des Großen Rathes stand treulich zu ihnen, und das Ergebniß wurde als durchaus befriedigend erklärt; aber mehrere Radikale, die zum Voraus über Ausschließlichkeit sich beklagt, verweigerten, als sie die gemischte Liste sahen, die Annahme ihrer Kandidaturen, und — was schlimmer war — die neu gewählten politischen Gegner der Regierung benützten ihren amtlich eingeräumten Einfluß statt zur Mitwirkung, zur Gegenwirkung; manche derselben, kaum wieder eingesetzt, stellten sich an die Spitze radikaler Vereine und beschlossen öffentlich „Unterstützung der Opposition." — Die oberste Behörde hatte in kaum glaublicher Weise einen vierjährigen Kampf zu bestehen mit ihren eigenen Beamten.

Warum schaffte diese nicht Ordnung? — Die Verfassung hatte der Exekutive nicht nur die Wahl, sondern auch die Abberufung

---

[1] „Oberländer Anzeiger" vom Jahr 1850, Nr. 122. — Bei dieser Gelegenheit wurde erinnert an eine Aeußerung der „Bernerzeitung": „Es wäre zu wünschen, daß mit den aristokratischen und konservativen Beamten an diesem Landesinstitut beförderlichst aufgeräumt würde!" Das Landesinstitut, von dem sie das sagte, war — der Inselspital.

[2] Unter 164 von der Großrathsmehrheit gewählten Beamten waren 68 entschiedene Radikale, nach der Zählung des konservativen „Vaterland."

ihrer Organe entzogen, und die letztere an ein Urtheil der
Gerichte geknüpft. Mehrmals sah sich die Regierung genöthigt, gegen
Ungesetzlichkeiten einzuschreiten: zwei Regierungsstatthalter mußten wegen
Auflehnung in ihren Aemtern eingestellt werden, — der oberste Gerichtshof, in seiner Mehrheit aus Radikalen zusammengesetzt, fand
es seiner Stellung angemessen, der Verfügung Schwierigkeiten entgegen
zu stellen; die nachgesuchte Abberufung wurde erst verweigert, dann so
lange hingezogen, daß der Prozeß zum politischen Skandale
ward, dem Mißtrauen und der Leidenschaft neue Handhaben bot[1]).

Der Regierung waren die Hände gebunden; das Volk
aber, welches die Regierung nach ihren Beamten beurtheilt, das „nichts weiß von Trennung der Gewalten"[2]),
legte jeden Mißgriff, jede Unordnung der Regierung
zur Last.

Eine weitere Hauptklippe, an welcher die neue Verwaltung scheitern
mußte, bildete der Zustand der Finanzen.

Am 2. August gab der neue Finanzdirektor über denselben dem
Großen Rathe amtliche Auskunft und machte mit seinen Zahlen auf
Freunde und Feinde gewaltigen Eindruck. Es fanden sich demnach
beim Regierungswechsel in den Kassen des Staats Fr. 301,837 (a. W.)
vor, davon schuldeten sie aber an die Kantonalbank Fr. 197,296, und
waren auf Ende Juni einzig an Beamtenbesoldungen zu zahlen —
Fr. 423,000. — „Ja, in Wirklichkeit", schrieb Blösch um diese Zeit an
einen Freund, „wird die laufende Verwaltung seit Monaten
aus der Kantonalbank bestritten."

Eine sorgfältige Berechnung zeigte, daß infolge der sogenannten
Finanzreform und in Berücksichtigung der Zinse der seit 1846 gemachten
Defizite der neuen Regierung in ordentlichen Zeiten jährlich
circa Fr. 485,000 (a. W.) weniger zu Gebote standen, als
der im Jahr 1846 in's Amt getretenen Behörde! —

Eine allgemeine Ersparnißtendenz war also der neuen Verwaltung wie durch die Forderung der öffentlichen Meinung, so nicht
minder durch die Verlegenheit des Augenblicks von selbst angezeigt.
Eines der ersten Geschäfte des Regierungsrathes war die Herabsetzung

---

[1]) So war es möglich, daß ein am 15. Dezember 1853 durch das Obergericht von
seinem Amte abberufener Richter noch bis zum 26. ungestört seine Funktionen ausübte,
weil erst an letzterm Tage das Urtheil zur Eröffnung kam, nachdem bereits die Presse
darüber verhandelt hatte.

[2]) Brief eines Landmannes an Blösch.

der eigenen Besoldung. Durch diese Maßregel, durch Aufhebung einer Anzahl anderer Beamtungen oder Reducirung ihrer Einkünfte u. f. w.[1]) gelang es zwar, die jährlichen Ausgaben des Fiskus um etwas zu verringern; durch Einführung einer neuen Erbschaftssteuer, durch Verbesserung des Salzregals und andere Anordnungen die Einnahmen um etwas zu steigern; allein dieß reichte nicht zur völligen Herstellung des Gleichgewichtes und einer normalen Finanzverwaltung.

Von einem Jahre zum andern hoffte die Regierung, ein günstigeres Budget vorlegen zu können; sie schlossen immer wieder mit einem Ausfall in der Rechnung. Mit der äußersten, oft bis in's Kleinliche getriebenen Sparsamkeit, welche manche Interessen verletzte und gegnerischerseits verächtlich, doch nicht ohne Grund, als „Knorzerei“ ihr vorgeworfen wurde, gelang es zwar, die Defizite zu vermindern, doch nicht, sie verschwinden zu lassen. Es betrugen dieselben zwar in der vierjährigen Verwaltungsperiode von 1850—1853[2]) zusammen nur ungefähr, — nicht völlig, — so viel, wie vorher im Durchschnitt jedes Jahr, nämlich im Ganzen Fr. 1,126,954. 56, während sie vom 1. September 1846 bis Ende 1849 Fr. 4,506,516. 39 ausgemacht; — allein es war immerhin ein Defizit, und damit der Staatshaushalt nicht so eingerichtet, wie es der konservativen Partei als nothwendig zu erreichendes, und der konservativen Regierung als erreichbares Ziel vorgeschwebt hatte.

Es stellte sich heraus, daß, auch von momentanen Ausschweitungen abgesehen, welche sich beseitigen ließen, das populäre Verlangen nach Einfachheit und Wohlfeilheit der Verwaltung in unlösbarem Widerstreite stehe mit dem modernen Staatsbegriff, der nun einmal doch herrschend geworden, und mit den vielseitigen Ansprüchen, welche der büreaukratisch geordnete Rechtsstaat und der auf allgemeine Volksbildung gegründete Humanitätsstaat an jede Regierung erhebt. Um jene Tendenz wirklich zu befriedigen, hätte man viel weiter zurückgehen müssen, als die Regierenden selbst es wollten.

So sah sich die konservative Regierung auf einen ihren eigenen Prinzipien widersprechenden verhängnißvollen Ausweg gedrängt.

---

[1]) So wurden z. B. die Kosten der Gesetzgebungskommission, welche von 1846—1850 durchschnittlich über Fr. 13,000 (a. W.) in Anspruch genommen hatte, sofort unter Blösch's Präsidium auf circa Fr. 1000, zuletzt auf Fr. 740 per Jahr — durch Verzicht auf das Honorar — vermindert.

[2]) Es ist hierbei, der Staatsrechnung gemäß, die erste Hälfte des Jahres 1850 mit eingerechnet, dagegen die entsprechende Zeit des Jahres 1854 nicht berücksichtigt.

Um bei den leer angetretenen Kassen die nächsten Bedürfnisse des
Staates bestreiten zu können, und um jene Schuldentilgungskasse in
ihrem Bestande zu erhalten, auf welche die Verfassung dem Oberlande
ein Recht gegeben, mußte sie ihre Zuflucht zu einem Anleihen nehmen.
Dieses wurde zwar zu äußerst günstigen Bedingungen gefunden, und
gab ein erfreuliches Zeugniß von dem Kredite, welcher der Verwaltung
im eigenen Kanton und außerhalb desselben zu Gebote stand [1]); allein
es blieb auch dabei nicht.

Die direkte Steuer hatte im Jahr 1850 von $1\frac{1}{2}$ ⁰/₀₀ herabgesetzt
werden können auf 1 ⁰/₀₀; allein neue Bedürfnisse drängten; zu einer
Wiedererhöhung des Steuerfußes wollten die Gegner die Regierung
zwingen, sie aber — aus gleichen Motiven — sich nicht entschließen.
Einer weniger böswilligen Opposition gegenüber hätte sie es wagen
dürfen, so aber mußte sie es zu vermeiden suchen, um nicht das Vertrauen derer zu verlieren, welche einzig sie stützten; sie schritt zu einem
neuen „Bauanleihen" zu besondern Zwecken und half sich durch die
Selbsttäuschung, daß sie diese Spezialausgaben auf ein „außerordent=
liches Büdget" brachte.

Im Mai 1863 mußten nach Vorschrift der Verfassung die bis=
herigen Rechnungsausfälle, vom 1. September 1846 bis Dezember
1851, — im Betrage von zusammen beinahe vier Millionen (a. W.),
förmlich durch Dekret des Großen Rathes vom Kapitalvermögen
des Kantons „abgeschrieben" werden, — eine traurige Re=
signation, nicht geeignet, der Regierung, welche sich dazu entschließen
mußte, ihre Stellung zu erleichtern, mochte auch die Schuld ihren
Gegnern auffallen. .

Manche besondere Umstände trugen dazu bei, die angebahnte
Besserung zu erschweren; nicht alle Ausgaben hingen vom Willen der
Regierung ab.

Immer größere Summen verschlang das durch die neue Eidgenossen=
schaft geordnete, im Verhältniß zu frühern Zeiten ziemlich kostspielige
Militärwesen, gegen welches in konservativen Kreisen manches
Murren sich erhob. Auch die unschätzbar wohlthätige Maßregel der
eidgenössischen Münzeinigung verlangte beträchtliche Opfer, an
welchen der Kanton Bern einen Verlust von über Fr. 150,000 zu tragen
hatte: — die „Regierung" wurde dafür verantwortlich gemacht.

---

[1]) Sie erhielt Fr. 300,000 in Basel zu 2 % und Fr. 400,000 im eigenen Kanton —
am gleichen Tage gezeichnet — al pari zu $3\frac{1}{2}$ %.

Bedeutende Kosten an Bauten und neu errichteten Beamtenstellen wurden verursacht durch Aufstellung einer neuen Gerichtsorganisation und der Geschwornengerichte[1]. Als ein demokratischer Fortschritt seiner Zeit im Namen des Volkes gefordert und in der Verfassung vorgesehen, war das Institut in Wirklichkeit so wenig volksthümlich, daß die vorige Regierung damit gezögert hatte, bis dessen Einführung der konservativen Verwaltung zufiel, und nun als Mittel zu Angriffen gegen dieselbe benutzt werden konnte. — Der ganze Kanton wurde in fünf Assisenkreise eingetheilt: am 3. Januar 1852 hielt das erste Geschwornengericht eine Sitzung in Thun.

Einem längst gefühlten Bedürfniß sollte endlich abgeholfen werden durch den Bau einer kantonalen Irrenanstalt, an welchen nach dem Dotationsvertrag — denn damals bereits hatte Blösch diesen Gedanken in's Auge gefaßt — die Bürgerschaft von Bern einen Beitrag leistete. Für diesen Zweck vorzüglich war das oben erwähnte Bauanleihen bestimmt. Eine kleine Stunde von der Hauptstadt entfernt, in prachtvoller Lage erhob sich bald das gewaltige Gebäude, das bei einer Länge von 546 Fuß und einer Breite von 243 Fuß, mit seinen weiten Höfen und Dependenzen für 2—300 Unglückliche Raum darbot.

Am schwersten aber wurde der Wohlstand des Kantons, wie das Budget des Fiskus belastet durch die Sorge um das in furchtbarem Maße anwachsende Proletariat. Mit der Aufstellung des Freiwilligkeitsprinzips war zugleich bestimmt worden, daß der Bezug der sogenannten Armentellen durch die Gemeinden mit dem Jahre 1850 völlig aufhören, und auch die Zuschüsse successiv sich vermindern sollten, die der Staat zur Erleichterung des Uebergangs an die ärmsten Gemeinden leistete. Allein es stellte sich dieß als ganz unmöglich heraus. Die Ansprüche an die Armenpflege waren in dem Maße gestiegen, daß umgekehrt der fernere Bezug der Tellen noch gestattet werden mußte, und daß die Nachhülfe der Staatskasse bald sich höher belief, als vordem die Summe sämmtlicher durch die Gemeinden aufgebrachten Armensteuern, und die Ausgaben des Staats zu Armenzwecken im Ganzen von Fr. 589,241. 18 (n. W.) im Jahr 1847 bis zum Jahr 1854 auf die enorme Summe von Fr. 1,118,500 [2] anwuchsen.

---

[1] Es betrugen dieselben schließlich um Fr. 120,000 mehr, als budgetirt worden waren.

[2] In dieser Zahl sind indessen die Kosten des Irrenhausbaues (mit etwa Fr. 400,000) mit inbegriffen.

Eine neue auf veränderter Basis aufgebaute Ordnung des Armen=
wesens war eine der wichtigsten Aufgaben, welche die Verwaltung von
1850 bei ihrem Geschäftsantritt sich stellte. Der Direktor des Innern
arbeitete unausgesetzt an der Vorbereitung eines neuen Armengesetzes,
welches seinem Projekt zufolge die Unterstützungspflicht der Gemeinden
herstellen, aber statt der bürgerlichen Heimathhörigkeit das Prinzip der
örtlichen Armenpflege anzubahnen bestimmt war. Allein ehe
noch dieser Vorschlag zur Berathung kommen konnte vor der gesetz=
gebenden Behörde, wurde derselbe durch die Regierungsänderung des
Jahres 1854 wieder überflügelt.

. Auch die Natur schien der Regierung ihre Aufgabe erschweren
zu wollen und trug Mitschuld an der erschreckenden Höhe der Zahlen,
welche das Armenwesen verschlang. Eine furchtbare Ueberschwem=
mung verursachte im August 1851 in den Thälern der obern Aare
einen Schaden, der sich nach amtlicher Schätzung auf über Fr. 870,000
belief, und dieselbe wiederholte sich im September des folgenden
Jahres, nachdem bereits im Juni ein Wolkenbruch von seltener Inten=
sität einen Theil des Emmenthals verwüstet hatte; ja die Gegenden
des sogenannten großen Mooses und der Mündung der Zihl
blieben vom August 1852 bis zum April 1853 mit kurzer Unterbrechung
beständig vom Wasser bedeckt. Eine eigentliche Hungersnoth betraf das
arme, beinahe produktionslose Oberland und bedrohte die an den
Kanton Freiburg gränzende Gebirgsgegend des Guggisberg mit
völligem ökonomischem Ruin und mit dem Namen des bernischen Irland.

Wohl regte sich bei solcher Noth die öffentliche Wohlthätigkeit,
eilte besonders die Westschweiz eifrig dem bedrängten Kanton mit
ihrer Hülfeleistung zu, und wurden für die Ueberschwemmten aus Neuen=
burg, la Chaux-de-Fonds, Genf, Lausanne, Vivis und andern Städten
des Waadtlandes mehrere Tausende von Franken nur allein an Blösch
persönlich zugesandt; — diese Gaben hatten wohl den Werth einer
Sympathiebezeugung für die neue Ordnung Berns, vermochten aber
nicht, dem Uebel dauernd entgegen zu wirken. Zeitweise Störung
der Lebensmittelzufuhr von der nördlichen, zum Theil auch von
der südlichen Gränze her hielten die Preise in einer bisher ungewohnten
Höhe und ließen die Bevölkerung in härtester Weise die national=öko=
nomischen Veränderungen empfinden, welche durch den Bau der Eisen=
bahnen und durch die Fabrikindustrie in ganz Europa sich zu
vollziehen begannen.

Dieser öffentliche Nothstand zwang die Behörden zu mancher außer=
ordentlichen Maßregel.

Die Auswanderung nach den überseeischen Ländern sah die Regierung als eine Nothwendigkeit an zur Ableitung der mit der Produktion in keinem richtigen Verhältniß mehr stehenden Bevölkerung. Um dieselbe zu erleichtern, zu ordnen und den Ausgewanderten einigermaßen noch den Schutz ihres Landes zu sichern, wandte sie sich erst an die Bundesbehörde, und als diese Anregung erfolglos blieb, an die Räthe eines Nachbarkantons, um mit diesem durch ein sogenanntes Konkordat sich zu verbinden; ein jährlicher Kredit wurde ihr zuletzt vom Großen Rathe zu diesem Ende bewilligt.

Durch Einführung neuer Industriezweige hoffte sie ferner den Wohlstand der ärmsten Landestheile allmälig zu heben. Im Guggisberg (Schwarzenburg) wurde der Versuch gemacht durch Anstellung eines Lehrers für Fabrikation der Schwarzwälderuhren, im Gadmenthale durch Einrichtung einer Holzschnitzlerschule, in Obersimmenthal und mehreren andern Orten durch Beschäftigung mit Appenzellerstickerei[1]). Die Regierung erkannte, daß die landwirthschaftliche Rohproduktion den Kanton nicht länger einzig zu ernähren vermöge, und wandte deßhalb auch der ersten großen Industrieausstellung besondere Beachtung zu, die im Jahr 1851 die Schätze des europäischen Gewerbsfleißes in London vereinigte.

Großartigerer Mittel als in jenen Gebirgsgegenden bedurfte es, um der Noth des Seelands abzuhelfen. Seit nahezu einem Jahrhundert waren hier bereits Sachverständige berathen, Kommissionen erwählt, Vermessungen angestellt und Plane gezeichnet worden, um den Lauf der sogenannten Juragewässer zu regeln, deren mangelhafter Abfluß über 60,000 Jucharten Landes[2]) der allmäligen Versumpfung entgegenführte. Die Verschiedenheit der Ansichten über die Zweckmäßigkeit der Projekte, die Schwierigkeiten der Beschaffung des ungeheuren Kapitals, besonders aber die Uneinigkeit der fünf dabei betheiligten Kantone hatten die Frage noch nicht aus dem Stadium der bloßen Vorbereitung treten lassen. Blösch hatte schon seit Jahren dieser Lebensfrage seiner engern Heimath ganz besonderes Interesse zugewendet und benützte seine jetzige Stellung zur Neubelebung der bezüglichen Verhandlungen.

Die Regierung wollte nicht beim bloßen Schreiben stehen bleiben, sie schritt, so weit dieß möglich war, zur That. Durch Ausbagge-

---

[1]) Politische Intriguen ließen, vielleicht mit andern Mißgriffen, diese Anfänge industriellen Lebens nach einigen Jahren fast ohne Spuren wieder untergehen.

[2]) Bericht und Antrag von Oberstlieutenant La Nicca vom Jahr 1842.

rungen im Bette der Zihl bei Brügg, die ſie im Sommer 1853 end=
lich von ſich aus anordnen ließ, erreichte ſie einen zwar nur unvoll=
ſtändigen, aber doch nicht unbedeutenden Erfolg.

Den weitaus größten Werth legte Blöſch in eine befriedigende Ord=
nung des Gemeindeweſens: „Grundlage der politiſchen
Organiſation des Staats ſind die Gemeinden, und nur
von den Gemeinden aus iſt eine gründliche und geſunde
Neubelebung des Staatskörpers möglich!" Das war von
lange her ſein Loſungswort.

Am Ende des 17. Jahrhunderts hatte die damalige Regierung
Berns durch eine Art von Gewaltakt alle diejenigen Perſonen, die auf
einen beſtimmten Tag an einem Orte ſich aufhielten, mit ihrer ganzen
Nachkommenſchaft als erbliche Bürger dieſer Gemeinde er=
klärt. Durch Wechſel des Wohnorts hatte ſich aber dieß einfache und
natürliche Verhältniß längſt wieder verſchoben, ſo ſehr, daß in der
Hauptſtadt des Kantons auf eine Bevölkerung von über 25,000 Seelen
(1850) kaum 4000 Bürger kamen, und daß ſelbſt in Landgemeinden
Aehnliches vorkam. War bis zum Anfang der dreißiger Jahre die
Ortsverwaltung trotzdem den Bürgerſchaften einzig überlaſſen ge=
blieben, ſo zeigte die ſechsundvierziger Strömung die entgegengeſetzte
Tendenz nach Auflöſung der Bürgerrechte, nach Vertheilung
ihres Beſitzes und Uebertragung ihrer adminiſtrativen Befugniſſe auf
die neugeſchaffenen Einwohnergemeinden.

Blöſch war entſchieden gegen ſolche revolutionäre Rechtsverletzung
aufgetreten, und der Hauptberather und Führer der Bürger=
gemeinden geworden, die zur Wahrung ihres Rechts in allen
Theilen des Kantons ſich regten; hatte mehrere Konferenzen von Ge=
meindeabgeordneten theils zuſammenberufen, theils präſidirt und im
Jahr 1848 eine kleine Schrift über dieſe Frage herausgegeben,
welche große Anerkennung fand. Dennoch war es ihm zur Gewißheit
geworden, daß dieſe Bürgerſchaften, durch engherige Ausſchließung aller
Fremden zuſammengeſchrumpft, ihre öffentliche Geltung eingebüßt hätten
und einer Reorganiſation bedürftig ſeien[1]).

Seine Erfahrungen führten ihn zu dem Ergebniß, es ſollten die
erblichen Bürgerrechte von ihren Schranken befreit, die auf
freie Niederlaſſung begründeten Einwohnergemeinden dagegen
konſolidirt werden, durch Schaffung einer neuen Bürgergemeinde,
in welcher jederzeit alle durch Moralität, durch Vermögen und durch

---

[1]) Vergleiche oben p. 181 u. ff.

Bildung zur Theilnahme an der Ortsverwaltung legitimirten Ein=
wohner auch Bürger des Orts wären und diese Eigenschaft auf
ihre Nachkommen forterben würden. Mit besonderer Vorliebe berief er
sich dabei auf die Analogie des alten Bern, dessen Stadtverfassung
noch im Jahr 1539 die Vorschrift enthielt: „Alle die Jnn unser Statt
Bern hußhäblich gesessen sindt, undt allda lieb und leidt tragend; die=
selben söllendt für burger gehalten und geachtet werden, der Statt
Rechten halten, und aller rechten und fryheiten derselben Statt genoß
syn.“

Allein jetzt berufen, ein Gesetz zu redigiren, wagte er es
nicht, diesem radikalen Gedanken Folge zu geben; allzu=
große Bedenklichkeiten standen dem entgegen, allzu mächtige Interessen
waren im Wege, welche Schonung verlangten, als daß ein solcher, dem
oben erwähnten ähnlicher, Gewaltschritt ihm hätte rathsam, ja auch
nur ausführbar erscheinen können.

Ausgehend 1) von der faktischen Unmöglichkeit, die bürger=
lichen Gemeinden fernerhin in ihrer Geltung als Träger der öffent=
lichen Ortsverwaltung aufrecht zu erhalten, 2) von der rechtlichen
Nothwendigkeit, dieselben in der ungestörten Verwaltung ihres
durch die Verfassung förmlich garantirten Besitzthums zu belassen, be=
schränkte er sich darauf, eine Ausscheidung anzuordnen derjenigen
bürgerlichen Güter, welche ihrer Bestimmung nach kommunalen Zwecken
dienten, von denjenigen, welche als bloßes Korporationseigenthum zu
betrachten waren. Dadurch wurde zwar nicht die Einheit der Gemeinde
hergestellt, aber doch die Uebelstände des bisherigen Dualis=
mus größtentheils gehoben durch Zutheilung eines ei=
genen Vermögens an die Einwohnergemeinde.

„Was werden aber“, schrieb Blösch nach Beendigung des Entwurfs,
„zu solchen Grundlagen die eigenen Leute, was die Gegner
sagen? Wohl ist wenigstens der Gedanke erlaubt, daß sicherer auf
den Widerstand der erstern, als auf die Unterstützung auch nur der
Bessern unter den letztern zu rechnen sei. Und doch beruht darauf das
Gelingen der gewiß dringenden Reform! — und auf dieser die
Zukunft!“

Der Gesetzesvorschlag, welcher in alle Theile des Volkslebens auf's
Tiefste hineingriff, war die Frucht einer ungeheuern historischen und
statistischen Vorarbeit[1]), und eingehender Besprechungen mit
Männern aus den verschiedenen Landesgegenden. Blösch vereinigte zu

---

[1]) Dieselben füllen im Nachlaß Blösch's ein gewaltiges Aktenfaszikel.

diesem Zwecke die Glieder des Großen Rathes aus je einem Bezirke — aber aus beiden Parteien — und führte über die geäußerten Ansichten eine Art von Protokoll[1]). Nachdem die Ergebnisse dieser Berathungen möglichst benützt worden waren, heißt es dann (17. Mai 1851): „Heute legte ich die letzte Hand an den ersten Entwurf des Gemeindegesetzes. Der Herr segne die Arbeit, die nicht das nach meinen individuellen Ansichten Wünschenswertheste, wohl aber das nach den Umständen ausführbare Beste enthält!"

Ein weitläufiges, gedrucktes Gutachten wurde sobann sämmtlichen Regierungsstatthaltern mit der Aufforderung zugestellt, den Entwurf mit den angesehensten Gemeindebeamten zu prüfen und ihre Bemerkungen darüber einzureichen[2]).

Allein auch damit begnügte er sich noch nicht. Um in dem vielgestaltigen Kanton alle Meinungen zu ihrem Rechte kommen zu lassen und zugleich der Einführung des Gesetzes den Weg zu bereiten, veranstaltete er im Auftrage des Regierungsrathes bezirksweise Versammlungen von Abgeordneten aller Gemeinden. Es war dieß etwas völlig Ungewohntes, was, wie ein gegnerisches Blatt boshaft bemerkte, „weder Verfassung noch Gesetz, sondern nur Herr Blösch befohlen hat." Er aber sah darin die sicherste Gewähr für die Herstellung eines seinem Zweck entsprechenden Gesetzes, für Beseitigung der demselben entgegenstehenden Vorurtheile, und für Popularisirung der ihm zu Grunde liegenden Gedanken; zugleich die Wiederherstellung einer ursprünglich demokratischen Institution, und ein Mittel, die Regierung mit dem Kern des Volkes in direkte Berührung zu bringen. Aus den gleichen Gründen wurde der Vorgang von der radikalen Presse äußerst ungern gesehen, als eine „Empfehlung der einzuführenden Landrathsverfassung", selbst als ein „Wahlmanöver" bezeichnet, und Alles angewendet, diese Besprechungen zu hindern oder wenigstens nach Möglichkeit zu stören.

---

[1]) Beim Hinausgehen von einer dieser Konferenzen soll einem angesehenen radikalen Emmenthaler die Aeußerung entfallen sein: „Hätte Regierungsrath Schneider vor zwei Jahren ein so freisinniges Gemeindegesetz entworfen, man hätte ihn zum Teufel gejagt!"

[2]) Zu vergleichen ist über die ganze Sache: 1) Betrachtungen über das Gemeindewesen im Kanton Bern und dessen Reform von C. Blösch, gewesenen Landammann, begleitet von einem Entwurf-Grundzüge einer neuen Gemeindeordnung des Kantons Bern, 1848; 2) Gutachten über die Reorganisation des Gemeindewesens im Kanton Bern, datirt Bern, 9. Juni 1851, gedruckt in Biel, und 3) die später zu erwähnende Denkschrift über die Staatsverfassung und ihre Revision, vom Jahr 1854.

Am 30. Auguſt (1851) traf Blöſch, begleitet von einem ſeiner Kollegen und dem Rathsſchreiber, in Langnau ein, wohin auf den folgenden Tag die Ausgeſchoſſenen der Aemter Signau, Trachſelwald und Konolfingen eingeladen waren. Die Stimmung wurde ihnen zum Voraus als eine gereizte bezeichnet, und der Regierungsſtatthalter ſprach ſogar die Beſorgniß aus, daß es während der Nacht zu beleidigenden Demonſtrationen kommen könnte; wirklich ergab es ſich ſpäter, daß eine ſolche beabſichtigt geweſen war.

„Um 9 Uhr“, erzählt Blöſchs Tagebuch, „zogen wir nach der Kirche; eine Schaar radikaler Abgeordneter hielt auf dem Kirchhof Rath; die Mienen verriethen unfreundliche Geſinnung, aber auch an heitern Geſichtern fehlte es nicht. In der That gab ſich, ſo bald die Verhandlung mit einer kurzen Anrede über den Zweck der Verſammlung eröffnet worden, ſeitens der Radikalen eine Stimmung kund, wie ich ſie bei ähnlichen Anläſſen kaum je getroffen.“

„Im Ganzen war aber doch der Gang der Berathung ein befriedigender: die eigentlichen Grundlagen des Entwurfs blieben unangefochten, und nur über Nebenpunkte fielen einige Wünſche und Anträge von untergeordnetem Belang; allein es ſchien, als ob gerade das Befriedigende des Entwurfs den Zorn einiger Führer beſonders reizte.“ — Einer derſelben, ein ſonſt verſtändiger Landmann[1]), war äußerſt bitter und ſogar beleidigend; noch mehr ein Anderer, der ſich oft als perſönlicher Feind Blöſchs hervorgethan hatte. — „Von den konſervativen Abgeordneten ſprachen nur wenige: das Ganze bot daher ein ziemlich treues Bild des allgemeinen Zuſtandes: eine freche Minorität, die brüllt und ſchreit, und eine Mehrheit, die ruhig zuhört und ſchweigt.“

Nach einem wohlthuenden Raſttag bei der Familie in Thun folgte dort am 1. September die zweite Beſprechung: „Gegen 9 Uhr Gang in's Schloß und von da zur Kirche. Ueberall waren Gruppen feſtlich gekleideter Landleute; die einen grüßten freundlich, die andern ſtanden ſchweigſam und verlegen umher. Bald nachher war Alles verſammelt, bei 300 Abgeordneten aus 110—120 Gemeinden der ſieben Amtsbezirke des Oberlandes und etwa 100—150 Zuſchauer. Auch hier waren es vorzugsweiſe die Radikalen, welche das Wort ergriffen,

---

[1]) Es war derſelbe, welcher die oben angeführte Aeußerung gethan (p. 304). Der Nämliche ſagte kurz vorher in einer öffentlichen Volksverſammlung: „Der Entwurf des Gemeindegeſetzes ſei gut, aber eben darum glaube er nicht, daß es Blöſch ernſt damit ſei, — man müſſe ihn beim Worte nehmen. Vergleiche auch unten p. 308.

allein es geschah in ganz anderer Weise, als in Langnau. Die Ver=
handlung dauerte fast sieben Stunden, und wurde von sämmtlichen
Rednern ohne Ausnahme mit so viel Ruhe und Anstand geführt, daß
ich am Schlusse, — hätte ich es nicht sonst gewußt, — von keinem einzigen
würde haben sagen können, welcher Partei er angehöre. Der Eindruck
der ganzen Verhandlung war ein überaus günstiger; ich konnte mich
nicht enthalten, dafür der Versammlung meinen Dank auszusprechen,
worauf auch mir, unter mehrfachem Zuruf, von einem Abgeordneten
freundlich gedankt wurde; das gleiche geschah noch in der Kirche per=
sönlich seitens eines der radikalen Führer."

Zwei Tage später (3. September) kamen circa 110—120 Gemeinds=
ausgeschlossene der umliegenden Bezirke in der Kantonshauptstadt
zusammen. „Auch diese Versammlung verlief befriedigend, obschon es
an einigen bittern Andeutungen nicht fehlte; die Verhandlung dauerte
volle acht Stunden und war für mich äußerst ermüdend."

Einen andern Charakter trug diejenige, welche am 8. September
in Aarberg stattfand. Verschiedene Gemeinden hatten beschlossen, der
Einladung keine Folge zu geben; im Widerspruch damit erschienen
Vertreter fast aus allen, — bei 150 von etwa 180 Gemeinden, —
allein kaum hatte Blösch seine Begrüßungsanrede geschlossen, so erhob
sich Alt=Regierungsstatthalter Schöni aus Biel und stellte — offenbar
in Folge ergangener Abrede — den Antrag, daß das Eintreten in den
Entwurf abgelehnt werde, „weil er auf ungerechten, vorrechtlerischen
und unvolksthümlichen Grundlagen beruhe." Blösch erwiderte ruhig:
„die Regierung habe Niemanden genöthigt, in der Versammlung zu
erscheinen, und wer seine Ansichten über den Gesetzesentwurf nicht er=
öffnen wolle, möge es unterlassen."

Nachdem Blösch mehrere Male von dem oben Genannten unter=
brochen worden war mit dem Verlangen nach Abstimmung über seinen
Antrag, ließ er sich, um Ruhe zu erhalten, endlich dazu verstehen, und
es hatte dieß das fast komische Resultat, daß eine Mehrheit von un=
gefähr zwei Dritteln sich gegen das Eintreten aussprach[1]); dann aber,
als Blösch sich dadurch keineswegs stören ließ, die Verhandlung den
ruhigsten Fortgang nahm, unter Theilnahme Vieler von denen,
welche das Eintreten verweigert hatten, namentlich Schöni's, der sogar
mehrmals das Wort ergriff und Anträge stellte! — Ja, was noch

---

[1]) Einer derselben erklärte: „Er stimme gegen das Eintreten, denn er habe In=
struktion, sich den Freisinnigen anzuschließen!"

auffallender: die mehrsten Abstimmungen, wenigstens die bedeutendern, fielen mit großer Mehrheit im Sinne des Entwurfes aus.

Roher noch äußerte sich der Widerspruch einer sinnlosen Verbitterung in Koppigen, wo am 10. September 180 Gemeinden aus dem Oberaargau und untern Emmenthal vertreten waren. Nach ausführlicher Erzählung aller der gemachten Einwendungen, der zum Theil unter sich streitenden und nur auf Störung berechneten Gegenanträge, und der scharfen Antworten, durch welche Blösch mehrmals gegenüber unverschämter Auftritte Raum machen mußte, äußert er darüber: „Aus dem ganzen Gange der Verhandlung war augenscheinlich zu entnehmen, daß es den Führern galt, um jeden Preis die Besprechung der Regierungsabgeordneten mit dem Volk zu verhindern; darum anfänglich das wilde Drängen auf Nichteintreten, und da dieß unerreicht blieb, die endlosen Unterbrechungen. Und dieser Führung folgte die Mehrheit mit stupider Willenlosigkeit, oft sogar höhnisch sich erhebend, wenn die etwas erhöht stehenden „Fürsprecher" das Zeichen gaben. Die Minderheit verhielt sich passiv, so daß ich nicht nur den Karren ziehen, sondern selbst noch „die Brämen wehren" mußte."

Das Ergebniß wird am besten charakterisirt durch die Aeußerung eines Landmannes, der bei der Abstimmung bekannte: „Die Mehrsten von uns stimmen in dieser Beziehung gegen ihre Ueberzeugung — aber es ist halt politisch." Es war unverkennbar, daß dem Resultate dieser Berathung zufolge ein Gemeindegesetz zu Stande kommen müßte, welches gerade die hier vertretenen Gegenden mit aller Kraft von sich stoßen würden[1]); — denn hier war bis dahin der Sitz der blindesten Opposition gegen jegliche Reform des Burgerthums; — und „daß die lautesten Gegner das Gesetz bis in den Himmel erheben würden, wenn es nur nicht von Ihnen, sondern von einem der ihrigen ausginge"[2]).

Die zahlreichste Versammlung war diejenige, welche schließlich am 16. des gleichen Monats in der festlich geschmückten Kirche zu Delsberg stattfand, und in welcher bei einer Zahl von circa 400 Deputirten eine stark konservative Stimmung sichtlich überwog. Trotz mehrfacher, theils boshafter, theils plumper Angriffe von Seiten zweier Personen fand der von Blösch — hier in französischer Sprache — erklärte und verfochtene Entwurf eine günstige Aufnahme, und selbst Radikale drückte hier ihre Befriedigung aus mit der ungewohnten Berathungsform.

[1]) „Vaterland" vom 14. September 1851.
[2]) Im Briefe eines Freundes aus dem Emmenthal vom 7. September 1851.

Blösch selbst betrachtete diese Rundreise gewissermaßen als eine **epochemachende That** und hoffte von derselben eine bedeutende Besserung des öffentlichen Zustandes, vor allem **eine Hebung des Vertrauens** zu den viel verkannten Absichten der neuen Verwaltung. Seine Erwartung ging nur zum Theil in Erfüllung. Zwar machte die außerordentliche Klarheit, mit welcher er die schwierigsten Fragen auseinandersetzte, die imponirende Ruhe, welche er den heftigsten Provokationen entgegenstellte, die Geduld, welche jeder ernstlich gemeinten Einwendung Rede zu stehen nicht müde ward, im Einzelnen **den günstigsten Eindruck**; allein die **Befangenheit,** mit welcher gegnerischerseits die Sache aufgenommen wurde, machte jeden **wirklichen Erfolg** unmöglich. „Das freilich war vorauszusehen, daß die Radikalen sich darüber ärgern würden, wenn eine Regierung, die sie tagtäglich als aristokratisch und reaktionär verschreien, ein so freisinniges Verfahren einschlägt, wie nur derjenige thun kann, dem es Ernst ist, **des Volkes Willen zu erfahren,** und der das Volk nicht nur als Redensart im Munde führt; — das konnte man erwarten, daß eine **Vergleichung** dieses Verfahrens mit demjenigen, welches in der sechsundvierziger Periode in Gesetzgebungssachen stattgefunden, ihnen unangenehm sein werde, und daß das Gelingen eines so wichtigen Gesetzes unter der jetzigen Regierung ihnen nicht gerade am Herzen liege"[1]); — aber die **politische Parteisucht** ging weiter; sie war im Stande ganze Bevölkerungen gegen eine volksthümliche Einrichtung aufzuhetzen, so daß, bezeichnend genug — die **rohesten Auftritte** gerade in der Gegend stattgefunden haben, welcher das Gesetz die **größten Vortheile** bot, im Emmenthal.

Obwohl auf diese Weise die Wünsche der Gemeinden nur zum Theil zum unverfälschten Ausdruck gelangten, nahm Blösch doch, nicht entmuthigt, eine **neue Umarbeitung des Projektes** vor. Im Februar 1852 gelangte eine Eingabe an die Behörden: „daß das berathene Gemeindegesetzprojekt **bald als Gesetz in Kraft treten** solle"; — sie kam aus dem Emmenthal, und war unterzeichnet — von **dem Manne,** der in Langnau hauptsächlich widersprochen hatte!

Am 30. November wurde der Vorschlag zur zweiten Berathung vor den Großen Rath gebracht und **fast ohne Debatte zum Gesetz** erhoben. Bis jetzt hat sich bestätigt, was damals ein Freund an Blösch geschrieben hat: „Von Deiner ganzen Arbeit urtheile ich: wenn **sie auch Dich wegjagten,** werden sie Büchlein (das gedruckte

---

[1]) „Vaterland" vom 2. September 1851.

und verbreitete Gutachten) und Gesetz in seiner Geltung stehen lassen."

Es lagen der konservativen Regierung Aufgaben vor, deren Lösung überhaupt nur möglich war durch Vereinigung aller moralischen und materiellen Kräfte. Statt dessen blieb die schroffe Stellung der Parteien, der „Schwarzen" und „Weißen", in einem solchen Grade fortbestehen, daß sie die Gemüther vollständig beherrschte, jeden Fehler des Gegners als einen Sieg der guten Sache, jede Störung seiner guten Absichten als patriotische That erscheinen ließ, die geringste Gemeindsbeamtung, selbst die Wahlen der Geschwornenrichter zu einer politischen Frage stempelte, und jedes unbefangene Zusammenwirken zu gemeinsamen Zwecken zur Unmöglichkeit machte. Je näher der Zahl nach die beiden Parteien sich standen, um so erbitterter wurde der Kampf geführt, denn von jeder einzelnen Stimme schien die Entscheidung abzuhängen. Diese Parteisucht schied das Bernervolk von Oben bis Unten in zwei sich feindlich entgegenstehende Theile, deren einer der von den Gegnern, obwohl mit gesetzlicher Mehrheit, gewählten Regierung förmlich die Anerkennung versagte, und sich zu ihr in ein Verhältniß setzte, das nur zu sehr dem offen zum Programm erhobenen Grundsatz entsprach: „Man müsse den Konservativen das Regieren unmöglich machen!"

Diese Opposition, obwohl im Großen Rathe die unbezweifelte Minderheit bildend, verfügte immerhin über eine solche Zahl von Stimmen, daß sie, von talentvollen, unermüdlich thätigen und dabei rücksichtslosen Führern geleitet, durch unübertreffliche Parteidisziplin zusammengehalten, der Regierung doch die ernstlichsten Verlegenheiten zu bereiten und ihren Sieg in jeder neuen Sitzung, mit jeder neuen Ergänzungswahl in Frage zu stellen vermochte.

Geringer wohl, als in der Behörde, war die Opposition im Volke selbst vertreten, das, politischen Fragen als solchen im Grunde ferne stehend, durch seine Interessen mehr an die Ordnung gewiesen wird, als an die Freiheit; allein die künstlich genährte Furcht vor dem überwiegenden Einfluß der Hauptstadt, und vor Wiederkehr eines Patrizierregiments, nicht selten auch bloß lokale Zufälligkeiten, alte Dorffeindschaften oder Familieneifersuchten ließen auch Theile der Bevölkerung den radikalen Führern blindlings folgen, welche durch natürliche Stellung und Charakter dazu angethan waren, zu den festesten Anhängern

einer gemäßigten, liberal=konservativen Regierung zu
zählen.

Neben der leichtlebigen Bevölkerung des sogenannten „Bödeli"
und anderer Gegenden des Oberlandes, neben dem für die Vortheile
der sechsundvierziger Verfassung immer noch dankbar gesinnten obern
Emmenthal, einigen größern, traditionell=radikalen Ortschaften des
Seelandes und des dichtbevölkerten industriellen Jurathales von
St. Immer, bildeten auffallender Weise die reichen Bauerndörfer in
dem untern Theile des Kantons, dem schönen fruchtbaren Hügellande
des Oberaargaus und der untern Emme, eine Hauptburg des
Radikalismus, welche den Absichten der Regierung stets einen zähen —
man möchte beinahe sagen: „konservativen" — Widerstand entgegen=
setzte, und in allen Abstimmungen mit dem Gewichte ihrer kompakten
Zahlenreihen gegen sie auftrat.

Die radikale Presse war es hauptsächlich, welche diesen un=
natürlichen Zustand unterhielt, und durch eine unerhörte Konsequenz
in der Entstellung jeder, auch der einfachsten Regierungsverfügung das
Mißtrauen nie zur Ruhe kommen ließ. Von Fürsprecher Stämpfli re=
digirt, fuhr die „Bernerzeitung" fort den Ton anzugeben; das
„Thunerblatt", der „Seeländer Anzeiger", das „Emmen=
thaler Wochenblatt", der „Vaterländische Pilger" aus Langen=
thal dienten als viel verbreitete Lokalorgane zur Bearbeitung der öffent=
lichen Stimmung in den einzelnen Theilen des Kantons, und verstanden
es, die auf sie hörenden Kreise zu täuschen über die Tendenzen der
Regierung und über ihre eigenen Wünsche[1].

Es wird der schweizerischen, speziell der bernischen Journalistik
der Vorwurf der Bestechlichkeit nicht gemacht werden können, welcher
anderwärts die Preßfreiheit in eine traurige Karrikatur verwandelt
hat und so manches Volks gesunden Sinn unheilbar verwirrt; die
Anklage dagegen wird nicht abzuweisen sein, daß die eben genannten
Blätter in jener Zeit des Parteikampfes durch eine die Schranken pu=
blizistischer Loyalität überschreitende Polemik das unbefangene Urtheil
ihrer Leser bestochen und durch leidenschaftliche Aufreizungen den viel=
leicht unverhältnißmäßigen Einfluß mißbraucht haben, welchen
die Neuzeit der Presse verleiht.

---

[1] „Il s'agit de faire toujours croire qu'on a la majorité, car chez le peuple
c'est un calcul et il suit où il croit qu'il y a le plus d'intérêt et le moins de
danger", äußerte einst sehr naiv ein radikaler waadtländer Nationalrath.

Leider wurde sie darin ermuthigt durch die Haltung der meisten größern Blätter der übrigen Schweiz, und durch die unverholene Ungunst, welche die offizielle Eidgenossenschaft dem „Umschwung" Berns entgegenbrachte.

Schon in den vierziger Jahren hatte Blösch die ungeduldigen Freunde oftmals darauf hingewiesen, daß der Kanton Bern nicht allein für sich dastehe, sondern im Zusammenhang mit seinen Bundesgenossen, und seit dem Jahr 1848 hatte diese natürliche Wechselwirkung der Bundesglieder eine noch viel bestimmtere Gestalt angenommen. Der in jenem Jahre zur Herrschaft gelangte vorzüglich ostschweizerische Legalradikalismus hatte seither immer ausschließlicher für seine über die Bundesverfassung hinausgehende Centralisationstendenz das Privilegium der Bundesfreundlichkeit und des eidgenössischen Patriotismus in Anspruch zu nehmen gewußt, und überwachte mit einer gewissen doktrinären Aengstlichkeit jedes Symptom selbständig-kantonaler Lebenskraft.

Dieser „eidgenössischen Gesinnung" war die „schwarz und rothe", mit „Bären" sich schmückende Begeisterung der konservativen Partei als verdächtig und gefährlich von Anbeginn an erschienen.

Mochte man immerhin aufmerksam machen auf den großen Unterschied, welcher die sog. Radikalen Zürichs und St. Gallens trenne von der Richtung der bernischen sechsundvierziger[1]), und wiederholt sich auf die Thatsache berufen, daß gerade die Führer der jetzt sogeheißenen konservativen Partei die neue Bundesverfassung mit Jubel begrüßt, ihre Gegner aber, die Radikalen, sie verworfen haben[2]), — das Mißtrauen bestand und wurde nie überwunden.

---

[1]) Doch gab es auch Solche, welche die Analogie der beidseitigen Parteistellungen in Zürich und in Bern besser durchschauten; davon zeugte zu der Zeit, da Treichler in ersterer Stadt einen kommunistischen Ansprung machte auf das damals herrschende „System", eine beim dortigen „Sechseläuten" erschienene Inschrift:

Was Alt-Bern einst aufgespeichert,
Ward von Stämpfli dort vertreichlert;
Und was Zürich aufgehämpfelt,
Wird von Treichler hier verstämpfelt.

[2]) Im Jahr 1848 (8. August) hieß es in der „Bernerzeitung", mit dem Hohn der Besiegten: „Der ganze Anhang der Patrizier, das Zopfbürgerthum, die Pächter der patrizischen Güterbesitzer und die sogenannte konservative Partei" sei „äußerst zahlreich

Allerdings zeigten sich im Kanton Luzern Regungen neuerwachender Opposition von Seiten der nur durch die Gewalt der kriegerischen Ereignisse niedergeworfenen ultramontanen Partei; — es zuckte erd=bebenartig im Kanton Freiburg gegen den Druck, mit welchem eine kleine oktroyirte Minderheit ein mittelalterlich=katholisches Volk in die moderne Staatsfreiheit hinüberzwingen sollte; — Genf wollte sich· die Diktatur Fazy's nicht mehr wie sonst gefallen lassen, und in der Waadt war der alleinherrschende Einfluß Druey's im Sinken; — in Neuenburg bestand noch eine durch Reichthum und Bildung viel bedeutende royalistische Partei, die ihre Hoffnung setzte auf die Rück=kehr des Fürstenthums an das preußische Königshaus; und dieß Alles mochte den Argwohn einigermaßen erklären, mit welchem die Führer der eidgenössischen Mehrheit ihr einmal erlangtes Uebergewicht im Bunde hüteten. — Der Zustand Europas, das mit den Tagen von Olmütz dem Höhepunkt der Reaktion entgegenging; — die diplomatischen Kon=ferenzen in London und Dresden; — die damit in Verbindung stehenden Gerüchte von Verhandlungen zwischen den Höfen, von Interventions=drohungen gegen den immer noch nicht anerkannten „neuen Bund", und die mancherlei kleinlichen Beweise, daß es dazu nicht am guten Willen fehle, — das war nicht geeignet, eine ruhigere Beurtheilung Platz finden zu lassen.

Die Gefahr für den Bestand der regenerirten Schweiz lag demnach wohl weniger in den wirklichen Tendenzen jener als bundes=feindlich angesehenen Richtungen, als in den unnatürlich gespannten Verhältnissen selbst. Durch die Macht des neuen Bundes künstlich aufrecht erhalten, entfremdeten solche ihm auch die Gemüther Vieler, die ihn anfangs wenn nicht mit eigentlicher Freude, doch mit aufrichtiger Resignation aufgenommen hatten.

So war es in jenen Kantonen, so auch in Bern. Wenn es auch unter den Konservativen Viele gab, welche den Zuständen der Urkantone, wie allen ehrwürdigen Institutionen der alten Schweiz, eine gewisse gemüthliche Sympathie entgegenbrachten, so waren dieß kaum mehr als eben Sympathien; der Hauptmacht der Partei, dem Land=volk, waren diese völlig fremd, und bei den leitenden Führern war — zum mindesten gesagt — die Einsicht in die politische Unmöglichkeit

---

zur Stelle" gewesen. „Von diesem ganzen Aristokratenheer", so erzählte sie, — der Wahrheit gemäß, — haben höchstens vier oder fünf zur Verwerfung gestimmt; alle übrigen waren Jasager, und die Annahme der Bundesverfassung in der Hauptstadt ist demnach wesentlich den Konservativen zu verdanken!" Vergleiche auch oben.

einer Rückkehr hinter das Jahr 1848 so zweifellos, daß die romantischen
Gefühle Einzelner nicht in Betracht kommen konnten[1]).

Blösch durfte sich mit Recht als Anhänger der neuen Bundes=
verfassung bekennen[2]). Die in derselben festgesetzte Vertheilung des
Schwerpunkts zwischen der neuen Centralgewalt und den Kantonen
nicht bloß als eine nothwendige, im Ganzen als eine sehr glückliche
beurtheilend, hielt er nur die **Willkür** für bedenklich, mit welcher
die Despotie der Majoritäten den Verfassungsparagraphen eine belie=
bige Ausdehnung zu geben pflegte im Sinne größerer Cen=
tralität und zu Ungunsten der historischen Besonderheiten kantonalen
Lebens. Von der eingeschlagenen Richtung besorgte er nicht nur stärkere
Versuchung zum Aufgeben der Neutralität, sondern mehr noch „all=
mälige Zerstörung aller lokalen Eigenthümlichkeiten in Sitten und
Gebräuchen, in Gesetzen und öffentlichen Einrichtungen durch die cen=
tralisirende Walze, in einer Weise, daß die Zerstückelung der Schweiz
und ihr Uebergang zu einer dem übrigen Europa ähnlichen Staats=
form geradezu vorbereitet werde[3]).“

Der erste Artikel der Leuenmatterklärung entsprach
einem aufrichtig gefaßten Entschlusse.

Es fehlte nicht an weitergehenden Hoffnungen, welche sich
an den konservativen Sieg im Kanton Bern anknüpften, noch auch
an Versuchen, die neue Regierung von dem eingenommenen Stand=
punkt abzuführen und als Kern für eine eidgenössische Op=
positions= und Restaurationspartei zu — mißbrauchen.
Wiederholt wurde anfangs Blösch von Häuptern und Agenten der
ultramontanen Schweiz aufgesucht, die das Terrain zu sondiren kamen;
er entließ dieselben, „kaum ganz befriedigt“ durch die ernste War=
nung vor jeder Gewaltthätigkeit, die Mahnung zur Geduld
und die Verweisung auf die verfassungsmäßigen Mittel, durch
welche auch Bern seinen jetzigen Umschwung erkämpft.

Besser als diese Leute, deren persönliche Ehrenhaftigkeit ihn weder
über die Hoffnungslosigkeit ihrer Zwecke, noch über die Verwerflichkeit
mancher von ihnen angewendeten Mittel zu täuschen vermochte, verstand
ihn einer seiner persönlichen Freunde in Neuenburg, das Haupt der

---

[1]) Davon machte wohl nur Einer eine Ausnahme, ein Mann von hervorragendem
Einfluß zwar, aber ohne direkte Berührung mit der Regierung.

[2]) Siehe oben.

[3]) Aus einer Art von Denkschrift über die politische Organisation der Schweiz, in
welcher übrigens der föderalistische Standpunkt — wohl durch momentane Eindrücke
beherrscht (vom Jahr 1853) — weit stärker als sonst hervorgehoben ist.

dortigen schweizerisch-konservativen (nicht royalistischen) Richtung, Alt=
Staatsrath Calame. In einem Glückwunschschreiben an Blösch ver=
sicherte dieser, daß seine Freude eine völlig uneigennützige sei für die
Angelegenheiten des eigenen Kantons, und fügte bei: «Je désire vivement qu'il en soit partout ainsi et que pas plus à Fribourg qu'à
Lucerne ou ailleurs on ne songe à se prévaloir de votre victoire pour
se livrer à quelque tentative qui n'aurait pas pour elle la plus stricte
légalité. Les *conséquences morales* du changement qui s'est fait à Berne
sont les seules que j'accepte.»

Ihm antwortete Blösch in hocherfreuter Zustimmung: «Que tous
ceux qui se livrent à quelque tentation réfléchissent bien *sur leur
position et sur la nôtre.* Il y eut un temps où les autorités fédérales
proclamaient hautement le principe de la nonintervention; aujourd'hui
il n'en est plus ainsi: ce principe ayant rempli son but de révolu-
tionner tour à tour les cantons, ou au moins de les abandonner aux
attaques révolutionnaires, on sût bien vite revenir au principe de la
garantie mutuelle des gouvernements, et le nouveau pacte non-seule-
ment autoriserait le *conseil fédéral* à soutenir de tous les moyens
dont la confédération dispose les autorités existantes à Fribourg et
à Neuchâtel, mais lui permettrait même de les rétablir si le peuple
entier s'était livré à un changement. Je n'ai pas besoin d'observer
dans quelle position de pareils événements nous placeraient. Ce serait
remettre en question tout ce que le ciel nous a accordé, et notre
devoir comme notre *intérêt* nous forceraient de prendre fait et cause
contre un mouvement.» «Ce que nous désirons n'est point ce que l'on
entend communément une *réaction,* c'est-à-dire un retour à une organisation aristocratique, soit patricienne, *nous resterons fidèles aux
principes démocratiques, mais tâcherons précisément pour la conser-
vation de la démocratie de lui associer l'ordre.»*

„Was die Lage in Freiburg und Luzern anbelangt", dieß sind die
Worte eines andern konservativen Staatsmannes aus der Ostschweiz
in einem Briefe an Blösch — „so schadet es nicht, wenn beide
Kantone aus sich selbst heraus sich zum Bessern heraus=
arbeiten müssen. Alles, was zu ihren Gunsten geschehen sollte,
war daher nach meiner Ansicht, zu verhindern, daß nicht neue mili=
tärische Gewalt gegen sie angewendet werde." — Auch dieser grün=
dete Hoffnungen auf die Aenderung in Bern, doch ganz andere, als
jene Intriganten: „Die Befestigung der Berner Regierung kann in
St. Gallen zur Bildung einer Mittelpartei führen. So kann
sich allmälig ein besserer Kern für die ganze Schweiz heranbilden;

dazu aber ist nöthig, daß eine Masse bisheriger politischer
Doctrinen aufgegeben werde"[1]).

Solcher Gesinnung entsprechend zauderte Berns Regierung nicht,
derjenigen von Freiburg bundesgemäße Hülfeleistung zuzu=
sagen, als diese nach einem mißlungenen Aufstandsversuche im Oktober
1850 sich derselben zu versichern wünschte.

Noch mehr als vor reaktionären Putschgelüsten graute Blösch vor
der Intervention der fremden Mächte; denn erst durch die
Verbindung mit dieser schienen auch jene eine wirkliche Gefahr für die
Schweiz werden zu können. Eine sich bietende Gelegenheit benützte er,
um einem hochgestellten Fremden zu erklären: es wohne ihm viel mehr
Vertrauen ein in die gesunde Natur des Kranken, als in
die Kunst der fremden Doktoren; er hoffe daher, der Himmel
bewahre ihn vor äußern Freunden, wie vor innern Feinden. Es war
ein Gesinnungsgenosse, welcher ihm aus Basel schrieb: „Wir wünschen
keine Intervention, allermeist deßhalb nicht, weil sie die Ehre des
Vaterlandes gefährdet und seine wahre Heilung nicht gründlich fördern
kann; aber wir wollen auch den Schein, als ob wir sie wünschten,
von uns fern halten, weil wir die Empfindlichkeit unseres Volkes in
diesem Punkte und die gehässige Verdächtigungssucht unserer Gegner
kennen"[2]).

Je mehr sich die Regierung Berns und die hinter ihr stehende kon=
servative Partei ihrer Bundestreue bewußt war, um so bitterer em=
pfanden sie die Ungunst, die von dieser Seite ihr entgegentrat, und
die, vorzüglich im Nationalrath vertreten, selbst von der Mehrheit des
Bundesrathes getheilt, von der untergeordneten eidgenössischen Bureau=
kratie unterhalten, beinahe in der gesammten schweizerischen Tages=
presse, hauptsächlich in dem seit Oktober 1850 in Bern unter geschickter
Redaktion erscheinenden „Bund" ihren unversöhnlich gehässigen Aus=
druck fand.

Von den Versuchen, schon vor dem Wahlentscheide für die in ihrer
Macht bedrohten radikalen Freunde einzutreten, ist bereits die Rede ge=
wesen.

Ein Besuch des Gesandten Frankreichs beim Regierungs=
präsidenten und die Mittheilung an denselben, daß seine — die fran=
zösische — Regierung sich in einem Schreiben an ihn über den in Bern
eingetretenen Wechsel beifällig äußere, wurde in der gegnerischen Presse

---

[1]) Landammann Baumgartner aus St. Gallen, Februar 1851.
[2]) Rathsherr Heußler, Redaktor der „Baslerzeitung", November 1853.

ausgebeutet und von der eidgenössischen Behörde zur Veranlassung genommen, ihr Mißtrauen fühlen zu lassen[1]).

Im November (1850) erlaubte sich sogar der Genfer Deputirte Tourte in einer öffentlichen Rede in Bern selbst dessen Regierung ein „Bastardregiment" zu heißen, und — dem Protest, in welchem eine zahlreiche Versammlung von Einwohnern Berns am folgenden Tage für diesen Schimpf Genugthuung verlangte, wurde von den eidgenössischen Räthen eine Antwort verweigert[2]).

Die Wahl Stämpflis zum Nationalrathspräsidenten und gleichzeitig eines andern radikalen Berners zum Vorsitzenden des Ständeraths — im Oktober 1851 — war ein absichtlicher Schlag in's Gesicht der konservativen Mehrheit des Kantons und wurde auch von dieser als ein solcher empfunden. Wenige Tage vorher hatte Stämpfli das Gefängniß verlassen, in welches er durch Urtheil der Gerichte wegen Verläumdung versetzt worden war.

Es bedurfte den ganzen Einfluß der besonnenen Führer, um jetzt nicht eine tiefe Verbitterung gegen solchen Hohn, eine bundesfeindliche Stimmung herrschend werden zu lassen; es wird Niemand wundern können, daß dem gegenüber allerdings das kantonale Selbstgefühl des Berners sich regte und sich mehr als je daran erinnerte, daß sein Gebiet den fünften Theil der Schweiz ausmache.

Am entschiedensten drohte solches in der Stadt Bern selbst, der Trägerin der historischen Traditionen. Diese hatte als neue Bundesstadt der Schweiz die Verpflichtung übernommen, ein entsprechendes Gebäude zu erstellen. Daß die in dem langsamen und bedenklichen Bern sich dem Bau entgegenstellende Verzögerung als Böswilligkeit denunzirt wurde, daß die Stadt zu den verhältnißmäßig sehr bedeutenden Kosten auch noch beständige unberechtigte Vorwürfe zu hören bekam, und dazu die in der Gemeinde residirenden eidgenössischen Beamten Steuerfreiheit für sich in Anspruch nahmen, konnte der Versöhnung der gegenseitigen Mißverständnisse wenig förderlich sein. Am 24. September 1851 wurde endlich ein definitiver Plan angenommen, am 22. Juli 1852 der erste Stein gelegt, und bald verschaffte ein würdiges, ja stolzes Bauwerk der Stadt die ungetheilte Anerkennung, daß sie dem Gedanken des

---

[1]) Blösch hatte in der öffentlichen Sitzung des Regierungsrathes seinen Kollegen davon Kenntniß gegeben, und so war die Sache bekannt geworden.

[2]) In einem kleinen Städtchen des Seelandes war freilich die Parteiwuth groß genug, um für die Beschimpfung der selbstgewählten kantonalen Regierung eine — Dankadresse zu beschließen.

neuen Bundes einen durchaus angemessenen architektonischen Ausdruck
gegeben habe.

Der Radikalismus schien für den Standpunkt striktester Gesetzlich=
keit kein Verständniß zu besitzen. Während die konservativen Berner
des geheimen Einverständnisses beschuldigt wurden zum gewaltthätigen
Umsturz der Bundesverfassung, fürchtete man im Grunde vielmehr jene
conséquences morales ihres jetzigen Sieges, von welchem Calame ge=
sprochen. Hatte denn jener Andere Recht, welcher der Regie=
rung, unter Hinweisung auf die — im März 1852 — nichts weniger
als gesicherte Stellung der Bundesgewalten, an der reaktionären Strö=
mung der Schweiz einen Halt zu suchen rieth, und der gegen Blösch
behauptete: „durch Mäßigung sind diese Antipathien nicht zu über=
winden." „Die Lenker aller dieser (radikalen) Kantone hassen uns um
unseres Ursprungs willen und sie müssen uns hassen; ihr Instinkt leitet
sie ganz sicher; denn wenn der bernische Konservatismus erstarkt, so
stirbt der Radikalismus in den andern Kantonen"? Blösch wollte dieß
nicht glauben und sah diesen Haß umgekehrt als ein unnatürliches
Verhältniß an.

So haben diejenigen, deren größtes Interesse die Entstehung und
Kräftigung eines die Gegensätze der alten und neuen Schweiz aus=
gleichenden gemäßigten Centrums im größten, centralgele=
genen, paritätischen Kanton gebieterisch zu fordern schien, sich auf
die Seite derer gestellt, welche der liberal=konservativen Verwaltung
das „Regieren unmöglich machten."

Dem Allem gegenüber hatte die Regierung immer doch die eigene
Partei für sich! — aber beinahe könnte man in Versuchung sein, auch
diese selbst zu denen zu zählen, welche das Regieren unmöglich machten.

Die bisherigen Leiter derselben hatten die Stellung an der Spitze
der Gesinnungsgenossen vertauscht mit derjenigen an der Spitze des
Kantons. Blösch wollte nicht in den Fehler verfallen, den er seinen
Vorgängern hauptsächlich zum Vorwurf gemacht; er hatte sofort nach
der Wahl seinen Freunden die offene Erklärung abgegeben, „daß er
ihnen gegenüber die freie Stellung in Anspruch nehme, welche einem
Glied der Regierung gebühre, und von der Sekunde an, da er
die Schwelle des Rathssaales berührt, sich der bisherigen
Verbindung als entrückt betrachte." So fand sich die konservative
Partei vom Augenblicke ihres Sieges an so zu sagen ohne Orga=
nisation, ohne Disziplin und ohne Führung, — kein Nach=
theil, sofern die Hoffnung auf Verschwinden der Parteisucht sich reali=

firte, — eine bedeutende Gefahr aber, da dieses leider nicht der
Fall sein sollte.

Durch öftere, manchmal sehr zahlreiche Versammlungen im
Berner Stadtkasino wurde die Mehrheit zusammenzuhalten und auf
dieselbe einzuwirken gesucht; es vermochten diese nicht das begeisternde
Leben in großen Massen rege zu erhalten, das bis dahin geherrscht.
Als ein neues konservatives Organ neben dem „Oberländer An=
zeiger" und dem „Seeländerboten" trat an die Stelle des ein=
gegangenen „Schweizerischen Beobachters" vom Jahr 1851 an das
„Vaterland", das, wenn auch in etwas steifer offiziöser Haltung,
den gemäßigten Konservatismus vertrat. Allein: das „konservative
Volk" las wenig Zeitungen, und das „zeitungslesende
Publikum" selten die konservativen.

Die „elbe Demokratie" hatte sich in einem gewaltsamen Auf=
schwung erhoben gegen das „neue Herrenthum"; über die „Schreiber",
die „Rechtsagenten", die „Fürsprecher", die „neumodischen Lehrer" wurde
viel geschmäht im Volke; aber bald zeigte es sich, daß der Haß gegen
diese Stände wohl nur aus der Ahnung ihres bereits über=
mächtigen Einflusses entsprang, und daß jede Verleumdung von
dieser Seite, jedes aufreizende Wort der radikalen Presse dennoch Glauben
fand und auf die arglosen Gemüther des Landvolkes seine Wirkung that.

Schon im August (1850) berichtete ein Brief aus dem Oberaar=
gau: „Der Stand der Parteien ist ungefähr derselbe, wie er im Früh=
jahr war. Die Radikalen scheinen wenig oder gar keinen
Boden verloren zu haben, was hauptsächlich daher kommt, daß
die beiden ersten Bezirksbeamten, namentlich der Regierungsstatthalter,
an der Spitze derselben stehen. Nicht wenig aber scheint auch der Um=
stand dazu beizutragen, daß die hiesige, ziemlich zahlreiche, aber nicht
organisirte sogenannte konservative Partei meistens aus 1831ern be=
steht, welche durch die Furcht vor allzugroßem aristokratischem
Einfluß in eine passive Stellung gerathen sind." Der nämliche Brief
verlangt für die Gegend konservative Beamte, „sonst ist sie größten=
theils für die Regierung verloren, ohne dafür neue Freunde zu ge=
winnen. Die Radikalen werden durch Verleihung von Aemtern doch
nicht gewonnen und spotten höchstens über die Gutmüthigkeit der kon=
servativen Regierung [1]."

---

[1] Bei der Erwählung der vom Großen Rathe zu ernennenden Glieder des obersten
Gerichtshofes hatte die Regierung einen politisch gemischten Vorschlag gemacht: für die
radikalen Kandidaten stimmten alsdann beide Parteien, für die Konservativen nur diese.

Bald hernach heißt es aus dem Seeland ähnlich: „Die Konser=
vativen haben keinen Boden verloren, aber ein gewisses Mißbehagen
läßt sich nicht verkennen." Die Nichtvertretung des Seelandes im Re=
gierungsrath und Konzessionen an die Radikalen werden als Gründe
genannt.

„Die oberländischen Konservativen", lautet ein weiterer
Bericht, „sind mit der Regierung nicht zufrieden. Wir halten dafür,
daß nur feste konsequente Behandlung der Geschäfte zu einem ersprieß=
lichen Ziele führt, und daß es sehr gefährlich ist, durch unzeitige Nach=
giebigkeit gegen Parteiführer — die man damit doch nicht gewinnt —
die eigene Partei vor den Kopf zu stoßen. Glauben Sie mir, Sie haben
im Volke viel festern Boden, als im Großen Rathe, aber verlassen Sie
denselben nicht!"

Während die einen Stimmen mit der größten Aengstlichkeit zur
Vorsicht mahnten, mit jeder kräftigen Maßregel dem Mißtrauen
Nahrung zu geben, das Geschrei der Gegner zu erregen, die unselb=
ständigen Anhänger zu verlieren fürchteten und besonders vor Erwäh=
lung von Stadtbernern warnten, „weil durch nichts so sehr Kon=
servative und Radikale in Harnisch gebracht würden[*]), — während ein
„Patrizier" schrieb: Sehr wünschenswerth ist ein entschiedenes Auftreten
der Regierung gegenüber ihrer eigenen Partei, weil man stets
die Folgen des Schwankens und jeder noch so geringen Schlappe, die
daher rührt, vor Augen haben muß"; drängten Andere von Stadt und
Land mit Ungestüm auf größere Entschiedenheit und Energie:
„Darüber täusche man sich nicht, es ist so: die Ehrlichkeit der Regie=
rung, die Versöhnungspolitik, die Schlaffheit in Reformen, die Amts=
schaffner, die Förster, die Bannwarten, die Wegmeister und Wegknechte,
die Schwellenmeister u. s. w., u. s. w. (nämlich, wenn man sie nicht zu
beseitigen wagt), werden die Regierung erdrücken." — „Mehr Kraft in
Verfolgung der Wühler! Das Volk weiß nichts von Trennung der
Gewalten!" — „Die gutgesinnten Leute sind über die unerforschliche
Langmuth der Regierung höchst mißvergnügt." — „Erhalten Sie sich
durch nachdrückliche Ahndung des Bösen so manches treue Herz, das

---

Dieses Verfahren wurde von der „Bernerzeitung" als Zeichen der Feigheit interpretirt:
„Die Regierung habe nicht gewagt, ausschließlich zu sein."

[*]) Blösch hatte sich schon anfangs diese Frage folgendermaßen gestellt: „Was klüger
sein möge, diesen Stimmen gegen die Stadtberner wegen, Wahlen zu treffen, welche die
Zukunft der Verwaltung kompromittirten; oder, auf die Gefahr vorübergehenden Schreiens,
ür eine gute Administration und dadurch für die Zufriedenheit der Zukunft zu sorgen?"

durch Ihre Nachgiebigkeit irre an Ihnen wird." — „Die Presse muß gezügelt werden, sonst geht Alles zu Grunde!" — „Die Güte der Regierung ist Schwäche!" — ‹Le gouvernement devrait être moins scrupuleux et plus politique.› — Selbst aus der Mitte des Regierungsrathes wird die Einsicht ausgesprochen: „Wir administriren zu viel und kämpfen zu wenig."

Diese Aeußerungen über den Gang der neuen Regierung, welche durch eine Anzahl ähnlicher, besonders aus den Spalten des „Oberländer Anzeigers", vermehrt werden könnten, und denen keineswegs alle Berechtigung fehlt, mögen Zeugniß geben von der Stimmung der konservativen Partei und ihren verschiedenen, zum Theil sich widersprechenden Wünschen.

Die Regierung sah sich auf die ausschließliche Unterstützung der Partei angewiesen, welche sie erwählt. Allein diese selbst war nicht dazu angethan, eine wirksame Basis zu bieten, sie bestand aus zwei verschiedenen Theilen, einem kleinen, politisch äußerst eifrigen und thätigen, der durch sein Auftreten und seine Bestrebungen zum Mißtrauen und zur Verleumdung Anlaß oder Vorwand gab, und einem großen, politisch indifferenten und völlig passiven, der durch seine Unselbständigkeit jedem Mißtrauen und jeder Verleumdung offen stand.

Es zeigte sich die schwache Seite jeder konservativen Partei: die Kleinlichkeit lokaler oder persönlicher, moralischer oder materieller Wünsche und Begehren, die sich dem einen anzustrebenden und erreichbaren Zwecke nicht unterordnen mochten. Konnten die Einen bei ihren Forderungen nicht begreifen, daß die Regierenden gebunden seien an die Zustimmung der öffentlichen Meinung, so wollten die Andern nicht verstehen, daß, einmal auf dem Boden der Demokratie angelangt, die Regierung nichts thun könne, wenn nicht die Bürger sich rühren[1]).

Zudem war die Mehrheit eine sehr unsichere, der Abfall einer einzigen Stimme im Rathe, die Unzufriedenheit eines einzigen einflußreichen Mannes im Volke konnte dieselbe jeden Augenblick zweifelhaft machen.

---

[1]) „Diese Leute meinen", klagte einmal das „Vaterland", „wenn sie nur „der Blösch" und „der Fueter" und „der Roscharb" und „der Straub" in die Regierung gewählt haben und hie und da noch eine Ergebenheitsadresse unterzeichnen, so müsse dann Alles von selbst gehen, diese Herren werden schon Geld aus Steinen schaffen."

Eine vorher konservative Gemeinde wählte im Herbst 1852 in radikalem Sinne: „weil die Regierung beschlossen habe, in Domänen= angelegenheiten einen Civilprozeß gegen sie zu erheben"; ein ganzer Amtsbezirk, sonst Haupttheerb der Partei, wurde beunruhigt und drohte der konservativen Sache untreu zu werden wegen der Stelle eines „Amtsgerichtsschreibers"; am schlimmsten stand es im Jura, wo Privatinteressen, — Verfügung über den Bezug des Ohmgeldes gegen den Schmuggel, — und kleinliche Persönlichkeiten in unberechen= barer Weise das Verhältniß zur Regierung beherrschten; nicht ohne Grund äußerte ein Mitglied des Regierungsrathes: „Er fürchte, sie verlieren mit jedem neuen Gesetze mehr Boden, weil durch das eine Diese und durch das andere Jene verletzt werden."

Statt, wie es ihr Wille war, unbeirrt um Parteirücksichten nur nach ihrer Einsicht das wahre Wohl des Ganzen im Auge zu halten, mußte sie mit lähmender Aengstlichkeit auf jedes solche Stimmungs= zeichen achten, durch Miseren sich bestimmen lassen, wenn sie nicht das Große geradezu aufgeben wollte.

Ohne das Vertrauen ihrer politischen Gegner konnte die Regierung nicht handeln; aber weil sie nicht han= delte, verlor sie auch das Vertrauen ihrer Freunde; — das war der *circulus viliosus*, in dem sie gezwungen war, sich zu bewegen, weil blinde Leidenschaft ihr die Unter= stützung der einen Hälfte des Volkes versagte, und die Gewissenhaftigkeit sich auf die andere zu stützen verbot.

Es ist natürlich, daß diese Ohnmacht der Regierung die Zuver= sicht ihrer Gegner steigerte.

Die zweite Hälfte des Jahres 1850 verlief in unaufhörlicher Beunruhigung. Nicht genug, daß wiederholt Gerüchte nach Bern drangen von Aufstandsversuchen, die im benachbarten Freiburg ausgebrochen seien; daß das Damoklesschwert europäischer Ein= mischung beständig — und erst am Ende des Jahres noch in der sehr sichtbaren Gestalt einer Gränzbesetzung von Seiten Frankreichs — über dem Haupt des Landes schwebte; — im Kanton selbst erhielt sich der Glaube, daß es bei den Radikalen auf eine neue Anwendung des „Putschrechts" abgesehen sei. Das kantonale Schützenfest in Thun wurde zu einer Demonstration gemacht gegen die neue Ordnung, und jede Gelegenheit benützt zu der zuversichtlichen Behauptung, daß dieselbe wieder „fallen werde, ehe die Blätter von den Bäumen fallen." In den Sitzungen des Großen Rathes kamen mehrmals heftige Angriffe, leidenschaftliche Szenen vor, in welchen aller parla=

21

mentarische Takt bei Seite gesetzt, sogar der Ordnungsruf des Präsi=
denten mißachtet wurde, und selbst im Schooße dieser Behörde entfiel
einem Redner, unter Klagen über den jetzigen Zustand, die Aeußerung:
„wenn Alle seines Sinnes wären, sie hätten dem Ding längst Hollah
gemacht!"

An zwei Orten kam es wirklich zu ernsten Exzessen. Durch die
blühende Uhrenindustrie angezogen hatten sich in den großen Dörfern
des ehemaligen Erguels, des St. Immerthales, eine zahlreiche
ortsfremde Bevölkerung angesiedelt und dem ganzen Thale einen eigen=
thümlichen, vom übrigen Kanton abweichenden Charakter verliehen. Auf
die einem extremen Radikalismus ergebenen Arbeiter hatte besonders
ein israelitischer Arzt aus Preußen, Dr. Baßwitz, bedeutenden Einfluß
erlangt, der seit zwölf Jahren in St. Immer angesessen, durch aner=
kannte Tüchtigkeit in seinem Fache, durch eine ausgebreitete, mit seltener
Uneigennützigkeit zu Gunsten der armen Klassen ausgeübte Praxis sich
allermeist in diesen Kreisen einer außerordentlichen Popularität erfreute,
und selbst — freilich wider das Gesetz — dem Ortsgemeinderath an=
gehörte. Eine ähnliche Stellung nahm ein polnischer Flüchtling, ebenfalls
Arzt, in dem nahen Sonvillier ein; beide galten als die vorzüglichsten
Leiter einer gegen die Regierung gerichteten terroristischen Aufregung,
und die Kantonspolizei glaubte, die Eigenschaft derselben als bloß ge=
duldete Bewohner benützend, durch ihre Entfernung der steten Agi=
tation ein Ende machen zu können[1].

Die Wirkung war eine entgegengesetzte; die Bevölkerung trat
in unerwarteter Weise für die Verfolgten ein; in den ersten
Tagen Septembers kamen tumultuarische Auftritte vor, bei welchen
Dr. Baßwitz selbst betheiligt war, und veranlaßten die Absendung
eines Regierungskommissärs, des zur radikalen Partei gezählten Advo=
katen Carlin aus Delsberg. Diesem gelang es, die Ruhe für den Augen=
blick wieder herzustellen.

Verwandte Zustände lagen vor in jener zusammenhängenden Reihe
von Ortschaften, welche der europäischen Welt unter dem gemeinsamen
Namen „Interlaken" bekannt ist, und wo der leichte aber ungleich=
mäßige Erwerb der Fremdenindustrie inmitten einer von Natur sehr
armen Bevölkerung einen gewissen Reichthum hatte zusammenfließen

---

[1] Dr. Baßwitz hatte keinerlei Ausweisschriften; seine Niederlassung war gegründet
auf eine spezielle Bewilligung, welche jährlicher Erneuerung unterlag; diese wurde von
der Behörde verweigert. Es geschah übrigens dieß ohne Vorwissen des Rathes, und Blösch
vernahm von der Sache erst durch eine an ihn abgesendete Deputation.

laſſen. Nach der oben erwähnten Einſtellung des Regierungsſtatthalters wurde der Bezirk proviſoriſch durch einen außerordentlichen Bevoll= mächtigten verwaltet.

Die Abſtimmung für die Vorſchläge an die Stelle der Bezirks= beamten führte am 13. Oktober in der Kirche zu Gſteig, gleichwie ſechs Monate früher, zu einer entſetzlichen Schlägerei, in welcher ſelbſt die Kanzel nicht verſchont blieb, mehrere Männer ernſtliche Wunden erhielten und der anweſende Vertreter der Regierungsautorität perſönlich bedroht ward. Der Nämliche wurde bei der dritten, ſpäter vorgenom= menen Wahl als der vom Bezirke in erſter Linie als Regierungs= ſtatthalter gewünſchte bezeichnet und auch vom Großen Rathe als ſolcher erwählt.

Es war dieß Dr. Müller, ein Mann, der in der Geſchichte dieſer Jahre eine der bedeutſamſten Rollen geſpielt hat, eine Zeit lang — 1847 — Redaktor der „Berner Volkszeitung“, und von daher mit Blöſch genau bekannt, der ihn wie wenig Andere ſchätzte. „Er iſt“, ſagte er von ihm, „einer der tüchtigſten jungen Berner, die ich kenne, gebildet an Herz und Geiſt, und voll Energie, übrigens auch nicht ohne Ehrgeiz; eine durchaus liberale Natur, ausgerüſtet mit allen Eigen= ſchaften, die erforderlich ſind, um unter den gegenwärtigen Verhältniſſen dem Patriziat wieder Bedeutung zu erringen; vielleicht gerade durch dieſe Eigenſchaften hat er die Gunſt ſeiner Standesgenoſſen von ſich abgewendet. Mir iſt er zum wahren Freunde geworden.“ Das war der Mann, der nach Interlaken kam, und, ſich dieſer Aufgabe hingebend, den Vorſatz ausſprach, hier „entweder Gutes zu wirken oder unter= zugehen.“

Der Antritt ſeines Amtes, die Unterſuchung der Vorfälle vom 13. Oktober durch einen ſpeziellen Unterſuchungsrichter, ſelbſt die Ver= haftung der Schuldigen ging zwar ohne die angedrohte und faſt erwartete Ruheſtörung vorüber, aber die Gährung hörte nicht auf, die Pro= vokationen dauerten fort, und immer noch wurde geſungen:

> „Die Stutzer müſſen knallen!
> Die Schwarzen müſſen fallen!
> Mit Pulver und mit Blei!“

Dennoch ſah Blöſch mit Vertrauen in die Zukunft. Mit tief ge= rührtem Gemüthe hörte er vom Fenſter ſeiner Wohnung aus zu, als am Schluſſe des Jahres 1850 die Wende des halben Jahr= hunderts mit beſonderer Feierlichkeit vom Thurm des großen Münſters mit dem Geläute der Glocken und mit Poſaunenſchall begrüßt wurde:

es schien ihm eine **Verheißung besserer Tage** für das geprüfte Vaterland.

Vorerst sollten diese Töne nur den **Beginn neuer Kämpfe** bedeuten.

Am 3. Januar 1851 meldete ein Schreiben des Regierungsstatthalters Lombach von Courtelary, „das Amt im allgemeinen sei ruhig, nur in St. Immer summe es wie in einem Bienenkorb, er vermuthe, derselbe werde am 15. „stoßen." Dieß war der Tag, da Baßwitz den Kanton verlassen sollte. Am 6. bereits, nachdem eine Art von Volksversammlung stattgefunden, verlangte der Beamte **militärische Besetzung des Orts**, da er für den Fall von Widersetzlichkeit weder an den radikalen Ortsbehörden, noch am konservativen Theil der Bewohner irgend welche Stütze zu erwarten hätte[1]). Der Regierungsrath fand: „es sei nichts Außerordentliches vorzukehren, bis Außerordentliches geschehen sei", und beschränkte sich darauf, einige Truppentheile in Bereitschaft zu halten.

Unterdessen kam die Sache vor den eben versammelten **Großen Rath.** Veranlassung gab eine Anzahl Vorstellungen mit 1700 Unterschriften aus den Bezirken Biel und Courtelary, das Begehren enthaltend um Aufhebung oder doch Suspension des Ausweisungsbeschlusses gegen Dr. Baßwitz. Der Antrag der Bittschriftenkommission ging auf Tagesordnung aus dem rein formellen Grunde der Kompetenz des Regierungsrathes und der Polizeidirektion. Die Unbestreitbarkeit derselben wurde allgemein anerkannt, selbst von den Wortführern der Minorität, welche die Petitionen nur **aus Humanität** zur Berücksichtigung empfehlen wollten.

Dieß bestimmte auch den **Regierungspräsidenten, das Wort zu ergreifen.** Blösch war mit Baßwitz **persönlich bekannt**[2]), und berief sich, unter Anerkennung der vielfachen Verdienste desselben, auf diesen Umstand zum Beweise, daß den Rücksichten der Humanität volle Rechnung getragen werde; behauptete aber, daß es jetzt, so wie die Sachen stehen, weder eine Frage der **Humanität**, noch der **Klugheit**, sondern der **Ehre** sei; da mehrfache Drohungen gefallen, könne von einem einmal gefaßten Beschlusse nicht zurückgetreten werden, ohne daß das Ansehen der Regierung schweren gefährlichen Abbruch litte.

---

[1]) „Les conservateurs de St. Imier sont tellement amis de l'ordre qu'ils craindraient de se déranger pour parer au désordre. Je suis persuadé que le 16 je serai seul avec mes gendarmes à parer le coup."

[2]) Ein Privatbrief von Baßwitz an Blösch ist vom 4. Januar 1849 datirt.

Er schloß, diesen Gedanken weiter ausführend, mit den Worten: „Handelte es sich nur um die einzelnen Personen, welche in diesem Moment die Regierung bilden, die Sache wäre nicht schwierig, das hätte wenig auf sich. Aber das ist nicht der Fall! Es handelt sich um die Ehre, um das Ansehen der moralischen Person, der Regierung als solcher, und dieses, ich bitte, welcher politischen Ansicht Ihr seiet, bewahret!"

„Ich weiß nicht, welche Bedeutung die gefallenen Drohungen haben mögen, aber, wie dem sei, davon seid versichert, die Regierung wird den Ereignissen ruhig, gelassen und fest entgegensehen, denn sie ist sich ihres Rechtes bewußt. Und sollten die Drohungen wirklich zur Ausführung kommen, nun so wird sie gewärtigen, ob das Volk mit seiner Regierung stehen wird gegen die Fremden, die sie in Ausübung ihres vollsten Rechtes ausgewiesen hat, oder ob es zu den Fremden stehen wird gegen die Regierung, — das ist die Frage!"

„Die Rede", erzählt Blösch selbst in seinem Tagebuche, „machte bedeutenden Eindruck, vielleicht mehr als nicht leicht eine von mir gehaltene; nach dem Urtheil Dritter und der Physiognomie des Raths zufolge sogar auf die Linke. Beim Schlusse ward — zum ersten Mal seit ich im Rathe bin — von vielen Seiten Bravo! gerufen, und zwar ohne weitere Störung. Die ruhige Haltung verließ den Rath keinen Augenblick." Beim Hinausgehen äußerte Jemand zu Blösch: „Heute seid Ihr Schultheiß geworden!" und der „Oberländer Anzeiger" bemerkte: „Wir haben diesen ausgezeichneten Redner nie klarer, fließender, schöner und bestimmter sprechen hören."

Diesem Urtheil entsprach, nach langer Debatte erst gegen Abend, das Abstimmungsergebniß: die ungewöhnlich große Mehrheit von 114 Mitgliedern gegen 84 entschied für Abweisung der Petitionen.

Allein damit war die Angelegenheit nicht beendet. Am 13. Januar erhielt der Regierungsrath amtlichen Bericht aus Courtelary: daß der Sturm am Tage vorher wirklich ausgebrochen sei.

Eine Bande Betrunkener zog am 12. Januar tobend durch die Ortschaft, stürmte das Schulhaus und verübte mehrere, zum Theil nicht unerhebliche Mißhandlungen, unter anderm auch gegen einen Gensdarmen, dem sie die Waffe zerbrach. Der Präfekt berief die ihm für den Fall der Noth zur Verfügung gestellten Truppen; der Regierungsrath erließ an ein weiteres Bataillon die Aufgebote nach Bern, stellte ein anderes auf's Piquet und erwählte den Obersten Gerwer zum provisorischen Kommandanten.

Ein zweites Schreiben des Beamten sah die Lage wieder als weniger bedrohlich an: Es scheine die Bewegung auf St. Immer beschränkt zu sein und mehr den Charakter eines großartigen Skandals durch Wein und Leidenschaft verwirrten Gesindels, als eines organisirten Aufstandes zu tragen. Die Ortsbehörde habe eine Abordnung nach dem Amtssitze gesandt und ihr Bedauern über das Vorgefallene ausgedrückt. Allein am gleichen Tage kam durch einen Boten andere Nachricht: Die Meuterer hätten aus andern Ortschaften Zuzug, und dem Vernehmen nach sogar aus dem Neuenburgischen einige Vierpfünder-geschütze erhalten. Seither sei die Ordnung völlig aufgelöst, es seien Freiheitsbäume aufgepflanzt worden, von welchen einer im Umstürzen einen jungen Mann erschlagen habe!

Nachdem bereits Baßwitz nebst zwei andern Hauptführern verschwunden war, zogen die Truppen am 15. Januar ohne Widerstand, ja selbst von der Bevölkerung mit Musik empfangen und begleitet, in St. Immer ein, und wurden auf dem öffentlichen Platze aufgestellt. Hier drohte es zu einem Ausbruch zu kommen in Folge des Versuchs eines Gendarmen, einen Arrestanten in Fesseln zu schließen; der Ruf: ‹aux armes!› ertönte und bestimmte den Kommandanten, scharf laden zu lassen, aber auch die Freilassung des Verhafteten zuzusagen, auf die Zusicherung desselben, sich freiwillig dem Untersuchungsbeamten stellen zu wollen.

Beinahe gefährlicher als die Drohungen der aufgeregten Bevölkerungen war die Unzuverläßigkeit der zur Aufrechterhaltung der Ruhe herbeigerufenen Milizen. Der größte Theil der zuerst Einziehenden gehörte der nächsten Umgegend an; die Offiziere galten fast alle als radikal[1]); es fehlte weder an Versuchen zur Verlockung, noch ganz an Solchen, welche in der Folge sich verlocken ließen und in das: ‹Zin, zin, rataplan!› einstimmend, mit den Aufständischen fraternisirend, Arm in Arm mit ihnen durch die Straßen zogen. Mit einer jedem patriotischen Ehrgefühl unbegreiflichen cynischen Freude verbreitete zuerst die ‹Nation›, und nach ihr die „Bernerzeitung" das Gerücht, die Truppen hätten den Gehorsam verweigert, und den Befehl zum Laden ihrer Flinten nicht befolgt. Mochte auch dieß vielleicht Einzelne treffen, das Zeugniß des Kommandanten über das Verhalten der Sol-

---

[1]) Unter ihnen soll auch der bekannte frühere Großrath Dr. Coullery gewesen sein.

daten lautete günstig, und die Regierung konnte jene Behauptung als unwahr bezeichnen. Das später nachrückende Korps war aus einer der Regierung ergebenern Gegend entnommen.

Bedenklich wurde der an sich geringfügige Lärm durch die außer Zweifel stehende Verbindung mit den ähnlich gesinnten Bevölkerungen des neuenburgischen Jura. Schon im Laufe des vorangegangenen Sommers (1850) hatte aus dortiger Gegend die Absicht verlautet, den radikalen Bernern zum Umsturz ihrer Regierung zu Hülfe zu ziehen; jetzt war das Gerücht von Waffenaustheilungen, Werbungen und bezüglichen Verabredungen wiederholt erneuert worden. Doch der Bundes= rath, bei der kritischen Lage der Schweiz dem Ausland gegenüber jede Diskreditirung durch eine innere Umwälzung auf's Höchste befürchtend, sandte sofort (15. Januar) einen eidgenössischen Kommissär an die Regierung Neuenburgs, und diese letztere selbst that das Ihre, jede bewaffnete Ueberschreitung der Gränze zu hindern. Immerhin wurden Dr. Baßwitz und seine geflüchteten Genossen in der nächsten Nähe ge= duldet und fuhren fort, von dort aus auf die Thalschaft zu wirken, bis endlich, nach mancherlei Anständen — auch noch wegen Ausstellung eines Passes an erstern — im September 1851 selbst das radikale Neuen= burg dessen Ausweisung beschloß.

Die Ansteckungskraft des Aufstandes auch auf die übrige Schweiz war so durch rechtzeitiges Einschreiten gehemmt worden[1]); anders im Innern des Kantons.

In Biel wurden durchziehende Truppen insultirt, vom 15. auf den 16. Januar Freiheitsbäume aufgerichtet, mehrfach nächtliche Unfuge verübt. Die aufgeregte Haltung der Bewohner, die Unzuverläßigkeit der Gemeindsbehörden bewog zu zeitweiliger militärischer Besetzung der Stadt.

Die aufreizenden Berichte der ‹Tribune›, der ‹Nation›, des „Thunerblattes“ u. s. w. flogen als zündende Funken in das Land hinaus, und hatten zum Theil den Erfolg, der damit beabsichtigt war. Während Regierungsstatthalter Müller von Interlaken zur Eides= leistung sich in Bern befand, bereitete sich in seinem Bezirke ein neuer Sturm. Nachdem die größte Bewegung sich hier bereits etwas gelegt hatte, begann auf die „radikalen Lügenberichte“ die Agitation ärger

---

[1]) Es stellte sich später heraus, daß jener „Zuzug von Geschütz“ auf Erfindung beruhte, daß aber allerdings der Versuch zu Anwerbung von Freischaaren gemacht und nur wegen mangelndem Erfolg aufgegeben worden war. Es hatten sich nur etwa 50 Mann dazu bereit gefunden.

als zuvor. Samstag Nachts — vom 17. auf den 18. Januar —
wurden in Unterseen und Aarmühle unter Führung des abgesetzten
frühern Beamten die Zeichen des Aufruhrs aufgestellt, und die Befehle
zu ihrer Entfernung mißachtet.

Die Lage der Regierung wurde dadurch äußerst bedenklich; allein
hier in Interlaken stand den Unruhstiftern nicht, wie in St. Immer,
eine terrorisirte Minderheit gegenüber, sondern ein lebhaftes Volk, dessen
Entschlossenheit längst schon nahe an Kampflust streifte, und nichts
eifriger wünschte, als „einmal Ordnung zu schaffen"; deßhalb
war hier, wie der Anfang unberechtigter, die Krisis gefährlicher, so der
Ausgang entscheidender.

Am 20. Januar gegen Mittag empfing Blösch durch einen Eilboten
aus Thun die Meldung: „Morgens um 6 Uhr habe ein Schiff aus
Leißigen die Nachricht gebracht, daß an diesem Orte um Mitternacht
Hülfe nach Interlaken requirirt worden sei: es werde
gegen das Schloß geschossen."

„Abends halb sieben Uhr wieder ein Expresser[1]): Die Angabe ist
gegründet, und leider hat der Auftritt schwere Folgen gehabt: Regierungsstatthalter Müller ist von einer Stutzerkugel
in das Knie getroffen worden und liegt darnieder!! Wie
soll dieß enden?"

Um 9 Uhr Abends sammelten sich die Mitglieder des Raths im
sogenannten Stiftgebäude und erhielten dort neuen mündlichen Bericht.

Das in Bern vorhandene Militär wurde sofort nach Interlaken
abgesandt, dem Befehl des energischen Obersten Knechtenhofer aus Thun
unterstellt, weitere Truppentheile in die Hauptstadt aufgeboten und ein
Stellvertreter des verwundeten Beamten abgeordnet.

„Gegen halb zwölf Uhr (Nachts)", erzählt uns Blösch, „nachdem
Alles Erforderliche verfügt und nach bester Einsicht angeordnet worden,
kehrte ich nach meiner Wohnung zurück, von Regierungsrath Fischer
begleitet, der die Nacht in derselben zubrachte. Um 12 Uhr begab ich
mich zu Bette, ruhig und leichten Herzens, wie kaum je. Erquickender
Schlaf bis halb fünf Uhr, dann Meldung eines Boten: derselbe
brachte einen Brief (vom Amtsverweser) aus Interlaken. Ich eröffnete
die Schrift in größter Spannung und fand darin die Nachricht, daß
es zur glücklichen Entscheidung gekommen: „Heute", — hieß es
darin, — „hatten die Radikalen sämmtliche Mannschaft aufgeboten, um das Schloß zu erobern und die Beamten zu

---

[1]) Dieß und das Folgende nach Blöschs Tagebuch.

verjagen. Eine Schaar Böniger und circa 3—400 Grindel=
walder kamen à *propos*, um die *Canaille* aus einander zu
stäuben! — sie ziehen heim wie!.... — Hier steht unsere Sache
gut; doch ist es gut, wenn ein Bataillon anlangt, damit wir die Bürger
können heimziehen lassen."

„Ich weckte nicht ohne Mühe Fischern; nun Abfassung eines
Bülletins zur raschen Verbreitung der Nachricht; bald war das
Manuscript fertig, und um 8 Uhr war Alles zur Vorlage im Rathe
bereit."

Erst später wurde der Gang der Ereignisse im Zusammenhang
bekannt. Demnach befanden sich die Ortschaften des „Bödeli" im Laufe
des 19. Januar im Zustande offenen Aufruhrs, der sich auf
die Kunde von Aufgeboten nur noch steigerte. Die Führer selbst ver=
mochten die zusammengelaufenen Schaaren nicht mehr zu leiten; durch
Veranstaltung einer Volksversammlung auf den 20. suchten sie dieselben
vor einer Gewaltthat abzuhalten; ein Haufe zog gegen das von einigen
Freiwilligen bewachte Schloß und beschoß dasselbe; eine Kugel traf
Nachts um 2 Uhr den zwischen zwei Schildwachen stehenden Beamten;
der geisteskräftige Mann blieb auf seinem Posten stehen[1]), und bald
nachher stellte sich die Ruhe ein[2]).

Am folgenden Morgen (20. Januar) sammelten sich die Aufstän=
dischen von Neuem, suchten eine Art von Kapitulation abzuschließen und
waren im Begriff, nach Ablehnung derselben, einen neuen Sturm gegen
das noch immer schutzlose Regierungsgebäude zu unternehmen[3]); da rückte
von der Lütschine her der Zuzug der Freiwilligen von Grindel=
wald an, 400 Mann, mit einer schwarzen Fahne, mit Trommelschlag,
Hörnerklang und kriegerischem Jauchzen; die „Gletschermannen"
vom Fuße des Eigers und des Wetterhorns, wie die im richtigen Mo=
mente Erretteten sie dankbar nannten. Die radikale Versammlung zer=
streute sich, und bald gestattete die Ankunft der aufgebotenen Truppen
und des Militärkommandanten die zum Schutze des Gesetzes herbei=
geeilten Schaaren wieder zu entlassen.

Natürlich durchzuckte die Bewegung den ganzen Kanton. In
Folge der Behauptung eines radikalen Blattes (des „Thunerblattes"):

---

[1]) Derselbe schrieb gleichen Tages noch mit eigener Hand einen Bericht über den
Vorgang an den Regierungsrath.

[2]) Es wurden außer dem Regierungsstatthalter noch drei Personen verwundet.

[3]) Nach einigen Berichten hatte sich der Zug bereits bewaffnet und in Bewegung
gesetzt.

„Daß nicht nur in Interlaken, sondern auch in den Aemtern Thun und Niedersimmenthal überall Freiheitsbäume aufgestellt seien", wurden allerdings noch an verschiedenen Orten, auch in andern Landesgegenden solche gepflanzt, so in Steffisburg, Oberhofen, Zweisimmen, in Meiringen u. s. w. Doch geschah es meistens nur bei Nacht, und waren dieselben wohl mehrentheils — wie an einem angeschrieben stand — „nicht Zeichen des Aufruhrs, aber Zeichen des Mißtrauens", ja vielleicht auch oft bloß Zeichen des Muthwillens Einzelner. Ohne Anwendung von Gewaltmaßregeln wurden dieselben theils von Privaten, theils durch Weisung der Gemeindebehörden in aller Stille beseitigt.

In Kirchberg bei Burgdorf fand selbst eine Volksversammlung statt, und in Langnau sollte die zufällige Anwesenheit Stämpflis zu einer großartigen Demonstration benutzt werden; sie unterblieb jedoch, da sich die Stimmung des Volks nicht günstig erwies, denn: „die Bevölkerung des hiesigen Amtes im Allgemeinen", heißt es in einem Berichte von dort, „wünscht Ruhe und Gesetzlichkeit und bedauert jedes Abgehen davon."

Je größer die Erschütterung, um so entschiedener konstatirte sich beinahe allerwärts dieses Bedürfniß nach Ruhe: „Sie können auf's Bestimmteste versichert sein, daß die Störer der Ordnung hier sehr schlimm wegkommen würden." — „Selbst von Radikalen werden die Auftritte in St. Immer und Interlaken offen mißbilligt." — „Jedermann, abgesehen von der politischen Meinung, wünscht, daß die Ruhe und Ordnung im ganzen Kanton erhalten und gehandhabt werde"; so wurde aus den meisten Amtsbezirken einberichtet.

Von mehreren Ortschaften wurden der Regierung Ergebenheitsadressen eingesandt oder durch Abordnungen überreicht, in welchen mit der Aufforderung: „daß sowohl die Regierung, als alle ihre Beamten durch das Vorgefallene sich nicht entmuthigen lassen, sondern auch fernerhin gleich unverdrossen ihrem schweren Amt obliegen mögen", die Erklärung verbunden war: „daß sie sich jederzeit bereit finden werden, der Regierung und allen ihren Beamten Hülfe zu leisten, um die Ordnung zu handhaben[1]."

In Bern selbst wurde am 22. Januar in diesem Sinne von einigen Männern ein Aufruf erlassen an „Alle, denen das Wohl und

---

[1] Aus einer Adresse aus Biel, mit 455 Namen aus dieser Stadt und dem zur Kirchgemeinde gehörenden Dorfe Bözingen. Aus dem Amte Thun allein kamen acht solche Adressen.

die Ehre des Vaterlandes und die Aufrechthaltung der Ordnung am
Herzen liegt, an Alle, welche zur Regierung stehen wollen"; am gleichen
Tage fanden sich bei 2000 Männern in der „Reitschule" ein und stellten
sich als freiwillige Bürgerwehr zur Verfügung. Zwei Tage
vorher war die Stadt von allen Truppen entblößt gewesen, und deß=
halb, — da es eben einen Markttag traf, — einige Besorgniß wach
geworden. „Gegen 7 Uhr Abends", erzählt Blösch, „kam ein vertrauter
Landmann auf das Rathhaus und stellte in der größten Gemüths=
bewegung die Frage: „Ob es wirklich wahr sei, daß wir — die Re=
gierung — in dieser Nacht ausgejagt werden sollten?" Auf beruhigendes
Zureden erklärte derselbe, er komme aus einer von Bauern und Militär
angefüllten Wirthschaft, wo Alles unter Toben und Schimpfen „vom
Sturz der Regierung in der kommenden Nacht gesprochen habe,
wie von einer ausgemachten Sache." Warnende Stimmen sprachen von
verdächtigen Anzeichen, die man hier und dort bemerkt, von Gesprächen,
welche man belauscht haben wollte.

Die Gefahr lag nahe, daß eine also alarmirte Stimmung das
Verlangen nach Ordnung in ihr Extrem überschlagen lasse. Bereits
war der Redaktor der ‹Nation›, der gegen die Milizen verbreiteten
Verleumdungen wegen, verhaftet worden, und die Frage wurde auf=
geworfen, ob nicht auch gegen Stämpfli dasselbe zu geschehen habe?
Da aber die „Bernerzeitung" die Berichte aus der ‹Nation› bloß ab=
gedruckt hatte, und zwar nur theilweise, so wurde es unterlassen. Doch
ein großer Theil des Publikums forderte diese Verfügung immer lauter;
auch vom Lande sprach eine Deputation, unter Nennung Stämpflis,
den Wunsch aus: „es möchte nicht zu sehr nach der Gericht=
satzung regiert werden."

Blösch bemerkt dazu: „Dieser einst von Karl Schnell gebrauchte
Ausdruck ist heute in Jedermanns Mund. Das ist wahre Reaktion!
Die Arrestation Stämpflis wäre heute nicht gerechtfertigt, denn, die
Redaktion der „Bernerzeitung" abgerechnet, liegt nichts gegen ihn vor,
als der allgemeine Glaube, daß er — nebst Stockmar — die Seele des
Aufruhrs sei. Unter diesen Umständen aber wäre die Verhaftung nicht
nur ein Unrecht, sie wäre auch ein Mißgriff. Kaum würde zur Stunde
eine Maßregel populärer sein; aber diese Popularität soll mich
so wenig verführen, als eine andere."

In der gleichen maßhaltenden Vorsicht hatte die Regierung das
Begehren abgelehnt nach sofortiger Bewaffnung des erwähnten Frei=
willigenkorps aus dem Zeughause, „da keine Noth dazu vorhanden sei."

Aus dem Oberlande wurde gemeldet: „Das Volk will energisch
Ruhe schaffen durch militärische Einschüchterung; wenn die
Regierung nicht helfen sollte, so helfen sie auch nicht mehr!"
Nicht überflüssiger Weise wurde gegenüber solcher Ueberreizung von
anderer Seite gewarnt vor allzuschroffem Auftreten, und schonendes
Verfahren empfohlen zu Verhütung neuer Erbitterung.

In St. Immer wurde seit der militärischen Besetzung die Ruhe
nicht mehr gestört, der hingesandte außerordentliche Untersuchungsrichter
konnte ohne Hinderniß seine Funktionen ausüben, und selbst das Ab=
singen des beliebten Refrains, der während Monaten bei Tag und
Nacht durch die Straßen tönend die Gemüther in fortdauernder Reizung
erhalten hatte, das:

> „Zin, zin rataplan!
> Vivent les rouges, en bas les noirs!"

hörte allmälig auf.

Der Gemeinderath des Orts wurde in seinem Amte ein=
gestellt; denn: ‹Tous, y compris un membre du conseil, ont reconnu
la nécessité de cette mesure qui d'ailleurs est généralement attendue
par les habitants›; vom Regierungsstatthalter wurde eine provisorische
Behörde gebildet aus wackern, allgemein geachteten Männern beider
Parteien [1]). Auch hier hatte es bei den vorher unsichtbaren Konservativen
nicht ganz an Lust zu Repressalien gefehlt, der Vertreter der Re=
gierung wurde gedrängt, die Einquartierung nach der politischen Partei=
stellung zu vertheilen, aber er lehnte die Zumuthung ab [2]). „Das ist
die rechte Handlungsweise!" schrieb Blösch bei Empfang des Berichtes.
„Daß die Leidenschaft sich nicht bloß auf einer Seite findet, liegt in
der Natur der Dinge; der Beamte aber hat sich über dieselbe zu erheben;
Er ist nicht der Diener einer Partei, sondern des Volkes,
das Organ der allgemeinen, der öffentlichen Interessen."

Diese Mäßigung wurde freilich wenig gewürdigt. Bei der an=
geordneten Neuwahl der Behörde fielen durchschnittlich 196 gegen
135 Stimmen wieder auf entschiedene Gegner der Regierung. Obwohl
dabei auch vom Stimmrecht Ausgeschlossene zur Wahl hinzugelassen
worden, wurde die Abstimmung doch ohne Anstand vom Regierungs=

---

[1]) „J'ai eu soin d'en écarter tous les extrêmes et je crois que les gens hono-
rables de tous les partis accepteront avec plaisir", erklärt er in seinem Schreiben.

[2]) „J'ai cru ne pas devoir écouter les sentiments de haine et de vengeance"
heißt es im Bericht.

rathe anerkannt. Am 10. Februar waren hier die nach und nach re=
duzirten Truppen vollständig entlassen.

Die nämliche Maßregel der Einstellung der Ortsbehörde war auch
in Unterseen angeordnet worden, aber mit demselben unbefriedigenden
Resultate, da hier die Wahl zum Theil auf Solche fiel, die sich noch
wegen Aufruhr verhaftet im Gefängniß befanden. Der verwundete
Beamte, dem der Regierungsrath die lebhafteste Theilnahme zuwandte,
und durch Absendung eines ausgezeichneten Chirurgen (Prof. Demme)
noch besonders bezeugte, erholte sich — doch erst nach Wochen — von
seiner keineswegs ungefährlichen Verletzung. Auch hier wurde die Be=
satzung, so bald dieß bei der Größe der gegenseitigen Spannung irgend
rathsam schien, vermindert, und trotz eines neuen Auftritts (17. Februar)
wurde Interlaken am 28. Februar von den letzten Truppen ver=
lassen.

Es mag die Frage aufgeworfen werden, ob die Regierung
klug gehandelt habe, als sie zu Truppenaufgeboten
schritt, ob sie nicht den leeren Prahlereien der Gegner, vielleicht
auch den grundlosen Angstgerüchten der Freunde zu großes Gewicht
beigelegt habe?

Allerdings ist anzunehmen, daß nicht sowohl ein wirklicher all=
gemeiner Aufstand beabsichtigt war, als vielmehr der Schein eines
solchen, um die Regierung zur raschen Niederlegung der
Gewalt zu bewegen. Allein nachdem jene Prahlereien während
eines vollen halben Jahres die Regierung mit gewaltsamem Sturze
bedroht hatten, so darf wohl auch die Annahme als nicht ungerecht=
fertigt gelten, daß es nur dieses unerwartet kräftige Auftreten sei,
welches dieselben verhindert habe, in entsprechende Thaten sich
umzuwandeln, und daß auf jeden Fall eine etwas schwächere Haltung,
ohne diesen maaßvollen Beweis von Vertrauen in das eigene Recht,
der Regierung sofort ein Ende gemacht und der Anarchie
gerufen hätte.

Ueberdieß fehlte es auch keineswegs an der allerpositivsten Veran=
lassung. Es mag hiefür das Zeugniß eines den Berner Konservativen
sonst nichts weniger als günstig gesinnten schweizerischen Blattes an=
gerufen werden: Die „Neue Zürcherzeitung" sagte nach genauer
geschichtlicher Herzählung des Vorgefallenen: „Wir möchten nun die
Regierung sehen in der Schweiz, die unter ähnlichen Umständen nicht
von der bewaffneten Macht Gebrauch gemacht hätte! Und darum einzig
handelt es sich, um die Frage, ob die Regierung Recht that und ihre
Pflicht erfüllte, als sie marschiren ließ? Hier liegt Alles! Widerlege

man uns, wenn man es vermag. Das Unrecht vertheidigen — das
ist's, was wir nicht können, geschehe es auf welcher Seite es wolle!"

Diese Frage lag zunächst dem Berner Großen Rathe zur Ent=
scheidung vor. Am 17. Januar bereits hatte der Regierungsrath die
Mitglieder der Volksvertretung von dem Geschehenen in Kenntniß gesetzt.
Am 17. Februar traten dieselben zu einer Sitzung zusammen.

Nach Verlesung eines ausführlichen Berichtes wurde von der linken
Seite die Festsetzung eines eigenen Tages zu Behandlung dieser An=
gelegenheit gefordert; dieß ward zugestanden. Aber auch die Vorlegung
aller sachbezüglichen Akten wurde verlangt, und nur der Stich=
entscheid des Präsidenten — es standen 100 gegen 100 Stimmen —
entzog den Regierungsrath der Verlegenheit, auch die Berichte rein
konfidentieller Natur den politischen Gegnern in die Hände liefern zu
sollen, und so, wie Blösch sich ausdrückte, den „öffentlichen Denunzianten"
zu spielen.

Am 19. Februar, einem Mittwoch, fand die Hauptschlacht statt,
einer der parlamentarischen Entscheidungstage für die neu=
begründete Ordnung des Kantons.

Der fast zweistündigen Berichterstattung folgte eine 17½ Stunde
dauernde Debatte, an welcher der Reihe nach fast alle Führer der Linken
Theil nahmen. Ueber den Gang derselben folgen wir unserer gewöhn=
lichen Quelle: „Man hatte eine sehr stürmische Sitzung vorgesehen, das
Ergebniß entsprach dieser Erwartung nicht. Fehlte es auch nicht an
Ausfällen der rohesten Art, so trug doch die Verhandlung im Ganzen
das Gepräge auffallender Milde und Mäßigung, und Ton
und Inhalt fast aller Reden der Linken verriethen das Bedürfniß einer
veränderten Taktik. Mehrere sprachen wiederholt von Annäherung
und Versöhnung, zum Theil in einer Weise, die als aufrichtig
gelten durfte. Am tüchtigsten sprach unter ihnen wieder Bützberger,
am leidenschaftlichsten Stockmar. Selbst Stämpfli sprach ruhiger als
gewöhnlich."

„Er war der Antragsteller der Gegner, sein Schluß ging auf
„Aeußerung des Bedauerns" über die Truppenaufstellung; auf so=
fortige Entlassung der noch im Dienste befindlichen Mannschaft und auf
Ausrichtung der Quartierentschädigung an die schuldigen Gemeinden." —
„Dem setzte ein Landmann aus Wynigen den Antrag auf Geneh=
migung der Verhandlungen der Regierung entgegen."

„Es mochte Mitternacht sein, als die Berathung endete. Ich
hatte während 13 Stunden den Saal nicht verlassen; gegen 9 Uhr
Abends erst — auf den Wunsch meiner Freunde — etwas genossen,

und sollte nun noch den Schlußbericht halten. Einige meinten, der=
selbe möchte auf den folgenden Tag verschoben werden. Allein ich
widersprach, und auch der Präsident wünschte die Verhandlung zu Ende
zu führen. Ich mußte Vieles übergehen. Dennoch dauerte der Vortrag
bei anderthalb Stunden. Endlich gegen halb zwei Uhr folgte die Ab=
stimmung: Zuerst erhoben sich 94 Glieder für die Anträge Stämpfli's,
dann 111 für Billigung des Regierungsrathes.“

„Noch kam, nicht ganz reglementsgemäß, der Antrag: „dem Ober=
gericht — dem nun die weitere Entscheidung zustand — die Frei=
lassung der Gefangenen zu empfehlen.“ Für diesen erhob sich nebst
der ganzen Linken auch ein ansehnlicher Theil der Rechten, so daß der=
selbe zum Beschluß erhoben wurde. Die ganze Verhandlung endigte
mit der Wahl des definitiven Truppenkommandanten, welche auf den
provisorisch Bezeichneten fiel [1]). „Kein Radikaler schloß sich der
Mehrheit an, aber auch kein Konservativer entfernte sich,
bis Alles beendigt war.“

„Als ich den Saal verließ, fing die Tribüne an, sich zu leeren;
sie war von Anfang bis zu Ende vollgepropft gewesen, und verhielt
sich im Ganzen stille. Die Ausgänge aus dem Rathssaale waren durch
die Menschenmenge geschlossen. Wir mußten über eine Viertelstunde
warten, ehe die Treppe zu erreichen war. Unten stand noch ein ganzer
Knäuel von Menschen. Ich bog in eine Seitengasse ein; einige Kollegen
begleiteten mich; in einiger Entfernung folgten 40—50 Männer; es
war, wie ich vernahm, eine Schaar zuverlässiger Bürger, welche mir
das Geleite gab. Es mochte zwei Uhr sein, als ich meine Wohnung
erreichte; alle Gassen waren belebt, aber es herrschte vollkommene
Ruhe.“

Am folgenden Tage verlautete, es hätten die Führer der Oppo=
sition, in einer vorhergehenden Besprechung, es auf förmliche In=
anklagestellung der Regierung abgesehen, diesen Plan aber
aufgeben müssen wegen des Widerstandes, den er bei ihren eigenen
Leuten fand. Dann sei wenigstens positive Mißbilligung beantragt,
aber auch dem von einer Fraktion die Unterstützung versagt worden;
endlich habe man sich darauf beschränkt, das „Bedauern“ auszusprechen.
Wenn die Kunde richtig ist, so liegt darin die beste Antwort auf den
oben aufgeworfenen Zweifel.

---

[1]) Dießmal, bei geheimer Abstimmung, war das Stimmenverhältniß ganz genau
das nämliche.

Zwei Anzüge Stämpflis brachten die Sache am 28. Februar noch einmal vor den Rath. Er verlangte sofortige Entlassung der noch im Dienste stehenden Mannschaft. Er ging vorzüglich darauf aus, mit Verweisung auf ein Votum Blöschs im Jahre 1849[1]), demselben In= konsequenz vorzuhalten, zog sich aber nur die gewiß nicht unver= diente Antwort zu: „Es sei überhaupt ein sonderbares Schicksal, daß seit einiger Zeit die Opposition häufig als politische Weisheit preise, was sie zur Zeit ihrer Herrschaft mit Spott und Hohn verworfen habe."

Bei der Abstimmung über die Anträge ergaben sich 103 und dann 104 Stimmen gegen 68 für Ablehnung beider. „So wie das Er= gebniß angezeigt war, forderte ich das Wort und verkündete der Ver= sammlung: sämmtliche noch in Interlaken stationirt gewesenen Truppen seien entlassen! — Ich hatte die Nachricht während der Verhandlung empfangen und absichtlich bis nach der Abstimmung uneröffnet gelassen. Die Mittheilung überraschte außerordentlich und weckte bei der großen Mehrheit unverhohlene Freude, so daß auf der Linken sogar Bravorufen erfolgte. Die Führer dagegen reizte sie zu grimmigem Zorn. Einer derselben stellte sofort die Frage, ob der Bericht schon vor der Abstimmung eingetroffen sei, und beschwerte sich, auf die bejahende Antwort, daß man einen halben Tag nutzlos habe zanken lassen, um ein Vertrauensvotum zu erhalten. Allein ich erwiderte auf diese ungeschickte Anerkennung, daß es von Seiten der Gegner auf ein Mißtrauensvotum abgesehen gewesen: ich hätte es für undelikat gehalten, durch vorheriges Verlesen des Berichtes auf die Abstimmung einzuwirken, — und die Versammlung gab durch lautes Gemurmel ihr Einverständniß zu erkennen."

Noch einmal wiederholte Stämpfli aus Anlaß der Büdgetberathung die Klage: „Es sei unverantwortlich, daß die sogenannte Ordnungspartei über Fr. 60,000 für Militärausgaben verwendet, ohne zuvor den er= forderlichen Kredit verlangt zu haben." Es fehlte Blösch auch dießmal nicht an einer treffenden Erwiderung: „Um der Ordnungspartei vor= werfen zu dürfen, daß sie die Kosten der Unruhen in St. Immer und Interlaken nicht zum Voraus büdgetirt, hätte die Partei der Un= ordnung derselben auch zuvor ankünden sollen, daß sie diese Auf= stände auf ihrem Büdget habe."

Nachläufer dieser Ereignisse waren noch im September des Jahres die Verurtheilung der Redaktoren des „Thunerblattes" und der „Bernerzeitung" (Stämpflis) durch die Gerichte wegen deren auf=

---

[1]) Es betraf die durch Unruhen in Saignelégier veranlaßte Truppenaufstellung.

reizenden Berichten aus St. Immer. Ferner der Antrag auf Am=
nestirung der damals als Rädelsführer Inhaftirten. Zum ersten
Male — November 1851 — nach dem radikalen Siege in den Na=
tionalrathswahlen gestellt, wurde derselbe abgewiesen, weil Blösch er=
klärte: „es solle, unter dem Schein einer Amnestie für Andere, die
Regierung verurtheilt werden"; zum zweiten Male — im Mai 1852 —
nach dem konservativen Siege in der sogenannten Abberufungsfrage,
durch den Regierungsrath selbst, auf Blösch's Initiative, gebracht und
auf einige andere politische Vergehen ausgedehnt, ward er ohne Wider=
spruch genehmigt.

„Die Krisis war ernstlicher, als ich glaubte, wurde leichter bestanden,
als man hoffen durfte, — aber sie wird keinen großen Um=
schlag zur Folge haben", hatte ein richtig beobachtender Vertrauter
an Blösch geschrieben.

Allerdings wurde dafür gesorgt, daß die Ruhe nicht wieder=
kehre in das von der Parteileidenschaft zerrissene Land. Kaum war
dieser Sturm offenen Aufruhrs durch die unerwartete Energie der Re=
gierung vereitelt, als sich ein neuer Stoff darbot zu moralischer
Diskreditirung derselben: es war dieß der Tod von Dr. Knobel.

Eduard Knobel, aus dem Kanton Luzern gebürtig und früher
Franziskanermönch, dann aber zum reformirten Glauben übergetreten,
war bereits 1834, von Hans Schnell an seinen Bruder Karl empfohlen
in den Kanton Bern gekommen, und hatte sich als Arzt in Nidau
niedergelassen. Als Theilnehmer am Freischaarenzuge von 1845 in seinem
Heimathkantone gefangen, hatte nur ein sehr entschiedener Protest von
Seiten Blösch's seine Entlassung mit den andern bernischen Gefangenen
durchzusetzen vermocht. Seine imposante Gestalt und triviale Bered=
samkeit machten ihn zu einem der bedeutendern Führer der radikalen
Kreise des Seelandes.

In der ungewöhnlich dunkeln Sturm= und Gewitternacht vom 24.
auf den 25. April 1851 fand dieser Mann seinen Tod in der Zihl,
in der nächsten Nähe des Schlosses Nidau, unter Umständen, welche
einen ganz gewöhnlichen Unglücksfall nicht auffallend machten; allein
schon bevor der Leichnam aufgefunden worden, verbreitete sich das
Gerücht, es sei Dr. Knobel das Opfer eines politischen Mordes
geworden. Die sofort eingeleitete Untersuchung und die vier verschiedenen,
theils amtlichen, theils außeramtlichen medizinischen Befunde vermochten
den auf die Aussagen zweier Gefängnißbewohner sich stützenden Glauben
an verübte Gewalt weder als zweifellos zu begründen, noch die völlige
Unmöglichkeit derselben zu erweisen. Von einigen Blättern, namentlich

der in Biel erscheinenden „Jurazeitung", wurde aber das Verbrechen
als Thatsache hingestellt, eine Mordszene ausgemalt, mehrere Personen
wurden benunzirt, die ganze konservative Partei, die Re=
gierung selbst als Mitschuldige erklärt, eine ungeheure Auf=
regung genährt und die Parteisucht bis zum höchsten Fanatismus
gesteigert.

Bereits war aber ein dritter Angriff gegen die herrschende
Ordnung vorbereitet, vielleicht der gefährlichste von allen, sofern der=
selbe einerseits geeignet war, das Mißtrauen zwischen Stadt
und Land von Neuem auszubeuten, und also die aus dem Zusammen=
halte beider entstandene konservative Partei auseinander zu sprengen,
und sofern er andererseits darauf ausging, unter Anlehnung an kom=
munistische Tendenzen die materiellen Begehrlichkeiten der aller=
schlimmsten Art in den untersten Klassen des Volkes zu reizen, und für
den Sieg des Radikalismus in die Schranken zu rufen: Es war dieß
die sogenannte Schatzgelderfrage, eines der wirksamsten jener po=
litischen Agitationsmittel, bei welchen die klug berechnete Zweckmäßigkeit
im gleichen Verhältniß steht zur moralischen Verwerflichkeit,
und welche höchstens vom Standpunkte der Jesuitenmoral Entschuldigung
finden können.

In der Januarsitzung (1851) des Großen Rathes hatte Stämpfli,
eine kurz zuvor gefallene Beschimpfung wiederholend, die Behauptung
aufgestellt: Er erkläre und werde es beweisen, daß mehrere
Millionen, welche ehemals — nämlich vor dem Jahr 1798 —
im Staatsschatze gewesen, sich nicht mehr darin, aber
doch in Bern befinden.

In der auf den Einmarsch der französischen Truppen folgenden
Verwirrung jenes Jahres war es den Bemühungen einiger Berner
gelungen, einen kleinen Theil des Baarvermögens der Republik den
Händen der räuberischen Generale zu entziehen. Selbstverständlich war
es, daß dafür keine Rechnungen abgelegt wurden; eben so
sehr aber auch, daß diese Rettung nach dem Sinne dieser Magistraten
zunächst im Interesse ihrer Vaterstadt geschah, auf welche der Pa=
triotismus der Zeit sich concentrirte. Dieser doppelte Umstand wurde
benutzt, um alle damals abgeschlossenen Verträge und Abrechnungen
von Neuem in Frage zu stellen; — das Aufsehen, welches jene Aeuße=
rung Stämpflis machen mußte, gab den Anlaß dazu.

Die Presse bemächtigte sich der Angelegenheit auf's Eifrigste, und
zwar in einer Weise, welche einen schweizerischen Schriftsteller (einen
radikalen Solothurner) von der „leichenschänderischen Hyänen=

natur" der „Bernerzeitung" reden ließ. Ein anonymes sogenanntes
Laupersmyler Komite[1]) erließ hierauf im Anfang Juni (1851)
eine Einladung an sämmtliche Gemeinden des Kantons, um sie zum
Anschluß zu bewegen an das Verlangen, „daß strenge untersucht
werden möchte, was aus dem vor dem Einmarsch der Franzosen dem
Staate gehörenden Vermögen geworden sei?" Das gleiche Begehren
stellten eine Anzahl konservativer Mitglieder des Großen Rathes, alt-
Schultheiß Fischer voran. Blösch selbst hielt im Schooße des Regierungsrathes dafür, eine reine, offene und runde Untersuchung dieses Gegenstandes sei unerläßlich geworden, da einmal der Verdacht in's Volk
geworfen sei. Eine eigene Kommission wurde mit dieser Aufgabe
betraut, gebildet aus drei konservativen und zwei radikalen Bernern,
zu welchen neben dem von beiden Seiten hochgehaltenen General Düfour
noch drei weitere angesehene Schweizer aus andern Kantonen beigezogen
werden sollten; allein der angestrengteste Versuch, radikale Glieder
der eidgenössischen Räthe dafür zu gewinnen, scheiterten an
der beharrlichen Weigerung der Angesprochenen[2]). Einstimmig
war zwar ihr Urtheil über die Sache: die Schatzgelderagitation wurde
von ihnen als „verdammungswürdig" qualifizirt und die feste
Ueberzeugung geäußert, „daß das Ergebniß unbefangener Untersuchung
nur zu Gunsten der Angeschuldigten ausfallen könne; aber! aber!" —
Die Furcht, die eigene Parteistellung zu kompromittiren, der Rache der
radikalen Presse zu verfallen, war zu groß[3]). Niemand mag es Blösch
verargen, wenn er tiefen Unwillen bei dieser Erfahrung empfand: „In
beiden eidgenössischen Räthen nicht drei Männer, die Muth und
Herz genug besitzen, die Aufgabe unbefangener Prüfung und wahrheits-
getreuer Berichterstattung zu übernehmen in einer Sache, die sie als
gerecht und ehrenhaft erkennen! So groß ist der Terrorismus der Einen
und — die Feigheit der Andern!"

Unterm 17. Juli 1851 erließ der Regierungsrath zur Beruhigung
und Aufklärung an sämmtliche Regierungsstatthalter ein Kreisschreiben,
welches, die ausgestreuten Irrthümer berichtigend, sich unter Anderm auf

---

[1]) Zur nähern Charakteristik der Sache gehört es, daß einer der an der Spitze
desselben stehenden Männer nicht lange hernach eines Kirchendiebstahls überwiesen worden
ist. Ueber dieses Komite wäre allfällig zu vergleichen: „Vaterland" vom 6. Juli 1851.

[2]) Vorzüglich wurde Werth gelegt auf die Annahme des Solothurners Trog, von
dessen Eintritt zuletzt zwei Andere den ihren abhängig machten. An Gutzwyller, Hunger-
bühler, Sibler, Barmann, Blumer waren Anfragen gerichtet worden, und auch von
C. Pfyffer ist die Rede gewesen.

[3]) Einer derselben sagte kurz: er wolle nicht auch Schelm geheißen werden!

die Thatsache berief, daß über die geretteten Gelder im Jahr 1821 be=
sondere Rechnung abgelegt, diese vom Großen Rathe genehmigt, öffentlich
verdankt und die Summe selbst — im Ganzen 642,959 Schweizerfranken,
6 Batzen und 6 Rappen — der Staatskasse einverleibt worden sei. Im
Uebrigen verhieß dasselbe neue und gewissenhafte Untersuchung.

Allein bevor diese angestellt werden konnte, wurden alle Mittel
einer rücksichtslosen Demagogie aufgeboten: Volksversamm=
lungen wurden zusammengerufen; in Dürrenroth, in Schönbühl, in
Schönbrunn, in Frutigen fanden solche statt, bedeutendere und größere
in Langnau (27. Juli) und in Herzogenbuchsee (10. August), beide
von 3—4,000 Personen; in ähnlicher Zahl noch Ende Septembers in
Aarberg und in Unterseen am 6. Oktober.

„Wie wohl kämen die geretteten Millionen sammt
den Zinsen dem Lande zur Abhülfe der Armennoth, zur Hebung
des Gewerbswesens, zur kräftigen Unterstützung der Volksschule u. s. w.!
Wie ließen sich damit nicht Möser austrocknen, Straßen herstellen,
Wasserbauten durchführen!" Das war die Argumentation, welche hier
angewendet wurde, um die Rechte des Staates zu beweisen; aber
noch ganz andere Aussichten wurden in der eigentlichen Bearbeitung
der um den „Staat" sich wenig kümmernden Massen eröffnet: Thei=
lung der Millionen nach der Kopfzahl oder nach den Haushal=
tungen. Jede Hausfrau wußte bald, wie viel es für sie und ihre Kinder
treffen würde, jedes arme Knechtlein rechnete bereits auf seinen Antheil,
und jeder Taglöhner, welchem es „wohl käme", Fr. 60 zu erhalten,
wurde von Haß erfüllt gegen die, welche dieses Glück ihm vorenthielten,
und von Bewunderung für die, die es ihm verschaffen wollten [1]. Wenige
fragten: warum die Radikalen in den Zeiten ihrer unbedingten Herrschaft
diese Schätze nicht bereits gehoben hätten? [2] eben so wenige:

---

[1] Recht drastisch wurde diese Seite der Sache von einem (radikalen) waadtländer
Witzblatt in einem Bilde dargestellt: Blösch sitzt auf den vollen Kisten, vor ihm stehen
eine Anzahl Bernermädchen und rufen ihm zu: „Allons! Mr. Blœsch, il nous faut
notre dot; nous ne trouverons pas à nous marier sans ça!"

[2] Von einem Manne der dreißiger Jahre, der den grimmigsten Haß gegen das
Patriziat im Herzen trug, wurde der Ausspruch zitirt: „Wir wären damals (1836) gar
zu froh gewesen, wenn wir den Patriziern die geringste Unredlichkeit hätten aufdecken
können, und wir haben auch gar nichts gefunden. Diejenigen, welche sich jetzt neuerdings
mit der Sache befassen, werden nicht mehr finden, als wir gefunden haben." — Stämpfli
selbst hatte als Finanzdirektor am 3. Juli 1849 vom Regierungsrathe den Auftrag er=
halten, eine Untersuchung der Dotationsverhältnisse zwischen Stadt und Land vorzu=
nehmen und hatte zu dem Zwecke die Alten schon etwa ein halbes Jahr zuvor geprüft,
aber bis zu Ende der Regierungsperiode nichts verlauten lassen.

mit welchem Rechte die vorgeblich dem Staatsschatze[1] entzogenen Summen jetzt zur kommunistischen Vertheilung kommen
sollten? —

Es war offenbar: Nachdem die Januarereignisse ein unerwartet
mächtiges Bedürfniß nach Ruhe unter den Landleuten und dem Mittel-
stande, und eine wenigstens relative Befriedigung konstatirt[2]), wurde
ein neuer Bundesgenosse gesucht in denjenigen Theilen des Volkes,
welche den Gelüsten eines krassen Kommunismus zugänglich sind oder
zugänglich gemacht werden können; so trug denn das von der oben
erwähnten, übrigens etwas mißlungenen Schönbrunnerversamm-
lung aufgestellte Programm eine ziemlich unverholene dahin zielende
Färbung. Stämpfli selbst ging so weit (12. Januar 1852), offen die
Unverhältnißmäßigkeit des Vermögens der Stadt Bern
als erstes Motiv zu bezeichnen: sie besitze etwa zwanzig Millionen, und
das sei zu viel; die Patrizier an sich fürchte er nicht, sie seien aber
gefährlich durch ihren Reichthum; das öffentliche Interesse erfordere
daher Präventivmaßregeln. Er fügte, berichtet Blösch, wörtlich bei: „J
wott de Herre vo Bern d'Mittel näh', insofern si zu reaktionäre Zwecke
si brucht worde, oder künftig chönnte brucht werde!" — Solchen ge-
wagten Rechtstheorien gegenüber rief der „Oberländer Anzeiger" dann
nicht ohne Grund: „Der erste revolutionäre Hammerschlag gegen die
Kassen der Stadt Bern macht, daß die Thüren aller Speicher
zittern im ganzen Kanton!"

Da der Versuch zur Bildung einer Untersuchungskommission
durch den Regierungsrath gescheitert, beschloß derselbe, diese förmlich
aufzulösen und beim Großen Rathe um Bestellung einer solchen
anzutragen. Das war es, was auch eine Anzahl eingegangener Petitionen verlangte; aber diese enthielten zugleich die Forderung, daß
bei dieser Verhandlung sämmtliche Bürger der Stadt Bern
als „Betheiligte" ihren Austritt nehmen sollten.

Dieser Punkt bildete die Alles entscheidende Vorfrage, als am
8. Oktober die Volksvertretung sich versammelte.

„Die Linke war fast vollzählig, nur sieben Glieder derselben fehlten.
Noch vollzähliger erschien die Rechte. Die Tribüne war zum Ersticken

---

[1]) Und nebstdem noch den Kantonen Waadt und Aargau! — Auch diese sollen aufgefordert worden sein, ihre Ansprüche geltend zu machen (?).

[2]) „Die Bauern namentlich sind zufrieden, und Alles würde seinen geregelten Gang
gehen, wenn nicht immer frischerdings mit künstlichen Mitteln gefochten würde", heißt
es im Sommer 1851 in einem Briefe an Blösch von einem Landmann aus dem Emmenthal.

gefüllt." Nach einem von ziemlicher Gereiztheit zeugenden Vorgefechte begann die Sitzung mit Vertheilung eines gedruckten Berichtes über den Dotationsvertrag vom Jahr 1841, welchen Blösch im Auftrage des Regierungsrathes verfaßt hatte, und einem mündlichen Vortrage des Nämlichen, welcher während vier vollen Stunden mit ununterbrochener Aufmerksamkeit angehört wurde. Dann aber folgte ein furchtbarer Tumult gegen den Präsidenten des Großen Rathes, der mehrmals bis zu einem Handgemenge schien gehen zu wollen, und denselben endlich zwang, den Vorsitz abzugeben[1]).

Nach Herstellung der Ruhe ergriff Stämpfli das Wort; auch er sprach vier Stunden lang; aber in auffallendem Kontrast mit der kecken Schuldbehauptung, mit welcher er seit Monaten das ganze Land in Aufregung versetzt, beschränkte er sich jetzt darauf, in den zahmsten Ausdrücken von „Zweifeln und Möglichkeiten" zu reden, „die noch der Untersuchung werth."

Dieß wurde auch vom nächsten Redner nicht bestritten; Dr. R. Wyß, wohl der gründlichste Kenner der streitigen Verhältnisse, verhehlte nicht, daß in den klaren, sichern Zahlenreihen manche Lücke bleibe, die zu Zweifeln und Vermuthungen Stoff bieten könne; nur zu Anklagen liege kein Grund vor.

Die weitere Verhandlung wurde unterbrochen durch die Austrittsfrage. Es handelte sich um 39 Glieder des Rathes, die von Stämpfli mit Namen genannt wurden. Ihr Ausschluß hätte die Mehrheit ohne Weiteres zur Minderheit gemacht. Die mehrsten derselben waren nicht von der Stadt, sondern von Landbezirken gewählt, alle übrigens ausdrücklich nach der Verfassung „nicht Vertreter ihrer Wahlorte, sondern des ganzen Kantons." — Das Verlangen hatte daher durchaus keinen rechtlichen Grund; es gelang auch Blösch, dasselbe ad absurdum zu führen durch das eventuelle Begehren, daß alsdann auch die Landbürger austreten sollten: „seien jene interessirt, nicht zu geben, so diese, zu nehmen." Nachts 11 Uhr kam es zur Abstimmung: 115 gegen 97 Stimmen genehmigten, nach endlosen Unterbrechungen, den Antrag, vor Allem grundsätzlich über die Zulässigkeit eines massenhaften Austrittes beschließen zu lassen. Nach diesem Ergebniß gab die Linke ihre Sache für verloren und verließ zum größten Theile allmälig den Saal.

---

[1]) Es war der von dem ganz besondern Haß seiner ehemaligen politischen Freunde verfolgte alt-Regierungsrath A. Funk. „Use mit em!" — „Abe mit dem Präsidenten!" — „Abe vom Stuhl!" wurde lange Zeit hindurch gebrüllt.

„Die Majorität hatte die gefährlichste der bisherigen Proben bestanden. Oft war, sie zu sprengen, der Teufel des Mißtrauens ausgesendet worden. Heute waren zwei Teufel, der des Geldgeizes und der des Städterhasses zusammen losgelassen worden, und doch widerstand die Mehrheit[1])."

In der ganzen Westschweiz war an diesem Tage das Gerücht verbreitet, in Bern sei eine Revolution ausgebrochen. War die Vermuthung unbegründet, die Radikalen hätten das Eingehen der Gutmüthigen in die gelegte Falle erwartet, und dann mit der ihnen also ausgelieferten Gewalt noch weitergehende Beschlüsse fassen wollen?

Am Schlusse der denkwürdigen Sitzung war noch der unbestritten gebliebene Antrag auf Niedersetzung einer Untersuchungskommission zur Ausführung gekommen. Die allein gebliebenen Konservativen trafen nichts weniger als einseitige Wahlen; von den neun Mitgliedern gehörten vier zur Opposition, unter diesen „Vizestämpfli", der feine und gewandte Fürsprecher Bützberger[2]). Drei derselben wollten die Ernennung nicht annehmen; die Mehrheit war es, die sie gegen den Willen der Minderheit dazu für reglementarisch gezwungen erklärte. So begann endlich die mit Spannung erwartete Arbeit.

Schon zuvor[3]) hatte der Regierungsrath vom Staatsarchivar einen Bericht verlangt über die im Archive befindlichen Dokumente, und einem nach Paris reisenden Kollegen den Auftrag ertheilt, nach dem von General Brune weggenommenen sogenannten „Großen Schatzbuche", das den sichersten Aufschluß verhieß, an Ort und Stelle Nachforschung zu halten; die schon umfangreiche Litteratur über das Schicksal der verschwundenen Gelder wurde um einige weitere Nummern vermehrt[4]): die gründlichste Arbeit war die „Geschichte des Stadt- und Staatsgutes der alten Republik Bern seit dem 4. März 1798", von

---

[1]) Blösch in seinem Tagebuch, nach Schilderung dieser Sitzung.

[2]) Es waren diese Wahlen das Ergebniß einer Besprechung der konservativen Führer in engerm Kreise; es mag bemerkt werden, daß die damals anwesenden Stadtberner über die Bezeichnung dieses Mannes große Betroffenheit zeigten, ihr Haupt sogar im Unmuth sich entfernte.

[3]) Auch der Dotationsvertrag selbst wurde wieder in Frage zu stellen versucht, gleichzeitig mit dem Antrag auf Amnestirung der politisch Verfolgten (von St. Immer und Interlaken). Dieses Zusammentreffen veranlaßte Blösch zu der Bemerkung: „Also Straflosigkeit für gestern verübte Exzesse, und gleichzeitig Aufstöbern der alten fünfzigjährigen, durch feierlichen Beschluß des Großen Rathes erledigten Geschichte!"

[4]) Die in Blöschs Nachlasse befindliche Sammlung derselben enthält 17 Nummern: Berichte, Gegenberichte, Nachträge, Bemerkungen zu den Berichten, Aktensammlungen und Rechtsgutachten, einzig aus den Jahren 1832—1840.

Dr. R. Wyß (1851). Am schärfsten, einschneidendsten lautete die Broschüre: „Herr Stämpfli und die Millionen, oder: Wer hat gesammelt, wer hat zerstreut?" (von alt=Schultheiß Fischer); ferner, zum Theil als Abdruck aus dem „Vaterland", und mit einer großen Zahl von Urkunden belegt: „Ueber das Schicksal des bernischen Staatsschatzes und der ber=nischen Staatskassen 2c." Auch Stämpfli schrieb — „im Gefängniß des Bürgerspitals, den 15. Herbstmonat 1851": — Einige Aktenstücke aus der Dotationsgeschichte. Nebst Blösch's oben erwähntem: „Bericht über den sogen. Dotationsvergleich und die demselben zu Grunde liegenden Verhandlungen" (1851) [1] wurden auch die Rapporte jener Großraths=kommission durch den Druck dem öffentlichen Urtheil übergeben.

Mit Absicht hatte die letztere zwei Berichterstatter bezeichnet: Gonzen=bach und Bützberger. Während des erstern Mehrheitsbericht sich mit dem Ergebniß des Untersuchs für befriedigt und zu keinen Modifikationen der bezüglichen Schlußnahmen veranlaßt erklärte, schloß das Minderheitsgutachten, von vier Mitgliedern unterzeichnet, mit dem Antrag: „Es seien die Gelder und Werthschriften, aus welchen der sogenannte Reserve= und Separatfundus der Stadt Bern gebildet werde, sammt Interessen als Staatsvermögen und als Aequivalent für die dem Staatsschatz rechtswidrig entzogenen, von der Stadt und für die Stadt verwendeten Gelder zurück zu fordern und dieser Forde=rung mit allen dem Staate zu Gebote stehenden gesetzlichen Mitteln Geltung zu verschaffen."

Nach neuen Zwischenverhandlungen (am 12. Januar 1852) konnten diese Berichte endlich am 9. März 1853 dem Großen Rathe vorgelegt werden. Die Behörde war wieder auffallend zahlreich ver=sammelt; die Berathung dauerte bis Nachts gegen zehn Uhr, während welcher Zeit Blösch, nach seiner Gewohnheit, selten seinen Stuhl, den Saal gar nicht verließ. Eine Reihe von Rednern folgten sich, Stämpfli mit einem von Blösch mehr als sonst ungünstig beurtheilten Vortrag, der das beachtenswerthe Geständniß enthielt, daß ohne gewisse, gegen die Finanzverwaltung von 1846 vorgebrachte „Verdächtigungen" die Schatz= und Dotationsangelegenheit unberührt geblieben wäre, mit andern

---

[1] Ein Exemplar dieser Schrift wurde Blösch durch die Post zugeschickt, auf dessen Titel geschrieben war: „Larifari und Lügenwerk! Alles Ufes! Fort mit Euch!" Es ist dasselbe noch vorhanden. In Folge der erneuerten Angriffe auf den von ihm abgeschlos=senen Vermittlungsvertrag sandte Blösch sämmtliche Akten der Juristenfakultät in Zürich zu, mit dem Ansuchen um ein Rechtsgutachten; diese lehnte den Auftrag ab, „weil es sich nicht um eine reine Rechtsfrage handle, sondern um ein Urtheil über sittliche Ehren=haftigkeit und politische Zweckmäßigkeit."

Worten, daß die ganze „Millionenagitation" in einem Gefühle per=
sönlicher Rache ihren Ursprung habe. Es entschieden 107 gegen 85
Stimmen im Sinne der Kommissionsmehrheit, und damit war
endlich die skandalöseste Episode der neuern Bernergeschichte
abgethan[1]).

Blösch hat in seiner Rede dabei wohl „den Nagel auf den Kopf
getroffen" durch ein glücklich gewähltes Beispiel: Er sprach von einem
Knechte, der bei einem Brande sich in die Flammen stürze, um des
Meisters Geld zu retten. Wenn er dasselbe übergebe, so werde ihn doch
dieser als treuen Knecht dafür loben, daß er sein Geld so gut als möglich
und so viel als thunlich gerettet habe, und nicht ihn beim Kragen nehmen
und sagen: Halt Bursche! wo bist du mit dem Rest hingekommen?
Wäre es anders, so würde er (Blösch) vorziehen, „an der Stelle des
treuen Knechtes, als an derjenigen des undankbaren, habgierigen Meisters
zu stehen."

Schärfer noch müßte wohl ein moralisches Urtheil lauten,
das in's Auge faßte, daß es nicht um Untersuchung der zweifelhaften
Ansprüche zu thun war, kaum recht um die Summen, die behändigt
werden sollten, sondern daß die Wühlerei gewissermaßen Selbst=
zweck war[2]).

Die beständig aufreizenden Vorwürfe gegen die Regierung gingen
unterdessen nebenher: Sie wurde als Patrizierregiment bezeichnet,
während nachgewiesen wurde, daß unter höhern und niedern Beamten
die Zahl derjenigen, welche ehemals patrizischen Geschlechtern angehörten,
sich auf nicht mehr als zwölf belief. — Der Wechsel des Münz=
systems brachte Ungewohnten manche Unbequemlichkeiten; diese wurden
der Regierung Schuld gegeben. — Die Ansätze des neuen eidgenös=
sischen Zolltarifs, und die daherigen Repressalien von Seiten
Süddeutschlands hatten der Berner Hauptindustrie — dem Käsehandel —
empfindlichen Schaden gebracht; dafür sollte die Regierung verant=
wortlich sein[3]). — Die hinterlassenen Steuerrückstände der frühern
Verwaltung mußten eingefordert, die unausgeführten Urtheile

---

[1]) Ein französischer Diplomat, dem Blösch um jene Zeit mit einem gewissen Stolz
von der Sittlichkeit des Bernervolkes sprach, entgegnete ihm: „Quant à la majorité de
votre peuple, j'avoue que l'opinion que j'en avais a baissé, depuis que j'ai vu comme
l'appât de quelques misérables millions a pu influencer sur lui."

[2]) Man verwies damals auf die wirklich schlagende Parallele von M. Manlius und
seinen gallischen Schätzen: Livius VI, 14 u. ff.

[3]) Der daherige Beschluß war gefaßt worden im Nationalrathe, und zwar durch
Stichentscheid des Präsidenten — Stämpfli.

exequirt werden; das Odium wurde der Regierung zugeschoben. — Die Eisenbahnen verlangten Einlaß an den Gränzen des Kantons, über Nutzen und Schaden wurde lebhaft gestritten: wer davon für die Zukunft fürchtete, dem wurde gesagt, daß die Regierung sie bringe; wer darauf Hoffnungen setzte, bei dem hieß es, die Regierung sei Schuld, daß es nicht vorwärts gehe[1]); so vorzüglich in der Presse und im Wirthshausgespräch; das eidgenössische Freischießen in Genf (1851) bot günstige Gelegenheit, die Beschwerden gegen die „Reaktion" auch in begeisterter Rede auszusprechen und den „eidgenössischen Brüdern" zu klagen.

So konnte keine Ruhe werden, der Kriegszustand wurde künstlich unterhalten, die Verstockung in Parteivorurtheile, die Unmöglichkeit, sich gegenseitig verstehen zu können, erreichte einen unnatürlichen Grad; der Zorn des ermüdeten Volkes, das sich unnatürlich aufgehetzt fühlte, wandte sich gegen die konservative Regierung, welche ihm Aufhören der Parteiung, Ruhe und Ordnung verheißen und dieses Versprechen nicht gehalten, durch ihre Herrschaft das Unwesen politischen Zwistes vielmehr noch gesteigert habe. — Die Thatsache war richtig — nach der Ursache fragte die Menge nicht.

Der nächste Zweck dieser Taktik wurde somit erreicht: die Mehrheit schien sich auf Seite der Regierungsgegner zu neigen. Schon im Laufe des Sommers (1851) hatten einige Ergänzungswahlen in den Großen Rath eine solche Wendung verrathen. Im Oktober des Jahres unterlagen die eidgenössischen Räthe ihrer ersten verfassungsmäßigen Totalerneuerung. Auf diese zunächst zielte die Bewegung ab. Der Kanton Bern war bis dahin in der schweizerischen Repräsentative, dem Nationalrathe, beinahe ganz ausschließlich durch Radikale vertreten, und diesem Umstande wohl vorzüglich war die Einseitigkeit des Urtheils zuzuschreiben, das in diesen Kreisen herrschend war und blieb über Richtung und Tendenz der unter der Zeit in Bern in's Amt getretenen konservativen Verwaltung. Für beide Parteien war es eine Lebensfrage, dieses Verhältniß zu erhalten oder zu verändern.

Auf's Klarste stellte sich heraus, wie die Einen instinktiv nach der Gesammtschweiz gravitirten, die Andern aber sich in diese

---

[1]) Das schändlichste Manöver war der unerhörte Mißbrauch eines Briefes an einen Freund, durch welchen der den Radikalen verhaßte Pfarrer Bitzius (Jeremias Gotthelf) der allgemeinen Verachtung preisgegeben werden sollte. Republikanischer Ostracismus gegen hervorragende Geister!

neuen Dinge noch nicht finden konnten, und mit der ganzen Gewohn=
heitsmacht der vis inertiae im kantonalen Leben ihren Schwer=
punkt hatten. Nach Kräften suchten die konservativen Führer ihren
Anhängern die Wichtigkeit auch dieser eidgenössischen Wahlen zum Be=
wußtsein zu bringen; viel einleuchtender war das Argument, mit dem
die Gegner erwiderten: „Es handle sich jetzt nicht um die Regierung,
sondern darum, daß in eidgenössischen Dingen wie bisher fortregiert
werden solle." Mochte dieser im Wesen beider Parteicharaktere liegende
Grund entscheidend sein, oder die Verführungskraft der eben in Be=
wegung gesetzten Schatzgelderfrage für die Masse des Volkes wirksamer
sein, als sie es im Großen Rathe gewesen, — am 25. Oktober (1851)
wurden, im Ganzen zusammengezählt, 45,000 radikale Stimmen
abgegeben und nur 36,000 konservative, und doch war das
für die letztern eher für vortheilhaft erachtete Gesetz, das die Theil=
nahme an den Wahlen obligatorisch erklärte, zum ersten Mal zur An=
wendung gekommen! Nur in zwei Wahlbezirken von fünfen, in der
Hauptstadt und ihrer nächsten Umgebung, und im Jura, hatten die
konservativen Namen eine Mehrheit erlangt; in den übrigen, selbst wo
man es am wenigsten erwartet hatte, waren die radikalen Kandidaten
in unbestrittenem, zum Theil auffallendem Vorsprung. Einige bedeutende
Konservative, unter ihnen Blösch, waren allerdings erwählt; aber im
Seeland und im Oberaargau hatten nicht einmal Dufour und Ochsen=
bein[1]) die nöthigen Stimmen auf sich vereinigt.

Eine gewaltige Konsternation war konservativer Seits die
Wirkung der einlangenden Berichte.

Schon am Tage darauf schrieb Blösch in sein Tagebuch: „Welches
werden die Folgen für das Land sein, welches für meine
Person? — Und welches sind die Ursachen dieses Resultats? — Diese
und ähnliche Fragen bieten sich unabweisbar dar und dürfen manches
schwere Bedenken erregen; doch bin ich ruhig und gefaßt! Das Bewußt=
sein, vor anderthalb Jahren mit der Annahme einer Regierungsstelle,
und seither in Bekleidung derselben nur meine Pflicht gethan zu haben,
läßt mich getrost Alles dem Herrn anheimstellen. Sein Wille ge=
schehe!"

---

[1]) Letzterer war in drei Wahlkreisen von konservativer Seite als Kandidat aufgestellt
worden, in der Hoffnung, dadurch Stimmen zu gewinnen, obwohl gegen diesen nicht sehr
glücklichen Gedanken die sehr richtige Einwendung erhoben worden war: „Von den Ra=
dikalen gewählt, kann Ochsenbein konservativ sein; von den Konservativen gewählt, muß
er radikal sein, um den Schein der Apostasie von sich abzulehnen."

Der erste sich aufdrängende Gedanke war der an **freiwillige**
Abdikation der Regierung. Auch die Familie suchte Blösch zu
diesem Entschlusse zu bestimmen. Er selbst war nach Erwägung der
Ursachen, die zum Ergebniß geführt, anderer Ansicht: „Freiwilligen
Rücktritt könnten nur Umstände rechtfertigen, wie sie einstweilen nicht
vorliegen. — Nicht die persönliche Konvenienz, nur das Wohl des
Landes soll das Verhalten in der schwierigen Lage bestimmen¹).“

Allerdings war diese Lage äußerst mißlich geworden. Schon bis
dahin war das „Regieren“ fast „unmöglich“ gewesen, weil die Mehr=
heit, welche einzig zur Regierung stand, eine so geringe war; wie
sollte es in Zukunft sein, da nicht nur die eidgenössische Vertretung in
entschieden gegnerischem Sinne wieder bestellt war, sondern ihnen jetzt
selbst bei jedem Schritte mit solcher Evidenz vorgehalten werden konnte,
daß sie nicht den Willen des Volkes repräsentire?

Es war zudem eine Zeit, von der das englische Weltblatt mit
den Worten sprach: „Der **europäische Kontinent** ist in diesem
Augenblicke im Frieden; aber Thatsache ist es, daß der gegenwärtige
Zustand überall für hohl und unzuverlässig gehalten wird²).“ Wenn
diese allgemeine Unsicherheit die Aufgabe der Regierung erschwerte, so
war es auf der andern Seite eine Aufforderung mehr, nicht Alles
preiszugeben: „Die Lage Europa's scheint unserer Partei vorzuschreiben,
daß sie zwar Alles fürchte, aber vor Nichts erschrecke, nicht viel wage,
aber mit äußerster Zähigkeit die eingenommene Position behaupte“, war
der Rath eines treu bewährten, einsichtigen Freundes.

„Die Regierung soll nicht abgeben“, schrieb ein konser=
vativer Beamter aus dem Seeland, „aber im Großen Rathe wachen,
keine weiteren Gesetze erlassen, nur die laufenden Geschäfte besorgen!“
und das „Vaterland“ kam zu dem Schluß: „Nach unserer Ansicht
hat die Regierung keinen Grund zu der Annahme, als ob in den ohne
Einwirkung von ihrer Seite getroffenen eidgenössischen Wahlen eine
Mißbilligung gegen ihre kantonale Verwaltung ausgesprochen sei; und
ihr liegt überdieß jedenfalls die Pflicht ob, das ihr vom Volke auf=
getragene Amt fortzuführen, bis das Volk auf dem ihm offenstehenden
Wege etwas anderes befiehlt.“ — „Das Entstehen einer großen Partei
ist oft unter Verhältnissen etwas Schwieriges, wie die Bildung einer
Armee. Aber das Fortbestehen einer solchen, einer lebensvollen, starken,
natürlichen, auf ehrenwerthem Boden stehenden, durch wichtige Aktionen

---

¹) Am 29. Oktober.
²) „Times“, September 1851.

erprobten Partei, das ist über diese Schwierigkeiten hinaus. Ein un=
günstiger Tag, selbst eine ungünstige Periode kann daran nichts er=
schüttern. Die Gründe ihrer Existenz sind auch die Gründe ihres
Fortbestandes. Wir sagen daher einfach: die konservative Partei im
Kanton Bern ist heute, was sie gestern war, und was sie morgen
sein wird."

Kurz darauf folgende neue Abstimmungen schienen dieses Urtheil
zu bestätigen, und so hieß es denn bald wieder: „Die Stimmung
ist besser als je, nach kurzer Niedergeschlagenheit. Wir haben wieder
Münsingerwetter, denn die Niederlage hat die Konservativen nur ge=
weckt. Unsere Sache steht besser als zuvor. Die Frage: Was nun?
scheint beide Parteien gleich sehr in Verlegenheit zu setzen. Die Hungrigen
(nach den Millionen) werden aber wohl zwingen zur Abberufung."

Darauf setzte man jetzt von konservativer Seite seine Hoffnung;
und allerdings war die Ueberraschung der Sieger kaum geringer,
als die der Unterlegenen. Der erste Eindruck war natürlich ein maß=
loser Jubel, der mancherorts, selbst in Bern, in Exzesse überging [1]).
Im „Bödeli" herrschte neuerdings vollkommenste Gesetzlosigkeit, vielleicht
begünstigt, vielleicht vor Aergerem bewahrt durch das Gehenlassen des
entmuthigten Beamten. Die Führer der Partei hingegen stellten
sich die Frage nach den Konsequenzen des unerwarteten Aus=
ganges.

Die kantonale Staatsverfassung von 1846 hatte die Bestimmung
aufgestellt, daß zu jeder Zeit der Große und der Kleine
Rath vom Volke abberufen werden können, und daß eine
allgemeine Abstimmung darüber stattfinden müsse, so bald 8000 Bürger
dieses durch ihre Unterschrift verlangen. Die fünfziger Regierung selbst
hatte darüber im Beginne ihrer Amtsführung ein das Nähere ordnendes
Gesetz erlassen. „Abberufung der Regierung!" war das Schlag=
wort der Schatzgeldagitation gewesen, falls den gestellten Begehren
nicht entsprochen würde. Allgemeine Voraussetzung war, daß es jetzt
dazu kommen müsse. „Vaterland" und „Oberländer Anzeiger" riefen
der Abberufung in jeder Nummer; Blösch selbst wünschte dieselbe
eben so entschieden, als er freiwilligen Rücktritt für unstatthaft hielt:
„Im Interesse des Landes ist eine Abstimmung des Volkes über die
Abberufungsfrage zu wünschen. Entweder muß auf diesem Wege

---

[1]) „Der Sieg der Rohheit wird mit Rohheit gefeiert", schrieb Blösch unter dem
entsetzlichen Lärm der Nacht vom 27. auf den 28. Oktober.

die gegenwärtige Verwaltung gestärkt, oder sie muß
ihrer Pflicht entbunden werden."

Allein je eifriger solche Entscheidung provozirt wurde, desto weniger
schien man radikaler Seits dazu geneigt. Schon am 29. Oktober
soll Stämpfli bei einer Besprechung sich dagegen ausgesprochen haben;
gleiches wurde Blösch auch von Stockmar gesagt. "Welches", frug er
sich, "mögen die Gründe sein? Mißtrauen in das Resultat, oder Scheu
vor der Verantwortlichkeit, oder die Hoffnung, bei längerem Unterhalten
des bisherigen Kampfes die konservative Partei allmälig sich auflösen
zu sehen? Vielleicht alle drei Momente zusammen." Auf die Länge aber
ließ sich die Sache nicht verschieben; die Nothwendigkeit, sein Ver=
sprechen halten zu müssen, trat immer unabweisbarer an Den
heran, welcher dem Volke das Recht auf Millionen in Aussicht gestellt:

> "Wie? sollt' ich's nun im Ernst erfüllen müssen,
> Weil ich zu frei gescherzt mit dem Gedanken?" [1]

Statt der aus Paris erwarteten Kunde von einer Umwälzung im
Sinne des Socialismus, kam die Nachricht vom Staatsstreich des
2. Dezember, dessen "gesellschaftsrettende That" wenigstens für den
Augenblick Europa Ruhe schaffte vor den Bedrohungen der roth=repu=
blikanischen Faktionen. Während einiger Tage wurde das Gerücht herum=
geboten, als ob die Regierung Berns gesonnen wäre, diesem
Beispiel zu folgen; mit solcher Bestimmtheit, daß selbst die Bundes=
behörde an die Wahrheit desselben zu glauben schien und der Regierungs=
rath sämmtlichen Bezirksbeamten solche Ausstreuungen auf's Entschie=
denste zu dementiren gebot.

Im Januar 1852 erschien endlich, von 15 Mitgliedern des Großen
Rathes unterzeichnet, ein zur Abberufung auffordendes Ma=
nifest. In sehr würdiger und ernster Sprache redete dieses vom Zustande
des Landes, dem seit bald zwei Jahren herrschenden ununterbrochenen
Kampfe der beiden, an Zahl sich fast gleich stehenden Parteien, von
welchen jede glaube, den wahren Willen des Volkes zu vertreten; ver=
wies auf das unnatürliche Verhältniß des Kantons zum Bunde, und
das eben so unnatürliche Verhältniß des Kantons zu seiner Verfassung,
zählte die Beschwerden auf gegen den bisherigen Gang der Verwaltung,
und schloß mit dem Satze: "Wollt Ihr, Mitbürger! daß diese einseitige
Richtung wirklich länger eingehalten werde, wollt Ihr, daß unser

---

[1] „Vaterland" vom 2. November 1851.

Bolt länger in zwei große Hälften sich theile und sich gegenseitig zer=
fleische? Wir sind der entschiedenen Ansicht: Nein! Es muß anders,
es muß besser kommen! Es muß im ganzen Lande die frühere
Einigkeit, das frühere freundliche Zusammenleben zurückkehren! Der
Parteikampf, der sich bis in die Gemeinden und Familien erstreckt,
muß aufhören!... Seid Ihr einverstanden, so machet Gebrauch
von dem § 22 der Verfassung!"

Am 22. Januar erfolgte die Gegenerklärung der Rechten, von
der gesammten Großrathsmehrheit unterschrieben, in der Form viel
weniger geschickt abgefaßt, bitter in den Anklagen, matt in der Ver=
theidigung. Die Listen fingen an sich zu füllen; nach längerem Zögern
und Stocken war anfangs Februar die gesetzliche Zahl der 8000
erreicht und stieg zuletzt noch bis auf 15,822 Namen; und jetzt
begann von Neuem der Wirbelsturm des politischen Treibens
durch den Kanton zu rasen, um auch den letzten friedlichen Bürger in
Bewegung zu setzen und in der einen oder andern Richtung mit sich
fortzureißen. Trotz der entschiedenen Behauptung, „die ungeheure Mehr=
heit des Volkes sei für Abberufung", forderte dennoch ein radikales
Zirkular die Führer namentlich auf: „die äußerste Thätigkeit zu ent=
wickeln, um die Leute von der Nothwendigkeit der Abberufung zu über=
zeugen." Versammlungen beider Parteien wurden abgehalten in den
verschiedenen Theilen des Landes, und je nach der Stimmung der Be=
völkerung dieses oder jenes Anbringen besonders betont. Aufrufe, Zir=
kulare, Erklärungen, Manifeste, Lieder [1]) flogen wieder hin und her;
kräftiger als obige im Sinne der Abwehr lautete ein mit zahlreichen
Unterschriften angesehener Männer vom Lande ausgehendes Flugblatt:
„Wir sagen Nein!" Im Niedersimmenthal, das schon im Jahr 1849
das Signal gegeben, war sogar davon die Rede: „den Bauernfana=
tismus loszulassen gegen die Herren", mit dem verzweifelten Zusatz:
„der Barbarei entrinnen wir doch nicht!"

Doch mitten in dieser maßlosen Aufregung wurde noch einmal der
Versuch gemacht zu einer Art von Vermittlung. Einige Männer
aus beiden Lagern setzten eine Reihe von Punkten auf, welche als
Friedensbedingungen gelten sollten. Blösch ward um seine Ansicht

---

[1])   Da klopfen sie wieder an Mutzens Thür: Mach' auf!
       Wir bringen dir Millionen herfür: Mach' auf!
       Doch Mutz versteht nicht schlechten Spaß,
       Sagt: Fort! Ihr tönt wie ein hohles Faß;
       O nein, o nein, o nein! Euch lasse ich nimmer herein!

angefragt und sprach dieselbe aus in einem Schriftstück (vom 30. Ja=
nuar), auf dessen vollständige Reprobuktion wir ungerne verzichten,
besonders deßhalb, weil die darin enthaltene Ablehnung ihm den Schein
von Schroffheit zuziehen und als Widerspruch mit seiner sonstigen
Haltung ausgelegt werden mußte. Es heißt darin:

„Wer sich nicht an kleinen Außendingen hält, sondern auf den
Grund der Sache schaut, muß einsehen, daß der Hauptgrund des all=
gemeinen Mißbehagens und des alle Elemente der sittlichen und mate=
riellen Wohlfahrt zersetzenden Zwiespalts des Volkes im Mangel einer
kräftigen, von den Parteien unabhängigen, darum über denselben
stehenden Regierungsgewalt liegt. So lange dieß nicht erkannt, so
lange das Uebel, statt in der Sache, in den Personen gesucht und
daher auch von einem Wechsel der Personen Abhülfe erwartet wird, ist
alles Streben nach Versöhnung eitel. Die Hauptaufgabe muß sein,
dafür zu sorgen, nicht, daß dieser oder jener, Hans oder Benz, den
Namen habe zu regieren, sondern daß wieder eine wirkliche Re=
gierung möglich sei." Demnach wird dann der erste Satz der Ver=
abredung beurtheilt, die Heilighaltung der Verfassung, eben
darum weil sie die Verfassung sei, als selbstverständlich bezeichnet,
dagegen die Verzichtleistung auf frühere oder spätere Revision derselben,
als ihr selbst widersprechend, und als sachlich unmöglich erklärt. Die
übrigen Begehren verlangten Amnestirung der politisch Verfolgten,
Beamtenwechsel in Interlaken, — eine Forderung, die der Verfassung
gemäß auf keine Weise eingegangen werden konnte, — und Unter=
suchung des Dotationsvertrages, — dieß zum Unterschied von der
Schatzgelderfrage, — durch das eidgenössische Bundesgericht. Auch diese
bezeichnete er theils als wenig bedeutsam, theils als rechtlich
unstatthaft, deutete dagegen auf einige andere Punkte, über
welche Verständigung unter den Parteien viel nothwendiger und frucht=
bringender erscheine, „vielleicht nicht für einzelne Parteiführer, aber
für das Land", nämlich die Ordnung des demoralisirenden Wirth=
schaftswesens, der leichtsinnigen Heirathen, der Presse
und des Schulwesens. Von einer Verständigung über jenes, ohne
Ausgleichung über diese hoffte er nur „faulen Frieden."

So fiel der Versöhnungsvorschlag dahin, und mit ungewöhnlicher
Spannung erwartete man den achtzehnten Tag Aprils, auf welchen
die Abstimmung angeordnet war. Es wurde demselben eine weit über
den Kanton hinausgehende Bedeutung zugeschrieben. Die europäische
Demagogie (Mazzini) soll ihre Blicke mehr als sonst nach Bern
gerichtet haben, und dem entsprechend rief ein kleines radikales Blatt

(der „vaterländische Pilger" aus Langenthal) pathetisch aus: „Die Aufgabe des Bernervolkes ist es, neuerdings die Fahne der Freiheit auf die Alpen zu pflanzen; den muthlos gewordenen Nachbarvölkern ein Zeichen zu geben, daß sie hoffen dürfen auf's Neue!"

Aus gleichem Grunde aber wurde das Abberufungsunternehmen von den durch französische und österreichische Noten schwer geängstigten Bundesräthen als sehr bedenklich angesehen, und als ein „unsinniges" bezeichnet; Radikale anderer Kantone verwiesen warnend auf die Stellung zum Ausland und die Gefährdung der Unabhängigkeit der Schweiz bei neuer Unordnung in ihrem Innern, und auf die Anklagen, welche von den Mächten gegen den Bund erhoben würden. „Sollten", wurde gefragt, „diese Vorwürfe dadurch beantwortet werden, daß Männer an die Spitze gestellt werden, welche zur europäischen Revolution in einer eingestandenen Verbindung stehen?" „In einem solchen Moment, wo das Sammeln zur Noth wird, ist das Trennen ein Verbrechen!" äußerte Eschers Organ.

Zu dieser Warnung war nur allzu viel Grund: Das seit dem 2. Dezember zur „Reaktion" übergegangene Frankreich stellte unter unzweideutigen Gewaltdrohungen das kategorische Verlangen an die Eidgenossenschaft, daß jeder ihr designirte Fremde unverzüglich ausgewiesen werden sollte[1]. Oesterreich hatte die unwürdige, doch nach Allem, was vorausgegangen, vom Standpunkte dieser Mächte aus kaum unbegreifliche Forderung energisch unterstützt, und England wenig Aussicht auf Beistand gemacht. Die Städte Genf und Basel einerseits, der Kanton Tessin andererseits sollen bereits zur Okkupation bestimmt gewesen sein, und auch nach Beilegung des Konfliktes ließen Berichte aus Paris errathen, daß das Resultat des 18. April für die weitere Entschließung der Kabinete entscheidend sein werde.

Unter fast unerhörter Bewegung der Gemüther und beinahe täglich abgehaltenen Versammlungen nahte endlich der Tag.

Das Ergebniß in der Münsterkirche zu Bern, wo Blösch selbst an der Abstimmung Theil nahm, war ein für die Regierung günstiges; der gleiche Bericht kam aus den übrigen Kirchen der Stadt; um vier

---

[1] Das Dokument war so gehalten, daß Blösch, als er dessen Wortlaut in einer deutschen Zeitung fand, — von dorther erst vernahm die Schweiz, auch die schweizerischen Kantonsregierungen, wenigstens diejenige Berns, den geheimnißvollen Text, — dazu bemerkte: „Wenn nach Durchlesung dieser Stelle der Bundespräsident dem französischen Minister erklärt hätte, die Schweiz sei keine französische Präfektur, so wäre es wahrlich nicht ohne Grund gewesen! Der „Bund" verneinte aber, daß dieß geschehen sei."

23

Uhr Nachmittags kannte man die Zahlen aus 36 umliegenden Ge=
meinden: sie zeigten bereits eine bedeutende Mehrheit; bis zum späten
Abend waren, mit Ausnahme des Jura und einiger oberländischen
Aemter, fast sämmtliche Berichte bekannt und ließen keinen Zweifel
mehr, daß das „Nein!" überwiege.

Der Sieg der konservativen Sache war ein vollständiger, der vom
„Vaterland" zuletzt noch ausgesprochene Wunsch war zum Theil in
Erfüllung gegangen: die Entscheidung mit beträchtlicher Majorität
gefaßt; die Zahlen stellten sich zuletzt auf 45,131 gegen 38,422 Stimmen[1]).

Durch eine Proklamation gab der Regierungsrath dem Volke
davon Kenntniß, mit dem Versprechen: „Gestärkt durch dieses Ergebniß
der Abstimmung werden wir fortfahren, in der Verwaltung das ge=
meine Wohl auf Grund der bestehenden Verfassung und der Gesetze
mit erneuertem Muth zu erstreben, und thun, was redlicher Wille und
aufrichtige Vaterlandsliebe bei großen Schwierigkeiten mit menschlichen
Kräften zu thun vermögen."

Die Folgen waren allerdings bedeutungsvoll; ein Mann, welcher
gerade damals mehr als andere im Falle war, die Lage der Dinge zu
kennen, General Dufour, schrieb am 21. April an Blösch: »Dieu en soit
loué! car *non seulement le canton de Berne est sauvé par là*, mais
avec lui la Suisse entière! »

Die Autorität des Gesetzes und der verfassungsmäßigen
Behörden war wieder hergestellt, eine kräftigere Handhabung
der öffentlichen Ordnung wieder möglich gemacht, der Terrorismus der
Unordnung gebrochen. Einsichtige konnten es sich nicht verhehlen: „die
Verwerfung sei mehr eine Deklaration des gesetzlichen und gemäßigten
Sinnes unseres Volkes, als ein eigentliches Zutrauensvotum an die
konservative Regierung." — „Ohne den 2. Dezember 1851 wäre der
18. April 1852 anders ausgefallen."

„Aber liegt denn nicht gerade darin die große Bedeutung des
Tages?" bemerkte das „Vaterland" richtig, als ein radikales Blatt
sich damit trösten wollte: „es hätten ja auch Radikale Nein! gesagt."
War nicht die Absicht der Regierung von Anfang an gewesen, abgesehen
von allen nichtssagenden Parteischlagwörtern, die „Freunde der

---

[1]) Wahrhaft komisch wirkt der Vergleich der Aeußerungen eines radikalen Blattes:
Vor dem 18. April: „Noch nie ist ein Volk in seiner Majestät nach allen Formen des
Rechts zu Gericht gesessen, wie das Bernervolk künftigen Sonntag zu Gericht sitzen
wird!" Nach jenem Tage: „Das schauderhafte Resultat ist größtentheils der Bornirtheit
unseres Landvolkes zu verdanken!" Komisch — aber gewiß zugleich zu ernsten Betrach=
tungen auffordernd!

Ordnung" um sich zu schaaren, ihr Vertrauen zu gewinnen, und so, auf ein gemäßigtes Centrum sich stützend, den Kanton sein Gleichgewicht nach langem Schwanken wieder finden zu lassen?"

"So weit mußte es kommen, bis zu solchen den Volkscharakter geradezu verletzenden Uebertreibungen mußte die blinde Wuth der Wühler es treiben; sie mußten die ganze Anschauungsweise und Sitte des Berner= volkes höhnend in die Schranken fordern, damit dasselbe erwache, sich ermanne und den wahren Feind seines Glückes erkenne, damit die lang entzweiten Freunde sich wieder treuherzig in's Auge blicken, sich auf's Neue die Hand reichen, um fortan wieder Freud und Leid zu theilen, wie es Jahrhunderte lang im glücklichen Vaterlande geschehen war. Ein Volk, das in allen wichtigen Dingen so gleichartige Interessen hat, in welchem über die Hauptgrundsätze seiner Verfassung und Verwaltung im Grunde gar kein Zwiespalt herrscht, das nur durch künstlich erregtes Mißtrauen über das, was die sogenannten Gegner im Geheimen wünschten und beabsichtigten, durch die frechsten Lügen getrennt, zerrissen, zur Feindschaft entflammt wurde, das mußte sich wieder finden!"[1]

Der kaum gehoffte Sieg wurde, einem allgemein sich äußernden Wunsche folgend, am 24. April mit einem Dankgottesdienst und einer Liebessteuer im Münster gefeiert. Gleich hernach sammelten sich die Abgeordneten der Bernervereine — 550 Mann stark — im Kasino zur Berathung über die Zukunft; im Laufe des Nachmittags und Abends strömten Schaaren von Landleuten in die Stadt auf einer Menge von Wagen, alle mit großen Nein! und zum Theil mit Tannen= reisern geziert. Um sieben Uhr Abends sammelten sich die Massen, und ein Zug von 6—7000 Menschen brachte dem auf dem sogenannten Stift= gebäude am sonst so stillen Münsterplatze sie erwartenden Regierungs= rathe eine großartige Ovation. Die Häuser um den Platz herum waren meist erleuchtet, so auch der Münsterthurm, von dessen oberster Gallerie weit über die Stadt hin das eidgenössische Kreuz in Flammen strahlte. Eine Anrede an die Regierung erwiderte deren Präsident, Fischer, in kurzen kräftigen Worten, unter launiger Anspielung auf das Schicksal der gegenwärtigen Verwaltung, die, am 5. Mai als schwaches, unansehnliches Kindlein geboren, allen Prophezeiungen gewisser Doktoren zum Trotz am Leben geblieben und am 18. April in hundert Kirchen des Landes die Volkstaufe erhalten habe. Das Nationallied: "Rufst du mein Vaterland!" und Musik bildete den Schluß des gelungenen und ohne irgend welche Ungehörigkeiten verlaufenden Festes.

---

[1] „Vaterland" vom 23. April.

Mehr als solcher Demonstrationen freute sich Blösch, als er später erzählen hörte, wie in einer Gemeinde ein Theil (12 von 14) der „Ja= sager" die Bitte ausgesprochen haben, sich dem Fackelzuge anschließen zu dürfen; wie in einer andern beide Parteien gemeinsam unter Freuden= schüssen den Sieg der öffentlichen Ordnung feierten, und an einem dritten Orte das Aufgeben der Parteiung sich gelobten und den Tag damit begingen, daß sie die Armen und Kranken mit Wein beschenkten.

Allein solches blieben Einzelerscheinungen. Im Ganzen war eine Annäherung der Parteien weniger möglich als je. Lag vor dem 18. April das Hinderniß einer Versöhnung unzweifelhaft auf der radikalen Seite, so fällt vielleicht von jetzt an dieser Vorwurf mehr auf die Konservativen. Die Schatzgeldagitation und die sich daran anschließenden Injurienprozesse hatten in den bürgerlichen und ehemals patrizischen Kreisen eine arge Verbitterung hervorgerufen; der Unwille über nutzlose Wühlereien, die Liebe zur friedlichen Ordnung, die Furcht vor kommunistischen Tendenzen, die Besorgniß vor Einmischung des Auslandes und völligem Ruine des Kantons hatte sich in eigentlichen Grimm verwandelt gegen die muthwilligen Störer; die grundsätzlich und bewußt konservativ Gesinnten waren schroffer als je; die voraus= gegangene Bewegung trug nicht, wie die im Frühling 1850, den Cha= rakter eines idealen Aufschwungs des sich auf sich selbst besinnenden edlen Volksgeistes, vielmehr den einer Anspannung aller Kräfte zur verzweifelten Nothwehr des Selbsterhaltungstriebes.

Die Zeit der Geduld müsse jetzt zu Ende sein, war ein viel ver= breitetes Gefühl, denn „die Ruhe und Mäßigung unserer Leute ist von den Radikalen schmählich mißbraucht worden." Das ungeduldige Drängen auf die Regierung begann ärger als je: Ein „heroisches Kur= verfahren" wurde als nöthig erklärt. „Wir müssen nun einmal aus der Politik der Rücksichten auf die Feinde hinaus in die Politik der Ermuthigung und Kräftigung der Freunde hineinkommen!" — „Die Bewegung von 1850 wurde nicht benützt, wie sie hätte können benützt werden. Der Aufstand in Interlaken und St. Immer war geeignet, mit fester Hand die Ruhestörer zu packen, und über die Führer der Partei das verdiente Gericht ergehen zu lassen! Es geschah nicht, und man hörte auf, die Regierung zu fürchten. Deßwegen kam die Abberufung! Nun ergeht zum zweiten Mal der Ruf an die Re= gierung, ihren Beruf zu erkennen und zu thun, was ihres Amtes ist! Ist der Weg der Gegenpartei der übliche Trotz, und der Weg der Regierung die bisherige Schwachheit, so sind ihre Wege

nicht unsere Wege!" — So sprach jetzt der „Oberländer An=
zeiger", freilich mit einer Art von Vorbehalt der Redaktion.

Nicht überflüssig war die Warnung: „Hüte man sich, daß man im
Glücke nicht schlechter bestehe als im Unglück!"

Blösch erkannte klar die Unmöglichkeit, in bisheriger Weise
die Regierung fortzuführen. Vielleicht selbst in einer Anwandlung von
Ungeduld, vielleicht eher umgekehrt aus instinktiver Furcht vor dem
Drängen der „Zumuthungspartei", wie man sie nicht übel benannt
hat, wünschte er jetzt zur Revision der Verfassung zu schreiten.
Von dem Sinne, in welchem diese vorgenommen werden sollte, war
oben schon die Rede und muß später noch die Rede sein. Sein Gedanke
war die Kreirung einer bessern Representation des „Volkes", im Gegen=
satze zu dem Großen Rathe, welcher kaum mit vollem Rechte diesen
Namen trug, wie zu den dem Zufall überlassenen Volksversammlungen,
den politischen Vereinen und der Presse, „in welchen nur die Wühlerei
sich selbst representire." Er war deßhalb entschlossen, sammt seinen
Kollegen im Rathe, mit dieser Forderung offen aufzutreten, und dieselbe
als *conditio sine qua non* seiner fernern Theilnahme am Regierungs=
geschäft zu bezeichnen.

Es hatten ernste Besprechungen statt schon am 20. und 21. April.
Wenn Blösch die Nothwendigkeit dieses Schrittes hervorhob, so riethen
Andere, wie früher, entschieden davon ab. Hatte jener vom
Standpunkte der Regierung Recht mit seiner Forderung, so hatten eben
so unzweifelhaft auch diese Recht mit ihren Bedenken.

Allein die nämlichen Leute, welche gegen jene Absicht eiferten,
äußerten zu gleicher Zeit, zum Theil selbst in bitterem Tone: „Das
Volk verlange eine starke Regierung und könne nicht begreifen, wie
man z. B. schlechte Beamte nicht beseitige", so daß Blösch sich zur
Erwiderung veranlaßt sah: „So lange man nicht den Muth habe, die
Verfassung zu revidiren, möge man die Regierung mit Vorwürfen
verschonen, die sie nur mit Verletzung derselben zu vermeiden ver=
möchte", und daß er mit dem Eindrucke die Berathung verließ: „Das
ganze hatte das Gepräge einer Konferenz zwischen Regierung Nr. 1
und Regierung Nr. 2, die ganz geeignet war, das Unhaltbare und
zugleich Peinliche der Stellung der Staatsgewalt klar und fühlbar zu
machen."

Eine bessere Stimmung herrschte, durch die Bedeutung des Tages
gehoben, in der schon erwähnten größeren Versammlung der so=
genannten Bernervereine am 24. April, wo, nach einer Eröff=
nungsrede von Großrath Lauterburg, eine große Zahl von Rednern,

die meisten vom Lande, ihre Ansichten kundgaben über die Anforderungen der nächsten Zukunft. „Zweierlei war dabei besonders bemerkenswerth: der tief religiöse Sinn, der sich durch fast alle Verhandlungen hindurch= zog, und das völlige Zurücktreten materieller Begehren.“ Die meisten Anträge des konservativen Centralkomites fanden allgemeine Billigung. Allein — die Frage der Verfassungsrevision hatte der leitende Ausschuß absichtlich übergangen; sie wurde von Männern aus dem Oberlande angeregt; Niemand wagte aber einen Antrag zu stellen, und die große Mehrheit war derselben sichtlich abgeneigt. Auch Blösch, zum Sprechen aufgefordert, gab die Ueberzeugung kund, daß der Augenblick dazu erst dann gekommen sei, wenn der Wunsch nach Aenderung im Volke selbst sich geltend mache; allein, fügte er bei, — wenn man daran nicht zu gehen wage, — dürfe man für die nächste Zeit auch nicht allzu= viel Ruhe erwarten, und das Verlangen danach nicht allzusehr die Oberhand gewinnen lassen; er fürchte, es werde dem Bernervolk wie einer Gebährenden gehen, die mitten in den Wehen, da es noch einer letzten Anstrengung bedürfte, das Kind zur Welt zu bringen, statt dessen ermüdet, sich dem Schlafe ergebe — um nicht mehr zu erwachen.

Die wichtige Berathung endete mit der einstimmig ausgesprochenen Erklärung: „Nach Anhörung der Anträge des Centralkomites und der Wünsche und Begehren der Vertreter sämmtlicher Landestheile, sehe der Bernerverein mit Vertrauen der fernern Verwaltung der Regierung entgegen.“

Die Lage war nun die, daß der Regierungsrath darauf verzichtete, der konservativen Partei jene kategorische Alternative bezüglich der Verfassung zu stellen; dafür stellte nun die Partei an ihn das faktische Dilemma, entweder dem Ungestüm der entschiedensten und thätigsten, weil extremsten Eiferer nachzugeben, oder aber auf einmal sich völlig isolirt zu sehen[1].

---

[1] Ein hoch gebildeter und scharf denkender Mann, der von jeher auf Blösch großen Einfluß geübt, gab ihm damals den Rath: „Weil man der Barbarei doch nicht entgehe, die „elbe“ Barbarei aber doch der „rothen“ vorzuziehen sei, so solle man sich jener in die Arme werfen, die Regierung aber nicht selbst die Initiative ergreifen, sondern durch eine gewaltige Monsterversammlung an einem Maisonntag auf dem Wylerfelde bei Bern einen Druck auf sich selbst in diesem Sinne ausüben und gewisse Reformen und einige allgemeine Verfassungsgrundsätze durch Acklamation beschließen lassen; ein Meeting von wenigstens 20—30,000 Menschen, welches groß genug wäre, um der Gegenpartei im eigenen Kanton, aber auch der Eidgenossenschaft zu imponiren.“ Blösch ging auf diesen Rath nicht ein, wohl aus keinem andern Grunde, als weil er vor Allem zurückschreckte, was von den gesetzlichen Formen abwich. Wäre vielleicht dieß das einzige noch zum

Man wird anerkennen müssen, daß das Erstere nur zum Theil geschehen ist, darum aber war denn auch die Unterstützung bei den Erneuerungswahlen (Frühling 1854) nur noch eine halbe.

Es wurden successive eine Reihe von Gesetzen vorgelegt, bei welchen auf die Zustimmung nicht nur der konservativen Parteianhänger, sondern aller konservativ Gesinnten gerechnet werden durfte, und die schon längst mit dem Vorwurf der Unthätigkeit von der Regierung verlangt worden waren. Eines der ersten bezweckte Verminderung der allmälig für die konkurrirenden Unternehmer selbst ruinös gewordenen Schenkwirthschaften[1]). Der Grundsatz, daß bei Feststellung ihrer Anzahl in jeder Gemeinde die Ortsbehörde mitzuwirken habe, reduzirte dieselben sofort um 1090 Nummern. Einen wesentlichen Antheil an dem wachsenden Pauperismus schrieb das Volk den leichtsinnig geschlossenen Heirathen zu; auch diesem Uebelstande sollte ein Gesetz abhelfen durch Feststellung einer ziemlich hohen Altersgränze. Der öffentliche Kredit sollte gehoben werden durch bessere Ordnung des Verfahrens bei amtlichen Güterverzeichnissen, durch ein Betreibungsgesetz und zugleich durch Herabsetzung der bezüglichen Gebühren[2]). Durch Einführung von Alpseybüchern wurden die verwickelten Weidrechtsverhältnisse im Oberlande geordnet[3]). Noch zählte der aus so verschiedenartigen Theilen zusammengewachsene Kanton innerhalb seiner Gränzen einige sogenannte „Statutarrechte", welche, auf altem Herkommen beruhend, bisher in theilweiser Gültigkeit belassen worden waren; die Regierung setzte eine Frist (1. April 1854), bis zu welcher sie zur Revision vorgelegt werden, sonst aber ohne Weiteres erlöschen sollten. Es war damit ohne Aufsehen ein bedeutsamer Schritt zur anzustrebenden Rechtseinheit gethan.

Ziele führende Mittel gewesen, wenn die Aufrechthaltung eines konservativen Systems noch ernstlich versucht werden sollte?

[1]) Nach einer statistischen Zusammenstellung gab es damals ein Städtchen im Kanton, in welchem auf 71 Köpfe eine Wirthschaft fiel, in einem andern, — freilich in einer Ausnahmsstellung, — sogar schon auf 55 Köpfe, während der Durchschnitt auf 247 stand. Die bernische gemeinnützige Gesellschaft schrieb zu der Zeit eine Preisschrift aus über die Mittel, ihrem verderblichen Wirken entgegen zu arbeiten.

[2]) Blösch war es, dem die Redaktion der letztern übertragen wurde.

[3]) Blösch bediente sich bei dieser Arbeit des Rathes eines seither als Autorität in diesem Fache anerkannten Mannes, des Pfarrers Schatzmann; er wurde damals von den Gegnern angefochten, daß er sich von einem „Pfarrer" leiten lasse.

Politisch wichtiger als alle diese Maßregeln war ein Gesetz gegen den Mißbrauch der Presse, welches unter anderm, auf bisher gemachten Erfahrungen fußend[1]), zum Schutze der öffentlich Verläumdeten, dem Kläger die Auswahl des Gerichtes freistellen wollte. Darum heftig angefochten, erklärte Blösch im Großen Rathe, die Regierung habe allerdings nicht das einseitige Interesse einer Anzahl Zeitungsschreiber im Auge, sondern erachte es für ihre Pflicht, das Volk im Ganzen bei seinen höchsten Gütern zu schirmen. Die Tendenz des Gesetzes erhellt am besten aus den Worten eines Circulares, welches später der Regierungsrath an die Bezirksprokuratoren erließ, als den Wächtern über die Presse: „Eine Erörterung der öffentlichen Zustände und Angelegenheiten ist überall wohlthätig, in einem republikanischen Staate aber Bedürfniß, und eine gute Presse kann unstreitig wesentlich beitragen zur Belehrung und Veredlung des Volkes; aber eine schlechte Presse, die anstatt der Wahrheit der Lüge, statt der Aufklärung der Verläumbung dient, statt Vertrauen und Liebe zu pflegen, Haß und Zwietracht sät, ist eine Pest für ein Gemeinwesen... Insbesondere ist die Regierung ferne von dem Verlangen, oder auch nur dem Wunsche, die Kritik der Staatsverwaltung, sofern sie nur mit Anstand geführt wird, irgendwie beschränkt zu sehen[2]).“

Nach einer ziemlich heftigen und verwickelten Debatte, in welcher unter Anderm ein Oberrichter die unveräußerlichen Menschenrechte um das „Recht zu injuriren“ vermehrte, wurde der Entwurf vom Großen Rathe unverändert angenommen (Mai 1852) und provisorisch in Kraft gesetzt[3]); bei der zweiten Berathung (im November) betrug die Mehrheit für dasselbe 99 gegen 43 Stimmen; und doch war damit die Geschichte dieses Gesetzes noch nicht zu Ende. „Das Gesetz unterliegt noch der Sanktion des Bundesrathes! — und die Opposition gibt sich der Hoffnung hin, daß diese werde verweigert werden!“

---

[1]) Die Klage über Preßinjurien mußte bis dahin vor die Geschwornen gebracht werden. In Zeiten politischer Parteiung war es politischen Gegnern geradezu unmöglich, unbefangen beurtheilt zu werden, und hinwieder trug gerade dieser Umstand dazu bei, auch die Geschwornenwahlen zu einer Parteisache zu machen. — Als die Regierung selbst der indirekten Anstiftung des „Mordes“ an Dr. Knobel durch ein Blatt beschuldigt wurde, wies das Gericht die Klage ab, mit der Erklärung, es sei dieß „keine Injurie“!?

[2]) Datirt vom 7. April 1853.

[3]) Blösch zählte, als dieses letztere als unstatthaft beanstandet wurde, allein aus den drei letzten Jahren der vorigen (sechsundvierziger) Verwaltung nicht weniger als vierzig Fälle auf, wo zum Theil selbst definitive Gültigkeit beschlossen worden war.

Ein großer Sturm hatte sich längst vorbereitet gegen das gesammte Schulwesen, ganz besonders gegen die Lehrerseminarien und selbst gegen die Universität. Die Zurückführung der Schule auf einen populäreren, dem Charakter, den Sitten und dem Glauben des Volkes entsprechenderen Boden war im Frühling 1850 eines der ersten und ernstesten Begehren gewesen und dieses auch im Leuenmattprogramm zum Ausdruck gekommen. Der damals neu erwählte Direktor des Erziehungswesens hatte die Ausarbeitung einer neuen Schulorganisation unverzüglich an die Hand genommen; das Projekt wurde aber, nachdem es vielen Widerspruch erregt, weder die Rechte noch die Linke befriedigt und in mehrfacher Weise als Waffe des Angriffes gedient hatte, noch vor der Berathung im Großen Rathe wieder zurückgezogen.

Noch mehr scheute sich die Regierung, zur verlangten Aufhebung des Seminars in Münchenbuchsee zu schreiten; sie schob die Frage zum großen Aerger vieler Dränger und Mahner immer wieder hinaus. Wohl mußte sie die theilweise Berechtigung der gegen die Leitung Grunholzers erhobenen Klagen anerkennen, allein eben so wenig ließ es sich verkennen, wie viel Einseitigkeit und blindes Vorurtheil, wie viel Mangel an Einsicht in die Forderungen der Zeit und wie viel Bildungshaß sogar dem „kindischen" Geschrei zu Grunde liege, welches so weit ging, dem Direktor seine zürcherische Abkunft zum Vorwurfe zu machen.

Wenn eine „Vorstellung" an die Regierung aus dem Oberlande erklärt (1. Februar 1852), daß die Reorganisation des Seminars und die Entfernung des jetzigen Direktors im wohlverstandenen Interesse des Staates sehr wünschenswerth sei, so fehlte es auch keineswegs an Stimmen aus dem Lager der Konservativen, welche Grunholzer warm vertheidigten, als Urtheil der Verständigen beider Parteien aussprachen, „daß nichts zu thun sei gegen ihn", und davor warnten, das Seminar zu zerstören, „wie Aargau die Klöster."

Die „Abberufung" entschied über das Schicksal der Anstalt: „Eine Anstalt", hieß es jetzt, „daraus sechs Lehrer, der Direktor an der Spitze, auf der Liste der Abberufenden stehen mit Namensunterschrift, und das „mit seinen Zöglingen" wie Ein Mann gegen die Regierung stimmte am 18. April, ein solches Seminar kann unmöglich länger fortbestehen![1]" Noch in der Versammlung vom 24. April hatten zwei Männer, — unter diesen ein Mitglied der Aufsichtskommission, — Freimuth genug, sich in anderem Sinne zu äußern, und Blösch dankte

---

[1] „Oberländer Anzeiger" vom 25. April.

ihnen dafür; aber eine Reihe von Thatsachen, welche das „Vater=
land" (20. Juli 1852) zur Charakteristik der herrschenden Disziplin
aus amtlichen Quellen aufführte, ließ zuletzt auch diese Vertheidigung
schweigen. Am 24. Mai beschloß der Große Rath in einer langen viel=
wortigen Sitzung mit großer Mehrheit (es standen 93 gegen 39) die
Aufhebung des Seminars und wählte sogleich eine Kommission
zur Vorbereitung eines neuen Lehrerbildungsinstitutes.

Es konnte wohl nicht ausbleiben, daß dieser Beschluß als ein
Zeichen wirklich reaktionärer Ungunst gegen die Volksbil=
dung mußte ausgelegt werden. Blösch besonders zog sich dadurch
großen Widerwillen zu von einem Theile der Lehrerschaft; mit Unrecht;
derjenige, der im Jahr 1830 von seiner Vaterstadt geschrieben hatte:
„Gehen nur die Schulen gut, so liegt an allem Andern nicht viel!"
und der noch im Sommer 1850 dem Vorschlage des „Oberländer An=
zeigers", für Hebung der Volksschulen von Seiten der Kirche und aus
ihrer Dotation eine Summe von circa Fr. 50,000 zu schenken, seine
äußerst freudige Zustimmung gab, — er hätte vielleicht, angesichts der
Feindseligkeit vieler Lehrer[1]), Veranlassung gehabt, seine Ansicht zu
ändern; — er hat sie nicht geändert; wohl aber fürchtete auch er, daß
eine in Lebensart und Sitte dem „Volke" sich entfremdende, verstädtelte,
mit der häuslichen und kirchlichen Erziehung sich in Gegensatz stel=
lende Schule dem Zweck naturgemäßer und gesunder Volks=
bildung nicht entsprechen könne, und bei der nun herrschenden
Gesinnung einen argen Rückschlag provoziren möchte, wenn es nicht
gelinge, rechtzeitig eine etwas andere Bahn einzuschlagen.

Deßhalb war denn auch seine Bemühung, als Mitglied der er=
wähnten Kommission, vorzüglich darauf gerichtet, zum Vorsteher
der neu zu organisirenden Anstalt den rechten Mann zu
finden, der pädagogische Bildung und praktisches Geschick mit über=
zeugungsvoller Achtung vor den Heiligthümern des bernischen Volkes
verbinde.

Eine Zeit lang hoffte man das Urbild eines Volksschullehrers für
die Stelle zu gewinnen, denjenigen, der einst der Wehrlischule ihren
gefeierten Namen gegeben; da dieser seines Alters wegen sich nicht
mehr entschließen konnte, ließ man sich von seinem Rathe leiten, welcher
einen seiner Gehülfen am Seminar in Kreuzlingen empfahl. „Lehrer

---

[1]) Ganz besonders heftig, aber auch entsetzlich roh und gemein war ein Angriff in
einem Schulblatte, deßhalb, weil Blösch im Großen Rathe gesagt: „Die Lehrer sind
nicht, wie sie sein sollten."

zu bilden, denen es zur Ueberzeugung geworden, daß das Wissen nur
in so fern Werth hat, als es veredelnd und hebend auf Geist und
Gemüth wirkt, und daß also ihre Hauptaufgabe nicht darin bestehe,
die Jugend mit allerlei Kenntnissen zu füllen, sondern darin, daß die=
selbe durch die Schule besser, bescheidener, innerlicher, gesunder, arbeits=
froh und arbeitstüchtig gemacht, mit einem Worte, christlich erzogen
werde"; einen Lehrerstand heranzuziehen, „der mit dem Volke lebt, mit
ihm leidet, mit ihm sich freut, mit ihm arbeitet, mit ihm glaubt und
hofft; der eine Ahnung hat von dem Herrlichen, das im Volksgemüthe
liegt, und das nur verstanden sein will, um mit Begeisterung erfaßt
zu werden"[1]), in diesem Sinne trat H. Morf im Oktober 1852 in
Münchenbuchsee sein Amt an.

Auf sein Anrathen war die Einrichtung eines Konvikts beibehalten
worden, dagegen wurde die Kursdauer auf zwei Jahre und die Zahl
der Theilnehmer auf 30 Zöglinge reduzirt. Die anfänglich gehegte
Absicht, aus Abneigung gegen das „Klosterleben", zum Theil aus öko=
nomischen Gründen, den Unterricht des ersten Jahres außerhalb des Se=
minars ertheilen zu lassen, blieb unausgeführt.

Für das Bedürfniß des französischen Kantonstheiles war
bisher in doppelter Weise gesorgt durch eine kleine Anstalt für Lehre=
rinnen reformirter Konfession, und eine erst katholische, dann seit einigen
Jahren gemischte école normale in Pruntrut. Ersteres Institut wurde
im Dezember 1852 aufgehoben, das letztere reorganisirt und ausschließlich
wieder für Katholiken eingerichtet. Die Frage wurde mit jurassischer
Leidenschaftlichkeit hin und her debattirt, die Maßregel gegen die bei
der katholischen Bevölkerung in Mißkredit gerathene Normalschule er=
schien als Wunsch einer weit überwiegenden Mehrheit, der nicht unbeachtet
bleiben dürfe. Die klerikale Partei hatte hier Hoffnungen auf die kon=
servative Regierung gesetzt, welche diese keineswegs ohne Weiteres zu
erfüllen geneigt war; aber bald war es offenbar, daß auf diesen Gebieten
noch weniger als im alten Kantonstheil Raum sei für eine gemäßigte
Mittelpartei; der Ultramontanismus machte seine Schwierigkeiten;
es zeigte sich, „daß im Jura Niemand dem Einflusse Stockmars
gewachsen sei, als der Klerus." Die Regierung sah sich zu Kon=
zessionen an diese Strömung genöthigt, sollte nicht auch diese ganze
trefflich organisirte Armee zum Feinde übergehen, und so die alte Kluft
auf's Neue und bedenklicher als je sich öffnen.

---

[1]) H. Morf an Blösch. Seminar Kreuzlingen, 29. August 1852.

Schon in Verbindung mit der Gemeindeorganisation war auch
das Kirchenwesen neu geordnet worden. Hatte die katholische Kirche
sich von jeher ihre korporative Selbständigkeit im paritätischen Staate
zu wahren gewußt, so war umgekehrt die Verwaltung der reformirten
Landeskirche reine Staatssache geblieben, ja seit dem Jahre 1846 —
gegen den Sinn der Verfassung — unter der Herrschaft einseitiger Ju=
risten zur Angelegenheit der innern Polizei geworden. — „Eine dem
Staat so durchaus untergeordnete Landeskirche, wie die unsrige, scheint
mir die Frucht aristokratischer Staatsentwicklung zu sein, und so lange
haltbar — empfehlenswerth nie — als die Regierung kirchlich gesinnt
ist; einer demokratischen Verfassung widerspricht solche Stellung der
Kirche. Die Verfassung ordnet für die innern Kirchen=
angelegenheiten eine Synode an, wiewohl unter genugsam
beschränkenden Formen: hier liegt der Weg, um der Kirche Selbstän=
digkeit zu verschaffen und sie den Fußtritten ihrer Gegner zu ent=
rücken [1].“

In der Voraussicht, daß es jetzt zu wichtigen Veränderungen
kommen müsse, hatte Blösch, wie schon erwähnt, die Kirchen=
direktion sich übertragen lassen, und wandte diesem Theile der „mo=
ralischen Interessen“ große Aufmerksamkeit zu. Durch das Zusammen=
wirken der Beauftragten der frühern Geistlichkeitssynode, — wobei
vorzüglich Professor C. Wyß sich hochverdient gemacht hat, — und
der Kirchendirektion kam das Gesetz über die Organisation der
evangelisch=reformirten Kirche zu Stande, das am 19. Januar
1852 in Kraft gesetzt wurde.

Es galt einerseits, der Kirche eine freiere, dem Charakter einer
religiösen Gemeinschaft entsprechendere Gestaltung zu verleihen,
andererseits den Zusammenhang derselben mit dem Volksleben
wieder herzustellen und der drohenden Gefahr wachsender Separation
und zunehmender Zersplitterung in Sektenwesen Einhalt zu thun.

Die erste aus Geistlichen und Laien [2] zusammengesetzte Kirchen=
synode versammelte sich im Juni (1852). Sie wurde eröffnet durch
eine Anrede Blösch's, die mit dem Ausdrucke des Dankes gegen die
Vorsehung begann, daß eine „solche Umgestaltung der bernischen Kirche,

---

. [1] Aus dem Briefe eines Freundes an Blösch, vom April 1847.

[2] Die Mitglieder wurden durch die sogenannten Bezirkssynoden — eine Anlehnung
an die alte Kapiteleintheilung — gewählt, und diese letztern, so weit es die Nichtgeistlichen
betrifft, aus freier Wahl der Kirchgemeinden zusammengesetzt.

die wichtigste seit der Reformation, in Ruhe und Frieden sich vollziehe,
und in der vollkommensten Eintracht zwischen Kirche und Staat."

Der Eindruck dieser Versammlung war ein sehr verschiedenartiger:
Optimistische Gemüther waren tief gerührt durch den „schönsten Geist",
die „freundliche Eintracht", „das Interesse und die Freude auch der
Weltlichen", und bauten große Hoffnungen darauf für die Zukunft des
Landes; — ein anderer Geistlicher schrieb an Blösch: „Mit der Synode
scheint Niemand zufrieden zu sein; es kommt nichts dabei heraus, weil
die Laien nicht Leute sind, um die Geistlichen zu nöthigen, andere Leute
zu werden."

Eines der ersten Geschäfte der neuen Behörde war die Berathung
eines neuen Kirchengesangbuches, das bei manchen schwachen
Seiten und unverkennbaren Mängeln denn doch durch die günstige
Aufnahme, welche es in den Gemeinden fand, sich als ein erfreulicher
Fortschritt über die Vergangenheit dokumentirt hat [1]).

Ungleich bedeutender als die eben angeführte Anrede Blöschs waren
die „Eröffnungen der Kirchendirektion", eine gedruckt aus-
getheilte Erörterung über die Stellung, welche die Staatsgewalt der
neu begründeten Landeskirche gegenüber einzunehmen gedenke. Auch
diese Schrift setzte die jetzige, unter Mitwirkung der Regierung zu Stande
gekommene kirchliche Veränderung in Parallele mit der offiziellen Einführung der Reformation in die bernischen Lande durch den
„Berner Synodus" des Jahres 1532. „So", heißt es nach Anführung
des damaligen Wortlautes, „so hat vor 320 Jahren die Obrigkeit von
Bern zu ihren Geistlichen und der ganzen Landeskirche gesprochen. Die
Verhältnisse haben sich sehr geändert. In Hinsicht auf Religion und
Kirche jedoch ist die Gesinnung der gegenwärtigen Regierung von Bern
gleich derjenigen, welche sich in diesem Dekrete ausspricht. Die ehemaligen Zustände sind nicht in allen Dingen für besser zu halten, als
die gegenwärtigen; darin aber können uns unsere Vorfahren zum Vor-
bilde dienen, daß eine solche Gesinnung Regierung und Volk, Hohe und
Niedere, Gebildete und Ungebildete gleichmäßig durchdrang. Was „uns
näher zu Christo führt, und nach vermög Gotts Worts, gemeiner Fründt-
schaft und Lieb zuträglich ist, dasselbig wellend auch wir annehmen" —
denn auf diese Grundlage sollte unser ganzes Volksleben zurückgeführt
werden. Und die gegenwärtige Regierung, „sofern ihr der Herr Gnad
verlycht", wird in allen Dingen so zu handeln streben, „daß männiglich
befinden mag, „wie hoch uns Gottes Ehr und Ungehorsam wider syn

[1]) Schon seit dem Jahre 1841 war darüber resultatlos berathen worden.

Wort angelegen ist." Den Schluß der ganzen Schrift, welche in zwei Abschnitten die Lage, und die daraus sich ergebende Aufgabe mit ihren Konsequenzen bespricht, bildet das Bekenntniß: „Wer jetzt oder später davon Kenntniß nimmt, mag nach dieser Erklärung beurtheilen, was für eine Hand und welcher Sinn, — in wiefern in solchen Dingen menschliche Direktion möglich ist, — das Steuer führen wollte; — Fahr= wasser aber, Strömung und Windstrich hängt nicht von Menschen ab."

Diese Eröffnungen hatten, nach dem Geständniß eines bei der Ab= fassung stark Betheiligten, den Nebenzweck, „den Uebelwollenden der ganzen Schweiz zu zeigen nach dem Seminarsturme, daß kein Geist eines finstern Pietismus aufkommen soll." Daß diese Absicht theilweise erreicht ward, beweist der Brief eines noch lebenden zürche= rischen Theologen, der unter den Gelehrten unserer Zeit, und nicht der Schweiz allein, mit zu den ersten gezählt wird. Er nennt, unter Bezeugung lebhaften Interesses, den Vortrag der Kirchendirektion „sicher= lich ein Muster, wie weltliche Behörden kirchliche behandeln sollen [1]."

In der Führung seines Departements stellte Blösch sehr hohe Forderungen an die Diener der Kirche. Gegen Anstoßgebende schritt er mit ungewohntem rigorosem Ernste ein; den neuen Kandidaten gab er bei ihrer feierlichen Einweihung mit einigen kurzen, aber warmen Worten [2] zu bedenken, daß „ihren ohnehin bedeutsamen Pflichten immer steigende Anforderungen gegenüber treten, und daß ihr künftiges Amt keine Quelle sein werde von Genuß und materiellen Freuden, sondern eine Quelle von Mühen und Entbehrungen, von Beschwerden und Opfern", denen sie „nur darum froh und muthig entgegengehen sollen, weil sie bei jedem Schritt das Beispiel dessen vor sich haben, in dessen Dienst sie treten, und dessen ganzes Leben ein Opfer war."

Solche Opfer muthete er selbst den Predigern zu. Die Besoldungs= verhältnisse der reformirten Geistlichkeit gründen sich auf eine im Jahr 1804 geschlossene Uebereinkunft, wonach die zu Kultuszwecken jährlich ausgesetzte Summe als Aequivalent betrachtet wurde für den

---

[1] Nicht minder anerkennend äußerte auch — einem Dritten gegenüber — der geistig bedeutendste Mann der sogenannten pietistischen Partei in der deutschen Schweiz, J. P. Lange in Zürich: „Ich mußte mir dabei öfter sagen, daß es eine Gnade von Gott ist für Ihren Kanton, daß derselbe namentlich auch in seinen kirchlichen Verhältnissen der Leitung eines so bedeutenden, lautergesinnten, einsichtsvollen und festen Charakters.... anvertraut ist." Der Präsident der bernischen „evangelischen Gesellschaft" freilich sah sich durch eine bezüg= liche Stelle zu einer Art von Protest bewogen.

[2] Vergleiche später.

Ertrag des nach der Reformation eingezogenen Kirchenvermögens. Bei der finanziellen Nothlage des Kantons, durch deren befriedigende Erledigung seine Zukunft bedingt war, und nachdem die Glieder der Regierung selbst vorangegangen waren, glaubte Blösch auch den Geistlichen den freiwilligen Verzicht auf einen Theil ihrer Einkünfte vorschlagen zu dürfen. Er verkannte keineswegs, wie schwer dieß Manchem unter ihnen fallen würde; aber er erinnerte sie, wie in unserer Zeit, abweichend von der frühern, auch eine bloß vermeintlich bevorzugte äußere Stellung einer Vertrauen erweckenden Autorität eher hinderlich als förderlich sei, und war überzeugt, „sie würden mit ihm fühlen, daß nur durch Entsagungen und Aufopferungen, zu welchen die gewöhnlichen Mitglieder der Gesellschaft sich unfähig erweisen, nicht durch äußerliche Hülfsmittel künstlichen Ansehens die Geistlichen ihre Geltung und Wirksamkeit zu erhalten oder herzustellen vermögen, als vorzugsweise Ehrwürdige vor ihren Gemeinden.“

Er täuschte sich in dieser Erwartung; das „freiwillige“ Anerbieten wurde zwar nach längerer Unterhandlung gemacht; aber kleinliche Geister haben es ihm nie verziehen, daß ihm die religiöse Einwirkung auf die Gemeinden höher stand als das bequeme Pastorenthum, und daß auch in kirchlichen Dingen sein Konservatismus weniger darin bestand, nach der guten alten Zeit zurück zu schauen, als Rücksicht zu nehmen auf die Bedürfnisse einer anders gewordenen Gegenwart.

Bei dieser entschieden wohlwollenden Förderung der Landeskirche wußte der Direktor des Kirchenwesens sich mit durchaus liberaler Gesinnung frei zu erhalten von jeder intoleranten Bedrückung der andern Konfessionen oder der Sekten. Ein längeres, durch einen Spezialfall veranlaßtes Gutachten über das Verhalten gegen die Dissidenten ist veröffentlicht worden in der „Schweizerischen Vierteljahrsschrift“ und zeugt von eben so schonendem, als freiem und weitherzigem Geiste.

Gleichzeitig mit der Umgestaltung der reformirten Kirche wurden auch die Verhältnisse der katholischen Konfession in ihrer Beziehung zum Staate neu geordnet durch Errichtung eines Mittelgliedes, der sog. „katholischen Kirchenkommission.“ Die Regierung war nicht Willens, den Tendenzen eines staatsfeindlichen Ultramontanismus Vorschub zu leisten; eben so sehr aber war sie bestrebt, ihrer Stellung eingedenk an der Spitze eines paritätischen Kantons allen billigen Wünschen einer andersgläubigen Bevölkerung zu entsprechen. Den auf rohe Weise vertriebenen Ordensschwestern

wurde im Jura wieder Einlaß gewährt, und der katholischen Gemeinde
der Hauptstadt unter sehr günstigen Bedingungen Erlaubniß ertheilt, zum
Bau einer eigenen Kirche zu schreiten, die sie bisdahin entbehrt;
mit dem ehrwürdigen, milden, freisinnigen Bischof Salzmann
stand Blösch fortwährend in freundlichem Einverständniß[1]).

Nicht minder erfreute sich auch die israelitische Gemeinschaft
seiner lebhaften, durch öffentliche Theilnahme bei der Einweihung ihrer
Synagoge in Bern bezeugten Sympathie[2]).

Es war wirklich sein Sinn, was Graf Montalembert von der
bernischen Regierung rühmte: „Vertheidigung der Religion, ohne
dogmatische und konfessionelle Polemik[3]).

Im Schooße der exekutiven Behörde waren unterdessen einige
Veränderungen vor sich gegangen. An die Stelle des zu Ende 1851
ausgetretenen Straub trat, nachdem zwei Gewählte abgelehnt hatten,
P. Bühler, als Regierungsstatthalter in Burgdorf mit Blösch eng
befreundet, an der Spitze dieses großen Amtsbezirkes als umsichtiger
und treuer Beamter bewährt; die Direktion der Erziehung ging seit
dem Herbst 1852 von Moschard über an Pfarrer Bandelier in
Corgémont, der als Mitglied des Verfassungsrathes in weiterem Kreise
bekannt geworden war. Regierungsrath Elsäßer ward ersetzt zuerst durch
alt-Großrath Parrat in Pruntrut, einen äußerst gelehrten, aber
wohl für diese Stellung nicht passenden Mann, den hauptsächlichsten
Beförderer der Reorganisation der école normale; später durch den oben
schon, als Mitglied der neuhausischen Regierung genannten Aubry
aus den Freibergen.

Eine Zeit lang schien die Opposition ihren systematischen Kampf
doch aufgeben zu wollen und positives Schaffen mit vereinten Kräften
möglich zu werden. Während einige Führer entmuthigt schienen, selbst
den Großen Rath verließen, schlossen manche Glieder der Linken, besonders Landleute, mehr oder weniger offen der Regierung sich an,
und das Gleiche zeigte sich im Volke selbst; Parteinamen und
politische Schlagwörter fingen an ihre Alles bestimmende Macht zu verlieren; die Kirchgemeinde Gsteig bei Interlaken traf zwei Mal mit wachsender Mehrheit konservative Wahlen;
die Bemühungen des Regierungsbeamten und ihm folgend der obern

---

[1]) Derselbe wandte sich wiederholt in confidentieller Form persönlich an Blösch.

[2]) Erst in der folgenden Perlode, im September 1855.

[3]) Aus einem Briefe, welcher Blösch mitgetheilt wurde, und in welchem sich dieser
hochgesinnte und freie Katholik sehr günstig aussprach.

Behörde für bessern Schutz des Bezirks gegen das Austreten des Brienzer=
sees hatten Viele überzeugt, daß ihre Vorurtheile nicht gegründet seien;
„das Fieber ist entschieden vorbei und die Zeit herbeigekommen, wo
die wahren Interessen ihre Berücksichtigung finden." Aehnlich lautende
Berichte liefen auch aus andern Gegenden ein.

Selbst das Verhältniß zum Bunde schien allmälig sich ver=
bessern zu wollen. Die höchste Bedrängniß durch die Großmächte, Frank=
reich und Oestreich, deren furchtbare Ernsthaftigkeit die Behörde selbst
besser als das große Publikum zu ermessen im Falle war, hatte die
Vorsteher der Eidgenossenschaft im Frühling 1851 dahin gebracht, sich
der Partei der Ordnung etwas zu nähern, und in ihr eine zuverläs=
sigere Stütze zu suchen, als in denen, welche die politischen Flüchtlinge
als ihre „natürlichen Alliirten" erklärten und allen polizeilichen An=
ordnungen des Bundes passiven Widerstand entgegenstellten. Schwieriger
noch wurde die Lage der Schweiz, als zwei Jahre später die Aus=
weisung der lombardischen Kapuzinermönche aus dem
Kanton Tessin (21. November 1852), welcher als Repressalie die
plötzliche Vertreibung sämmtlicher Tessinerfamilien aus
der Lombardei nachfolgte, und die Anklage gegen den Kanton, mit
dem gleichzeitigen Aufstandsversuche in Mailand in Verbindung zu
stehen, allen alten Groll des Kaiserstaates gegen den „Heerd der euro=
päischen Revolution" wieder weckte und die Eidgenossenschaft bis an
die äußerste Grenze eines Krieges brachte.

Während die Einen diesen Krieg herbeizuwünschen schienen und
provozirend daran erinnerten, „daß die Schweiz so stark sei, wie Oest=
reich", dachten Diejenigen anders, auf welche die Verantwortung dafür
hätte fallen müssen. Als Bundesrath Furrer entschlüpfen ließ: „die Sache
stehe am Berge", Bundespräsident Näff die Antwort schuldig blieb und
Druey in geheimer, auffallend gleichgültiger[1]) Sitzung mit peinlichem
Humor die „Oestreicherfresser" und den hinaufgeschraubten schweizerischen
Patriotismus verspottete, erhielt auf einmal Mancher Recht, der vorher
umsonst vor der kompromittirenden und unpopulären Uebertreibung des
Asylrechtes gewarnt hatte; und da es sich neuerdings zeigte, daß zur
Vertheidigung der Landesunabhängigkeit gegen wirklichen Angriff von
Außen nur Eine Partei zu finden sei, so schwieg auch mancher vor=
gebliche Zweifel an der Vaterlandsliebe der Konservativen.

---

[1]) Ihre Physiognomie charakterisirte Blösch gegen einen Freund mit den Worten:
„Je vois de l'embarras chez les uns, de l'insouciance chez les autres et de l'ennui
chez tous."

Mentschikoffs Ueberrock entzog im rechten Augenblick die Schweiz den Blicken Europas und leitete das Ungewitter ab nach den Ufern des Schwarzen Meeres [1]).

Die Schenkung der noch restirenden Schuld der Sonderbunds= stände — Fr. 3,300,000 — durch die beiden Räthe im Sommer 1852 schien auch diesen alten Zwiespalt der Vergessenheit übergeben zu sollen; sie „wirkte vortrefflich auf die Völkerschaften der Ur= schweiz, einerseits zur Unterstützung eines gemäßigten Regierungs= systems, andererseits zur Weckung und Bethätigung eidgenössischer Gefühle, zum vernünftigen, verbitterte Rückgedanken fernhaltenden Auf= nehmen der Bundesinstitutionen [2])." Das innere Leben mancher andern Kantone verrieth aber auch deutlich genug, daß der neue Bund noch keineswegs so fest gewurzelt sei, um das Vertrauen der Nichtradikalen verscherzen zu dürfen.

Der Eintritt einiger Führer der bernischen Regie= rungspartei in die eidgenössische Behörde, seit Oktober 1851, berichtigte manches schiefe Urtheil über ihre Grundsätze durch persönlichen Umgang.

Blösch sprach als Mitglied des Nationalrathes nur selten und ungern; im Großen Rathe seines Heimatkantons an den Gebrauch des Dialekts gewöhnt, liebte er es nicht, in jener Versammlung der deutschen Sprache sich bedienen zu müssen. Dennoch galt er auch hier in Kurzem als einer der ersten parlamentarischen Redner und erzwang sich als solcher manche widerwillige Anerkennung. Zwar gelang es seinen Freunden nicht, ihm die Stimmenmehrheit zuzuwenden bei den Wahlen zum Vorsitz; doch war er, — neben dem „unvermeidlichen" Dr. Escher, — mehrentheils Mitglied der wichtigern Spezial= kommissionen, und fungirte öfters als deren Berichterstatter im Rathe [3]).

Unter solchen Umständen erhielt ein in Bern zu dieser Zeit ge= feiertes Fest eine eigentlich politische Bedeutung, die Feier des 500= jährigen Eintritts in den Bund der Eidgenossen. Es war seit Langem schon für Blöschs historischen Sinn ein Lieblingsgedanke gewesen, daß dieses für den eigenen Kanton, wie für die Gesammtschweiz

---

[1]) Druey soll damals sich geäußert haben: „Si par malheur les affaires d'Orient s'arrangent, la Suisse sera écrasée."

[2]) Reding von Biberegg, Alt=Landammann in Schwyz, an Blösch, August 1852.

[3]) Einige Male wurden auffallender Weise zwei Repräsentanten des gleichen Kantons, neben Blösch noch Stämpfli, als solche bezeichnet.

entscheidende Ereigniß in würdiger Weise öffentlich begangen werden
sollte, als Kundgebung bernischen Selbstbewußtseins und wohl-
berechtigten Stolzes auf eine große und ruhmvolle Geschichte, wie auch
als Manifestation alter bundesbrüderlicher Treue und gut-
eidgenössischer Gesinnung. Bern sollte zeigen, daß es „etwas sei"; aber
zugleich Zeugniß geben, daß es „etwas sein wolle nur in Verbindung
mit der übrigen Schweiz." „Bern im Bunde" war daher die Losung.

Dieser Auffassung des Festes entsprach es, daß zwei Theile der
Bevölkerung sich ferne hielten von der allgemeinen Freude; erstlich die
vornehmen Geschlechter der Stadt, die „Patrizier", welche, mit der
Gegenwart zerfallen, nicht einen Bund wollten feiern helfen, welcher
längst zerbrochen worden sei; und dann die schroffradikalen Kreise, die
für das geschichtliche Bern keinerlei Verständniß hatten[1].

Der eigentliche Jahrestag des Bundesschlusses von 1353
wurde am 6. März 1853 durch einen Dankgottesdienst begangen, zu
welchem eine Proklamation des Regierungsrathes das bernische Volk
aufforderte.

Das Fest selbst wurde den 21. und 22. Juni gefeiert, den Tagen
der Siege von Laupen und Murten. Am Vorabend zogen die Ehren-
gesandten der „VIII alten Orte" und beide Präsidenten der eidgenössischen Räthe in zehn vierspännigen, mit den Farben und Fahnen der
Stände geschmückten Wagen ein in die bereits in gehobener Stimmung
wartende Stadt. Mit einer kurzen Ansprache empfing sie Blösch im
Namen der Regierung auf dem Stiftgebäude und sprach „den getreuen,
lieben Bundesgenossen von Uri, Schwyz und Unterwalden, von
Luzern, von Glarus und von Zug, und nicht weniger dem alt-
verbündeten Solothurn", sowie den Vertretern der jetzigen
Bundesbehörden tief ergriffen den Dank aus für ihre wohlwollende
Theilnahme an diesem Feste alteidgenössischer Verbrüderung; denn „hat
auch die Form des Bundes manchen Wechsel erlitten, und ist sie insbesondere jetzt eine ganz andere als die, welche vor 500 Jahren gewählt
worden, weil damals sie die angemessenste schien, so soll doch der Geist
der Treue und brüderlichen Liebe ewig unveränderlich sein, der dem

[1] An solche richtete damals der „Oberländer Anzeiger" (4. Mai 1853) eine treffliche
Apostrophe: „Thut es nicht jedem wohl, sich in eine Zeit zu versetzen und auf einen
Boden zu treten, wo es noch keine Weißen oder Schwarzen, keine „Bernerzeitung" und
keinen „Oberländer Anzeiger", keinen Grütliverein und keinen Bernerverein gab, keinen
Landneid und keinen Stadtstolz, und wie die Dinge alle heißen! Probirt es doch, ob
ihr unter der Kruste von passionirter Gegnerschaft nicht noch ein Herz habt und altes
Schweizerblut darin! Ein Herz! Ein Herz! und Alles wird noch gut!"

neuen, wie dem alten Bunde erst Leben gibt, ohne den er nichts wäre, als eine todte Form."

In imposantem Zuge, — unwillkürlich entblößte die zahllose Menge die Häupter — begaben sich am folgenden Tage die offiziell geladenen Theilnehmer nach dem Festplatz auf der „großen Schanze", wo Regierungspräsident Fischer „im Angesicht der Schneegebirge" die eigentliche Hauptfestrede hielt. Den zweiten Höhepunkt bildete der von einem bernischen Künstler und Heraldiker meisterhaft erdachte und trefflich ausgeführte sogenannte „historische Zug." Blösch betrachtete denselben aus dem Fenster eines Eckhauses beim Zeitglockenthurm, gegenüber der Pfisternzunft, wo die Ehrengäste auf dem Balkon versammelt waren, und wir können es uns nicht versagen, den Eindruck der Szene mit seinen eigenen Worten zu schildern: „Langsam bewegte sich der Zug dieser Stelle zu, endlich hatte ich die Spitze desselben unter meinen Augen, ein Zugführer auf stolzem Pferde voraus und 20 geharnischte Trompeter. Einen Augenblick wurde Halt gemacht, damit das Ganze sich fester ordne. Darauf vorwärts unter dem herrlichsten Trompetengeschmetter bei Pfistern vorbei, wo lauter Jubel den Zug empfängt. Außerdem wieder, wie gestern, durch alle Gassen und Plätze, durch die ganze Masse lautlose Stille, ja eine Art feierlicher Andacht, offenbar verbunden mit der gewaltigsten Ueberraschung!" — „Ich selbst, durch monatelange, oft mühsame Berathungen[1]) auf Alles vorbereitet, entging dieser Empfindung nicht. Ich fühlte mich schon beim ersten Anblick des Zuges ganz überwältigt, so daß ich mich kaum zu fassen vermochte. Und als dann die Pannerträger der 30 (kantonalen) Amtsbezirke, und nach ihnen diejenigen der 13 (stadtbernischen) Zünfte mit ihrer Begleitung, als die Helden von Laupen und Murten mit dem Zuzug der Landgerichte, Weißenburgs und Oberhaslis und der alten Bundesgenossen von Uri, mit dem „Stier", der in Grandson ertönte, Schwyz und Unterwalden, Solothurn und Basel u. s. w., als die eroberten Panner und Kanonen, als am Ende sogar Herzog Karls Zelt auf ungeheuern Wagen daherkam, zierlichen Kindergruppen zum Tummelplatz dienend, — welche Gefühle! Ich hätte weinen mögen, aber ich konnte nicht! — ein stilles Gebet zu Gott dem Allmächtigen, der solches Gelingen gewährt, entstieg der Brust."

Das am Abend stattfindende große Bankett hatte Blösch mit der ersten Toastrede „auf das Vaterland!" zu eröffnen.

---

[1]) Blösch war Mitglied des vorbereitenden Festausschusses.

Beim offiziellen Abschied der Ehrengäste, denen der Vertreter Zürichs Worte lieh, floßen Thränen. „Wenn sie je", so sprach der Redner, „an der eidgenössischen Gesinnung Berns hätten zweifeln können, so wäre dieser Zweifel durch das herrliche Fest gehoben worden, dessen Eindrücke sämmtliche Anwesende in ihre Kantone zurücktragen [1])."

„Welchen Sieg haben Sie in Bern gefeiert!" mit diesen Worten wurde Blösch schon am ersten Abende von dem sonst Bern persönlich wenig geneigten Nationalrathspräsidenten aus St. Gallen begrüßt. „Ein solches Fest unternommen und so ausgeführt, wie es sich schon beim ersten Eintritt in die Stadt als ausgeführt erkennen läßt, das ist für Ihre Regierung ein Sieg, den ich auch einen Sieg von Murten nennen möchte!" Aehnliche Befriedigung sprach beinahe die gesammte schweizerische Presse aus, und es durfte nach den gewechselten Reden füglich eine Beseitigung der gehegten Vorurtheile erwartet werden und eine Befestigung eidgenössischen Vertrauens in die Stellung der Regierung zum Bunde. Der „Oberländer Anzeiger" sprach diese Hoffnung mit den Worten aus: „Das Berner Bundesfest soll eine neue politische Epoche datiren, und wird es, trotz des Sträubens verrannter Köpfe und im Feuer der Leidenschaften verkohlter Herzen!"

Es sollte doch nicht sein: Die im Sinken begriffene Wuth des Parteilebens wurde wieder aufgestachelt, und zwar war es dießmal gerade die Verbindung mit der Eidgenossenschaft, welche als Ursache dieser Störung bezeichnet werden muß. Schon mehrere Male hatten Freunde Blöschs aus andern Kantonen gemahnt: „Glaubt Eure Sache nicht beendigt und die neue Ordnung der Dinge nicht gesichert, so lange Ihr isolirt steht." Der bernischen Opposition, welche nach Abnützung aller ihrer Waffen, mit der Abnahme der Parteileidenschaft die allmälige Befestigung der Regierung als größte Gefahr herannahen sah, blieb nichts anderes übrig, als „die Eidgenossenschaft zu Hülfe zu rufen gegen den Heimatkanton."

---

[1]) Der Tag wurde auch auf dem Lande an mehreren Orten durch Lokalfeste gefeiert, so in Langnau durch Aufführung von „Wilhelm Tell." Eine Anzahl Festschriften wurden auf diesen Anlaß publizirt, so z. B. eine poetische Beschreibung des Festes: „Bern im Bunde", von Ludwig Ekhardt, damals Privatdozent in Bern; eine Festgabe des literarischen Vereins in Bern; ein Schriftchen: „Bern und Biel, eine Erinnerung an die große Vorzeit", von Blöschs Bruder, mit Abbildungen des an Biel gefallenen, seither verloren gegangenen Antheils an der Burgunderbeute. Eine trefflich gestochene Denkmünze, mit der Umschrift: „In Roth bewährt, im Bund besiegelt", sollte der bleibenden Erinnerung dienen; der gleiche Zweck wurde in schönster Weise erreicht durch das von Dr. Stanz herausgegebene „Festalbum", sämmtliche Personen des historischen Zuges in ihren Kostümen darstellend.

Der nächste Anlaß zu Konflikten zwischen der Mehrheit des Berner=
volkes und derjenigen der Gesammtschweiz lag in den Verhältnissen des
unglücklichen Nachbarkantons Freiburg, den man, um seiner nur
durch die Gewalt des Bundes aufrecht erhaltenen Regierung willen,
nicht unpassend als „gemeine eidgenössische Landvogtei"
bezeichnet hat. Schon von Anfang an war der Zustand dieses in weiter
Ausdehnung an Bern angränzenden Gebiets für dessen Regierung eine
Quelle steter Verlegenheiten und ein Hauptgrund des gegen
sie waltenden Mißtrauens gewesen.

Blösch konnte es sich nicht verhehlen, daß mit dem Sturz des
gegenwärtigen Regiments in jenem Kanton nur ein entgegengesetztes
Extrem wiederum zur Herrschaft kommen könne, mit dem weder er,
noch die bernischen Konservativen Sympathien empfanden; allein noch
gewisser war ihm, daß die Gefahr eines solchen Umschlages in sonder=
bündlerischen Ultramontanismus um so unausweichlicher und um so
größer werden müsse, je länger man die weit überwiegende
Mehrheit des Kantons unter diesem unnatürlichen Druck
belasse. Als einst im Ständerathe, dem damals (Dezember 1850)
Blösch angehörte, Druey in gewohnter Heftigkeit ausrief: «Je sais ce
qu'on veut, il s'agit de faire revivre le Sonderbund», antwortete ihm
Blösch mit den Worten eines französischen Redners, der kurz vor der
Vertreibung Karls X. auf die Anklage des Ministers: man wolle die
Revolution wieder wecken, prophetisch ihm erwidert hatte: «C'est en
tuant la Charte, qu'on fait revivre ce monstre.» Daß die Verfassung
dieses Kantons dem Volke niemals zur Annahme vorgelegt worden
war, und daß man auf diesen Umstand sich berief, konnte ihm nicht
als „eine theoretische Spielerei", wohl aber mußte solche Aeußerung
aus dem Munde eines Demokraten ihm als unerträgliche Inkonsequenz
erscheinen. Je entschiedener er jedoch eine Veränderung in der Regierung
Freiburgs wünschte, um so ernstlicher war ihm daran gelegen, daß
diese auf gesetzlichem Wege vor sich gehe, um so ernstlicher warnte
er vor jedem Gedanken an Gewalt.

Am 24. Mai 1852 fand die große Volksversammlung in
Posieux statt. Die dreitägige (3., 4. und 5. August 1852) Verhand=
lung des Nationalrathes über die dort beschlossene Petition an die
Bundesbehörden gab Blösch Gelegenheit zu einer seiner berühm=
testen Reden, welche von Männern beider Parteien als ein Meister=
stück parlamentarischer Feinheit und Dialektik gepriesen wurde[1]). Es

____

[1]) „Allgemeine (Augsburger) Zeitung"; vergl. auch „Revue de Genève", Nr. 187.

handelte sich um die nicht ganz einfache formale Rechtsfrage, ob die Bundesgarantie gegenüber den Kantonsverfassungen auch für diejenige Freiburgs gültig sei? Blösch konnte nicht, wie vor ihm Druey vom Putschrecht sagen: «J'en parle avec une certaine affection paternelle»; er erklärte umgekehrt, „da er gewohnt sei, seine Sympathien immer dem Rechte unterzuordnen": daß er die Garantie zur Handhabung einer festen Staatsordnung für nothwendig halte; diesen Grundsatz habe er schon früher und stets vertheidigt, und „wenn man ihn als Mann des Rückschritts bezeichne, so habe er wenigstens das Vergnügen, seine Gegner nach dreizehnjährigem Fortschritt nun da anlangen zu sehen, von wo er ausgegangen sei." Während aber die radikal=legitimistischen Vertheidiger des Freiburger Systems mit diesem abstrakt juridischen Raisonnement sich begnügten, und damit die Mehrheit des Volkes kurz zur Ruhe verwiesen, höchstens noch die Schreckbilder jesuitischer Reaktion in effektvollen Bildern auszumalen sich bemühten, unterstützte er den weiter gehenden Antrag: der Regierung von Freiburg den Wunsch auszudrücken, daß sie den Zustand des dortigen Kantons mit dem Geist der öffentlichen Institutionen, — d. h. dem demokratischen Grundsatz des allgemeinen Stimmrechts und der Annahme der Verfassungen durch Volksabstimmung, — in Einklang bringen möchte.

Gewiß war die Bemerkung richtig, welche ein Korrespondenz der „Allgemeinen Zeitung" (von Augsburg) dazu machte: „Diese so bemerkenswerthe und ausgezeichnete Rede beweist, daß einerseits die Mehrheit des Großen Rathes und des bernischen Volkes selbst in dieser Frage, wegen der Furcht, welche der Ultramontanismus einflößt, getheilt war, und daß andererseits bei der Strenge des Radikalismus gegen Freiburg das Volk dieses Kantons nur das passive Mittel, die Berner Regierung der wahre Zweck war. Man wollte sie — die Regierung — zu Bern selbst in Minderheit versetzen; diese Taktik hat Herr Blösch erkannt und vereitelt!"

Mit der Abweisung dieser Petition[1]) war die Sache aber nicht beendigt: „Wie der rächende Geist Banquo's", — nach dem Ausdrucke des Nationalrathspräsidenten v. Planta in seiner Eröffnungsrede, — verfolgte die Freiburgerfrage die eidgenössische Bundesversammlung.

---

[1]) Eines der angesehensten, sonst radikalen schweizerischen Blätter, die „Neue Zürcher Zeitung", bemerkte über diese krasse Verleugnung des Selbstkonstituirungsrechts: „Man hat ein leckes Güterschiff damit über Wasser erhalten, daß man die kostbarste Fracht über Bord geworfen hat."

Es kam am 22. April 1853 zu einem neuen sinnlosen Aufstands=
versuche, und die Regierung schritt in Folge dessen zu Ausnahms=
maßregeln, — standrechtlichen Urtheilen, Verhängung des Belage=
rungszustandes, Verhaftung aller Führer der Opposition und Zwangs=
anleihen, — welche in der maßlosen Ueberschreitung der Regierungs=
befugnisse durch die ganze Schweiz einen Schrei des Unwillens und der
Entrüstung hervorriefen.

„Wiewohl", — so schrieb einige Tage hernach ein hervorragender
Mann aus der innern Schweiz an Blösch, — „das unbegreifliche
Ereigniß in Freiburg geeignet wäre, den dortigen Konservativen die
Sympathie ihrer Freunde in dem Rest der Schweiz, die sie beständig
kompromittiren, zu entziehen, so scheint mir doch nach dem Bisherigen
der Thatbestand zu wenig aufgehellt, als daß wir schweigen
könnten zu dem Unerhörten, was auf diesen Aufstand erfolgt
ist." Es glaubte derselbe eine außerordentliche Versammlung der eid=
genössischen Räthe provoziren zu sollen; aber Blösch rieth von jedem
derartigen Schritte auf's Entschiedenste ab: „Wie sollten wir geneigt
sein können, für Unternehmungen einzustehen, die Allem widerstreiten,
was wir seit Jahren angerathen haben, und die uns, wahrscheinlich
eben deßhalb, vollkommen verheimlicht wurden."

Energischer dachte in dieser Beziehung einer der bernischen Kol=
legen Blöschs: „Der unglaubliche und verderbliche Putschversuch,
den wir nach Wissen und Gewissen desavouiren und verdammen können,
soll uns nicht hindern, die Interessen der offen und ungescheut mit
Füßen getretenen Gerechtigkeit zu Gunsten der Gesinnungsgenossen und
Nachbarn wahrzunehmen. Im Großen Rathe von Freiburg erklärt die
Regierungspartei mit Frechheit und Trotz, die Kriegsgerichte, obschon
verfassungswidrig, sollen aufrecht erhalten bleiben; der Große Rath
faßt förmlich einen daherigen Beschluß; und dem Volk und eintretenden
Falls auch den Nachbarkantonen muthet man zu, Gut und Blut ein=
zusetzen zu Aufrechthaltung eines schon so oft und jetzt neuerdings von
den Machthabern selbst zerrissenen Machwerks! Wahrlich! das Blut
kocht mir in den Adern, und ich fühle mich noch nicht tief gesunken
genug, um bei solchem ekelhaften Possenspiel den Kanton Bern oder
dessen Regierung zum Schweigen verurtheilt zu sehen. Hat Bern
gewarnt von sich aus, als Freiburg sich den Jesuiten
verschrieb, warum sollte es nicht auftreten, wenn Frei=
burg sich dem Beelzebub verschreibt!"

Dieser Anregung Folge gebend erließ der bernische Regie=
rungsrath (18. Mai 1853) ein Schreiben an den Bundes=

rath, welches unter Anführung der darin liegenden Gefahren für Bern selbst als Nachbarkanton und für die gesamte Eidgenossenschaft gegen die verfassungswidrigen Ausnahmsverfügungen förmlich Einsprache erhob. „Wir hoffen auch", heißt es in der bedeutsamsten Stelle, „so Gott will, die uralten Verhältnisse zwischen beiden Kantonen erhalten zu sehen, und werden gegen Freiburg nicht weniger als gegen sämmtliche übrige geliebte Mitstände alle Pflichten, welche der Bund uns auferlegt, treu und redlich erfüllen; aber die Regierung von Freiburg wolle nicht übersehen, daß die Bedingung dieser Anerkennung **als verfassungsmäßiges Organ des Kantons in der eigenen Heilighaltung der Verfassung liegt,** und daß durch das Heraustreten aus derselben sie den Boden Derjenigen betritt, welche den Gewaltakt vom 22. April unternommen, und die Voraussetzung vernichtet, an welche nach bestehendem Rechte ihr Anspruch auf bundesgemäße Unterstützung geknüpft ist."

Dieser Schritt der Berner Regierung war geeignet, Aufsehen zu erregen, und fand sehr verschiedene Beurtheilung. Es zeugte der Akt von einem **kantonalen Selbstbewußtsein,** das zwar keineswegs mit dem auf die Bundesverfassung begründeten neuen schweizerischen Staatsrecht, wohl aber mit der seither befolgten Praxis im Widerspruch stand; und sprach den Kantonen als solchen wieder eine **politische Bedeutung** zu, die von der Bundesgewalt ignorirt worden war.

Die Anhänger eines centralistischen Systems sahen darin eine völlig **unbefugte Ueberschreitung der kantonalen Rechte,** Andere begrüßten ihn als ein Zeichen wieder erwachender kantonaler Lebenskraft, und noch Andere freuten sich, daß endlich einmal von amtlicher Stellung aus eben so entschieden als besonnen und würdig über die Zustände in Freiburg ein Urtheil gesprochen worden; „das **moralische Gewicht dieses Urtheils,** wenn es auch keine weitern Folgen haben sollte, wird von dem Bundesrathe sowohl, als namentlich von der Regierung von Freiburg verspürt werden, und man darf hoffen, daß dem unnatürlichen Zustand von Freiburg ohne Agitation, ohne Verletzung der Legalität, lediglich durch die Macht der öffentlichen Meinung werde ein Ende bereitet werden[1]).

Auch der Große Rath von Bern beschäftigte sich mit dem Schreiben (17. Mai); ein auf Mißbilligung des Regierungsrathes abzielender Anzug der Opposition endete aber, nach Blöschs Erwiderung, hier mit einem entschiedenen Sieg des erstern; und dieß trotz einer

---

[1]) Aus der in Zürich erscheinenden „Eidgenössischen Zeitung."

Vertheidigungsrede, welche geltend machte, „allerdings sei das Verfahren der Freiburger Regierung gegen die Verfassung, aber die Insurgenten haben ja die Verfassung auch nicht gehalten!" —

Der Bundesrath selbst begann seine Antwort mit der Aner-kennung der Berechtigung: „Wenn jeder Schweizerbürger über den Zu-stand seines Kantons oder des Bundes Wünsche und Begehren eingeben kann, warum sollte eine Regierung nicht dazu befugt sein? Dagegen", fuhr das Schreiben fort, „können wir die Besorgniß nicht unterdrücken, daß die politischen Parteien, besonders im Kanton Freiburg, Ihre An-klage der dortigen Regierung zu einem neuen Agitationsmittel aus-beuten werden, indem die eine, wenn auch ganz mit Unrecht, dasselbe als Aufmunterung betrachten wird, die bisherige keineswegs vor-wurfsfreie oppositionelle Bewegung fortzusetzen, während auf der andern die Erbitterung nur vermehrt wird."

Dieß war auch die Auffassung des zunächst betheiligten Frei-burger Staatsrathes; verletzt lehnte er die Betheiligung ab an dem bald hernach gefeierten Bundesfeste und gab dadurch Bern zu einer direkt an Freiburg gerichteten Rechtfertigung Anlaß[1]): „Das, getreue liebe Eidgenossen! werdet Ihr mit uns erkennen, daß das Ehr-verletzende, wenn von Ehrverletzung die Rede sein soll, in den Hand-lungen, nicht in deren Erwähnung liegt. Berns Regierung glaubte sich berechtigt, nachdem sie seit Jahren in allen Lagen der in Euerm Kanton von Unten auftauchenden Gesetzlosigkeit entgegen getreten, nun auch

---

[1]) Schon das erste Schreiben hatte ursprünglich an Freiburgs Regierung sich wenden sollen und lautet, nach den von Blösch verfaßten Entwürfen, ganz ähnlich wie das dann beschlossene an die Bundesbehörde. Umgekehrt ging nun an Freiburg eine Erwi-derung, während eine erst projektirte an den Bundesrath unterblieb. Die letztere hatte — im Entwurf — die Stelle enthalten: „Versteht der hohe Bundesrath unter der, wie er sagt, nicht vorwurfsfreien Partei diejenigen Elemente der freiburgischen Opposition, welchen die Schuld des Attentats vom 22. April auffällt, so kann auf sie das Schreiben vom 18. Mai nur abschreckend wirken. Soll hingegen die Masse des freiburgischen Volkes in Frage sein, welche mit den Urhebern des Aufstandsversuches für solidarisch zu be-trachten weder gerecht noch klug wäre, so wird sie aus unserm Schreiben, wie aus unserm ganzen Verhalten seit Jahren nur zu Einem Ermuthigung schöpfen können, zum Aus-harren im Geiste der Gesetzlichkeit und Ergebung." — Daß übrigens die Voraussetzung von Hoffnungen, welche die Freiburger auf das konservative Bern gesetzt, nicht unbegründet waren, zeigt ein bei Gelegenheit des Bundesfestes an Blösch gesendetes Gedicht von einem „homme de Posieux", mit dem Refrain:

Souviens-toi de ta sœur qui t'appelle, —
Souviens-toi de Fribourg qui gémit dans les fers!

umgekehrt die Stimme der Warnung zu erheben gegen die Gewalt= thätigkeit von Oben."

Der Bundesrath hob das Kriegsgericht als verfassungswidrig auf und das Zwangsanleihen fiel von selbst dahin; allein nachdem die obrigkeitlichen Kanonen im Schloßhofe zu Bulle dem Volke von Freiburg gezeigt, daß auch der Weg der Geduld, durch verfassungs= mäßige Neuwahlen allmälig seinen Klagen abzuhelfen, ihm versperrt sei, wurde die Frage neuerdings durch Petitionen aus dem Waadtlande vor die Bundesversammlung gebracht. Wiederum rief Blösch — Mitglied der Bittschriftenkommission — einer eidgenössichen Ver= mittlung durch die Beantragung, daß der Nationalrath „den Bundes= rath anweisen möchte, die geeigneten Mittel zu ergreifen, um die Zustände im Kanton Freiburg mit den allgemeinen Grundlagen der eidgenössischen Bundesverfassung in Einklang zu bringen." Bundesrath Furrer hatte sich die Widerlegung seines einschneidenden Votums zur besondern Aufgabe gemacht. Die ausgesprochene Verwahrung gegen „Verleumdungen" der Berner Regierung führte am dritten Tage der Debatte zu einem widerwärtigen Auftritt mit dem Züricher Treichler, der einen Ordnungsruf gegen Blösch zu provoziren suchte. Im Schooß des Ständerathes hatten zu derselben Zeit die Abgeordneten von Bern — Oberst Kurz und Großrath Boivin aus Münster — ihren Stand zu vertheidigen gegen die Schmähungen Fazys über den ‹mauvais acte› der Berner Regierung; sie thaten es mit einem Gewicht, welches auch den Gegnern imponirte.

Der Kassation des freiburgischen Kriegsgerichtes wurde zwar von den Räthen beigestimmt; doch die Solidarität der Parteiinteressen ließ auch jetzt keine ernstliche Abhülfe treffen. Durch alle rechtlichen Argumentationen leuchtete hindurch, was ein genferischer Deputirter mit seltener Naivetät aussprach: ‹Tant que nous aurons la majorité, nous vôterons selon nos sympathies›, oder was der Berichterstatter Escher mit zürcherischer Derbheit in seinem Schlußwort als Grundsatz der eidgenössischen Politik aufstellte: „Wer nicht für Uns ist, der ist wider Uns!"

Blösch versuchte noch durch persönliche Einwirkung eine Annä= herung zu Stande zu bringen zwischen den gemäßigteren Gliedern der radikalen Regierung und den Führern der konservativen Volks= partei, allein auch diese Bemühungen blieben vorerst noch ohne Erfolg.

Unmittelbarer war der Kanton Bern in einer andern Frage be= rührt. Es wurde bereits erwähnt, wie besonders im Sommer 1851 die von der Herrschaft verdrängte Partei einen neuen Bundesgenossen suchte

durch Weckung kommunistischer Gelüste. Ein eigenes Blatt ver=
breitete diese Grundsätze mit einer solchen Offenheit, daß vom besitzenden
Theil der Radikalen der Regierung ihr Nichteinschreiten dagegen zum
Vorwurfe gemacht wurde. Sie erließ nun ein Gesetz, welches durchweg
einem von Dr. Furrer im Jahr 1846 verfaßten zürcherischen nachgebildet
war, nur mit bedeutender Ermäßigung der Strafansätze; allein die
heftigsten Angriffe der Presse richteten sich nun sofort gegen dieses
„Maulkrattengesetz.“

Kommunistische Gedanken hatten in nicht geringem Maaße vor=
züglich durch Galeers Thätigkeit im „Grütliverein“ Eingang ge=
funden, der, über die ganze Schweiz verbreitet, auch im Kanton Bern
einige Sektionen zählte. In der Abberufungsagitation hatte dieser in
auffallender Weise sich bethätigt. Ende Mai (1852) wurde im Lokale
des Vereins in Thun eine Untersuchung angestellt, daraufhin die Kor=
respondenz desselben mit Beschlag belegt, und am 16. Juni folgte ein
Dekret des Regierungsrathes, welches Aufhebung des Grütli=
vereins im Gebiete des Kantons verfügte.

Wie nicht anders zu erwarten, wurde der Beschluß von den andern
schweizerischen Zweigvereinen angefochten; eine Reihe von Beschwerden
liefen ein, und die Regierung wurde durch den Bundesrath zur
Berichterstattung eingeladen. Die Antwort (vom 9. August) lautete
dahin, daß die Eingaben der mangelnden Beglaubigung wegen ohne
Anspruch auf Beachtung seien, und daß, wenn auch das nicht so wäre,
„die Regierung des Kantons Bern jedenfalls sich über einen Akt kan=
tonaler Verwaltung nicht zu verantworten habe, Vereinen und
Privaten gegenüber, welche dem Kanton fremd sind.“

Am 20. Juli 1853, nach einigen Verzögerungen, hatte sich Blösch
gegen die vereinigte Bundesversammlung zu vertheidigen; er
that es, indem er weniger in das Materielle der Sache eintrat, als
vielmehr die Kompetenzfrage seiner Erörterung unterwarf; er wollte
nicht „die höchste Polizeigewalt zu Gunsten des Bundes den Kantonen
entrissen sehen, noch der Bundesbehörde statt einer Kontrolle eine Ap=
pellationsbefugniß einräumen und sie zur obersten Polizei machen,
während die Verantwortlichkeit auf den Kantonen lasten bleibe.“ Nach
einigen heftigen Einreden erhob er sich zum zweiten Male zu deren
Widerlegung, und rief sogar ein beifälliges Lächeln auf den Gesichtern
der Versammlung hervor, als er J. Fazy an die Aufhebung des ‹Musée
Rath› erinnerte, zum Beweis, wie es in Genf mit dem Vereinsrecht
stehe.

Er hatte größern Erfolg als gewöhnlich; während die einen seiner Gegner schwiegen, schloß ein anderer (aus Zürich) mit der Erklärung: „Ich beuge mich vor dem Talente des Herrn Blösch, — er hat mich dumm gemacht!" Durch Stichentscheid des Präsidenten wurde die Kompetenz des Bundes beschränkt auf die Angehörigen anderer Kantone, welche wegen Theilnahme am Grütliverein verwiesen worden waren.

Die Angelegenheit war damit nicht beendigt und wurde nach einer ausführlichen Rechtfertigungsschrift des Regierungsrathes an die Bundesbehörde (16. November 1853) im Januar 1854 vom Nationalrathe neuerdings verschoben, so daß sie unerlebigt in die neue Regierungsperiode sich hinüberzog.

Weit weniger zweifelhaft, als in dieser vielleicht nicht ganz der sonstigen Besonnenheit entsprechenden Maßregel gegen den Grütliverein[1]), war das Recht der Berner Regierung in einem zweiten Konflikt: über das Gesetz betreffend den Mißbrauch der Presse. Wir folgen hier dem von Blösch verfaßten, — im Originalentwurf vorliegenden, — Staatsverwaltungsberichte:

„Am 26. Mai 1852, wie oben erwähnt, vom Großen Rathe provisorisch angenommen und in Kraft erkennt, wurde es am 2. Juni dem Bundesrathe zur vorgeschriebenen Genehmigung übermacht. Als sechs Monate später der Große Rath wieder zusammentrat, war noch kein Entscheid erfolgt; die Behörde schritt zur zweiten Berathung und sendete das Gesetz in unveränderter Fassung neuerdings zur Sanktion; nach drei Monaten wurde diese vom Bundesrathe ausgesprochen, mit Ausnahme eines einzigen Artikels, der im Widerspruch mit einer Bestimmung der Kantonsverfassung geschienen hatte; der Große Rath, im März 1853 zum dritten Male zur Berathung dieses Gegenstandes berufen, theilte diese Ansicht nicht, allein er hielt den Paragraphen eines Konfliktes nicht werth und verordnete die Publikation des Gesetzes mit Weglassung desselben. So trat das Gesetz in Kraft, der Gegenstand wurde als vollständig erlebigt betrachtet, als von drei Privaten, — worunter ein Bürger des Kantons (Stämpfli), — gegen den Sanktionsbeschluß des Bundesrathes Beschwerde erhoben wurde bei den eidgenössischen Räthen. Im Juli 1853 kam die Sache im Ständerathe zur Verhandlung. Der Bundesrath vertheidigte seine Verfügung mit dem Satze, daß das Gesetz nichts der Bundes-

---

[1]) Es heißt auch sehr bezeichnend in Blöschs Tagebuch: „Heute hatten wir eine zornige Sitzung, wir haben.... Aufhebung des Grütlivereins beschlossen."

ober der Kantonsverfassung Widerstreitendes enthalte. Allein 21 gegen 20 Stimmen erklärten die S a n k t i o n in Hinsicht auf vier Paragraphen als a u f g e h o b e n, und im Januar 1854 geschah Gleiches durch den Nationalrath."

„Der Regierungsrath, von diesem Beschluß in Kenntniß gesetzt, hielt denselben aus dem doppelten Grunde für i n k o m p e t e n t, weil er, die Schranken der konstitutionellen Kontrole des Bundes über= schreitend, in das Gesetzgebungsrecht des Kantons eingriff, und weil der Bundesrath einzig in der Sache zu verfügen gehabt hatte. Er er= achtete es daher als ein Gebot der Pflicht und Ehre, beim Großen Rathe auf Erhebung eines K o m p e t e n z k o n f l i k t e s mittelst Berufung an die vereinigte Bundesversammlung anzutragen, und der Große Rath schloß sich diesem Antrage an (2. März 1854)."

Die anfängliche Verzögerung des Entscheides durch den Bundes= rath war um so unleiblicher, als in der Zwischenzeit ein besonderer Vorfall sich ereignete. Auf Verlangen des Gesandten des neuen franzö= sischen K a i s e r r e i c h s hatte am 10. Dezember 1852 das e i d g e= n ö s s i s c h e J u s t i z d e p a r t e m e n t unter Mißachtung der sonst üblich gewesenen Formen an die bernische Direktion der Justiz die Weisung gegeben, Nachforschungen anzustellen nach verbotenen r e v o l u t i o n ä r e n S c h r i f t e n (V. Hugo's Napoléon le petit), welche aus den angränzen= den Schweizerkantonen massenhaft nach Frankreich eingeschmuggelt wür= den. Als dieser „Weisung" Folge gegeben war, wurde die angehobene Untersuchung der Regierung Berns zur Last gelegt, und sowohl das Schreiben Drueys als die französische Note in den Blättern („Bund") verleugnet, so lange bis endlich die Veröffentlichung des Original= textes der erstern den Beweis dafür leistete, daß es die eidgenössische B e h ö r d e g e w e s e n, w e l c h e, d e n D r o h u n g e n d e s m ä c h t i g e n N a c h b a r n s i c h b e u g e n d, zugleich die v e r h a ß t e Berner Re= gierung zu kompromittiren versuchte! —

Im Januar 1853 beschlossen die eidgenössischen Räthe den Erlaß eines s c h w e i z e r i s c h e n S t r a f g e s e t z b u c h e s, welches, — wohl dem gleichen Drucke folgend, — auffallend strenge Strafbestimmungen enthielt für Preßvergehen, insbesondere für Beleidigung fremder Völker und Fürsten; — und immer noch wurde Bern verhindert, sein eigenes Gesetz gegen Mißbrauch der Presse in Vollziehung zu setzen! —

Der Beschluß der Bundesversammlung, vor welchem Bundesrath Furrer gewarnt, weil er die Souverainetät des Kantons antaste, w a r n i c h t gegen anstößige Beschränkungen der Preßfreiheit gerichtet, sondern war direkt darauf berechnet, der Re=

gierung Berns Verlegenheiten zu bereiten: — ‹Oui, ce vote est un vote politique et c'est ce qui en fait toute l'importance!› bekannte ein radikales Genferblatt.

Trefflich sprach dagegen ein zürcherisches Blatt sich aus: „Leider wird gegenwärtig der naturgemäße Kampf zwischen Centralität und Kantonalität durch die Beimischung von politischen Sympathien vergiftet, welche den Kampf selbst widrig und gefährlich machen und dessen Resultate verfälschen. Die Opposition im Kanton Bern flüchtet sich, da sie dort selbst geschlagen, nichts mehr ausrichten kann[1]), in den Schooß der Bundesversammlung und bestürmt diese mit ihren Klagen, Beschwerden und Interventionsgesuchen; und diese, die in ihrer Majorität der geschlagenen Minderheit politisch verwandt ist, beeilt sich, derselben zu Hülfe zu eilen und vor das bedrängte Kind sich schützend hinzustellen. Was man im kantonalen Kampf verloren, das soll mit eidgenössischer Intervention wieder erobert werden; diese Stellung der eidgenössischen Behörden scheint uns unklug und unwürdig zugleich; sie haben Besseres zu thun, als für eine Partei, die ihren Sturz selbst verschuldet und wohl verdient, die Kastanien aus dem Feuer zu holen.“

Jetzt regte sich aber auch Berns Stolz; ja die Gefahr war nahe, daß die bisherige loyale Gesinnung gegen den Bund in entschiedenste Feindseligkeit umschlage gegen diese unbefugte Einmischung in den eigenen Haushalt. Mit Entrüstung wiesen die konservativen Organe auf, wie die angefochtenen Bestimmungen des bernischen Preßgesetzes in andern als liberal geltenden Kantonen unbeanstandet, meist nur in verschärfter Weise, nicht bloß aufgestellt seien, sondern Anwendung gefunden hätten auf mißbeliebige Kritiken der Presse, so in Luzern, in Zürich, besonders in Freiburg[2]). — „Wer sind jetzt die Herren, die es wagen, dem Bernervolk vorzuschreiben, welchen Geist, welche Gesinnung es haben solle?“ hieß es, als der „Bund“ spöttelte über die wiederholten Niederlagen des Kantons. Ein Leitartikel des sonst so zahmen Regierungsorgans trug an der Stirne den alten Schlachtruf Berns im Siege bei Laupen: Hie Panner! Hie Erlach! ja, es ward die Meinung offen ausgesprochen, der Schlag sei nicht sowohl nur gegen die konservative Regierung, als vielmehr

---

[1]) Dieß ist so sehr richtig, daß z. B. der Beschwerdeführer (Stämpfli) bei Berathung des Preßgesetzes im Großen Rathe, obwohl anwesend, sich an der Debatte nicht betheiligt hatte.

[2]) Die bezüglichen Nachweise können nachgelesen werden: „Vaterland“ vom 21. Januar und 21. April 1854.

gegen den Kanton als solchen gerichtet, in der Furcht, daß
dieser bei einigem Erstarken seines individuellen Lebens dem Streben
nach weiterer Centralität gefährlich werden müßte; es wurde wiederum
daran erinnert, wie nach dem 18. April (1852), und mit Berufung auf
das Resultat des Tages der „Bund" den Vorschlag gemacht zu einer
Verschmelzung der Kantone Zürich und Schaffhausen (vielleicht auch
Thurgau), um ein Gegengewicht zu bilden gegen den sonst zu mächtig
werdenden Kanton Bern; zugleich aber auch die Hoffnung ausgesprochen
habe, daß dieser Kanton durch seine Spaltung in zwei
feindliche politische Heere „unschädlich gemacht" sei. —
Man hatte nicht vergessen, daß, wie zur absichtlichen Begünstigung
dieses politischen Hasses, die militärischen Obern den Offizieren
und Soldaten im eidgenössischen Dienste das Tragen von Partei-
abzeichen — Tannreisern — offen gestattet hatten. „Der Bund will
kein kräftiges Bern", hieß es jetzt in einem Briefe an Blösch,
„und damit ein solches nicht entstehen könne, werden die lieben und
getreuen Eidgenossen die Berner Radikalen immer begünstigen, als
bestes Mittel, um das beneidete und gefürchtete Bern zu schwächen oder,
besser gesagt, todt zu ruiniren."

Ja es war ernstlich davon die Rede, ob Bern sich dem Beschluß
der Räthe unterziehen oder es zum Bruch solle kommen lassen,
und Blösch erklärte bei Gelegenheit, wenn die Regierung nur die
Hälfte thun würde zur Aufreizung von dem, was sie jetzt thue zur
Beschwichtigung, daß dann der Bruch vollendet wäre.

Es fand sogar deßhalb manche ernste Besprechung statt in
den engern und weitern Kreisen der konservativen Partei. Selbst im
Schooße der exekutiven Behörde wurde die Ansicht lebhaft verfochten, die Regierung habe nicht das Recht, eine Schmälerung der
durch die Bundesverfassung garantirten Souverainetätsrechte zuzulassen,
und solle, — eine Bestimmung der kantonalen Constitution anrufend, —
an das Volk appelliren. „Freiheit mit Ordnung! aber auch
mit Ehre!" schrieb ein Freund, welcher so weit ging, daß er, das
Bernergefühl wachrufend, aus der Frage ein Programm für die herannahenden Wahlen machen wollte, eine Kabinetsfrage für die Regierung,
welche damit stehen oder fallen solle. Allein: der Wunsch nach Ruhe
sei der herrschende; man solle nicht Anstände machen bei einem Gegenstande, der keine Nöthigung in sich trage; das Volk wisse nicht zu
unterscheiden zwischen der Wichtigkeit der Kantonalsouverainetät
und der Nichtigkeit des Preßgesetzes; von einem Bruche sei
nichts Gutes zu erwarten, riethen warnende Stimmen; denn „andere

Kantone, welche sich in ähnlichem Fall dem Bund widersetzt, waren Kinder des Bundes: Bern ist jetzt nur ein Stiefkind."

Blösch hielt dafür, daß füglich Grund vorhanden wäre zu einem ernsten Widerstreben: „Sei auch der Beschluß formell rechtsgültig gefaßt, so bestünden bei solcher Interpretation der eidgenössischen Verfassung die Kantone faktisch nur vom Bund, so lange es ihm beliebt, geduldet; souveraine Gewalt aber gäbe es, genau betrachtet, in der Eidgenossenschaft nur noch Eine: die gesetzlich unverantwortliche, nach bloßem Handmehr entscheidende Bundesversammlung!" — Dennoch schien auch ihm weder der Zeitpunkt, noch der Gegenstand dazu günstig genug, um zu den möglichen Konsequenzen einer ernstern Weigerung sich verstehen zu können; er wünschte deßhalb vor Allem aus den Entscheid der Frage zu verschieben, bis die Lage sich geklärt. Auf den Antrag der Regierung beschloß (am 23. März) der Große Rath eine neue Berufung an die Bundesversammlung, a Cæsare male informato ad melius informandum Cæsarem.

Es ist aber leicht ersichtlich, daß damit die Lage der Regierung nicht gewann, daß es ihren Gegnern möglich war, die fortdauernden Mißverhältnisse mit den Bundesbehörden als ein Zeugniß gegen sie anzurufen; ihr selbst aber der Vortheil entging, das Ehrgefühl eines spezifisch bernischen Patriotismus für sich in Anspruch zu nehmen: das Preßgesetz blieb ein Mittel der Agitation für die bald nachfolgenden Erneuerungswahlen.

Dazu kam, in den letzten Wochen erst, ein anderer unglücklicher Gesetzesentwurf. Das bisherige Strafgesetzbuch, das ein (radikaler) Regierungsstatthalter „ein Strafgesetzbuch gegen die Beamten und ein Humanitätsgesetz für die Verbrecher" genannt hatte, war durch ein neues ersetzt worden. Aber laut und allgemein hatte sich seit einiger Zeit aus der Mitte des Volks der Wunsch kundgegeben, daß den Polizeibehörden noch wirksamere Strafarten in die Hand gelegt werden möchten; die Zahl der Sträflinge war seit Jahren stets angewachsen, von 318 (im Jahr 1814) auf 402 (1842), auf 486 (1847), ja auf 657 (1848), und unter diesen hatte sich besonders diejenige der Rückfälle vermehrt, eine Erscheinung, welche den allzu milden, oder vielmehr den zu wenig gefürchteten Strafarten zugeschrieben wurde[1]. Im Glauben, einem sachlich wohl begründeten Verlangen vorzüglich des

---

[1] Das „Vaterland" führte als Beispiel zwei Personen auf, von welchen die eine 30 Mal, die andere 20 Mal hinter einander verurtheilt und bestraft worden war (Vagantität, Unzucht, kleinere Diebstähle ꝛc.).

klagenden Landvolkes nachgeben zu sollen, wurde im Regierungsrathe ein Entwurf aufgestellt, welcher — unter den äußersten Beschränkungen — Anwendung der Prügelstrafe nicht gebot, ausdrücklich nur gestattete „gegen unverbesserliche Diebe, Landstreicher und wiederholt bestrafte liederliche Dirnen."

Es kann nicht unsere Absicht sein, hier die Rechtfertigung der körperlichen Züchtigungen zu versuchen, — Blösch selbst hatte im Jahr 1843 im Großen Rathe sich lebhaft dagegen ausgesprochen und auch jetzt sich nur ungern dazu entschlossen; — allein es darf daran erinnert werden, daß die sechsundvierziger Regierung, aus den nämlichen Gründen, im Jahr 1849 einen ähnlichen Entwurf projektirt hat, der freilich damals nicht in die Oeffentlichkeit kam, und daß einer der fortgeschrittensten Kantone, St. Gallen, die Prügelstrafe gesetzlich aufrecht hielt und noch im Jahr 1851 in Anwendung brachte; im gleichen Augenblicke, da der Kanton Aargau sich gezwungen sah, die Nothwehr der bürgerlichen Gesellschaft anzurufen und den gefährlichen Matter wegen Diebstahl durchs Schwert hinzurichten, nur weil sie kein Gefängniß hatte, das für ihn fest genug war, sollte der bernischen Regierung der Gedanke an „Prügel" gegen oben bezeichnete Vergehen nicht als Inhumanität zur Last gelegt werden.

Allein dieses geschah, und zwar in eben so unerwartetem als unerhörtem Maße, vorzüglich unter der französischen Bevölkerung des Jura. Ein furchtbarer Schrei der Empörung ging durch diesen in seinen Launen unberechenbaren Landestheil, Karrikaturen halfen durch plastische Darstellung nach, um das höchste Entsetzen zu erregen gegen die «loi sur la Schlague». Fast wie Ironie lautete es, wenn der Redaktor der ‹Tribune› in Form eines Briefes an Blösch erklärte: „die Regierung nehme den Stock, um den Rücken der Patrioten (?) mit Furchen zu bedecken", und es gränzte an verrückte Selbstprostituirung, wenn der nämliche Mann, als Vater, in einem wirklich an Blösch gesendeten Briefe diesem den Tod androhte, „wenn seine Tochter, oder sein Sohn etwa in den Fall kommen könnte, von der Strafe des neuen Gesetzes betroffen zu werden [1]."

Bereits war von offenem Aufstand die Rede. Am 1. Mai — der 7. Mai war der Tag der Wahlen — kam ein Bote aus Pruntrut

[1] Allerdings wurde dieser Redaktor, Morard, in Bern von den Gerichten verurtheilt, und stand später auch in Lausanne wegen Betrug in Anklage. — Es kamen in diesen Tagen mehrere anonyme Todesdrohungen an Blösch, so eine aus Murten, mit dem Vorwurf: „Tu étouffe (sic!) le principe de Guillaume Tell!"

mit der Meldung: „Die Niederlage der Unsrigen ist un=
fehlbar, wenn die Regierung vor den Wahlen nicht die bestimmte
Erklärung erläßt, daß das Projekt=Schlaggesetz nicht für den Jura
anwendbar sei." Dieß ging nicht an, dagegen wurde darauf hingewiesen,
daß das sogenannte Gesetz nichts anderes sei, als ein Entwurf, dazu
bekannt gemacht, damit das Volk sich darüber ausspreche, und daß
demnach die öffentliche Meinung sein Schicksal bestimme.

Selbst im alten Kantonstheil war die Aufnahme des Pro=
jektes eher eine ungünstige: „Alle diese Berichte", bemerkt Blösch, „lassen
keinen Zweifel mehr, daß es ein Mißgriff war, den Entwurf vor
den Wahlen zu veröffentlichen. Ist das ganze auch bloßer Vor=
wand, so besteht die Klugheit eben wesentlich darin,
keine Vorwände darzubieten."

„Wozu in diesem Augenblick ein solcher Schritt?"
frug ein Einsender nach den Wahlen im „Vaterland"; „wie kömmt
eine sonst so bedächtige Regierung zu dieser Unbesonnenheit? Die Maß=
regel war freilich von vielen Seiten gewünscht worden, aber warum
damit noch vor den Wahlen eilen? Man vernahm sogar, daß die so
vorsichtige Behörde dießmal mit einer unerklärlichen Uebereilung ge=
handelt, indem sie den Entwurf nach einer sehr flüchtigen Berathung
von kaum einer Stunde vor den Großen Rath gebracht. Es hatte das
etwas von einem unheimlichen Verhängniß an sich!"

Die Stimmung ließ schon vorher für die Regierung kein sehr
günstiges Wahlergebniß hoffen. Zwar hatte die Opposition ihren
kantonalen Kampf im Großen Rathe, zum Theil auch in der Presse
beinahe aufgegeben; die anfangs so heftigen Angriffe gegen
die Verwaltung hatten nachgelassen; Niemand hatte
wesentliche Klagen vorzubringen; das Gemeindewesen, die
kirchlichen Angelegenheiten waren auf volksthümlicher Grundlage zu
allgemeiner Befriedigung geordnet; das neue Seminar hatte bald den
Beweis geleistet, daß man nicht Willens sei, im Schulwesen rückwärts
zu gehen; das Institut der Geschwornengerichte hatte sich eingelebt und
nicht übel bewährt; das Vertrauen in die Rechtspflege war — politische
Prozesse ausgenommen — wiedergekehrt; die Polizeianstalten hatten
sich verbessert; der öffentliche Kredit zeigte sich gehoben; im Bauwesen
herrschte äußerste Sparsamkeit, und doch hatte manches Werk gemeinen
Wohles ausgeführt werden können; schwere Landeskalamitäten, Ueber=
schwemmung und Lebensmittelnoth, waren verhältnißmäßig leicht vor=
übergegangen; und vor Allem waren die Finanzen soweit wieder in
Ordnung gebracht, daß die im April 1854 abgelegte Staatsrechnung

für das Jahr 1853 nur noch ein Defizit von Fr. 67,000 (n. W.) ergab, und wieder an die Möglichkeit dauernder Besserung glauben ließ[1]); allein — das Uebermaß des politischen Lebens selbst hatte die moralische Kraft des Landes derart erschöpft, daß das Gefühl allgemein verbreitet war: „So kann es auf jeden Fall nicht länger gehen."

Dieses Gefühl wendete sich, wie natürlich, bei der Masse einfach gegen die Regierung, welche, statt dem Parteiwesen ein Ende zu machen, dieses nur verbittert habe. Billiger dachten zum Theil die Gebildeten unter den Gegnern; sie erkannten, daß die Quelle des unheilvollen Zustandes im Verhältniß der Parteien liege, welches seit vier Jahren bei den immer sich wiederholenden Abstimmungen bald der einen, bald der andern gestattet habe, sich die Mehrheit zuzuschreiben, ohne daß doch je mit Sicherheit darauf zu zählen war, so daß jede zuversichtlich scheinen mußte, ohne Zuversicht zu haben. Aus dieser Einsicht entsprang theils der im Großen Rathe von einem hervorragenden Redner der Linken ausgesprochene Wunsch, daß, wenn der Wahlsieg den Konservativen zufalle, „ihre Mehrheit eine starke sei, damit sie ehrenhaft verwalten könne im Interesse des Landes", theils auch der wieder auftauchende Gedanke an eine aus Männern beider Parteien gemischte Regierung.

Die Versöhnungsvorschläge der Gegner wurden zwar auf Seite der Konservativen mit entschiedenem Mißtrauen aufgenommen, oder besser abgelehnt; allein während die Einen, die Konservativen aus Friedensbedürfniß, des langen Kampfes satt, im Grunde doch von einer Annäherung an die radikale Partei die einzige Abhülfe hofften, erwarteten die Andern, die Konservativen aus System, umgekehrt das Heil von größerer politischer Entschiedenheit und verriethen Neigung zur Entfaltung eingreifenderer Energie im Falle des Sieges. Da jene meistens Männer vom Lande waren, diese aber Städter, so drohte selbst der alte, innerlich nie völlig überwundene Gegensatz sich wieder geltend zu machen[2]).

---

[1]) Dabei war überdieß eine alte, bisher unverrechnet gebliebene Schuld der vorigen Verwaltung von Fr. 24,000 mitgezählt; ohne den ungeheuren Betrag der Gerichtskosten, welche um Fr. 120,000 den Voranschlag überschritten, hätte sich ein Ueberschuß der Einnahmen erzielt.

[2]) Schon seit Monaten wurde in einigen Gegenden hin und her gesagt und geglaubt: im Frühling 1854 werden dann die Patrizier und Stadtberner sich von der Regierung trennen und eine eigene Partei bilden.

Es fehlte an einem einigenden Wahlprogramm, denn für einfachen Fortbestand der bisherigen Lage konnte sich Niemand begeistern; etwas anderes aber war kaum in Aussicht zu stellen; es fehlte bei der konsequenten Enthaltung der Regierungsmitglieder an leitenden Personen von allseitigem Einfluß.

Doch hatten beide Parteien schon im Winter zu rüsten begonnen, um zur neuen Organisation ihrer Kräfte zu schreiten. Einer radikalen Versammlung, die am 23. März stattgefunden hatte, folgte am 31. eine solche von Abgeordneten der Bernervereine und sprach den entschlossenen und ernsten Willen aus: „Mit allen gesetzlichen Mitteln dahin zu wirken, daß durch die bevorstehenden Wahlen die in der Leuenmattererklärung vom 25. März 1850 aufgestellten Grundsätze und die gemäß derselben im Kanton bestehende Ordnung der Dinge aufrecht erhalten und gekräftigt werde."

Es herrschte bei den Leitern kein rechtes Vertrauen, im Volke eine unter andern Umständen höchst erfreuliche, jetzt aber fast unheimliche Ruhe, die nichts Gutes weissagte. In zwei bisher als unentschieden angesehenen ländlichen Wahlbezirken waren die Abstimmungen schon im Herbst 1853 für die Radikalen günstig ausgefallen, und anderswo zeigte sich dieselbe Erscheinung. Die veränderte Eintheilung des Kreises Aarberg, obwohl sachlich auf's Beste begründet, erschien in diesem Augenblick als ein Parteimanöver und machte ungünstigen Eindruck: „Alles sucht die Segel nach dem radikalen Luftstrich zu richten, um nicht über Bord geworfen zu werden."

Hatte im Mai 1850 der Kampf der Parteien wirklich einen großartigen Charakter an sich getragen, der die tiefsten sittlichen Motive erregte und in Anspruch nahm, und als ein Ringen des Lichtes mit der Finsterniß erschien, so war es jetzt anders; die Gemüther waren theils gereizt, theils unnatürlich abgespannt und durch Ermüdung gleichgültig geworden; je weniger es gelingen wollte, die edlen und großen Triebfedern in Bewegung zu setzen, um so leichter mischten kleinliche Leidenschaften und persönliche Intriguen sich ein, so daß selbst konservative Doppelkandidaturen aufgestellt wurden; um so leichter auch war es möglich, daß jetzt Mittel in Anwendung kamen, die man früher verschmähte.

In dieses undefinirbare Mißbehagen fiel zuletzt das sogenannte „Prügelgesetz" hinein, und — die Opposition hatte plötzlich ihr Schlagwort gefunden.

Der 7. Mai war dießmal der Wahltag.

Blösch begann ihn mit dem Gebet: „Herr, dein Wille geschehe!" — nahm dann, nach einer gewaltigen Gelegenheitspredigt von Helfer Schädelin, selbst im Münster an der Wahlverhandlung Theil, notirte die bis zum Abend einlaufenden Berichte, und verließ gegen 9 Uhr „die Stift" mit „geringem Zweifel darüber, daß das Land einem neuen Umschwung entgegen gehe."

Das schließliche Resultat dieser ersten Abstimmung war 97 Konservative gegen 93 Radikale, und 36 unbeendigte Wahlen in den Großen Rath, von welch' letztern 5 für die Konservativen und 1 für die Radikalen als sicher, die übrigen 30 als ungewiß betrachtet wurden. „Angenommen, die letztern vertheilen sich gleichmäßig auf beide Parteien, so wäre das Endergebniß 117 Konservative gegen 109 Radikale, genau das nämliche Verhältniß wie 1850!!"

Durch die Nachwahlen am 21. Mai stellte es sich auf 113 Konservative und 105 Radikale und 2 Zweifelhafte — einige fehlten auch jetzt noch. Die Mehrheit blieb unbestritten den Anhängern der bisherigen Regierung; aber eben so gewiß stand mit dem Bekanntwerden dieser Zahlen sofort fest, daß faktisch die Regierung gestürzt sei.

Sie erlag nicht ihren Fehlern; mochten solche auch begangen worden sein, mochten auch wohl nicht alle Glieder des Regierungsrathes ihrer Stellung ganz gewachsen sein, es wird deſſen ungeachtet auch jetzt noch bestätigt werden müssen, was nach dem 7. Mai ein Freund an Blösch geschrieben hat: „daß ihr nach meinem unbestochenen Urtheile im Ganzen nicht nur die redlichste, sondern eine ganz kluge Regierung gewesen seid, die sich mit einem Geschick benommen hat, wie es in gewöhnlichen Verhältnissen völlig ausreichte."

Sie erlag — dem von Anfang an feststehenden Willen der Opposition: ihr das Regieren unmöglich zu machen; sie erlag — ihrer eigenen Unparteilichkeit, die ihr nicht gestattete, sich mit der konservativen Partei vollständig zu identifiziren, während sie doch, bei solcher Haltung der Gegner, auf deren Beistand stets zu zählen gezwungen war; sie erlag, — in Folge ihres Ursprungs, dem Schein reaktionärer Tendenzen, gegen welchen aller Beweis der Thatsachen machtlos sich zeigte, und welcher der Gegenpartei einen offenen Anschluß erschwerte; sie erlag — der unerhörten Heftigkeit der Parteiwuth, die so groß geworden war, daß die angefeindete Verwaltung, durch ihre bloße Existenz, als ein Stein des Aergernisses, als ein wirkliches Hinderniß des öffentlichen Friedens und des gemeinen Wohles erschien; sie erlag — dem Zeitgeiste, der nun

einmal keinen, auch nur ſcheinbaren, Stillſtand in der
politiſchen Entwicklung zuließ und dem Radikalismus
die Zukunft in die Hand gelegt hatte[1]).

Und trotz dem Zeitgeiſte wäre der unternommene Kampf kein aus=
ſichtsloſer, kein von vornherein verlorener geweſen — bei größerer Rück=
ſichtsloſigkeit in der Anwendung der Mittel — und hätte der Kanton
Bern für ſich allein dageſtanden. Eine Haupturſache des Miß=
lingens lag in der Stellung zur Bundesgewalt, in dem Einfluß
der in den eidgenöſſiſchen Räthen konſtitutionell vertretenen öffentlichen
Meinung der Geſammtſchweiz. — «Tenez la bannière haute élevée dans
la conduite de nos affaires cantonales, mais continuez à agir avec
prudence dans les affaires fédérales!» das war gewiß ein weiſer Rath;
aber wo blieb, — bei der willkürlichen Ausdehnung der Bundeskompe=
tenzen, — die Grenze zwiſchen beiden? die Erlaſſung eines eigenen
Preßgeſetzes, die Aufhebung des Grütlivereins, waren rein als Sache
kantonaler Politik betrachtet worden.

Bei der in den Centralbehörden herrſchend gewordenen Richtung
blieb es noch den kleinen Urkantonen erlaubt, konſervativ=
demokratiſche Inſtitutionen gleichſam als Alterthümer beizu=
behalten, nicht aber einem Kanton von der Bedeutung Berns, deſſen
Größe und reale Macht ihn gefährlich machen konnte. Es war bald
offenbar, was man im Jahr 1850 weniger noch geahnt, daß durch den
engen Zuſammenhang der Kantone in dem neu geſchaffenen Bundes=
ſtaate die Abhängigkeit der Berner Regierung von der
Eidgenoſſenſchaft eine größere und unbedingtere geworden war,
als die eines berniſchen Bezirksbeamten von ſeiner kantonalen Ober=
behörde.

Hätte die fünfziger Regierung gewollt, was ihre
Gegner ſtets behaupteten, es wäre zu einer Zeit nicht ſchwer
geweſen: — im Vertrauen auf die Stimmung der großen
Mächte, und mit Benützung aller bundesfeindlichen Ele=
mente, nicht der Urſchweiz allein, auch in der Weſtſchweiz
und ſelbſt in den öſtlichen Kantonen, ſich zum Mittelpunkt

---

[1]) In ſeiner Weiſe und in gewohnt draſtiſchem Style ſprach dieß ſpäter (12. Januar
1855) der „Oberländer Anzeiger“ aus: „Ein recht krankes Vorgehen war von Anfang
her nicht da, und doch erfuhr ſie (die Regierung) allen Hohn und allen Haß, als ob's
dageweſen wäre. Sie war eine Märtyrerin der guten Sache, der ſie ſich nie ganz hin=
zugeben getraute; ſie zupfte den Teufel nur beim Stiel, und er tobte mit ihr, mehr als
hätte ſie ihn bei den Hörnern auf Tod und Leben gefaßt. Damit wäre er erſchrocken;
auf die Weiſe war die Regierung die Erſchrockene u. ſ. w.“

einer schweizerisch reaktionären Strömung zu machen und die Bundesbehörden zu sprengen. Es fehlte bei den damals noch weit mehr als jetzt gewöhnlichen diplomatischen Besuchen nicht an Andeutungen, welche, erst von Seite Oesterreichs, dann auch vom west= lichen Kaiserreich her, durchblicken ließen, daß ein derartiger Versuch gerne gesehen und begünstigt würde. Blöschs rückhaltlose Antwort war und blieb auch jetzt, daß er fremde Einmischung in der Schweiz für das größte aller Uebel halte. „Wir sind zu gute Berner, um schlechte Schweizer zu sein!" Mit solcher Hülfe wollte er nicht siegen; — so mußte er fallen.

Es gelang, der konservativen Partei das Regieren unmöglich zu machen, weil die Führer in dem komplizirten Orgelwerke des Volkes das Register des Fanatismus rechtzeitig zu ziehen versäumten — nein! nicht versäumten, sondern mit vollem Bewußtsein **verschmähten**, in der klaren Erkenntniß, daß man durch solches Mittel wohl einen Parteisieg erzwingen, aber nicht das Wohl des Landes fördern könne.

Das ist's, was man dann als Mangel an Energie Blösch zum Vorwurfe machte. Je nach dem moralischen Standpunkte des Beurtheilenden wird man es so nennen müssen; diejenigen, welche nicht bloß nach der Zweckmäßigkeit, sondern nach der sittlichen Qualität der anzuwendenden Mittel fragen, werden vielleicht noch etwas anderes darin sehen.

Die unparteiische Geschichte kann von dieser Regierung beinahe wörtlich wiederholen, was nach dem Sturze des österreichischen soge= nannten Bürgerministeriums (Dr. Giskra und Kollegen) diesem nach= gerufen worden ist[1]): „Aus Furcht, einseitig die Interessen ihrer Partei zu vertreten, haben sie dieselben wiederholt geopfert. Ihr erster Fehler war zu weit getriebenes Gerechtigkeitsgefühl, ihr zweiter: Mangel an schöpferischer Politik. Gute Ju= risten, tüchtige Fachminister, schenkten sie dem Gange der Dinge, den Intriguen über und neben sich zu wenig Aufmerksamkeit; sie ließen sich treiben, statt zu steuern, und verloren die Leitung aus den Händen, statt die Zügel fest zu halten. Aber wie und wo sie auch gefehlt haben mögen, ihre Absichten waren redlich, und so lange sie im Amte blieben, konnte man darauf rechnen, daß unsere staatliche Entwicklung nicht plötzlich gestört würde."

---

[1]) „Allgemeine Zeitung" von Augsburg vom 16. April 1870. Beilage.

Man konnte auch am Schluſſe der Periode ſagen, was der „Oberländer Anzeiger" ſchon in den erſten Monaten ausgeſprochen hatte, als
er das Volk aufrief zur Unterſtützung ſeiner republikaniſchen Regierung:
„Eine Anzahl Ehrenmänner hat ſich — ungern, zu ihrem großen
perſönlichen Schaden an Geſundheit, Ruhe und Gewinn — aus Pflicht
gegen das Vaterland an die Spitze der Geſchäfte ſtellen laſſen. Sie
ſtehen da, nicht für ſich, oder für eine Partei, ſondern für das Land,
ſeine Freiheit, ſeine leibliche und geiſtige Wohlfahrt; ſie ertragen eine
Arbeitslaſt, wie kaum je eine Regierung, ſetzen ſich einem Parteiſturm
aus, wie man nie Aehnliches ſah und erlebte, werden gegenüber dem
Lande mit ſchrankenloſeſter Effronterie verläſtert und an jedem volksthümlichen Schritte ſo viel als möglich verhindert. Es ſind Männer
des Friedens und der Verſöhnung, und nicht Männer
einer Partei. Sie haben nichts gethan, das ſie des em-
pfangenen Vertrauens unwürdig macht; ſie haben in
nichts gefehlt, als daß ſie ihre Gegner für beſſer hielten,
als ſie in der That ſind. Sie haben im Gefühl ihrer aufrichtigen
Meinung und loyalen Handlungsweiſe nachläßig oder gar nicht für
ihre Vertheidigung geſorgt."

Dieß das Urtheil über die Regierung, das ſogenannte „Blöſch-
regiment"; — was die beiden ſtreitenden Parteien betrifft, ſo
läßt ſich die Geſchichte der Jahre 1850—1854 in das aus der erſten
franzöſiſchen Revolution ſtammende, eben ſo ernſte als witzige Wort-
ſpiel zuſammenfaſſen, das einſt auch den ſchweizeriſchen Nationalrath angewandt worden iſt: «Dans cette assemblée le côté droit est
toujours gauche, et le côté gauche n'est jamais droit.»

Die Fusion.

„Jetzt muß von zwei Dingen eines geschehen, entweder eine Verständigung beider, oder ein Gewaltakt Einer Partei"; so war nach den Großrathswahlen von 1854 die Lage des Kantons nach dem Urtheil eines Blösch eng befreundeten sogenannten Patriziers [1]).

Der Gedanke an das Erstere war nicht neu: längst schon hatten alle die, welche weder Einsicht genug besaßen, um die grundsätzliche Verschiedenheit der Parteien zu verstehen, noch Blindheit genug, um urtheilslos von bloßen Schlagworten sich führen zu lassen, eine Annäherung der gegnerischen Lager herbeizuführen gewünscht. Je verbissener der Parteistreit sich gestaltete, um so näher lag für nüchterne Naturen die Frage nach seinen Ursachen, und die Neigung, diese zu übersehen oder zu läugnen.

Auf dem Lande hatte diese Stimmung vorzüglich Eingang gefunden, im Emmenthal besonders war sie herrschend geworden; von hier und von Führern zweiten Ranges gingen denn auch mehrere Versuche aus, den unnützen Streit zu beenden. Sie waren gescheitert an dem entschiedenen Mißtrauen der konservativen Führer, wie an der Siegeshoffnung der radikalen Presse, welche „die Versöhnlichkeit in der Politik eine Erfindung des Teufels" nannte. Der zweifelhafte Ausgang der

---

[1]) Brief vom 14. Mai 1854.

Wahlen änderte das Urtheil: das vorher nie gehörte Wort: „Fusion!" war auf einmal in Aller Mund.

Es war ein Blösch nahestehender Mann, ein Anverwandter der Familie Schnell, Fürsprecher R. Burri in Burgdorf, der den entscheidenden Schritt that. Durch Aufstellung eines Programms gab er den unbestimmten Gefühlen eine greifbare Gestalt. Noch vor Beendigung der Ergänzungswahlen, bevor eine der beiden Parteien des Sieges gewiß war, sollten sämmtliche Glieder des Großen Rathes durch ihre Unterschrift sich dahin vereinigen, unter Annahme gewisser Verwaltungsgrundsätze den neuen Regierungsrath aus vier Radikalen und vier Konservativen zu wählen, das neunte Mitglied dagegen der Partei zu überlassen, die alsdann die Mehrheit für sich haben werde.

Blöschs Erklärung lautete auf diese Eröffnung (14. und 17. Mai), daß er persönlich einer Verständigung nicht abgeneigt sei; aber zugleich jede Betheiligung an daherigen Verhandlungen unbedingt ablehnen müsse; fest entschlossen, auch fernerhin die persönliche Konvenienz dem unterzuordnen, was das Interesse des Landes erheische, müsse er das Ergebniß seiner (Burri's) oder ähnlicher Bemühungen erwarten, um dann nach der gegebenen Situation zu handeln, wie es als Pflicht erscheine.

Bereits äußerte er auch dem Freunde seine Befürchtung, daß er mit dem Bestreben, beide Parteien zu vereinigen, nur die Konservativen spalten werde, die bisher so treu und vertrauend zusammen gehalten; erhielt aber von dem edlen Manne die Antwort, daß er, welches auch die Folgen seien, den Schritt nie bereuen werde, im Bewußtsein treuer Pflichterfüllung gegen das Vaterland.

Es folgten eine Reihe von Besprechungen in engern und weitern Kreisen mit Freunden und mit bisherigen Gegnern; dringendstes Zureden und ernstlichstes Abrathen, oft aus dem nämlichen Munde, Besorgnisse und Illusionen, warme Herzensergüsse und bittere Vorwürfe, schöne Versprechungen und peinvolle Erörterungen, — aber keine bestimmten Entschlüsse.

Am 21. Mai wurden die Nachwahlen getroffen: sie brachten keine zuverläßige Entscheidung; dagegen wurde immer mehr geredet von Putschgelüsten und Gewaltdrohungen.

Je länger die Verhandlungen dauerten, um so mehr verwickelten sie sich; je allgemeiner die Nothwendigkeit einer Transaktion erkannt wurde, um so unübersteiglicher zeigten sich die Schwierigkeiten. Die Personenfragen traten in den Vordergrund, besonders handelte es

sich um den Namen Blösch's. Während die Konservativen seine Wieder=
wahl zur unerläßlichen Bedingung machten, wollten die Gegner diese
nur dann zugestehen, wenn auch Stämpfli aufgenommen würde, und
hatte hinwieder er selbst seinen Eintritt in den Rath davon abhängig
gemacht, daß letzteres ihm nicht zugemuthet werde.

Ihm wurde von beiden Seiten immer unverhohlener die Verant=
wortung zugeschoben für Gelingen oder Mißlingen, und
dabei laut erklärt, das Letztere sei gleichbedeutend mit
Bürgerkrieg. „Auch ich", schrieb er am 30. Mai, „fühle dieß schwer,
und werde vielleicht wirklich in die Lage kommen, den Knoten durch
eine persönliche Entscheidung zerhauen zu müssen, sei es,
daß ich, der Lust folgend, zurücktrete, sei es, daß die Pflicht mich zwinge,
unter Verhältnissen einzutreten, gegen die mein Innerstes sich sträubt."

Noch war es zweifelhaft, welcher Partei die Mehrheit im Großen
Rathe zufallen werde, als diese Behörde am 1. Juni zusammen=
trat. Die Gültigkeit einer großen Zahl von Wahlen war bestritten,
an mehreren Orten hatten Doppelversammlungen stattgefunden. Von
der Annahme der einen oder andern hing vielleicht Alles Folgende
ab; — und: waren alle bis dahin zur Rechten haltenden
Männer geneigt, unter allen Umständen zum Parteistandpunkte zu
stehen? Konnte man bei der herrschenden Stimmung sich darauf ver=
lassen, darauf seine weitern Schlüsse bauen?

Vor einer am Vorabende stattfindenden Vereinigung konservativer
Großräthe faßte Blösch die Lage folgendermaßen zusammen: „Es
bleiben nur drei Alternativen übrig: ein schwer zu wählendes aus=
schließlich konservatives Regiment, mit zweifelhafter Lebens=
fähigkeit; ein ausschließlich radikales, das bei der gegenseitigen
Verhetzung des Volkes schlimmer werden dürfte, als das im Jahr 1850
beseitigte; und ein gemischtes Regiment, ein an sich schlimmes
Auskunftsmittel, weil es eher die Verpflanzung der Parteien in die
oberste Exekutivbehörde, als ihre Hebung im Volk und im Großen
Rathe voraussehen lasse, das aber wenigstens einen friedlichen Ausgang
aus unhaltbarer Lage und die Möglichkeit eines Uebergangs
zum Bessern biete." Er schloß mit der persönlichen Erklärung: „1850
habe er gegen seine Neigung, bloß aus Pflichtgefühl, die Stellung an=
genommen, die ihm an der Spitze der Partei vier Jahre schweren
Kampfes gebracht. Heute werde das nämliche Gefühl ihn leiten. Ent=
schlossen, mit der Partei zu stehen oder zu fallen, sei er, unter dem
einzigen Vorbehalt der Ehre, zu jedem Opfer, das sie von ihm

fordern möge, bereit, sei es, daß dasselbe im Eintritt in eine neue Behörde, sei es, daß es im Austritt bestehe."

Nach diesen Worten verließ Blösch den Saal; — auch jetzt unterblieb in der allgemeinen Verwirrung und Unentschlossenheit das Nöthigste: eine feste Verabredung über das im Rathe zu beobachtende Verfahren.

Morgens 10 Uhr wurde die Sitzung durch den zu der konservativen Partei zählenden Alterspräsidenten (Obrecht) eröffnet; die Parteien zeigten sich nicht vollständig getrennt, wie im Jahr 1850; der Namensaufruf konstatirte, daß keine Stimme fehlte. Der Platz vor dem Rathhause war besetzt von einer großen Menschenmenge, die schon in aller Frühe, vornehmlich aus dem Seelande, herbeigeströmt war und, zum Theil mit Knitteln bewehrt, ziemlich drohend aussah, aber sich durchaus ruhig verhielt.

Als Blösch, Namens der Regierung, den Bericht über die Wahlen vorgetragen hatte, unterbrach ihn der schon mehrerwähnte Großrath Gseller von Signau mit dem Antrag, es möchte, dem allgemeinen Bedürfniß nach Versöhnung Rechnung tragend, eine Kommission bestellt werden zur Anbahnung einer Verständigung.

Ohne eigentliche Abstimmung erklärte man sich damit einverstanden; die nämliche vom Präsidenten des Großen Rathes zu erwählende Kommission sollte zugleich auch die Wahlanstände behandeln. In der sehr natürlichen Absicht, die beabsichtigte Verständigung zu erleichtern, wurde der Ausschuß zum größten Theil aus Männern bestellt, welche nicht nur sich schon dafür thätig gezeigt, sondern welche durch positive Zusagen sich bereits gebunden hatten. Erstes Mitglied war Oberst Kurz, ein Mann, der unter martialischem Aeußern ein ungewöhnlich weiches Herz versteckte, und dessen seltene Gutmüthigkeit, um sich unparteiisch zu zeigen gegen die Gegner, im Stande war, seine Freunde preiszugeben.

Folgenden Tages brachte die Kommission ihre Vorschläge vor den Großen Rath, und nun erzeigte es sich, als die Regierungsmitglieder eine andere Reihenfolge der Geschäftserledigung wünschten, daß dieselben als „Ultimatum" zu fassen seien, daß keinerlei Abänderungen gestattet werden sollen, und daß die Betreffenden sich gegenseitig ihr Wort gegeben haben, dafür zu stimmen.

Mit diesem Geständniß war jede weitere Verhandlung abgeschnitten; mit 178 Stimmen gegen bloß 33 wurden die Anträge der Kommission genehmigt.

Nach allerlei willkürlichen Verschiebungen und Veränderungen der Tagesordnung fand am 5. Juni die Konstituirung des Großen Rathes statt, bei welcher ein gemischter Wahlvorschlag beobachtet wurde.

Neue Parteibesprechungen folgten, vorzüglich über die Personen= frage. Betrachteten die Einen den Gedanken an irgend welche Trans= aktion unbedingt als verwerflich, so wollten Andere eine solche um jeden Preis zu Stande bringen; Alle aber waren dabei mißmuthig und gedrückt. Große Aufregung brachte die Eröffnung Blöschs hervor, daß Fischer unter allen Umständen auf dem Aus= tritt beharre, daß für Fueter der Eintritt neben Stämpfli, für ihn (Blösch) der Eintritt ohne Fueter unmöglich sei. Blösch kehrte Abends spät in düsterster Stimmung nach Hause, bis zu seiner Thüre von einem Landmann gefolgt, der „um Gottes Willen" bat, daß er doch annehmen möchte.

Unter solchen Umständen kam der zur Bestellung der Exe= kutive festgesetzte Tag heran (6. Juni); von 226 Mitgliedern fehlten nur zwei Radikale. Im ersten Wahlgange vereinigten sich 200 Stimmen auf Blösch; es folgten Stämpfli mit 138, Fischer mit 149, der gemäßigt radikale Jurassier Migy mit 186; Fueter erhielt wieder 200; der milde, allgemein beliebte Fürsprecher Steiner aus dem Oberaargau 194, Brunner 151, und Dr. Med. Lehmann, Regierungsrath aus der sechsundvierziger Periode, 137; diese alle nach den aufgezwungenen Vorschlägen der Fusionskommission; am meisten war die Versammlung gespannt auf die neunte Wahl, für welche jede Partei ihren eigenen Kandidaten aufgestellt hatte; sie ergab 112 Stimmen für den konservativen Dähler, während der äußerst klug ausgewählte Name der Gegner mit 108 Stimmen in der Minder= heit blieb.

Wir erzählen weiter mit den eigenen Worten Blöschs: „Diese Wahlen machten auf die Versammlung den sonderbarsten Eindruck. Abgesehen von der Vereinigung meines Namens mit dem= jenigen Stämpflis, welche noch vor zwei Tagen als Unmöglichkeit galt, überraschten die Zahlenverhältnisse außerordentlich auf beiden Seiten. Als Fueter mit 200 Stimmen herausgekommen war, hörte ich Jemand (einen der hervorragenden Radikalen) sagen: «De pareilles élections ne peuvent pas être refusées!» Ich hatte schon bei der eigenen Wahl empfunden, daß eine Ablehnung sehr erschwert sei. Vom Momente an war auch die Meinung unter der Rechten gebildet, daß ange= nommen werden müsse."

„Den Ausschlag gab ein persönliches Zusammentreffen mit Stämpfli, das am gleichen Abend zu Stande kam: Auch hier erfolgte, nach der freimüthigsten Darlegung von meiner Seite aller aus seinem Charakter und seinen Antecedentien geschöpften Bedenken, aus Stämpflis eigenem Munde die Erklärung: Er habe die Wahl nicht gewünscht, sondern abzuwenden gesucht; allein er sei, wie wahrscheinlich auch ich, nicht ganz frei wegen der hinter ihm stehenden Partei. Diese habe von Anfang bis zu Ende beharrt auf der Alternative des Eintritts oder des Rücktritts beider; und so werde seine Entschließung abhangen von der meinigen. Stämpfli sprach dabei den festen Willen aus, im Falle des Eintritts den bisherigen Parteihader aufzugeben und in freundliche Beziehungen zu allen Kollegen zu treten."

„Um 9 Uhr begab ich mich in das Kasino, wo die ganze Rechte versammelt war. Die Stimmung hatte sich vollkommen geändert: Alles forderte nun Annahme der Wahlen!"

Doch noch wurde der letzte Entschluß unendlich erschwert: In Bargen bei Aarberg war am 7. Mai die Wahlgemeinde wegen Betheiligung nicht stimmberechtigter Männer durch den Regierungskommissär als ungesetzlich aufgelöst, durch die Versammelten selbst aber ihre Wahl mit Mehrheit als gültig erklärt worden. In Brienz war wegen eines namenlosen Tumultes das Gleiche der Fall, worauf die radikale Minderheit allein die Abstimmung fortgesetzt hatte; eine zweite Wahl am 21. Mai war ohne Resultat geblieben. In Gsteig bei Interlaken waren mehr Stimmzeddel ausgetheilt worden, als Berechtigte auf dem Verzeichniß standen.

Die konservative Partei, die Regierung voraus, hatte es von Anfang an als eine Ehrensache angesehen, in der prinzipiellen Frage der Anerkennung solcher Wahlen nicht nachzugeben. Nach wiederholten Versicherungen der Vermittlungsmänner wurde es als selbstverständlich angesehen, daß der Große Rath in ihrem Sinne verfahren werde; der Entscheid darüber sollte aber der Annahmserklärung der neuerwählten Räthe vorangehen.

Blösch befand sich am 7. Juni außerhalb des Saales und erklärte eben mit seinen Freunden gegen Stämpfli ihre Absicht anzunehmen, als mit der Anzeige: der Große Rath gewärtige ihre Erklärung, zugleich die Mittheilung kam: es sei beschlossen worden, die Erledigung der Wahlanstände zu verschieben. „Mein Innnerstes", sagt er, „wandte sich um; der erste Gedanke war, die Erklärung zu verweigern; allein — die Versammlung wartete. Wie ich eintrat, stellte der Präsident die Anfrage, und Freunde und Gegner drängten;

nicht einmal eine Besprechung mit den Kollegen war
mehr möglich. Ich ergab mich in das Unvermeidliche —
und erklärte die Annahme!" —

Alle Uebrigen thaten dasselbe, und die Beeidigung folgte.

Im Namen der Versöhnung forderte hierauf Bützberger die An=
erkennung der Winkelwahlen in Brienz vom 7. Mai, und die Mehr=
heit, von der Alles abmachenden Kommission geführt, gab dem Antrag
ihre Zustimmung. —

Nachmittags 3 Uhr hielt die neue Behörde ihre erste Sitzung
zur Konstituirung und Ordnung der Geschäftsübergabe [1]).

So machte sich die „Fusion" — unter einem Zwang der
Umstände, welcher, wie kaum in ähnlichem Falle, die freie Selbst=
bestimmung der zunächst Betheiligten ausschloß; eine politische Com=
bination der seltensten Art, die der entgegengesetztesten Beurtheilung
unterliegen mußte.

Wenn die Einen das Geschehene idealistisch zusammenstellten mit
dem Friedensschluß der beiden alten Berner Schultheißen
Nägeli und Steiger, so verglichen es Andere, protestirend gegen
den Namen Versöhnung, mit dem Zusammenschütten zweier
Flüssigkeiten, wobei die schwächer gefärbte nothwendig die Farbe der
stärkern annehmen müsse; fanden die Einen: „Unverkennbar liegt
Größe in diesem Akt der Versöhnung" [2]), so sahen Andere
nichts darin, als ein schmähliches, aller Grundsätzlichkeit hohnsprechendes
Markten, und eine Verleugnung der heiligsten Ueberzeugungen;
bezeugte ein Mann vom Lande an Blösch seine Freude in „einem reinen
Erguß einer aufrichtigsten Dankbarkeit gegen die göttliche Vor=
sehung", nannte ein Anderer seine Annahme „ein schönes Beispiel
von Patriotismus", so schrieb ihm dagegen ein Ungenannter einige
Tage vorher: «Je vous conjure par tout ce que votre caractère a de
noble: repoussez avec indignation l'alliance du pur avec l'impur!» —
Am ungerechtesten aber war es, später zu sagen: „Die Fusion war —
das weiß nun Jedermann — eine Uebereinkunft zur Befriedigung von Per=
sonen, welche Aemter und Einfluß bei der Regierung haben wollten" [3]); —
viel eher dürfte man die Fusion bezeichnen als einen Staatsstreich
des gesunden Menschenverstandes und des praktischen

---

[1]) Das Präsidium, das nach der Verfassung vom Großen Rathe selbst bestellt wird,
war bereits mit 185 Stimmen an Blösch übertragen worden.

[2]) Leipziger „Illustrirte Zeitung."

[3]) „Oberländer Anzeiger."

Bedürfnisses staatlichen Zusammenlebens, welcher alle theore=
tische Konsequenz der Prinzipien und der Vergangenheit der Personen
kurzer Hand „über den Haufen" warf.

Ueber die Rothwendigkeit, auf irgend eine Uebere in=
kunft einzugehen, und den außerordentlichen Umständen
durch außerordentliche Mittel zu begegnen, kann kaum
ein ernstlicher Zweifel bestehen. Es war die Opposition seit
1850 im Stande gewesen, den Konservativen unter weit günstigeren
Verhältnissen das Regieren unmöglich zu machen; 1854 war ihnen
das Regieren von vornherein unmöglich gemacht; urtheils=
fähige Männer hatten schon vor dem Ausfall der Wahlen sich der Ueber=
zeugung nicht verschließen können: „Die bisherige Regierung und ihr
System oder ihre Tendenz sei nicht ferner zu halten, und es sei kaum
wünschenswerth, daß man die vergebliche Unternehmung länger fort=
zusetzen veranlaßt werde."

Jetzt lagen drei Thatsachen unbestreitbar vor: erstlich die, daß
die konservativen Führer keine geschlossene Partei mehr hinter sich
hatten, keine Großrathsmehrheit, welche geneigt gewesen wäre, die
Parteiparole über die unzweideutige Stimmung ihrer Wähler zu setzen
und den Vermittlungsversuchen zu widerstehen. Zweitens, daß bei der
immer noch fortdauernden, freilich nur noch künstlichen, darum aber
nur um so gereizteren Spannung der Gemüther die Kunde von der
Erwählung eines ausschließlich konservativen Regierungsrathes das
Signal gewesen wäre zu einem Aufruhr, der sofort den Cha=
rakter eines Bürgerkrieges angenommen hätte[1]); und endlich: daß
es unmöglich war, einen solchen zu bestehen, weil jedenfalls nur
ein kleiner Bruchtheil des konservativ gesinnten Volkes zu diesem Aeußersten
entschlossen war; weil ein Gewaltausbruch sofort die Einmischung des
Bundes nach sich ziehen mußte, und dieß unzweifelhaft im radikalen
Interesse. Unabsehbar aber waren die Folgen, wenn es dazu kam:
der Gesandte Frankreichs hatte ziemlich deutlich ausgesprochen, daß
sein Kaiser nur auf diesen Anlaß warte, um allein oder gemeinsam mit
Oestreich die Schweiz zu besetzen. — Es war die Zeit des Krimm=
krieges und der entente cordiale zwischen den westlichen Mächten, und
neben die alte Klage wegen der Duldung von politisch Proscribirten
trat in jenen Tagen die Zumuthung an die Eidgenossenschaft, dem
Beispiele Sardiniens zu folgen und der Allianz sich anzuschließen.

---

[1]) In Bern z. B. hatten Viele vorsichtshalber in den ersten Tagen Juni sich mit
Waffen versehen.

Je unverkennbarer die Nothwendigkeit sich aufdrängte, einer An=
näherung der Parteien nicht zu widerstreben, um so näher lag es
allerdings, über die Aussichten, welche eine solche bieten konnte,
sich zu täuschen und sich Illusionen hinzugeben. Kaum mehr eine
reale Differenz politischer Grundsätze, nur noch die beiderseitige Partei=
organisation hielt die Massen auseinander, — warum sollte es an sich
unmöglich sein, durch theilweises Aufgeben derselben allmälig ein großes,
starkes und gewichtiges Centrum zu bilden, statt einer bloßen Partei=
regierung eine ächte Volksregierung zu erhalten? Warum sollte es
an sich undenkbar sein, daß Männer von sehr verschiedenen Ansichten
doch treu und vertrauend zusammenstehen könnten, um ihre Arbeitskraft
und ihre Fähigkeiten gemeinsam dem Dienste des Landes zu
weihen? Als im Mai 1854 der „Restaurator" Haller, 86 Jahre
alt, gestorben war, und kurz darauf (Juli) sein unermüdlicher Antipode,
L. Snell, ihm folgte, da konnte man wohl einen Augenblick sich dem
Gedanken überlassen, es sei die Periode des großen Kampfes
staatsrechtlicher Theorien zu Ende, und der Tag angebrochen,
für die wirklich praktischen Bedürfnisse des Volkes zu sorgen.

Es galt zunächst, den gesunkenen Wohlstand wieder zu heben,
das Armenwesen seinem Provisorium zu entziehen, die drängenden
Fragen des Eisenbahnbaues im günstigen Sinne zu erledigen:
warum sollte man in diesen Interessen sich nicht einigen, nicht zusammen=
wirken können? Hatte doch die „Bernerzeitung" kurz vor den Wahlen
die offene Erklärung abgegeben: von einem „Stämpfli=Regiment",
nach Art desjenigen von 1846, könne unter allen Umständen
nicht mehr die Rede sein!"

Niemand machte auch nur den Versuch, die Argumente zu wider=
legen, welche Gonzenbach vorzüglich, auf geschichtliche Analogie sich
stützend, gegen die Möglichkeit einer gemischten Verwaltung
anrief; — der Einsicht, daß es versucht werden müsse, half die
leise Hoffnung, daß es vielleicht doch gehen könnte.

Die Folgen waren allerdings nicht die gehofften: die erste und
sichtbarste war die Spaltung und das Auseinanderfallen der
bisherigen konservativen Partei. Ist eine Krankheit vor ihrem
Ausbruche glücklich beseitigt worden, so ist leicht die Neigung da, her=
nach die Größe der Gefahr zu bezweifeln, und dieß um so mehr, je
kostspieliger das Kurverfahren war. Ein sehr erklärlicher Verdruß erfüllte
Viele gerade der eifrigsten und zielbewußtesten Männer unter den Kon=
servativen, als sie um die Früchte eines vierjährigen Kampfes plötzlich
sich betrogen sahen. Das leidenschaftlich erregte Oberland, wo lokale

und persönliche Rivalitäten viel bedeuteten, hatte vom Bedürfniß nach
Versöhnung wenig empfunden; dem katholischen, vom Klerus geleiteten
Volke des Jura war dasselbe vollends unverständlich; jenes wurde
von Erbitterung, dieses von neuem Mißtrauen ergriffen, und
eine ähnliche Stimmung herrschte in der Hauptstadt selbst und
im Kreise der bisherigen Führer.

Eine widrige Polemik entspann sich daraus. Der „Oberländer
Anzeiger" suchte in einer Reihe seiner Nummern[1]) Antwort zu geben
auf die viel gehörte Frage des Unmuths: „Wie ist das auch in
Bern zugegangen?" Die weitläufige Detailerzählung aller ver=
schiedenen Verhandlungen, Zusammenkünfte, Berathungen, Umtriebe und
Verabredungen rückte, vielleicht weniger durch eigentliche Unrichtigkeit
in den Thatsachen, als durch die Art ihrer Darstellung die Vorgänge
so sehr in ein schiefes Licht[2]), daß die Betheiligten genöthigt waren,
sich dagegen zu verwahren. Auch Blösch wurde mit hineingezogen in
diese unerbaulichen nachträglichen Erörterungen: er mußte den Vorwurf
hören, daß er, als Führer der Konservativen, ihre Interessen
preisgegeben, „verrathen" habe.

Man wird nicht von uns erwarten, daß diese Beschuldigung hier
widerlegt, noch überhaupt, daß auf die Einzelnheiten näher eingegangen
werde, obwohl Blöschs Tagebuch mit seiner protokollähnlichen Bericht=
erstattung den Stoff dazu bietet und wohl erkennen läßt, wie weit er
„sich auf die Sache eingelassen" hat. Ein Vorwurf konnte vielleicht dem
intellektuellen Haupte der konservativen Partei mit einigem Rechte ge=
macht werden, nicht der, daß er sich zu tief, sondern, daß er sich zu
wenig eingelassen habe: der Vorwurf des Mangels an Ent=
schlossenheit.

Er fühlte, daß die Verantwortung für den Gang der
Dinge auf ihm liege, und weigerte sich doch, dieselbe zu
tragen. Alles wartete auf seine Entscheidung, und er wollte keine
geben. Er sah eine Verständigung für unvermeidlich an, und hielt sie
doch für höchst gewagt und bedenklich. Er schreckte zurück vor dem
Gedanken an die Folgen eines unbedingt abweisenden Verhaltens, und

---

[1]) Es sind die Nummern 80—84 vom Juli 1854.

[2]) Blösch selbst fällte darüber ein viel schärferes Urtheil: „Wäre die Erzählung
buchstäblich wahr, so dürfte es als eigentliche Verrücktheit erscheinen, solche Enthüllungen
gegenwärtig in's Publikum zu werfen, da sie nur das, worüber hauptsächlich geklagt
wird, Spaltung und Entmuthigung der konservativen Partei, herbeiführen oder vermehren
können. Leider aber ist die Erzählung größtentheils entstellt, und in den Hauptpunkten
geradezu wahrheitswidrig."

scheute sich doch, selbst für die Vereinbarung thätig zu sein und durch das Gewicht seines Einflusses der Sache eine günstigere Wendung zu geben. So war die konservative Partei in diesem kritischen Momente ohne Führer, ohne Leitung, ohne gemeinsamen Entschluß, in der vollendetsten Verwirrung Jeder sich selbst und dem Zufall überlassen.

Dieß war auch das Urtheil Bluntschli's — in einem Briefe nach Bern: „Eine Umbildung und Verständigung der Parteien war durch die Umstände geboten; aber sie hätte prinzipiell geleitet werden sollen, von Blösch voran. Es war ein furchtbarer Fehler, den Radikalen die Einleitung und Durchführung einer in ihrem Kerne liberal-konservativen, in ihrer jetzigen Erscheinung sentimentalen Idee zu überlassen und sich von ihnen gar dazu zwingen zu lassen."

Allein auch diesen Vorwurf lehnte Blösch von sich ab mit der Verweisung auf die moralische Unmöglichkeit, drei oder vier seiner Kollegen selbst zum Austritt aus der Regierung zu zwingen, — zu opfern, und auf die viel eher berechtigte Mißdeutung, welche eine solche Handlungsweise hätte finden müssen. „Nicht die Radikalen haben den Konservativen die Fusion aufgenöthigt, das Wahre ist, daß die Massen beider Parteien sie instinktmäßig gewünscht, und die Umstände sie den Führern aufgenöthigt haben.

Nicht daß die Fusion zu Stande kam, war vom konservativen Standpunkte aus zu bedauern, aber daß sie zu Stande kam unter Verhältnissen, die von vornherein den fest organisirten Gegnern einen großen Vortheil gaben, und — daß der darüber entstandene Unmuth so weit ging, die eigene Partei durch das Gift persön- licher Verbitterung vollends auseinander zu sprengen.

Gegen den mit der alten Schärfe und Schroffheit die Fusion be- kämpfenden „Oberländer Anzeiger" wendete sich von jetzt an dessen bisher treuester Verbündeter, das „Vaterland", als Vertheidiger und Organ der „Versöhnung."

Mit persönlichen Gegnern als nunmehrigen Kollegen in täglichen Verkehr treten zu müssen, war dem milden Herzen Blösch's verhältniß- mäßig leicht; aber von vielen der bis dahin aufrichtigsten Freunde auf einmal sich getrennt zu sehen und als Feind behandelt zu werden, das hat er nie ganz verschmerzt.

Den Vorsitz im Regierungsrathe hatte der Große Rath an Blösch übertragen; Stämpfli wurde als sein Stellvertreter bezeichnet. Der Letztere erbat sich als seine spezielle Aufgabe die Be- sorgung des Entsumpfungswesens und der Eisenbahnfragen;

die Direktion der Erziehung ging auf seinen ausdrücklichen Wunsch an Dr. Lehmann über, während Migy die Justizverwaltung und Steiner diejenige des Militärs übernahm. Später wurde Blösch zum Kirchenwesen noch die Direktion des Innern zugetheilt, als Fischer sich ganz der zur Wichtigkeit eines besondern Verwaltungszweiges herangewachsenen Ordnung der Armenverhältnisse zu widmen verlangte.

Viel besser, als es je erwartet werden durfte, gelang es, im Schooße des Rathes ein angemessenes Verhältniß herzustellen und das zur gemeinsamen Thätigkeit unentbehrliche Einverständniß zu finden. Nicht immer, selbst nicht über politische Fragen schieden sich die Glieder der frühern Parteistellung entsprechend. In den ersten Sitzungen standen, da Fischer in Urlaub abwesend war und Blösch präsidirte, einige Zeit nur drei Konservative gegen vier Radikale.

Anders war es in der Masse des Volkes. Es war bald herauszufühlen, daß während die radikalen Führer immer noch auf eine geschlossene Partei sich stützen konnten, dagegen die Konservativen in zwei sich mit der größten Bitterkeit befeindende Fraktionen zerfallen, von welchen die eine haltungslos zwischen Konzessionen und Widerstandsversuchen schwankte, die andere unheilvollem Pessimismus verfallen in eigensinniger Grundsätzlichkeit mehr und mehr sich verstockte. So wurde auch die angebahnte Verschmelzung der alten Parteien auf's Höchste gefährdet; die Radikalen sahen sich wieder ganz als Herren der Situation, und der Aerger über diese unerwarteten Folgen ihres eigenen Werkes rief auch bei den fusionistisch gesinnten Konservativen dem Mißtrauen wieder, welches am Vergehen schien; in Gegenden, wo die Versöhnung mit der größten Freude aufgenommen worden war, steigerte sich die fast erloschene Parteileidenschaft von Neuem zum Haß. Das zweideutige Ergebniß der vorzeitigen und künstlichen „Fusion“ der Stimmen machte mehr als je die naturgemäße Versöhnung der Gemüther unmöglich, und setzte an die Stelle eines natürlich begründeten Gegensatzes der politischen Gesinnung — ein allgemeines Mißverständniß.

Dieses reflektirte sich zum Theil auch in die Volksvertretung, in den Großen Rath hinein. Die erste Probe für die Haltbarkeit des neuen Zustandes war zu bestehen bei der Ergänzung des Obergerichts und der Erwählung der Bezirksbeamten, von deren Resultat der gedeihliche Gang der Verwaltung wesentlich abhing. Die erstere ging ohne verletzende Einmischung politischer Motive vor sich;

für die letztere galt als selbstverständliche Regel, die Volksvorschläge wenn irgend möglich als entscheidend anzusehen. Nur wenige Ausnahmen wurden gemacht, aber unter diesen war der Amtsbezirk Interlaken. Dr. Müller, durch seine Bildung wie Wenige passend, vom Bezirke mit ungewöhnlich großer Mehrheit gewünscht, wurde als „allgemein verhaßter Mann" bei Seite gesetzt. Es war für Blösch ein harter Schlag, diesen als Freund wie als Beamten von ihm hochgeschätzten Mann aus Parteirücksichten geopfert zu sehen.

Der Gedanke an Rücktritt vom Amte wurde ernstlich erwogen[1]); die vier Kollegen, von welchen er sich nicht trennen zu wollen erklärte, entschieden zum Bleiben; im Ganzen hatte sich doch so viel guter Wille gezeigt, das Wohl des Landes über die Parteien zu setzen, daß die Hoffnung nicht aufgegeben werden durfte. „Die Rückkehr zur ruhigen Bernernatur muß nach Kräften unterstützt werden, sie ist das Höchste, was der besonnene Konservative in Bern erstreben kann; sie ist das Einzige, was dem besonnenen Radikalen nie entrissen werden kann", tröstete die „Neue Zürcherzeitung" in einer bemerkenswerthen Betrachtung über die Fusion.

Eine zweite Probe stand für den Herbst des Jahres bevor. Im Oktober war der eidgenössische Nationalrath neu zu bestellen. Dießmal ergriff die Regierung selbst die Initiative, um in versöhnlichem Sinne einzuwirken; sie erließ ein Circular an sämmtliche Glieder des Großen Rathes, und forderte dieselben auf, durch ihre Thätigkeit zu verhindern, daß die wichtigen Wahlen nicht in das alte Parteigeleise zurückfallen. Der Schritt, der vielfach verurtheilt und wirklich nur durch die Ungewöhnlichkeit der Verhältnisse gerechtfertigt wurde, blieb ohne sichtbaren Einfluß: das Oberland, das Seeland, selbst der Jura wählten ausschließlich radikale Vertreter; nur das Emmenthal gab neben drei solchen einem früher konservativen „Fusionisten" seine Stimme; im Wahlkreis Mittelland erhielten Fueter, Blösch und Gonzenbach[2]) die absolute Mehrheit; zu diesen trat am zweiten Wahltage noch Kurz hinzu. Hier wie im Oberland konstatirte die Aufstellung von zwei verschiedenen Kandidaten den offenen Zwiespalt unter den Konservativen. Die Propheten hatten ihre

---

[1]) Das Entlassungsbegehren war bereits ausgefertigt: „Die letzten Wahlen haben die Hoffnung auf eine erspießliche Verwaltung genommen, und damit zugleich den Muth gebrochen, fernerhin die Verantwortlichkeit für dieselbe zu theilen."

[2]) Von 8191 Stimmen hatten Fueter 6419, Blösch 6356, Gonzenbach 4103.

Weissagung selbst wahr gemacht: Die Entstehung einer Mittel=
partei war verhindert, die Versöhnung nirgends recht zur Wahrheit
geworden, aber die konservative Partei hatte aufgehört zu
existiren.

Am 6. Dezember 1854 wurde Stämpfli an Ochsenbeins Stelle
zu einem Mitgliede des schweizerischen Bundesrathes ernannt. In einer
vorhergehenden Besprechung unter den Bernern hatte einer der ent=
schiedensten Radikalen sich dahin ausgesprochen: entweder Stämpfli
oder Blösch! — die Versammlung möge sich für den einen oder andern
entscheiden, so werde er sich daran halten; im Grunde sähe er lieber
letztern als erstern im Bundesrathe. Allein Blösch selbst und nach ihm
noch Andere hatten Einspruch dagegen erhoben und bezeichneten, auf
den bisher befriedigenden Gang der unter so schwierigen Verhältnissen
entstandenen Verwaltung hinweisend, den ruhigen Fortbestand derselben
als dadurch bedingt, daß weder der eine noch der andere die=
selbe verlasse.

Allerdings brachte der auf eigenen Wunsch bis zum April 1855
verschobene Austritt Stämpflis die Fusionsregierung in eine neue
Phase hinein. Bald nach dem Abschied, der unter den freundlichsten
Versicherungen gegenseitigen Dankes und aufrichtigen Bedauerns ge=
schah[1]), machten die Rückwirkungen sich bemerkbar; sein Fehlen in der
Exekutive schien das mühsam hergestellte Gleichgewicht zu
stören; im radikalen Lager regte sich ein unbestimmtes Gefühl un=
genügender Vertretung; es trat im Rathe selbst eine größere Schweig=
samkeit und auffallende Zurückhaltung ein, die hin und
wieder das Gepräge eigentlichen Mißtrauens annahm; heftige An=
griffe in der Presse (Bernerzeitung) gegen die Regierung und gegen
Blösch persönlich, höhnische Aeußerungen über die Fusion und deren
Zweck gaben deutlich Zeugniß von dieser veränderten Stimmung.

Noch mißlicher aber war die Frage, wer Stämpfli zu ersetzen
habe? — Ungefähr zu gleicher Zeit (im Februar 1855) hatte auch
Fischer, verzweifelnd an der Möglichkeit einer gedeihlichen Regelung
der Armennoth, seine Entlassung verlangt, und damit wurde
nicht nur der Regierung eine der tüchtigsten und gewandtesten Arbeits=
kräfte entrissen; es wurde damit der Fortbestand des bisherigen
Verhältnisses durch eine zweite Wahl in Frage gestellt. Boshaft
genug kündete der „Oberländer Anzeiger" an: Der nächste Große Rath

---

[1]) Er reichte Blösch am Schlusse noch einmal die Hand mit den Worten: „Ihnen
ganz besonders danke ich."

werbe zu entscheiden haben über den Tod: 1) eines Raubmörders,
2) eines Brandstifters und 3) der „jungen Fusion", da ein neuer Regierungsrath zu wählen sei.

Es galt als selbstverständlich, daß an Stämpfli's Stelle ein Radikaler, an diejenige Fischer's ein Konservativer ernannt werden
müsse. Stämpfli selbst soll auf eine gegentheilige Andeutung eines Parteigenossen erwidert haben, es handle sich nicht darum, „Mehrheitlis zu
machen", sondern einen Zustand zu erhalten, der befriedigend sei.

Am 22. März wurde Pfarrer Schenk in Schüpfen als Nachfolger Stämpfli's erwählt, ein noch junger Geistlicher, der mit scharf
radikaler Gesinnung einen hohen Geist und achtungswerthen Charakter
verband. Nach ihm ein konservativer Stadtberner, der seither
im Auslande Proben seiner ausgezeichneten Befähigung abgelegt hat,
der aber nach kurzem Zaudern die Annahme des Amtes verweigerte[1].

Dieß war verhängnißvoll: die Ersetzung Fischer's wurde verschoben,
und als der Große Rath zur neuen Sitzung sich versammelte (August
1855), erhielt unerwartet, dem scheinbar unangefochtenen Vorschlag
eines gemäßigten Konservativen entgegen, ein Radikaler die Mehrheit.
Dieß erregte große Ueberraschung; auf Seite der Rechten wurde die
Wahl als ein Wortbruch, von einem Theile der Linken als ein Fehler
betrachtet; Erklärungen und Entschuldigungen folgten; der Gewählte
lehnte ab; allein — im Dezember wiederholte sich die gleiche
Erscheinung. Man hatte sich dießmal darauf gefaßt gemacht; aber
verletzender war, daß die wieder als Mehrheit sich fühlende Partei die
Abordnung zum eidgenössischen Ständerathe nicht nur ausschließlich in ihrem Sinne bestellte, sondern, nach dem Ausdrucke Blösch's:
„ein Stück konservativen Geistes durch ein Stück radikalen
Fleisches" ersetzte.

Schon nach der erstern Entscheidung hatte Blösch sich zu Stämpfli
verfügt und sich in langer Besprechung beklagt: „Sei man des Friedens
müde und liege Erneuerung des Parteikampfes im Willen, so möge es
offen ausgesprochen werden, damit Jeder wisse, woran er sei und seine
Stellung einnehmen könne; der Streit brauche deßhalb nicht die frühere
Leidenschaftlichkeit anzunehmen. Halte man umgekehrt dafür, dem Parteikampf solle ferner Schweigen geboten und der 1854 im Interesse der
Verwaltung gegründete Zustand erhalten werden, so sei zu sorgen, daß
der Hetzerei ein Ende gemacht werde, damit nicht die Leidenschaften
wieder Feuer fassen und schleichendes Mißtrauen die Behörde spalte."

---

[1] Es war der jetzige Telegraphendirektor der östreichischen Staaten, Brunner.

Stämpfli hatte ohne Rückhalt das Geschehene mißbilligt, die dabei zu Grunde liegende Veranlassung entschuldigt, und selbst zugesagt, seinen Einfluß mehr als bis dahin zur Erhaltung des Friedens geltend zu machen, so daß Blösch im Kreise näherer Freunde die Situation in die Worte zusammenfassen konnte: „Noch ist das Bedürfniß der Massen nach Ruhe die dominirende Stimmung; sie hangen deßhalb, was auch einzelne Führer denken mögen, — entschieden, wenn auch bloß instinktmäßig, — an der Fusion. Die Erhaltung derselben ist immer noch möglich, und darum wäre es ein Fehler, schon jetzt den Krieg als erklärt zu betrachten."

Allein die erneuerte Abweichung von dem, was als eine Konvention angesehen werden durfte (im Dezember), drängte den Vorsatz des Rücktritts wieder in den Vordergrund. Mit dem geschriebenen und von seinen drei Kollegen unterzeichneten Entlassungsgesuch begab sich Blösch am Abend jenes Tages in eine Gesellschaft von Freunden. Er betrachtete den Austritt als das einzige Mittel, die konservative Partei vor gänzlichem Dahinschwinden und, nach solchem Wortbruch und solcher Beleidigung, selbst die eigene Ehre zu bewahren. Aber obschon in der Beurtheilung des Vorgefallenen Alle übereinstimmten, ging doch die Meinung sämmtlicher Anwesenden schließlich dahin, daß die Ausscheidung ein Unglück wäre, das im gegenwärtigen Momente um so mehr beklagt werden müßte, weil einerseits bis jetzt die Verwaltung doch über Erwarten günstig gegangen, und weil man andrerseits das Motiv des Rücktritts, vornehmlich das aus der Ständerathswahl genommene, nicht begriffe. Blösch legte zwar umgekehrt gerade diesem besondere Bedeutung bei, als der unzweideutigen Kundmachung an die ganze Eidgenossenschaft, daß der Kanton wieder radikal und nur radikal sei.

Dabei blieb es; der Große Rath ging auseinander; die Demission wurde nicht abgegeben. Mehrfache Entschuldigungen, Protestationen und Bitten von verschiedenen Radikalen mochten mit dabei bestimmend sei. Doch waren zwei Thatsachen unverkennbar geworden: einmal, „daß die Linke, seitdem sie sich um einige Stimmen in Mehrheit sah, von den Verpflichtungen von 1854 sich losgesagt habe und, den alten Parteiinstinkten folgend, zusammengehalten werde durch die alte Parteidisziplin; und zum andern, daß die konservative Partei unwiederbringlich aufgelöst sei[1]."

---

[1] Es ist unzweifelhaft, daß mehrere radikale Wahlen nur durch die Mithülfe unzufriedener Konservativer zu Stande gekommen sind.

Mehrmals machte Blösch den Versuch, die alten Be=
ziehungen wieder anzuknüpfen; er hielt eine Reorganisation
der Partei nicht nur für eine nothwendige Bereitung auf die Mög=
lichkeit neuen Krieges, sondern zugleich für das beste Mittel zur Siche=
rung des Friedens; allein — „die Todten stehen in dieser Welt
nur als Gespenster wieder auf", sagte der „Oberländer Anzeiger"
mit unläugbarer Wahrheit. Mit den Stadtbernern hatten die kon=
sequentesten, thätigsten und aufopferndsten Konservativen das Vertrauen
zu den alten Führern verloren, und nicht minder entschieden sagten die
Männer vom Lande sich los von den schmollenden „Herren."

Die Eidgenossenschaft begrüßte die bernische Fusion als ein
glückliches Ereigniß, und es ist gewiß, daß die Spitzen der Bundes=
behörden nicht geringen Antheil am Zustandekommen hatten. Die Politik
des größten Kantons, dessen Hauptstadt zugleich Bundescentrum ist, gab
damit den unbequem gewordenen Anspruch auf Selbständigkeit wieder
auf und wurde durch Ueberwindung der beiden Extreme dem eidgenös=
sischen „System" besser akkommodirt. Das Nachgeben in Sachen
des Preßgesetzes und des Grütlivereins gehörte zu den ersten Ver=
fügungen des Regierungsrathes.

Die (im Herbst 1854) neu konstituirte Bundesversamm=
lung, die nur etwa 30 oppositionelle Glieder zählte[1]), ließ etwas
nach von ihrer Ungunst wider Blösch[2]) und gab ihr Urtheil über die
Persönlichkeit der beiden Hauptführer damit kund, daß sie ihn, und
zwar sofort als Präsidenten, in den obersten schweizerischen
Gerichtshof, das Bundesgericht, wählte, während Stämpfli
als Bundesrath aufgenommen wurde in die politische Behörde.

Eigenthümlich war es, daß mit dieser letztern Wahl der eigentliche
Schöpfer der Fusionsidee, der Vertreter des gemäßigten, bundesfreund=
lichen Liberalismus, — Ochsenbein, völlig aufgegeben und aus
dem öffentlichen Leben hinausgedrängt wurde. Einige Wochen
später war der heftige Gegner der „Söldnerei" in ausländischen Militär=
dienst getreten, — der ehemalige Bundespräsident der Schweiz — Brigade=
general des französischen Kaiserreiches. Einzig durch seine Betheiligung
am Freischaarenzuge das geworden, was er wurde, war doch gerade
dieses Antecedens für ihn das Hinderniß, das zu werden, was er werden

---

[1]) Ultramontane, Konservative und Ultraradikale.
[2]) Der „Oberländer Anzeiger" behauptete, diese Wahl bedeute so viel als: Jetzt
fürchten wir ihn nicht mehr! und fügte bei: „Uns gefällt der Blösch, welcher durch=
fiel, weil er das Haupt der Konservativen war, viel, viel besser!"

konnte, und der Grund dazu, daß der mit allen Bedingungen der Popularität ausgestattete Mann einer allgemeinen Unbeliebtheit verfiel;
daß ein nicht unehrenvoller Lebenslauf sich schließlich als eine Reihe
von Fehlern darstellte, die ihn aus einer schiefen Stellung in die andere
führte [1]).

Am 6. Juli 1855 wurde Blösch der Vorsitz im Nationalrath übertragen [2]), die höchste parlamentarische Würde der Schweiz,
für Andere, wie für ihn selbst so sehr unerwartet, daß er erst wieder-
holtem Ruf gehorchend den Präsidentenstuhl bestieg. Die ihm gezollte
Anerkennung war eine erzwungene; aber vielleicht um so ehrenvoller,
weil er fortwährend sich mit der Versammlung im Widerspruche fand.

In den Kantonen gingen in diesem Zeitraum mancherlei politische
Veränderungen vor: Genf, Waadt, zum Theil auch Aargau hatten
nach einander sich der ausschließlichen Herrschaft des einseitigen Radikalismus entzogen; Wallis und Freiburg, beide fast zu gleicher
Zeit (Oktober 1855), durch Aufnahme konservativer Männer die moralische Autorität ihrer Regierungen verstärkt; der „Oberländer Anzeiger“
konnte das fusionirte Bern mit einer Festung vergleichen, die sich in
Verzweiflung an Hülfe durch Kapitulation ergeben hat, wenige Stunden,
bevor der Entsatz herankam.

Am gewaltthätigsten machten die Parteien jenseits des Gotthardt
sich geltend: Tessin war nach dem unglücklichen Tode De Giorgi's
der Anarchie und dem Terrorismus des sogenannten Pronunciamento
preisgegeben und füllte lange die Verhandlungen der eidgenössischen
Räthe. Blösch war Mitglied einer Kommission und trat aus Anlaß
bestrittener Wahlen entschieden ein für eine um ihr Recht gebrachte Mehrheit, und begründete seine Ueberzeugung mit einem
solchen Gewichte statistischer Zahlen, daß er nur überwunden werden
konnte durch die offene Vertauschung der Frage nach der
Stimmenmehrheit durch die andere, von Escher gestellte: auf
welcher Seite die Eidgenossenschaft ihre Freunde suchen müsse? Ein
warmes Dankschreiben aus Tessin sollte Blösch für seine als ausgezeichnet geltende Rede lohnen.

Ungleich wichtiger als alle diese Wechselfieber der Demokratie war die endliche Erlösung Neuenburgs aus dem Zwitter-

---

[1]) Im Gefühle davon rief er einmal klagend aus: „Habe ich wohl den Freischaarenzug
noch nicht genug gebüßt?“

[2]) Am 2. Juli war er, ziemlich mühsam, zum Vizepräsidenten ernannt worden; nach
Ablehnung des Präsidenten, Dr. Escher, wurde er sofort mit großer Mehrheit als Präsident erwählt.

verhältniß, das so lange ein Pfahl im Fleisch der neugestalteten Schweiz
gewesen war.

Bei der Gesinnung Blösch's war es kein geringer Schreck für ihn,
als ihn am Morgen des 3. September 1856 die Nachricht überraschte,
es sei in der vorigen Nacht in Neuenburg ein Aufstand
ausgebrochen, das Schloß besetzt und die Regierung gestürzt;
bald darauf machte der Bundesrath die amtliche Mittheilung, daß er
Truppen aufgeboten habe. Schon am nächsten Tage folgte die Kunde,
daß das Schloß wieder erstürmt sei und das Haupt des royalistischen
Aufruhrs, Graf Pourtalès, mit mehreren Andern gefangen genommen.

Als am 26. September die Frage im Schooße des Nationalrathes
zur Berathung kam, sprach auch Blösch seine Ansicht dahin aus:
Neuenburg sei schweizerisch, und müsse schweizerisch und nur
schweizerisch bleiben; hierüber könne in der Versammlung nur Einmüthigkeit herrschen, wie sie auch wenigstens unter allen Schweizern
herrsche. Aber, fügte er bei, täuschen dürfe man sich nicht, diesem Satze
stehe der andere zur Seite, daß die Frage noch der Lösung bedürfe;
Unterhandlungen seien daher unvermeidlich. Mit hoher
Befriedigung erfüllte ihn der daraufhin gefaßte Beschluß, dem nur
zwei oder drei Mitglieder ihre Zustimmung versagten.

Es war die erste Freude, die Blösch im Anfang Dezembers nach
kaum überstandener Krankheit empfand, als besuchende Freunde ihm
erzählten von der außerordentlichen Sitzung der eidgenössischen Räthe, von der Einstimmigkeit der Bundes- und Kantons-
behörden und des gesammten Volkes bei Beschließung der eventuellen
Vertheidigungsmaßnahmen, da der Bruch mit Preußen unab-
wendbar schien; und ganz besonders fühlte er sich gehoben durch das
Verhalten der Konservativen in allen Theilen der Schweiz,
in den Urkantonen und im eigenen Kanton; tief gerührt reichte er aus
dem Bette dem Obersten v. Stürler die Hand, als dieser, — der
nach freiwilligem Eintritt in die Milizen das Kommando der sämmtlichen Landwehr erhalten hatte, — ihm bezeugte: „Er fühle sich als
schroffen Gegner der bestehenden Regierung, aber aller innere Hader
habe zu ruhen bei Verwicklungen von Außen her; und einem fremden
Angriff gegenüber gebe es für den Schweizer nur eine Stellung. Was
er gethan, sei übrigens nicht geschehen, weil er seiner Person Wichtigkeit
beigelegt; er habe nur gedacht, daß vielleicht sein Beispiel einigen Werth
haben könnte."

Es bedurfte wohl der in dieser Gefahr liegenden Mahnung zur
Eintracht an die Eidgenossenschaft; denn mächtiger als alle Politik der

Grundsätze drohte jetzt die Interessenpolitik sie zu stören: Es war der Zeitraum, in welchem die Fragen des Eisenbahnbaues die Gemüther des Volkes, die Presse und die Behörden beherrschten, die Parteistellungen theils durchkreuzend, theils sich mit denselben kombinirend.

In Bern war es die konservative Regierung gewesen, die im Jahr 1852, zum Theil im Widerspruch mit ihren Anhängern, zum Theil im Widerspruch mit ihren eigenen Wünschen, Unterhandlungen mit der schweizerischen Centralbahngesellschaft in Basel an- geknüpft hatte, um die Eisenbahnen als „ein nothwendiges Uebel" auf das Gebiet des Kantons herüber zu ziehen. Eine vom Regierungs- rathe bestellte, von Blösch präsidirte Kommission von 28 Mitgliedern hatte sich im Oktober 1852 ohne Lust, aber mit Einstimmigkeit für den Bau einer Bahn ausgesprochen in der Richtung von Murgenthal (an der aargauischen Gränze) über Langenthal, Herzogenbuchsee, Burgdorf, Bern, mit Verlängerung nach Westen über Laupen gegen Murten und Peterlingen.

Alt-Landammann Simon, ein liberaler Stadtberner und einer der wenigen Industriellen der Hauptstadt, war der einzige, der mit Lust die Sache betrieb; Blösch selbst wurde nicht durch Neigung, nur durch die Einsicht unabweislicher Nothwendigkeit zu seiner großen Thätigkeit bestimmt, die den raschen Abschluß eines Kon- zessionsvertrages zum Resultate hatte. Am 24. November (1852) hatte er denselben vor dem Großen Rathe zu verfechten: Er wies hin auf den Gang, den das Eisenbahnwesen in allen Ländern genommen; es sei, bemerkte er, bald kein Theil kultivirter Erde mehr, den sie nicht mit ihren eisernen Armen umschlungen hätten. So sei die Schweiz von einem vollständigen Netz umgeben, Eisenbahnen münden im Osten, Norden und Westen an den Landesgränzen. So wenig man den Folgen der Schießpulverentdeckung, die das ganze Militärwesen auf den Kopf gestellt, habe entgehen können, so wenig werde man auch einer fast gleich großen Erfindung, den Eisenbahnen, das Land verschließen können. Er gestand ein, daß man eigentlich keine rechte Freude darüber empfinde; aber es liege nach den jetzigen Um- ständen durchaus nicht mehr in der Macht des Bernervolkes, ob es Eisenbahnen haben wolle oder nicht; es könne deßhalb sich nur darum handeln, „selbstthätig einzugreifen, und zwar so rasch als möglich, um die ganze Angelegenheit wenigstens nach eigener, nicht nach fremder Konvenienz zu Ende zu führen."

Alt=Schultheiß Fischer war es, der ihm gegenüber in ernstem und würdigem Vortrag die Besorgniß äußerte, „daß die schweize= rische Nationalität mit der Lokomotive zum Land hin= ausfahre"; aber trotz einer von anderer Seite her hineingeworfenen Intrige hatte die Abstimmung das überraschende Ergebniß, daß schließ= lich der Vertrag ohne Opposition die staatliche Geneh= migung erhielt[1]).

Es mußte indeß noch manches Wort geredet werden, in Konferenzen aller Art, um die widerstreitenden Ansprüche der Nachbar= kantone, der Lokalbevölkerungen, der konkurrirenden Baugesellschaften und der im Hintergrunde stehenden Geldspekulanten, und die damit sich komplizirenden politischen Berechnungen so weit in Einklang zu bringen, daß, allen auftauchenden Projekten gegenüber, der Bau dieser Linie endlich festgestellt und die Ausführung auch finanziell gesichert war. An den meisten dieser Verhandlungen hat Blösch in hervorragender Weise Antheil genommen; sein Tagebuch berichtet darüber bis in's Einzelnste hinein.

Die größten Schwierigkeiten bot bekanntlich der Anschluß der west= lichen Schweiz. Der Konflikt, der unter dem Feldgeschrei: „Freiburg= Oron!" und „Murten=Peterlingen (oder Iferten)!" die Schweiz auf einmal wieder in zwei Lager spaltete, den kantonalen Sondergeist der verletzten Waadtländer beinahe bis zum Bürgerkriege aufflackern ließ und den Kanton Freiburg zur ungeheuersten Anstrengung seines Kredites zwang, kann hier nicht in seinen einzelnen Phasen verfolgt werden; doch darf eine Rede Blöschs nicht unerwähnt bleiben, die eine seiner bedeutendsten gewesen sein muß. Ein bernisches Blatt be= richtet über die Nationalrathssitzung vom 31. Januar (1856): „Herr Blösch sprach bei 1¾ Stunden für die Linie über Murten, mit einer Zweigbahn nach Freiburg, in einer so fließenden, klaren, den ganzen Hergang und die Entwicklung dieser Angelegenheit historisch umfassenden Darstellung, mit Erhebung auf den allgemein schweizerischen und na= tional=ökonomischen Standpunkt, und von Anfang bis zu Ende mit solchem parlamentarischem Anstande und zugleich einem oratorischen Feuer, das aus einer tiefen Einsicht und Ueberzeugung hervorgehen mußte, daß Gegner, wie Anhänger seiner Grundansicht ihm mit ge= spannter Aufmerksamkeit folgten; und der Eindruck war so bedeutend,

---

[1]) Es gehört diese einleitende Verhandlung, wie bereits erwähnt, in den vorigen Abschnitt, in die Periode der rein konservativen Verwaltung und ist nur des besseren sachlichen Zusammenhanges wegen hier aufgeführt.

daß wenn die Ansichten nicht bereits so tief gewurzelt hätten, und die Entschlüsse der Mitglieder nicht schon zum Voraus gefaßt gewesen wären, der Erfolg für die Freiburgerlinie wohl zweifelhaft geworden wäre [1]." Aehnlich redet der „Bund" (3. Februar 1856) von der „in Form und Inhalt meisterhaften Rede des Herrn Blösch", „dessen von sicht= licher Ueberzeugung getragene Worte wohl manch' Einen zu Gunsten der Murtner Linie überzeugt, beziehungsweise umgestimmt haben mögen [2]."

Das Gefährliche des berühmten Streites lag nicht darin, daß er eine neue Kluft eröffnete q u e r d u r c h d i e a l t e n P a r t e i e n h i n= d u r c h, den ostschweizerischen Radikalismus E s c h e r s und seiner Freunde in offene Feindschaft versetzte mit demjenigen S t ä m p f l i s, während frühere Gegner sich ganz unerwartet neben einander stehen sahen, — vielmehr darin, daß mehr und mehr dem Wohle des Landes f r e m d e G e l d i n t e r e s s e n diese Parteistellung machten und die eidgenössischen Räthe vollständig beherrschten. Während der tagelangen Verhandlungen des Nationalrathes (Juli 1856) hatte Blösch das Gefühl, „daß die Leiter links und rechts durch Hintergedanken bestimmt werden und daß überhaupt ein Gewebe von Intriguen vorliege, das nicht erkennen ließ, wohin die Sache ging"; und das einzig wurde ihm aus gegen= seitigen Andeutungen klar, „daß f r e m d e G e l d m ä c h t e zur Stunde einen Einfluß auf die Verhandlungen der obersten Bundesbehörde aus= üben, welcher demjenigen nicht unähnlich ist, den einst andere Mächte mittelst Geschenken und Pensionen sich angeeignet." Auch ihm kam es vor, „es seien nicht Oron oder Peterlingen im Streit, sondern die *Réunion financière* d e r H e r r e n R o t h s c h i l d u n d B a r t h o l o n y einerseits, und die Herren P é r e i r e und Komp. des *Crédit mobilier* andrerseits." War ihm schon bei seiner ersten Theilnahme an den Sitzungen des Verwaltungsrathes der schweizerischen Centralbahn fast bange geworden vor den „wenigstens relativ ungeheuern Mitteln, über welche diese Gesellschaften verfügen", vor den „alles gewohnte Maß übersteigenden Besoldungen, welche sie ihren Beamten gewähren"; noch mehr vor dem „s t r a f f e n V e r w a l t u n g s o r g a n i s m u s und dem d u r c h a u s m o n a r c h i s c h e n Geist, welcher den ganzen Geschäfts= gang durchdringt, und so grell absticht gegen die üblichen Formen und

---

[1] „Seeländer Bote", 5. Februar 1856.
[2] Der „Erzähler" schilderte sein Auftreten folgendermaßen: „Herr Landammann Blösch hat das Wort! — sofort entsteht Stille in der geräuschvollen Zerstreutheit im Saale und Alles drängt nach seinen Sitzen, um dem Vortrag des unbedingt ersten Redners der hohen Versammlung, der diesen Anspruch heute wieder glänzend bewahr= heitete, den Tribut der gespanntesten Aufmerksamkeit zu zollen."

Einrichtungen unserer Demokratien, daß die ungeheuersten Rückwirkungen auf letztere nicht ausbleiben können", so drängte sich ihm nach solchen Redeschlachten in der eidgenössischen Behörde noch viel mehr der Eindruck auf: „Die Eisenbahnen sind zu große Interessen für unsere kleinen Stäätchen." — „Unser Staatsschiff scheint zu klein, diese große Last zu tragen, es schwankt und droht umzuschlagen."

Während Blösch mit den Konservativen für die Richtung über Murten eintrat, setzte der Schöpfer des „Zweiliniensystems", von seinen bernischen Anhängern unterstützt, den Bau des technisch schwierigen Traçés durch über Freiburg und Oron. So spielte der große Konflikt auch bedeutend herein in die kantonale Politik; und dieß war noch mehr der Fall, als, damit kombinirt, aus den Sümpfen des großen Mooses das Rappard'sche Projekt der sogenannten „schwimmenden Eisenbahnen" auftauchte, und in Bern selbst eine Gesellschaft sich bildete zur Ausführung einer Bahn nach dem Emmenthal.

Der erstere Plan, der die Korrektion der Juragewässer endlich zu Stande zu bringen und den dortigen Seen zugleich eine bedeutende Verkehrsbelebung zuzuwenden verhieß, wurde vereitelt durch den Schienenweg von Solothurn über Biel nach Neuenburg; der andere, die „Ostweftbahn", vom Volksmund auch oft „Owetschbahn" geheißen, kam zu einem kümmerlichen Dasein, und endete ihre Existenz zum Verdruß der Steuerzahler durch die Umwandlung in die „bernische Staatsbahn[1])."

Einer der letzten Ausläufer dieser Eisenbahndebatten war die zum Schluße dieser Regierungsperiode zum Entscheide kommende Frage der „Thunerbahn." Die Centralbahnverwaltung, welche schon durch ihre Weigerung, eine — von Blösch eifrigst verfochtene — Zweigbahn von Burgdorf nach Langnau zu bauen, das Ostweftbahnunternehmen in's Leben gerufen hatte, zögerte auch mit der Ausführung der bereits konzessionirten Linie zwischen Bern und Thun so lange, bis es sich darum handelte, die Frist als ausgelaufen zu erklären und den Bau der nämlichen Gesellschaft in die Hände zu spielen. Die Abstimmung vom 4. März 1858, durch welche der Große Rath nach einer zweitägigen Diskussion und nach Anhörung aller bedeutendern Redner, Nachts um 2 Uhr, dieß verhinderte, erhielt einige Wichtigkeit nicht allein der Sache wegen, sondern als ein, wie man wähnte, glückverheißendes Omen auf die schon wieder bevorstehende Integralerneuerung der kantonalen Behörden.

---

[1]) Es muß davon im folgenden Abschnitt noch die Rede sein.

Nebst den Eisenbahnen wurde aber auch dem Straßenwesen besondere Aufmerksamkeit geschenkt. Schon im Jahr 1842 hatte Blösch in einflußreicher Weise an Besprechungen Antheil genommen, welche die Verbesserung der von Biel aus durch die Felsschlucht der Scheuß über Reuchenette in den bernischen Jura führenden, den alten Kanton mit dem neuen verbindenden Hauptstraße zum Gegenstand hatte. Zehn Jahre später war es ihm, als Mitglied des Regierungsrathes, gelungen, das Werk beginnen zu sehen. Der schwierige Bau dauerte, von ihm beständig mit persönlicher Vorliebe beobachtet, durch den ganzen Zeitraum hindurch und wurde erst im Juni 1859 vollendet.

Mit einer gewissen Absichtlichkeit hatte die Fusionsregierung diese Fragen materieller Art an die Hand genommen, in der Meinung, damit die Geister abzuziehen von dem unfruchtbaren Hadern um veraltete Schlagwörter und Parteigegensätze. Diese Hoffnung ging auch wirklich zum Theil in Erfüllung; doch für jede Brücke, die nach vorn geschlagen wurde, öffnete sich eine neue Spalte nach der Seite hin. Ist in geistigen Dingen jeder Fortschritt ein Gewinn für Alle, so schließt in materiellen Angelegenheiten nicht selten der Vortheil des Einen unmittelbar einen Nachtheil in sich für den Andern. Es zeigte sich bald, daß auch auf diesem Gebiete eine Quelle von Leidenschaften liegt, und daß die hier entspringenden vielleicht nur noch einen schlimmern Charakter haben, als die Ausschreitungen politischer oder religiöser Meinungsdifferenzen; mehrere Male streiften diese Verhandlungen nahe daran, neuerdings in einen Markt auszuarten der verschiedenen Landesgegenden und Ortschaften, von welchen jede die Begehren der andern nur gewähren wollte gegen den entsprechenden Gegendienst.

Auch in solchen Dingen politisch indifferenter Natur offenbarte sich übrigens der Unterschied konservativer und radikaler Denkungsart bei den Männern, die zusammen die Regierung bildeten, oft auf recht empfindliche Weise.

Eine Hauptaufgabe der Verwaltung war die Regelung des Armenwesens. Nachdem Regierungsrath Fischer vor der Möglichkeit einer Lösung zurückgeschreckt, unternahm Schenk mit frischem Muthe den Versuch. Sein Gesetzesvorschlag, der, mit allen bisherigen Traditionen brechend, den Grundsatz örtlicher Unterstützung zur Durchführung brachte, erregte gewaltigen Anstoß, fand, mit einziger Ausnahme des begünstigten Emmenthals, beinahe überall nur Vorurtheile und Widerwillen, zeigte sich aber doch in der Folge als eine nicht nur kühne, sondern auch feine und wohl durch-

dachte Arbeit, die wenigstens für eine Reihe von Jahren in dem
Chaos Ordnung schuf.

Blösch war krank, als der Entwurf berathen und angenommen
wurde; während die Mehrzahl seiner Freunde ihn als den gewichtigsten
Opponenten desselben vermißten, berief sich Schenk auf seine Zustim=
mung; nicht ganz mit Unrecht, wie er selbst sagt, soweit es den
wesentlichsten Grundsatz betrifft, „darin hatte ich allerdings von den
besonders in sogenannten konservativen Kreisen herrschenden sehr ab=
weichende Ansichten, die seiner Zeit schon in das Gemeindegesetz über=
gingen [1]." Nach dem Rücktritt Fischers hatte das Haupt des radikalen
Emmenthales ihm den entschiedenen Wunsch ausgesprochen, daß er die
Direktion des Armenwesens übernehmen möchte; Blösch
hatte sich dessen geweigert, „weil dasjenige, was gefordert
werde, nach seiner Ueberzeugung nichts helfe; was dagegen ihm als
nothwendig erscheine, theils zur Zeit kaum möglich, theils den Ansichten
der Menge zu sehr widerstrebend sei." „Nicht die materielle Last", sagte
er, „trotz ihrer Größe, sei es, was hauptsächlich drücke, sondern die
Unordnung im Armenwesen, die ihren Grund im Mangel einer festen
Basis habe: die alten Bürgerrechte seien zerstört oder
verkommen, auf sie zurückzugehen daher nicht möglich; neue zu
bilden aber erfordere erst wieder großartige Maßregeln, zu denen nur
Wenige den Muth besäßen, oder langdauernde Uebergänge, die Nie=
mand befriedigten." In dem Gesetze Schenks erblickte er nichts anderes,
als einen weiteren Schritt in diesem Uebergang, der allerdings noch
keine völlige Befriedigung bieten könne, aber angenommen werden müsse
um der Unmöglichkeit willen, etwas ausführbar Besseres vorzuschlagen [2].

Es lag ihm vielleicht selbst der Wunsch nicht fern, daß Schenk
noch radikaler möchte vorgegangen sein bis zur rücksichtslosen Oeff=
nung und dadurch Neuschaffung der Bürgerrechte, zu dem
„Kaiserschnitt", den er als nothwendig erkannte, den er
aber selbst nicht zu thun wagte, noch — als Konserva=
tiver — thun konnte.

---

[1] Siehe oben.

[2] Als ein Gesinnungsgenosse in Basel ihm sein Erstaunen kundgab, daß man sich
in die neue Armengesetzgebung fügen könne, erwiderte er demselben: „Als ich in der
letzten Krankheit mich auf der rechten Seite wund gelegen, habe ich mich ohne langes
Nachdenken auf die linke Seite gewendet; und so wird auch das Bernervolk das neue
Gesetz annehmen, keineswegs in der Ueberzeugung, daß es gut sei, sondern im Gefühl
der absoluten Unmöglichkeit des Bestehenden.

Es war für den Kirchendirektor keine geringe Verlegenheit, als in die kaum neu organisirte Landeskirche ein böser Streit hineingeworfen wurde durch einen unerwarteten Angriff auf die Rechtgläubigkeit der theologischen Fakultät und eine daraus sich entspinnende Polemik in den politischen Blättern. Die vielleicht nicht ganz geschickte Vertheidigung vermochte weder das geweckte Mißtrauen ganz zu beschwichtigen, noch überhaupt den Konflikt zu verdecken, den die neue Zeit geschaffen hat zwischen den Aufgaben der theologischen Wissenschaft und den praktischen Bedürfnissen einer wesentlich auf orthodoxem Bekenntnisse stehenden Kirche[1]).

Wohl nur dem Umstand, daß der Angreifer selbst außerhalb der Landeskirche stand, war es zu verdanken, daß er zum Schweigen gebracht, weitere Erörterungen abgeschnitten und ein drohender Bruch vermieden werden konnte. Die unterdrückte Agitation lief zuletzt aus in das Anerbieten einiger Privaten, eine — seit längerer Zeit vakante — Professur zur Vertretung ihrer Richtung aus eigenen Mitteln zu unterhalten; Pfarrer Fabri, damals in Bonland bei Würzburg, war für die Stelle ausersehen. Allein auch dieß unterblieb nach einer freundlichen Korrespondenz mit Blösch, in welcher letzterer, von Fabri angefragt, erklärte, der Sache selbst persönlich gar nicht abgeneigt zu sein, aber die Demonstration wider die gegenwärtigen theologischen Lehrer nicht acceptiren zu können.

Auf dem Gebiete der katholischen Kirche brachte der Tod des Bischofs Salzmann die Nöthigung zu einer neuen Wahl durch die vertragsmäßig festgestellte Mitwirkung der sogenannten Diözesanregierungen. Blösch befand sich eben als Abgeordneter Berns zu diesem Zwecke in Solothurn, als die Fusionsabmachungen vor sich gingen.

Wesentlich an seinem Einfluß hing es, als des unbetheiligten Protestanten und natürlichen Vermittlers zwischen dem Ultramontanismus der Kurie und dem kirchenfeindlichen Radikalismus der meisten übrigen Stände, daß — nach anfangs völlig gescheiterten Unterhandlungen, doch noch eine Wahl zu Stande kam, und die Diözese endlich in dem Bischof Arnold ein dem Vorgänger ähnliches und dessen würdiges Haupt erhielt (4. August 1854).

Am 18. März (1855) wohnte Blösch in gleicher amtlicher Eigenschaft, mit seinem Kollegen Migy, der feierlichen Consecration des Bischofs bei; hatte Gelegenheit, den ganzen bei diesem Anlaß entfalteten

---

[1]) Amtliche Erklärung der theologischen Fakultät. Abgedruckt im „Oberländer Anzeiger" vom 22. Oktober 1855.

kirchlichen Pomp in dem herrlichen Dome Solothurns zu bewundern[1]),
und an den mit der Feier verbundenen offiziellen Banketten, neben dem
päbstlichen Nuntius und dem Abte von Einsiedeln sitzend, sich der glänzenden Rede des Domdekans Greith von St. Gallen (des jetzigen
Bischofs) zu freuen „auf die Harmonie der Konfessionen."

Mit großer Liberalität wurde der Bau der katholischen Kirche
in der Bundesstadt von der Regierung begünstigt; aber auch mit
allem Nachdruck die Rechte des Staates gewahrt, als jesuitisch-diplo-
matische Kunst damit Mißbrauch zu treiben versuchte.

Auch im Schulwesen wurden Aenderungen vorgenommen. Wie
jeder neue Erziehungsdirektor, so legte auch Dr. Lehmann ein neues
Schulgesetz dem Großen Rathe vor, welches die Einrichtung der
Mittel-(Sekundar)schulen ordnen und in der Primarstufe den Bedürfnissen der Zeit größere Rechnung tragen sollte. Blösch vertheidigte den
Entwurf mit besonderer Wärme, nicht sowohl der Grundsätze wegen,
welche es enthielt, als weil er zu bemerken glaubte, daß die Opposition,
die es fand, ausgehe von den beiden Extremen nach Rechts und nach
Links gegen die sich bildende Mittelpartei. Daß er richtig gesehen, daß
die Einigkeit der Regierung in einer solchen Verhandlung großen
Eindruck gemacht, fand er gleich darauf bestätigt bei der Ergänzung
des Raths durch das noch fehlende neunte Mitglied. Blösch nannte
die Erwählung Sahli's — mit 136 Stimmen von 155 am 12. März
1856 — eines noch jüngern Beamten, dessen politische Gesinnung als
gemäßigt radikal galt, „ein erfreuliches Ereigniß", und erblickte in derselben eine Bürgschaft für den normalen Fortbestand der gemischten Regierung. Damals (März 1856) schien nach allem Stimmungswechsel in
und außer den Räthen der „Fusion" ein nie gehoffter Erfolg
gesichert zu sein.

„Seit zehn Jahren", schrieb Blösch nachher, „hat keine so friedliche Session stattgefunden. So wie die eigentliche Entscheidung —
über das Schulgesetz — gefallen, verlief die ganze übrige Verhandlung
in solcher Weise, daß eine fremde Person in Verlegenheit gewesen wäre,
die Existenz verschiedener politischer Parteien zu erkennen";
und ausdrücklich war damals bei gegebenem Anlaß von einem Radikalen seinen Freunden gegenüber ausgesprochen worden: „Die Herren
möchten sich nicht täuschen, das Volk sei des Parteikampfes satt und

---

[1] Besonders passend schien ihm dabei die Verkündigung vollkommenen Ablasses, „da
bei den darauf folgenden Gastmahlen wenigstens das Gebot des Fastens übel verletzt
worden sei."

im Lande habe die Fusion tiefere Wurzeln geschlagen, als im Großen Rathe 2c." Die Regierungsbeamten in ihren amtlichen Berichten über den Stand ihrer Bezirke im Jahr 1855 sprachen sämmtlich sich in diesem Sinne aus.

Es war dieß wohl vornehmlich dem Gang der Finanzverwaltung zu danken, so wie diese umgekehrt den größten Nutzen davon zu genießen hatte. Jetzt erst konnte man erndten, was man im Jahr 1850 zu säen versucht. Die Staatsrechnung für 1855 war die erste seit zehn Jahren, welche mit einem Ueberschuß der Einnahmen schloß; das Jahr 1857 vollends gab einen solchen von Fr. 259,000 nach Deckung sämmtlicher außerordentlichen Auslagen des sogenannten Preußenfeldzuges. Als unverkennbare Frucht des hergestellten Friedens lag hierin für den gesunden Sinn des Bernervolkes das deutlichste Zeugniß, wie für den Schaden, den systematische Opposition bisher dem Lande gebracht, so für die Nothwendigkeit einträchtigen Zusammenwirkens.

Um so bedenklicher war es aber, daß der treffliche Mann, dem das Verdienst dafür in erster Linie gebührte und offen zuerkannt wurde, wenige Monate nach Vorlegung jener Rechnung verrieth, daß seine Geisteskraft auf einmal erschöpft und die Klarheit seines hellen Kopfes getrübt sei. Es stellten sich bei Regierungsrath Fueter die unverkennbaren Anzeichen einer Hirnerweichung ein, die seinem Leben am 27. November 1858 ein Ende machte.

Es war dieß ein großer Schlag für die Fusionsregierung: Fueter war nicht nur ein ausgezeichneter Chef seines schwierigen Verwaltungszweiges, er genoß auch trotz seiner stadtbernerischen Abkunft unter allen Konservativen wohl die größte Beliebtheit, und das unbedingteste Vertrauen auch bei seinen politischen Gegnern; er war vermöge dieser Eigenschaften ein schlechterdings unersetzliches Element für eine gemischte Regierung; für Blösch war er ein treuer persönlicher Freund, der mit seinem unverwüstlichen Humor manche Wolke des Mißmuths verscheuchte, und, besonders seit dem Austritte Fischers, die Hauptstütze seines Einflusses im Kleinen und Großen Rathe.

Nach dem Erliegen dieser beiden Männer war an ein Fortbestehen des bisherigen Gleichgewichtes nicht mehr zu denken. Im Augenblicke, da die Fusion sich schien konsolidiren zu wollen, wurde sie so unmöglich gemacht.

Mit dem Beginn des Jahres 1858 nahte wieder eine jener vierjährigen Wahlperioden, welche Blösch eine „politische Kindbette" hieß, „weil jedesmal der ganze öffentliche Zustand gewissermaßen frisch geboren werden muß, auf die Gefahr hin, daß die Mutter dabei um's Leben komme.'

Obschon — und zwar wie es scheint auf beiden Seiten — jede einheitliche Leitung mangelte; hier grundsätzlich von gemischten Groß= rathswahlen, dort von schroffer Parteistellung im bestimmten Gegensatz dazu die Rede war, zeigte sich doch durch den ganzen Kanton hindurch eine nicht geringe Aufregung, eine Spannung, freilich mehr neu= gieriger als begeisterter oder leidenschaftlicher Art, die einen fast komischen Ausdruck fand in der Gemüthlichkeit, mit der man vom „Museum" aus die eingelaufenen Nachrichten austauschte mit denjenigen, welche ein radikaler Ausschuß, der im „Schlüssel" saß, dagegen mitzutheilen hatte.

Am 2. Mai fand dießmal die Abstimmung statt; bei einer Betheiligung, die wenig hinter früheren zurückstand, blieben, wie vorauszusehen war, eine große Menge Wahlen unentschieden und boten andere die größten Ueberraschungen dar. Die Zusammenstellung ergab zuletzt, nach der wahrscheinlichen Parteistellung der Gewählten, im Ganzen 141 Radikale und 87 Konservative. An manchen Orten hatte der Zufall, an vielen die Intrigue eine große Rolle gespielt.

Blösch wurde in seiner „Domäne Rüegsau", wie die „Berner= zeitung" höhnisch sagte, erst am zweiten Wahltage und nur mit relativer Mehrheit gewählt. Es sollen, zum alten unversöhnlichen Hasse der Ra= dikalen, dießmal noch Einflüsterungen sich gesellt haben von ultrakonserva= tiver Seite her.

Seine Ernennung in die Regierungsbehörde wurde dessen ungeachtet allgemein erwartet; das oben erwähnte, noch immer einfluß= reichste Blatt nahm an, daß man die neue Regierung zu zwei Drittheilen aus ächten, kräftigen Radikalen bestellen werde, dazu aber ein Drittheil Konservative nehmen, „nicht nur aus Klugheit, sondern aus Anerken= nung und Bedürfniß; Konservative, welche die guten Eigenschaften ihrer Partei besitzen, und solche, mit denen der Mann leben und haushalten kann"; es verglich dabei die Verwaltung von 1846 einer radikalen, die von 1850 einer konservativen Junggesellenwirthschaft; 1854 mit einer Wirthschaft von zwei Frauen, einer konservativen und einer radikalen, und verlangte jetzt für 1858 einen Haushalt, geführt „von einem kräftigen, unbepantoffelten radikalen Mann und einer guten, ununterdrückten konservativen Frau."

Von einem Freunde über die Möglichkeit seines Wieder= eintrittes befragt, gab Blösch zur Antwort: 1850 habe er die amt= liche Stellung betreten mit der Hoffnung, einiges Gute bewirken zu können, das er jetzt auch in der Reorganisation der Gemeinde, in der

Aufhebung von 500 Wirthschaften 2c. zu erkennen glaube; 1854 sei bloß die Hoffnung geblieben, Schlimmes zu verhüten, dieß jedoch in hinreichendem Maße, um darin noch Befriedigung zu finden, — und auch das sei erfolgt. Anders erscheine die Lage jetzt: Wohl werde auch künftighin nicht auf jede wohlthätige Einwirkung zu verzichten sein; allein in gewisser Hinsicht sei schon die bloße Anwesenheit in der Behörde ein Uebel, weil sie bei manchem Schlimmem die öffentliche Meinung irre führen müßte. Die Frage sei also, wie sich dieser Nachtheil zur Summe des Uebels verhalten möge, das sich beim Verbleiben im Rathe verhüten lasse? Seine Meinung sei: zu sehen, einerseits, wer gewählt werde; andrerseits, welcher Geist sich dabei kund gebe, und dann nach diesen zwei Momenten für Annahme oder Ablehnung zu entscheiden, je nachdem er hoffen könne, besser zu wirken, im Rathe oder außerhalb desselben.

Bei der vorausgehenden Wahl des Großrathspräsidenten (2. Juni) glaubten drei Konservative, ihre Stimmen dem „Fusionisten" Kurz versagen zu sollen; sie gaben dadurch dem radikalen Kandidaten Niggeler den Vorrang[1]), und wohl auch der neuen Behörde die entscheidende Richtung.

Die erste Wahl in den Regierungsrath (am folgenden Tage) fiel auf Schenk; er vereinigte 137 Stimmen, während Blösch 68 zufielen; er folgte als der zweite mit 130 Stimmen und verlangte Bedenkzeit. Er blieb nicht lange im Zweifel: die Beseitigung aller seiner Kollegen aus der Epoche von 1850 — es handelte sich noch um Dähler und Brunner — machte die Ablehnung zur Ehrenpflicht.

Am Nachmittage des 4. Juni hielt der abtretende Regierungsrath seine letzte Sitzung; sie wurde von Migy mit einer kurzen Anrede geschlossen, worin derselbe den Austretenden für ihre Unparteilichkeit und Thätigkeit dankte. Damit war die Fusion begraben und „die Restauration von 1846", wie es einst der „Oberländer Anzeiger" nannte, vollendet[2]).

---

[1]) Im ersten Strutinium hatte Niggeler 101, Kurz 99 Stimmen.

[2]) Bereits 1855 hatte dieses Blatt das Ende der Fusion mit dem klassischen Sarkasmus gefeiert: „Wir berührten da die „Fusion"; — wir bitten unsere Leser, leise zu treten; — wir sind an ihrem Todtbette. Die arme Fusion, die aus so tiefer „Einsicht" geboren wurde; die nach dem „Vaterland" und andern eidgenössischen Artikeln „so tiefe Wurzeln im Bernervolk geschlagen" hat und „so schöne Früchte trug", — über welche der „Oberländer Anzeiger" in so „großer Verblendung" verharrte, — diese Fusion stirbt in der Wochenstube, hinterm Umhang, wie sie gekommen." — Vom 30. Dezember 1855.

Schon am 5. Mai hatte ein Freund an Blösch geschrieben: „Das scheint nicht gut enden zu wollen, obwohl es gewissermaßen gut ist, daß es endet. Vor vier Jahren wäre es ein anderes Ende gewesen; zürne mir nicht, daß ich damals nebst so vielen Andern dich auch drängen half." Daran knüpfte Blösch folgende betrachtenden Worte: „Aller= dings hätte es für meine Person besser geendet, wenn ich 1854 zurückgetreten wäre, — ob aber auch für das Land? — Ich darf heute, bei dem lebhaftesten Gefühle, daß die Fusion (wenigstens so weit es die persönlichen Beziehungen betrifft) schlecht endet, mit voller Ueberzeugung einen vor einigen Wochen gethanen Ausspruch wiederholen, daß die gemeinhin mit dem Namen „Fusion" bezeichnete Entwickelung mir heute weniger schwer auf dem Herzen lastet, als vierzehn Tage nach ihrer Vollziehung. Allerdings ist das Ergebniß zur Stunde ein höchst unerquickliches. Aber — wie? wenn 1854 die Fusion wäre abgelehnt worden? Heute liegt es klar vor Jedermanns Augen, daß das redliche Entgegenkommen der konservativen Partei nicht die gehofften Früchte gebracht hat, — aber wie stünde es, wenn der Versuch wäre abgelehnt worden? und wie urtheilte das Volk über diejenigen, welche es zu verantworten hätten? Soll ich bereuen, 1854 nicht zurückgetreten zu sein? Dieß hieße Reue empfinden über die Erfüllung einer Pflicht, und davon soll mein Herz bewahrt bleiben! Sei also die endliche Entwicklung, welche sie wolle, sie kann auf meine äußern Lebensverhältnisse ändernd einwirken, auf mein inneres Bewußtsein wird sie ohne Einfluß sein."

Aber: für das Land! — Auch für dieses war der Zustand während der zu Ende gehenden Periode kaum ein erquicklicher. Die mißtrauische Spannung Aller gegen Alle hemmte den natürlichen Kampf der politischen Grundsätze, ohne den unnatürlichen Hader um bedeu= tungslos gewordene Parteinamen und den alten Groll persönlicher Feindschaften hindern zu können. Mit peinlicher Sorgfalt mußte man, — um des Friedens willen, — Alles fern zu halten suchen, was an die noch nicht überwundenen Gegensätze erinnern konnte, und so mochte wohl nicht allein vom Großen Rathe gelten, sondern von der ganzen Regierung, ja vom Kanton, daß „er mit dem Parteicharakter allen Charakter verloren habe[1]."

---

[1] Aus dem Briefe eines Alt=Conservativen (L. Lauterburg) an Blösch, vom 15. Juni 1857.

Allein — war dieß in jeder Hinsicht zu bedauern? Angesichts der Bundesverfassung, welche in ihren neugeschaffenen Organen mehr und mehr das politische Leben der Kantone zu absorbiren und die frühern souverainen Standesregierungen in die Stellung bloßer Verwaltungsbehörden zu drängen begannen? Und da darf gewiß dem obigen Ausspruch auch das Zeugniß Blöschs entgegengehalten werden: „daß in der Verwaltung manches gelang, was sonst unerreichbar gewesen wäre." Wir rechnen hiezu vorzüglich die Durchführung des neuen Armengesetzes und den Bau der Eisenbahnen, Fortschritte, welche vielleicht ganz unmöglich waren, wenn nicht der Widerstand eines einsichtslosen Konservatismus zum Voraus gebrochen war. Welche Stellung hätte in letzterer Beziehung der Kanton eingenommen, wenn eine konservative Regierung zu der Abneigung der eigenen Parteigenossen noch die Böswilligkeit der Opposition zu fürchten hatte, oder wenn die Frage ausgebeutet wurde gegen ein radikales Regiment; wenn nicht das Zusammenwirken von Blösch und Stämpfli eine Initiative erlaubte, welche der Würde, wie den Interessen entsprach?

Blösch selbst freute sich, nebst der Beseitigung der Defizite in dem Staatshaushalt, besonders daß es ihm gelungen war, das Seminar in Münchenbuchsee unter seiner bisherigen Leitung zu erhalten.

Es hatte sich im Laufe der acht Jahre auf's Allerdeutlichste herausgestellt, daß nicht die zufällige Ungunst der Umstände, nicht einzelne Verfassungsparagraphen, nicht die feindselige Stellung der Bundesbehörden der Möglichkeit einer kräftigen und ächten konservativen Regierung im Wege stand, sondern — **die Zeit,** — daß in ihrem Strom nicht mehr die konservativen Instinkte der Mehrheit des Volkes, sondern das bewußte Streben einer radikalen Minderheit die Zukunft bestimme; und vor Allem war es in den letzten Jahren klar geworden, daß die ehemals allein regimentsfähigen Geschlechter für die neue Zeit alle Fähigkeit zum Regieren eingebüßt hatten. „So zerstört das Patriziat", urtheilte Blösch im Mai 1854 auf eine gemachte Erfahrung hin, „nachdem es seine politischen Vorrechte verloren hat, immer mehr auch die natürlichen Vorzüge, welche bei verständigem Verhalten, Vermögen, Bildung und geschichtlicher Erinnerung ihm erhalten würden. Offenbar fehlt es an jeglicher Einsicht und mehr noch an wahrer Vaterlandsliebe! — die Leute haben völlig den Kompaß verloren."

Unter der Voraussicht dieser doppelten Unmöglichkeit, nach dem
Sinne dieser Leute ein altväterlich-patriarchalisches Regiment festzuhalten, oder ebenso — wie Blösch gewollt —
mit Hülfe dieser zum Konserviren neigenden Kräfte und Kreise eine
gesund erhaltende und doch fortschreitende und schaffende
Regierung zu begründen, — unter dieser Voraussetzung wird man
nicht bestreiten können, daß der zeitweilige Bestand einer gemischten
Verwaltung einen nicht unerwünschten Uebergang bildete, der,
ohne die Gefahren eines eigentlichen Parteisieges, die Gewalt allmälig wieder in die Hände legte, in welche sie nach der
Natur der Dinge kommen mußte.

So ungehörig, wie der Vorwurf des Verraths gegen die frühern
Führer der Rechten, eben so ungerecht wäre, von diesem Gesichtspunkte
aus, wohl auch die Anklage der Unaufrichtigkeit und des eigentlichen Vertragsbruches, den man gegen die radikalen Fusionisten erhoben hat.

Wenigstens so weit es die persönlichen Motive zur „Fusion"
betrifft, möchte doch eher die Hoffnung sich erfüllen, mit welcher Blösch
einmal über die erlittene Unbill getröstet hat: „Es dürfte die Zeit
kommen — wenn auch vielleicht spät — wo Unbefangenere als
die jetzigen Ankläger, von uns beiden (Blösch und Stämpfli)
urtheilen werden: Nachdem in achtjährigem Kampfe keiner
den andern völlig besiegt, haben beide sich selbst überwunden."

Der Rücktritt in's Privatleben

und die Ereignisse in den Jahren 1858—1866.

Krankheit. — Das Testament von J. R. Schnell. — Reise nach Paris. — Die Austritts-
frage im Jahr 1857. — Anerbietungen. — Beschäftigung; gemeinnützige Gesellschaft;
Viktoria-Anstalt; Jennerspital; historische Studien; Kunstliebe; Reisen. — Todesfälle
in der Familie; die Mutter; der Bruder, Dr. C. A. Blösch; Tod von Pfarrer Bitzius,
Professor Fueter, Simon, Regierungsrath Fueter, Bandelier, Calame, Oberst Kurz,
Hans Schnell. — Der Brand in Burgdorf. — Die Freunde; die frühern Kollegen;
die Eidgenossen. — Die politische Lage. — Das Lehrerseminar; die Entfernung
Morf's. — Die Eisenbahnbauten; die Ostwestbahn; die Staatsbahn. — Die Eisen-
bahnpolitik; Escher und Stämpfli. — Der Krieg von 1859. — Die Savoyerfrage;
Blösch's Ansicht. — Berner Gemeindeverwaltung; die Bürgerrechtsfrage. — Die Konservativen in Bern und in der Schweiz; Blösch's Urtheil über dieselben. — Rückschau
auf das Jahr 1850. — Blösch's letzte öffentliche Thätigkeit und Tod.

Es waren nicht bloß politische Gründe, welche Blösch zur Ablehnung der neuen Wahl in den Regierungsrath bewogen; seine Familie
hatte längst zum Austritt aus den Geschäften gedrängt; seine Gesundheit hatte in den letzten Jahren eine mächtige Erschütterung erlitten.

Am 7. November 1856 hatte Regierungsrath Fueter in
einer Sitzung der Behörde das erste unzweifelhafte Symptom der eingetretenen Geistestrübung merken lassen. Blösch kehrte, nachdem er ihn
vergeblich zu beruhigen und zu belehren versucht, „in gedrücktester
Stimmung in seine Wohnung zurück, dem Nachdenken überlassen über
die eigene Zukunft, wenn nun auch Fueter gebrochen sein sollte,
nachdem bereits Fischer erlegen!"

Zwei Tage später kam bei ihm selbst eine Krankheit zum Ausbruch, welche ihn Wochen lang am Rande des Grabes hielt und mehr
als einmal jede Hoffnung schwinden ließ. Im Dezember erst
erreichte das Uebel, das der Arzt als ein Nervenfieber erkannte,
seinen höchsten Stand. Nur wenige Stunden jedoch, und bloß auf Zureden des Arztes sich nach mühsamem Kampfe ergebend, verlor er das
Bewußtsein, verbrachte mehrere Tage in vollster Einsicht der Lebens-
gefahr, in welcher er schwebte, und erklärte später, daß dieselbe nichts
Abschreckendes, im Gegentheil der Gedanke etwas Wohlthuendes hatte,
durch den Tod der unerquicklichen amtlichen Stellung enthoben zu werden.

Am 10. Dezember erst fand der Arzt eine Wendung zum Bessern;
doch noch der Jahreswechsel traf ihn im Bette. Indessen durfte am Abend

zuvor der Christbaum daneben angezündet und am Jahrestage selbst der
Mittagstisch an dasselbe hingerückt werden, so daß er, mit der ganzen
Familie im Kreise vereint, sich dem Gefühle vollster Dankbarkeit über-
lassen konnte.

Die Erholung ging äußerst langsam vor sich; erst im März
stellten sich allmälig die Kräfte wieder ein. Es war hohe Zeit, denn
nebst den Amtsgeschäften, welche seiner harrten, stand noch die Lösung
einer andern Aufgabe bevor, die uns zu einem zweiten Rückgriff in
die Vergangenheit nöthigt.

Am 24. September 1856 hatte Blösch durch eine telegraphische
Depesche des schweizerischen Gesandten in Paris die kurze Anzeige erhalten, daß Herr J. Rudolf Schnell[1] daselbst gestorben sei
und er (Blösch) als dessen Testamentsvollstrecker bezeichnet.
Eine nähere Meldung gab an, daß der Verstorbene den Hauptbestand-
theil seines Vermögens zu einer Erziehungsanstalt für arme
Mädchen bestimmt und den Kanton zum Universalerben eingesetzt
habe. Mit einer Vollmacht der Regierung zu ihrer Vertretung versehen
reiste er einige Tage später nach Paris. Die endlosen Formalitäten
des Verfahrens hatten die Bereinigung der Angelegenheit für dießmal
unmöglich gemacht und zur Verschiebung gezwungen auf den Frühling.

Inzwischen war die Krankheit eingetreten, und kaum erst genesen,
mußte er die Reise wiederholen. Mit Rücksicht hierauf geschah sie in Begleitung seiner Gattin, deren Pflege er bedurfte, und eines Schwagers
zur Aushülfe in den Geschäften. Der Aufenthalt in der französischen
Hauptstadt verlängerte sich zu seinem großen Verdruß bis zum Ende
Aprils; er bot, trotz der Ungunst der Witterung, und obschon Blösch
beispielsweise keine Theater besuchte, in dieser Gesellschaft manchen seltenen Genuß und brachte ihm unter anderm auch die — wider Willen
aufgezwungene — Ehre einer Audienz bei dem Kaiser.

Es handelte sich um Eisenbahnen: Anschluß der Linie Morteau-
Besançon an den Jura industriel in Verrières. Eine Abordnung aus
Neuenburg wünschte Blöschs Theilnahme an der Unterhandlung und
überbrachte ihm einen Auftrag des bernischen Regierungsrathes, so daß
er sich nicht mehr entziehen konnte. Am 26. April fuhr er mit Staatsrath Humbert und dem schweizerischen Geschäftsträger über den Caroussel-
platz und durch den Triumphbogen in die Tuilerien ein. Das wenig
bedeutende, aber freundliche Gespräch mit Napoleon III. dauerte 15 bis
20 Minuten. Blösch betheiligte sich nur wenig an demselben, theils,

---

[1] Vergleiche oben p. 20.

wie er selbst sagt, aus althergebrachter Schüchternheit, theils „weil die
Worte: ‹Sire› und ‹Majesté›, mit welchen Oberst Barman dasselbe
stets im Gang erhielt, nicht über seine Lippen wollten." Weit mehr als
die Person des Kaisers imponirten ihm die geschichtlichen Erinnerungen
der Tuilerien als Schauplatz der Weltereignisse, insbesondere auch
des „10. August."

Nach Hause zurückgekehrt hatte er Ende Mai, von Biel aus, wo
er sich einige Tage aufhielt, folgende Zuschrift an den Regierungsrath
gerichtet: „Bereits sind sechs Monate verflossen, seitdem eine schwere
Krankheit mich der amtlichen Wirksamkeit entzogen hat, und noch bin
ich außer Stande, zu derselben zurückzukehren. Die Aerzte verlangen zur
vollständigen Herstellung fernere sechs Monate körperlicher und geistiger
Ruhe, und leider unterstützt eine tägliche Erfahrung diesen Ausspruch
nur zu sehr. Bei dieser Sachlage bleibt nur die Wahl zwischen dem
Verlangen eines verlängerten Urlaubs und demjenigen meiner Entlassung; und da ich das Erstere für unvereinbar halte mit den Rück-
sichten, welche ich sowohl dem Lande, als meinen Kollegen in der obersten
Verwaltungsbehörde schuldig bin, so bitte ich Sie, dem Tit. Großen
Rathe in seiner nächsten Sitzung in meinem Namen das ehrerbietige
Gesuch unterbreiten zu wollen, daß derselbe mich gütigst von der
Stelle eines Mitgliedes des Regierungsrathes entheben
möchte."

Die Behörde beschloß jedoch, nur die Ertheilung eines weiteren
Urlaubes zu beantragen, und der Große Rath entschied in diesem
Sinne. Von konservativer Seite war hier der Antrag gemacht worden,
die Demission zu ertheilen, und der Antragsteller hatte selbst Blösch
Kenntniß gegeben von den ihn leitenden Motiven: „Auf 1858 wird die
Regierung schon wieder Farbe bekommen, aber nicht eine solche, zu der
Sie sich zu bekennen Lust haben werden. Sie dürfen weder von den
Gegnern beseitigt, noch unrühmlich geduldet oder benützt werden. Sie
müssen mit vollen Ehren scheiden. Sie haben schon zu viele Opfer dem
gemeinen Besten gebracht, „dem Frieden zu Lieb'", und wie die ge-
brechselten Phrasen lauteten: Sie dürfen nicht anders als mit
fliegender Fahne aus der Festung ziehen, und das können
Sie jetzt noch." Obschon Blösch nicht verkannte, wie viel Wahrheit
darin liege, war seine Auffassung doch eine andere; er antwortete:
Seinem Entlassungsgesuch liege nur Ein Motiv zu Grunde, das Gefühl,
der amtlichen Pflicht nicht mehr genügen zu können; darum sei auch
der Wunsch, entlassen zu werden, eben so aufrichtig als
ernst; der Große Rath werde auch kaum anders verfügen können;

sollte es aber dennoch geschehen, so werde seine endliche Entschließung
lediglich vom Zustande der Gesundheit und vom weiteren Gang
der Angelegenheiten abhängen. Vor Allem sollte der Gedanke, die Ge=
sundheit nur als Vorwand zum „Davonlaufen" zu benützen,
zurückgewiesen werden; er schloß daher seinen Brief mit den Worten:
„Nur das kann ich beifügen, daß, wie nicht persönliches Belieben
mich 1850 zu den öffentlichen Geschäften gebracht und 1854 dabei zurück=
gehalten hat, so auch nicht bloßes Unbelieben mich davon ent=
fernen wird. Die viel gepriesene Politik des Gehenlassens
ist sehr bequem, aber, nach meinem Urtheil, weder klug
noch patriotisch."

So blieb Blösch damals im Amte. Allein — die sechs Monate
waren verflossen, und noch verweigerte der Arzt die Zustimmung zum
Wiedereintritt in den Rath. Trotzdem wurde die Arbeit vom No=
vember an wieder aufgenommen und fortgeführt, bis das Jahr
1858 ihr ein Ende machte.

Er freute sich der allgemeinen Billigung seines Entschlusses [1]); aber
so nöthig es auch war, um der zerstörten Gesundheit willen, die Last
von sich zu werfen, so brachte ihm der Augenblick doch einige Ver=
legenheit. Er konnte nicht, wie Andere, den aufgegebenen Beruf
fortsetzen, wie er ihn verlassen hatte, und war doch nicht reich genug,
um leben zu können ohne Erwerb.

Im Sommer 1857 hatte eine neugegründete industrielle Ge=
sellschaft ihm Anerbieten gemacht, welche freilich später sich als
illusorisch erwiesen, damals aber lockend genug erscheinen konnten. Er
lehnte ab, „nur um bei dem endlichen Entschluß keinerlei egoistische
Motive in Berechnung fallen zu lassen." — „Ich bin", er=
widerte er, den oben angeführten Ausdrücken fast wörtlich entsprechend,
„nicht meines Nutzens wegen auf's Rathhaus gekommen, eben so wenig
soll ein persönlicher Vortheil ein Bestimmungsgrund sein, der mich
dasselbe verlassen macht."

Schon vorher, nach dem Tode Speisers, war von seinem Eintritt
in das Direktorium der schweizerischen Centralbahn=
gesellschaft die Rede gewesen, eine Stellung, zu welcher weder
Fähigkeit, noch vielleicht die Lust ihm fehlte; er widerstand aus den
gleichen Motiven. „Gegen den Versucher in Basel, der dir die

---

[1]) Zwar geschah es auch, daß Männer, die im Jahr 1854 sein Verbleiben im Re=
gierungsrathe ihm auf's Gröbste zum Verbrechen gemacht hatten, ihm 1858 erklärten:
„Es sei ihnen leid, daß er nicht mehr in der Regierung stehe!"

Reichthümer der Welt anbieten will, mußt du dich recht fest machen und den Spruch dir merken: Der Mensch lebt nicht vom Brod allein!" warnte ein Freund, und wiederum: „Laß Andere reich werden, das ist deiner nicht werth! Bringe du die aristideische Armuth des gerechtesten Staatsmannes wieder zu Ehren!"

Jetzt aber kehrte die Frage gebieterisch wieder: den gewöhnlichen Advokaturgeschäften und ihrem unterdessen mehrfach veränderten Gange ziemlich fremd geworden, und im Innersten sich sträubend gegen die Vorstellung, mit früheren politischen Gegnern vor den Gerichten sich treffen zu müssen, eröffnete er zwar nach einiger Zeit neuerdings ein Geschäftslokal, dem er — zum Theil in Gemeinschaft mit seinem zweiten Sohne — vorstand bis zu seinem Lebensende; beschränkte sich jedoch beinahe ausschließlich auf die Abfassung schriftlicher Arbeiten und auf das Verwaltungsfach.

Es fehlte ihm nicht an Vertrauen, und doch füllte diese Beschäftigung weder seine Zeit; noch weniger sein Herz; fortwährend blieben seine Blicke gerichtet auf Alles, was das öffentliche Wohl betrifft.

Seit Langem her war er ein eifriges Mitglied der gemein= nützigen Gesellschaft; suchte den fast erstorbenen kantonalen Verein wieder in's Leben zu rufen; leitete mehrmals dessen Verhand= lungen und wurde auch von der allgemein schweizerischen Gesellschaft auf ihren Tag in Bern, im Jahr 1856, zum Präsidenten erwählt. Er nahm, seitdem er freier über seine Zeit verfügte, auch öfters an ihren Versammlungen Theil, so in Solothurn (1859), in Glarus (1860), und freute sich der heitern, ungezwungenen Geselligkeit, die er hier fand unter den durch politische Meinungen, religiöse Ueberzeugungen und soziale Stellung geschiedenen, aber in redlichem Streben geeinigten Männern[1].

Ein schönes Feld persönlicher Thätigkeit in dieser Richtung bot ihm die Stiftung der schon erwähnten Schnell'schen Anstalt, die, der Gattin des Testators zu Ehren, den Namen „Viktoria=Anstalt" tragen sollte. Es war eine eigenthümliche Aufgabe, die Blösch damit zufiel, da er gewissermaßen die eigene Familie zu enterben hatte.

Die am 7. Mai 1858 dem Regierungsrathe abgelegte Schluß= rechnung über die Liquidirung des Vermögens erzeigte nach Abzug der ausgesetzten Legate ein Kapitalbestand von Fr. 674,936. 33, welche nun zu dem angegebenen Zwecke zur Verfügung standen.

---

[1] Er traf bei solchen Gelegenheiten gleichzeitig mit dem Kapuziner Pater Theodosius und mit Dr. Augustin Keller zusammen.

Am 13. Februar 1859 hatte die vom Regierungsrath erwählte, von Blösch präsidirte Aufsichtskommission ihre erste Sitzung; im November konnten die ersten Aufnahmen von Zöglingen erfolgen, und am Weihnachtstage gleichen Jahres wurde mit einer stillen Feier vorerst in einem provisorisch eingerichteten Gebäude die Stiftung eröffnet. Sie hatte das Glück, einen sehr geeigneten Mann als Vorsteher zu finden, wie dieser selbst, eine treffliche Gehülfin zu seiner Wirksamkeit sich zu gewinnen. Rasch wuchs nun die Zahl der Kinder bis auf circa 100 heran, welche, in zehn Familien eingetheilt, von je einer Lehrerin geleitet und im Hause gemeinsam unterrichtet werden, und die im April 1864 endlich in ihre eigenen, in Wabern bei Bern errichteten Anstaltsgebäude einziehen konnten.

Blösch nahm an dem Gedeihen des Institutes den lebhaftesten persönlichen Antheil und weilte gerne unter den kleinen Mädchen, die ihren „Herrn Präsidenten" so freundlich begrüßten, und von welchen er manches beim Namen nannte. Oft wanderte er Abends nach Wabern hinaus oder in die nahe liegende Bächtelenanstalt.

Eine ähnliche Aufgabe fiel ihm zu mit dem Tode der Fräulein Julie von Jenner von Bern (5. Mai 1860). Sie hatte ihre Hinterlassenschaft zur Errichtung eines Kinderspitales bestimmt und ihn mit der Ausführung ihres Testamentes betraut. Am 19. September 1862 wurde der Jennerspital mit einem Kapitalvermögen von circa Fr. 400,000 in dem eigenen Hause der Stifterin eröffnet, und in Kurzem waren alle 22 Betten mit Kindern gefüllt, und gaben Zeugniß davon, wie sehr ihr schöner Gedanke einem wirklichen Bedürfniß entsprach.

Auch in dieser unter der Leitung eines ausgezeichneten Arztes stehenden Anstalt bewies Blösch als Vorstand der Direktion durch sein Interesse für alle Einzelnheiten der Einrichtung und für jedes kranke Kind, das in derselben seine Heilung suchte, wie sehr sein Gemüth bei der Sache betheiligt sei.

Ein drittes Werk der gleichen Natur, dessen Begründung seiner kundigen Hand anvertraut werden sollte, wurde ihm dadurch entzogen, daß er im Tode dem — noch jetzt lebenden — Testator voranging.

Diesen Werken der Humanität, in denen sein schon abgehetzter Geist seine liebste Erholung suchte, war jetzt ein großer Theil seiner Zeit gewidmet. Daneben beschäftigte sich Blösch mit Vorliebe mit historischen Studien. Von seinen Forschungen in den Archiven seiner

Vaterſtadt iſt bereits die Rede geweſen ¹); die politiſche Thätigkeit entzog
ihn faſt gänzlich dieſen wiſſenſchaftlichen Neigungen, und erlaubte ihm
ſogar nur wenig Muße, um die Arbeiten Anderer genießen zu können.

Als der Regierungsrath — wohl von Blöſch dazu aufgefordert —
im Juli 1855, unter dem Titel *Codex diplomaticus bernensis*, eine
amtliche Urkundenſammlung aus allen Theilen des Kantons anordnete,
wurde ihm das Präſidium der dafür eingeſetzten Kommiſſion übertragen, das er mit Liebe fortführte, bis er mit dem Austritt aus der
Regierung auch dieſes Amt niederlegte; fortwährend blieb er dagegen
ein eifriges Mitglied des berniſchen hiſtoriſchen Vereins, und
nahm an deſſen Sitzungen Theil, ſo oft ihm möglich war. Zahlreiche
kultur- und rechtsgeſchichtliche Notizen und Urkundenauszüge, die er ſich
gelegentlich geſammelt hatte, kamen nicht zur Verarbeitung, mit Ausnahme einer kleinen Monographie über die ſtreitigen Ausdrücke: „Wun
und Weib", die er in den letzten Jahren verfaßte. Er hegte während
längerer Zeit die Abſicht, die in ſeinem Beſitz ſich befindende politiſche
Korreſpondenz Karl Schnells und ſeiner Brüder zur Herausgabe bereit zu machen, und verwendete, vielleicht im Zuſammen-
hange mit dieſem Plane, beſondern Fleiß auf die Abfaſſung und Ordnung
ſeiner eigenen Aufzeichnungen und Erinnerungen. Bei der 25ſten Stif-
tungsfeier der Berner Hochſchule verlieh ihm dieſelbe, viro in paucis
colendo, den Doktortitel.

Ein großer Freund der Malerei, langjähriges Mitglied des berniſchen Kunſtvereins und nie fehlender Beſucher der Gemäldeausſtellungen,
liebte er es nicht minder, ſich dem Genuſſe der ſchönen Natur hinzugeben, und benützte jeden Anlaß dazu mit um ſo größerer Freude, je
ſeltener ſich ihm ein ſolcher bot.

Schon im Jahr 1853 machte er von Luzern aus, von zwei Berner
Freunden begleitet, einen kleinen Ausflug auf den Rigi und in die
innere Schweiz, wo ſeine zahlreichen, an der Spitze ihres Volkes
ſtehenden Freunde, die Styger und Reding in Schwyz, wie die
Aebte von Einſiedeln und von Engelberg, dem damals hoch-
gefeierten Manne einen feſtlichen Empfang bereiteten.

Von den beiden Reiſen nach Paris iſt ſchon die Rede geweſen;
perſönliche Erinnerung bewog ihn im Frühling 1859 den Aufenthalt
ſeines zweiten Sohnes in Heidelberg zu einem Beſuche der ſchönen
Univerſitätsſtadt zu benützen; und bei einer Wiederholung im Sommer
1863, als ſein dritter Sohn daſelbſt verweilte, wurde die Reiſe ſelbſt

---

¹) Siehe p. 15.

ausgedehnt längs den herrlichen Ufern des Rheins bis Köln, deſſen noch unvollenbeter Dom einen mächtigen Eindruck machte. Eine ähnliche Gelegenheit erlaubte ihm im Jahr 1861 während einiger Tage die Kunſtſammlungen Münchens zu bewundern.

Eine nicht unerwünſchte Abwechslung war es für ihn, wenn die Sitzungen des eidgenöſſiſchen Bundesgerichtes, oder die damit verbundenen Geſchäfte, — Augenſcheine und Expropriationen, — ihn ſeiner gewöhnlichen Arbeit entzogen und ihn in manche ſchöne, nie geſehene Gegenden des Schweizerlandes riefen, beſonders in deſſen weſt= lichen und ſüdweſtlichen Theil. Häufig wurden damit Beſuche von Freunden verbunden.

Noch mehr aber liebte er es, als die Befreiung vom Amte ihm dieß wiederum geſtattete, kleinere Gänge zu machen in Begleitung der Familienglieder.

Manche Veränderungen hatte der Kreis ſeiner Nächſten erfahren. Zugleich mit dem Umzug nach Bern mußte der älteſte Sohn das väterliche Haus verlaſſen; das Jahr 1852 hatte das einzige Kind aus zweiter Ehe nach kurzer Krankheit genommen, das Jahr 1853 die Lücke wieder erſetzt, und noch im Jahr 1859 wurde ihm ein vierter Sohn geſchenkt.

Von da an erfolgte eine Reihe der ſchwerſten Verluſte. Nachdem ſchon 1858 die Mutter ſeiner zweiten Gattin ihren langen Leiden er= legen war, ſtarb den 10. Mai 1859 ſein Schwiegervater, J. L. Schnell, im achtundſiebzigſten Altersjahr, längſt gebrochen am Körper und am Gemüth, zurückgezogen und vergeſſen von der Welt, die ſich nicht mehr erinnerte an den muthigen Mann, der einſt den erſten Anſtoß gab zur Staatsveränderung von 1831. Nur ein großes Leichengeleite bewies, daß man wenigſtens in ſeiner Vaterſtadt ſeines liebenswürdigen Cha= rakters, wie ſeiner Verdienſte noch gedachte. Ihm folgte ſchon nach 2½ Jahren deſſen treffliche Gattin, die nach der Rückkehr von einem Beſuche bei ihren verheiratheten Kindern ein Schlaganfall mit der Arbeit in der Hand entſchlafen ließ; ein unerſetzlicher Verluſt für Blöſch, der in der verſtand= und gemüthvollen Frau das tiefſte Verſtändniß ſeines eigenen Weſens gefunden hatte.

Am 31. Juli 1863 ſtarb auch die eigene Mutter. Seit einigen Jahren zunehmend ſchwächer geworden, doch immer noch geiſtig friſch und heiter, hatte auch ihr wenige Tage zuvor ein apoplektiſcher Anfall Bewußtſein und Sprache geraubt. Sie hatte ein Alter von 81 Jahren und 3 Monaten erreicht, von denen ſie faſt 51 im Wittwenſtande zu= gebracht. Sie kannte keinen höhern Stolz, als das Gedeihen ihrer

Familie, und pflegte sich selbst die glücklichste Mutter zu nennen. Bei der Neujahrsfeier von 1860, in einem Kreise von 30 ihrer Kinder, Enkel und Urenkel sitzend, behauptete sie, daß noch 22 ihrer nächsten Angehörigen fehlen. Ihre einzige Klage in der letzten Zeit war die, daß sie nicht mehr im Stande sei, Jemandem Freude zu bereiten. Mit vollem Rechte konnte sie von sich selbst sagen, daß sie das gesegnete Oelkrüglein der Wittwe besitze; denn bei der unbegrenztesten Freigebigkeit, und beinahe ohne ererbtes Vermögen, konnte sie bei ihrem Tode nicht nur Ersparnisse, sondern — was wohl mehr bedeutet — ihre vier Kinder in zum Theil ansehnlichem Wohlstande hinterlassen.

Nicht bloß die Lokalblätter Biels, unter welchen der ultraradikale „Handels-Courrier", auch die „Neue Zürcherzeitung" erwähnten ausführlich der Verstorbenen und ihres Lebenslaufes; sie hoben vorzüglich ihre seltene Wohlthätigkeit hervor, und wirklich war sie bis in ihre letzte Lebenszeit die Seele mehrerer für die Armen thätiger Vereine gewesen.

Bei ihrer Beerdigung blieb Eduard am offenen Grabe stehen, bis vom Sarge keine Spur mehr sichtbar war; ein alter Mann wich auch jetzt noch nicht; auf Befragen erfuhr er, daß es ein armer Mann aus Bätterkinden sei, dem die Mutter seit vielen Jahren wöchentlich einige Male das Mittagessen gegeben habe; ihre Tochter übernahm von jetzt an diese Aufgabe.

Damit war die Reihe dieser Todesfälle noch nicht geschlossen. Im Oktober des nämlichen Jahres ward Blöschs Schwägerin, Elisa Blösch geb. Pugnet[1]), ein Opfer ihrer Mutterliebe, mit der sie ihren am Typhus erkrankten Sohn gepflegt hatte; eine Frau von ausgezeichneten Eigenschaften, mit welcher er während vieler Jahre einen eifrigen, zum Theil auch politischen Briefwechsel führte; — und fünf Wochen später begrub man ihren Gatten, Dr. Med. Cäsar Adolf Blösch. „Mit ihm", rief sein Bruder aus, als er in Bern die Nachricht seines Todes empfing, „sinkt das Haupt und die Krone der Familie in's Grab!" — „aber", fügte er bei, „glücklich der, dem Gott verliehen hat, solchen Schmerz zu empfinden!" Der erlittene Verlust hatte den körperlich aufgeriebenen Mann getödtet, der schon lange nur durch seine ungewöhnliche Willenskraft sich seinem Berufe noch erhielt. Bis zum letzten Tage noch hatte er an einer Schrift diktirt, welche seinem wieder genesenen Sohne und vermeintlichen Nachfolger in seinem Berufe übergeben werden sollte, und mit Dank gegen Gott und mit einem Liebe

---

[1]) Siehe oben p. 18.

Gellerts[1]) sein Tagebuch geschlossen, dessen 57 Foliobände den Beweis
leisten von dem Fleiß und der Gewissenhaftigkeit, mit der er seine Heil-
kunst ausgeübt.

Nicht weniger groß war die Humanität und Uneigennützigkeit, die
er darin bewährte, wie die Unermüdlichkeit, mit der er seine Hülfe Allen
zur Verfügung stellte. „Kaum eine Familie in Biel, der er nicht in
Stunden der Prüfung ein Helfer und Tröster am Krankenbette war",
rühmte mit Grund der „Handels-Courrier" in seinem Nekrolog. „Das
Muster eines Arztes", nannte ihn die „Neue Zürcherzeitung."

Seit dem Jahre 1828 war er ununterbrochen Mitglied, seit
1855 Präsident der Ortsbehörden, und als solcher ganz besonders
thätig in der Richtung auf das Schulwesen, anregend zu dem prächtigen
Bau des Mädchenschulhauses, zur Begründung der Waisenanstalt (Berg-
haus), zur rationellen Stadterweiterung, zur Restauration des Rathhauses und des Theaters, zur Einrichtung der Gasbeleuchtung; — er
hatte, noch im Jahr vor seinem Tode, die Genugthuung, daß sein wegen
Meinungsdifferenzen eingegebenes Entlassungsbegehren fast einstimmig
zurückgewiesen wurde, so daß sich hier die auffallende Erscheinung bot,
wie eine fast ganz radikale Gemeinde einen Mann von entschieden konservativer Gesinnung an ihre Spitze stellte. Wohl konnte darum der
eben erwähnte Nachruf des „Handels-Courriers" ausdrücklich bemerken:
„In politischer Richtung gehörte Herr Blösch der konservativen Partei
an, was seinen Verdiensten nicht den mindesten Eintrag thut, die um
so mehr hervorspringen, wenn·sie selbst von entgegengesetzter Meinung
her entschiedene Anerkennung finden. Die Stadt Biel hat in Herrn
Blösch einen ihrer hervorragenden Männer verloren und wird dessen
Gedächtniß zu ehren wissen." Wirklich ist dieß bei dem feierlichen Leichenbegängniß in hohem Maße geschehen, und später noch durch einen besondern Beschluß der Ortsbehörde.

Einer seiner politischen Gegner, der gewesene Regierungsrath
Dr. J. R. Schneider, setzte ihm in den Publikationen des medizinischen
Vereins ein Denkmal durch eine Biographie und durch Herausgabe
einer naturphilosophischen Schrift gegen Pantheismus und Materia-
lismus. Im weitern Kreise hat er sich bekannt gemacht durch die Geschichte seiner Vaterstadt, die, auf tüchtige Quellenforschung

---

[1])   Ich hab' in frohen Stunden des Lebens Glück empfunden
               Und Freuden ohne Zahl;
           So will ich denn gelassen mich auch in Trübsal fassen;
               Welch' Leben hat nicht seine Qual

gegründet, von kompetenten Beurtheilern als ein Muster derartiger Lokalgeschichtschreibung gerühmt worden ist[1]).

Die beiden Brüder blieben sich, obwohl dem Raume nach seit Langem getrennt, beständig auf's Engste verbunden, und kaum that der Eine einen wichtigen Schritt, ohne den Andern zuvor zu berathen. Die zahllosen gegenseitigen Briefe geben ein Bild von diesem Verhältniß ungestörter Geistesgemeinschaft, welche mehr als brüderliche Zuneigung, und mehr als Freundschaft war, sondern beides in einander und eins durch's andere gehoben.

Auch der Kreis der Freunde fing an sich zu lichten: Am 22. Oktober 1854 starb Pfarrer Bitius in Lützelflüh, dessen Dichtername Jeremias Gotthelf jede weitere Erwähnung überflüssig macht, und genügt, um zu sagen, was der Kanton, was seine nähern Freunde an ihm verloren. — Im April 1855 raffte ein plötzlicher Tod Blösch's Hausarzt und Hausfreund, Professor Fueter, hinweg, den Gründer und zwanzigjährigen Leiter der städtischen Klinik und edlen Freund der Armen: „Sein Tod wird eine große Lücke machen überall, wo es Gutes zu thun oder zum Guten anzuregen galt." — Der epidemisch herrschenden Ruhr erlag einige Monate später (September 1855) Alt-Landammann Anton Simon, ein Mann der dreißiger Jahre, und unter dem konservativen Regimente wieder Präsident des Großen Rathes, „der mit dem ernstesten Charakter und der entschiedensten konservativen Gesinnung eine Freiheit des Geistes verband und eine Milde des Urtheils, die seine Erscheinung überall zur Wohlthat machten." Ueber seine Thätigkeit im Eisenbahnwesen haben wir oben geredet. — Im November 1858 sank in Préfargier bei Neuenburg auch der Körper des Regierungsraths Fueter zusammen, nachdem sein Geist bereits erloschen war. — Seinen früheren Kollegen Bandelier, der, durch die Fusion von 1854 außer Wirksamkeit gesetzt, sich in Bern durch sein freundliches, sein gebildetes Wesen und durch manche nützliche Bethätigung, besonders durch die Pflege der Schulen, allgemein beliebt gemacht, fand man im Juni 1860 eines Morgens todt auf seinem Lager.

Der März 1863 brachte Blösch einen neuen Verlust, den von Alt-Staatsrath Calame in Neuenburg; er empfand denselben tief; „wie sollte es anders sein; war er doch ohne Zweifel, wie einer der talentvollsten und geistreichsten, so vor allem einer der edelsten Schweizer,

---

[1]) Eine ziemlich ausführliche Biographie kann auch verglichen werden in dem französischen Blatte „Le Jura", vom November 1863.

die ich kannte." Die nicht sehr zahlreichen Briefe desselben, die aber zu
den gehaltvollsten gehören, die in Blösch's Korrespondenz sich finden,
unterhielten nebst einigen persönlichen Zusammenkünften die schon in
der Jugend angeknüpfte[1]) und auf der tiefsten gegenseitigen Achtung
begründete Freundschaft.

Ein sogenannter Herzschlag brachte am 3. April 1864 dem Obersten
Kurz einen unerwarteten Tod, dem populären Patrioten, dem Vater
der Fusion, dem Helden des Berner Schützenfestes von 1857, dem als
Präsidenten des Großen Rathes und Gemeindspräsidenten der Stadt
ein großartiges offizielles Begräbniß zu Theil ward. „Wieder ein
harter Verlust!" heißt es in Blösch's Tagebuch; — „obschon mir
Kurz oft durch seine politische Schwäche und Haltlosigkeit schweren
Anstoß erregt, blieb ich ihm, wie er mir, herzlich zugethan; denn er
war ein sehr ergebener und treuer Freund!"

Den Schluß dieser Todesfälle bildete der Hinscheid von Hans
Schnell. Der Veteran von 1831, der nach seiner Rede auf der Löwen=
matte noch 1851 durch seine Flugschrift über „seine Erlebnisse unter
dem Freischaarenregiment" in den Parteikampf eingegriffen, hatte sich,
körperlich noch rüstig, aber gemüthlich verstimmt, je länger je mehr in
seinen einsamen Waldlandsitz im „Sommerhaus" zurückgezogen. Noch
erfreute er indessen seine Mitbürger durch öffentliche Vorträge über natur=
wissenschaftliche Gegenstände und feierte im Anfang des Jahres 1865,
von einer Abordnung der Universität begrüßt, das Jubiläum seiner
Doktorwürde. In der Nacht des 19. Juli brach ein großer Brand
in Burgdorf aus und zerstörte einige der schönsten Quartiere. Hans
schaute von dem Garten seiner Wohnung aus, dürftig angezogen, un=
beweglich stehend bis zum Morgen, den Flammen zu, die seine Vater=
stadt verzehrten, und damit so Vieles, was er als sein eigenes Werk
ansehen konnte. Obwohl die eigene Familie durch das Unglück fast
wunderbar verschont geblieben, fühlte er sich dadurch wie vernichtet,
und erholte sich nicht mehr, bis er am 27. August sein Leben endete.

Blösch hatte nie versäumt, wenn er nach Burgdorf kam, ihn auf=
zusuchen. „Mit Hans", schrieb er trauernd, „ist der Kreis jener „Burg=
dorfer", die vor 35 Jahren, nicht ohne Leidenschaft aber mit seltener
Uneigennützigkeit den fünfhundertjährigen Bau des „alten Bern" um=
stürzten, erloschen, — und ein neues Geschlecht schaltet und waltet
jetzt im Staat und in der Gemeinde, welches kaum mehr weiß, was
Hans Schnell war und was er geleistet hat!" — Es sind die letzten

---

[1]) Siehe oben p. 14.

Zeilen in Blösch s Tagebuch, das er von da an nicht mehr fortgesetzt hat; — er ahnte nicht, wie bald er selbst folgen sollte!

Unter den noch lebenden Freunden sollte einer der allernächsten eher
schon den Todten beigezählt werden; wir meinen Dr. Karl Bitzius,
gewesenen Oberrichter, welcher, wie kaum ein Anderer, der Bewegung
von 1850 sich anschließend, die Redaktion des konservativen „Vaterland" führte, im Jahr 1854, von seinem Herzen, wie von seiner Einsicht geleitet, zur „Fusion" Hand bot und deßhalb schließlich dem
Banne der Hochkonservativen verfiel. Seine letzte Lebenszeit war fast
ausschließlich Werken der Wohlthätigkeit, besonders dem Inselspital
und dem Blindenasyle gewidmet, bis sein hoher Geist allmäligem Zerfall
entgegen zu gehen begann. — Eine ächt liberale Natur, an welcher
Blösch mit innigster Verehrung hing.

Ein Anderer, dessen bereits mehrfach Erwähnung gethan worden
ist[1]), und der vielleicht von Allen in politischer Beziehung den größten
Einfluß auf ihn geübt hat, J. P. Romang, hatte, nachdem sein un-
verstandenes und unbegriffenes Wesen alle seine Freunde von sich gestoßen — nur Blösch nicht, welcher sich nicht abstoßen ließ, — in tragisch-
stolzer Unzufriedenheit mit seinem Geschick, sich selbst in der Einsamkeit
lebendig begraben, ohne doch Ruhe zu finden für die gewaltig strebende
Denkerseele.

Sein Jugend- und Herzensfreund, Professor Miescher in Basel,
war durch die Entfernung des Orts von ihm getrennt, und konnte sich
nicht entschließen, wiederholten Rufen in seinen Heimatkanton, den er
1850 verlassen, wieder zu folgen. Nur selten war es Blösch vergönnt,
seinen vertrauten Umgang zu genießen.

Regelmäßig kam er dagegen mit dem alten Hausfreund Professor
Immer zusammen, der ihm, fast zu gleicher Zeit nach Bern gezogen,
bei allen äußern Wechselfällen stets mit der gleichen Gesinnung zugethan
blieb, und dessen Erhebung zur theologischen Doktorwürde bei der 400-
jährigen Jubelfeier der Basler Universität ihn bis zu Thränen erfreute.

So oft er konnte, suchte er in seinem nahen Landhause den gelehrten
Dr. Manuel auf, den Biographen Jeremias Gotthelfs, und erfrischte
sich an dessen witziger und scharfgewürzter Unterhaltung.

Als ein seltenes Glück betrachtete es Blösch, daß alle seine
frühern Kollegen im Regierungsrathe ihm Liebe und Anhänglichkeit bewahrten. „Wie manche Aenderung brachten die im Ganzen
so widrigen Verhältnisse! Doch uns Alle verbindet noch zur Stunde

---

[1]) Siehe p. 12, Anmerkung 4, und p. 134.

das Gefühl gegenseitiger Achtung und Zuneigung, wie sie gemeinsame
Kämpfe und Schicksale den Kriegskameraden einzuflößen pflegen." Ganz
besonders gilt dieß von dem muntern Gesellschafter Aubry, dem ge=
wissenhaften Bühler und dem biedern Dähler, der ihm vor Allen
treu ergeben blieb, als es, wie im Jahre 1854, hieß: ‹On s'éloigne de
vous!›

Viel weniger vermochte er sich enger anzuschließen an die zahl=
reichen Bekannten, mit welchen die Stellung in den eidgenössischen
Behörden ihn zusammenführte. So sehr er auch mit diesen die freund=
lichen Beziehungen zu pflegen versuchte, es stand doch bei den Einen
die Leidenschaftlichkeit oder der Schlagwörter=Radikalismus dem vollen
Vertrauen im Wege, bei den Andern die sich nie ganz verhehlende
reaktionäre Gesinnung. Am nächsten trat ihm vielleicht unter diesen
Allen Staatsrath Allet von Wallis.[1]

Auch nach dem Austritt aus dem Amte blieb Blösch indessen dem
politischen Leben keineswegs fremd, sofern überhaupt von poli=
tischem Leben im eigentlichen Sinn geredet werden kann. Eine konser=
vative Partei gab es nicht mehr; bei ihren Gegnern trat mit der
unbestrittenen Herrschaft an die Stelle früherer Verbitterung die Groß=
muth des Siegers, welche bei Ergänzung des Regierungsrathes — für
Blösch und den ebenfalls ablehnenden Carlin — die Wahl auf zwei
konservative Männer fallen ließ[2]. Die früher so scharf abgegrenzten
Parteifarben hatten sich zu einer trüben Mischung von Schwarz
und Weiß verwischt, zu einem unerquicklichen Grau völliger Indif=

---

[1] Im Augenblick, da dieß geschrieben wird, hat sich große Schmach auf diesen
Namen gehäuft. Wir wollen dennoch nicht unterlassen, ihn offen zu nennen: wir können
uns noch nicht überzeugen, daß die furchtbaren Anklagen wirklich begründet sein sollten;
und auf jeden Fall sind wir gewiß, daß — gerade in dieser Hinsicht — Blöschs Name
fleckenlos genug dasteht, um durch die Zusammenstellung mit jenem keinen Makel zu
erhalten. Blösch glaubte in Allet einen Mann von reinem Charakter und einsichtsvollem
Patriotismus zu finden, der weit erhaben sei über pfäffische Beschränktheit, wie über
jesuitische Verschlagenheit. Hat er sich wirklich darin geirrt, — dann hat er den Irrthum
mit vielen Andern getheilt; denn aus der konservativen Minorität der Bundesversamm=
lung erfreute sich in den Jahren, von welchen wir reden, Keiner einer größern Achtung und
Beliebtheit auch von der gegnerischen Seite, als eben Allet. Ist er übrigens wirklich
schuldig geworden, so ist er es geworden, weil er seinem Kanton die so nöthigen Vor=
theile des modernen Geldverkehrs zuzuwenden versuchte; zwar nach jesuitischem Grundsatz,
aber gewiß nicht durch jesuitenfreundliche Politik.

[2] Dagegen beklagte Blösch lebhaft die Uebergehung seines langjährigen Freundes,
Dr. Ritschard, aus dem Obergericht, „des wissenschaftlichsten Gliedes dieses Tribunals,
den nicht einmal seine Eigenschaft als Sohn eines Landmannes vor den Vorurtheilen
der Partei sicherte."

ferenz und Theilnahmlosigkeit am öffentlichen Wohl, in welchem die prinzipiellen Gegensätze schwanden und nur lokale und persönliche Vortheile vorübergehend ein Feuer unreinen Eifers anfachten, bis man zuletzt — nach Blösch's Tode — zur Einführung des Referendums seine Zuflucht nahm, um das eingeschlafene republikanische Leben wieder zu wecken.

Leider aber machten sich die Reminiszenzen an den alten Streit geltend auf einem Gebiete, das gerade von den politische Witterungswechseln am meisten unberührt bleiben sollte: im Volksschulwesen. Kaum war die „Fusion" in's Dasein getreten, als auch „der Scherr'sche Geist in der Schule sich wieder zu regen begann"[1] und ein Sturm sich vorbereitete. Es half nichts mehr, daß die Begabung und die trefflichen Leistungen Morfs am Lehrerseminar von der amtlichen Aufsichtskommission in vollstem Maße anerkannt werden mußten[2]; nichts, daß der entschiedenste Feind des orthodoxen Pietismus, der selbst 1852 als Religionslehrer vom Seminar entfernte Pfarrer Langhans in Münchenbuchsee in einer eigenen Vertheidigungsschrift für den Angegriffenen in die Schranken trat; nichts, daß diese Schrift damit begann, von der „unverantwortlichen Entlassung Grunholzers" zu reden, und zu dem Schlusse kam, „daß jede Klage und jede Agitation gegen Herrn Seminardirektor Morf vollkommen unbegründet, daß der Staat ihm für sein treues und gesegnetes Wirken den innigsten Dank schuldig, und daß seine Wiederwahl in unsern Augen heilige Pflicht" sei[3]; es half nicht einmal, daß der radikale Erziehungsdirektor selbst auf seiner Seite stand, — man konnte es ihm nicht verzeihen, daß die fünfziger Regierung ihn berufen hatte, — er mußte weichen; im Herbst 1860 wählte der Regierungsrath mit 4 gegen 3 Stimmen einen andern Mann an die wichtige Stelle.

Blösch empfand diesen Schlag mehr als einen gegen ihn selbst gerichteten; nicht nur war der eben so bescheidene als gebildete Mann ihm, wie Wenige, persönlich lieb geworden, — er mußte sich gewissermaßen verantwortlich fühlen für das, was ihm jetzt widerfuhr, und versuchte deßhalb selbst durch jegliches Zeichen die Achtung und den Dank ihm abzustatten, welchen die Vertreter des Kantons ihm versagten.

————————

[1] Brief von Seminardirektor Boll in Hindelbank an Blösch, vom September 1855.

[2] Bericht der Seminarkommission über die Prüfung des Jahres 1855, unterzeichnet von Antenen, als Sekretär der Kommission. — Es wird gerade dieser Bericht zitirt, weil dieser im Auszug zu Gebote steht.

[3] Rückblick auf den Seminarkampf im Kanton Bern 1854—1860, von Pfarrer Langhans und andern Freunden des Seminars.

Das Interesse des Tages konzentrirte sich fortwährend in den Eisenbahnbauten. Am 12. November 1858 hielt die Lokomotive, das schwarze, eiserne, unheimlich dampfende Symbol der Neuzeit auf der stolzen Gitterbrücke über die Aare ihren Einzug in die Bundes= stadt, und damit hatte die schweizerische Centralbahngesellschaft das Hauptstück ihres Baues in dem Gebiete des Kantons glücklich zu Stande gebracht. Unterdessen war, nicht ohne Schuld dieser Gesellschaft, ein Konkurrenzunternehmen aufgetreten, das für den Kanton verhängnißvoll geworden ist. Durch einen für Jedermann unbegreiflichen sogenannten Finanzausweis [1]), eine unreglementarisch dekretirte Staatsbetheiligung von zwei Millionen, ein allen Gesetzen widerstreitendes direktes Dar= lehen des Regierungsrathes; durch ein geheimes Spiel, bei dem man nicht mehr unterscheiden konnte, wo die Kantonsregierung auf= höre und wo die Ostwestbahngesellschaft beginne, und vor Allem, — durch eine bewunderungswürdige Parteidisziplin, vermöge welcher alle Radikalen zu dem stehen mußten, was die Regierung that, gelang es der von Anfang an zahlungsunfähigen Gesellschaft wenigstens so weit ihren Bau fortzuführen, daß schließlich der Große Rath sich gezwungen sah, um nicht Alles zu verlieren, die ganze Linie um den Preis von sieben Millionen selbst an sich zu bringen, und daß die Ost= westbahn auf einmal sich als bernische Staatsbahn entpuppte.

Die ehemaligen Konservativen widerstrebten — mit Ausnahme derjenigen aus der betheiligten Gegend; — einige Radikale hielten mit ihnen, als sie sahen, wie die Sache enden solle; der Jura, durch das Versprechen einer eigenen Bahn durch seine Thäler gewonnen, gab den Ausschlag [2]).

Als Mitglied des Großen Rathes und der vorberathenden „Staats= wirthschaftskommission" hat sich Blösch nach Kräften diesen Be= schlüssen entgegengestellt, an der fast breitägigen Verhandlung (vom 4. bis zum frühen Morgen des 6. April 1861) sich lebhaft be= theiligt, zuletzt noch durch den Versuch, in Anrufung eines Verfassungs= artikels, eine Vetoabstimmung zu provoziren. Er that es nicht sowohl

---

[1]) Der von allen radikalen Blättern in dieser Frage einzig selbständig bastehende „Emmenthalerbote" behauptete, daß von dem durch Dekret des Großen Rathes als Konzessionsbedingung verlangten Baukapital von 10 Millionen bloß Fr. 5,753,878 wirklich ausgewiesen worden seien. Vergleiche die Nummer vom 17. Januar 1861.

[2]) Zu gleicher Zeit aber wurde in Bern ein gedruckter Aufruf verbreitet, welcher die Behauptung, die Regierung denke daran, eine Bahn im Jura zu bauen, für eine „Verdächtigung" erklärte.

des Unternehmens selbst willen, da er, wie bereits erwähnt, dem Gedanken einer Emmenthalerbahn (von Burgdorf nach Langnau) nicht
abgeneigt war; aber um der skandalösen Vorgänge willen, mit
welchen die Sache in's Werk gesetzt wurde, und ihrer weitern Konsequenzen wegen.

Diese zeigten sich rasch; eine neue finanzielle Aera begann
für den Kanton; waren bis dahin die Ersparnisse der Vergangenheit auf-
gezehrt worden, so wurde von jetzt an die Zukunft verpfändet. Zum
Ankauf der Bahn und zum ferneren Ausbau derselben sah man sich zur
Kontrahirung von Anleihen genöthigt, und die eben mit den größten
Anstrengungen überwundenen Defizite erschienen wieder: für das
Jahr 1862 mit Fr. 800,000.

Schlimmer war vielleicht die Untergrabung des moralischen
Kredites, der die Regierung traf. Der Regierungsrath selbst
ließ die Haupttriebfeder der Ostwestbahn, Professor Hildebrand,
als er sich auf eine Reise begab, in plötzlicher Angst steckbrieflich verfolgen, mußte durch den Mund seines Berichterstatters (Migy) im
Großen Rathe die Erklärung abgeben: «qu'il y a fraude sciemment
commise», aber in der nämlichen Sitzung vernehmen, daß er mit der
Bahngesellschaft verwachsen sei, „wie die siamesischen Zwillings-
brüder", und inne werden, daß thatsächlich, diesem Vergleich entsprechend, alles Mißtrauen, alle Mißachtung gegen jene
auch auf die Regierung selbst falle.

Auch andere Gefahren des Staatsbaues offenbarten sich. Der zuerst
gefaßte Beschluß des Großen Rathes, die Fortsetzung der Bahn von
Bern nach Biel bei dem Städtchen Aarberg vorüber zu führen,
ward zwei Monate später in einer außerordentlichen Versammlung zurückgenommen und, nach neuer Untersuchung der technischen Seite der
Frage, durch den gegentheiligen ersetzt, mit Vermeidung des „Aarberger-
trumps", den Aareübergang bei Bußwyl zu versuchen.

Eine vollständige Durcheinanderwirrung der politischen
Parteien war die Folge, gewaltiger Aerger der in ihrer Hoffnung
Getäuschten und eine Unzufriedenheit Aller gegen Alle, in der nur Eines
deutlich war: die traurige Stellung der Regierung, die, jede
leitende Initiative verlierend, sich vom Großen Rathe mehrmals ganz
verlassen sah.

Die Bewegung griff allmälig ziemlich tief, beschränkte sich jedoch
fast gänzlich auf die bisher Radikalen. Die Konservativen blieben
ruhig und sahen zu, so daß der Partei selbst ein «silence sé-
ditieux» zum Vorwurfe gemacht werden konnte. Die Integral-

erneuerung der Behörden stand bevor (Mai 1862), und es
schien leicht zu sein, die Regierung zum Sturze zu bringen. Es wurde
nicht einmal ein Versuch dazu gemacht. Blösch hielt die Wieder=
einsetzung einer konservativen Regierung weder für möglich, noch, wenn
möglich, eine Agitation zu diesem Zwecke für wünschbar. „Nachdem
die konservative Partei die Gewalt, nachdem sie dieselbe erlangt, nicht
zu behaupten gewußt, wie sollte sie dieselbe heute wieder erobern können?
und wo wären die Elemente zur Bildung einer tüchtigen konservativen
Verwaltung? Der bloße Umsturz des Bestehenden aber,
ohne Aussicht und Sicherheit, etwas Besseres an den
Platz setzen zu können, wäre eine Immoralität[1].“

Nicht mehr Vertrauen flößte ihm später die „junge Schule“
ein, welche gegen die nun schon alt gewordenen Männer von 1846
auftrat. Sah er auch in den groben persönlichen Verdächtigungen
gegen den Gründer der „eidgenössischen Bank“, welche die
von dem Literaten J. J. Romang im März 1865 massenhaft verbreitete
Broschüre enthielt, eine nicht ungerechte Nemesis gegen Denjenigen, der
diese Waffe früher so furchtbar mißbraucht, so lehnte er doch jedes
Bündniß ab mit diesen Feinden seines Gegners, und hielt
auch Andere von solchen Gedanken zurück.

Als am 28. Mai 1864 die mit dem „Bären“ geschmückten Staats=
bahnwagen bei Bußwyl das breite Bett der Aare überschritten, da
war auch die Krisis vorüber; — es blieb nichts davon, als resignirtes
Murren über die wachsende Schulden= und Steuerlast bei den Einen,
und bei Andern eine gewisse Befriedigung über das jetzt immerhin
gelungene Werk, das trotz seiner unehrlichen Geburt doch für die Zu=
kunft und für die umwohnenden Bevölkerungen wenigstens einigen
Gewinn verhieß. Zu diesen letztern gehörte auch Blösch; wo er
realen Fortschritt zu erkennen glaubte, da war er mit
Freuden dabei[2].

Nach seinem Austritt aus dem bernischen Regierungsrathe war er
auch aus dem Verwaltungsrathe der Centralbahn geschieden;
von der Aktionärversammlung wurde er aber von Neuem zum Mitglied
desselben erwählt; so blieb er auch bis an sein Ende thätig für das

---

[1] Auch einer seiner Freunde, der ihn sonst oft zur Thätigkeit angespornt hatte, war
zur gleichen Ueberzeugung gekommen: „Man dürfe den Radikalen den Besitz der Gewalt
nicht ferner bestreiten, nur den Gebrauch derselben.“

[2] Stockmar, seit 1862 wieder Mitglied des Regierungsrathes, machte seine erste
Reise auf der von ihm so eifrig betriebenen Bahn, drei Wochen nach ihrer Eröffnung —
als Leiche.

weit aussehende Unternehmen einer Gotthardbahn, zu dessen ersten Freunden er gehörte[1]) und dessen Unterstützung er noch zuletzt dem Großen Rathe lebhaft empfohlen hat[2]). Es ist vielleicht sogar anzunehmen, daß diese Seite seiner Thätigkeit seinem politischen Wirken hinderlich war, indem es den Gegnern gelang, die mißtrauische Abneigung gegen die großen Eisenbahnmächte auch gegen ihn zu lenken und durch die absurde Behauptung von einer Besoldung, die er von der Centralbahngesellschaft erhalte, seinem Namen zu schaden.

Eine nicht minder wichtige Rolle spielten die Eisenbahninteressen auch in dem neuen Bundespalast, der im Sommer 1858 bezogen und durch eine schwungvolle Rede des Nationalrathspräsidenten Dr. Keller eingeweiht worden war.

Als Vertreter des bernischen Mittellandes gehörte Blösch fortwährend dieser letztern Behörde an, verfolgte, selbst wenig sich betheiligend, mit scharfer Beobachtung die verschiedenen Phasen der Parteibildung und deren geheime Motive, den zuletzt Alles beherrschenden Widerstreit zwischen den großen Aktiengesellschaften und dem Zweiliniensystem, zwischen Escher und Stämpfli, das Auftauchen einer auf weitergehende Centralisation abzielenden eidgenössischen Opposition in dem vom Letztern geleiteten Vereine, der „Männer=Helvetia", und die im gleichen Verhältniß fortschreitende Annäherung des um Ersteren sich schaarenden Centrums an die konservative Minorität. Er ärgerte sich nicht wenig über die Grundsatzlosigkeit, mit der die ultramontanen Vertreter Freiburgs und der Urkantone um der Eisenbahnen willen ihre Stimmen Stämpfli zuwandten, — über die Begehrlichkeit, mit der die starrsten Verfechter der alten Zustände, um das Linsengericht eines materiellen Vortheils, ihren kantonalen Standpunkt und ihr schweizerisches Erstgeburtsrecht an die Bundesallmacht preisgaben, — und über „die Gier, mit der die Hungrigen herfielen über die eidgenössische Kasse", als es sich darum handelte, auch ein Stück von den Alpenstraßen für sich zu erhaschen[3]).

Dennoch sah auch er, der unverkennbaren allmäligen „Verschrumpfung" des kantonalen Lebens gegenüber, je länger je mehr in

---

[1]) Schon im Jahr 1853 nahm er als Abgeordneter des Kantons an Konferenzen Theil, die zu diesem Zwecke sich versammelten.

[2]) Als Mitglied einer Kommission, noch im Dezember 1865.

[3]) Als bei dieser Gelegenheit Stämpfli den blühenden Stand der Bundesfinanzen pries, welche solche Opfer wohl ertragen können, und Manche ganz verwundert seine Worte hörten, äußerte Blösch lachend zu einem Andern: „Er kenne diese Melodie schon längst, das sei der „alte Berner Finanzmarsch."

den Einrichtungen des Bundes die Bürgschaft der Zu=
kunft, und fühlte sich wohler im Bundesrathhause, denn „hier ist
frische Kraft und Leben!" als im Berner Großrathssaale, wo
er nur „Apathie, Mißtrauen und Zerfahrenheit" fand. Als
der Abschluß des Handelsvertrages mit Frankreich die Bundeskompetenz
in Frage stellte, und Segesser beklagte, daß wieder ein Aestchen vom
Baume der Kantonalsouverainetät gerissen werde, Dubs dagegen ihm
erwiderte: die Befugniß des Bundes in diesem Falle verneinen, hieße
den Baum der Bundesautorität durch einen eisernen Ring unterbinden, —
da entschieden diese zwei Bilder Blöschs Urtheil, indem er „lieber ein
Aestchen vom Baume reißen, als den ganzen Baum zur
Unfruchtbarkeit verdammen" wollte.

Selbst die persönlichen Beziehungen im Schooße der Bundes=
versammlung gestalteten sich für ihn angenehmer, als sie früher gewesen,
obwohl der Haß seiner Berner Kollegen ihn auch hierhin verfolgte;
diesem hatte er es vorzüglich zuzuschreiben, daß seine Wahl in das
Bundesgericht zu verschiedenen Malen eine bestrittene war. Die
Stellung in diesem Kollegium war es, die ihm jetzt am meisten Be=
friedigung gewährte, wenn er freilich auch selbst hier bisweilen Ueber=
reste jener politischen Befangenheit zu begegnen glaubte, deren Fern=
haltung das Prinzip der Trennung der Gewalten im Sinne hat.

Nur einmal im Laufe dieser etwas materiellen Zeit wurden die
Wellen des Binnensees zwischen Jura und Alpen auch von einem höhern
Winde in Bewegung gesetzt durch den Ausbruch, mehr noch durch die
Nachwirkungen des italienischen Feldzuges.

Als Napoleon III. das Jahr 1859 mit der Krieg be=
deutenden Anrede an den östreichischen Botschafter er=
öffnete, wurde, wie ganz Europa, so auch, und nicht zum wenigsten,
die Schweiz in die größte Aufregung versetzt. Populäre Sympathien
mit der Sache Italiens[1]) und Besorgnisse für die eigene Gebiets=
integrität bildeten die sich widersprechende Strömung, welche eine
Zeit lang die Gemüther im Kreise herumriß und mancherlei Gerüchte
an die Oberfläche brachte. Es waren einerseits die Kantone Genf und

---

[1]) „Es ist ein nicht ganz irregehender Instinkt: Es stehen sich Cäsarianer und
Pompejaner gegenüber, von der Ostsee bis zum Mittelmeere, das empfindet die ganze
Partei, welche einem ganz andern sozialen Zustand entgegenstrebt, nicht aber einer wahren
sittlichen Freiheit. Und es hat beinahe das Ansehen, als sei wirklich etwas von einem
Cäsar vorhanden, obschon hoffentlich nicht eben sehr viel." So heißt es in einem Briefe
an Blösch vom 13. Juni 1859.

Teffin, welche durch ihre Lage in der Nähe des Kriegsschauplatzes, durch ihre Haltung im Innern und durch die vorausgesetzten Absichten von Außen als vorzugsweise bedroht erschienen; und andererseits war es das Verhältniß des **nördlichen Savoyen** zur schweizerischen Neutralität, das, bisher unbestimmt gelassen, auf einmal jetzt in Frage kam. Hatte die Eidgenossenschaft nur das Recht, oder auch die Pflicht, im Falle eines Krieges Nordsavoyen zu besetzen? — noch wurde darüber erörtert, als **Frankreichs Truppen über einen Zipfel dieses Gebietes hinweg ungehindert die Alpen überschritten.** In Kurzem schien auch mit den raschen Siegen und dem auf schweizerischem Boden abgeschlossenen Friedensvertrag die Gefahr vorüber zu sein, als die Kunde von dem **für die Hülfe ausbedungenen Lohn** sie wieder näher brachte als je.

Sollte die Schweiz es geschehen lassen, daß Genf vom französischen Kaiserreich umklammert werde „wie der Kopf eines Thierbändigers vom Rachen des Löwen?" War es zu wünschen, daß die **Provinzen Savoyens** französisch, daß sie italienisch, oder vielleicht daß sie schweizerisch würden? Sollte der eidgenössische Bund seinen Zweck durch friedliche Unterhandlung versuchen, oder aber, von seinem Besetzungsrechte Gebrauch machend, sofort, auf die Gefahr eines Krieges mit Frankreich, der Besitzergreifung durch diesen Staat zuvorzukommen suchen?

Am 25 März (1860) fand in Bern eine von der „Helvetia" veranstaltete **Volksversammlung** statt als kriegerische Demonstration; am gleichen Tage wurden Truppen aufgeboten; am 2. April ertheilte die **Bundesversammlung** der eidgenössischen Exekutive — nach etwas eigenthümlichen Verhandlungen — Vollmacht, im bisherigen Sinne weiter vorzugehen; allein, die „**tiefern Differenzen**" wurden aufgedeckt, die kriegerische Stimmung schwand, und trotz der Sendung Tourte's nach Turin und derjenigen des Waadtländers Dapples an die norddeutschen Höfe, **nahm Frankreich von Savoyen Besitz;** die Schweiz sah sich von den Mächten Europa's schmählich im Stiche gelassen.

Blösch hatte bereits im Juli 1858 von Genf her aus direktester Quelle Mittheilung erhalten über die Abmachungen von Plombières, und vielleicht mit aus diesem Grunde das allmälige Heraustreten in die Wirklichkeit mit besonderer Spannung verfolgt. Im Großen Rathe des Heimatkantons hat er sich darüber ausgesprochen bei Anlaß der Kreditbewilligung, und hegte auch die Absicht, im Nationalrathe das

Wort zu ergreifen[1]). Einem zu diesem Zweck bereiteten Aufsatze ent=
nehmen wir, daß er in erster Linie die Aufrechthaltung des *status
quo* als das Wünschenswertheste, den Anfall der südlichen Ufer des
Genfersees an Frankreich dagegen für eine Calamität betrachtete, zu
deren Abwendung man im Nothfalle alle Mittel aufzubieten habe.

Gern berief er sich dabei, wie er es schon beim ersten Gespräche
darüber gethan, auf das Beispiel der bernischen Landstände, die
zu Ende des sechszehnten Jahrhunderts ihre zaudernde Regierung be=
wogen, das verbündete Genf, „den Schlüssel der Schweiz", gegen das
bedrängende Savoyen nicht schutzlos zu lassen. Im Gegensatze dazu
stand ihm aber eben so fest, daß die Eidgenossenschaft nur Interessen,
und zwar brennende Interessen, auf diese Lande, aber keine Rechte auf
dieselben besitze; und zweitens, daß zwar ein Krieg, auch selbst ein solcher
ohne Hoffnung, nicht unter allen Umständen zurückschrecken dürfe, aber —
in einer Republik — das ganze Volk von der Nothwendigkeit des
Kampfes durchdrungen sein müßte: „Wohin führte es, wenn die
Behörden Krieg beschlößen und das Volk verstände sie
nicht?" Aus diesem Grunde hielt er den vorzeitigen kriegerischen Lärm
für einen bedenklichen Fehler, und glaubte, daß die Abtretung von
Chablais, Faucigny und Genevois an die Schweiz, in Ermanglung
eines rechtlichen Anspruchs und jeder Unterstützung von Seiten der mit=
interessirten europäischen Mächte, nur von dem persönlichen Wohl=
wollen Napoleons, also von friedlichen Unterhandlungen zu
erwarten sei.

Diese Ueberzeugung wurde ihm bestätigt durch eine Unterredung
mit dem Stellvertreter des französischen Botschafters,
der ihn in diesen Tagen höchst unerwarteter Weise — seit Langem hatte
er keinen Umgang mehr mit den auswärtigen Gesandtschaften — auf=
suchte und der behauptete, sein Kaiser habe die besten Intentionen gehabt,
von ihm selbst sei auftragsgemäß dem Bundesrath die Absicht
kundgethan worden, nach vollzogener Trennung Savoyens von
Sardinien, den nördlichen Theil an die Schweiz abzutreten, und
die gleiche Mittheilung habe die Regierung Genfs durch das Organ des
dortigen Konsuls empfangen: ‹Là-dessus›, meinte er, ‹il fallait se
coucher sur les deux oreilles et avoir confiance dans l'empereur!› —
statt dessen habe man das Gegentheil gethan und den Kaiser tief verletzt;
heute sei die Theilung Savoyens nicht mehr möglich[2]).

---

[1]) Der Gang der Verhandlungen bewog ihn dann, dieß zu unterlassen.

[2]) Die bei diesem Anlaß hingeworfene Bemerkung des Diplomaten: „Qu'arriverait-
il si vous occupiez ce pays? La France vous jetterait dans le lac!" erwiderte Blösch

Die Sache selbst wollte allerdings keinen Schritt mehr vorwärts; aber es wirkten die Folgen des Zwischenfalles auf die innerschweizerischen Angelegenheiten in bedeutungsvoller Weise nach. In der „Helvetia" hatte Stämpfli sich den Kern einer neuen schweizerisch-radikalen Partei gebildet, welche, auf weitergehende Centralisation hindrängend, zur Mehrheit des Bundesrathes und zu dem an Alleinherrschaft gewöhnten Centrum der sogenannten Bundesbarone in eine nicht mehr zu übersehende Oppositionsstellung trat. Schon die Debatten über die Handhabung der Neutralität im Tessin während des Krieges (21. Juli 1859) zwischen Bontems und den beiden Tessinern Lubini und Pioda hatten einen tiefen Einblick gestattet in die Entstehung dieser Kluft; im Ständerath wurde (5. Juli 1860) ein Tadelsvotum gegen Stämpfli versucht, mißlang aber vollständig; und in der berühmten Sitzung des Nationalrathes vom 10. und 12. Juli (1860) flogen scharfe Anklagen hin und her zwischen Fazy einerseits, der das eingeschlagene Verfahren einer vernichtenden Kritik unterzog, und Dubs, Escher, Furrer und Frei, die dasselbe zu rechtfertigen suchten.

Am meisten war es Blösch auffallend, daß die gesammte Urschweiz sich bei dieser Abstimmung auf Seite Stämpflis stellte; er fragte sich: wie dieß zu erklären sei? „Ob der Anschluß Nordsavoyens aus konfessionellen Gründen sehr lebhaft gewünscht war? ob der Haß gegen die alten Gegner, welche die Sonderbundskrisis herbeigeführt, denjenigen gegen die neuen, welche aus derselben hervorgegangen, überwog? oder ob die kleinen Kantone in der Frage selbst der kriegerischen Stimmung Berns — wo auch das Patriziat derselben zuneigte — näher stand, als der „baumwollenen" Politik der Ostschweiz? Vielleicht, daß von Allem dem etwas einwirkte."

Eine eigenthümliche Bewegung regte sich um diese Zeit in der bernischen Lokalgemeinde. Trotz der sehr bedeutenden Vermehrung seiner Wohnbevölkerung war Bern im Charakter des öffentlichen Geistes und in der Ortsverwaltung fortwährend eine Festung der konservativen Interessen geblieben und hatte dadurch bei der unaufhaltsamen Radikalisirung des Kantons zu diesem einen Gegensatz gebildet, der vor Kurzem, nicht unpassend, sagen ließ: der Kanton Bern habe seit vierzig Jahren keine Hauptstadt gehabt; und der zu dem Verlangen auffordern mußte, eine jenem entsprechende Veränderung

mit der stolzen Erinnerung: „Er kenne das Machtverhältniß der beiden Staaten, aber es sei auch schon erlebt worden, daß die Schweiz einen mächtigern Feind in den See geworfen habe."

herbeizuführen. Die Sparsamkeit, die patriarchalische Gewissenhaftigkeit, die traditionelle Bedächtigkeit der Administration waren Eigenschaften, welche, in der raschen Entwicklung aller Verhältnisse, den großstädtischen Lebensansprüchen und der modernen Bau- und Verschönerungslust gegen- über nicht mehr als Tugenden erschienen.

Einige Männer von Ansehen stellten sich an die Spitze einer Agi- tation, riefen ein eigenes Lokalblatt in's Leben und eröffneten den Kampf mit dem Antrage auf Erweiterung des Stimmrechts. Der An- sturm wurde zwar in einer ungewöhnlich zahlreichen Gemeindeversamm- lung (13. Dezember 1861) mit überraschend großer Mehrheit abgeschlagen; allein nun schien es an der Zeit, daß die Einsichtigen unter den Konservativen selbst die Initiative zu Verbesserungen ergreifen sollten.

Blösch, welcher von Jugend an jeden Neubau mit besonderem zukunftsfreudigen Interesse begrüßt hatte, und es liebte, seine Schritte zu solchen Stätten zu lenken, wo etwas Neues geschaffen wurde; der bei einem Besuche in Genf (im Jahr 1859), das er seit 1832 nicht mehr gesehen hatte, sich beim Anblick des dort Entstandenen einer ge- wissen Bewunderung nicht entschlagen konnte für den ihm sonst wenig achtbaren Mann, der das Alles in's Leben gerufen, — Blösch war auch in Bern jedem neuen Unternehmen wohl geneigt und beklagte es, daß die bedeutenden, in den Händen der burgerlichen Zunftgesellschaften liegenden Güter, statt den alten, kühnen Bürgergeist zu wecken und dem öffentlichen Wohle zu dienen, demselben durch engherzige Verwendung vielmehr hinderlich seien [1]).

Vorzüglich lag ihm daran, daß durch Oeffnung der spießbür- gerlich abgeschlossenen Bürgerrechte diesen neues Leben zugeführt werde.

---

[1]) Es mögen hiefür zwei Beispiele angeführt werden, von welchen Blöschs Tagebuch Erwähnung thut: Schon im Anfang der vierziger Jahre trug sich Blösch mit dem Gedanken an die Gründung eines kantonalen Polytechnikums, und stellte, unter Aushebung, daß zu diesem Zwecke die Stadt Burgdorf Fr. 100,000 beitragen würde, an einen der gebildetsten Berner die Anfrage, was wohl von Bern hiefür zu erwarten wäre? — „Kein Kreuzer!“ war die Antwort.

Als es sich bei dem Bau der Eisenbahnbrücke um die Erstellung einer Fahr- bahn handelte und die burgerliche Feldverwaltung, für deren Besitzungen besonderer Gewinn in Aussicht stand, sich mit Mühe zu einem Beitrag an die Kosten bereit er- klärte, brachte ein öffentliches Blatt eine Einsendung mit der Hauptstelle: „Wenn die Feldkassaverwaltung über Fr. 8000 so leicht verfügen kann, so vermehre sie das Feldgeld!“ — Hierbei darf daran erinnert werden, daß im nämlichen Jahre nach einem damals veröffentlichten Berichte über Fr. 60,000 dieser sogenannten „Feldgelder“ unter die Bürger vertheilt worden sind.

Die Frage war, wie durch das neue Armengeſetz, ſo durch die geſetzliche Einbürgerung der Heimatloſen und ſogenannten Land=ſaſen, neu angeregt worden. Statt, wie Blöſch gewünſcht, voller Einbürgerung dieſer Leute in die ihnen zugetheilten Heimatorte, aber unter Entſchädigung durch den Staat, dem bisher ihr Unterhalt zur Laſt gefallen war, gab ihnen der Große Rath nur das halbe Bürger=recht (ohne Miteigenthum an den Gütern) zwangsweiſe und ohne Ent=gelt. Die ſonſt treffliche, im Intereſſe der Humanität, wie der ſtaatlichen Ordnung liegende Verfügung erregte nicht bei den ſtädtiſchen Zunft=genoſſen allein, ſondern auch auf dem Lande — Oberaargau — vielen Unwillen [1]).

Im Auguſt 1861 trug Blöſch der kantonalen gemeinnützigen Geſellſchaft in Burgdorf ein Referat vor, in welchem er hinwies auf das ungeheure und ſtets noch im Wachſen begriffene Mißverhältniß zwiſchen den Zahlen der in ihrer Heimat wohnenden Orts=bürger und der angeſeſſenen Einwohner, und erwähnte unter andern ähnlichen Angaben, daß in der Stadt Bern ſeit circa 200 Jahren die Zahl der neugetauften bürgerlichen Kinder im Durchſchnitt je um 60 gefallen, diejenige der nichtbürgerlichen um 65 geſtiegen ſei, ſo daß zur Zeit auf eine Bevölkerung von faſt 30,000 Seelen nur bei 3000 des Bürgerrechtes theilhaftig ſeien [2]).

„Im Traume Joſephs in Aegypten," ſcherzte er einmal, „haben ſieben magere Kühe ſieben fette aufgezehrt, und man ſollte ſich wundern, wenn 27,000 magere Luſt bekommen, 3000 fette zu verzehren!"

An ſolchen Gelüſten fehlte es allerdings nicht. Gegen Ende des Jahres 1862 war von Theilung der Burgergüter die Rede, und Blöſch war der Anſicht, „daß Diejenigen irren, welche meinen, darüber lachen zu dürfen"; er erwartete vielmehr, „daß ein ſolches Unternehmen theilweiſe unter den Ortsbürgern ſelbſt, und zwar unter den Ortsbürgerlichſten, Unterſtützung finden würde. Iſt es doch eine alte Erfahrung, daß verkommene Korporationen, wie verkommene In=dividuen gern durch Selbſtmord endigen." Ja er neigte ſelbſt zu dem Gedanken, daß die Theilung der Güter — von der Frage des Rechts

---

[1]) Ein Bürger der Stadt bemerkte damals gegen Alt=Regierungsrath Fiſcher im Tone des Vorwurfes: „Warum habt Ihr — die fünfziger Regierung — nicht ſeiner Zeit dieſe Einbürgerung vorgenommen? Ihr wäret billiger verfahren!" — „Ihr hättet uns geſteinigt!" erwiderte jener.

[2]) Das Referat wurde ſpäter gedruckt in den Verhandlungen der Geſellſchaft, hat aber wohl nicht diejenige Verbreitung gefunden, die ihm gebührt, und dürfte Vielen unbekannt geblieben ſein.

abgesehen — hingenommen werden dürfte, sofern nur zu wählen sei zwischen ihr als einem Extrem und der jetzigen Art ihrer Benützung (namentlich in der Hauptstadt) als anderem Extrem. Aber — so lange sie unvertheilt bleiben, besteht auch die Möglichkeit und darum auch die Hoffnung besserer Verwendung."

In dieser Hoffnung ging er denn noch einmal an's Werk, um eine Reform zu versuchen. Als ein jüngerer, als konservativ geltender Jurist in einer eigenen Schrift geradezu zur Theilung aufforderte, verfocht ihm gegenüber ein Anderer, patrizischen Geschlechts — Herr Ed. von Wattenwyl — in einer Gegenschrift den Gedanken der Bürgerrechtsöffnung, und in Gemeinschaft mit dem Letztern berief Blösch eine Zusammenkunft von Abgeordneten der Bürgerschaften von Bern und von den drei kleinen Städten Biel, Thun und Burgdorf. Sie fand statt am 5. März 1864; aber das Ergebniß war im höchsten Grade entmuthigend; nicht auffallen konnte es zwar, daß weit auseinander gehende Anschauungen sich dabei geltend machten, wohl aber wirkte es geradezu niederschlagend, den Vertreter Berns nicht nur überhaupt die Wünschbarkeit gründlicher Reformen verkennen, sondern jede Berührung der Frage fast als Beleidigung auffassen zu sehen.

Wie sehr kontrastirte dagegen der einige Tage darauf (12. März) von der Bürgergemeinde Burgdorf nahezu einstimmig gefaßte Beschluß, der dortigen Einwohnergemeinde eine Schenkung von Fr. 100,000 zu machen, wovon die eine Hälfte bestimmt war zur Herstellung der Kirche und ihrer Zugänge und zur Anschaffung einer neuen Orgel, die andere zu weitern öffentlichen Zwecken, insbesondere zur Einrichtung reichlicherer Brunnleitungen. Das war eine That nach dem Sinne Blösch's, und mehr als jemals war er stolz, dieser gemeinsinnigen Bürgerschaft anzugehören.

Es kann nicht verschwiegen bleiben, daß solche Erfahrungen von Seiten der vorgeblichen Träger der konservativen Gesinnung auf Blösch einen tiefen Eindruck machten. Deutlicher als jemals wurde es ihm, „daß mit solchen Leuten nichts anzufangen sei." Der im Jahr 1850 zu positiv schaffender Thatkraft aufgestachelte Rest altvolksthümlicher Begeisterung war mit der Niederlage wieder erloschen bis zur bloßen Negation passiven Widerstandes gegen alle Neuerung; der im Frühling jenes Jahres aufgeweckte alte Berner „Mutz" war mißmuthig und erschreckt wieder in den engsten Winkel seiner Höhle zurückgekrochen, um im Winterschlafe an seinen Tatzen zu saugen.

Blösch hat seine politischen Grundsätze nicht verändert und an den Personen mit unwandelbarer Treue gehangen; aber die konservative Partei als solche hat er völlig aufgegeben. Er konnte es begreifen, wenn er es auch selbst nicht billigte, wenn damals Manche, an der eigenen Sache verzweifelnd, mit den frühern Gegnern stimmten.

„Wie so sehr anders", schrieb ihm (Juni 1864) der mit Erforschung der alten Bernergeschichte beschäftigte oben erwähnte Freund, von dem er einmal sagte, daß er mit ihm in seltener Uebereinstimmung des Urtheils und der Gesinnung stehe, „wie so sehr anders waren doch die Leute jener Zeit, als unsere jetzigen Konservativen! Wie hatten dieselben offene Augen für ihre Zeit! Wie mußten sie diese sich zu Nutz zu machen! Die Leute aber, die stets nur alte Zustände erhalten wollen, wie sie sind, verstehen nichts vom alten Geist! und indem sie das Dilemma stellen, zu bleiben wie es ist, oder nicht zu sein, ziehen sie sich das Letztere zu!" Blösch hat diese Worte sich besonders angezeichnet.

Nicht anders urtheilte er über die entsprechende schweizerische Partei. Im Dezember 1863 wurde er von der Urschweiz aus eingeladen, sich an die Spitze der schweizerischen Konservativen zu stellen; seine Antwort ist bemerkenswerth: „Sie kennen", heißt es darin, „meine Gesinnung gegen die sogenannten kleinen Kantone, die wohl besser und richtiger Urstände genannt werden. Wohnte mir nicht als Berner traditionelle Sympathie für dieselben, und zwar sehr lebhafte inne, so empfände ich sie persönlich. Aber je mehr dieß der Fall ist, desto mehr schmerzt mich die Rolle, welche die Repräsentanten dieser ehrwürdigen Stände in den neuen Bundesbehörden spielen." — „Sie mögen sich wohl selbst erinnern, daß ich in der Periode von 1850—1854 öfter mahnte, die Opposition in Bundessachen werde so lange eine vergebliche und unfruchtbare sein, als sie sich gegen das Prinzip der neuen Bundesorganisation richte, statt, innerhalb der Grenzen der bestehenden Bundesverfassung, nur gegen die Art ihrer Ausführung in der Bundesverwaltung. Ich bin heute noch dieser Ansicht und bedaure nur, nicht entschiedener daran festgehalten zu haben, und, besonders in Einem Falle, — dem Drängen befreundeter Kollegen, namentlich aus der innern Schweiz, weichend, — im eigenen Verhalten davon abgegangen zu sein. Allein damals war es besonders die Repräsentation der Urstände, die sogenannte „grundsätzliche" Opposition machen zu sollen glaubte, und zu jener Feindseligkeit der Bundesbehörden gegen sie und

Andere, wenn nicht den Grund, so doch den Vorwand bot, welche —
um nur Eins zu erwähnen — den Sturz der konservativen Verwaltung
Berns herbeigeführt hat; denn nicht die eigenen kantonalen Kräfte,
sondern die Wucht der Bundesgewalt, und nur sie — das darf
ich mit Bestimmtheit sagen — hat jene Verwaltung gebrochen." Dann,
von dieser weiter sprechend, fährt der Brief fort: „Einmal an der Spitze
derselben, die nichts anderes als ein permanenter Kampf war, widmete
ich derselben alle meine Kräfte, und führte ihn, wie ich glaube, nicht
unehrenhaft, und jedenfalls mit Aufopferung Alles dessen, was
ich zu opfern hatte, bis mir die Masse der Partei, des Streites
müde, ihre Unterstützung entzog; denn die sogenannte „Fusion"
wurde nicht von den Führern der Masse, sondern von dieser den Führern
auferlegt. Den Erfolg kennen Sie! Von den Nämlichen, die dazu ge=
drängt, zum Theil persönlich mich zum Verbleiben in der Regierung
bestimmt hatten, erscholl der Vorwurf des Verraths! Darum
die von der frühern sehr abweichende Haltung in kanto=
nalen und eidgenössischen Verhältnissen. — Es ist über
meine Seele ein Reif gegangen, der erst auf irgend eine Weise ab=
gewaschen werden müßte, ehe ich jenes Vertrauen in mich und Andere,
und jene Lust und Freudigkeit wieder gewönne, welche nöthig sind, um
in das politische Parteileben thätig einzugreifen." — „Sie mögen mir
nicht verargen, wenn ich die über die Masse der konservativen Elemente
gewonnene Ueberzeugung ausspreche: sie wisse weder Krieg zu
führen, noch Frieden zu schließen. Die Konservativen
sind meist respektabel im Privatleben, aber als Partei
taugen sie nicht, wie andererseits den Radikalen als Partei die
Anerkennung nicht zu versagen ist, auf welche sie — ehrenwerthe Aus=
nahmen abgerechnet — sonst weniger Anspruch haben. Bei der gegen=
wärtigen Lage aber geziemt mir Stille und Schweigsamkeit[1])."

Diese Herzensergießung, wie sie Blösch im Schreiben selbst nannte,
läßt einen tiefen Blick in sein Inneres thun, und kann hier zugleich
als Rückschau gelten am Schlusse seiner öffentlichen Wirk=
samkeit; dennoch war er ferne von unwürdigem Schmollen, von dem
durch Andere befolgten Grundsatze des Pessimismus: „Je ärger, desto
besser!" oder auch nur von Reue über das, was er gethan.

---

[1]) Damit und mit dem Obigen wäre zu vergleichen die Charakteristik der konserva=
tiven Partei in Bern, welche im November 1857 aus kundiger Feder in der (selbst
konservativen) „Basler Zeitung" erschienen ist.

Am 28. März 1864 gelang es ihm, einige alte Freunde zu sammeln zur gemeinsamen Feier des „Frauentages" von 1850. Gegen seine sonstige Gewohnheit ergriff er hier das Wort zu einem Trink= spruch: Er habe in neuerer Zeit oft bemerkt, begann er, daß dieser Tag zum Gegenstande mehr wehmüthiger als heiterer Erin= nerung geworden sei; er wolle dieser Auffassung nicht unbedingt entgegentreten, er selbst habe sich derselben nicht immer entziehen können. „Wenn man sich zurückdenkt in die Bewegung der Gemüther, welche der Münsingerversammlung vorausging; an den Tag selbst; die Zahl der Theilnehmer; die Erregtheit der Geister; die Begeisterung, von welcher Alles ergriffen war; an den feierlichen Ernst der Versammlung, ihren ganzen Verlauf und ihre nächsten Folgen — und wenn man dann damit zusammenhält die seitherige Entwicklung der Dinge und die heutige Lage, und was die nächste Zukunft erwarten läßt — wie sollte da nicht ein Gefühl der Wehmuth, ja ein eigentlicher Schmerz die Seele ergreifen!" — „Und doch", fuhr er fort, „wenn auch dieser Seite der Sache ihr Recht, ja ihr volles Recht eingeräumt wird, die einzige Seite ist es doch nicht, und ich glaube aussprechen zu dürfen, es wäre unserer unwürdig, es wäre sogar eine Art von Feig= heit, wenn der Gedanke an die Versammlung vom 25. März 1850 nur Trauer in uns erweckte; und wenn ich das Wort ergriffen habe, so geschah es vorzüglich, um einem andern Gefühle Worte zu leihen, das sich an die Erinnerung knüpfen soll, dem Gefühle der Hoffnung!" „Lasset mich", so schloß er, „an zwei Gebote gedenken, die uns das Christenthum lehrt: das Eine ist die Pflicht eines Jeden, je nach den Kräften, die ihm gegeben, und der Gelegenheit, die ihm ge= boten ist, zu wirken für das, was er für gut und recht hält, unbe= kümmert um den Erfolg; das zweite ist das Vertrauen in die Vorsehung, daß sie Alles zum Besten lenkt. In der That ist nichts unchristlicher, als der Kleinmuth, der verzweifelt, wenn er nicht heute erndten kann, was er gestern gesäet hat, und die Meinung, daß jeder guten That sofort der Lohn zu Theil werden müsse. Lassen wir uns daher die Erinnerung an den 25. März nicht trüben. Was menschlich Unreines dabei untergelaufen sein mag, wird untergehen, das Wahre und Gute aber wird be= stehen und seine Früchte tragen zu seiner Zeit."

Die Hoffnung, die hier ausgesprochen wurde, ging nicht auf noch= maliges Gelingen des damals Versuchten, vielmehr nur darauf, daß doch nicht umsonst sei gearbeitet worden. Der konservative Liberalismus im Sinne des Jahres 1850 fing bereits an aus=

zu sterben und dem neuen Geschlechte unverständlich zu werden. „Die
Zahl der Konservativen wird von Tag zu Tag kleiner; einige
Führer derselben sind in der Ewigkeit, andere sind Apostaten geworden,
und wiederum andere haben sich zurückgezogen!" erwiderte auf die
Einladung zu jener Gedächtnißfeier Einer, der selbst seither zur Ewigkeit
hinübergegangen ist. (B. Straub.)

Selbst das letzte größere Blatt dieser Gesinnung hörte endlich zu
erscheinen auf. Als die „Eidgenössische Zeitung" als Organ
der schweizerischen Konservativen von Zürich nach Bern übersiedelte, da
graute es Blösch vor dem Gedanken an eine schweizerische „Kreuz=
zeitung"; und doch konnte er eines Bedauerns sich nicht erwehren,
als nun auch dieses Blatt sein bevorstehendes Ende anzeigte (Juni
1864) und die Macht der Presse dem radikalen Sinne unbestritten über=
lassen wurde.

Jetzt blieb für Blösch nichts Anderes mehr übrig, als der Rath,
den ein weitblickender Mann schon unmittelbar nach dem Ausgang des
Sonderbundskrieges ertheilt hatte: „Man habe nichts aufzugeben von
Allem, was man als Zweck gewollt; müsse aber ganz aufgeben die
Stellung, den Anspruch, eine Partei, der radikalen gegen=
über, zu bilden. Dazu seien, wie es jetzt am Tage liege, die Elemente nicht vorhanden, weder in den reformirten, noch in den katholischen
Kantonen." „Die Kraft der Schweiz liegt auf der Seite des
Radikalismus. Man verzichte auf eigene Stellung, folge aber
der Fahne des Vaterlandes, auch wenn sie von Andern
getragen wird, sobald man erkannt hat, daß sie sich derselben
bis auf Weiteres bemächtigt haben, und Niemand sonst sie hochhalten
könne. Wenn sie nur rein und heilig gehalten wird, so
sei man — auch in solchen Verhältnissen — bereit, sie
aus allen Kräften zu schirmen."

Das hat Blösch denn auch redlich gethan, so lange es
ihm noch vergönnt war zu wirken. Es wäre für sein persönliches Leben
angenehmer, für seinen Ruf als Staatsmann vielleicht vor=
theilhafter gewesen, wenn er sich gänzlich hätte zurückziehen können; —
er hielt das nicht für erlaubt. Er sah es als eine Wohlthat an, als
er bei den Wahlen in den Großen Rath im Mai 1862 in seinem
Wahlkreis übergangen wurde; nahm aber eben so unbefangen und
ohne kleinliche Empfindlichkeit wieder seine Stelle ein in dieser Behörde,
als die obere Gemeinde der Stadt Bern ihn im Oktober 1864 zu
ihrem Vertreter ernannte.

Im Mai 1865 wurde er ganz unerwartet wieder zum zweiten Vizepräsidenten erwählt; und so kam es, daß er zu Ende Januars 1866 noch einmal den Präsidentenstuhl des Großen Rathes bestieg, um hier, auf dieser Hauptstätte seines Wirkens, seine parlamentarische Laufbahn zu schließen, wie er sie begonnen hatte. Es war das sein letztes Auftreten im öffentlichen Leben.

Der letzte Brief, den er empfing, war ein Begleitschreiben Baumgartners bei Uebersendung des Schlußbandes seiner ausgezeichneten Geschichte der Schweiz „in ihren Kämpfen und Umgestaltungen[1]).“

Die letzte Freude, welche er erlebte, war die Geburt eines zweiten Enkelkindes. — Um dieses Ereigniß selbst der Familie mitzutheilen, reiste er nach Burgdorf und kam krank wieder zurück nach Bern. Eine Lungenentzündung entwickelte sich; die seit der großen Krisis von 1856 nie mehr völlig hergestellte Lebenskraft vermochte nicht mehr sie zu überwinden; in der Frühe des 7. Februars 1866 verschied er, bei vollständig bewahrter Klarheit des Geistes, in der schönsten christlichen Ergebung, umgeben von der Gattin und den Kindern, an die er seine Abschiedsworte richtete, bis der Tod eintrat. Wenige Tage zuvor hatte er sein neunundfünfzigstes Altersjahr vollendet.

Das Leichenbegängniß, bei welchem nebst den Deputationen der verschiedenen Behörden des Kantons und des Bundes sich die Männer aller Parteien und Stände in ungewöhnlich großer Zahl betheiligten, wurde durch eine Gedächtnißrede seines langjährigen Freundes, Professor Dr. Immer, und durch einige Gesänge der Berner „Liedertafel“ ausgezeichnet. „Es war, als ob sein Sarg ein Versöhnungszeichen sein sollte, wie er selbst ein Mann der Versöhnung gewesen war.“

---

[1]) Blösch hatte selbst einigen Antheil an diesem Werke.

Politische Grundsätze und persönlicher Charakter.

Memorial von 1830. — Denkschrift über die Staatsverfassung. — Politische Gesinnung. — Charakteristik als Staatsmann, als Redner, als Mensch. — Schluß.

Den Allermeisten ist Blöschs Name nur bekannt geworden als der= jenige des Führers der konservativen Partei im Kanton Bern. Als solcher wurde er zu Zeiten von den Einen wohl zu sehr erhoben, von den Andern zu allen Zeiten in mehr als gewöhnlichem Grade gehaßt.

Er war weder ein Parteiführer, noch auch was man gemei= niglich konservativ zu nennen pflegt. Je mehr durch diese falsche Vorstellung sein Bild in der Beurtheilung und dem Gedächtniß seiner Mitbürger verzerrt worden ist, um so weniger dürfen wir es unter= lassen, seine politischen Grundsätze und seinen persönlichen Charakter noch in Kürze zusammenhängend darzustellen.

Zweimal hat Blösch ein politisches Glaubensbekenntniß abgelegt; einmal beim ersten Anfang seines politischen Wirkens, als Jüngling noch; dann beinahe zum Schlusse desselben, als er die Erfah= rungen seines reichen Lebens in einer eigenen Schrift zusammenfaßte.

In dem Memorial, das er im November 1830 auf dessen Wunsch an seinen frühern Vorgesetzten, Verhörrichter von Wattenwyl, übersandte[1]), war sein oberstes Verlangen, „daß die Verfassung die Regierung in die Hände der Tüchtigsten und Wür= digsten lege, seien sie aus der Stadt oder nicht." Dieses Erforderniß glaubte er zunächst am ehesten dadurch erreichbar, wenn ein Drittheil durch den Großen Rath selbst gewählt würde ohne Rücksicht auf die Herkunft; war aber der Meinung, „die jeweiligen Formen der Staats= verfassung müssen den Verhältnissen der Gegenwart angepaßt werden;

---

[1]) Vergleiche oben p. 54. Das Schriftstück, von welchem Blösch eine Copie für sich bewahrt hat, trägt das Datum des 12. November 1830.

deßhalb könne sie nichts Bleibendes sein und müsse sich mit den äußern Verhältnissen wieder mobifiziren, so wie diese sich anders gestalten." Im Uebrigen wünschte er: direkte Wahlen, „denn die Ausübung dieses Rechtes ist als eines der vorzüglichsten Mittel zur politischen Bildung des Volkes zu betrachten", und „es muß der Regierung selbst Alles daran liegen, Abgeordnete des Landes um sich zu vereinigen, durch welche sich die Stimmung, die Bedürfnisse und die Wünsche desselben getreu ausdrücken"; — periodische Amtsdauer der Beamten im Gegensatze zur bisherigen Lebenslänglichkeit; — Reform der Gemeindeverfassung, „diesen Theil der allgemeinen Staatsorganisation halte ich für den wichtigsten, weil er das Fundament ist, auf welchem Alles Uebrige ruhen soll, und diejenigen Interessen betrifft, welche dem Einzelnen am nächsten liegen"; — unbedingteste Freiheit der Presse durch allmälige Entbindung der bisherigen Hemmungen"; — Oeffentlichkeit des Staatshaushaltes, „nicht die Summe der Abgaben, nur die Bedürfnisse des Staates können einen richtigen Maßstab geben, die Last derselben zu würdigen; eine gute Staatsverwaltung kostet selten, eine schlechte immer zu viel"; — Ordnung des Armenwesens durch Errichtung zweckmäßiger Anstalten; — größte Sorgfalt des Staates für die Schulen, Einrichtung von Seminarien und Erhöhung der Lehrerbesoldungen, „um nicht zur Taglöhnerei zu veranlassen"; — endlich Verbesserung der Kriminaljustiz, „damit der Strafprozeß die Rücksichten auf die Sicherheit des Staates mit denjenigen auf die mögliche Unschuld des Angeklagten vereinige."

So sprach Blösch als junger Mann, zu der Zeit, als es galt, das alte, morschgewordene Gebäude umzustürzen, um dem Neubau Platz zu machen; nachdem er manches Jahr den Gang des öffentlichen Lebens aus der Nähe betrachtet, dann selbst daran Theil genommen hatte, erst in Oppositionsstellung, dann an der Spitze der Staatsverwaltung, richtete er, kurz vor dem Schlusse der Regierungsperiode (25. März 1854) an seine Kollegen eine „Denkschrift über die Staatsverfassung des Kantons Bern und ihre Revision." Wir haben dieselbe oben unerwähnt gelassen, weil sie — erst nach dem Entscheid und dann nur als Manuscript gedruckt, — auf den geschichtlichen Gang ohne Einwirkung blieb, hier aber entnehmen wir dieser wohl bedeutendsten schriftlichen Arbeit Blöschs den Zusammenhang seiner politischen Denkweise und seiner Ansichten.

Er erklärt in derselben zum Voraus die demokratische Staatsform als die zur Zeit einzig mögliche, weil Sitten und Gesetze, Boden

und Geschichte sie fordern[1]); aber eben so sehr, weil er sie bei den
concreten Verhältnissen für das Zuträglichste hält, und mit vollem
Vertrauen, daß der Kanton Bern und die Schweiz überhaupt auf dem
demokratischen Boden noch eine ehrenvolle Zukunft finden können. Nur
Eines ist dabei conditio sine qua non: daß die demokratischen
Formen mit innerer Ruhe und fester Ordnung in Einklang
gebracht werden. „Der Mensch ist zur Freiheit geboren; denn ohne
Freiheit gäbe es keine Sittlichkeit: sittliche Vervollkommnung aber ist
des Menschen Bestimmung. Der Freiheit des Einen steht jedoch die
Freiheit des Andern gegenüber, und damit Alle frei sein können, bedarf
es eines zweiten Elementes, der Ordnung. So sind Freiheit und
Ordnung die zwei Pole, zwischen welchen die bürgerliche Gesellschaft
sich bewegt." Aus diesem Grunde verlangte er eine stark organisirte
Regierungsgewalt: „sämmtliche Organe der öffentlichen Gewalt, vom
Regierungsrath bis hinunter zu den Gemeinderäthen, bedürfen erhöhter
Autorität", um „dem Parteiwesen die Wurzel abzugraben, und dem
Kampf organisirter Parteien ein Ende zu machen"; denn „die Kraft,
die den amtlichen Organen entzogen wird, geht auf die Parteien über;
sie hört nicht auf zu existiren, sie nimmt nur andere Formen an. Statt
im Besitz der öffentlichen und verantwortlichen Organe zu bleiben, wird
sie das Besitzthum von Organen ohne Verantwortlichkeit, wie ohne
gesetzliche Schranke. Eine schwach organisirte konservative Regierung
muß sich auf die konservativen Elemente stützen, gerade wie eine radikale
Regierung ohne hinreichende Kraft der Stütze einer radikalen Partei
bedarf. Diese nähere Beziehung der Staatsgewalt zu einer Partei bedingt
aber nothwendig eine gewisse Abhängigkeit von derselben, und diese
führt leicht zu Feindseligkeit gegen die andere Partei. Umgekehrt wird
eine selbständige Regierung aus radikalen Elementen den Konservativen,
wie eine selbständige konservative Regierung den Radikalen gegenüber
gerechter sein, weil sie es sein kann." — „Was die aristokratische
Staatsform aus ihrem Prinzip schöpfte, Kraft und Festigkeit,
muß bei der beweglicheren Staatsform ersetzt werden durch
eine um so festere Organisation."

---

[1]) In letzterer Hinsicht berief er sich auf die ältere bernische Stadtverfassung, bei
welcher zwar die Spitze aristokratisch, die Basis aber demokratisch war, und die erst
allmälig durch die Familienherrschaft verdrängt worden ist; so wie auch auf die frühere
Uebung der Berner Regierung, bei wichtigen Entscheidungen auch die Ansicht ihrer
Unterthanen durch eigene Rathsboten in den einzelnen Gemeinden zu vernehmen und
in Rücksicht zu ziehen.

Soll aber die Regierung stark und wohlorganisirt sein, so muß
sie auch starke Wurzeln in der Masse haben; es bedarf also einer wahren
Repräsentation des Volks, und diese suchte er in einer Vertretung der
Gemeinden, statt der gebräuchlichen politischen Wahlversammlungen;
„denn in der That sind diese nichts anderes, als ungeordnete Volks-
haufen, die plötzlich, wie vom Winde zusammengetrieben, um eine Wahl
oder eine Abstimmung vorzunehmen, eben so rasch wieder auseinander-
gehen, ohne die Grundlage gemeinsamer Interessen, ohne Gefühl der
Zusammengehörigkeit, ohne Würde und ohne Disziplin, in bewegten
Zeiten leidenschaftlich erregt und meist noch leidenschaftlicheren Führern
folgend, in ruhigen Zeiten matt und aller Theilnahme entbehrend.“
„Die Gemeinde bildete also nach meinem Sinne, wie es schon am
25. März 1850 ausgesprochen wurde, die Basis der Pyramide, die
Grundlage der allgemeinen Organisation.“

Deßhalb wünschte er auch zur Ausübung der eigentlichen Souverainetätsrechte an die Stelle des Großen Rathes eine andere Behörde
treten zu lassen: „Der Große Rath, so wie er jetzt besteht,
ist zu zahlreich, um die Gesetze zu bearbeiten, und
zu wenig zahlreich, um über alle Gesetze endlich zu
entscheiden.“

„In einem monarchischen Staate ist die Aufgabe der Gesetzgebung
erfüllt, wenn sie gute Gesetze liefert. In der Demokratie genügt
dieß nicht: die Gesetze müssen auch vom Volke als gut anerkannt sein.“ — „Allein die Erfahrung hat gelehrt, daß der Große
Rath dieser Aufgabe — der Vertreter des Volkes zu sein — nicht in
genügender Weise entspricht; der unwiderlegliche Beweis davon liegt
in der Thatsache, daß seit 1831 das Volk sich stetsfort neben dem
Großen Rathe noch durch andere, nicht amtliche Organe, durch Volksversammlungen und politische Vereine geltend machte, die sogar zeitweise
mit dem Großen Rathe in direktem Widerspruch waren[1].“ — „Dem
ist nur dadurch abzuhelfen, daß die Bearbeitung der Gesetze einem weniger zahlreichen Großen Rathe, in dem der Sachverstand vorherrscht,
übertragen wird, die andere Funktion einem weit zahlreicheren Landrathe, als eigentlicher Volksvertretung.“ „Es geschähe, wie angedeutet, die Wahl der Landräthe unmittelbar durch die Gemeinden.
Da seiner Aufgabe nach im Landrathe lediglich der Volksinstinkt über
die wichtigsten Gesetze den endlichen Entscheid zu geben hätte, so ent-

[1] Er fügte bei: „Auch die größte Volksversammlung ist doch immer nur ein winziger
Theil des Volks.“

spräche diese Wahlform ganz dem Geiste des Institutes." — Er wünschte
für diese Behörde bloße Abstimmung mit Ja! oder Nein! „Es ist bekannt,
daß es nichts Imposanteres gab, als die früheren Landsgemeinden der
Urkantone und von Appenzell A.-Rh., gerade wegen der stummen, jeder
Motivirung überhobenen Entscheidung dieser souverainen Volksversamm=
lungen über die Anträge der Behörden. Nun aber soll der Landrath
nichts anderes sein, als eine repräsentative Landsgemeinde [1])".

„Es wird, — darüber soll man sich nicht täuschen, — in die Ver=
waltung und in die Gesetzgebung, vor Allem aber in die letztere, mehr
Stätigkeit und Stabilität kommen, als in den letzten zwanzig Jahren
darin geherrscht hat"; aber er betrachtete dieß durchaus nicht als ein
Uebel: denn „in der Demokratie sind die Gesetze erst gut, wenn sie zum
Gemeingute des Volkes, gewissermaßen z u r   S i t t e geworden sind."
Als Hauptaufgabe wollte er dem Landrathe zuweisen: den endlichen
Entscheid über die wichtigern allgemeinen Landesgesetze; außer dem die
Abnahme des Verwaltungsberichts des Regierungsrathes; die Abnahme
und endliche Genehmigung der Staatsrechnung; die jährliche Bestim=
mung des Betrags der zu beziehenden direkten Steuern; die Wahlen
des Regierungsrathes, des Obergerichts und der Präsidenten dieser
beiden Behörden. In Bezug auf die Exekutive sprach er sich aus für
Beibehaltung des Direktorialsystems, und bezweckte eine Stärkung ihrer
Regierungsautorität durch die Wahl im Landrathe, durch Verlängerung
der Amtsdauer, und wollte ihr die Wahl und Abberufung ihrer Beamten
ausschließlich übertragen. „Es ist Zeit", so schließt die Schrift, „daß
man die Parteien ihres Ansehens und ihres Einflusses entkleide, um
die Leitung der öffentlichen Angelegenheiten wieder dahin zu legen, wo
sie der Natur der Dinge nach gehört, — in die Hände der v e r f a s =
s u n g s m ä ß i g e n   O b r i g k e i t. — Nicht der Gesichtspunkt der
Stärkung einer Partei also liegt dem Verlangen einer Verfassungs=
revision zu Grunde, sondern der Gesichtspunkt der A b b i k a t i o n
d e r   P a r t e i e n   z u   G u n s t e n   d e s   L a n d e s."

---

[1]) Schon als Jüngling (1827) „schwärmte" Blösch für die Zustände des Kantons
Appenzell A.-Rh. und dessen demokratische Zustände; er machte sich eine Menge Notizen
über dessen Sitten und Staatseinrichtungen; besonders hob er die Stelle aus der be-
nutzten Quelle hervor, wo es heißt: „Ein wahrhaft freies Volk hat daher nichts unter
sich, aber auch nichts über sich, wohl aber etwas in sich, nämlich das Gesetz und die
Verfassung. Was dem einzelnen Menschen das Gewissen, das ist der Demokratie die
Verfassung. Eine ächt demokratische Verfassung muß aus dem Innersten eines Volkes
hervorgegangen sein, und Volk und Verfassung sind unzertrennlich."

Solches sind die Hauptsätze der bedeutenden und äußerst geschickt abgefaßten Schrift; die aber, nur im engsten Kreise verbreitet, dem Berner Publikum erst durch eine eingehende Besprechung der „Neuen Zürcher-Zeitung" zur Kenntniß gekommen ist. Fünfzehn Jahre später führte die nämliche, unterdessen in mancher bedenklichen Probe gewonnene Einsicht, daß die öffentliche Meinung im Großen Rathe nur ungenügend ihren Ausdruck finde, zu der Einführung des Referendums, der direkten Volksabstimmung.

Blösch war ein Gegner des reinen Kopfzahlsystems, wie es durch die sechsundvierziger Verfassung selbst auf die noch unselbständige Jugend ausgedehnt worden ist, und jener Demokratie, welche, nach seiner Erfahrung, das Individuum in seinem persönlichen Egoismus isolirend, meistens nur die Strebungen augenblicklicher Volkslaunen, selten die wirklichen Volksbedürfnisse zum Ausdruck bringt; das Wohl des Volks galt ihm mehr als der Wille des Volks. Das Wort Cicero's zitirend: ‹Semper in republica tenendum est, ne plurimum valeant plurimi›, sprach er es einst im Verfassungsrathe aus: „Der Große Rath, als der Ausschuß des Volkes, der die Wägsten und Besten enthalten soll, sei nicht in der Stellung, jeweilen zu fragen: was will der große Haufe? sondern: was ist dem Wohl des großen Haufens, dem Wohl der Gesammtheit am zuträglichsten?" Allein mit um so größerer Ehrfurcht achtete er auf Alles das, worin er des Volkes wahres, eigenstes Wesen, seinen Herzschlag, zu vernehmen glaubte, und haßte jede octroyirte „Freiheit." Das „Volk" war für ihn keine bloße Phrase zur Verdeckung des eigenen subjektiven Willens, sondern eine Realität, ein lebendiger Körper, dessen Seele meistens tief verborgen schlummert, nur in seltenen Augenblicken in's Bewußtsein an die Oberfläche tritt, und nur von dem erkannt wird, der selbst sich als ein Glied des Körpers fühlt.

Es ist wahr, die Ordnung war ihm wichtiger, als die Freiheit, weil er jene für das erste und nächste Bedürfniß eines Volkes hielt; diese für das zweite, höhere, erst mit der Kultur entstandene; Ordnung — die nothwendige Bedingung; Freiheit — das zu erstrebende Ziel. „Die Wirksamkeit Einer Regierung bleibt stets die Hauptsache im Staate; weil mit der Ordnung wenigstens die Möglichkeit der Freiheit gegeben ist, welche nothwendig verloren geht, wenn die Ordnungslosigkeit dauernd wird[1])." Dieser Grundsatz schwebte ihm beständig vor und erklärte z. B. sein auffallendes Verhalten gegen die

---

[1]) Citirt aus Dahlmanns Geschichte der französischen Republik.

im Sturz begriffene Regierung Neuhaus. Er ahnte, daß einst eine Zeit kommen könnte, wo die Massen, von den luftigen Freiheitsrechten nicht gesättigt, den politischen Liberalismus verhöhnend, die ökonomische Frage ihrer äußern materiellen Existenz einseitig wieder hervordrängen würden, zum großen Schaden des staatlichen Lebens, der individuellen sittlichen Freiheit und der geistigen Kultur.

Blösch bekannte sich stets für den Fortschritt, und ist seiner im Jahr 1830 bekundeten Gesinnung nie untreu geworden. Aber schon damals hat er in der oben erwähnten Schrift ausgesprochen: „Ich fürchte jeden plötzlichen Uebergang aus einem Zustand in den andern, selbst wenn dieser der bessere ist." Eine naturgemäße, allmälige, aber desto sicherere Entwicklung des öffentlichen Lebens war das leitende Prinzip seiner Politik; denn „der Staatsmann ist kein Künstler, der dem Ideal nachstreben darf, sondern er muß aus dem ihn umgebenden Stoff eben machen, was er kann, und vor Allem nichts wollen, was er nicht auszuführen im Stande ist. Der Staat ist etwas sehr objektives, viel mehr als diejenigen glauben, die ihn nach ihrer Art vergeistigen wollen[1]". Er wollte nicht, daß das den menschengefüllten Bahnzug mühsam den Berg hinaufschleppende Dampfroß in übergroßem Eifer von jenem sich trenne, ihn stehen oder gar hinter sich zurückfahren lasse. Der Nachruf eines gegnerisch gesinnten Blattes hat mit einer Wahrheit, welche nahezu naiv zu nennen ist, sein Widerstreben gegen manche Neuerungen aus seiner „gründlichen Bildung" erklärt.

Wirklichen Fortschritt erblickte er nur in dem, was dem Volks = leben selbst entsprach, die überlieferten Sitten und Ueberzeugungen ehrte, den Faden der Geschichte, dieser Offenbarung des Volksgeistes, unzerrissen ließ, und das bestehende Gesetz zum Ausgangspunkte nahm. ‹Mon respect pour les lois, — et sans celui je ne connais point de liberté, — irait si loin, que je maintiendrai tout ce qui a été fait d'une manière légale›, so hatte er schon im Jahr der Um = wälzung (1831) nach Biel geschrieben. Wohl sah er ein, daß die Con = tinuität nicht immer gewahrt werden könne; „denn wo Reform un = möglich ist, da ist Revolution unvermeidlich"; allein dieser Ausnahmsfall sollte eben Ausnahme bleiben und niemals zur Regel werden. Mehr noch als das Revolutioniren in der Wirklichkeit war ihm das Revolutioniren in der Lehre zuwider, die ungescheute Ver = breitung revolutionärer Grundsätze, die Leichtfertigkeit, mit welcher zur Zeit Gesetz und Verfassung bei Seite gesetzt wurden, weil

---

[1] Von ihm citirt aus der „Allgemeinen Zeitung" (Augsburg).

ſie dem herrſchenden Strome im Wege ſtanden. «Il est plus grave de discuter une révolution que de la faire, et l'Etat est bien plus ébranlé quand on porte atteinte à ses lois fondamentales au nom de la raison humaine que lorsqu'on les enfreint sous le coup de la nécessité», notirte er ſich aus Guizot's geiſtreichem Essay über die engliſche Re=volution. Seine ſpätere Stellung in der Politik entſprang weit weniger theoretiſchen Bedenken gegen die in's Leben tretenden Veränderungen, als ſittlicher Abneigung gegen die Art, wie ſie eingeführt wurden.

Darin lag ſein K o n ſ e r v a t i s m u s. So war er konſervativ, als die Bewegung allzu raſch geworden war, wie er vordem radikal geweſen einem abſolut ſtabilen Zuſtande gegenüber. Eine kundige Feder hat von ihm geurtheilt: „Gerade weil er konſervativ war, ſo war er vermöge ſeiner hiſtoriſchen Bildung und politiſchen Weitſichtigkeit nicht nur ein Gegner derjenigen ſogenannten Fortſchritte, welche er als un=geſetzlich und ungeſchichtlich verurtheilen mußte, ſondern auch aller f a u l e n u n d v e r a l t e t e n Z u ſ t ä n d e, welche konſervativ ſein wollen und deſtruktiv ſind[1]).“

Man hat ihm Hinneigung zur a r i ſ t o k r a t i ſ c h e n S t a a t s =f o r m zugeſchrieben; nicht ganz ohne Grund, wenn auch mit Miß=verſtand. Er ſah wohl ein, daß die geſchichtlichen Geſchlechter, wie beinahe überall, ſo auch in Bern, mit ſeltenen Ausnahmen jede Fähigkeit zum Regiment verloren haben; aber er bedauerte das. Hervorgegangen aus jener Juriſtenſchule, welche das Staatsweſen Englands unbedingt als Vorbild anſah, war ihm der Gedanke nicht fern, daß die begüterten, mit der Geſchichte des Landes — in der ehrenvollſten Weiſe — ver=flochtenen Familien, ohne alle geſetzliche Ausnahmeſtellung, viel mehr noch ohne die verletzendern ſozialen Privilegien, doch als die natürlichen und geborenen Führer ihres Volks daſtehen ſollten[2]). Nicht die frühern Rechte wünſchte er dem Stande wiederzugeben, ſondern die f r ü h e r n T u g e n d e n. Perſönlich mit den Trägern patriziſcher Namen äußerſt ſelten in Berührung tretend, konnte er um ſo leichter manchmal es vergeſſen, wie wenig ſie ſo ſeien, wie er ſich dachte, daß ſie ſein ſollten.

Im ſchärfſten Gegenſatze gegen die moderne Demokratie hatte Blöſch eine ausgeſprochene Vorliebe für die korporative Selbſtändigkeit jener Mittelglieder zwiſchen Individuum und Staat, und als wichtigſtes Organ

---

[1]) A. I. in Gelzers „Proteſtantiſchen Monatsblättern.“ Jahrgang 1866.

[2]) Auch hiefür fand er in Guizots oben angeführtem Werke ein entſprechendes Wort: „Les chefs,“ — nämlich in England, — „ne se sont point isolés du peuple, et le peuple n'a point manqué de chefs.“

des letztern erschien ihm die Gemeinde; er hielt dafür, daß der natür=
liche Egoismus des Einzelwesens nur in gesunder Weise über sich selbst
hinausgeführt werde durch die Beziehung auf den nächsten Kreis, mit
dem es selbst in natürlichem Zusammenhang steht.

Blösch huldigte nicht einem politischen Doktrinarismus. Er hatte
bestimmte Sätze, die er als grundlegende Bedingungen aller Landes=
wohlfahrt bei jeder Gelegenheit voranzustellen pflegte, und auf die er
immer wieder zurückkam. Dieß gab seiner Rede einen doktrinären Schein;
aber diese Axiome waren nicht politischer, staatswissenschaftlicher, sondern
wesentlich sittlicher Natur, betrafen nicht Verfassungsformen, sondern
die sittlichen Grundnormen der menschlichen Gesellschaft, so daß Einer
von denen, welche ihn am besten kannten, ihm in's Grab nachrufen
konnte: „Wer seine politischen Grundsätze gekannt
hat, der hat auch seine sittliche Ueberzeugung ge=
kannt, und wer diese gekannt hat, der war auch mit
seinen politischen Grundsätzen vertraut!" — Die
Politik war ihm ein Theil der Gemeinnützigkeit, der bewußten
Arbeit für gemeines Wohl, welcher Keiner ohne Pflichtverletzung sich
entziehen darf. „Welche Idee", schrieb er einmal bei Veranlassung an
seinen Bruder (1831), „mag S. von der Liberalität haben, da er offen
erklären darf, diese habe mit der Moralität nichts gemein? Wenn der
Zweck des Staates, wenigstens der Endzweck, die sittliche und geistige
Vervollkommnung des Menschen, also ein moralischer ist, wie kann die
Moralität getrennt werden von dem, was Mittel ist zu diesem Zweck?"

Ein solcher Mann konnte nicht ein Parteiführer sein, weder
seine Ansichten, noch seine Neigungen machten ihn dazu; er wurde dazu
gemacht, weil bei dem entstandenen Kampfe gegen den extremen Radi=
kalismus alle die verschiedenen Fraktionen der Opposition zu seinem
Einfluß und zu seinem Charakter das meiste persönliche Vertrauen be=
saßen und an ihm ihren geistigen Anhaltspunkt suchten. So kam er
an die Spitze der konservativen Partei. War es nicht
das Gefühl der Analogie seiner eigenen Stellung, welches ihn ein
Urtheil sich ausschreiben ließ, das er (bei Guizot) über Robert Peel
gelesen: ‹Il était ainsi le chef d'un parti, dont il n'était pas ni par
son origine, ni par le fond de ses idées, ni par ses goûts.› Und konnte
er nicht auch den weitern Ausspruch auf sich selbst anwendbar finden:
‹Il était ainsi appelé à la plus difficile des œuvres, à une œuvre
essentiellement incohérente et contradictoire. Il fallait qu'il fût à la
fois conservateur et reformateur, et qu'il fît marcher avec lui, dans
cette double voie, une majorité incohérente elle-même et dans laquelle

dominaient au fond des intérêts, des préjugés, des passions immobiles et intraitables. L'unité manquait à sa politique, l'union à son armée. Sa position et sa mission étaient également complexes et embarrassées; c'était un bourgeois chargé de soumettre à de dures réformes une puissante et fière aristocratie, un libéral sensé et modéré, mais vraiment libéral.›... «Et ce bourgeois... était un homme d'un naturel concentré et peu sympathique, de manières froides et gauches, habile à diriger et à dominer une assemblée, mais peu propre à agir sur les hommes par l'attrait de l'intimité de la conversation, des communications expansives et libres, plus tacticien que missionaire, plus puissant par les arguments que sur les âmes, plus redoutable pour ses adversaires qu'aimable pour ses partisans.› Wir haben dem kaum etwas beizufügen.

Aber galt nicht auch das Folgende gleichfalls von Blösch: ‹Sir R. Peel répugnait trop à la lutte quand elle prenait un caractère de personnalité amère et injurieuse, elle blessait sa dignité plus ombrageuse que tranquille, et il prenait trop souvent, pour s'en couvrir, le bouclier du dédain. Il faut dans l'arène des gouvernements libres des armes plus offensives, qui atteignent plus directement et repoussent plus loin l'ennemi[1]).›

Blösch war aber auch nicht zum Staatsmann und Regenten für bewegte Zeiten und schwere Konflikte geboren; mit Recht hat ein Nekrolog von ihm gesagt: „Niemand wäre würdiger und befähigter gewesen, als dieser gerechtigkeitsliebende, milde und intelligente Mann, an der Spitze eines befriedigten, einigen, ruhigen Bern zu stehen; aber dazu war er gerade nicht geeignet, der Feldherr einer knapp siegenden Partei zu sein, mit kräftiger Hand den Sieg zu verfolgen und energisch seine Grundsätze zur Geltung auf Jahre hinaus zu bringen."

Für einen Staatsmann, welchem der Erfolg allein maßgebend ist, und der zum Zwecke auch die Mittel wollen muß, fehlte ihm die Raschheit des Entschlusses, besonders aber die Rücksichtslosigkeit und Härte im Handeln, die es nicht scheut, im Falle der Noth auch zu „Blut und Eisen" zu greifen. Er blieb auch als Politiker zu sehr Jurist und Advokat. Schon Karl Schnell, dann auch Neuhaus haben wiederholt ihm den Vorwurf gemacht, daß er politische Fragen zu sehr nach einem einseitig juridischen Gesichtspunkt, „nach der Gerichtssatzung"

[1]) Alle diese Stellen erhalten ihre Bedeutung dadurch, daß offenbar Blösch selbst sie auf sich bezogen hat.

tarirte. Die Berufsgewohnheit, kalt und klar das „für und wider" ab=
zuwägen, hinderte ihn eben so sehr an der kühnen Entschlossenheit, die
den Augenblick zu nützen weiß, als das juridische Gewissen ihn abhielt,
einen Weg einzuschlagen, der nicht in allen Theilen dem Gesetze zu
entsprechen schien. In dieser Hinsicht hat man ihn nicht unpassend mit
dem Shakespear'schen H a m l e t verglichen [1]).

Er ließ die Verhältnisse lieber an sich herantreten und sich durch
sie bestimmen, als daß er mit keckem Griff sie provozirte und nach
seinem Willen leitete; der Muth, den er besaß, war festes, die Gefahr
erwartendes Ausharren auf dem angewiesenen Posten, keine kühne Unter=
nehmungslust [2]). Das P f l i c h t g e f ü h l war sein Führer, und wo
dieses ‹Daimonion› nicht deutlich sprach, da war er unsicher, unent=
schlossen und zaghaft. Das war s e i n e S c h w ä c h e; — wir dürfen
es vielleicht auch s e i n e S t ä r k e nennen; denn was Andern als bloße
rechtsgelehrte Bedenklichkeit erschien, war in Wahrheit vielmehr s i t t =
l i c h e G e w i s s e n h a f t i g k e i t, war ein ernster Sinn, der mit
den Folgen einer Handlung und mit der Verantwortung dafür es nicht
leicht nehmen konnte.

„Es ist gut", schrieb ihm schon in den vierziger Jahren ein Freund,
„wenn du die Leute an das strenge Recht gewöhnen kannst; Alles wird
aber auch fernerhin nicht darnach gehen können." — ‹On ne gouverne
pas innocemment.› Blösch w o l l t e seine Hände unschuldig behalten,
darum konnte ihm in solchen Zeiten das „Regieren" nicht gelingen; —
wir wagen es, diese oft bespöttelte „Jungfräulichkeit" als s e i n e n
h ö c h s t e n R u h m in Anspruch zu nehmen.

Gewiß ist es charakteristisch für ihn, daß er, von der vollziehenden
Behörde sprechend, nur selten den gewöhnlichen Ausdruck „die Regierung"
gebrauchte, sondern mit Vorliebe sich des Wortes „V e r w a l t u n g"
bediente. Eine wohlgeordnete Administration, das war in seinem Sinn
die Hauptaufgabe derer, welche ein Volk an seine Spitze gestellt hat;
das war auch die Aufgabe, welcher er sich selbst gewachsen fühlte.

---

[1]) In einem Nekrolog der „Sonntagspost", der übrigens nicht ohne schiefes Urtheil
ist und in mancher Beziehung der Berichtigung bedürfte.

[2]) Als er (siehe oben p. 16) nach einem großen Auszug der Heidelberger Studenten
allein in seine Vorlesung ging, wie wenn nichts geschehen wäre, schrieb er seiner Mutter
ziemlich burschikos: „Ich scheere mich um keinen X....., obschon sie mir vorhalten, daß
ich furchtsam sei. Es hat von ihnen keiner den Muth gehabt, wie ich, der ganzen Pastete
zum Trotz, selbständig sich nach seinem Kopfe zu bewegen."

Kräftiges Eingreifen in den entfesselten Strom des öffentlichen Lebens, das war seine Sache nicht.

Wir können es uns nicht versagen, hier ein Selbstbekenntniß anzuführen, welches diesen Mangel an Ehrgeiz, dieses schüchterne Zurücktreten der eigenen Person am auffallendsten ausspricht. Nachdem er nur mit allergrößter Mühe vor einer Ceremonie, die ihn zu öffentlichem Auftreten nöthigte, die ihn ergreifende Befangenheit zu überwinden vermocht, gab er sich mit den Worten Rechenschaft über die Gründe derselben: „Es ist eine sehr häufige Empfindung, daß die Stellung als Regierungspräsident mir nicht unangenehm wäre, wenn außer dem Rathhaus Niemand wüßte, daß ich es sei; eben so beherrscht mich das Gefühl, daß ich die Stelle nur bekleide als Verweser eines Andern, der erst kommen werde."

Trotzdem konnte er, da „wo er mußte", wo seine Pflicht als Haupt der Regierung klar und unzweideutig vorgezeichnet war, auch mit bedeutender Kraft auftreten, und die ganze imponirende Macht seiner Persönlichkeit zur vollen Geltung bringen. «Il faut avoir vu nos luttes de près pour apprécier l'activité et les talents de Mr Blœsch durant cette période d'opposition systématique et violente. Jamais il ne faillit à sa tâche, jamais il ne laissa sans réponse les attaques passionnées dirigées contre le gouvernement. Et avec quelle habileté il savait démasquer les sourdes menées, les intrigues et les faux raisonnements des adversaires!» [1]

Doch dieses Urtheil beschlägt bereits den R e d n e r mehr, als eigentlich den Leiter des Staates; im W o r t e allerdings, wie allgemein erkannt, lag seine Kraft und d i e g l ü c k l i c h s t e A u s r ü s t u n g s e i n e r g e i s t i g e n N a t u r.

Blösch galt unbestritten als der erste Redner im Großen Rathe seines Heimatkantons; in der schweizerischen Bundesversammlung, obwohl hier beständig zur kleinen Minderheit zählend, wurde er als derjenige bezeichnet, welcher „vielleicht Einige neben sich, aber Keinen über sich habe"; nicht selten wurde er auch hier als der „anerkannt Erste" genannt.

In einer Charakteristik des Nationalrathes, seiner Parteien und seiner hervorragenden Männer in der „Allgemeinen (Augsburger-) Zeitung" vom September 1852 lesen wir: „Der bedeutendste Redner dieser (konservativen) Partei, und, wie Einige wollen, sogar des gesammten Nationalrathes, ist Blösch von Bern. Er hat während dieser

---

[1] Union libérale de Neuchâtel. Februar 1866.

Sitzung nicht oft gesprochen, aber fast jeder seiner Vorträge konnte ein
Ereigniß genannt werden. Sie besitzen das Verdienst ausgezeichneter
Klarheit, und hauptsächlich einer Ruhe und Gewandtheit in der Dar=
stellung, welche einen schlichten Verstand mit sich fortreißen. Ohne seinen
Ansichten beizustimmen, kann man ihm stundenlang unermüdet zuhören."

Kurz nach seinem Tode brachte das nämliche deutsche Weltblatt
eine Beurtheilung des magyarischen Redners F r a n z D é a k; diese
Schilderung wurde wörtlich auf Blösch angewandt [1]), und wirklich paßt
sie so auffallend, daß wir uns erlauben, sie hier noch einmal zu wieder=
holen: „Immer verschmäht es Déak, sich an das Gemüth oder gar an
die Leidenschaft seiner Zuhörer zu wenden; immer spricht er zum Ver=
stand und zur ruhigen klaren Einsicht. Das, warum es ihm vor Allem
zu thun ist, ist die Feststellung der Thatsachen, auf die es ankömmt. —
Es gibt nichts Einfacheres, als seine Sprache; Eleganz und Redeschmuck,
durch den andere Redner glänzen, bedarf er nicht, er scheint sie sogar
zu verschmähen. — Witz und Ironie stehen ihm zwar zu Gebote, aber
sie sind nicht die Waffen, mit denen er kämpft, sie sind untergeordnetes
Beiwerk, mit leichter Hand hingeworfene Arabesken an den gothischen
Pfeilern seines oratorischen Bauwerks. — So beruht die Wirkung seiner
Reden mehr in dem, w a s er sagt, als wie er es sagt. Manches könnte
viel gefälliger ausgedrückt, mancher Satz oratorisch vollendeter sein;
richtiger, präziser, klarer kann nichts gesagt werden. — Seine Bedeu=
tung liegt weniger in seiner intellektuellen Begabung, sie liegt vielmehr
in seiner e t h i s c h e n G e l t u n g, in seinem Charakter. Er ist ein
Mann des Rechts, ein unerschütterlicher Vertheidiger dessen, was er
als Recht erkannt, gleichviel auf welchem Gebiete. — Seine Hauptstärke
liegt immer in der Vertheidigung, nicht im Angriff. Immer kämpft er
mit offenem Visir, aber vom Kopf bis zu den Zehen in voller Rüstung,
stahlfest und undurchdringlich: — er gebraucht mehr den Schild, als
das Schwert. Er will nicht mit gewaltiger Faust niederschlagen, sondern
nur mit starker Hand schützen; er will seinen Widersacher nicht ver=
nichten, sondern nur des Irrthums überführen." — „Keiner", wird
dort beigefügt, „der Blösch öffentlich hat reden hören, kann umhin, in
dieser Schilderung eben sowohl ihn als Déak nach dem Leben portraitirt
zu finden."

Eine schweizerische Zeitschrift sagte im Jahr 1850 von ihm: „Die
Hauptkraft seiner Beredsamkeit liegt in der R u h e, die er auch bei
den heftigsten Angriffen zu behaupten weiß, wodurch seine Entgegnung

---

[1]) In dem oben angeführten Lebensbilde in Gelzers Monatsblättern.

so ſicher und wirkſam wird, theils in der Klarheit, welche in die dunkelſten Partien einer Frage Licht wirft und die ſchwierigſten Ver= hältniſſe auch für die ungeübte Faſſungskraft deutlich und faßlich zu machen vermag, da er ſeinen Stoff beherrſcht und mit einer dialektiſchen Gewandtheit und Leichtigkeit behandelt, die ſogleich dem Zuhörer Ver= trauen in ſeine Auseinanderſetzungen einflößt." — Dann wird im Folgenden zugleich die Art ſeiner redneriſchen Taktik näher bezeichnet: „Die gleiche Gewandtheit beſitzt er auch in der Gruppirung der That= ſachen und Benutzung der Erſcheinungen aus dem täglichen Leben; weder zu viel, noch zu wenig, ſondern nur, was gerade nöthig iſt zur Be= leuchtung der Materie, bringt er an und benutzt dieſelben, um durch Folgerichtigkeit und gewandte Diſpoſition den Gegner ad absurdum zu führen, wobei er gewöhnlich die ihm zuſagenden Partien ſeines Vortrags anerkennt, beifällig hervorhebt, aber dann deſto kräftigere Schläge auf die andern richtet und ſo leicht Zweifel in dem mit Scho= nung behandelten Gegner an ſeiner eigenen Meinung hervorzurufen vermag. Die eigenthümliche oratoriſche Kunſt, welche die Gründe des Gegners ſogar ſelbſt noch beſſer motivirt, in deſſen Anſchauung theil= nehmend eintritt, ſo daß es ſcheinen könnte, als befände man ſich auf gleichem Terrain, — dann aber plötzlich ganze Wendung macht und mit voller Gewalt die eigenen Batterien der Logik und der Thatſachen ſpielen läßt, — dieſe redneriſche Taktik trägt weſentlich dazu bei, die Spannung der Zuhörer zu erhöhen. Seine Reden verletzen nicht, ſie faſſen nur die Sache in's Auge; als Berichterſtatter iſt er loyal und ohne Rechthaberei, aber angegriffen läßt er es in der Replik bisweilen nicht an ſchneidender Schärfe und Jronie ermangeln. Blöſch begeiſtert den Hörer nicht durch eine glänzende Sprache oder ſtürmiſchen Vortrag, noch durch den Schwung der Phantaſie oder durch die Appellation an die menſchliche Empfindung, aber er reißt ihn mit ſich fort und feſſelt, wie Wenige, durch die überzeugende Klarheit ſeiner Darſtellung, die Wärme ſeiner Ueberzeugung, die leicht ſtrömende Rede, die würdige, den loyalen Gegner ſtets ehrende Haltung und die Gewalt ſeiner Dia= lektik."

Damit ſtimmt ein Urtheil überein, das die ‹Gazette de Lausanne› in einem langen warmen Nachruf ausgeſprochen hat! ‹Sa force comme celle des plaideurs de premier ordre était *dans la réplique*; c'est là que son grand talent dialectique se montrait dans toute sa vigueur. L'assemblée dans ses grandes occasions était fascinée par cette voie douce et mesurée, par ce raisonnement limpide et serré, par ce juge- ment sain et solide, enfin par cette modération de langage qui dénote

par-dessus tout l'homme exercé dans les joûtes parlementaires et maître
de lui-même. Ses discours parsemés de clauses oratoires qui amortissent
le trait tout en le lançant, étaient d'une politesse et d'une retenue
parfaite. Sa parole frappait, mais n'offensait pas. Il y avait quelque
chose de grave et de sévère dans sa diction qui décourageat le sar-
casme et l'insulte même d'un chaud antagoniste.›

Nur in seltenen Fällen pflegte Blösch seine Reden vorher nieder=
zuschreiben; seine Vorbereitung, wo von solcher überhaupt die
Rede sein konnte, bestand in einer sehr einfachen Firirung des Gedanken=
ganges, Alles Uebrige konnte er dem Augenblick überlassen, denn er
sprach leichter, als er schrieb.

Seine Sprache war einfach und prunklos, aber edel; dabei hand=
habte er sie so meisterhaft, daß seine Rede in Wahrheit ein ununter=
brochener Redefluß war. Er sprach das Deutsche reiner als die meisten
Berner[1]), und besaß zugleich den in schweizerischen Rathsversammlungen
unschätzbaren Vorzug, in französischer Sprache beinahe mit der
gleichen Leichtigkeit sich ausdrücken zu können, eine Fähigkeit, die er
bisweilen als captatio benevolentiæ gegen seine, für solche Aufmerk=
samkeit sehr empfänglichen „welschen" Mitbürger in Anwendung brachte.
Ihn unterstützte ein ausgezeichnetes Gedächtniß, das ihm jederzeit
Alles Nöthige zur Verfügung stellte, und eine Stimme, deren Ton
gerühmt wurde als „angenehm und klangvoll, aber im Feuer der Be=
redsamkeit anschwellend, stark und durchdringend." Ohne sichtliche Mühe
konnte er stundenlang sprechen; aber, — was mehr sagt, — auch ohne
Ermüdung angehört werden.

Seine Rede übte einen außerordentlichen Zauber aus: „Das Auge
eines Jeden hängt an seinem Munde, und seine klangvolle Stimme
beherrscht eine Stille, die sein erstes Wort hervorgerufen hat." Sowie
er auftrat, füllten sich die Bänke, lösten sich die Gruppen, schwiegen
die Gespräche; die Gleichgültigkeit der Einen, die Aufregung der Andern
verwandelte sich in die ernsteste Aufmerksamkeit. Selbst in den Zeiten
der höchsten Parteileidenschaft und eines Hasses, welche gegen ihn voraus
sich richtete, zwang er seine Gegner, seine Worte anzuhören; nur äußerst
selten wurde er gestört oder unterbrochen.

Er sprach nicht oft, stets ungern, und nur wenn er mußte; bei
großen politischen Fragen, wo es galt, für Recht und Gesetz einzustehen;
bei Gegenständen nationalökonomischer Natur, die er mit besonderer

---

[1]) Die „Allgemeine Zeitung" nannte ihn einst als den einzigen Berner, der eine
Ausnahme mache in Rücksicht auf den sonst stark hervortretenden dialektischen Accent.

Meisterschaft zu beleuchten verstand, und bei verwickelten Problemen, in welche er mit einem kurzen scharfsinnigen Worte Klarheit zu bringen wußte. Noch als anerkannter Redner trat er nach seinem eigenen Geständniß (August 1850) im Großen Rathe nie ohne Herzklopfen auf. Nur mit Mühe überwand er seine angeborne S c h ü ch t e r n h e i t; das Gefühl einer Pflichterfüllung einzig war dazu stark genug. Ganz besonders war ihm das Reden da zuwider, wo die Person mehr als die Sache hervortreten mußte. Es mag Manchem beinahe unbegreiflich vorkommen, wenn wir in seinem Tagebuch lesen: „Heute war für mich ein schwerer Tag! Nach Beendigung der Prüfungen wurden sieben Kandidaten der Theologie consecrirt. Ich hatte sie zu beeidigen und sollte bei diesem Anlaß eine Anrede halten. So wollten es die Stellung und das Herkommen. Die Aufgabe fiel mir schwer, so schwer, daß ich lieber die letzte Sitzung des Großen Rathes noch einmal durchgemacht hätte. Die Feierlichkeit begann mit Gesang, dann folgte ein Vortrag des Consecrators, Professor Wyß, von dem ich jedoch nur Einzelnes hörte. Ich war zu sehr bewegt durch den Ernst der Handlung und durch die Sorge über die eigene Rede. Ich fühlte mich wirklich unglücklich; denn plötzlich erwachte das lebhafte Gefühl meiner Unwürdigkeit, die Stelle, welche ich innehatte, zu bekleiden. Mehrmals traten mir Thränen in die Augen; ich mußte mich anstrengen, nicht zu weinen."

Noch weit mehr wich er den Tischreden aus; nicht selten stahl er sich bei Banketten, von der Angst gejagt, aus der Mitte der Gesellschaft fort, wenn er erkannte, daß der Anstand ihm das Wort zuschiebe und eine Erwiderung von ihm erwartet werde. Es hing dieß mit der ganzen Art seiner Rednergabe zusammen: sie war wesentlich geschäftlicher Natur. So wenig als der effektvolle Schwung der Phrase, so wenig stand der leichte, spielende Humor des Trinkspruchs ihm zu Gebote. Hat man von ihm gesagt: er war ein Mann des Worts und nicht der That, so kann man wohl mit gleichem Rechte auch sagen: S e i n e R e d e n w o l l t e n i m m e r T h a t e n s e i n, n i e b l o ß e W o r t e.

Blösch war ein p a r l a m e n t a r i s c h e r R e d n e r, ganz dazu ausgerüstet, um in einem Kreise vorurtheilsfreier, gebildeter Männer bedeutenden Einfluß zu üben; aber er war nie eigentlich ein p o p u = l ä r e r R e d n e r. So klar, so einfach, so faßlich seine Ausdrucksweise, so wohl gewählt seine Beispiele aus dem täglichen Leben, es fehlte ihm zur volksthümlichen Rede die Derbheit der Sprache, des Auftretens und der Gestikulation.

Auch sein A e u ß e r e s war dazu wenig geeignet. Von seinem Schwiegervater wurde er einmal folgendermaßen geschildert: „Von

Statur ist er lang und hager, er trägt sich gerade, man könnte sagen steif, mit etwas nach vorn getragenem Kopfe; sein Gang ist langsam und gemessen, sein Aussehen ernst, beinahe abstoßend, sein schmales Antlitz hat nichts Gefälliges und seine Züge sind ohne klassische Aus= zeichnung; aber aus seinem Auge leuchtet Geist und Wohlwollen." — „Nur die tiefliegenden, klugen, dunkelgrauen Augen mit scharfem Blick unter dunklen Braunen lassen auf die innere Begabung schließen." — „Wie ein Niklaus von der Flüh", sagt ein Nachruf der „Basler Nach= richten", „stand die schlanke, hagere Gestalt da, die langen Arme zu beiden Seiten hangend und nur hie und da erhoben zu einzelnen rhe= torisch wohl angebrachten Bewegungen [1])."

Dieser äußern Erscheinung entsprach ein im Umgang zurück= haltendes, ernstes und schweigsames Wesen, das unter unbekannten Leuten sich zur Ungeselligkeit und scheuen Steifheit steigerte und nur im engsten Freundeskreise sich verlor.

Bildungs= oder Standesstolz kannte er nicht; er hatte Freunde unter dem Bauern= und Handwerkerstand; wen er einmal kannte, galt ihm durchaus als Seinesgleichen, und treu bewahrte er die Anhäng= lichkeit an alte Bekannte; aber äußerst schwer nur knüpfte er später noch neue Freundschaften an. So gerne er bisweilen unter Solchen, die ihm nahe standen, sich einer muntern Unterhaltung überließ, so un= behaglich war es ihm in lärmender Gesellschaft, so wenig liebte er das „Sichgehenlassen" des Wirthshaustones. Der Grund seiner scheinbaren Kälte lag keineswegs im Mißtrauen oder in skeptischer Menschenverach= tung; umgekehrt mahnten ihn seine Freunde oft, „sich gegen seine na= türliche Gutmüthigkeit und sein Vertrauen in die Recht= schaffenheit Anderer ganz eigentlich en garde zu stellen." Er war darin eine ganz konservative Natur, daß er wenig besaß von dem, was rasch anzieht und einnimmt; aber um so mehr von dem, was die einmal Angezogenen festhält, für immer gewinnt und dann ein unbe= dingtes Vertrauen einflößt.

Das ehrgeizige Verlangen, eine Rolle zu spielen und sich einen Namen zu machen, war ihm eben so fremd, wie die Sucht nach gemeiner Popularität, oder der Kitzel kleinlicher Eitelkeit; seine oft hervorgehobene

---

[1]) Mit Anspielung auf diese äußere Erscheinung bemerkte ein anderer Nekrolog nicht unpassend, es möge manchem politischen Gegner hie und da gegangen sein, wie jenem Katholiken auf der Religionsdisputation zu Baden, der, auf den Reformator Oecolampad aus Basel deutend, sagte: „Wenn nur jener lange hagere Mann mit den freundlichen tiefen Augen auf unserer Seite stünde, dann hätten wir geflegt."

Bescheidenheit war nicht bloßer Schein; sie war aber auch nicht un=
natürlich oder übertrieben: er hatte ein Gefühl von seinem Werth und
liebte es sogar, ihn anerkannt zu sehen. Am meisten aber freute ihn
solche Anerkennung, wenn sie von Gegnern herkam, und nicht leicht
hat ihm Etwas größere Befriedigung bereitet, als ein Schreiben von
Stockmar, worin dieser alte Antagonist, mit welchem er so manchen
Strauß gehabt, ihn anredete als «un des hommes les plus éminents
de la Suisse et que le Jura placera toujours parmi l'élite de ses
enfants [1]». Die nie gestörte Ruhe und Gelassenheit seiner äußern Hal=
tung in den parlamentarischen und publizistischen Kämpfen verbarg eine
große Reizbarkeit des Temperaments, welche Verkennung
und ungerechte Angriffe sehr schmerzhaft empfand.

Trotzdem vergaß er auch Beleidigungen in der Regel leicht; sein
großmüthiger Sinn kannte weder persönlichen Haß noch Rachsucht,
und die Verachtung, wo er solche gegen Jemand fühlte, hatte keine
äußern Zeichen. In den Jahren, da in Burgdorf ein politischer Gegner
sich im schlimmsten Sinne als persönlicher Feind bewies, Komplotte
schmiedete und Mordbrohungen ausstieß, brachte ein Sohn dieses Mannes
ganze Tage in Blösch's Hause zu als der Spielgenosse seiner Knaben,
ohne daß diese eine Ahnung von jenem Verhältnisse hatten.

Blösch war ein Mann, dessen Aeußeres das In=
nere viel mehr verbarg als offenbarte; die liebens=
würdigen Seiten seines Charakters waren nicht dem öffentlichen Leben
zugewandt; diese zeigten sich nur wenigen vertrauten Freunden
und der eigenen Familie. — Davon zu reden, was er den Seinigen
gewesen, mag man uns an dieser Stelle erlassen. Nur Eines noch darf
nicht übergangen werden.

Die tiefste, beinahe gänzlich unsichtbar gebliebene, aber vielleicht
eben darum, — diesem Bilde entsprechend, — um so gesundere Wurzel
seiner sittlichen Eigenschaften lag in seiner Religiosität.

Aufgewachsen unter den Einwirkungen des aus Nüchternheit und
Sentimentalität zusammengesetzten ältern Rationalismus der
Aufklärungsperiode, und des gemüthvollen praktischen Gottvertrauens
der frommen Mutter, blieben der Glaube an die Vorsehung
und der kantisch=strenge Pflichtbegriff als Hauptsache aller Re=

[1] 20. September 1862. Es war eine Einladung zum Beitritt in eine von Stockmar —
wieder Regierungsrath — in Bern gegründete Sektion der Société jurassienne d'Emu-
lation, die dazu Veranlassung gab. Blösch war längst schon Ehrenmitglied dieser Ge=
sellschaft.

ligion seinem Wesen aufgeprägt. Von einer tiefen Achtung vor der Religion und Allem, was damit zusammenhängt, brachte ihn die sittlich=ernste Auffassung des Lebens mit den Jahren p o s i t i v = c h r i s t l i c h e n U e b e r z e u g u n g e n immer näher, und ließ ihm die Theilnahme am öffentlichen Gottesdienst der Kirche zum Bedürfnisse werden.

Allein gerade diese gewissermaßen durch Erfahrung selbst gewonnene Frömmigkeit, welche, dogmatische Fragen mit einer gewissen Scheu bei Seite lassend, den Glauben einzig nach dem s i t t l i c h e n W e r t h seiner Motive tarirte, bewahrte sein Urtheil vor jeder Einseitigkeit, und gestattete ihm, gegen alle K o n f e s s i o n e n gerecht zu sein, und auch in den Streitigkeiten innerhalb der eigenen Kirche M ä n n e r b e i d e r P a r t e i e n zu seinen Freunden zu zählen, mit ihnen im unbefangensten vertrautesten Verkehr zu stehen.

Er erkannte, daß ein gesundes Volksleben nur auf dem Grunde der R e l i g i o s i t ä t sich entwickeln könne, und daß die Herstellung der rechten moralischen Autorität auch im Staate nur möglich sei, wenn es gelinge, die Achtung vor dem Heiligen im Gemüthe des Volkes wieder zu stärken; aber er gehörte auch in kirchlicher Beziehung nicht zu denjenigen Konservativen, welche ihr einziges Ziel setzen in die Er=haltung des Bestehenden. „Ja wohl!" lesen wir in seinem Tagebuch, „nur im Christenthum erblüht uns Heil! aber müssen wir nicht gerade dieses erst w i e d e r a u f s u c h e n ? Ich halte dafür, gerade unsere kirchlichen Zustände gehören zu den schlimmsten!"

Er sprach fast nie v o n s e i n e n r e l i g i ö s e n G e f ü h l e n ; etwas weniger Ueberwindung kostete es ihm, in der Schrift ihnen Aus=druck zu geben; aber selbst für seine Nächsten ist es überraschend, zu finden, wie oft in seinen täglichen Aufzeichnungen die Gedanken diese Wendung nehmen. Jede Freude, welche er erlebte, ward ihm zum Dank gegen Gottes Vorsehung, jedes Leid zur Ergebung in den Willen des Höchsten. Erst der T o d hat den Vorhang zerrissen, welcher dieses Aller=heiligste bedeckte; und nur, weil darin in mancher Hinsicht der Schlüssel seines Charakters liegt, haben wir es gewagt, diese Andeutungen zu geben.

Selbst den politischen Kampf, welchen er zu führen hatte, faßte Blösch nicht selten aus diesem religiösen Gesichtspunkte auf: Ein be=deutendes schweizerisches Blatt hatte von seiner Rede vom 24. April 1852[1]) geurtheilt, sie verrathe das Gefühl, mit einer dämonischen Kraft im Kampfe zu sein, und in Folge dessen Hoffnungslosigkeit; er machte

_____

[1]) Vergleiche p. 358.

dazu die Bemerkung: „Woraus Letzteres geschlossen wird, weiß ich nicht. Allerdings bin ich mir bewußt, gegen eine dämonische Kraft zu kämpfen, aber auch, durch welche Kraft es geschieht, darum ist mein Herz voll Hoffnung; denn sie steht auf den Herrn!"

Wenn diese Auffassung auf der einen Seite eine grundsätzliche Schroffheit und Schärfe in ihm erzeugen mochte, so war es andererseits doch auch gerade dieß, was jede Kleinlichkeit im persönlichen Verhalten zu den Gegnern, jede bloße rechthaberische Parteileidenschaft ferne haltend, seinem Auftreten jene ruhige Sachlichkeit und Milde verlieh, ihm auch später das unverwüstliche Vertrauen in die Zukunft erhielt und ihn bewahrte vor der Verbitterung, dem so natürlichen Loos des alternden überwundenen Staatsmannes.

Man hat Blösch meistens als einseitigen Verstandesmenschen beurtheilt; das oben Gesagte beweist, daß er wohl richtiger im Gegentheil ein Gemüthsmensch genannt werden dürfte. Allerdings hat ein natürlich klarer, wohlgeschulter und scharf abwägender Verstand die Gefühle beherrscht; aber das Gemüth war das Ursprüngliche und selbst das eigentliche Bestimmende. Die Logik bildete nur das eiserne Schienengeleise für sein Handeln, — die treibende Lokomotive war — ein warmes Herz. Seine Einsicht hat ihn daher sicher gestellt vor dem Selbstbetrug der gemeinen Leidenschaften, nicht immer vor den Selbsttäuschungen des Herzens.

Dieses hat ihn zu einem Mann der Vermittlung gemacht. Denn nicht ein Parteimann, sondern ein Mann der Vermittlung ist er gewesen sein Leben lang! Wie er schon in Ausübung seines Berufes als Anwalt die friedliche Beilegung der Prozesse, die sogenannten „Freundlichkeiten", als seine eigentliche „Spezialität" betrachtete, so daß er einst nach kaum zehnjähriger Praxis im Großen Rathe, gereizt durch eine gefallene Anspielung auf den Eigennutz der Advokaten, ausrufen konnte: „Ich will alle Gerichtspräsidenten der Republik auffordern, Alle fordere ich auf! daß jeder mit mir abrechnen soll, wer mehr Streitigkeiten vermittelt hat: er oder ich!" — wie seine erste große politische That das Vermittlungswerk im Dotationsstreite war, — so betrachtete er auch die Sammlung der konservativen Opposition im Frühling 1850 wesentlich als eine Vermittlung zwischen „Stadt und Land", und sah die Versöhnung der durch Mißverständnisse getrennten Parteien zum Besten des gemeinsamen Vaterlandes als die Hauptaufgabe der von ihm geleiteten Regierung an; der Entschluß zum Eintritt in die gemischte Regierung (1854) entsprang der gleichen Gesinnung.

Schon die **Natur** schien ihn zum Vermittleramt bestimmt zu haben. Trefflich wurde von ihm bemerkt[1]): „Herr Blösch vereinigt die besten Seiten des **französischen** und **deutschen** Charakters und Nationalelements in sich. Er hat von dem französischen Geist die Be= stimmtheit, Klarheit, Präzision, Positivität, das Ausgehen auf Resultate, welche den praktischen Staatsmann bedingen, und dann besitzt er hin= wiederum vom deutschen Wesen die Innerlichkeit und Gemüthstiefe, den großen Ernst und die Gläubigkeit, ohne welche keine Nachhaltigkeit und Ausdauer in wichtigen Bestrebungen möglich ist."

Vermittlung zwischen dem **alten deutschen Kantons= theil** und dem **französisch redenden Jura**, zwischen dem **ganzen Kanton** und **seiner Hauptstadt**, zwischen dem **altbernischen Bauernthum** und dem **modernen In= dustrialismus**, zwischen den **patriarchalisch=republi= kanischen Sitten der Urschweiz** und der **fortgeschrittenen** zwischen der **Demokratie der regenerirten Eidgenossen= schaft**, zwischen den **Schätzen der Vergangenheit**, den **Be= dürfnissen der Gegenwart** und den **Idealen der Zukunft**, kurz zwischen der **alten** und der **neuen Zeit**, das war sein **Lebensziel** und **seine Lebensarbeit**. Er scheiterte daran, daß er die Andern, — Freunde und Feinde, — zu sehr nach sich selbst beur= theilt hat, und nicht genugsam bedachte, wie Wenige nur, gleich ihm, beide Gegensätze zu verstehen und zu umfassen im Stande seien.

Einer seiner Geistesverwandten sprach einmal aus: „Man wird von Dir einst sagen können: „Er war so groß, weil er so gut war." Denkt man an den äußern Erfolg seines Wirkens, so dürfte man versucht sein, umgekehrt zu sagen: „Er ist darum nicht größer geworden, weil er so gut gewesen ist."

Auch die **Gegner** fühlten stets, daß sie vor einem ganzen Manne stehen: er wurde **gehaßt, verleumdet, beschimpft, ver= folgt,** wie kaum ein Anderer, — aber niemals **lächerlich gemacht.** Der Haß gegen ihn war vielmehr **Furcht** vor ihm; er bezog sich nie auf das, was Blösch gethan hatte; stets auf das, was er thun könnte. Im Haß lag die **Achtung** verborgen. Erst mit seinem Tode ist darum die letztere ungehemmt und offen zu Tage getreten. Ein **radikales Blatt** schloß seinen längern Nachruf an den Begrabenen mit dem Ausspruch: Glücklich das Gemeinwesen, in welchem fort und

---

[1]) „Allgemeine (Augsburger=) Zeitung" vom 26. September 1851.

fort das Wort Montesquieu's wahr bleibt: Die Tugend ist das Lebenselement der Republik!

Die Zeit ist über Blösch und die Bestrebungen seiner Freunde hinweggeschritten; aber der Beweis ist noch nicht geleistet, daß, was der Zeitgeist bringt, immer auch ein Fortschritt ist. Man hat Blösch nicht selten den bernischen Cato genannt: Als das Rad der Zeit den Cato und seine strengen Republikaner zermalmte, da hat es mit ihnen auch die römische Freiheit zermalmt, da war das entartete Volk reif geworden für die Cäsaren. Möge nie der Tag erscheinen, da man würde sagen müssen: Die Zeit ist vorwärts gegangen, aber unser Vaterland ist rückwärts gegangen! Der Tag aber wird kommen, da man manches Gut der Vergangenheit wieder höher schätzen wird, als es jetzt der Fall sein kann, und mit ihnen Die, welche sie nach Kräften zu erhalten suchten, — vielleicht erst dann, wenn ihre Namen schon vergessen sind.